新 산업안전보건법 해설

新 산업안전보건법 해설

ⓒ 신인재, 2020

초판 1쇄 발행 2020년 2월 25일
   3쇄 발행 2021년 11월 26일

지은이   신인재
펴낸이   이기봉
편집   좋은땅 편집팀
펴낸곳   도서출판 좋은땅
주소   서울특별시 마포구 양화로12길 26 지월드빌딩 (서교동 395-7)
전화   02)374-8616~7
팩스   02)374-8614
이메일   gworldbook@naver.com
홈페이지 www.g-world.co.kr

ISBN   979-11-6536-184-6 (03360)

이 도서의 국립중앙도서관 출판예정도서목록(CIP)은 서지정보유통지원시스템 홈페이지(http://seoji.nl.go.kr)와 국가자료공동목록시스템(http://www.nl.go.kr/kolisnet)에서 이용하실 수 있습니다. (CIP제어번호 : CIP2020007371)

법 원리를 이해하고 현장에 적용하기 위한 알기 쉬운 법 해설서

新 산업안전보건법 해설

2020년
부개정법에 따른
2020년 신판

신인재 박사 지음

면 개정된 산업안전보건법이 시행되었다. 신법은 하도급 체계 등 파편화된 고용구조에서 안전보건을 어떻게 확보해야 하는지에 한 고심 끝에 법체계가 대폭 변화되었다. 도급인과 건설공사발주자에게 실질적인 안전보건 관리와 책임을 부과 하였다. 엄격한 도 관리규정과 법 위반자에 대한 벌칙이 강화되고, 도급금지위반 과징금, 수강명령제도가 신설되었다.

좋은땅

산업안전보건법 전면개정에 따른 『산업안전보건법 해설』을 내면서

2020년 1월 16일부터 전면 개정된 산업안전보건법이 시행된다. 이는 2018년 말에 산업안전보건법 전면 개정안이 국회를 통과, 2019년 1월 공포되어 시행에 이르게 되었다. 전면 개정법은 2018년 12월 태안에서 발생한 고 김용균 씨의 산재사고가 기폭제가 되었다. IMF 구제금융 이후 지속되어 온 신자유주의 정책의 부작용의 하나인 하도급 체계, 신산업체계의 발달로 인한 파편화된 고용구조에서 직업에 종사는 이들의 안전보건을 어떠한 방식으로 보호하고 유지시켜야 하는지에 대한 고심에 대한 해답으로 이번 법령 개정이 이루어졌다. 하지만 모든 법은 그 한계를 내포하고 있다. 이제 개정법의 시행 시점이라 아직 논의하긴 이르지만 시행 과정에서 법 개정의 취지와 현장 작동성이 이루어지는지에 대한 면밀한 검토와 노력이 필요할 것이다.

세월호 사고 이후 안전사고로 인한 산업재해에 대해 국민의 우려가 크다. 또한 우리나라 핵심산업인 반도체 업종에 종사하는 근로자에서 발생한 백혈병 등이 사회적 주목을 받았다. 노동계는 산업재해로 인한 우리나라의 사고사망만인율이 선진국에 비하여 여전히 높은 상태임을 지적하고 있다.

사업장에서 사고를 예방하고 근로자의 삶의 질과 노동수준을 향상시키는 것은 국가의 복지사회 실현을 앞당기는 초석이 될 것이다. 산업안전보건에 대한 일반 국민의 관심도 점차 커지고 있다. 따라서 기업은 안전보건에 대한 활동을 어떻게 전개해야 하는지 알아야 한다. 근로자 또한 자신과 동료를 보호하기 위한 안전보건 역할에 대한 이해가 있어야 한다. 산업안전보건법은 이러한 기업과 근로자가 지켜야 할 안전보건에 대한 기본적 준수요건을 정하고 있다.

하지만 산업안전보건법은 그 방대함과 복잡함 그리고 공학, 물리, 화학, 의학적 용어 등으로 인하여 낯설어하고 어려워하는 경우가 많다. 특히 사업장에서 잘못된 법 상식을 가지고 안전보건관리를 하는 경우가 있고 이로 인하여 올바른 재해예방이 이루어지지 못하여 산업재해의 발생이나 감독기관의 감독 시 위반 사례가 적발되기도 한다. 중소기업은 물론 대기업의 안전보건관계자도 똑같은 실수를 겪는 것을 볼 때 저자의 안타까움이 컸다.

본서는 이러한 독자의 어려움을 해소하고자 산업안전보건의 근본적 원리에 따라 산업안전보건법을 설명하고 있다. 단순히 법조문의 순서에 따라 법 내용을 정리, 나열하기보다는 법조문이 가지는 근본 뜻을 이해하기 쉽게 풀어 쓰려고 하였다. 현장 중심의 안전보건관리에 도움이 되기를 바란다.

산업안전보건법이 근로자의 안전과 건강을 확보하고 쾌적한 작업환경을 조성하기 위한 목적으로 1981년에 제정되고 1991년 전면 개정된 이래 30년 가까이 시간이 흘렀다.

산업안전보건법은 그 동안 산업과 직업에 있어 환경 변화에 따라 여러 차례의 개정을 거쳐 많은 변화가 있었다. 그러나 산업안전보건법은 그 방대한 내용으로 인하여 법의 원리를 제대로 이해하여 해석하는 노력은 많지 않았다. 특히 산업안전보건법령에 대한 판례와 학설이 많지 않은 현실에서 올바른 법 해석과 적용을 위해서는 행정 해석을 정확하게 이해하는 것이 무엇보다 중요하여 본서에서는 850여 건에 이르는 법원 판례 및 행정 해석을 산업안전보건법의 원리에 따라 체계적으로 설명하였다. 저자는 그간의 모든 행정해석을 꼼꼼히 분석하여 법령의 개폐로 더 이상 유효하지 않거나 변경된 내용은 제외하고 최신 해석에 따라 설명하였다.

2019년 산업안전보건법에 많은 변화가 있었다. 작금의 고용관계 변화에 따라 법 보호 대상이 '근로자'에서 '노무제공자'로 확대되고, 기업 대표이사에게 안전보건경영계획 수립의무가 부과되고, 도급의 범위가 대폭 확대되고 도급인의 의무가 한층 강화되었으며, 건설공사발주자의 안전보건관리의무 신설, 유해작업 도급금지 강화, 영업비밀의 승인제도 도입 등이 있다. 본서는 이러한 최신의 변화를 반영하였다.

2014년『산업안전보건법 이해와 활용』발간 이후 사업장에서 안전보건에 종사하시는 많은 분들의 격려와 감사의 말씀이 있었다. 그동안 피상적이었던 산업안전보건법을 제대로 이해하게 되었다고 하고, 현장에서 산업안전보건을 올바르게 적용하는 데 도움이 되었다고 하였다. 본서는 그러한 독자의 의견을 반영하고 산업안전보건법의 전면개정에 따라 그동안 부족하다고 생각되었던 부분을 보완하여 이번에 새로이 발간하게 되었다.

부디 이 책이 산업안전보건법을 이해하려는 모든 분들께 조그마한 등불이 되기를 감히 기대한다.

2020년 정월

동해를 지키는 태종무열왕릉 바닷가에 서서

신인재

목차

제2장 안전보건조치의 이해와 활용

제4장 안전보건 교육 · 훈련

제10장 위험상황 시 및 산업재해발생 시 관리

제11장 유해물질 관리

제12장 고위험 현장 관리

제13장 근로자의 권리와 의무

◈ 법령의 약칭 ◈

산업안전보건법 ·	법
산업안전보건법 시행령 · · · · · · · · · · · · · · · · · · ·	시행령
산업안전보건법 시행규칙 · · · · · · · · · · · · · · · · ·	시행규칙
산업안전보건기준에 관한 규칙 · · · · · · · · · · · · ·	안전보건규칙
유해 · 위험작업의 취업 제한에 관한 규칙 · · · · · · ·	취업제한규칙
기업활동 규제완화에 관한 특별조치법 · · · · · · · · ·	기특법
파견근로자 보호 등에 관한 법률 · · · · · · · · · · · · ·	파견법

※ 본 책에 수록된 판례, 행정해석에서 법령의 조문은 인용된 당시 법령의 조항 및 조문내용을 기재하였습니다.

산업안전보건법 원론

◈ **이 편의 제도 개요** ◈

① 산업안전보건법의 개념

(1) 산업안전보건법의 필요성

기업이 경제활동을 함에 있어 사업장을 두고 근로자를 사용하여 사업을 영위하며 이익을 창출하고 있다. 이러한 기업활동 과정에서 발생하는 원하지 않는 부산물(by-products) 중 하나가 산업재해이다. 산업재해는 재해를 당한 근로자와 그 가정에 불행을 안겨 주고 사회적으로는 재해자 및 그 가족이 불안정한 생활로 인하여 사회의 안정성이 저하된다. 아울러 기업에게도 인력손실로 인한 생산능률의 저하와 생산성 하락을 초래하여 기업발전을 저해시킴으로써 궁극적으로는 국가경제에도 좋지 않은 영향을 미치게 된다. 따라서 근로자의 생명과 신체의 보호라는 기본적 요건과 국가사회 및 경제 안전 확보를 위해서 산업재해를 방지하는 노력이 필요하다. 이러한 안전보건 노력은 재해의 예방을 통한 근로자의 보호와 건강한 노동력 확보, 생산성 향상이라는 기업 차원, 더 나아가 국민의 안전과 생명을 보장한다는 국가적 차원에서 그 필요성이 있다 할 것이다.

인간의 천부적 권리의 하나로 '안전권'과 '건강권'이 20세기 이후 국제적으로 받아들여지고 있다.[1] 근대의 산업발달의 과정 속에 산업재해를 예방하기 위하여 사업주 등이 지켜야 할 법적 틀이 필요하게 되었다. 근대 산업사회 후기인 1830년대 이후 공장, 탄광 내 안전보건을 규율하는 법령과 기준이 만들어지게 되었으며, 1970년대 초에 미국, 영국을 중심으로 산업안전보건법이 독립 법으로 제정되었다.[2] 산업안전보건법은 사업장에서 지켜야 할 산업안전보건에 대한 기준과 방법을 규정하고 있다.

1　10 December 1948, the General Assembly of the United Nations (UN) adopted and proclaimed the Universal Declaration of Human Rights(UDHR).' Article 3 of this Declaration states, "Everyone has the right to life, liberty and security of person."
2　미국 Occupational Safety and Health Act 1970, 영국 Health and Safety at Work etc Act 1974

(2) 산업재해의 정의

산업안전보건법에서 '산업재해'라 함은 노무를 제공하는 자[3]가 업무에 관계되는 건설물·설비·원재료·가스·증기·분진 등에 의하거나 작업 또는 그 밖의 업무에 기인하여 사망 또는 부상하거나 질병에 이환되는 것을 말한다. (법 제2조)

산업안전보건법에서 다루고 있는 재해는 위험기계·유해가스 등 물적 요인에 기인하는 재해, 근로자의 기능이나 지식의 부족·신체조건 등 인적 요인에 기인하는 재해 및 유해물질에 장기간 노출됨으로써 생기는 건강상의 장해(직업성 질병 포함)를 포함하며, 업무수행과 관련하여 고객응대업무 등을 포함하게 되었다. 이는 일하는 과정에서 발생하는 보건·안전을 모두 다루고 있는 영국의 산업안전보건법(Health and Safety at work Act, 1974)의 개념이 적용된 것이며, 종전의 고용종속관계 하에서 사업장 내에서 근로자에게 발생하는 안전보건에 대해 규율하고 있던 산업안전보건법의 확장을 가져오게 되었다.

(3) 목적 및 보호법익

1) 법의 목적

산업안전보건법은 산업안전 및 보건에 관한 기준을 확립하고 그 책임의 소재를 명확하게 하여 산업재해를 예방하고 쾌적한 작업환경을 조성함으로써 노무를 제공하는 자[4]의 안전과 보건을 유지·증진함을 목적으로 한다. (법 제1조)

---

3   종전 법에서는 '근로자'를 보호대상으로 하였으나, 금번 법 개정으로 '노무를 제공하는 자'를 보호대상으로 변경하여 보호범위의 확대를 꾀하였다.
4   종전 법에서 '근로자'를 '노무를 제공하는 자'로 변경

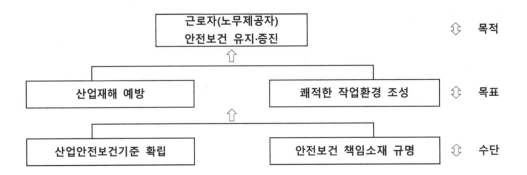

2) 보호법익

보호법익이란 법률에 의하여 보호되는 국민생활상의 이익을 말하며, 이는 범죄의 종류를 설정하는 기준이 되는 동시에 범죄의 기수와 미수를 결정하는 기준이 되며, 각종 법률의 목적이 이에 해당한다.

예를 들어 형법상 살인죄는 인간의 생명, 절도죄는 인간의 재산에 대한 권리(재산권), 폭행죄는 신체의 안전보호가 목적이다.

산업현장에서 산업재해를 예방하기 위한 제도적 규범인 산업안전보건법의 주된 보호법익은 사업주의 물적 재산보호나 불특정 다수의 국민적 재산의 이익 또는 대기환경보호 등에 있는 것이 아니라 노무를 제공하는 자(즉, 일하는 사람)의 생명보호 또는 신체의 완전성에 있다.

(4) 산업안전보건법의 의무 주체

사업장에서 안전보건의 확보는 어느 일방의 의무이행만으로 확보될 수 없다. 따라서 산업안전보건법에 의무 주체는 '사업주' '발주자' '제조·수입 및 설계·건설하는 자' '누구든지' '소유주 또는 임차인' 및 '근로자'로 구분하고 있다. '노무를 제공받는 자'가 추가되었다.

주된 의무 주체인 사업주에게는 다음 3가지를 법상 의무로 열거하고 있다. (법 제5조제1항)

　① 이 법과 이 법에 따른 명령으로 정하는 산업재해 예방을 위한 기준을 지킬 것

　② 근로자의 신체적 피로와 정신적 스트레스 등을 줄일 수 있는 쾌적한 작업환경을 조성하고 근로조건을 개선할 것

　③ 해당 사업장의 안전·보건에 관한 정보를 근로자에게 제공할 것

노무를 제공받는 자는 고용형태가 통상적 고용종속관계로 보기 어려운 특수형태근로종사자 등으로부터 노무를 제공받는 자의 책임을 규정하고 있다.

　① 특수형태근로종사자에 대한 안전조치 및 보건조치(법 제77조)

　② 배달종사자에 대한 안전조치 및 보건조치(법 제78조)

　③ 가맹본부의 가맹사업자와 그 소속 근로자의 산업재해예방 조치(법 제79조)

발주·설계·제조·수입 또는 건설하는 자의 의무는 다음과 같다. (법 제5조제2항)

　- 발주·설계·제조·수입 또는 건설을 할 때 이 법과 이 법에 따른 명령으로 정하는 기준을 준수

'누구든지'란 해당 조항과 관계되는 자가 지켜야 하는 의무이다.

　- 중대재해 발생현장 훼손 또는 재해 원인조사 방해행위 금지(법 제56조제3항)

　- 방호조치가 필요한 유해·위험 기계·기구를 방호조치하지 않고 양도, 대여, 설치 또는 사용에 제공하거나, 양도·대여의 목적으로 진열의 금지(법 제80조제1항, 제2항)

　- 안전인증을 받지 않거나 취소된 안전인증대상기계를 제조·수입·양도·대여 또는 이를 목적으로 한 진열 금지(법 제87조제1항)

　- 자율안전 확인신고를 하지 않거나 성능이 자율안전기준에 맞지 된 경우 또는 사용금지명령을 받은 자율안전인증대상기계를 제조·수입·양도·대여 또는 이를 목적으로 한 진열 금지(법 제92조제1항)

　- 직업성 암 등을 유발하여 제조 등이 금지 된 물질의 제조·수입·양도·제공 또는 사용 금지

(법 제117조)

　- 노동부장관이 실시하는 역학조사를 거부, 방해 금지(법 제141조제3항)

　'소유주 또는 임차인'의 의무는 다음과 같다.

　- 건축물이나 설비를 철거하거나 해체하려는 경우에 석면조사, 석면해체·제거업체기준준수 및 작업신고·서류보존, 해체작업 후 공기 중 석면농도 유지(법 제119조, 제122조, 제124조)

　근로자[5]의 일반적 의무는 다음과 같다. (법 제6조)

　① 법령에서 규정하고 있는 기준의 준수

　② 사업주 또는 근로감독관 등의 산업재해방지조치에 따를 의무

5　동 조항의 근로자는 근로기준법상 근로자 이외에 법 제77조에 따른 특수형태근로종사자와 제 78조에 따른 물건의 수거·배달 등을 하는 자를 포함한다.

※ 산업안전보건의 개념과 산재보상

'위험'이란 인적·물적 손상이나 손실을 가져올 수 있는 불안정 상태·상황을 말하며 '사고'란 고의성이 없는 어떤 불안전한 행동이나 상태가 선행되어 작업능률을 저하시키며 직간접적으로 인명이나 재산상의 손실을 가져올 수 있는 사건(event)을 말한다. 산업안전보건법에서는 '산업재해'란 근로자(노무를 제공하는 자)가 업무나 작업에 기인하여 사망 또는 부상하거나 질병에 이환되는 것이라고 한다.

- 안전: 사고가 없는 상태 또는 사고의 위험이 없는 상태
- 보건: 육체적·정신적·사회적으로 건강한 상태

재해예방의 원칙에는 근원적인 안전성 확보를 위한 '방호'의 개념이 있다. 방호란 재해예방을 위하여 기계·설비·공정 등에 대한 안전조치(기계작동 부분에 대한 덮개 등)하는 것을 말하며 두 가지로 나눌 수 있다. 첫째로 Fool Proof 설계가 있다 이는 인간이 기계 등을 잘못 취급하더라도 재해로 이어지지 않도록 하는 원리이며 예를 들어 드럼세탁기 문을 작동 중에 열려고 하더라고 열리지 않도록 설계하는 것을 말한다. 다음으로 Fail Safe가 있다. 이는 기계나 그 부품에 파손·고장이나 기능불량이 생겨도 항상 안전하게 작동할 수 있도록 하는 원리이다. 예를 들어 항공기 엔진 하나가 정지하더라도 나머지 엔진으로 비행할 수 있도록 설계하는 것을 말한다.

근원적인 안전조치가 불가능할 경우에는 근로자를 보호하는 조치를 하여야 한다. 보호란 근로자의 신체에 대해 안전조치를 말하며 안전모, 안전화 등 보호구를 착용한 작업하는 방법을 말한다.

직업병을 예방하기 위해서는 근본적으로 재해예방의 원칙에 따라서 유해원인의 제거, 배제, 감소, 전환 등이 이루어져야 한다. 사업장에서 이루어지는 관리방법으로는 작업장 내의 유해

인자의 관리, 작업환경의 관리, 작업관리, 근로자 관리가 있다.

  - 유해인자관리: 제조·사용의 금지물질, 허가물질, 관리물질, 특별관리물질 등 유해인자의 유해도에 따라 관리구분

  - 작업환경관리: 작업환경 내 확산된 유해인자 농도를 파악, 제거 및 감소관리(예: 국소배기)

  작업관리: 작업공정·방법, 작업 시간, 자세, 행동 등 근로자의 건강에 영향을 줄 수 있는 작업조건을 개선하거나 관리

  - 건강관리: 근로자 인체 내에 유해인자 침투 정도를 파악, 병으로 발전되는 것을 방지하고 근로자의 건강 대응능력을 증진

산재보상과의 관계를 살펴볼 때 산업안전보건은 근로자의 재해방지를 위한 사전 예방적 조치와 재해 발생 시 재발방지를 위한 재해원인 조사 및 책임소재 규명하는 것을 목적으로 하여 고용노동부는 산업안전보건법에 따라 사업주의 안전보건조치에 대한 예방점검감독과 사망사고 등 재해 발생시 재해조사를 통해 법 위반 사업주에 대한 형사처벌을 한다. 산재보상제도는 산업재해로 피해를 입은 근로자를 구제하기 위한 제도로서 발생된 재해에 따른 사후적 또는 구제적 조치이다.

산재보상의 원칙은 기본적으로 사업주의 무과실책임주의를 채택하고 있다. 이는 근로자가 근무 중 발생한 재해는 그 책임의 소재를 가리지 않고 보상을 한다는 의미이다. 다만 근로자의 고의·자해 행위, 범죄 행위에 의한 재해의 경우 업무상 재해로 불인정하고 있다. 산재보험의 가입은 사업주의 의사와 관계없이 강제가입 하도록 되어 있다. 다만 최근의 산재보험 확장원리에 따라 근로자성이 불분명한 종사자와 자영업자의 경우에는 임의가입의 형태를 띠고 있다. 산재보상은 정률보상이 원칙이다. 이는 손해배상 전부가 아닌 평균임금을 기초로 일정액을 보상하는 것을 말한다. 다른 보상 등과 면책 관계에 있어 근로기준법 또는 산재보험법상 재해보상에 대하여 그 금액 한도 내에서는 『민법』이나 그 밖의 법령에 따른 손해보상 책임 또는 위자료 지급 책임 면제된다.[6] 재해 발생 시 피재근로자에게는 근로기준법 또는 산재보험법 및 민법

6　산업재해보상보험법 제80조(다른 보상이나 배상과의 관계) ① 수급권자가 이 법에 따라 보험급여를 받았거나 받을 수 있으

에 의해 사용자에 대한 배상청구권 발생이 가능하다.

산업재해보상보험법에서 보상하는 재해는 업무상재해이며, 업무상재해란 업무상 사유에 따른 근로자의 부상·질병·장해 또는 사망한 경우로써 요양기간 4일 이상의 재해를 보상한다. 4일 미만의 재해는 근로기준법을 적용하여 사업주가 보상하여야 한다.

산업재해보상보험법상 재해보상의 종류에는 요양급여, 휴업급여, 장해급여, 간병급여, 유족급여, 상병보상연금, 장의비, 직업재활급여, 진폐보상연금, 진폐유족급여가 있다. 근로기준법에서는 요양보상, 휴업보상, 장해보상, 유족보상, 장의비를 규정하고 있다.

면 보험가입자는 동일한 사유에 대하여 「근로기준법」에 따른 재해보상 책임이 면제된다.
② 수급권자가 동일한 사유에 대하여 이 법에 따른 보험급여를 받으면 보험가입자는 그 금액의 한도 안에서 「민법」이나 그 밖의 법령에 따른 손해배상의 책임이 면제된다. 이 경우 장해보상연금 또는 유족보상연금을 받고 있는 자는 장해보상일시금 또는 유족보상일시금을 받은 것으로 본다.
③ 수급권자가 동일한 사유로 「민법」이나 그 밖의 법령에 따라 이 법의 보험급여에 상당한 금품을 받으면 공단은 그 받은 금품을 대통령령으로 정하는 방법에 따라 환산한 금액의 한도 안에서 이 법에 따른 보험급여를 지급하지 아니한다. 다만, 제2항 후단에 따라 수급권자가 지급받은 것으로 보게 되는 장해보상일시금 또는 유족보상일시금에 해당하는 연금액에 대하여는 그러하지 아니하다.
④ 요양급여를 받는 근로자가 요양을 시작한 후 3년이 지난날 이후에 상병보상연금을 지급받고 있으면 「근로기준법」 제23조제2항 단서를 적용할 때 그 사용자는 그 3년이 지난날 이후에는 같은 법 제84조에 따른 일시보상을 지급한 것으로 본다.

(1) 산업안전보건법의 역사와 배경

우리나라 산업안전보건 관련한 최초 법령은 해방 이후인 1946.11.7. 군정법령 제121호로 제정된 '최고노동시간법(regulations on maximum working hours)'과 과도정부 법령인 제4호로 '미성년자 노동보호법'을 들 수 있다.

대한민국 정부수립에 따라 1953.5.10. 「근로기준법」이 제정됨에 따라 이 법 제6장에서 10개 조문으로 처음 법제화되었고, 이를 근거로 대통령령인 「근로보건관리규칙(1961.9.11. 제정)」 및 「근로안전관리 규칙(1962.5.7. 제정)」이 제정되었다.

1953년 『근로기준법』이 제정되면서 근로자의 안전과 보건에 관하여 제6장 「안전과 보건」 장을 두어 제64조에서 제73조에 걸쳐 「위험방지」, 「안전장치」, 「유해물 제조 등의 금지」, 「안전·보건관리자」, 「건강진단」 등을 규정하고 있었다.

1) 법 제정의 필요성

1960~1970년대를 거치면서 한국 사회의 급속한 산업화가 진행됨에 따라 사업장 기계설비의 대형화, 고속화 및 건설공사의 대규모화 등으로 중대재해 발생이 급증하고, 유해물질의 대량 사용 등으로 새로운 직업성 질병이 증가한다.

우리나라가 농경사회에서 광업, 제조업 중심의 공업사회로 급속히 변화함에 따라 산업재해의 문제가 대두었고 이에 대응하여 적극적이고 종합적인 산업안전보건 대책 추진의 필요성 제기되어 1981.12.31. 「산업안전보건법」이 「근로기준법」에서 분리되어 독립된 법으로 제정·공포되었다.

1981년 제정·공포된 『산업안전보건법』에 따라 『근로기준법』도 개정되어 관련 조항들이 모두 폐지되고 제76조'만이 그 흔적으로 남아『산업안전보건법』에 따르도록 규정하고 있다.

2) 변천과정

1970년대 산업재해율이 평균 4.85였으나 80년대에는 3.02까지 낮아졌다. 그러나 제5공화국에서 제정된 산업안전보건법은 집행체계의 미비 등으로 인하여 더 이상의 재해예방효과를 거두지 못하였다. 1987년 이후 민주화운동과정에서 산업재해 문제, 특히 직업병 문제가 사회적 문제[8]로 대두되었다. 1989년 산업안전보건법을 전면 개정하고 노동부에 산업안전국을 설치하고 지방관서에 산업안전과를 설치하면서 본격적인 법 집행이 이루어지게 되었다.

1990. 1. 13.에 산업안전보건법을 전부 개정한 것을 비롯하여 2019년까지 총 39차에 걸쳐 개정하였다. 산업안전보건법은 급격한 경제발전으로 인해 새로운 기계기구가 개발·사용되고 유해화학물질의 사용량이 증가함에 따라 산업재해의 다발·대형화 및 새로운 직업병 발생 등의 문제에 대응하여 종합적·체계적으로 재해를 예방하기 위해서는 산업안전보건에 관한 법률의 보완과 집행체계의 구축이 필요하다는 인식이 확산되고, 재해예방기술의 개발·보급 및 지원, 전문단체의 육성 등 재해예방활동을 적극적·효과적으로 추진하기 위해서도 독립적 법률체계의 확립이 필요하다는 사회적 공감대에 의하여 발전하게 되었다.

〈산업재해현황〉

구분	1970년	1980년	1990년	2000년	2008년	2009년	2010년	2011년	2018년
재해율[9]	4.85	3.02	1.76	0.73	0.71	0.70	0.69	0.65	0.65
재해자 수	37,752명	113,375명	132,893명	68,976명	95,806명	97,821명	98,645명	93,292명	93,292명
사망자 수	639명	1,273명	2,236명	2,528명	2,422명	2,181명	2,200명	1,860명	1,860명
사고사망만인율[10]	8.20	3.80	2.96	2.11	0.87	0.82	0.97	0.96	0.51

7　『근로기준법』 제76조(안전과 보건) 근로자의 안전과 보건에 관하여는 『산업안전보건법』이 정하는 바에 의한다.
8　1986년 원진레이온에서 발생한 이황화탄소 직업병으로 인해 800여 명의 근로자가 직업병에 이환되었다.
9　재해율: 재해자 수÷근로자 수×100
10　2000년 이전은 사망만인율

산업안전보건법령은 1개의 법률과 1개의 시행령 및 3개의 시행규칙으로 이루어져 있으며, 하위규정으로서 60여 개의 고시, 17개의 예규, 3개의 훈령 및 각종 기술상의 지침 및 작업환경 표준 등이 있다. 산업안전보건기준은 핵심적인 규칙으로 총 672개[11]의 조문으로 각 작업별로 사업주가 지켜야 할 안전조치 및 보건조치를 매우 상세하게 규정하고 있다. 그 밖의 각종 인증·검사 등에 필요한 일반적이고 객관적인 사항을 정한 수치적·표준적 기준인 고시가 있다. 산업안전보건업무에 필요한 행정절차적 사항과 관련하여 정부, 실시기관, 의무대상 간의 관계를 규정한 예규가 있으며, 고용노동부장관이 지방관서의 장에게 업무수행을 위한 훈시·지시 등을 시달하기 위한 훈령이 있다.

○ 「산업안전보건법」은 산업재해예방을 위한 제도와 사업주·근로자 및 정부의 의무 등을 정한다.

- 「산업안전보건법 시행령」은 법에서 위임된 사항과 그 시행에 필요한 사항에 대해 규정한다.

- 시행규칙

①「산업안전보건법 시행규칙」: 법과 시행령에서 위임된 사항을 규정한다.

②「산업안전보건기준에 관한 규칙」[12]: 사업주, 근로자 등이 지켜야 할 안전과 보건조치에 관한 기준에 대하여 규정한다.

③「유해·위험작업의 취업 제한에 관한 규칙」: 유해 또는 위험한 작업에 필요한 자격·면허·경험에 관한 사항을 규정한다.

---

11 종전 670개 조문에 특수형태종사근로자 및 배달종사근로자에 대한 안전보건조치가 신설 추가됨

12 종전에는 「산업안전기준에 관한 규칙」과 「산업보건기준에 관한 규칙」으로 이원화되어 있었으나, 위 규칙의 법적 근거조문의 불명확, 조문 간 내용 중복문제와 생산기술 발전에 따른 안전관리 및 사고형태의 변화, 안전규칙과 보건규칙이 분리 운영됨에 따라 규제내용의 총괄적 인지가 어렵고 관련된 사항을 체계적이고 쉽게 파악하기 곤란하다는 이유로 2011.7.6. 고용노동부령 제30호로 통합되었다.

(3) 현행 산업안전보건법의 구성

현행 산업안전보건법은 다음과 같이 구성되어 있다.

제1장 '총칙'은 제1조에서 제13조까지 총괄적인 내용을 정하면서 법의 목적, 정의, 적용범위, 정부의 책무, 사업주의 의무, 근로자의 의무, 산업재예예방 기본계획 수립·공표, 협조요청, 산재 통합정보시스템, 산업재해 발생건수 등의 공표, 산재예방시설 설치·운영, 산제예방 지원, 기술 또는 작업환경 표준으로 구성되어 있다.

제2장 '안전보건관리체제'는 제14조에서 제28조까지로 회사 안전보건 계획의 이사회 보고, 안전보건관리책임자, 관리감독자, 안전관리자, 보건관리자, 안전보건관리담당자, 명예산업안전감독관, 산업안전보건위원회, 안전보건관리 규정 등으로 구성되어 있다.

제3장 '안전보건교육'은 제29조에서 제33조까지로 근로자 안전보건교육, 건설업 기초안전보건교육, 직무교육, 안전보건교육기관 등으로 구성되어 있다.

제4장 '유해·위험 방지 조치'는 제34조에서 제57조까지로 법령요지 게시, 위험성평가, 안전·보건표지, 안전조치, 보건조치, 근로자 준수, 고객 폭언 등 건강장해 예방조치, 유해위험방지계획서 작성·제출, 공정안전보고서 작성·제출, 안전보건진단, 안전보건개선계획서 수립·시행 명령, 사업주 및 근로자의 작업중지, 노동부장관의 시정조치, 중대재해 발생 시 사업주 조치, 중대재해 발생 시 작업중지, 중대재해 원인조사, 산업재해 발생 은폐 금지 및 보고 등으로 구성되어 있다.

제5장 '도급 시 산업재해 예방'은 제58조에서 제79조까지로 제1절에서는 유해한 작업의 도급 금지, 도급 승인, 하도급 금지, 적격 수급인 선정의무, 제2절에서는 안전보건총괄책임자, 도급인의 안전·보건 조치, 산업재해예방 조치, 안전·보건정보 제공, 관계수급인에 대한 시정조치,

제3절에서는 건설공사 발주자의 산업재해 예방조치, 안전보건조정자, 공사기간 단축·공법변경 금지, 공사기간 연장, 설계변경 요청, 산업안전보건관리비 계상, 건설재해예방전문지도기관, 안전·보건 협의체 구성, 기계·기구 등 안전조치, 제4절에서는 특수형태근로종사자에 대한 안전·보건조치, 배달종사 안전조치, 가맹본부의 산재예방 조치 등으로 구성되어 있다.

제6장 '유해·위험 기계 등에 대한 조치'는 제80조에서 제103조까지로 방호조치, 타워크레인 설치 해체업 등록, 안전인증, 자율안전 확인신고, 안전검사, 자율검사프로그램, 성능시험, 제조사업 지원 등으로 구성되어 있다.

제7장 '유해·위험물질에 대한 조치'는 제104조에서 제124조까지로 제1절 유해·위험물질 분류 및 관리에서는 유해인자 분류기준, 유해인자의 유해성·위험성 평가 및 관리, 노출기준 설정, 허용기준 준수, 신규화학물질 유해성·위험성 조사, 중대한 건강장해 우려 화학물질 유해성·위험성 조사, 물질안전보건자료의 작성·제출, 물질안전보건자료의 제공, 일부 비공개 승인, 게시 및 교육, 용기 등의 경고표시, 자료의 제공, 유해·위험물질 제조 금지, 제조 등 허가, 제2절에서는 석면조사, 석면해체·제거업 등록, 석면 해체·제거, 작업기준 준수, 석면농도기준 준수 등으로 구성되어 있다.

제8장 '근로자 보건관리'는 제125조에서 제141조까지로 작업환경측정, 신뢰성평가, 일반건강진단, 특수건강진단, 임시건강진단 명령, 사업주의 의무, 근로자의 의무, 결과보고 의무, 건강관리카드, 질병자의 근로금지·제한, 근로시간 제한, 자격 등에 의한 취업제한, 역학조사 등으로 구성되어 있다.

제9장 '산업안전·보건지도사'는 제142조에서 제154조까지로 지도사의 직무, 자격 및 시험, 등록, 지도 및 유사명칭의 사용금지, 부정행위자에 대한 제재로 구성되어 있다.

제10장 '근로감독관' 등은 제155조에서 제157조까지로 근로감독관의 권한, 공단직원의 검사

및 지도, 감독기관에 대한 신고로 구성되어 있다.

제11장 '보칙'은 제158조에서 제166조까지로 산업재해 예방활동의 보조·지원, 영업정지 요청, 과징금 처분, 비밀유지, 서류의 보존, 각종 권한의 위임·위탁 등에 관한 규정으로 구성되어 있다.

제12장 '벌칙'은 제167조에서 제175조까지로 각종 안전보건조치 위반, 감독명령 위반, 양벌 규정 등 형벌 사항 및 과태료 사항에 대하여 규정하고 있다.

(4) 산업안전보건법의 특징

1) 산업기술, 고용 및 직업환경 반영

산업안전보건은 사업장에 사용되는 기계, 물질, 작업양태에 영향을 받는다. 따라서 사업장 기계·설비의 다양화, 유해물질 사용량의 급증, 작업 공정의 변화는 산업안전보건법에서 규율해야 할 대상의 지속적인 변화를 가져온다. 최근에는 감정노동과 같은 서비스업에서 발생하는 직무 스트레스, 도급이 모든 업종으로 확산됨에 따라 도급 시 의무 주체 간의 안전보건상 규율 방법이 중요해지고 있다. 또한, 고용관계의 변화는 산업안전보건 및 산재예방 활동에 영향을 미치는 중요한 요소가 되었다.

2) 기술표준 성격

산업안전보건에 대한 기술은 그간 과학기술의 발전에 따라 개발되어 온 안전표준에 대한 내용이 담겨 있다. 산업현장에서 사용되는 각종 기계·기구·설비 및 유해물질 등의 안전보건 기술기준을 제시하고 있다. 안전거리, 설치기준, 유해인자 노출기준 등은 대표적인 예이다. 「산업안전보건기준에 관한 규칙」에도 기술 표준적 내용을 담고 있다.

3) 준수담보 규정 성격

산업안전보건의 문제, 즉 산업재해는 근로자의 작업과정 중에 발생하게 된다. 따라서 기준 기준의 설정만으로 안전보건이 이행되는 것을 담보할 수 없다. 안전보건관리체제의 규정, 안전보건위원회 구성, 운영, 공정안전보고서제출 등 준수를 담보할 수 있는 규정을 많이 담고 있다.

4) 근로기준 성격

산업안전보건법은 근로기준법에서 유래하고 있다. 역사적으로도 산업안전보건은 근로기준의 하나이다. "안전보건에 관한 기준을 확립하고"라는 말은 근로기준법의 목적(제1조)에서 "제1조(목적) 이 법은 헌법에 따라 근로조건의 기준을 정함으로써 근로자의 기본적 생활을 보장, 향상시키며 균형 있는 국민경제의 발전을 꾀하는 것을 목적으로 한다."라는 조문과 일치한다. 이는 산업안전보건법에서 규정하는 내용이 근로의 조건의 하나임을 시사한다.

따라서 근로기준을 이행시키기 위한 근로감독관제를 두고 산업재해에 대해 총체적인 책임을 갖는 사업주에 대하여 안전보건 확보의무 등 많은 규제를 부과하고 있다.

③ 타법과의 관계

(1) 형법과의 관계

1) 업무상 과실치사상죄의 개념

업무상 과실치사상죄란 형법 제268조에 규정된 범죄로서 사람이 업무수행과 관련하여 부주의, 태만 등 과실로 인하여 다른 사람을 다치게 하거나 부상 또는 사망에 이르게 한 경우에 이를 처벌한다.

형법에서는 업무상 과실치사상죄를 규정함에 있어 업무상 과실의 구체적 내용을 규정하지 않고 있으며 이는 그 내용을 법률에서 특정적·열거적으로 나열하기에는 개별 사건에서 나타나는 업무의 내용이 너무나 광범위하고 다양하기 때문에 이를 형법에 기술하지 않고 산업안전보건법과 같은 개별 행정작용에 관한 법률이나 개인회사의 사규 또는 관습 등에서 구체적인 사안별로 정해질 것이라고 예견하고 있기 때문이다.

2) 산업안전보건법 위반과의 관계

산업안전보건법 위반은 그 내용상 산업안전보건업무를 행하여야 하는 자가 그 업무를 제대로 행하지 않은 것을 의미하며 산업안전보건법상 조직 구성원에게 부여된 안전업무는 형법상 업무상 과실치사상죄에 있어서의 업무내용 중 하나이다.

따라서 산업안전보건조치 소홀로 산업재해가 발생한 경우에는 산업안전보건법 위반의 죄와 형법상 업무상 과실치사상죄가 동시에 성립되게 되므로 동일인이 하나의 위반행위로 인해 양법에 의해 처벌받는 사례가 발생될 수도 있다.

다만, 업무상 과실치사상죄가 형량이 높고 범죄사실의 입증이 용이해 업무상 과실치사상죄만으로 기소·입건되는 사례도 종종 있으나, 이러한 경우에도 업무상 과실의 유무를 판단하는 구체적인 근거는 산업안전보건법상의 조치의무 내용에서 확인된다.

(2) 기업활동 규제완화에 관한 특별조치법

기업활동규제 완화에 관한 특별조치법(이하 '기특법')은 창업, 공장 건축, 생산·제조 및 영업, 의무고용, 검사 등 기업의 활동단계별로 시행되고 있는 각종 행정규제를 완화 또는 폐지함으로써 기업활동의 탄력성과 융통성을 제고하고, 이를 통하여 기업의 성장·발전을 도모함과 아울러 경제 활성화에 기여하고자 1993.7.1.부터 제정·시행되어 오다가 1997.3.17. 개정되어 같은 해 5.1.부터 시행하였다.

기특법은 다른 법령에 대해 특별법적 지위에 있으므로 다른 법에 규정된 내용과 이 법에 규정된 내용이 상충되는 경우에는 이 법에 규정된 내용이 우선 적용되게 되어 산업안전·보건 관련 제도의 전체적 윤곽을 파악하기 위해서는 산업안전 보건법의 내용과 특조법의 내용을 함께 이해할 필요가 있다.

〈국내의 산업안전 관련 주요 법률〉

분야	관련 법률	소관 부처	산하기관
산업안전	· 산업안전보건법	고용노동부	한국산업안전보건공단
기업규제	· 기업활동 규제완화에 관한 특별조치법	산업통상자원부	
건설	· 건설기술관리법, 건설기계관리법, 시설물의 안전관리에 관한 특별법	국토교통부	한국시설안전공단
가스	· 고압가스 안전관리법, 액화석유가스의안전관리 및 사업법, 도시가스사업법	산업통상자원부	한국가스안전공사

전기	· 전기사업법, 전기공사업법, 전력기술관리법	산업통상자원부	한국전기안전공사
에너지	· 에너지이용 합리화법, 집단에너지사업법	산업통상자원부	에너지관리공단
원자력	· 원자력안전법	산업통상자원부	한국원자력안전기술원
광산	· 광산보안법	산업통상자원부	
승강기	· 승강기시설 안전관리법	행정안전부	한국승강기안전공단
화학물질	· 화학물질관리법, 화학물질 등록 · 평가 법	환경부	환경관리공단
항만	· 항만법	해양수산부	사단법인 한국선급
소방국민안전	· 소방기본법, 재난 및 안전관리기본법	행정안전부	한국소방산업기술원 한국소방안전원

(3) 파견사업에 있어서 산업안전보건법 적용 특례

1) 배경

현재의 산업 및 고용구조는 하나의 사업장에 하나의 고용관계를 맺고 일하던 과거와는 달리 하나의 사업장 내에 다양한 고용계약이 존재한다. 산업안전보건도 이러한 고용관계에 대하여 합목적 대응구조를 가져야 한다. 파견근로자에 대한 근로기준상 의무 주체를 명확히 하기 위하여 「파견근로자 보호 등에 관한 법률」이 제정되었으며 산업안전보건법상 의무 주체를 규율하고 있다.

2) 근로자 파견

'근로자 파견'이라 함은 파견사업주가 근로자를 고용한 후 그 고용관계를 유지하면서 근로자 파견계약의 내용에 따라 사용사업주의 지휘·명령을 받아 사용사업주를 위한 근로에 종사하게 하는 것을 말한다. (「파견근로자 보호 등에 관한 법률」 제2조제1호)

'근로자파견사업'이라 함은 근로자파견을 업으로 행하는 것을 말한다. (제2조제2호)

산업안전보건법상 파견근로자의 사업주는 파견사업주이므로 원칙적으로는 파견사업주가 산업안전보건법상 사업주로서의 책임이 있다. 그러나 파견근로자는 사용사업주의 사업장에서 사용사업주의 지시에 따라 근로를 제공하고 있기 때문에 파견근로자의 산재예방을 위해서는 사용사업주에게 안전보건상의 책임을 부과하는 것이 합리적인 바, 이러한 파견근로의 특성을 감안하여 「파견근로자의 보호 등에 관한 법률」(이하 '파견법') 제35조에서는 파견사업주 및 사용사업주를 모두 사업주로 보는 경우 등 산업안전보건법 적용의 특례에 대해 규정하고 있다.

3) 사용사업주의 책임

파견법에서는 원칙적으로 파견 중인 근로자의 파견근로에 관하여는 사용사업주를 산업안전보건법 제2조제4호에 따른 사업주로 보아 동법을 적용한다.(파견법 제35조제1항) 이 경우 산업안전보건법 제29조제2항(안전보건교육)을 적용함에 있어서는 '근로자를 채용할 때'를 '근로자파견의 역무를 제공받은 때'로 본다.(파견법 제35조제1항 후단) 따라서 산업안전보건법의 대부분의 규정은 사용사업주가 사업주로서 책임을 지게 된다.[13]

4) 파견사업주 및 사용사업주 모두에게 사업주 책임을 부과하는 경우

다음의 산업안전보건법상 조항을 적용하는 경우에는 파견사업주 및 사용사업주 모두에게 산업안전보건법상 사업주로서의 책임을 부과한다.(파견법 제35조제2항)
① 제5조(사업주의 의무), ② 제132조제4항(건강진단결과 근로자의 건강을 유지하기 위하여

---

13 【질의】파견업무를 하고 있는 업체로 현재 종업원이 300명 정도 되는데 안전관리자를 채용할 의무가 있는지, 또한 사고가 났을 때 사업주의 의무와 관리감독자의 의무 및 법정 안전교육은 어디까지인지?
☞ (회시) 근로자파견사업을 하는 회사에 고용되어 그 고용관계를 유지하면서 근로자파견계약의 내용에 따라 사용사업주의 지휘·명령을 받아 사용사업주를 위한 근로에 종사하게 하는 근로자(이하 파견근로자)에 대한 사업주의 임무 중 안전·보건조치 의무는 파견근로자 보호 등에 관한 법률 제35조 규정에 의하여 원칙적으로 사용사업주에게 있으므로, 안전관리자의 선임의무는 사용사업주의 사업의 종류 및 근로자수(파견근로자를 포함)에 따라 산업안전보건법 제15조에 의한 안전관리자 선임대상 여부를 판단하여야 하며, 산업재해의 예방을 위한 조치 및 관리감독, 안전교육 등 안전·보건상의 조치의무도 파견근로자에게 직접 작업 지시를 하는 사용사업주에게 있다. 다만, 예외적으로 근로자건강진단(정기 또는 채용시) 실시와 그 결과의 근로자 및 사용사업주에게 송부 의무는 파견사업주에게 있고, 건강진단 결과에 따른 근로자의 건강보호를 위한 필요한 조치의무(작업장소의 변경, 작업의 전환 및 근로시간의 단축)는 사용·파견사업주 모두에게 있다.(산안 68320-86, 2001.2.12.)

작업장소의 변경, 작업의 전환 및 근로시간단축을 하는 경우), ③ 제132조제2항 단서(본인의 동의 없는 건강진단결과 공개 금지), ④ 제157조제3항(신고를 이유로 한 근로자에 대한 불이익 처우 금지)

5) 근로자 건강진단에 관한 사업주 책임

건강진단 실시와 관련해서는 건강진단의 종류에 따라 파견사업주와 사용사업주에 의무를 부과하고 있다. 즉, 파견사업주는 일반건강진단을 실시할 의무를 지고(파견법 제35조제4항 및 동법 시행규칙 제18조), 사용사업주는 특수·임시·배치전·수시 건강진단을 실시할 의무가 있다.(파견법 제35조제1항, 제35조제4항의 반대해석) 이는 건강진단의 특성상 특수검진은 해당 작업의 유해인자와 밀접한 연관이 있기 때문에 사용사업주에 의무를 부과하고 있는 것이다.

사용사업주가 파견근로자에 대한 건강진단을 실시한 경우 해당 건강진단결과를 설명하여야 하며, 해당 건강진단결과를 지체 없이 파견근로자에게 송부하여야 한다. (파견법 제35조제3항) 파견사업주 또한 같다. (파견법 제35조제5항)

6) 산업안전보건법을 위반한 근로자파견계약

파견사업주와 사용사업주가 산업안전보건법을 위반하는 내용을 포함한 근로자파견계약을 체결하고, 그 계약에 따라 파견근로자를 근로하게 함으로써 산업안전보건법을 위반한 경우에는 그 계약당사자 모두를 사업주로 보아 해당 벌칙을 적용한다. (파견법 제35조제6항)

사용사업주가 산업안전보건법에 위반하여 파견근로자를 사용하는 경우에는 파견사업주는 근로자파견을 정지하거나 근로자파견계약을 해지할 수 있다. (파견법 제22조제2항)

● 상세 해설

(1) 사업주

법 제2조(정의) 이 법에서 사용하는 용어의 뜻은 다음과 같다.
3. '근로자' 란 「근로기준법」 제2조제1항제1호에 따른 근로자를 말한다.
※ **근로기준법** 제2조제1항제1호 1. '근로자란' 직업의 종류와 관계없이 임금을 목적으로 사업이나 사업장에 근로를 제공하는 자를 말한다.
4. '사업주' 란 근로자를 사용하여 사업을 하는 자를 말한다.

산업안전보건법을 지켜야 하는 주된 책임자는 사업주(employer)이다. 사업주란 근로자를 사용하여 사업을 하는 자를 말하며, 개인사업자일 경우에는 그 사업자, 법인일 경우에는 당해 법인이 사업주가 된다.

사업주는 직접 근로자를 고용하는 자를 말하며 근로기준법 및 산업안전보건법의 준수의무에 대한 주체이다. 예를 들어 인접한 두 사업장을 통합하여 운영하는 경우 산업안전보건법 규정(안전보건교육, 안전보건조치 등)의 의무 주체가 누가 될 것인가에 대해서 행정해석은 해당 근로자를 고용하고 있는 사업주가 해당 법규의 의무 주체가 된다고 하였다.[14] 하나의 사업장 내에서 시설의 유지 및 보수와 운영의 주체가 서로 다른 경우에 산업안전보건법상 책임의 소재의 변화가 있었다. 종전에는 각 법조문에 따라 다소 다르나 일반적으로 건물이나 기계·기구 및 설비 등의 소유 여부보다는 근로자가 소속된 사업장의 사업주 여부에 따라 책임소재가 결정되어야 하는 것으로 해석하였으나, 금번 법 개정에서 도급인의 의무 확대를 통하여 "관계수급인 근로자가 도급인의 사업장에서 작업을 하는 경우에 자신의 근로자와 관계수급인 근로자

---

14 【질의】 인접된 A, B 사업장을 경영상의 사유에 의하여 하나로 통합하여 운영하고자 하는 경우 법 제5조(사업주의 의무), 제10조(보고의 의무), 제11조(법령요지의 게시 등), 제12조(안전표지의 부착 등), 제13조(안전보건관리책임자), 제14조(관리감독자 등), 제15조(안전관리자 등), 제23조(안전상의 조치), 제24조(보건상의 조치), 제31조(안전·보건교육) 등 법상 사업주의 의무사항의 귀속 여부?
☞ (회시) 질의에 예시된 각 법 조항별 의무 주체는 근로자가 소속된 사업장의 사업주이다.(산업안전보건법 제2조제3호의 규정에 의하여 '사업주' 라 함은 근로자를 사용하여 사업을 행하는 자임). (안정 68301-49, 2000.1.18.)

의 산업재해를 예방하기 위하여 안전 및 보건 시설의 설치 등 필요한 안전조치 및 보건조치를 하여야 한다."라고 규정하고 동 조항을 위반하여 근로자를 사망하게 한 경우 벌칙을 사업주의 안전·보건조치 의무위반으로 근로자를 사망하게 한 경우와 같이 7년 이하의 징역 또는 1억 원 이하의 벌금형으로 규정하였다.

근로자 파견에 따른 사용사업주와 고용사업주의 개념이 생겼으며 이 경우에 법적 의무 주체를 명확히 하기 위하여 「파견근로자 보호 등에 관한 법률」에서 산업안전보건법상 개별조문별 의무 주체가 되는 사업주를 명시하고 있다.

사업주는 근로자를 고용하여 사업을 영위하는 자이어야 한다. 따라서 개인이 자신의 건물을 신축하다가 발생한 사고에 있어서는 산업안전보건법상 사업주에 해당하는 법 적용을 배제하고 있다.[15]

같은 회사 소속 근로자가 다른 사업장으로 파견, 출장 등으로 가게 되는 안전보건관리의 책임을 지는 사업주를 판단하기 위한 기본적으로는 고용 사업장의 사업주가 해당되지만 안전보건조치에 있어서는 파견, 출장지 사업장의 사업주가 의무 주체가 될 수 있다.[16]

---

15 【질의】 개인이 주거목적으로 시공하는 공사현장의 산업안전보건법 적용 여부?
건축업자가 아닌 개인이 본인 주거목적의 농가주택을 건축주 겸 시공자로서 신축하다가 안전상의 조치 미비로 소속 근로자가 비계상의 작업발판에서 추락하여 사망하였는데, 이 경우 건축주이자 시공자인 개인은 산업안전보건법의 적용을 받아 처벌이 되어야 하는지 여부?
☞ (회시) 산업안전보건법 제3조에서 "이 법은 모든 사업 또는 사업장에 적용한다."라고 규정하고 있으므로 동법이 적용되기 위해서는 사업 또는 사업장에 해당되어야 할 것이며, '사업 또는 사업장'이란 일반적으로 영리 또는 비영리 여부를 불문하고 일정한 장소에서 유기적인 조직 하에 업으로서 계속적으로 행해지는 것을 말한다. 귀 질의와 같이 개인이 자신의 주거를 목적으로 주택을 신축하는 것은 원칙적으로 '업'으로서 계속성을 가지는 사업 또는 사업장에 해당한다고 보기 어려우므로 산업안전보건법이 적용되지 않는다고 사료된다.(산안(건안) 68307-10455, 2002.10.16.)
16 【질의】 공사현장에 파견 근무하고 있는 본사의 엔지니어링부서 소속 근로자에 대한 안전보건관리책임은 누구에게 있는지?
☞ (회시) 산업안전보건법에서 규정하고 있는 근로자의 보호 의무의 주체는 당해 근로자를 사용하는 사업주를 말하는 것으로 당해 근로자를 고용하여 업무를 수행토록 한 사업주에게 원칙적으로 산업안전보건법상 책임이 있다. 귀 질의의 경우와 같이 동일 회사 소속의 공사부서에서 시공하는 공사현장에 엔지니어링부서 소속 직원이 파견명령에 의해 근무하는 경우 동 근로자에 대한 안전보건관리책임은 구체적으로 발생한 산업재해와 관련하여 그 원인, 작업상황, 작업지시, 작업장소, 고용관계 등 사실관계를 확인하여 산업안전보건법상 그에 대한 이행의무가 있는 자에게 각각 법적인 책임을 지울 수 있다.(산안(건안) 68307-10322, 2001.7.14.)

(2) 사업장

'사업장'(workplace)은 산업안전보건법을 지켜야 하는 적용단위로서 중요한 판단기준이 된다. 산업안전보건은 근로자에 대한 안전보건관리를 위한 활동단위를 조직하고 계획서를 수립하고 이를 집행, 관리하도록 하고 있다. 따라서 법 적용의 단위기준은 중요하다. 산업안전보건법 적용에 있어 그 적용단위는 기본적으로 '사업장'이며, 하나의 사업장을 판단하는 기준은 주로 장소적 관념에 따라 결정해야 할 것이므로 원칙적으로 동일한 장소에 있으면 하나의 사업장으로 보고 장소적으로 분산되어 있으면 별개의 사업장으로 보는 것이 일반적이다.[17] 다만, 동일한 장소에 있더라도 근로의 양태가 현저히 다르고 노무관리 등이 명확하게 구분되는 부문이 있는 경우 주된 부문과 분리하여 취급하는 것이 산업안전보건법이 보다 적절하게 운용될 수 있다면 해당 부문을 독립된 사업장으로 보며[18] 장소적으로 분산되어 있더라도 소규모의 공장, 출장소, 사업소, 지점 등이 업무처리 능력 등을 감안할 때 하나의 사업장이라고 말할 정도의 독립성이 없는 경우 직근 상위조직(기구)과 일괄하여 취급하는 것이 산업안전보건법이 보다 적절하게 운용될 수 있다면 직근 상위조직(기구)과 일괄하여 하나의 사업장으로 봄이 타당하므로 구체적 개별적 사업장 판단은 위 기준에 준거하여 판단하여야 한다.

---

17 【질의】산업안전보건법에서는 상시근로자 50명 이상을 사용하는 사업장의 경우 안전 · 보건관리자를 선임하도록 하고 있는바, 구청의 경우 구청 전체를 하나의 사업장으로 보아야 하는지, 각 부서를 별개의 사업장으로 보고 상시근로자 50명 이상인 부서(청소행정과 등)는 안전 · 보건관리자를 선임하여야 하는지?
☞ (회시) 산업안전보건법 제15조 및 같은 법 제16조에 의한 안전 · 보건관리자의 선임은 사업장 단위로 하고 있는 바, 사업장의 개념은 주로 장소적 관념에 따라 결정해야 할 것이고, 동일한 장소에 있으면 원칙적으로 분리하지 않고 하나의 사업장으로 보며, 장소적으로 분산되어 있는 경우에는 원칙적으로 별개의 사업장으로 보아야 한다. 다만, 동일한 장소에 있더라도 현저하게 근로의 양태가 다른 부문이 있고 그러한 부문이 주된 부문과 비교하여 노무관리 등이 명확하게 구분되고, 주된 부문과 분리하여 취급함으로써 산업안전보건법이 보다 적절하게 운용될 수 있는 경우에는 그러한 부문을 독립된 사업장으로 보아야 하며, 장소적으로 분산되어 있더라도 출장소, 사업소, 지점 등이 업무처리 능력 등을 감안할 때 하나의 사업장이라고 말할 정도의 독립성이 없으면 직근 상위조직(기구)과 일괄하여 하나의 사업장으로 보아야 한다.(산재예방정책과-4065, 2012.7.30.)
18 【질의】같은 소재지 내 현업기관을 각각 하나의 사업장으로 볼 수 있는지?
○○지하철공사의 현업기관인 시설사업소, ○○ 차량기지사업소, 제1기전사업소의 소재지가 같은 경우 동 현업기관들을 하나의 사업장으로 볼 수 있는지의 여부?
☞ (회시) 1. 현업기관들이 동일 장소에 있더라도 현저하게 근로의 형태가 다른 부문이 있고 그러한 부문이 주된 부문과 비교하여 노무관리, 회계 등이 명확하게 구분되는 동시에 주된 부문과 분리하여 취급하는 것이 보다 적절한 법적용을 가능케 한다면 그러한 부문을 독립된 사업장으로 보는 것이 타당하며
2. 한편 귀소가 제출한 자료만을 검토했을 때 각각의 현업기관장은 소속직원에 대한 독립적인 지휘 감독권 및 업무 분장권을 갖고 있으므로 각각의 현업기관을 별개의 사업장으로 보는 것이 타당하다고 사료되나, 각각의 현업기관을 하나의 사업장 또는 별개의 사업장으로 볼 것인가의 여부는 근로형태, 노무관리, 회계 등에 대한 보다 구체적인 실사를 통해 결정되어야 할 것이다.(산업보건환경팀-835, 2006.1.26.)

사업장이 분사하는 경우 별개의 사업장으로 본다.[19] 사업장 시설 내에서 일부분을 담당하는 사업장이 된 경우에는 소속 근로자에 대한 법상 의무는 기본적으로 고용사업주에 속하나 사업장 시설을 보유하고 업무를 위탁한 사업장은 도급인으로서의 책임이 있다.[20]

(3) 근로자(노무를 제공하는 자)

근로자는 임금을 목적으로 근로를 제공하는 자를 말한다. 임금을 매개체로 하여 사업주와 사용종속관계를 갖는 피고용인을 말한다. 따라서 사용종속관계가 불명확한 형태에 해당하는 자가 산업안전보건법상 근로자에 포함되는지 여부가 논란이 될 수 있다. 이 경우 근로기준법의 법률 및 행정해석에 따른다.

법 개정으로 산업안전보건법의 보호대상이 '노무를 제공하는 자'로 확대되었다. 이는 근로자성을 갖고 있으나 사업주가 명확하지 않거나 고용의 형태가 불안정한 노무제공자에 대한 법적 보호 틀을 제공하기 위함이다. 산업안전보건법은 안전보건의 책임을 물을 수 있어야 한다. 따라서 특수형태고용종사자, 배달원 등을 '노무를 제공하는 자'의 구체적 법적 보호대상으로 명시하고 이들에 대해 제공하여야 안전보건 기준을 제시하고 있다. 이들을 주되게 사용하는 사람을 사업주로 판단하고 있다.

---

19 【질의】같은 회사 내에서 분사하여 하나의 별도의 법인 회사를 설립하였으며 분사 시 위험기계기구((예) 크레인, 호이스트 등)를 임대차 계약을 하였음. 모체의 회사를 '갑' 분사회사를 '을'이라고 했을 경우에 만일 위험기계기구에 대한 안전사고 발생하였다면, 산업안전보건법상 책임소재가 누구에게 있는지?
☞ (회시) 산업안전보건법 제23조에 의한 안전상의 조치 의무는 근로자를 고용하여 직접 사용하는 사업주에게 부여되어 있으므로 위험기계기구를 사용하여 사업을 행하는 사업주인 '을' 사에게 있으나 산업안전보건법 제33조제1항의 규정에 의해 크레인 등 위험기계기구를 타인에게 양도 또는 대여하는 자도 위험방지에 필요한 방호조치를 하도록 의무가 부여되어 있으므로 동 위험방지를 위한 방호조치를 하지 않은 결과로 재해가 발생한 경우에는 동 기계를 대여한 '갑' 사도 그 책임이 있다.(산안 68320-111, 2000.2.10.)
20 【질의】위 사례에서 (을)은 안전보건관리자를 선임하여야 하는지?
(갑)이 (을)에게 안전보건관리를 하여야 하는 범위는?
☞ (회시) '을' 사가 산업안전보건법시행령 별표3 및 별표5의 규정에 의한 사업종류 및 규모에 해당되는 경우에는 '갑' 사와 무관하게 별도로 안전 및 보건관리자를 선임하여야 하며 동일한 장소에서 행하여지는 사업으로서, 모체인 '갑' 사가 동법 시행령 제26조제2항에 해당하는 사업의 일부를 분사된 '을' 사에게 도급을 주어 행하는 경우에는 도급인인 '갑' 사는 그가 사용하는 근로자와 그의 수급인인 '을'이 사용하는 근로자들의 산업재해 예방을 위하여 동법 제29조의 규정에 의한 안전보건조치를 취하여야 한다.(산안 68320-111, 2000.2.10.)

임원인 경우 근로자 여부에 논란이 있을 수 있으나, 통상적으로 월급직 임금을 받는 임원은 근로자로 본다고 해석한다.[21]

근로자수는 산업안전보건법 적용에 있어서 중요한 객체이다. 근로자의 규모에 따라 사업주가 지켜야 할 의무가 상당히 달라지기 때문이다. 근로자의 규모를 산정할 때 상시근로자의 개념을 사용한다. 상시근로자 수를 산정하는 기준이 되는 상사라 함은 상태(常態)라는 의미이며, 상시근로자 수란 상시 근무하는 근로자수를 뜻하는 것이 아니고 일정한 사업장에서 사용하는 근로자가 상태적으로 보아 몇 명인지를 의미하는 것이다. 이 경우 근로자라 함은 근로기준법 제2조의 규정에 의한 근로자로서 당해 사업장에 계속 근무하는 근로자뿐만 아니라 임시직 근로자, 일용직 근로자, 파견근로자 등 고용형태를 불문하고 모든 근로자를 포함한다.[22]

건설업의 '상시근로자 수의 산정방법'은 '총 공사계약금액, 해당 연도 노무비율, 해당 연도의 건설업 월평균임금, 조업월수'를 기초로 하여 관련 공사의 상시근로자 수를 산정한다. 이에 따라 관련 공사의 상시근로자 수를 산정함에 있어 해당 연도의 노무비율과 건설업 월 평균임금은 매년 노동부장관이 고시하므로 연도 중에는 변동사항이 없으므로 상시근로자 수는 총 공사계약금액과 조업월수에 따라 결정된다.

---

21 【질의】 1. 회사의 월급직 임원(이사, 상무, 전무)의 근로자 인정 여부?
2. 질의 1의 임원이 근로자인 경우 교육실시 여부?
☞ (회시) 1. 근로기준법상의 근로자라 함은 직업의 종류를 불문하고 임금을 목적으로 근로를 제공하는 자(법 제14조)를 말하는 바, 주식회사의 이사 등의 지위에 있는 자는 원칙적으로 업무집행권을 가진 자로서 사업주와 사용종속관계가 없다고 보아 근로자로 보지 아니하나, 법령, 정관 등의 규정에 의하여 업무집행권을 가진 자의 감독을 받아 사실상 노무에 종사하고 그 대가로 임금을 지급받고 있는 경우에는 근로자로 인정될 수도 있으므로 귀 문 월급직 임원에 대하여는 위 기준에 따라 근로자 여부를 판단하여야 한다.
2. 산업안전보건법 제2조는 이 법에서의 근로자라 함은 근로기준법상의 근로자를 말한다고 규정하고 있고, 같은 법 제31조제1항은 사업주는 당해 사업장 소속 근로자에 대해 노동부령이 정하는 바에 의하여 정기적으로 안전·보건에 관한 교육을 실시하여야 한다고 규정하고 있다.
따라서 귀 질의 1의 임원이 근로기준법 제14조의 규정에 의한 근로자에 해당한다면 산업안전보건법 제31조의 규정에 의해 안전보건교육을 실시하여야 한다.(안정 68307-203, 2001.3.23.)
22 (산보 68340-125, 2000.2.17.)

아울러 파견 중인 근로자의 파견근로에 관하여는 「파견근로자 보호 등에 관한 법률」 제35조 제1항의 규정에 의하여 사용사업주를 산업안전보건법 제2조제3호의 규정에 의한 사업주로 보기 때문에 파견근로자도 포함하여 계산하여야 한다.[24]

(4) 업종

업종은 표준산업분류표를 따른다. 표준산업분류는 「통계법」에 따라 통계청장이 고시한 「한국표준산업분류」에 따른다. (시행령 제2조제2항)

본사가 있고 여러 지역에 사업장이 각각 있는 경우에는 각 사업장별로 사업의 양태를 보아 업종을 적용한다.

예를 들어 석유정제품 제조를 주 사업으로 하는 기업으로서 회계, 인사, 사업계획, 영업지원 등을 수행하는 서울 본사가 부수 사업으로 수행하는 부동산임대사업으로 인해 산업안전보건법시행령 별표 1의 일부적용 사업장에 해당될 수 없는지에 대한 질의에 대하여 산업안전보건

---

23 (안전보건지도과-750, 2010.4.19.)

24 【질의】 화학제품 제조업체로서 정식직원 40명, 파견근로자 12명(일용직 아님)을 사용하고 있는 회사의 경우 산업안전보건법시행령 별표5에서 규정하고 있는 보건관리자를 선임하여야 하는지 여부?
☞ (회시) 귀사가 정식직원 40명, 파견근로자 12명을 각각 사용한다면 당해 사업주는 정식직원 40명과 파견근로자 12명을 합한 52명의 근로자를 사용한다고 할 수 있음. 단, 귀사가 정식직원, 파견근로자 외에 임시·일용직 등도 사용한다면 이들도 상시근로자 수 계산 시 포함되어야 함. 따라서 귀사의 경우 임시·일용직 근로자를 사용하지 않는다고 하더라도 파견근로자를 포함한 상시근로자 수가 52명이고 당해 업종이 화학제품 제조업이기 때문에, 산업안전보건법 제16조 및 동법 시행령 별표 5의 규정에 의하여 보건관리자를 자체적으로 선임하거나 보건관리대행기관에 보건관리업무를 위탁하여야 한다.(산보 68340-125, 2000.2.17.)

법상 사업분류는 둘 이상의 산업활동이 하나의 사업장에서 행하여지는 경우 주된 산업활동을 기준으로 분류하며, 여러 사업체를 관리하는 대기업 본사와 같은 중앙보조단위는 그 보조되는 사업체 중 주된 산업체와 동일한 산업으로 분류하게 되므로 귀 서울 본사는 부수 사업으로 운영하는 부동산 임대업이 아닌 주된 산업활동인 석유정제품 제조업에 해당될 것으로 해석하고 있다.[25]

또한 본사의 경우 차량운전기사가 있는 경우에도 사무직 근로자만을 사용하는 사업장으로 볼 수 없는지 여부에 대하여는 본사의 대표이사 등의 차량운전을 위한 운전기사(2명)는 사무활동을 보조하기 위해 배치된 것이므로 귀 서울 본사는 산업안전보건법시행령 별표 1 「법의 일부적용대상사업 및 일부적용규정의 구분표」의 대상사업란 제5호(사업장이 분리된 경우로서 사무직근로자만을 사용하는 사업장)에 해당하여 이 법의 일부적용대상 사업장인 것으로 판단하고 있다.[26]

(5) 적용 범위

> **제3조(적용 범위)** 이 법은 모든 사업에 적용한다. 다만, 유해·위험의 정도, 사업의 종류, 사업장의 상시근로자 수(건설공사의 경우에는 건설공사 금액을 말한다) 등을 고려하여 대통령령으로 정하는 종류의 사업 또는 사업장에는 이 법의 전부 또는 일부를 적용하지 아니할 수 있다.

산업안전보건법은 모든 업종, 사업에 적용됨이 원칙[27]이나 시행령으로 일부적용 규정을 두고 있다. 산업안전보건법은 동법 제3조 및 동법 시행령 제2조의 규정에 따른 유해·위험의 정도, 사업의 종류 및 상시근로자 수 등에 따라 법의 적용 범위가 달라지며, 사업의 분류는 통계청장이 고시한 한국표준산업분류표에 의하도록 규정하고 있다.

---

25   (안정 68301-49, 2003.1.22.)
26   (안정 68301-49, 2003.1.22.)
27   【질의】산업안전보건법 제5조(사업주 의무)의 '사업주'에 감리회사(서비스 업종)가 포함되는지 여부?
☞ (회시) 산업안전보건법 제2조의 규정에 의하여 '사업주'라 함은 근로자를 사용하여 사업을 행하는 자를 말하므로 서비스 등의 업종에 관계없이 근로자를 사용하여 사업을 행하는 자는 이 법에 의한 사업주이다.(안정 68307-800, 2000.9.6.)

산업안전보건법은 모든 사업에 적용되는 것이 원칙임에도 일부적용규정을 두어 법 적용이 근본적으로 제외되는 사업장과 업종이 있어 왔는데 이는 법의 형평성 원칙에 위배된다는 비판이 있었다.

2013년에 일부적용에 관한 시행령을 개정(2013.8.6.)하여 법 일부적용 대상을 최소화하여 사실상 모든 사업에 법적용이 되게 되었다. 5인 미만 사업장을 제외하고는 위험도가 낮은 업종의 경우에도 일반 정기안전보건교육(제29조)을 제외하고는 모든 조항이 적용된다.

국가 및 지방자치단체, 공공기관도 산업안전보건법의 적용을 받는 것이 원칙이다.[28] 다만, 국가의 경우 국가공무원법 등에서 별도의 규정을 두고 있는 경우 특별법 우선의 원칙에 따라 해당 법령이 산업안전보건법에 우선하여 적용[29]하여야 한다는 것이 통설이다.

---

28 【질의】 지방자치단체가 설치·운영하는 공립초등학교 급식시설에서 산업안전보건법을 위반하였을 경우 과태료를 부과할 수 있는지 여부?
☞ (회시) 과태료는 행정목적을 달성하기 위하여 부과하는 제재수단으로서 객관적 의무위반이 있으면 부과할 수 있고, 행위자의 주관적 요건, 즉 고의·과실은 문제되지 않으므로 자연인·법인을 막론하고 그 부과대상으로 할 수 있으며 과태료의 책임자는 행위자인지 여부와 관계없이 법령상 책임자(의무자)로 정하여진 자이므로 산업안전보건법에서 사업주를 의무 주체로 규정하고 있는 경우에는 위반행위자와 관계없이 동법상 의무자인 당해 사업주가 과태료 부과대상이 된다.
다만 공법인인 지방자치단체는 일반 사법인과 다르며, 중앙정부와 대등하게 국가의 전체적인 통치기구를 구성하는 기관이라는 점에서 과태료를 부과할 수 없다는 견해가 있으나, 지방자치단체 공무원의 도로법 위반과 관련한 양벌규정의 적용에 관한 판례에서 지방자치단체도 양벌규정의 적용을 받는다는 판례가 있다. 따라서 이 건 공립초등학교는 지방자치단체가 설치·운영하는 기관으로서 산업안전보건법 제3조제2항의 규정에 의하여 산업안전보건법의 적용대상이므로, 지방자치단체 소속 공립초등학교 직원이 산업안전보건법을 위반하였을 경우 산업안전보건법상 의무자에게 과태료를 부과할 수 있다.(안전정책과-2876, 2004.5.31.)
29 【질의】 국가 및 공무원에 대하여 아래의 법령이 적용되는지 여부?
1. 산업안전보건법 제24조(보건상의 조치), 같은 법 제27조(기술상의 지침 및 작업환경의 표준), 보건규칙 제142조(정의), 고시 제2004-50호(영상표시단말기 취급근로자 작업관리지침)
2. '하루에 4시간 이상 집중적으로 자료입력 등을 위해 키보드 또는 마우스를 조작하는 작업' 등 근골격계 부담 작업의 범위를 정한 『고시 제2003-24호』
3. 산업재해보상보험법 시행령 제34조제3항 및 별표 3(업무상 질병에 대한 구체적인 인정기준), '뇌심혈관 또는 심장질환 및 근골격계질환의 업무상 질병인정 여부 결정에 필요한 사항'을 정한 『고시 제2008-43호』
☞ (회시) 『공공행정, 국방 및 사회보장행정』업은 산업안전보건법 일부적용 업종으로 시행령 제2조의2(별표 1)에 의하여 산업안전보건법 제24조 및 제27조가 적용되며,
- 산업보건기준에관한규칙 제142조 및 근골격계 부담작업의 범위를 정한 『고시 제2003-24호』는 산업안전보건법 제24조제1항제5호에 근거하고 있고, '영상표시단말기 취급근로자 작업관리지침'을 정한 『고시 제2004-50호』는 같은 법 제27조에 근거하고 있다.
- 따라서 위 산업안전보건법 제24조 및 제27조, 산업보건기준에관한규칙 제142조, 고시 제2003-24호, 고시 제2004-50호는 국가 및 공무원에게 적용된다.
2. 한편, 산업재해보상보험법은 사업의 위험률·규모 및 장소 등을 고려하여 같은 법 시행령 제2조(법의 적용 제외)에서 정하는 사업을 제외하고는 근로자를 사용하는 모든 사업 또는 사업장에 적용하고 있으나
- 『공무원연금법 또는 군인연금법』 등 다른 법령에 의하여 재해보상이 되는 경우는 이중보상 등의 이유로 산업재해보상보험법이 적용되지 않으므로 『공무원연금법』을 적용받는 퇴직공무원인 귀하의 경우 산업재해보상보험법시행령 제34조제3항과 『고시 제2008-43호』는 적용되지 않는다.(안전보건정책과-1027, 2010.4.21.)

광산보안법, 원자력안전법, 항공법, 선박안전법이 적용되는 사업장에 대하여는 법의 일부만 적용된다. 광산보안법의 적용을 받는 광업시설에는 광산 내 광물선광시설 및 파쇄시설이 포함되며 이는 제조공정으로 보지 않는다.[30]

법의 일부를 적용하지 아니하는 사업 및 규정(시행령 별표 1)

대상 사업 또는 사업장	적용 제외 법 규정
1. 다음 각 목의 어느 하나에 해당하는 사업 가. 「광산안전법」 적용 사업(광업 중 광물의 채광·채굴·선광 또는 제련 등의 공정으로 한정하며, 제조공정은 제외한다) 나. 「원자력안전법」 적용 사업(발전업 중 원자력 발전설비를 이용하여 전기를 생산하는 사업장으로 한정한다) 다. 「항공안전법」 적용 사업(항공기, 우주선 및 부품 제조업과 창고 및 운송 관련 서비스업, 여행사 및 기타 여행보조 서비스업 중 항공 관련 사업은 각각 제외한다) 라. 「선박안전법」 적용 사업(선박 및 보트 건조업은 제외한다)	법 제15조, 제16조, 제17조, 제20조(제1호에 따른 안전관리자의 지도·조언에 한한다), 제21조, 제24조, 제2장제2절, 제29조(보건에 관한 사항은 제외한다), 제30조(보건에 관한 사항은 제외한다), 제31조, 제38조, 제51조(보건에 관한 사항은 제외한다), 제52조(보건에 관한 사항은 제외한다), 제53조(보건에 관한 사항은 제외한다), 제54조, 제55조, 제58조, 제59조, 제60조, 제62조, 제63조, 제64조(제1항제6호는 제외한다), 제65조, 제66조, 제72조, 제75조, 제88조, 제103조, 제104조, 제105조, 제106조, 제107조, 제160조(제21조제4항에 해당하는 과징금에 한한다)
2. 다음 각 목의 어느 하나에 해당하는 사업 가. 소프트웨어 개발 및 공급업 나. 컴퓨터 프로그래밍, 시스템 통합 및 관리업 다. 정보서비스업 라. 금융 및 보험업 마. 전문서비스업 바. 건축기술, 엔지니어링 및 기타 과학기술 서비스업 사. 기타 전문, 과학 및 기술 서비스업(사진 처리업은 제외) 아. 사업지원 서비스업 자. 사회복지 서비스업	법 제29조(제3항에 따른 추가교육은 제외), 제30조

---

30 【질의】석회석 광물을 채굴·파쇄하는 사업장의 광물 파쇄시설이 제조공정에 해당하는지 여부?
☞ (회시) 광산보안법 적용 사업(광업 중 광물의 채광·채굴·선광 또는 제련 등의 공정으로 한정하며, 제조공정은 제외한다)은 산업안전보건법의 일부만 적용한다. 한국표준산업분류에 따르면 광업은 지하 및 지표에서 고체, 액체 및 기체 상태의 천연광물을 채굴·채취·추출하는 산업활동을 말하며 광물의 채굴 또는 채취활동과 채광활동에 부수되는 파쇄, 마쇄, 절단, 세척, 건조, 분리, 혼합 등의 활동이 포함한다. 제조공정이라 함은 원재료(물질 또는 구성요소)에 물리적, 화학적 작용을 가하여 성질이 다른 새로운 제품으로 전환시키는 공정을 말하며, 단순히 상품을 선별·정리·분할·포장·재포장하는 경우 등과 같이 그 상품의 본질적 성질을 변화시키지 않는 처리활동은 제조활동으로 보지 않는다. 또한, 「광산보안법」 제2조 및 시행령 제2조, 광산보안업무 처리 지침(고시)에 따르면 광업시설에는 광산 내 광물선광시설 및 파쇄시설이 포함된다. 따라서, 귀 질의가 광산보안법의 적용을 받는 사업장에서 원재료인 석회광물을 파쇄하는 공정에서 발생한 중대재해라면 이는 제조공정이 아닌 선광공정에서 발생한 재해로 보아야 할 것이다.(안전보건정책과-35, 2010.7.7.)

3. 다음 각 목의 어느 하나에 해당하는 사업으로서 상시 근로자 50명 미만을 사용하는 사업장 가. 농업 나. 어업 다. 환경 정화 및 복원업 라. 소매업; 자동차 제외 마. 영화, 비디오물, 방송프로그램 제작 및 배급업 바. 녹음시설운영업 사. 방송업 아. 부동산업(부동산 관리업은 제외한다) 자. 임대업(부동산 제외) 차. 연구개발업 카. 보건업(병원은 제외한다) 타. 예술, 스포츠 및 여가 관련 서비스업 파. 협회 및 단체 하. 기타 개인 서비스업(세탁업은 제외한다)	
4. 다음 각 목의 어느 하나에 해당하는 사업 가. 공공행정(행정사무 종사자에 한함), 국방 및 사회보장 행정 나. 교육 서비스업 중 초등 · 중등 · 고등 교육기관, 특수학교 · 외국인학교 및 대안학교(교원 및 행정사무 종사자에 한함)	법 제2장제1절 · 제2절, 제3장
5. 다음 각 목의 어느 하나에 해당하는 사업 가. 초등 · 중등 · 고등 교육기관, 특수학교 · 외국인학교 및 대안학교 외의 교육서비스업(청소년수련시설 운영업은 제외함) 나. 국제 및 외국기관 다. 사무직에 종사하는 근로자만을 사용하는 사업장(사업장이 분리된 경우로서 사무직에 종사하는 근로자만을 사용하는 사업장을 포함한다)	법 제2장제1절, 제2장제2절, 제3장, 제5장제2절(제64조제1항제6호는 제외한다)
6. 상시 근로자 5명 미만을 사용하는 사업장	법 제2장제1절 · 제2절, 제3장(제29조제3항에 따른 추가 교육은 제외한다), 제47조, 제49조, 제50조, 제159조

비고: 제1호부터 제6호까지의 사업에 둘 이상 해당하는 사업의 경우에는 각각의 호에 따라 적용이 제외되는 규정은 모두 적용하지 아니한다.

제2장

안전보건조치의 이해와 활용

◈ 이 편의 제도 개요 ◈

① 안전보건조치의 개념

(1) 개념

안전보건조치는 법에서 요구하는 가장 중요하고 핵심적인 사항이다. 따라서 근로감독관의 현장 감독은 법 제38조, 제39조의 준수 여부를 우선적으로 점검하게 된다. 다른 조항은 사실상 안전보건조치를 지키기 위한 수단이기도 하다. 규칙에서 사업주가 지켜야 할 안전보건조치로써 안전보건기준을 제시하고 있다. 안전보건기준은 산업혁명 이후 발생한 다양한 산업재해를 겪으면서 재해예방을 위해서 사업장에서 지켜야 할 사항으로 반드시 필요하다고 여겨지는 사항을 규정하고 있다.

구체적인 기준은 「산업안전보건기준에 관한 규칙」에서 정하고 있다. 이를 위반할 경우 5년 이하의 징역 또는 5천만 원 이하의 벌금에 처하도록 되어 있다.(법 제168조) 또한 안전보건기준을 준수하지 아니하여 근로자가 사망한 경우에는 가중처벌(7년 이하의 징역 또는 1억 원 이하의 벌금)의 법조를 적용하도록 하고 있다.(법제 167조제1항) 가중처벌에 관한 형을 선고받고 그 형이 확정된 후 5년 이내에 다시 제1항의 죄를 범한 자는 그 형의 2분의 1까지 가중한다. 또한, 법원은 법 제38조제1항 내지 제3항, 제39조제1항을 위반하여 근로자를 사망에 이르게 한 사람에게 유죄의 판결(선고유예는 제외한다)을 선고하거나 약식명령을 고지하는 경우에는 200시간의 범위에서 산업재해 예방에 필요한 수강명령을 병과(倂科)할 수 있다.

구분	대상자	벌칙	비고
법 위반 시	행위자(안전보건관리책임자 등)	5년 이하의 징역 또는 5천만 원 이하의 벌금	
	법인	〃	
사망 시	행위자(안전보건관리책임자 등)	7년 이하의 징역 또는 1억 원 이하의 벌금	200시간 수강명령 병과
	법인	10억 원 이하의 벌금	

현재 안전보건기준에 규정하고 있는 조문은 모두 673개 조[31]이다. 조문이 많다고 할 수 있으나 안전보건에 관한 사항이 폭넓은 점을 감안하면 많다고 할 수 없다. 미국의 연방산업안전보건청(OHSA)에서 제정하는 안전보건기준(CFR)은 1,000개 조문에 달하고 영국 산업안전보건청(HSE)에서 제정되는 안전보건기준(시행령)이 50여 종에 이르고 있다.

안전보건기준은 포괄적 안전관리 의무에 기초하고 있다. 이는 형법상 관리자의 의무, 즉 선량한 관리자로서 보호, 배려의무를 구체화한 것이라 할 수 있다. 따라서 안전보건기준에서는 "~위험방지에 필요한 조치를 하여야 한다."라고 규정한다.

사업주가 안전보건조치를 하여야 하는 시기와 장소는 '사업을 할 때' '작업을 할 때' '작업 장소'로 규정하고 있다. '사업을 할 때'란 작업장뿐 아니라 사업수행과 관련된 모든 행위를 말한다.

'작업을 할 때'는 작업수행과정에 있어 안전조치가 필요한 경우를 말한다. '작업장소'는 근로자가 위험장소로 접근함으로 인하여 발생할 수 있는 위험을 방지하는 조치를 하도록 하기 위하여 규정하고 있다.

안전보건조치의 기준을 준수하여야 하는 자가 사업주임은 법률에 의하여 명백하나 실제적으로는 사업주의 위임에 의하여 적합한 관리자가 행한 안전보건조치도 사업주가 한 행위로 인정된다.[32]

---

31 특수형태근로종사자에 대한 안전보건조치(제672조), 배달종사자에 대한 안전조치(제673조)가 신설됨(2020.1.16.)
32 【질의】산업안전기준에 관한 규칙 「제10편 궤도 관련 작업 등에 의한 위험방지」 중 제509조, 제515조(안전작업계획서의 작성 등)의 안전작업계획서 작성 주체는 누가 되어야 하는가?
※ 회사의 체계는 일반적으로 '사장-지사장-사업소장(역장, 부역장)-과장(조장)-선임관리장-전기장-작업자' 이고, 사장과 지사장 밑에는 일반적으로 STAFF이 있으며, 사업소장 밑에는 '과장' 직함을 가진 관리자가 있기도 함
갑설) 안전작업계획서를 관리감독자가 작성해야 한다는 입장
- 관리감독자가 작성해야 한다는 입장의 근거는 '현장 작업조건을 확인할 수 있는 관리자가 안전작업계획서를 작성하고, 교육 등을 실시하여야 한다.' 라는 것인데, 관리감독자의 지정 내용을 보면 '차량은 사업소장, 과장, 선임차량관리장 / 역은 역장, 부역장, 조장, 수송과장 / 시설은 사업소장, 선임시설관리장 / 전기는 사업소장, 과장, 선임전기장, 전기장'으로 되어 있음
을설) ○○○○노동조합은 안전작업계획서는 관리감독자 중에서도 사업소장(혹은 과장) 이상의 관리자가 작성해야 한다는 입장
- 사업소장 이상이 작성해야 한다는 노동조합 측 주장의 근거는 관계 규정에 있는 내용 중 '작업인원, 작업량'은 현장 관리자가 결정할 수 있는 것이 아니며, 더불어서 중장비 투입 등 기계작업 실행 여부는 지사 전체의 중장비 현황과 지사에서 결정하는 우선순위에 근거하여 배치되기 때문이라는 것이 내용임
☞ (회시) 궤도 보수·점검작업의 안전작업계획의 작성 등, 입환작업 시의 안전작업계획의 작성 등은 원칙적으로 사업주에게 작성의무가 있다. 본사, 지사, 사업소 등이 장소적으로 분산되어 있는 경우에는 원칙적으로 각각 별개의 사업장으로 보아야 한다. 다만, 장소적으로 분산되어 있다 할지라도 지사, 사업소 등(이하 '지점'이라 약칭함)의 업무처리능력 등을 감안할 때 하나의 사업장이라고 말할 정도의 독립성이 없는 경우에는 직근상위 조직과 일괄하여 하나의 사업으로 보아 궤도 보수·점검작업의 안전작업계획의 작성 등, 입환작업 시의 안전작업계획의 작성 등의 사업주 의무를 위임받을 수 있으며,
위 단서조항의 본사와 지점 등을 하나의 사업으로 판단함에 있어서는 독립성 여부가 관건이 될 것이며 다음 (가) 및 (나)에 해당하

안전보건기준에서 '~할 위험이 있는 작업' 등으로 표현하고 있다. 위험의 판단에 대하여 사업주에게 전이되어 있다고 할 수 있다. 하지만 이는 사업주가 자의적으로 위험을 판단하여서는 아니 되며 안전보건에 위험이 될 요소를 충분히 파악하여 판단하라는 의미이다. 안전보건기준이 준수는 민법상 선량한 관리자로서의 주의의무 이외에 근로자에 대한 지휘감독권을 갖고 있는 사업주로서의 관리감독책임이 추가되어 있는 형태이다. 따라서 위험의 판단은 과학적, 기술적, 의학적으로 인정하는 수준의 보편타당한 정도의 지식과 경험으로 판단하여야 한다. 사업은 해당 분야에서 전문적이기 때문에 위험에 대한 판단 역시 일반인의 상식과 경험 이상의 전문적 관점에서 평가하여야 함을 말한다.

안전보건규칙은 기술지침에 의하여 구체적으로 설명되고 있으며, 안전보건공단에서 제정되는 기술자료(code, guide)의 성격에 대하여는 안전보건규칙과 고용부에서 고시한 지침의 보완적 성격을 갖는다고 한다.[33]

(2) 안전보건조치의 원리

안전조치의 법규정 원리는 시설의 안전성, 작업계획준비의 안전성, 작업과정상 관리의 안전성, 근로자 관리상 안전성 확보를 기반으로 하고 있다.

▶ 시설의 안전성: 장치나 시설 자체에 필요한 안전시설이 되어 있어야 함

- 기계장치에 방호장치 설치 여부, 전기설비에 누전차단기 사용 여부, 작업환경설비 설치 여

는지 여부를 주된 기준으로 하고 (다) 및 (라) 사항을 참고하여 판단하여야 할 것이다.
(가) 근로자의 안전 · 보건관리가 독립적으로 수행되는지 여부
(나) 노무관리, 회계 등이 명확하게 독립적으로 운영되는지 여부
(다) 서로 다른 단체협약이나 취업규칙이 적용되는지 여부
(라) 한국표준산업분류상 서로 다른 사업 여부
따라서 상기기준에 따라서 작업장소, 작업인원, 작업량 등을 결정할 수 있는 자가 안전작업계획의 작성 등의 의무를 가짐. 이는 반드시 사업주 또는 사업주의 위임을 받은 자가 작성하여야 한다는 의미보다는 실질적으로 안전관리업무를 담당하는 자(안전관리자, 관리감독자 등) 또는 작업 책임자가 작성하여 사업주 또는 사업주의 위임을 받은 자의 최종결재를 득하고, 작성된 작업계획서에 따라 작업을 실시한 경우라면 이는 사업주의 작성의무를 충족한 것으로 보아야 한다.(안전보건지도과-2199, 2009.6.2.)
33 낙하물방지망 설치기준을 적용함에 있어 한국산업안전공단 기술자료(낙하물방지망설치지침, C-02-07)의 "비계외부에 수직보호망을 완벽하게 설치하여 낙하물이 떨어지지 않을 경우에는 이 기준의 수평방지망을 설치하지 않아도 된다."라는 것은 전층에 대하여 개구부 등을 포함한 낙하 · 비래방지조치를 완벽하게 한 경우를 상정한 것이며, 안전보건규칙에서 규정과 상치될 경우 안전보건규칙 규정이 우선 적용된다.(산안(건안) 68322-35, 2000.1.14.)

부 등

▶ 작업계획준비의 안전성: 위험작업의 경우 사전에 안전작업계획을 만들어야 함

- 굴착작업 전에 작업계획서를 작성하였는지 여부, 작업계획서 사전조사 및 교육 여부 등

▶ 작업과정상의 관리의 안전성: 작업과정 중 위험에 노출되지 않도록 관리하여야 함

- 출입의 금지 여부, 적합한 작업도구 사용 여부 등

▶ 근로자 관리상 안전성: 근로자의 안전 상태를 지속 확인하여야 함

- 개인보호구의 지급·착용 여부, 흡연금지, 음식물섭취금지 여부 등

건강을 확보하기 위해서는 추가적인 조치가 필요하다.

▶ 작업환경의 건강성: 유해인자(화학적·물리적 유해인자, 작업강도, 시간, 스트레스 등)의 노출수준이 작업자의 감수성을 감안한 수준으로 만들거나 관리하여야 함

- 화학물질의 노출수준, 작업강도, 직무스트레스를 작업자가 감수할 수 있는 수준으로 관리하고 있는지 여부 등

안전보건기준에서는 유해위험요인에 따라 기준을 정하고 있다.

② 안전조치

(1) 법 적용의 원칙

　안전조치는 주요한 위험에 대하여 사업주가 조치하여야 할 산업재해 예방 조치에 대하여 규정하고 있다. 법 제38조에서는 사업주가 안전상의 조치를 취해야 할 유해·위험요인을 규정하고 이에 대한 조치기준을 「산업안전보건기준에 관한 규칙(고용노동부령)」으로 규정하고 사업주가 이를 따르도록 하고 있다. 위반 시에는 법 제168조의 규정에 따라 5년 이하의 징역 또는 5천만 원 이하의 벌금에 처하도록 하고 있다. 특히, 법 제38조제1항부터 제3항까지를 위반하여 근로자를 사망에 이르게 한 자에 대하여는 가중처벌을 규정(법 제167조)하고 있어 7년 이하의 징역 또는 1억 원 이하의 벌금에 처하도록 하고 있다. 실무적으로도 사업장에서 가장 중요하게 이행 여부에 대한 계획의 수립과 확인이 이루어지며, 재해 발생 시에는 근로감독관에 의하여 동 조항의 위반 여부가 기본적으로 조사된다. 산업안전보건법의 핵심이며 산업안전 분야의 근로기준적 성격을 갖고 있다.

　조치기준을 준수함에 있어 주의하여야 할 점은 안전기준에서는 대상기계를 열거하고 필요한 조치를 규정하는 경우가 있으나 위험방지조치를 하여야 하는 대상에는 규칙에서 열거한 기계·기구만 지켜야 하는 것이 아니라 이와 유사한 위험을 초래할 수 있는 기계·기구라면 모두 해당된다고 할 수 있다.

사례 연구

운전정지 등 안전조치대상에 섬유가공기계도 포함되는지 여부
【질의】산업안전보건기준에관한규칙 제92조제1항의 규정에 의하여 공작기계·수송기계·건설기계 등[34]을 정비·청소

---

[34] 법령입안 시 앞의 단어 또는 단어군과 유사한 것을 나타내기 위하여 '등'을 불완전명사로 사용하고 있다(일반적인 문장에서는 '등'을 앞의 단어와 붙여 씀으로써 앞의 단어군이 복수라는 의미로서 그 외의 다른 것은 없다는 의미를 나타내는 접미사로 사용되는 경우는 있으나 법령에서 '등'을 접미사로 사용되는 경우는 거의 없다).

· 급유 · 검사 · 수리 기타 이와 유사한 작업을 함에 있어서 근로자에게 위험을 미칠 우려가 있는 때에는 당해 기계의 운전을 정지하여야 하는 바, 이 경우 동 안전조치를 하여야 할 대상에 부로아성형기 및 섬유가공기계도 포함되는지 여부?

☞ 동 규정을 적용받는 대상기계는 공작기계(날부분을 제외한다) · 수송기계 · 건설기계뿐만 아니라 기타 이와 유사한 기계를 포함하고 있는 것으로 보아야 하고, 부로아성형기 또는 섬유원단가공기계를 정비 · 청소 등의 작업을 하는 과정에서 근로자에게 위험을 미칠 우려가 있는 때에는 사업주는 동 규정에 의하여 필요한 안전조치를 하여야 한다.(산안 68320-87, 2003.3.7.)

안전기준은 산업안전보건규칙에서 규정하는 사항 이외에도 법 제13조에 의한 기술상의표준 (지침)에 의하여 보완될 수도 있다. 이러한 경우는 지침에서 제시하는 내용은 세부적인 기술적 안전기준이 된다.[35]

현장에서 사용하는 명칭(용어)의 여하에 관계없이 안전보건기준에서 정한 장치, 설비, 작업에 해당되는 경우(당해 설비의 사용목적의 동일성 여부) 해당 기준을 준수하여야 한다. 예를 들어 작업대라고 불리지만 계단의 성격을 갖는다면 안전보건기준(제24조)의 규정에 따라 "사다리식 통로의 길이가 10m 이상인 때에는 5m 이내마다 계단참을 설치하여야 한다."라는 규정을 적용받는다.[36]

또한, 안전기준에서 명확히 규정되어 있지 않는 경우라고 할지라도 명확하게 이해할 수 있는 경우에는 이에 따른 안전조치를 이행하여야 한다.[37]

안전기준의 충족 여부는 안전확보의 선결요건이며, 특히 법 위반 여부를 판단하는 사항으로 중요하다. 사업장에서 안전기준을 검토하는 때 간과하기 쉬운 것은 일부분만 안전보건기준을 충족하고 있는 것을 전체적으로 안전보건기준을 준수하고 있는 것으로 여기는 점이다.

예를 들어 안전네트가 법상 안전조치(추락방지망)로서 인정 여부는 안전조치가 요구하는 성

---

35 【질의】타워크레인 2대를 같은 높이로 설치, 서로 충돌이 발생되도록 설치하였을 때 위법한지?
☞ (회시) 산업안전보건법 제34조제1항 및 크레인제작기준 · 안전기준및검사기준 제56조제12항제5호의 규정에 의하여 타워크레인을 설치하는 때에는 선회 시 근접하여 설치된 각 크레인과의 충돌이 발생되지 않도록 충돌방지장치를 설치하거나 크레인 사이의 충분한 거리 유지 또는 각 크레인의 설치높이를 다르게 하는 등 필요한 조치를 하여야 한다.(산안 68320-155, 2003.4.15.)

36 (산업안전팀-2415, 2006.6.9.)

37 【질의】방폭지역 내의 중간 칸막이벽에 사용되는 건축마감재료에 대한 법적 규정
공장건축물의 방폭지역 내에서 중간 칸막이벽을 건축마감재료인 밤나이트를 사용하여 방폭지역과 비방폭지역을 구분하여도 산업안전기준에 적합한지 여부?
☞ (회시) 산업안전기준에관한규칙 제290조, 제333조, 제334조 등의 규정에서 방폭지역과 관련한 안전상의 조치 내용을 정하고 있으나, 귀하가 질의한 방폭지역 내의 중간 칸막이벽에 사용되는 건축마감재료에 대해서는 별도로 규정하고 있지 않다. 다만, 칸막이벽은 폭발성가스 및 점화원을 완벽하게 차단하여 방폭지역이 명확히 구분되어야 하며, 화재 · 폭발에 대해 충분한 내력을 가진 구조의 것을 사용하는 것이 방폭지역 내 칸막이벽의 설치목적에 부합된다.(산안 68320-138, 2001.3.23.)

능, 즉 근로자를 보호할 수 있는 충분한 강도와 기준(성능검정 포함), 설치방법 등을 충족하고 있다면 추락방지용 안전조치로서 인정이 가능할 것으로 해석[38]하고 있는 반면에 '와이어로프의 안전난간대 대용 사용 가능 여부'에 대하여는 추락 등 위험을 방지하기 위하여 설치하는 안전난간은 「산업안전보건기준에 관한 규칙」 제7조의2에서 규정하고 있는 구조 및 설치요건에 적합하여야 하는 바, 와이어로프를 안전난간대로 사용하는 것은 동 규정을 충족하기 어려우므로 사용이 곤란하다고 하였다.[39] 안전설비 등이 해당 위험을 방지하기 위한 안전성을 충분히 확보하고 있는 경우에만 법 위반이 아닌 것으로 해석한다. 예를 들어 건설기계 후미에 후방카메라를 부착하여 운전원에게 후방시야 일부 확보하여 주었다 하여 규칙상 유도자를 배치하지 않아도 되는 것은 아니다. 후방카메라가 유도자의 안전작업 신호보다 더 나은 안전을 확보해 준다고 할 수 없기 때문이다.[40]

사례 연구

안전난간의 상부난간대가 안전보건규칙 제7조의2에서 규정하고 있는 120㎝보다 높은 150㎝(중간난간대)는 2단으로 설치인 '조립식 안전난간'이 안전보건기준에 적합한지 여부?

☞ (회시)

산업안전기준에 관한 규칙 제7조의2제2호에 '상부난간대는 바닥면·발판 또는 경사로의 표면으로부터 90㎝ 이상 120㎝ 이하에 설치하여야 한다.'라고 규정되어 있으며, 귀사에서 제조하는 조립식 안전난간의 경우 안전난간 기둥의 높이가 170㎝, 상부난간대의 높이는 142㎝, 중간난간대는 바닥면에서 47㎝와 95㎝임

산업안전기준에 관한 규칙에 규정된 안전난간의 기준에는 상부난간대와 중간난간대 사이의 길이가 45~60㎝이나, 귀사에서 제조하는 조립식 안전난간의 상부난간대와 중간난간대 사이의 길이는 47~48㎝로서 법 기준 이내이다.

따라서 비록 산업안전기준에 관한 규칙에는 '상부난간대를 90~120㎝ 이하에 설치하여야 한다.'라고 규정하고 있으나, 귀사에서 제조하는 안전난간의 경우 상부난간대가 법에서 규정하고 있는 것보다 높고 중간대도 2개를 설치함으로써, 개구부에 대한 추락방지조치를 더 강화한 것으로 볼 수 있어 법 규정을 충족하고 있다.(안전보건정책과-716, 2010.8.18.)

---

38 (산업안전팀-4627, 2006.9.22.)
39 (안전보건지도과-1456, 2008.6.27.)
40 【질의】건설기계 협착사고 방지를 위해 건설기계 후미에 후방카메라를 부착하여 운전원에게 후방시야를 확보하여 준다면 감시인 또는 지휘자를 배치하지 않아도 되는지?
☞ (회시) 「산업안전기준에 관한 규칙」 제221조 및 제222조의 규정에 의거 차량계 건설기계 작업 시 건설기계가 넘어지거나 건설기계에 접촉되어 근로자에게 위험을 미칠 우려가 있는 때에 유도자를 배치토록 하고 있는바, 건설기계 유도 업무는 단순히 후방시야 확보로 대체될 수 없으므로 건설기계 작업 시에는 후방카메라 설치 여부와 관계없이 유도자를 별도로 배치하여야 할 것이다.(산업안전팀-5297, 2007.11.14.)

(2) 작업장 기준 등

안전보건규칙에서는 종전의 안전기준과 보건기준에서 종합적으로 적용되는 부분을 안전보건규칙 제1편(총칙)에 두었다. 여기에는 작업장(제2장), 통로(제3장), 보호구(제4장), 관리감독자의 직무 등(제5장), 추락 또는 붕괴방지(제6장), 비계(제7장), 환기장치(제8장), 휴게시설(제9장), 잔재물(제10장)에 대한 기준이 있다.

작업장 기준

○ 전도의 방지, 작업장 청결, 분진 흩날림 방지, 바닥세척, 오물처리, 채광 및 조명, 조도, 작업발판, 창문, 출입구 안전기준(안전보건규칙 제3조~제12조)

○ 안전난간, 낙하물방지, 투하설비, 위험물 보관, 비상구, 경보, 출입금지 기준(안전보건규칙 제13조~20조)

○ 통로의 조명, 구조, 가설통로, 사다리식통로, 갱내통로, 계단기준 등(안전보건규칙 제21조~제29조)

○ 보호구의 제한적 사용, 지급, 관리, 전용보호구 규정(안전보건규칙 제31조~제34조)

○ 관리감독자 업무, 사용제한, 악천후 및 강풍, 사전조사 및 작업계획서 작성, 작업지휘자 지정, 신호, 운전위치 이탈금지(안전보건규칙 제35조~제41조)

(3) 위험요인에 따른 안전조치 기준

1) 설비·물질·에너지 등에 의한 위험(법 제38조제1항)

사업주는 사업을 행함에 있어서 발생하는 ① 기계·기구 기타 설비에 의한 위험, ② 폭발성, 발화성 및 인화성 물질 등에 의한 위험, ③ 전기, 열, 그 밖에 에너지에 의한 위험을 예방하기 위하여 필요한 조치를 하여야 한다.

기계·기구 기타 설비에 의한 위험예방 조치기준

○ 기계의 원동기·회전축·기어·풀리·플라이휠·벨트 및 체인 등 근로자에게 위험을 미칠 우려가 있는 부위에는 덮개·울·슬리브 및 건널다리 등을 설치(안전보건규칙 제87조)

○ 공작기계·수송기계·건설기계 등의 정비·청소·급유·검사·수리·교체 또는 조정 작업 또는 그 밖에 이와 유사한 작업을 할 때에 근로자가 위험해질 우려가 있으면 해당 기계의 운전을 정지(안전보건규칙 제92조)

○ 위험기계·기구 기타 설비를 사용하여 작업을 하는 때에는 작업하는 근로자의 신체 일부가 위험한계 내에 들어가지 아니하도록 해당 부위에 덮개를 설치하는 등 기타 설비에 의한 위험예방조치를 하여야 한다. (안전보건규칙 제2편 제1장)

인화성, 발화성, 폭발성물질에 의한 위험예방 조치기준

○ 산업안전보건법상 위험물질의 종류는 안전보건규칙 제225조 및 별표 1에서 폭발성물질·발화성물질·산화성물질·인화성물질·가연성가스·부식성물질·독성물질 등으로 구분하고 있다.[41] 이러한 물질을 제조 또는 취급하는 때에는 폭발·화재 및 누출을 방지하기 위한 적절한 안전조치를 취하지 아니하고서는 위험한 행위를 못하도록 규정하고 있다.

○ 서로 다른 물질끼리 접촉함으로 인하여 당해물질이 발화하거나 폭발할 위험이 있는 때에는 당해 물질을 근접하여 저장하거나 동일한 운반기에 적재하지 말아야 한다. (안전보건규칙 제225조)

○ 위험물질 제조, 취급 시 조치: 충격, 가열, 접촉, 마찰, 주입 등 금지 등(안전보건규칙 제225조~제238조)

○ 위험물질이 있는 장소에서의 화기사용금지(안전보건규칙 제239조~제246조)

○ 용융고열물 취급설비 및 작업 시 안전기준(안전보건규칙 제247조~제254조)

○ 화학설비의 구조, 안전밸브, 파열판 등, 차단밸브설치금지(안전보건규칙 제266조)

○ 화염방지기 설치(안전보건규칙 제269조)

---

41 위험물질의 저장방법 또는 혼합금지물질 등에 관한 정보는 각 물질별 물질안전보건자료(MSDS: Material Safety Data Sheet)에서 확인할 수 있다. 〈산업안전공단 홈페이지(www.kosha.net) 참조〉

○ 내화기준: 폭발위험장소의 건축물 등은 내화기준(내화시간 1시간[42])을 갖추어야 함. 단, 자동화 소화설비 등으로 2시간의 내화시간의 경우 면제(안전보건규칙 제270조)

○ 건조설비 구조 등(안전보건규칙 제280조~제284조)

전기에 의한 위험방지조치의무

○ 전기기계·기구 등의 충전부에 대한 방호조치[43](안전보건규칙 제301조)

○ 누전에 의한 감전을 방지하기 위한 전기기계·기구 등 접지(안전보건규칙 제302조)

○ 전기기계·기구를 적절하게 설치, 인증받은 제품 사용(안전보건규칙 제303조)

○ 대지전압이 150볼트를 초과하는 이동형 또는 휴대형의 전기기계·기구에 누전차단기를 접속하고, 전기기계·기구 사용 전에 누전차단기 작동상태 점검 등(안전보건규칙 제304조)

○ 과전류 보호장치 설치(안전보건규칙 제305조)

○ 절연내력 및 내열성을 갖춘 용접봉 홀더 사용(안전보건규칙 제306조)

○ 기계·설비 정지 시 비상전력 공급(안전보건규칙 제308조)

○ 임시 사용전등 등의 접촉 및 파손에 의한 위험방지를 위한 보호망 부착(안전보건규칙 제309조)

○ 전기기계·기구 조작 시 적당한 조도 유지 등의 안전조치(안전보건규칙 제310조)

○ 폭발위험이 있는 장소의 설정 및 관리(안전보건규칙 제230조)

○ 가스 또는 분진폭발 위험장소에서는 그 증기·가스 또는 분진에 대하여 적합한 방폭성능을 가진 방폭구조 전기기계·기구를 선정·사용(안전보건규칙 제311조)

○ 가스 또는 폭발위험이 있는 장소에 변전실 등의 설치 금지(안전보건규칙 제312조)

○ 인화성 액체·가연성 가스 등을 수시로 취급하는 장소에서는 환기가 불충분한 상태에서

42　【질의】건물에 자동소화설비를 갖추지 않고 있거나 공작물을 증축할 경우에 있어 내화시간에 대한 기준은?
☞ 「산업안전보건기준에 관한 규칙」 제270조에서 "가스 또는 분진폭발 위험장소에 설치되는 건축물 등에는 내화구조로 하여야 한다. 다만, 물 분무시설 또는 폼헤드 설비 등의 자동소화설비를 설치하여 건축물 등이 화재 시에 2시간 이상 그 안전성을 유지할 수 있도록 한 경우에는 내화구조로 아니할 수 있다."라고 정하고 있으나, 자동소화 설비를 갖추지 않고 내화구조로 설치할 경우에도 내화시간 기준을 2시간 이상으로 적용하는 것은 아니라고 판단된다. 따라서 귀 질의와 같이 자동소화 설비를 갖추지 않고 내화구조로 설치할 경우 내화시간 기준은 1시간이며, 공작물을 증축할 경우에도 내화시간 1시간을 적용하여야 할 것이다.(산업안전팀-3974, 2006.8.24.)
43　충전부가 노출되지 아니하도록 폐쇄형 외함이 있는 구조로 설치 등

전기기계·기구 작동 금지(안전보건규칙 제231조)

ㅇ 배선 등의 절연피복, 습윤한 장소에서의 이동전선 절연조치, 통로바닥에서의 전선 또는 이동전선 설치·사용금지 등(안전보건규칙 제313조~315조)

ㅇ 정전작업요령 작성, 교육, 감전전로 차단 등(안전보건규칙 제38조, 307조, 319조)

ㅇ 활선작업 및 활선근접작업 시 근로자의 신체접촉 방지조치, 절연보호구 사용 등(안전보건규칙 제319조, 321조~제323조)

ㅇ 정전기로 인한 화재·폭발 방지를 위한 설비의 접지, 도전성 재료의 사용 등 정전기 발생을 억제 또는 방지조치 및 피뢰침 설치(안전보건규칙 제325조, 제326조)

2) 불량한 작업방법 등에 기인하여 발생하는 위험(법 제38조제2항)

사업주는 굴착, 채석, 하역, 벌목, 운송, 조작, 운반, 해체, 중량물 취급, 그 밖의 작업을 할 때 불량한 작업방법 등으로 인하여 발생하는 위험을 방지하기 위하여 필요한 조치를 하여야 한다.

건설현장 및 작업장 등에서의 붕괴 등 위험예방조치

ㅇ 구조물·건축물 등의 무게·적설·풍압에 의한 하중으로 인한 붕괴 등의 위험예방을 위해 안전진단실시 등 근로자에 대한 위험예방의 필요한 조치를 하여야 한다. (안전보건규칙 제52조)

ㅇ 굴착작업을 하는 때에는 지반의 붕괴 또는 토석의 낙하 위험을 방지하기 위해 작업시작 전에 작업장소 및 주변의 부석·균열의 유무, 함수·용수 및 동결상태의 변화를 점검하여야 하고(안전보건규칙 제339조)

- 지반의 붕괴 또는 토석의 낙하에 의하여 근로자에게 위험이 미칠 우려가 있을 때에는 흙막이 지보공의 설치, 방호망의 설치 및 근로자의 출입금지 등 해당 위험을 방지하기 위하여 필요한 조치를 취하여야 한다. (안전보건규칙 제340조)

ㅇ 터널 등의 작업 시 낙반 등에 의하여 근로자에게 위험을 미칠 우려가 있는 때에는 터널지

보공 및 록볼트의 설치, 부석의 제거 등 위험을 방지하기 위하여 필요한 조치를 취하여야 하고 (안전보건규칙 제351조)

- 터널 등의 출입구 주변 부근의 지반의 붕괴 또는 토석의 낙하에 의하여 근로자에게 위험을 미칠 우려가 있는 때에는 흙막이지보공 또는 방호망을 설치하는 등 위험을 방지하기 위하여 필요한 조치를 취하여야 한다. (안전보건규칙 제352조)

○ 채석작업을 하는 때에는 작업장소 및 그 주변 지반의 부석과 균열 유무 등의 점검을 위한 점검자의 지명, 토석·입목 제거 또는 방호망 설치 등 지반의 붕괴 또는 토석의 낙하 등에 의한 위험방지조치를 하여야 한다. (안전보건규칙 제370조 및 제372조)

○ 갱내에서 채석작업을 하는 경우로서 암석·토사의 낙하 또는 측벽의 붕괴로 인하여 근로자에게 위험이 발생할 우려가 있는 경우에 동바리 또는 버팀대를 설치한 후 천장을 아치형으로 하는 등 그 위험을 방지하기 위한 조치를 하여야 한다. (안전보건규칙 제373조)

기계·기구 기타 설비 등의 붕괴 또는 도괴방지조치

○ 사업주는 지반침하, 불량한 자재사용 또는 헐거운 결선, 순간풍속 35m/s를 초과하는 바람 등으로 리프트가 붕괴 또는 넘어지지 않도록 필요한 조치를 하여야 한다. (안전보건규칙 제154조)

○ 사업주는 순간풍속 35m/s를 초과하는 바람이 불어올 우려가 있는 경우 옥외에 설치된 승강기에 대해 받침수를 증가시키는 등 도괴를 방지하기 위한 조치를 하여야 함(안전보건규칙 제161조)

○ 사업주는 동력을 사용하는 항타기 또는 항발기에 대하여 연약지반 침하방지를 위한 깔판·깔목을 사용하는 등 도괴를 방지하기 위한 필요한 조치를 하여야 한다. (안전보건규칙 제209조)

화물 취급 시의 붕괴 등 위험예방조치

○ 사업주는 하적단의 붕괴 또는 화물의 낙하위험을 예방하기 위해 하적단을 로프로 묶거나 망을 치는 등의 필요 조치 및 하적단을 쌓거나 헐어낼 때의 필요한 조치를 하여야 한다. (안전

보건규칙 제392조)

3) 작업수행상 위험 발생이 예상되는 장소에서 발생하는 위험(법 제38조제3항)

사업주는 작업 중 근로자가 추락할 위험이 있는 장소, 토사·구축물 등이 붕괴할 우려가 있는 장소, 물체가 떨어지거나 날아올 위험이 있는 장소, 그 밖에 작업 시 천재지변으로 인한 위험이 발생할 우려가 있는 장소에는 그 위험을 방지하기 위하여 필요한 조치를 하여야 한다.

건설현장 등 작업장 등에서의 추락방지조치(안전보건규칙 제1편제6장제1절)
○ 근로자가 추락하거나 넘어질 위험이 있는 장소(작업발판의 끝·개구부 등을 제외한다) 또는 기계·설비·선박블록 등에서 작업을 할 때에 근로자가 위험해질 우려가 있는 경우 비계를 조립하는 등의 방법으로 작업발판을 설치하여야 한다.

○ 작업발판 및 통로의 끝이나 개구부로서 근로자가 추락할 위험이 있는 장소에는 안전난간, 울타리, 수직형 추락방망 또는 덮개 등(이하 이 조에서 '난간 등'이라 한다)의 방호 조치를 충분한 강도를 가진 구조로 튼튼하게 설치하여야 하며, 덮개를 설치하는 경우에는 뒤집히거나 떨어지지 않도록 설치하여야 한다. 이 경우 어두운 장소에서도 알아볼 수 있도록 개구부임을 표시하여야 한다.

○ 추락할 위험이 있는 높이 2m 이상의 장소에서 근로자에게 안전대를 착용시킨 경우 안전대를 안전하게 걸어 사용할 수 있는 설비 등을 설치하여야 한다. 이러한 안전대 부착설비로 지지로프 등을 설치하는 경우에는 처지거나 풀리는 것을 방지하기 위하여 필요한 조치를 하여야 한다.

낙하물 등에 의한 위험예방조치(안전보건규칙 제14조)
○ 작업장의 바닥, 도로 및 통로 등에서 낙하물이 근로자에게 위험을 미칠 우려가 있는 경우 보호망을 설치하는 등 필요한 조치를 하여야 한다.

○ 작업으로 인하여 물체가 떨어지거나 날아올 위험이 있는 경우 낙하물방지망, 수직보호망

또는 방호선반의 설치, 출입금지구역의 설정, 보호구의 착용 등 위험을 방지하기 위하여 필요한 조치를 하여야 한다.

- 높이 10m 이내마다 설치하고, 내민길이는 벽면으로부터 2m 이상
- 수평면과의 각도는 20도 이상 30도 이하를 유지

(4) 기술 또는 작업환경 표준

법 제13조는 법 제38조(안전조치), 제39조(보건조치) 및 제5조제2항(발주·제조자 등의 의무)에 따라 사업주가 행하여야 할 조치에 관한 기술 또는 작업환경의 표준을 정하여 사업주에게 지도·권고할 수 있도록 한다.[44] 고용노동부장관은 기술상의 지침, 작업환경의 표준을 정함에 있어 필요하다고 인정할 때에는 해당 분야별로 표준제정위원회를 구성·운영할 수 있다. (법 제13조제2항)

---

44 「가설공사 표준안전 작업지침」 등 30종의 지침(고시)이 제정되어 사업장에 지도·권고하고 있다.

③ 보건조치

　　법 제39조는 근로자의 건강장해를 예방하기 위하여 사업주에게 유해인자에 따라 보건조치를 취하도록 의무를 부여하고 있다. 사업주가 강구하여야 할 구체적인 보건상의 조치 사항은 안전보건규칙 제3편에서 규정하고 있다. 법 위반 시에는 5년 이하의 징역 또는 5천만 원 이하의 벌금에 처한다. 동 조를 위반하여 근로자를 사망케 한 경우에는 가중처벌이 적용되어 7년 이하의 징역 또는 1억 원 이하의 벌금에 처하게 된다. (법 제167조제1항) 가중처벌에 관한 형을 선고받고 그 형이 확정된 후 5년 이내에 다시 제1항의 죄를 범한 자는 그 형의 2분의 1까지 가중한다. 또한, 법원은 법 제39조제1항을 위반하여 근로자를 사망에 이르게 한 사람에게 유죄의 판결(선고유예는 제외한다)을 선고하거나 약식명령을 고지하는 경우에는 200시간의 범위에서 산업재해 예방에 필요한 수강명령을 병과(倂科)할 수 있다.

구분	대상자	벌칙	비고
법 위반 시	행위자(안전보건관리책임자 등)	5년 이하의 징역 또는 5천만 원 이하의 벌금	
	법인	〃	
사망 시	행위자(안전보건관리책임자 등)	7년 이하의 징역 또는 1억 원 이하의 벌금	200시간 수강 명령 병과
	법인	10억 원 이하의 벌금	

　　사업주는 사업을 행함에 있어서 발생하는 다음의 건강장해를 예방하기 위한 필요한 조치를 하여야 한다. (법 제39조제1항)

　　① 원재료·가스·증기·분진·흄[45]·미스트[46]·산소결핍·병원체 등에 의한 건강장해

　　② 방사선·유해광선·고온·저온·초음파·소음·진동·이상기압 등에 의한 건강장해

　　③ 사업장에서 배출되는 기체·액체 또는 찌꺼기 등에 의한 건강장해

45　fume, 열이나 화학반응에 의하여 형성된 고체증기가 응축되어 생긴 미세입자를 말한다.
46　mist, 공기 중에 떠다니는 작은 액체방울을 말한다.

④ 계측감시·컴퓨터 단말기 조작·정밀공작 등의 작업에 의한 건강장해

⑤ 단순반복작업 또는 인체에 과도한 부담을 주는 작업에 의한 건강장해

⑥ 환기·채광·조명·보온·방습·청결 등의 적정한 기준을 유지하지 아니하여 발생하는 건강장해

(1) 환기장치, 휴게시설 등

안전보건규칙 제1편에 있는 환기장치(제8장), 휴게시설(제9장), 잔재물(제10장)은 종전 보건규칙에 있던 기준이다.

환기장치 장에서는 분진 등의 배출 시 설치하는 국소배기장치의 후드(제72조), 덕트(제73조), 배풍기(제74조), 배기구(제75조)의 기준을 제시한다. 또한 전체 환기장치(제77조)의 설치기준과 배기의 처리(제76조), 환기장치의 가동(78조)을 규정한다.

휴게시설 장에서는 휴게시설(제79조), 세척시설(제79조의2), 의자의 비치(제80조), 수면장소(제81조), 구급용구(제82조)의 설치기준과 사용자를 규정하고 있다.

실내작업장의 가스 등[47]의 발산억제조치(제83조), 공기의 부피와 환기기준(제84조), 잔재물의 처리기준(제85조)이 규정된다.

(2) 유해인자의 유형에 따른 보건조치 기준

보건조치에 관한 기준은 안전보건규칙 제3편(보건기준)에서 유해인자별로 규정되어 있다. 관리대상유해물질(제1장), 허가대상유해물질(제2장), 금지유해물질(제3장), 소음및진동(제4장), 이상기업(제5장), 온습도(제6장), 방사선(제7장), 병원체(제8장), 분진(제9장), 밀폐공간(제10장), 사무실(제11장), 근골격계부담작업(제12장), 그 밖의 유해인자.(제13장)

---

47 '가스 · 증기 · 미스트 · 흄 또는 분진 등'(안전보건규칙 제83조)

1) 화학물질 중독예방(안전보건규칙 제3편 제1장~제3장)

제3편 제1장에서 제3장까지 관리대상물질, 허가대상물질, 금지유해물질로 나누어 각 유해물질의 정의, 관련 작업 시 설비기준, 작업수칙, 누출 시 조치, 보호구 등의 비치·사용, 비상사태 발생 시의 조치, 유해성 등의 주지 등에 대하여 규정하고 있다.

설비기준

○ 관리대상물질의 가스, 증기 또는 분진이 발생되는 작업장소에는 발산원 밀폐설비 또는 국소배기장치 설치(안전보건규칙 제422조)

- 작업장 바닥은 불침투성 재료를 사용하고 청소하기 쉬운 구조로 하고, 접촉설비는 녹슬지 않는 재료로 만드는 등 부식방지조치(안전보건규칙 제431조, 제432조)

- 취급설비의 접합부 누출방지조치, 경보설비, 긴급차단장치를 설치(안전보건규칙 제433조~제435조)

○ 허가대상물질(베릴륨 및 석면은 제외) ① 작업장소는 다른 작업장소와 격리시키고 바닥과 벽은 불침투성 재료로 하되 해당 물질 제거가 쉬운 구조로 하고, ② 원재료의 공급·운반은 근로자에게 직접 닿지 않는 방법으로 하고, ③ 반응조는 밀폐조치하고, ④ 밀폐된 상태에서 내부점검이 가능한 구조로 하고, ⑤ 분말상태는 습윤상태 또는 원격조작 등 흩날리지 않도록 한다.(안전보건규칙 제453조)

○ 금지물질을 시험·연구 목적으로 제조하거나 사용하는 자는 설비는 밀폐식 구조로 하고 유해물질 특성에 맞는 적절한 소화설비를 갖추고 설비가 설치된 장소의 바닥과 벽은 불침투성 재료로 하되, 물청소가 가능한 구조로 하는 등 해당 물질을 제거하기 쉬운 구조로 하여야 한다.(안전보건규칙 제499조, 제501조)

국소배기장치의 성능

○ 관리대상유해물질 취급 작업장의 국소배기장치 후드의 제어풍속(m/s)은 외부식 상방흡입형은 1.0(가스상태), 1.2(입자상태) 성능 이상이어야 한다.(안전보건규칙 제429조)

○ 허가대상물질과 금지물질의 국소배기장치 후드의 제어풍속(m/s)은 가스상태 0.5, 입자상태 1.0으로 유지하여야 한다. (안전보건규칙 제454조, 제500조)

작업방법

○ 취급 근로자에게는 당해 물질의 명칭, 인체에 미치는 영향, 취급상 주의사항, 착용하여야 할 보호구, 위급상황 시 대처방법 및 응급처치요령 등을 알려야 한다. (안전보건규칙 제449조, 제460조, 제502조)

○ 관리대상물질이 새지 않도록 밸브 등의 조작·응급조치 등이 포함된 작업수칙을 정하여 작업하도록 하여야 한다. (안전보건규칙 제436조)

○ 관리대상물질 중 특별관리물질 취급 시에는 물질명, 사용량 및 작업내용 등이 포함된 취급일지를 작성하여 갖춰 두고 발암성 물질, 생식세포 변이원성 물질 또는 생식독성 물질에 속하는지를 게시판 등을 통해 근로자에게 알려야 한다. (안전보건규칙 제439조, 440조)

○ 허가대상물질 취급작업장소와 격리된 장소에 탈의실·목욕실 및 작업복 갱의실을 설치하고 필요한 용품과 용구를 갖춰 두고, 긴급 세척시설과 세안설비를 설치하고, 맑은 물이 나올 수 있도록 유지하여야 한다. (안전보건규칙 제464조, 465조)

관리

○ 관리대상물질 유기화합물을 넣었던 탱크 내부에서의 세정 및 페인트칠업무, 밀폐설비·국소배기장치가 설치되지 아니한 장소, 증기 발산원을 밀폐하는 설비의 개방업무 등에서는 송기마스크 방독마스크 등을 지급·착용시킨다. (안전보건규칙 제450조)

○ 허가대상물질, 금지물질의 보관용기는 유해물질이 새지 않도록 견고한 용기를 사용하고 경고표지를 붙여야 하며 관계근로자 외의 자가 취급할 수 없도록 지정한 장소에 보관하여야 한다. (안전보건규칙 제461조, 제503조, 제504조)

○ 금지대상유해물질 취급 시 사업주는 관계근로자 아닌 자의 출입을 금지하며, 작업장에서 흡연과 음식물 섭취를 금지하고 그 내용을 보기 쉬운 장소에 게시하고 응급 시 근로자가 쉽게 사용할 수 있도록 긴급세척시설 등 설치하여야 한다. (안전보건규칙 제505조~제508조)

보호구 지급 등

○ 유기화합물 등의 취급업무에 근로자를 종사시키는 경우 송기마스크 등을 지급·착용토록 하여야 한다.(안전보건규칙 제450조)

○ 피부자극성 또는 부식성 물질은 보호복, 보호장갑, 보호장화, 피부 보호용 바르는 약품 등을, 유해 물질이 흩날리는 업무는 보안경을 지급하는 등 취급물질 및 작업형태별 적절한 보호구를 지급하는 등 조치(안전보건규칙 제451조)

○ 허가대상물질 취급 시는 방독마스크, 불침투성 보호복, 보호장갑, 보호장화, 피부보호용 약품을 갖춰 두고 사용토록 하여야 한다.(안전보건규칙 제470조)

○ 금지물질의 취급 시에는 피부 노출을 방지할 수 있는 불침투성 보호복·보호장갑 등을 개인 전용의 것으로 지급하고 평상복과 분리·보관할 수 있도록 전용보관함을 갖추고 별도의 정화통을 갖춘 호흡용 보호구를 지급·착용토록 하여야 한다.(안전보건규칙 510조, 제511조)

2) 소음성 난청, 진동장해, 잠수병, 방사선 등 예방(안전보건규칙 제3편 제4장~8장)

소음 및 진동에 의한 건강장해의 예방에 관한 규정으로 소음작업 및 진동작업의 정의, 난청 발생에 따른 조치, 보호구의 지급·사용, 진동기계·기구의 관리 등에 대하여 규정하고 있다.

소음 및 진동에 의한 건강장해예방(안전보건규칙 제513조~521조)

○ 작업환경측정결과 소음 수준이 90dB을 초과한 사업장, 소음으로 인한 근로자에게 건강장해가 발생한 사업장은 청력보존프로그램 수립·시행하고, 소음작업 등에 종사하는 근로자에게는 개인전용 청력 보호구를 지급한다.(안전보건규칙 제516조, 제517조)

○ 강렬한 소음작업이나 충격소음작업 장소는 기계·기구 등의 대체, 시설의 밀폐·흡음 또는 격리 등 조치를 하여야 한다.(안전보건규칙 제513조)

○ 소음작업 등에 종사하는 근로자에게는 소음수준, 인체에 미치는 영향과 증상, 보호구 선정 및 착용방법 등에 관한 사항을 알리고, 소음성 난청 우려 또는 발생 시에는 원인조사, 재발방지대책, 작업전환 등의 조치를 하여야 한다.(안전보건규칙 제514조, 제515조)

○ 진동작업 시 작업자에게 방진장갑 등 진동보호구를 지급 및 유해성을 주지하고, 진동기계·기구 사용설명서 등을 작업장 내에 갖춰 두고 진동기계·기구를 상시 점검·관리하여야 한다. (안전보건규칙 제518조~제521조)

고기압에 의한 건강장해예방(안전보건규칙 제523조~555조)

○ 고압작업 시 작업실의 공기의 부피는 근로자 1인당 4㎥ 이상으로 하고, 기압조절실의 바닥면적은 근로자 1인당 0.3㎡ 이상, 공기부피는 0.6㎥ 이상, 기압실내 탄산가스의 분압은 제곱미터당 0.005kg을 초과하지 않도록 환기 등 필요한 조치를 하여야 한다. (안전보건규칙 제523조, 제524조)

○ 잠수작업 시 공기를 보내는 송기관 중간에 공기청정장치, 전용 배기관, 압력계, 자동경보장치 등을 설치하고 공기량조절 및 사고 시 필요한 공기저장을 위한 공기조설치 및 피난용구를 갖추어야 한다. (안전보건규칙 제525조~531조)

○ 고압작업을 하는 경우 기압조절실에 자동기록 압력계를 갖춰 두고 감압상황을 기록한 서류, 작업자 성명과 감압일시 등을 기록한 서류를 작성, 5년간 보존하고 고압작업설비, 잠수작업설비 등을 점검한 경우도 같다. (안전보건규칙 제536조, 제555조)

○ 고압작업 시에는 가압의 속도, 감압의 속도, 부상의 속도를 지키고 고압작업자와 공기압축기 운전자와 연락하기 위한 감시인을 상시 배치한다. (안전보건규칙 제532조~제539조)

○ 관리감독자는 휴대용압력계, 손전등, 유해가스농도측정기를 휴대하고, 기압조절실은 관계자 외 출입을 금하고 잠수작업 전에 설비의 점검 등을 한다. (안전보건규칙 제549조~제554조)

○ 고기압 작업시간과 잠수시간은 고용노동부장관이 고시[48]하는 시간을 준수하여야 한다. (안전보건규칙 제556조, 제557조)

온도·습도에 의한 건강장해예방(안전보건규칙 제560조~569조)

○ 고열, 한랭, 다습작업이 실내인 경우에는 다음에 따라 냉난방 또는 통풍을 위한 온·습도 조절장치를 설치하여야 한다. (안전보건규칙 제560조)

---

48 고기압 작업에 관한 기준(개정 2011.7.29. 고시 제2011-36호)

○ 고열이 발생하는 갱내 온도는 37도 이하로 유지하고, 다량의 고·저온물체 취급 또는 현저히 뜨겁거나 차가운 장소는 관계자 외 출입금지 조치를 한다. (안전보건규칙 제568조, 제569조)

○ 실내 고열작업 시에는 고열감소를 위한 환기장치 설치, 열원과의 격리, 복사열의 차단 등 필요한 조치를 하고 방열장갑과 방열복, 방한장갑과 방한복, 방한화, 방한모 등 필요한 보호구를 지급·착용토록 한다. (안전보건규칙 제561조, 제572조)

○ 새로 배치한 근로자는 작업시간을 매일 단계적으로 증가시키는 등 고열순응에 필요한 조치를 하고, 한랭작업 시에는 혈액순환을 위한 운동지도, 지방섭취 등 영양지도, 체온유지를 위한 더운물 준비 등 적절한 조치를 하고, 다습작업은 습기제거를 위하여 환기하는 등 적절한 조치를 하여야 한다. (안전보건규칙 제562조~제564조)

○ 고열·한랭·다습 작업장근로자에 대한 적절한 휴식조치와 작업장과 격리된 휴게시설을 설치하여야 한다. (안전보건규칙 제566조, 제567조)

방사선에 의한 건강장해예방(안전보건규칙 제574조~591조)

○ 방사선물질 취급 시 방사성물질의 밀폐, 차폐물 설치, 국소배기장치 설치, 경보시설의 설치 등 필요한 조치를 하여야 하며, 방사선 관리구역을 지정하고 방사선량 측정용구 착용·업무 상주의사항과 응급조치에 관한 사항 등을 게시하고 관계근로자 외의 자 출입을 금지하여야 한다. (안전보건규칙 제574조, 제575조)

○ 방사성물질이 가스·증기 또는 분진으로 발생할 우려가 있을 경우 발산원을 밀폐하거나 국소배기 장치 등을 설치하고, 신체 또는 의복, 보호장구 등에 부착할 우려가 있을 때는 판 또는 막 등의 방지설비를 설치하고, 방사성물질 취급에 사용되는 국자, 집게 등의 용구에는 동 취급용구임을 표시하고 다른 용도에 사용하여서는 아니 된다. (안전보건규칙 제581조~제583조)

○ 방사성물질취급 작업자에게 방사선이 인체에 미치는 영향, 안전한 작업방법, 건강관리 요령 등 유해성 등을 알리고 작업 시에는 보호구를 지급·착용토록 하고 금연 및 음식물 섭취를 금지하고, 오염된 보호복 등은 즉시 폐기하고, 세면·목욕·세탁 및 건조시설 등을 설치하여야 한다. (안전보건규칙 제588조~제591조)

병원체에 의한 건강장해예방(안전보건규칙 제594조~604조)

○ 감염병 예방을 위하여 계획 수립, 보호구 지급 및 예방접종, 감염발생 시 원인 조사 및 대책수립, 적절한 처치 등을 이행(안전보건규칙 제594조)

○ 근로자에게 감염병의 종류와 원인, 전파 및 감염경로, 감염병 증상과 잠복기, 예방방법 등을 알려야 한다. (안전보건규칙 제595조)

○ 환자의 가검물 처리자는 보호앞치마, 보호장갑, 보호마스크 등 보호구착용(안전보건규칙 제596조)

○ 매개원(혈액, 공기, 곤충 및 동물)별 감염위험이 있는 장소에서는 흡연·취식 금지, 세척시설 등 설치, 보안경과 보호마스크, 보호장갑, 보호앞치마 등 보호구 지급, 신속한 의사의 진료 등 적절한 조치를 한다. (안전보건규칙 제601조~제604조)

3) 분진에 의한 진폐 예방(안전보건규칙 제3편 제9장)

분진에 의한 건강장해예방(안전보건규칙 제607조~617조)

○ 실내 분진작업장(갱내를 포함)은 밀폐설비 또는 국소배기장치를 설치하여야 하며, 분진 발산면적이 넓은 경우에는 전체 환기장치를 설치하고, 분진이 심하게 흩날리는 경우 물을 뿌리는 등 조치하여야 한다. (안전보건규칙 제607조, 제606조, 제610조)

○ 실내 작업장은 매일 작업 시작 전에 청소를 실시하고, 매월 1회 이상 진공청소기 또는 물을 이용하여 분진이 흩날리지 않는 방법으로 청소를 실시하여야 한다. (안전보건규칙 제613조)

○ 작업환경측정결과 분진노출기준 초과사업장, 분진으로 인한 건장장해 발생 사업장 등은 「호흡기 보호프로그램」을 작성·시행하여야 한다. (안전보건규칙 제616조)

○ 분진작업 근로자에게는 개인전용 호흡용 보호구를 지급·착용토록 하고, 보호구 보관함을 설치하는 등 오염방지조치를 하여야 한다. (안전보건규칙 제617조)

4) 밀폐공간 질식(산소결핍) 예방(안전보건규칙 제3편 제10장)

밀폐공간작업으로인한 건강장해예방(안전보건규칙 제619조~645조)

○「밀폐공간 보건작업프로그램」수립·시행 의무(안전보건규칙 제619조)

- 사업주는 밀폐공간에 근로자를 종사하도록 하는 경우에는 다음의 내용이 포함된 밀폐공간 보건작업프로그램을 수립·시행하여야 한다.

① 작업 전 공기상태 측정·평가, ② 응급조치 등 교육 및 훈련, ③ 공기호흡기, 송기마스크 등 착용 및 관리, ④ 그 밖에 기타 건강장해예방에 관한 사항

○ 작업장 환기(안전보건규칙 제620조): 밀폐공간이 적정한 공기 상태로 유지되도록 환기를 실시하고 작업상 환기가 곤란한 경우 송기마스크 등을 지급·착용하도록 하여야 한다.

○ 인원의 점검(안전보건규칙 제621조): 사업주는 근로자가 밀폐공간에서 작업을 하는 경우에 그 장소에 근로자를 입장시킬 때와 퇴장시킬 때마다 인원을 점검하여야 한다.

○ 작업 시작 전 및 작업 중에 적정공기상태가 유지되도록 환기조치, 폭발·산화 등 위험으로 환기가 불가능할 경우 송기마스크 등 지급·착용토록 하고, 입장 및 퇴장 시 인원점검을 실시하고 송기마스크, 섬유로프, 사다리 등 피난·구출기구 비치(안전보건규칙 제620조, 제621조)

○ 작업자 외의 자는 출입을 금지시키고 그 뜻을 보기 쉬운 장소에 게시하고 밀폐공간 작업 시는 작업장과 외부의 감시인 간에 상시 연락을 취할 수 있는 설비를 설치(안전보건규칙 제622조, 제623조)

○ 송기마스크, 사다리, 섬유로프 등 피난·구출기구를 갖추고, 산소결핍이 우려되거나 유해가스 폭발의 우려가 있는 경우 즉시 대피조치하고 출입금지한다. 구출 시에는 송기마스크 등을 지급착용토록 한다. (안전보건규칙 제624조~제626조)

○ 작업상황을 감시할 수 있는 감시인 배치, 긴급 구조훈련 실시, 안전한 작업방법 주지 및 밀폐공간 작업장소에 산소농도측정을 한다. 산소결핍증, 유해가스중독 시에는 의사의 진찰이나 처치를 받도록 하여야 한다. (안전보건규칙 제638~제643조)

유해가스 발생으로 인한 건강장해예방(안전보건규칙 제627조~637조)

○ 터널·갱 등을 파는 작업은 유해가스에 노출되지 않도록 사전에 유해가스 농도를 조사하고 유해가스처리방법, 터널·갱 등을 파는 시기 등을 정한 후에 이에 따라 작업한다. (안전보건규칙 제627조)

○ 헬륨, 질소, 프레온, 탄산가스 등 불활성기체를 내보내는 배관이 있는 보일러·탱크·반응탑 또는 선창 등에서 작업하는 경우에는 불활성기체가 누출되지 않도록 차단판 설치, 잠금장치를 임의로 개방 금지조치, 기체의 명칭과 개폐 방향 등에 관한 표지 게시 등 조치 및 해당 불활성기체의 잔류 방지 조치를 한다. (안전보건규칙 제630조, 제631조)

5) 작업관련성 질환 예방(안전보건규칙 제3편 제11장~제13장)

사무실에서의 건강장해예방조치(안전보건규칙 제649조~655조)

○ 중앙관리방식 사무실의 경우에는 공기정화설비 등을 적절히 가동하고 청소 및 유지·보수한다. 사무실 공기를 측정·평가하고 그 결과에 따라 공기정화설비 등을 설치하거나 개·보수 조치한다. (안전보건규칙 제647조~제649조)

○ 실외로부터 자동차 매연, 그 밖의 오염물질이 들어올 우려가 있는 경우에는 통풍구·창문·출입문 등의 공기 유입구 재배치 등의 조치를 한다. (안전보건규칙 제650조)

○ 사무실은 항상 청결히 유지·관리하며, 청소는 분진발생을 최대한 억제할 수 있는 방법을 사용하고, 목욕시설·화장실의 미생물 오염과 해충발생을 방지하기 위한 소독 등 조치한다. (안전보건규칙 제653조)

○ 공기정화설비 등의 청소·개·보수작업 근로자에 보안경·방진마스크 등 적절한 보호구 지급 착용토록 한다. 보호구는 개인전용의 것으로 지급하고, 오염물질의 유해성·보호구 착용방법·응급조치요령 등 알려야 한다. (안전보건규칙 제654조, 제655조)

근골격계질환 예방[49] (안전보건규칙 제656-666조)

○ 근골격계부담작업[50]에 대해 3년마다 유해요인조사 실시, 신설되는 사업장은 신설일로부터 1년 이내에 최초 실시(안전보건규칙 제657조제1항), 근골격계부담작업에 해당하는 새로운 작업·설비 도입 등의 경우[51]에는 지체 없이 실시(안전보건규칙 제657조제2항)

○ 유해요인 조사결과 근골격계질환자가 발생할 우려가 있는 경우 인간공학적으로 설계된 보조설비 및 편의설비 설치 등 작업환경개선 조치를 하여야 한다. (안전보건규칙 제659조)

○ 근골격계부담작업으로 인하여 운동범위 축소, 쥐는 힘의 저하 등의 징후가 나타날 경우 사업주는 의학적 조치를 취하고, 필요한 경우 안전보건규칙 제659조에 따른 작업환경개선 등 적절한 조치를 취하여야 한다. (안전보건규칙 제660조)

○ 사업주는 근골격계부담작업에 근로자를 종사하도록 하는 때에는 ① 근골격계부담작업의 유해요인, ② 근골격계질환의 징후 및 증상, ③ 근골격계질환 발생 시 대처요령, ④ 올바른 작업자세 및 작업도구, 작업시설의 올바른 사용방법, ⑤ 그 밖에 근골격계질환 예방에 필요한 사항 및 유해요인조사와 그 결과, 조사방법 등을 근로자에게 널리 알려야 한다. (안전보건규칙 제661조)

○ ① 근골격계질환으로 요양결정을 받은 근로자가 연간 10명 이상 발생한 사업장, ② 근골격계질환 5명 이상이 발생하고, 발생 비율이 그 사업장 근로자수의 10% 이상인 사업장, ③ 근골격계질환 예방과 관련하여 노사 간의 이견이 지속되어 고용노동부장관이 필요하다고 인정하여 수립·시행을 명령한 사업장의 사업주는 노사협의를 거쳐 근골격계질환 예방관리프로그램을 수립·시행하여야 한다. (안전보건규칙 제662조)

중량물을 들어 올리는 작업에 관한 특별조치(안전보건규칙 제663~제666조)

○ 취급하는 물품의 중량, 취급빈도, 운반거리, 운반속도 등 작업조건에 따라 작업시간과 휴식시간 등을 적정 배분하고 신체에 부담을 감소시킬 수 있는 자세에 관하여 근로자에게 알려

---

49   근골격계질환이 지속적으로 증가함에 따라 이를 종합적이고 체계적으로 예방하기 위하여 2003.8.18. 산업안전보건법 개정시 사업주의 근골격계질환 예방의무를 신설
50   근골격계부담작업의 범위(안전보건규칙 제656조제1호)
51   ① 근골격계질환자 발생, ② 근골격계부담작업에 해당하는 새로운 작업·설비 도입, ③ 근골격계부담작업에 해당하는 업무의 양과 작업공정 등 작업환경 변경 시

야 한다. (안전보건규칙 제663조, 664조, 666조)

○ 5kg 이상의 중량물을 들어 올리는 작업을 하는 경우에는 주로 취급하는 물품에 대하여 근로자가 쉽게 알 수 있도록 물품의 중량과 무게중심에 대해 작업장 주변에 안내표시하고, 취급하기 곤란한 물품은 손잡이 부착, 갈고리·진공빨판 부착 등 적절한 보조도구를 활용토록 한다. (안전보건규칙 제665조)

컴퓨터 단말기 조작업무(안전보건규칙 제667조)

○ 실내는 명암의 차이가 심하지 않도록 하고 직사광선이 들어오지 않는 구조로 하고, 저휘도형 조명 기구 사용, 창·벽면 등은 반사되지 않는 재질을 사용하고 컴퓨터 단말기와 키보드를 설치하는 책상 및 의자는 높낮이 조절 가능하도록 하고 연속작업 근로자에게는 작업시간 중에 적정한 휴식 시간을 부여한다.

비전리 전자기파(안전보건규칙 제668조)

○ 발생원 격리, 차폐, 보호구 착용, 발생장소 경고문구 표시 등 적절한 조치를 하고 인체에 미치는 영향, 안전작업 방법 등을 근로자에게 알린다.

직무스트레스(안전보건규칙 제669조)

○ 장시간 근로, 야간작업을 포함한 교대작업, 차량운전, 정밀기계의 조작 및 감시 작업 등 직무스트레스(신체적·정신적 스트레스)가 높은 작업에 근로자를 종사하게 하는 때에는 그 요인조사 및 개선대책을 마련하여 시행하고, 뇌·심혈관질환 발병 위험도 평가 및 건강증진프로그램을 시행한다.

농약원재료 방제작업(안전보건규칙 제670조)

○ 농약 살포·훈증·주입 등 방제업무 종사자에게는 ① 안전조치교육, ② 농약 주입 시 역류방지조치, ③ 원재료 혼합 시 화학반응방지 조치, ④ 취급 시 금연 및 음식물 섭취금지, ⑤ 분사구를 입으로 불지 않기, ⑥ 용기와 기기의 개방금지, ⑦ 압축용기 사용 시 폭발방지조치, ⑧ 훈

중 시 유해가스 누출방지조치를 하여야 한다. 농약원재료 배합 시는 깔때기 등 배합기구 사용 방법 및 배합비율 등을 근로자에게 알리고 농약 원재료의 분진, 미스트의 발생을 최소화, 농약 원재료를 다른 용기에 옮겨 담는 경우는 안전성이 확인된 용기를 사용하고, 담는 용기에 적합한 경고표지를 부착하여야 한다.

(3) 특수형태근로종사자 안전 · 보건조치(안전보건규칙 제4편)

특수형태근로종사자 안전·보건조치(안전보건규칙 제672조)

○ 특수형태근로종사자별로 안전보건규칙에서 정하는 사항 준수

대상	안전보건조치(안전보건기준)
1.보험모집인(보험설계사, 우체국보험 모집을 전업으로 하는 사람)	휴게시설(79조), 사무실 건강장해 예방(646-653조), 컴퓨터단말기 보건조치(667조), 고객 폭언 등 대응지침 제공 · 교육(법 41조1항)
2. 등록된 건설기계를 직접 운전하는 사람	전도방지(3조), 작업장 청결(4조), 분진방지(4조의2), 오염된바닥세척(5조), 작업장(6조-20조), 통로(21-30조), 보호구(22-34조), 관리감독자(35-41조), 추락방지(42-53조), 비계안전(54-62조), 이동식비계등(67-71조), 기계안전일반기준(86-99조), 양중기안전(132-170조), 차량계하역운반기계안전(171-190조), 컨베이어(191-195조), 건설기계등 안전(196-221조), 거푸집동바리(328-337조), 굴착작업(338-379, 철골작업(380-383조), 해체작업(384조), 화물취급작업 위험방지(385-393조), 벌목작업(405-406조), 궤도작업(407-413조), 터널교량작업 안전(417-419조)
3. 학습지 교사	휴게시설(79조), 사무실 건강장해 예방(646-653조), 컴퓨터단말기 보건조치(667조), 고객 폭언 등 대응지침 제공 · 교육(법 41조1항)
4. 골프경기를 보조하는 골프장 캐디	- 사전조사 · 작업계획서(38조), 휴게시설 등(79조), 잔재물처리(79조의2), 의자비치(80조),수면장소(81조),구급용구(82조), 승차위치탑승금지(86조7항), 운전시작전 조치(89조), 차량계하역기계전도방지(171조), 접촉방지(172조), 꽂음접속기전기안전(316조) - 미끄럼방지 신발, 고객 폭언 등 대응지침 제공 및 후속조치

5. 택배원으로서 집화 또는 배송업무를 하는 사람	- 작업장(3-20조), 통로·조명(21-22조), 계단(26-30조), 사전조사·작업계획서(38조1항2호), 탐승제한(86조), 운전시작전조치(89조), 차량계하역기계 제한속도(98조), 운전위치 이탈금지(99조), 차량계하역운반기계안전(171-178조), 컨베이어 안전(191-195조), 중량물취급작업(385조), 화물취급작업(387-393조), 근골격계부담작업(656-666조) - 업무에 이동되는 자동차 제동장치 정기점검, 고객 폭언 등 대응지침제공
6. 퀵서비스업자로부터 업무를 의뢰받아 배송업무를 하는 사람	안전모 착용지시(32조1항10호), 크레인 탑승제한(86조11항), 전조등 등 작동여부 확인, 고객 폭언 등 대응지침 제공
7. 대출모집인	휴게시설(79조), 사무실 건강장해 예방(646-653조), 컴퓨터단말기 보건조치(667조), 고객 폭언 등 대응지침 제공·교육(법 41조1항)
8. 신용카드회원 모집인	휴게시설(79조), 사무실 건강장해 예방(646-653조), 컴퓨터단말기 보건조치(667조), 고객 폭언 등 대응지침 제공·교육(법 41조1항)
9. 대리운전 업무를 하는 사람	고객 폭언 등 대응지침 제공

배달종사자 안전조치(안전보건규칙 제673조)

○ 이륜자동차로 물건의 수거·배달 시 면허 및 안전모 보유 여부 확인, 이동통신단말기를 통한 운전자 준수사항(도로교통법 제49조) 등 안전운행 및 산재예방 사항 고지

○ 물건의 수거·배달에 소요되는 시간이 산업재해 유발할 정도로 제한하면 안 됨.

④ 위험성평가

제36조(위험성평가) ① 사업주는 건설물, 기계·기구·설비, 원재료, 가스, 증기, 분진, 근로자의 작업행동 또는 그 밖의 업무로 인한 유해·위험 요인을 찾아내어 부상 및 질병으로 이어질 수 있는 위험성의 크기가 허용 가능한 범위인지를 평가하여야 하고, 그 결과에 따라 이 법과 이 법에 따른 명령에 따른 조치를 하여야 하며, 근로자에 대한 위험 또는 건강장해를 방지하기 위하여 필요한 경우에는 추가적인 조치를 하여야 한다.
② 사업주는 제1항에 따른 평가 시 고용노동부장관이 정하여 고시하는 바에 따라 해당 작업장의 근로자를 참여시켜야 한다.
③ 사업주는 제1항에 따른 평가의 경과와 조치사항을 고용노동부령으로 정하는 바에 따라 기록하고 보존하여야 한다.
④ 제1항에 따른 평가의 방법, 절차 및 시기, 그 밖에 필요한 사항은 고용노동부장관이 정하여 고시한다.

　　본 조항은 2013년 법 개정으로 법 제41조의2에 신설되었다. 종전에 법 제5조(사업주의 의무) 제1항 단서[52]에 있던 내용을 보다 명확히 규정하였다. 금번 개정에서 안전조치, 보건조치 조항에 우선하여 배치하였다. 위험성평가는 잠재적 유해위험요인을 발굴하고 그 위험도를 결정하여 개선의 우선순위를 정하여 개선한다. 위험성평가는 사업장이 신설되거나 작업공정의 도입 등 새로운 유해위험요인이 발생할 때 실시하며 그 결과를 평가한다. 일정 시기가 지난 후 주기적으로 위험성평가를 다시 실시하여야 한다. 구체적 추진방법은 고용노동부령 및 고시로 정하고 있다.

　　안전보건관리책임자, 관리감독자, 안전관리자, 보건관리자의 업무에 위험성평가가 새로이 포함되었다.

(1) 외국의 위험성평가 법제 배경

　　1970년 초 영국에서는 당시에 빈발하는 대형 산업재해를 해결하기 위해 로벤스(Alfred

52　이 경우 사업주는 이를 준수하기 위하여 지속적으로 사업장 유해·위험요인에 대한 실태를 파악하고 이를 평가하여 관리·개선하는 등 필요한 조치를 하여야 한다.

Robens) 의원으로 하여금 산업재해와 관련된 조사를 하고 그 결과를 보고토록 하였다. 2년간의 연구·조사를 거쳐 유명한 로벤스보고서(Robens Report)를 제출하게 된다. 보고서의 결론으로 그는 당시 영국의 복잡·다기한 산업안전보건 관리체계에 있어 급격한 변화가 필요하다고 역설하였다.

우선, 산업안전보건과 관련되어 너무 많은 법률(공장법, 광산법, 기계기구법, 사무실법 등)이 있어 단순화할 필요가 있다. 둘째로 기술된 법령(prescriptive regulation)과 목표지향적(goal setting)인 법령 간에 조화가 필요하며 앞으로는 보다 목표지향적인 법령으로 바뀔 필요가 있다고 하였다. 산업안전보건 법령은 특정한 법령과 지침, 가이드에 의해 충분하고 필요하게 보충되어야 한다.

사업장의 안전보건관리의 원칙으로 자기규제[53]체계 구축(self-regulatory system)과 위험성평가(risk assessment)를 통한 위험관리(risk management/control)의 원칙을 제시하였다. 자기규제와 안전보건정책과 기준의 수용성을 높이기 위하여 노·사·정이 참여하는 안전보건위원회(HSC)를 제안하고 있다. 마지막으로 집행체계의 개혁이 필요하다고 결론지었다. 이를 위해 국가차원의 단일화된 감독체계를 제시하였다. (HSE)

로벤스보고서의 제안에 따라 1974년 영국의 산업안전보건에 관한 기본법으로서 산업안전보건법[54]이 제정되었다. 또한 집행체제 정립을 위해 국가산업안전보건위원회(HSC)와 산업안전보건청(HSE)이 설치되었다.

영국에서 산업안전보건법이 제정된 지 20년이 지난 1990년 이후에 들어서는 로벤슨 보고서의 산업안전보건 체계와 철학은 지금은 EU 전체의 법·행정철학이 되었다. 1989년 위험성평가를 통한 위험관리를 핵심 요소로 하는 유럽안전보건기본법[55] 유럽연합 전체의 안전보건 정책 방향으로 규정하게 되었다. 이에 따라 유럽 여러 나라는 산업안전보건법을 제·개정하게 된다.

---

53 우리나라에는 영국의 self-regulatory system을 통상 '자율규제' 라고 번역하고 있으나, 자율규제란 감독기관의 아무런 개입 없이 자율적으로만 한다는 오해를 유발할 수 있어 '자기규제' 가 보다 명확하게 본 의미를 전달한다. 자기규제는 사업주의 책임 하에 위험관리를 한다는 의미이며 제정된 안전보건 관련 기준을 준수하는 것이 기본적 요소이다.
54 영국의 산업안전보건법의 명칭은 '일함에 있어 안전보건에 대한 법' (Health and Safety Act at Work etc. Act, 1974)으로서 일하면서 발생할 수 있는 안전보건의 모든 문제에 대하여 포괄할 수 있다.
55 Directive 89/391-on the introduction of measures to encourage improvements in the safety and health of workers at work – "OSH Framework Directive"

독일은 1996년 새로운 산업안전보건법[56]을 제정한다. 이 법은 사업주에게 위험성평가에 기반한 안전보건관리를 하도록 규정하고 있다. 이 법 시행 이전에는 산재보험조합(BG)의 기술감독 위주로 안전보건기준 준수 여부 확인을 안전보건 행정집행의 기본 시스템으로 삼고 있었으나, 새로운 산업안전보건법의 시행으로 위험성평가를 핵심적인 사업장 안전보건관리시스템으로 하고 정부의 산업안전보건 행정집행은 이를 지원, 감독하는 것으로 행정집행의 기본틀(Frame)이 바뀌었다. 이에 따라 산재보험조합의 기술감독은 위험성평가 자문(advisor) 체제로 개편되고 정부의 감독은 사업장의 위험성평가 이행 여부에 집중하게 되었다.

일본의 경우 2006년 노동안전위생법을 개정[57]하여 위험성평가 제도를 도입하였다. 일본의 경우에도 기존의 법령으로 규정하기 곤란한 재해의 예방, 방지가 점점 더 중요해지고 있다는 현실 인식에 따라 반영하여 유럽의 위험성평가 원칙을 반영하여 법 개정을 추진하게 되었다. 이후 다양한 지침을 개발, 보급하여 사업장의 자주적 위험관리가 이루어지도록 하는 데 산업안전보건 행정력을 집중하고 있다.

56　Arbeitsschutzgesets(영문명: Law on the performance of occupational safety and health measures to encourage improvements in the safety and health of workers at work)

57　「노동안전위생법」 제28조의2(신설) "건설물, 설비, 원재료, 가스, 증기, 분진 등에 의한, 또는 작업행동 그 외 업무에 기인하는 위험성 또는 유해성 등을 조사해 그 결과에 근거하고 이 법률 또는 이것에 근거하는 명령의 규정에 의한 조치를 강구하는 것 외에 노동자의 위험 또는 건강장해를 방지하기 위해 필요한 조치를 강구하도록 노력하지 않으면 안 된다."

● 상세 해설

(1) 작업장

> **안전보건규칙 제22조(통로의 설치)** ① 사업주는 작업장으로 통하는 장소 또는 작업장 내에 근로자가 사용할 안전한 통로를 설치하고 항상 사용할 수 있는 상태로 유지하여야 한다.
> ② 사업주는 통로의 주요 부분에는 통로표시를 하고, 근로자가 안전하게 통행할 수 있도록 하여야 한다.
> ③ 사업주는 통로면으로부터 높이 2m 이내에는 장애물이 없도록 하여야 한다. 다만, 부득이하게 통로면으로부터 높이 2m 이내에 장애물을 설치할 수밖에 없거나 통로면으로부터 높이 2m 이내의 장애물을 제거하는 것이 곤란하다고 고용노동부장관이 인정하는 경우에는 근로자에게 발생할 수 있는 부상 등의 위험을 방지하기 위한 안전 조치를 하여야 한다.

안전보건기준에서는 안전보건기준이 이루어져야 하는 장소적 개념으로 '작업장'이라는 표현을 많이 사용한다. 작업장은 생산시설이 있는 작업장소만을 생각할 수도 있지만, 반드시 공장이나 건설작업장소만을 의미하지 않는다. 경우에 따라서는 보다 포괄적인 의미, 즉 사업이 이루어지는 장소, 근로자가 활동하는 장소를 의미한다. 예를 들어 근로자가 안전하게 통행할 수 있도록 통로에 75럭스 이상의 조명시설을 하도록 한 규정은 공장 내뿐 아니라 사업장내 근로자가 다닐 수 있는 기숙사까지 포함한다고 해석하고 있다.[58]

계단의 설치에 있어서도 안전보건기준에 관한 규정은 별도의 예외를 두지 않는 한 모든 사업장에 적용되는 것으로 해석하고 있다. 계단설치기준(규칙 제26조 내지 제30조)이 건설현장에서 가설통로로 사용하는 가설계단에도 적용되는지 여부에 대하여 동규정은 사업장 내에 계단을 설치할 경우에 계단의 강도·폭·높이 및 난간 설치기준 등에 대하여 정하고 있는 바, 그

---

58 【질의】통로의 조명에 대한 적용 여부
1. 사업장(제조업) 내 공장동과 별도로 기숙사동을 설치·운영하고 있을 때 근로시간이 아닌 새벽에 기숙사동 2층으로 오르내리는 계단에도 75럭스 이상 조명시설의 설치의무가 부여되는지?
2. 조명시설이 설치되었을 때 그 작동스위치가 1층 계단 입구에만 설치되어 2층 근로자가 계단을 내려올 때 작동할 수 없다면 법 위반이라 할 수 있는지?
☞ (회시) 1. 산업안전기준에 관한 규칙 제15조(통로의 조명) 규정에 사업주는 근로자가 안전하게 통행할 수 있도록 통로에 75럭스 이상의 채광 또는 조명시설을 하도록 규정하고 있으므로 이는 근로자가 통행하는 모든 장소에 적용되는 것이므로 기숙사동 계단통로에도 근로자가 안전하게 통행할 수 있도록 통로에 75럭스 이상의 채광 또는 조명시설을 설치하여야 한다.
2. 아울러, 사업주는 조명시설을 설치한 경우에도 통로에 75럭스 이상의 채광 또는 조명시설이 항상 유지되도록 작동스위치 등을 설치하여야 한다.(안전보건지도과-867, 2009.3.13.)

적용 범위에 대한 명문의 규정이 없으므로 당연히 건설현장에도 적용될 것으로 판단하는 것으로 해석한다.[59]

작업장에 통로를 마련함에 있어 근로자의 통행에 제한이나 방해는 통로 본래의 목적인 근로자가 비상시에라도 사용할 수 있도록 보장되지 않는 한 안전통로기준에 부합한다고 볼 수 없다.[60]

안전기준을 적용함에 있어 당해 시설이나 설비의 사용목적을 명확히 하여야 한다.

기계가동 중 이상발생 시 기계측면에 있는 계단을 통해 기계장치의 문제점을 해결할 때 보수용 또는 비상용 계단으로 보아 계단의 폭을 1m 이하로 하여도 되는지 여부에 대한 질의에 대하여 질의의 계단이 평상시 근로자의 통행이 이루어지지 않고 기계의 이상 발생 시 관계자만 사용되는 것이 명확하다면 이는 보수용(급유용·보수용·비상용)으로 볼 수 있을 것으로 해석(안전보건규칙 제27조제1항 단서 적용)하고 있다.[61] 다만, 일반작업과 보수용으로 같이 쓰일 때 이용하는 계단은 보수용 계단으로 볼 수 없으므로 일반적 기준을 준수하여야 하는 것으로 해석한다.[62]

산업재해는 근로자의 불완전한 행동을 유발할 가능성이 있는 많은 장소에서 주로 발생하므로 열차의 정기적인 점검·정비작업에 따른 위험을 방지하기 위해서는 지정된 장소에서 반드시 이루어져야 함이 중요한 바, 동 작업은 사업주가 근로자의 작업상 안전이 확보되도록 지정한 일정 장소(지정된 정비차고지 등)에서만 진행해야 한다.[63]

---

59 (산업안전팀-1635, 2006.4.7.)
60 【질의】작업장 통로의 설치기준
보행자전용통로 공간 확보가 불가능하여 옥내통로상 작업자와 반제품 자동운반장치(AGV)가 교대로 작업자보행 및 자동운반장치 운행하여도 무방한지 여부?
☞ (회시) 산업안전보건기준 제22조에 "사업주는 작업장으로 통하는 장소 또는 작업장 내에 근로자가 사용하기 위한 안전한 통로를 설치하고 항상 사용가능한 상태로 유지하여야 한다."라고 규정하고 있다. 따라서 귀 질의 경우 반제품 자동운반장치가 어떤 형태이고 통로에 어떤 방식으로 운행하는지 구체적으로 알 수 없어 정확한 답변은 곤란하나, 동 자동운반장치가 운행될 때 근로자가 안전하게 통행하는 데 있어 지장을 주면 안 될 것이다.(산업안전팀-5937, 2006.12.11.)
61 (산업안전팀-5938, 2006.12.11.)
62 동 규칙 제24조의 규정에 의하여 1m 이상의 계단 폭에서 제외되는 급유용·보수용·비상용계단이라 함은 계단의 용도가 급유·보수 또는 비상시에만 사용되는 계단으로서 통상 통로(또는 작업발판)로 이용되지 않고 특정 업무가 필요할 경우에 한하여 사용되는 계단을 말하는 것으로 귀하가 언급한 일반작업 및 보수용으로 함께 사용되는 경우는 예외 규정이 적용되지 않으며, 불량처리(확인)시 사용되는 경우는 동 작업이 통상작업의 일부로서 일정하게 반복되지 않고 필요에 따라 제한적으로 실시된다면 예외규정이 적용될 수 있다.(산안 68320-96, 2001.2.20.)
63 (안전보건지도과-1018, 2010.5.17.)

1) 관계근로자

안전보건규칙에서 '관계 근로자' 이외의 출입을 금하거나 조작을 하지 못하도록 규정하고 있다.[64] 대부분이 위험하거나 유해한 기계설비 및 장소의 출입이나 조작에 대하여 통제하고 있다. 관계 근로자란 해당 작업과 밀접한 관련이 있는 사람을 말하며, 사업장내에서 해당 작업자와 유해위험장소(설비)에 대하여 충분한 안전지식과 조작능력을 갖추고 있는 자로 권한이 있는 사람을 말한다.[65]

(2) 보호구

> **안전보건규칙 제31조(보호구의 제한적 사용)** ① 사업주는 보호구를 사용하지 아니하더라도 근로자가 유해·위험작업으로부터 보호를 받을 수 있도록 설비개선 등 필요한 조치를 하여야 한다.
> ② 사업주는 제1항의 조치를 하기 어려운 경우에만 제한적으로 해당 작업에 맞는 보호구를 사용하도록 하여야 한다.

보호구는 근로자의 안전보건을 유지하는 데 있어 중요하다. 보호구의 안전보건관리상 성격에 대해서는 보완적 기능에 한정하여 보는 관점이 있다. 하지만 직업활동을 함에 있어 작업환경, 위험요소를 완전히 제거하고 일을 한다는 것은 이론적으로는 가능할 수 있으나 실제로는

---

64 안전보건규칙 제20조(출입금지 등), 제141조(크레인설치·해체작업), 제152조(리프트 무인조작금지), 제156조(리프트 조립·해체), 제162조(승강기 조립·해체), 제177조(차량계하역기계), 제186조(고소작업대), 제189조(화물 자동차), 제279조(화재폭발 시 대피), 제290조(아세틸렌용접장치장소), 제295조(가스집합 용접장치장소), 제301조(전기감전위험장소), 제336조(거푸집조립해체), 제343조(굴착작업장소), 제360조9(터널 작업중지), 제369조(교량작업), 제374조(채석작업 운행경로), 제412조(궤도보수작업), 415조(입환작업), 제435조(관리대상물질설비), 제438조(관리대상물질 사고 시), 제443조(관리대상물질 저장), 제446조(관리대상물질 작업장), 제457조(허가물질 출입금지), 제463조(허가물질 잠금장치), 제483조(석면 작업복), 제504조(금지물질 보관), 제505조(금지물질 설비장소), 제550조(고기압 기압조정실), 제569조(고열저온 장소), 제575조(방사선 관리구역), 제622조(밀폐공간 작업장소), 제624조(밀폐공간 사고 시)

65 【질의】24시간 운영하는 폐수 하수처리장의 변전실에 '안전규칙' 제327조(현 안전보건규칙 제301조)제4호의 관계근로자 외 출입금지 장소에 일반 교대근무자가 출입하여 비상조치를 할 수 있는지와 교대근무로 인한 감시운영근무자가 안전규칙에 따른 관계근로자인지 여부?
2. 관계근로자의 자격요건 및 일반 감시운영 근무자가 교육을 통해 변전실 출입이 가능한지 여부?
☞ (회시) 안전규칙 제327조(현 안전보건규칙 제301조)는 사업주가 근로자의 전기기계·기구에 접촉·접근에 따른 감전의 위험을 예방하기 위한 조치 및 의무사항을 정해 놓은 것으로서 관계근로자의 구체적인 범위 및 자격요건은 법령에서 별도로 정하고 있지 않으며, 사업장의 시설물의 용도, 관리형태, 작업내용에 따라 사업주가 전기안전분야 관계법령 등을 참고하여 회사 내부규정으로 정하고 운영해야 할 사항으로 판단됩니다. 다만, 관계근로자는 자격 및 사전교육을 통해 해당 설비 및 작업의 위험성에 대해 인지할 수 있는 능력을 갖춘 근로자에 한해 선정하여 운영할 필요가 있다.(안전보건지도과-4361, 2009.11.25.)

불가능하다. 따라서 보호구의 기본적 성격이 위험에 대한 방호를 마지막 단계에서 근로자에게 피해를 미치지 않게 하거나 최소화하는 수단(도구)임에는 틀림이 없으나 반드시 고 위험시에만 보호구를 사용하는 것이 아니다.

산업안전보건법상 보호구의 착용대상 작업은 사업장 내 작업의 조건과 상황에 의하여 유해 또는 위험한 요인이 수시로 변함에 따라 일률적으로 정할 수는 없으며, 사업장 내의 작업수행 과정에서 물체의 낙하·비래, 유해화학물질의 비산 등 근로자에게 산업재해 또는 직업병을 유발시킬 수 있는 유해 또는 위험요인이 존재하거나 발생할 우려가 있는 경우에는 당해 유해 또는 위험요인의 방호에 적합한 보호구를 착용토록 하여야 한다.

보호구착용 대상 작업의 결정은 사업주가 해당 작업의 위험성을 안전보건규칙(제32조)에 맞추어 평가한 후 결정하여야 한다.[66] 이 경우 적합 보호구의 착용의 결정은 기계설비의 작동 여부만으로 판단하여서는 아니 되며, 작업장의 종합적 상태, 근로자의 작업형태를 고려하여 결정하여야 한다. 예를 들어 천정크레인이 있는 공장 내에 해당 크레인의 사용이 간헐적으로만 이루어지고 있다 하여도 크레인이 설치되어 있고 다른 기계설비들이 있는 점을 고려하면 안전모를 지급하지 않아도 되는 사유에 해당하지 않는다고 해석하고 있다.[67] 다만 통상적으로 보호

---

66 【질의】지게차 등으로 자동차부품을 취급할 때에 낙하물에 의한 위험방지를 위하여 종사 근로자에게 현재 '보통작업용 안전화'를 착용토록 하고 있으나, 작업자들이 발의 피로를 호소하고 있어 이를 '경작업용 안전화'로 교체하여 착용토록 하여도 무방한지 여부?
☞ (회시) 보호구 성능검정규정(노동부고시 제2000-15호) 제29조의 규정에 의하여 안전화의 사용장소별 등급은 중작업용·보통작업용·경작업용으로 분류하고 있고, 산업안전기준에관한규칙 제28조의 규정에 의하여 사업주는 위험작업에 근로자를 종사시키는 때에는 당해 작업조건에 적합한 보호구를 착용토록 규정하고 있는 바, 귀사와 같이 지게차 등을 이용하여 자동차부품을 운반하는 일반작업장에는 보통작업용 이상의 등급을 가지는 안전화를 사용하여야 할 것으로 판단되고, 단순히 금속제품 등을 선별 또는 조립하거나 식품가공물 취급 등 비교적 경량의 물체를 취급하는 작업을 하는 때에는 경작업용 안전화를 착용토록 할 수 있을 것이다.(산안 68320-269, 2002.7.5.)
67 【질의】천정크레인 취급작업 등이 안전모 착용 대상작업에 해당되는지 여부
1. 공장에 C.N.C선반을 이용하여 약 3~15kg 정도의 가공물을 절삭하고 있으며, 천정크레인(3톤) 1대가 있으나 거의 사용하지 않고 있음(분기 1~2회 정도). C.N.C선반은 가공시 뚜껑을 닫기 때문에 칩이나 가공물이 비산될 우려가 없는 경우 안전모를 착용해야 하는지 여부?
2. 공장에 성형기 또는 절단기를 사용하여 동파이프를 확관, 성형, 절단하는 공정으로 제품의 단위중량은 약 0.1~15kg 정도며 제품을 BOX에 담아(35kg) 수작업 또는 지게차를 이용하여 운반하고 있음. 원재료(약 100~1,500kg)는 공장에서 크레인(3톤)으로 운반하며 1일 운반 시간은 약 10분 정도임. 이 경우 안전모를 착용해야 하는지 여부, 만약 안전모를 착용해야 한다면 크레인을 사용하지 않을 때 안전모의 착용 여부, 크레인 대신 지게차를 사용하여 원재료를 운반하는 경우 안전모의 착용 여부, 크레인으로 물건을 운반할 경우에만 안전모를 착용해도 되는지 여부?
☞ (회시) 1. C.N.C 선반의 뚜껑을 닫은 경우라도 선반절삭편이 날아오는 등으로 근로자에게 위험을 미칠 우려가 있거나, 지게차 또는 크레인을 이용한 동파이프의 적재 또는 운반 시 동파이프의 낙하 등으로 근로자에게 위험을 미칠 우려가 있는 경우에는 안전모를 지급하고 해당 작업 근로자로 하여금 착용하도록 하여야 한다.

구착용과 관련된 위험이 없는 것으로 판단되는 일반건물의 사무실, 일반도로상에서의 업무 시 등에는 보호구착용이 강제화되지 않는다고 해석한다.[68][69]

보호구의 지급은 사업주의 의무로 되어 있다. 보호구를 착용하여야 하는 작업에 근로자를 종사시킬 때에 사업주는 작업조건에 맞는 보호구를 근로자수 이상으로 지급하여야 한다(안전보건규칙 제32조).

사례 연구

《지급된 개인보호구를 회수한 후 재사용 가능 여부》

개인보호구 교체시기와 공사 종료 후 지급된 개인보호구를 회수하여 재사용하거나 폐기처리하여야 하는지?

☞ (회시) 산업안전보건기준에 관한 규칙 제32조의 규정에 의하여 사업주는 작업조건에 적합한 보호구를 지급하고 착용토록 하고 있으나, 보호구 교체 시기 및 회수 등에 대하여는 산업안전보건법에서 구체적으로 정하고 있지 않으나 작업내용·작업조건 및 보호구 상태 등을 고려하여 보호구가 성능을 유지할 수 있도록 적절한 시기에 교체하는 것이 바람직할 것으로 사료되며, 적정하게 지급한 보호구를 공사 종료 후 반드시 회수하여 폐기 또는 재사용하여야 할 의무는 없다.(산업안전팀-3392, 2007.7.11.)

일부 건설현장에서는 보호구(안전모, 안전화)를 근로자가 갖고 다니도록 하고 있고 안전모, 안전화는 개인별 장구이므로 근로자에게 보호구를 구비하는 책임을 부여하여야 한다고 주장한다. 하지만, 이는 보호구의 지급과 착용의 관계에 대하여 불명확한 이해의 결과이다. 지급된 보호구의 착용의무가 근로자에게 있는 점을 대비하여 볼 때 보호구의 지급과 관리의무는 사업주의 기본적 책무이다.[70] 만일 보호구의 지급의무를 근로자에게 부여할 경우 보호구를 착용하지 않고 작업을 하던 근로자가 재해를 당하였을 경우 책임소재가 불분명해진다. 안전보건관리

---

2. 크레인을 사용하지 않는 경우에도 위 안전모 지급·착용기준에 해당하는 작업을 수행하는 근로자에 대해서는 안전모를 지급하여야 한다.

3. 원재료, 자재, 물건 등의 운반에 있어 크레인 이용 또는 지게차 이용에 관계없이 해당 작업수행 근로자가 위 안전모 지급·착용 기준에 해당할 경우에는 안전모를 지급하여 착용토록 하여야 한다.(안전정책과-2167, 2005.4.16.)

68　　(산안(건안) 68307-10278, 2002.6.12.)

69　【질의】재래시장, 동별 영세사업장, 노점상에 방문하여 원산지표지판 배부 및 홍보업무를 수행하거나 동물보호법에 의한 유기동물방지 및 애완견 안전조치 홍보를 위한 홍보물 배부 등의 업무를 수행하는 희망근로사업 참여 근로자에게 안전모를 지급·착용시켜야 하는지?

☞ (회시) 사업주는 물체가 떨어지거나 날아올 위험 또는 근로자가 감전되거나 추락할 위험이 있는 작업을 하도록 할 경우에는 안전모를 지급하여야 하는 바, 질의에서 열거한 작업은 통상 안전모 착용작업에 해당하지 않음. 다만, 업무 수행과정에서 각종 위험에 노출되는 경우에는 그 위험요소에 따른 보호구(안전모, 안전화 등)를 지급해야 할 것이다.(안전보건지도과-3245, 2009.8.24.)

70　　(산업안전팀-938, 2007.2.22.)

의 측면에서 근로자에 보호구 착용의무를 전환하는 것은 심각한 저해요소가 될 것이다. 행정해석에서는 노동조합이 안전모를 착용하지 않기로 하였다고 하여 안전모를 지급하지 않는 것은 산업안전보건법 위반이 된다고 하고 있다. 사업주가 보호구를 지급하였으나, 현장조합원(작업자)이 노동조합에 동조하기 위해 안전모를 착용하지 않고 작업 중 산업재해(상해부위: 머리)가 발생한 사례와 관련한 질의에 대하여 보호구의 지급·착용은 법에 의한 의무인바 노동조합과 합의가 있었다 하여도 법 위반이 면탈되지 않는다 하였다.[71]

사업주는 동 규칙에서 규정하고 있는 바와 같이 산업재해 발생 위험이 있는 작업에 해당하는 경우 당해 근로자에게 작업조건에 적합한 보호구를 지급하여야 하고, 이를 이행하지 아니한 사실이 사업장 점검, 신고 등으로 확인되는 경우에는 위반 정도에 따라 시정토록 행정조치 또는 산업안전보건법 위반에 따른 형사처벌 대상이 될 수 있다.[72]

(3) 작업계획서

안전보건규칙 제38조(사전조사 및 작업계획서의 작성 등) ① 사업주는 다음 각 호의 작업을 하는 경우 근로자의 위험을 방지하기 위하여 별표 4에 따라 해당 작업, 작업장의 지형·지반 및 지층 상태 등에 대한 사전조사를 하고 그 결과를 기록·보존하여야 하며, 조사결과를 고려하여 별표 4의 구분에 따른 사항을 포함한 작업계획서를 작성하고 그 계획에 따라 작업을 하도록 하여야 한다.
1. 타워크레인을 설치·조립·해체하는 작업
2. 차량계 하역운반기계 등을 사용하는 작업(화물자동차를 사용하는 도로상의 주행작업은 제외한다. 이하 같다)
3. 차량계 건설기계를 사용하는 작업
4. 화학설비와 그 부속설비를 사용하는 작업
5. 제318조에 따른 전기작업(해당 전압이 50볼트를 넘거나 전기에너지가 250볼트암페어를 넘는 경우로 한정한다)
6. 굴착면의 높이가 2m 이상이 되는 지반의 굴착작업(이하 '굴착작업' 이라 한다)
7. 터널굴착작업

71　산업안전기준에관한규칙 제28조제1항의 규정에 의하여 근로자에게 보호구를 지급·착용케 할 사업주의 의무와 동 기준 제28조제2항의 규정에 의하여 사업자로부터 지급된 보호구를 착용할 근로자의 의무는 그 근거규정이 강행규정이므로 노동조합의 미착용 권장이나 산업안전보건위원회의 심의·의결 등에 의하여 면제될 수 없는 것이다. 이와 관련하여 산업안전보건법 제19조제5항에서 『산업안전보건위원회의 심의·의결 또는 결정은 이 법과 이 법에 의한 명령·단체협약·취업규칙·제20조의 규정에 의한 안전보건관리규정에 반하여서는 아니 된다』라고 명백히 규정하고 있다. 다만 이와는 별도로 법에 규정된 사업주 및 근로자의 의무이행을 방해하는 행위 등에 대하여는 산업안전보건법에서 특별히 규정된 바가 없으므로 민·형사법의 원리에 따라 규율되어야 할 것이다.(산안 68320-877, 2000.10.4.)

72　(산업안전팀-5413, 2007.11.27.)

8. 교량(상부구조가 금속 또는 콘크리트로 구성되는 교량으로서 그 높이가 5m 이상이거나 교량의 최대 지간 길이가 30m 이상인 교량으로 한정한다)의 설치 · 해체 또는 변경 작업

9. 채석작업

10. 건물 등의 해체작업

11. 중량물의 취급작업

12. 궤도나 그 밖의 관련 설비의 보수 · 점검작업

13. 열차의 교환 · 연결 또는 분리 작업(이하 '입환작업' 이라 한다)

② 사업주는 제1항에 따라 작성한 작업계획서의 내용을 해당 근로자에게 알려야 한다.

③ 사업주는 항타기나 항발기를 조립 · 해체 · 변경 또는 이동하는 작업을 하는 경우 그 작업방법과 절차를 정하여 근로자에게 주지시켜야 한다.

④ 사업주는 제1항제12호의 작업에 모터카(motor car), 멀티플타이탬퍼(multiple tie tamper), 밸러스트콤팩터(ballast compactor,철도자갈다짐기), 궤도안정기 등의 작업차량(이하 '궤도작업차량' 이라 한다)을 사용하는 경우 미리 그 구간을 운행하는 열차의 운행관계자와 협의하여야 한다.

사전조사 및 작업계획서는 중요한 안전관리수단이다. 하지만 현장에서 간과되고 잘 이해되지 못하는 안전기준이기도 하다. 안전보건기준(제38조)에서 13개의 작업을 규정하고 해당 작업을 하기 전에는 위험요인에 대한 사전조사를 실시하고 작업에 따르는 재해를 방지하기 위한 작업계획서를 작성하도록 하고 있다. 1, 2, 6, 8, 11호 작업의 경우 작업지휘자를 지정하여 작업을 하도록 하고 있다.

사전조사(3, 6, 7, 9, 10호)의 의미는 알려지지 않은 위험에 대하여 파악하라는 것이다. 사업장에 설치되어 있는 기계나 장치는 대부분 그 위험이 알려져 있다. 즉, 협착부, 감김부, 중량물의 떨어짐 위험 등이 사전에 알려져 있기 때문에 그에 따른 방호조치를 하면 된다.

작업계획서를 작성할 시에는 사업장에 있는 모든 근로자의 관점에서 안전한 작업방법이 무엇인가를 검토하여 작업계획서에 담아야 한다. 작업계획서는 그 명칭에 관계없이 규칙에서 요구하는 사항이 포함되어야 한다.[73]

---

73 【질의】지게차 작업계획서 작성기준
1. 지게차를 사용하여 작업을 하는 때 그 작업에 따른 추락 · 낙하 · 전도 · 협착 및 붕괴 등의 위험을 예방할 수 있는 안전대책이 표준작업지도서(작업방법 포함)에 포함되어 있는 경우 작업계획서로 갈음될 수 있는지 여부(단, 운행경로는 1일 운행일지 작성)?
2. 표준작업지도서(안전대책, 작업방법 포함)가 지게차가 아닌 작업을 실시하는 해당 단위작업 장소에 비치되어 있는 경우 1일 운행일지만 휴대하고 이동 중인 지게차에 대한 작업계획의 작성(제38조) 위반 여부?
3. 작업시작 전과 종료 후 지게차가 1일 운행 일지상의 정해진 경로를 주행하다 전방의 장해물 등 불가항력적인 이유로 인해 운전자가 다른 경로로 주행하다 사고가 발생한 경우 작업계획의 작성(제38조) 위반 여부?
☞ (회시) 1. 귀 질의의 경우처럼 작업방법이 포함된 표준작업지도서에 추락 · 낙하 · 전도 · 협착 및 붕괴 등의 위험을 예방할 수 있는 안전대책이 포함되어 있고 운행경로에 따라 1일 운행일지를 작성한다면 산업안전보건법 산업안전보건기준(제38조)의 규정에 의한 작업계획서로 갈음할 수 있을 것이다.

작업계획서는 통합하여 작성할 수 있다.[74]

(4) 안전장치

안전장치는 위험을 방지하고 안전을 확보하는 보완장치의 개념이다. 현재 상태에서 안전장치가 역할을 하는 것이 아니라 작업과정에서 발생할 수 있는 불확실한 상태, 인적오류 발생 시 기계설비나 작업이 가지는 위험으로부터의 치명적 사상을 방지하기 위한 조치이다. 따라서 법규칙을 해석하는 때 안전장치가 가지는 고유의 보완적 조치의 개념을 이해하여야 한다.

예를 들어 후크해지장치의 경우, 물건(중량물)이 흔들려 고리로부터 빠지는 것을 방지하여 근로자를 위험에서 보호하는 것이 그 기능이다. 따라서 후크가 구조적으로 와이어로프 등이 벗겨지는 것이 불가능하거나, 전용달기기구로서 작업자의 도움 없이 줄걸이가 가능하며 작업경로에 작업자의 접근이 없는 경우에는 별도의 해지장치를 설치하지 않을 수 있다고 해석하고 있다.[75]

---

2. 표준작업지도서를 작성하여 그 내용을 해당 근로자에게 교육을 실시하여 주지시키고 사업장 내 근로자가 보기 쉬운 장소에 게시 또는 비치되어 있다면 지게차 운전 작업자가 표준작업지도서를 휴대하고 있지 않더라도 작업계획서 작성 의무를 위반한 것으로 볼 수 없을 것이다.
3. 차량계 하역운반기계 등에 관한 작업계획은 작업 중 발생할 수 있는 위험성에 대한 예방대책을 포함하여 작성하므로 귀 질의의 경우가 작업 시작 전이나 작업 종료 후 등 사업주의 지휘 감독 아래 근로를 제공하는 시간을 벗어나거나 사업주의 지휘감독 영역인 작업장소 및 통상적인 작업경로를 벗어나서 주행 중 사고가 발생하는 경우라면 작업계획의 작성 의무를 위반한 것으로 볼 수 없을 것이나, 통상적으로 작업 시작 전이나 작업 종료 후 지게차가 주차되어 있는 장소와 작업장소로의 이동경로의 경우 전방의 장해물 발생 등을 예측, 이에 따른 위험예방대책도 작업계획에 포함되어 있어야 할 것이다.(산업안전팀-795, 2007.2.13.)
74 【질의】 차량계 하역운반기계 및 차량계 건설기계를 사용하여 작업 시 작업계획서를 작성하여야 하는데 두 종류의 작업계획서를 통합작성이 가능한지?
☞ (회시) 차량계 하역운반기계 및 차량계 건설기계에 대하여는 안전보건규칙 제38조에 의하여 작업계획을 작성토록 하고 있는 바, 양 작업계획의 통합작성은 사용하는 기계에 대하여 종류, 운행경로, 작업방법 등 상기 기준에서 규정한 작업계획 내용이 포함되어 있다면 통합작성이 가능하다.(안전보건지도과-774, 2008.5.8.)
75 【질의】 스테인리스코일(약 14.5톤)을 이동하는 데 전용달기기구인 c-hook를 크레인 주권 후크에 걸어 사용하고 크레인 운전자 스스로 코일을 들어 이동하고 필요 위치에 내려놓는 작업을 반복하는데, 이럴 경우 주권 크레인 후크에 해지장치를 꼭 설치해야 하는지?
☞ (회시) 코일을 이동시키는데 사용하는 크레인 후크에는 해지장치를 부착하는 것이 원칙이나 전용달기기구인 c-hook를 주권 후크에 걸어 작업자의 도움이 없이 운전자 스스로 줄걸이를 하고 인양물을 필요한 위치에 옮겨 놓으며, 또한 그 경로상에 작업자의 접근이 없다면 주권 후크에는 해지장치를 구비하지 않아도 무방할 것이다.(산안 68320-778, 2000.8.29.)

안전기준을 적용함에 있어 원칙은 기계, 설비가 당초 제작 시 정하여진 목적 외에 사용할 수 없다는 것이다. 특히 움직이는 기계나 설비의 특성을 이용하여 근로자를 이동시키거나 공간에 배치하는 것은 원칙적으로 금지하고 있다.[76] 사업장에서 일어나는 재해의 많은 원인이 당초의 목적을 벗어난 기계, 설비의 사용에 있다.

일례로 앵글크레인을 사용하여 중량물의 인양 가능 여부에 대한 질의에 대하여 행정해석은 원래 기능상 중량물 인양기능을 갖는 경우 가능하다고 한다.[77]

동력의 이상상태는 안전에 상당히 중요하다. 안전기준의 원칙상 기계나 설비의 이상상태 시 등 비상시에는 당해 기계·설비는 바로 정지하도록 하여야 한다.

예를 들어 산업안전보건기준 제12조 규정의 '동력으로 작동되는 문의 동력이 끊어진 때에는 즉시 정지되도록 할 것'의 의미는 동력이 끊어진 상태에서도 작동되는 문에 의한 위험 예방을 위하여 동력이 끊어질 경우 문이 하강하거나 움직이지 않는 구조로 설치하여야 함을 의미하는 것으로 해석하고 작동 중에 정지스위치를 조작하여 정지시킬 수 있는 구조라면 동 조항의 취지에 부합하는 것으로 판단하고 있다.[78]

기계기구는 제조 시의 원래의 목적에만 사용되고 다른 목적으로 사용하거나 다른 목적으로 사용을 위한 개조 등은 원칙적으로 금지된다. 특히, 근로자의 탑승이나 이송에 사용하는 것은 안전보건규칙에서 인정되는 경우를 제외하고는 금지하고 있다. (안전보건규칙 제86조) 이는 작업장의 여건 등이 다른 방법에 의한 작업대, 이동통로 등을 설치할 수 없는 극히 예외적인 경

---

76 【질의】이동식 크레인에 근로자가 탑승할 수 있는지 여부?
이동식 크레인의 아웃트리거를 내려 고정시키고, 「산업안전보건기준에 관한 규칙」 제86조제1항(다만, 크레인에 전용 탑승설비를 설치하고 추락 위험을 방지하기 위하여 다음 각 호의 조치를 한 경우에는 그러하지 아니하다)에 따른 조치를 한 경우에는 전용 탑승설비에 근로자를 탑승시킬 수 있는지?
☞ (회시) 이동식 크레인을 '아웃트리거'로 고정시킨다 하더라도 이동식 크레인으로서의 실체가 변경되는 것은 아니므로 「산업안전보건기준에 관한 규칙」 제86조제2항에 따라 이동식 크레인에 전용 탑승설비를 설치한다 하더라도 근로자를 탑승시킬 수 없을 것이다.(제조산재예방과-2580, 2011.10.28.)
77 50톤 앵글크레인(이동식크레인 중 크롤러크레인)을 이용하여 중량물(40~50톤)을 인양·이동할 수 있는지?
☞ (회시) 이동식크레인의 한 종류인 크롤러크레인(무한궤도식)은 중량물을 인양하여 원하는 단거리 장소로 이동하기 위한 목적으로 제작된 장비로 중량물을 인양·이동하는 것이 가능하다. 다만, 크롤러크레인을 이용 중량물을 인양·이동 작업 시 안전보건규칙의 중량물취급, 이동식크레인 사용 시 규정 등을 준수하여야 한다.(산업안전팀-5084, 2006.10.1.)
78 (산업안전팀-2417, 2006.6.9.)

우에 한하여 허용하여야 하며 그러한 경우 위의 규정에서 정하는 안전상의 조치를 하여야 한다는 의미이다.[79]

[6] 추락방지 기준

안전보건규칙 제42조(추락의 방지) ① 사업주는 근로자가 추락하거나 넘어질 위험이 있는 장소[작업발판의 끝·개구부(開口部) 등을 제외한다]또는 기계·설비·선박블록 등에서 작업을 할 때에 근로자가 위험해질 우려가 있는 경우 비계(飛階)를 조립하는 등의 방법으로 작업발판을 설치하여야 한다.

② 사업주는 제1항에 따른 작업발판을 설치하기 곤란한 경우 다음 각 호의 기준에 맞는 추락방호망을 설치하여야 한다. 다만, 추락방호망을 설치하기 곤란한 경우에는 근로자에게 안전대를 착용하도록 하는 등 추락위험을 방지하기 위하여 필요한 조치를 하여야 한다.

1. 추락방호망의 설치위치는 가능하면 작업면으로부터 가까운 지점에 설치하여야 하며, 작업면으로부터 망의 설치지점까지의 수직거리는 10m를 초과하지 아니할 것

2. 추락방호망은 수평으로 설치하고, 망의 처짐은 짧은 변 길이의 12% 이상이 되도록 할 것

3. 건축물 등의 바깥쪽으로 설치하는 경우 추락방호망의 내민 길이는 벽면으로부터 3m 이상 되도록 할 것. 다만, 그물코가 20㎜ 이하인 추락방호망을 사용한 경우에는 제14조제3항에 따른 낙하물방지망을 설치한 것으로 본다.

③ 사업주는 추락방호망을 설치하는 경우에는 「산업표준화법」에 따른 한국산업표준에서 정하는 성능기준에 적합한 추락방호망을 사용하여야 한다.

추락의 방지기준은 건설현장에만 적용되는 것은 아니다. 추락의 위험이 모든 공간에서 근로자가 업무를 할 때는 안전기준을 준수하여야 한다. 실제적으로 가장 많은 사고가 추락에서 발생하고 상해의 정도도 심하다. 특히 점검이나 이동통로는 상시로 출입하는 공간이 아니어서 이에 대한 예방조치를 소홀히 할 우려가 있다. 행정해석은 작업자들이 설비를 점검하거나 이동하는 통로 사용하는 공장설비 하부와 도로 가장자리에 설치된 배수로(깊이 1~1.3m)에 작업장이나 기계·설비의 바닥·작업발판 및 통로 등의 끝이나 개구부로부터 근로자가 추락하거나 넘어질 위험이 있는 장소에는 안전난간, 울, 손잡이 또는 충분한 강도를 가진 덮개 등을 설치하

는 등 필요한 안전조치를 하여야 한다고 한다.[80]

안전난간의 설치에 대한 질의가 많이 있는바, 대부분은 작업형편상 안전기준에 규정된 규격으로 안전난간을 설치하지 않고 다른 방법이 가능한지에 대한 질의이다. 이에 대해 안전난간의 목적, 즉 추락·낙하의 방지를 달성할 수 있는지 여부를 갖고 판단한다. 수직그물망으로 안전난간대 설치의 대체 가능 여부에 대한 질의 회시에서 안전난간이 가지는 고유의 안전담보 기능이 확보되지 못함으로 보조적으로만 사용이 가능하다 하였다.[81]

1) 추락방지조치

추락방지에 있어 중요한 것은 작업발판(비계)의 설치와 안전난간의 설치이다.

현재 안전보건규칙상 2m 이상 높이에서의 작업에는 안전보건기준에 적합한 작업발판을 설치하고 작업을 하는 것을 원칙으로 하고 있다.[82] 작업발판은 외부비계를 만들어서 그 위에 설치한다. 이는 건축물의 신축, 수립, 보수작업에 있어 추락재해를 예방하는 가장 중요한 안전조치인 것이다. 따라서 단시간이며 일회성(검측작업 등) 작업 시와 같이 작업발판을 설치하기 곤란하여 다른 안전조치(사다리 및 안전대 착용 등)를 하여 수행하는 작업을 제외하고는 동 방법을 따르도록 하고 있다.

예를 들어 외부도장 시 달비계를 설치하여 작업하려고 하는데 안전망까지 추가로 설치하여야 하는지 여부에 대한 판단에 있어서도 동작업이 작업특성상 작업발판을 설치하거나 안전방망을 치는 것이 곤란하여 달비계를 설치하여 작업을 수행하는 경우 달비계의 구조가 동 규칙

---

80 (산업안전팀-3868, 2007.7.31.)

81 아파트 내부 계단실에 안전난간대를 설치하지 않고 그물망 양쪽에 로프를 넣어 당겨서 수직으로 그물망을 설치하여도 되는지 여부는 계단의 안전난간은 안전보건기준(제13조) 규정에서 정하고 있는 기준에 적합하게 설치하여야 하는 바, 안전난간 대신에 그물망을 설치하는 것은 그물망의 강도 등 제품 성능을 확인하기 어렵고, 그물망 특성상 안전난간과 달리 처짐이 크고, 용접작업 및 건설자재 운반으로 쉽게 훼손될 수 있는 등 안전난간 기준을 충족하기 어렵다고 사료되어 그물망은 안전난간을 설치하고 보조적으로 사용하는 것이 타당하다.(산업안전팀-4463, 2007.9.11.)

82 산업안전기준에관한규칙 제6편 제2장의 '비계'에 관한 규정은 비계의 재질, 작업발판, 조립·해체 및 변경 시 준수사항 등 비계의 설치가 요구되는 경우(구조물이 2m 이상이라 하더라도 작업의 성질상 비계의 설치가 요구되지 않는 경우도 있음)에 그 설치에 관한 기준이며, 동 규칙 제371조는 "사업주는 비계의 높이가 2m 이상인 작업장소에서 각 호의 기준에 적합한 작업발판을 설치하여야 한다."라고 규정하여 비계의 높이, 다시 말하여 작업장 높이가 2m 이상인 경우에는 작업발판을 설치해야 함을 정함과 동시에 작업발판에 대한 설치기준을 정한 것이다.(산안(건안) 68307-10570, 2001.11.30.)

제380조에서 정하는 기준을 만족하고 조립·해체 및 변경 등의 작업 시에도 동 규칙에서 정하는 사항을 준수하는 등 당해 작업과 관련하여 추락 위험을 방지하기 위한 조치를 충분히 한 경우에 한한다고 하였다.[83]

2) 낙하물 방지조치

낙하의 우려가 있는 경우에는 낙하·비래에 의한 위험방지조치로 안전보건규칙 제14조에 의거 낙하물방지망 또는 방호선반의 설치, 출입금지구역의 설정, 보호구의 착용 등 위험방지를 위하여 필요한 조치를 하여야 하고, 낙하물방지망을 설치할 때에는 설치높이는 10m 이내마다 설치하고 내민길이는 벽면으로부터 2m 이상으로 하고 수평면과의 각도는 20도 내지 30도를 유지하여야 한다.

낙하물방지망을 설치하여야 하는 기준을 설정할 때 다음과 같은 방법으로 하여야 한다. 우선 해당 작업이 낙하물방지망에서 요구하는 유해위험요인, 즉 낙하·비래가 발생할 수 있는 가능성에 대한 검토이다. 다음으로 작업자가 행동한 작업반경에 대한 검토가 필요하다. 이때에는 해당 작업장 주변에 종사하는 모든 근로자를 대상으로 검토하여야 한다. 검토 시 유의해야 할 점은 단편적으로 검토하여서는 아니 된다는 점이다.

무비계방식 작업, 갱폼, 수직보호망 사용 등으로 인하여 낙하물방지망의 설치가 필요 없다는 주장에 대하여 낙하물방지망을 설치로 인하여 예방할 수 있는 낙하·비래의 위험이 완전히 제거된 것이라면 허용이 가능하다고 하고 있다.[84] 하지만 이때 고려해야 할 점은 낙하물방지망 또는 방호선반을 설치하지 아니하여도 해당 건축물(구축물)을 왕래하는 근로자가 낙하·비래

83 (산안(건안) 68307-10151, 2001.4.21.)
84 산업안전보건기준에관한규칙에 의거 사업주는 작업으로 인하여 낙하 또는 비래의 위험이 있는 경우에는 낙하물방지망 설치 또는 방호선반의 설치 등 위험방지를 위해 필요한 조치를 하여야 하고, 위 규정에 의한 낙하물방지망은 10m 이내마다 설치하여야 하고, 내민길이는 벽면으로부터 2m 이상으로 수평면과의 각도는 20도 내지 30도를 유지하도록 하고 있다.
이때 낙하물방지망은 측벽 등 장소나 갱폼 등 공법과 상관없이 당해 작업으로 인하여 낙하 또는 비래의 위험이 있는지에 따라 설치 여부를 결정하여야 한다. 따라서 갱폼을 설치하여 작업을 하는 골조공사 외에 후속적으로 이루어지는 조적 또는 마감작업, 양중작업 시 등에 낙하 또는 비래의 위험이 발생될 수 있는지 여부를 종합적으로 판단하여 낙하물방지망 설치 여부를 결정하여야 할 것이다.(산안(건안) 68307-10083, 2001.3.17.), (산안(건안) 68307-10180, 2001.5.9.), (산안(건안) 68307-10515, 2001.10.25.), (산안(건안) 68307-10609, 2001.12.12.), (산업안전과-1163, 2004.2.19.), (산업안전팀-1324, 2006.3.24.)

의 위험으로부터 방지될 수 있는 것인가를 고려하여야 한다. 건설현장의 작업은 동시다발적으로 이루어지는 특성이 있으므로 갱폼이나 수직보호망으로 완벽하게 낙하·비래 위험을 방지하는 것은 곤란하므로 가능한 법상 안전조치를 하는 것이 안전하다.

작업발판, 추락방지망, 낙하물방지망 등 추락재해예방을 위한 안전조치의 설치의무가 누구에게 있는지(원청 또는 당해 작업 하청업체 사업주) 판단은 다음과 같이 한다.

산업안전보건법 및 안전보건규칙에 따라 사업주는 작업으로 인하여 추락, 낙하·비래의 위험이 있는 경우 법에서 정하는 기준의 작업발판, 추락방지망, 낙하물방지망 등을 설치토록 하고 있고, 산업안전보건법상 사업주라 함은 근로자를 사용하여 당해 작업을 수행하는 자를 말한다. 따라서 낙하물방지망은 낙하 및 비래의 위험이 있는 작업을 직접 수행하는 사업주가 설치하여야 한다. 다만, 위 작업이 도급에 의해 행해지고 도급자(원청)의 근로자와 수급자(하청)의 근로자가 동일한 장소에서 작업을 하는 경우에는 산업안전보건법 제29조제2항의 규정에 의하여 도급인(원청)인 사업주에게 추락, 낙하·비래에 의한 재해예방을 위한 조치를 해야 할 의무가 있다.

이렇게 설치된 낙하물방지망 등은 당해 작업 중 낙하·비래의 위험이 있는 작업이 진행되는 동안 존치하여야 한다.[85]

---

85   (산안(건안) 68307-10380, 2001.8.13.)

안전보건규칙 제236조(화재 위험이 있는 작업의 장소 등) ① 사업주는 합성섬유 · 합성수지 · 면 · 양모 · 천조각 · 톱밥 · 짚 · 종이류 또는 인화성이 있는 액체(1기압에서 인화점이 섭씨 250도 미만의 액체를 말한다)를 다량으로 취급하는 작업을 하는 장소 · 설비 등은 화재예방을 위하여 적절한 배치 구조로 하여야 한다.

② 사업주는 근로자에게 용접 · 용단 및 금속의 가열 등 화기를 사용하는 작업이나 연삭숫돌에 의한 건식연마작업 등 그 밖에 불꽃이 발생될 우려가 있는 작업(이하 '화재위험작업' 이라 한다)을 하도록 하는 경우 제1항에 따른 물질을 화재위험이 없는 장소에 별도로 보관 · 저장해야 하며, 작업장 내부에는 해당 작업에 필요한 양만 두어야 한다.

제241조(화재위험작업 시의 준수사항) ① 사업주는 통풍이나 환기가 충분하지 않은 장소에서 화재위험작업을 하는 경우에는 통풍 또는 환기를 위하여 산소를 사용해서는 아니 된다.

② 사업주는 가연성물질이 있는 장소에서 화재위험작업을 하는 경우에는 화재예방에 필요한 다음 각 호의 사항을 준수하여야 한다.

1. 작업 준비 및 작업 절차 수립
2. 작업장 내 위험물의 사용 · 보관 현황 파악
3. 화기작업에 따른 인근 가연성물질에 대한 방호조치 및 소화기구 비치
4. 용접불티 비산방지덮개, 용접방화포 등 불꽃, 불티 등 비산방지조치
5. 인화성 액체의 증기 및 인화성 가스가 남아 있지 않도록 환기 등의 조치
6. 작업근로자에 대한 화재예방 및 피난교육 등 비상조치

③ 사업주는 작업시작 전에 제2항 각 호의 사항을 확인하고 불꽃 · 불티 등의 비산을 방지하기 위한 조치 등 안전조치를 이행한 후 근로자에게 화재위험작업을 하도록 해야 한다.

④ 사업주는 화재위험작업이 시작되는 시점부터 종료 될 때까지 작업내용, 작업일시, 안전점검 및 조치에 관한 사항 등을 해당 작업장소에 서면으로 게시해야 한다. 다만, 같은 장소에서 상시 · 반복적으로 화재위험작업을 하는 경우에는 생략할 수 있다.

제241조의2(화재감시자) ① 사업주는 근로자에게 다음 각 호의 어느 하나에 해당하는 장소에서 용접 · 용단 작업을 하도록 하는 경우에는 화재의 위험을 감시하고 화재 발생 시 사업장 내 근로자의 대피를 유도하는 업무만을 담당하는 화재감시자를 지정하여 용접 · 용단 작업 장소에 배치하여야 한다. 다만, 같은 장소에서 상시 · 반복적으로 용접 · 용단작업을 할 때 경보용 설비 · 기구, 소화설비 또는 소화기가 갖추어진 경우에는 화재감시자를 지정 · 배치하지 않을 수 있다.

1. 작업반경 11m 이내에 건물구조 자체나 내부(개구부 등으로 개방된 부분을 포함한다)에 가연성물질이 있는 장소
2. 작업반경 11m 이내의 바닥 하부에 가연성물질이 11m 이상 떨어져 있지만 불꽃에 의해 쉽게 발화될 우려가 있는 장소
3. 가연성물질이 금속으로 된 칸막이 · 벽 · 천장 또는 지붕의 반대쪽 면에 인접해 있어 열전도나 열복사에 의해 발화될 우려가 있는 장소

② 사업주는 제1항에 따라 배치된 화재감시자에게 업무 수행에 필요한 확성기, 휴대용 조명기구 및 방연마스크 등 대피용 방연장비를 지급하여야 한다.

가연물이 있는 장소에서 용접 · 용단 등 화재위험작업 시 불티가 가연물로 번져 대형화재로

비화[86]될 가능성이 높다. 용접·용단작업 등 화재위험작업에서의 화재사고의 상당수는 위험물 제거 미실시, 불꽃 비산방지 조치 등 기본적 안전수칙 미준수에 기인한다. 종전 안전규칙에서 규정하고 있는 화재예방조치 대상[87] 외의 장소에서 용접 등의 불티에 의해 가연성 물질이 착화하여 화재 발생의 위험이 상존한다. 화재위험작업 안전조치 대상을 건물·설비의 외부까지 확대[88]하였다. (안전보건규칙 제241조제1항 및 제2항, 2020. 1. 16. 개정)

□ (사전점검) '용접·용단 등 화재위험작업' 전 관리감독자는 다음 사항을 사전점검하고 안전조치를 하여야 한다. (안전보건규칙 별표 3 제14의2호)

① 작업준비 및 작업절차 수립, ② 작업장 내 위험물의 사용·보관 현황 파악, ③ 화기작업에 따른 인근 가연성 물질에 대한 방호조치 및 소화기구 비치, ④ 용접불티 비산방지덮개, 용접방화포 등 불꽃, 불티 등 비산방지조치, ⑤ 인화성 액체의 증기 및 인화성 가스가 남아 있지 않도록 환기 등의 조치, ⑥ 작업근로자에 대한 화재예방 및 피난교육 등 비상조치

□ (화재위험작업 확인제도) 화재위험작업 시 사전에 안전조치[89]를 실시한 후 사업주가 이를 확인하고 작업내용 및 안전조치 사항 등을 게시하여 작업하여야 한다. (안전보건규칙 제241조제3항) 또한 사업주는 사전안전조치를 확인하고 이에 대해 안전조치가 이행되었음을 서면으로 확인·게시하여야 한다. (안전보건규칙 제241조제4항)

□ (가연성물질 관리) 유독가스가 발생하는 합성섬유·합성수지(스티로폼, 단열재 등) 등 가연성물질을 작업장소에서 분리하여 저장·보관하는 등 화재위험작업 시 가연성물질을 작업에 필요한 양만 내부에 두고, 그 외에는 별도의 장소에 보관·저장(안전보건규칙 제236조제2항 신설)

□ (화재감시자 배치) 화재감시자 지정·배치의 대상은 사업장 규모에 상관없이 가연물이 있는 용접·용단 작업에 한정하여 배치하여야 함(안전보건규칙 제241조의2 개정)

---

86 사례) 인천 부평 주상복합 신축공사현장에서 1층 외벽 철물 용접작업 중 불꽃이 비산하여 1층 내부에 적재된 단열재에 착화되어 화재('18년, 사망 3, 부상 4), 수원 오피스텔 신축공사장 화재('17년, 사망 1, 부상 15), 동탄 메타폴리스 화재('17년, 사망 4, 부상 47)
87 통풍이나 환기가 충분하지 않고 가연성물질이 있는 건축물 또는 설비 내부
88 종전) 통풍 등이 충분하지 않은 장소에서의 용접 등 → 改) 화재위험작업 시의 준수사항
89 가연물 제거, 가연성가스 농도측정, 소화기 배치, 불티비산 방지조치, 작업 전 근로자교육, 동시작업 여부 등을 화재위험작업 전에 점검·조치·확인 후 작업실시

유해물질에 의한 근로자의 건강장해를 예방하기 위한 보건조치는 다음 네 가지로 구성되어 있다. 첫째, 작업장 구조가 유해물질을 취급하는 근로자에게 피해가 적도록 만들어져야 한다. 둘째, 유해물질이 있는 작업장소는 밀폐하여야 한다. 밀폐가 곤란한 경우에는 근로자가 최소한으로 노출되도록 하고 국소배기장치를 설치하여 작업 시 공기 중으로 방출되는 유해물질(가스, 증기상태)을 외부로 배출하는 장치를 갖추어야 한다. 셋째로는 근로자에 해당 유해물질에 적합한 보호구를 지급하고 착용하도록 하여야 한다. 마지막으로 유해물질의 유해성, 취급 시 주의사항, 비상시 조치에 대한 교육과 주지가 이루어져야 한다.

특히 유해한 물질을 취급하는 경우에는 금연 등 추가조치를 하여야 한다.

보건조치가 안전조치와 다른 점은 급성유해물질을 제외하고는 대부분의 경우 유해인자로 인한 건강장해가 바로 나타나지 않고 일정 기간 후에 발생하거나 서서히 건강이 악화되는 것이다.

또한 안전의 위험, 즉 추락, 낙하 등은 대부분은 쉽게 인지할 수 있음에 반하여 중독, 작업관련성질환(요통, 수지증후군) 등 보건상 위험은 가시성이 낮다고 할 수 있다.

예를 들어 대형 직업병이 발생한 원진레이온의 경우에도 직업병사태가 불거지기 전까지는 사업주는 물론 작업자들까지도 이황화수소에 의한 문제의 심각성을 제대로 인식하지 못하였다.

법에 일부적용이 있지만, 보건상조치(법 제39조)가 제외되는 업종은 없다. 따라서 원자력발전소 등 타법적용 사업장에서도 국소배기장치, 호흡 보호구지급 등 보건규칙을 준수하여야 한다.[90]

---

90 【질의】원자력발전소의 근로자에 대한 개인 보호구가 산업안전보건법의 적용을 받는지, 산업안전보건법상의 검정된 호흡 보호구를 원자력 발전소에서도 착용해야 하는지?
☞ (회시) 원자력 발전소 등 원자력법 적용사업의 경우도 산업안전보건법 제3조 및 같은 법 시행령 별표 1에 의거, 같은 법 제24조가 적용되므로 산업보건기준에관한규칙 제12조의2, 제30조, 제49조 등에 의하여 사업주는 근로자에게 적절한 보호구를 착용시킬 의무가 있으며 소음, 유해가스 등이 발생하는 장소에서 작업하는 근로자에게는 같은 법 제35조의 규정에 의한 검정 보호구를 착용시켜야 한다. 다만, 같은 규칙 제12조의2 본문 단서의 규정에 의하여 원자력법 · 의료법 기타 다른 법령에 의하여 해당 조치를 한 경우에는 동 조항에 의한 사업주의 방사선으로 인한 건강장해예방조치 의무는 면제될 수 있다.(산보 68307-286, 2001.5.8.)

작업장의 보건기준 준수를 위해서는 국소배기장치를 올바르게 설치하는 것이 중요하다. 국소배기장치의 설치 여부는 기계의 자동식, 수동식 등 기계형식에 따라 정하여지는 것이 아니며, 근로자가 유해인자에 접근이 가능한지 여부에 따라 결정한다.[91] 다만, 안전보건규칙 제608조에 따라 분진 발산면적이 넓어 같은 규칙 제607조의 규정에 의한 설비의 설치가 곤란한 경우에 해당되어 전체 환기장치를 설치해도 되는지 여부는 현장 실정(사실관계)에 따라 판단하여야 한다.

국소배기장치의 제어풍속은 일반적으로 유해인자의 종류나 사용목적에 따라 구분하지 않는다.[92] 제어풍속은 입자의 성상(상태)이 가스상 입자인지 증기상(미스트) 입자에 따라 구분한다.[93][94][95]

1) 국소배기장치 설치대상

안전보건규칙 제1편 제72조에서 '인체에 해로운 분진·흄·미스트·증기 또는 가스상의 물질을 배출하기 위하여 설치하는 국소배기장치의 후드 등의 설치기준'을 규정하고 있는 바, 이는 모든 유해인자의 배출과 관련된 일반기준이며, 유해인자별 개별기준을 개별 규칙에서 두고

---

91   반자동 케리지 용접기를 사용하는 작업은 산업보건기준에 관한 규칙 제215조, 별표 5의 19호에서 규정하고 있는 「실내 작업장에서 금속을 용접 또는 용단하는 분진작업」에 해당하므로 같은 규칙 제217조에 의한 밀폐설비 또는 국소배기장치를 설치하여야 할 것이다.(근로자건강보호과-1592, 2010.7.1.)

92   항암제 중 관리대상물질이 용량비율로서 1% 이상 함유되어 있다면 산업보건기준에 관한 규칙 별표 8의 관리대상유해물질 관련 국소배기장치 후드의 제어풍속을 유지하여야 한다.(산업보건환경과-3187, 2005.6.7.)

93   측방형후드가 설치되어 있고 유해물질로 황산이 발생될 경우 후드의 제어풍속은 안전보건규칙 별표 8(관리대상유해물질 관련 국소배기장치 후드의 제어풍속)에 의거 후드 형식이 외부식 측방흡인형 후드일 때, 황산의 발생이 입자상(후드로 흡입될 때의 상태가 미스트)이면 제어풍속은 1.0m/sec가 되며, 가스상(후드의 흡입될 때의 상태가 가스 또는 증기인 경우)이면 제어풍속은 0.5m/sec이다.(산업보건환경과-1559, 2005.3.24.)

94   관리대상유해물질, 제조 등 허가·금지대상유해물질에 대하여만 국소배기장치의 제어풍속에 관한 기준을 물질상태별(가스상, 입자상)로 규정하고 있으므로 그 외의 유해물질에 대해서는 동 기준이 적용되지 않는다고 할 것이며, 다만 분진에 대해서는 후드의 형태 등에 따른 별도의 기준을 규정(동 규칙 제219조)하고 있으므로 이를 준수해야 할 것이다.(산업보건환경팀-1062, 2007.2.14.)

95   【질의】타이어 제조회사에서 고무흄이 발생되는 공정에 설치한 국소배기장치의 제어풍속은?
☞ (회시) 현행 산업안전보건법상 고무흄에 대하여 별도로 제어풍속을 별도로 규정하고 있지 않으며 안전보건규칙 별표 8(관리대상유해물질 관련 국소배기장치 후드의 제어풍속)을 참조할 수 있다.(산업보건환경과-929, 2004.2.25.)

있다.[96] 이와 관련하여 '인체에 해로운'의 범위는 이 규칙 제3편(보건기준)에서 규정하고 있는 유해인자로 본다.

2) 허용소비량

보건조치를 하여야 하는 관리대상물질의 기준을 정하기 위하여 허용소비량을 규정하고 있다. (안전보건규칙 제421조)

1시간당 허용소비량을 계산할 때 단위 및 사용량의 적용방법은 허용소비량의 단위는 그램 (g)이며, 사용량은 작업장 체적 내에 근로하는 전체 근로자에 적용하는 사용량이다.

「작업시간」 1시간의 의미는 8시간 중 평균 1시간을 의미하는 것이 아니라 유해물질 취급작업 시간을 말한다. 즉, 「작업시간」이란 「유해물질을 취급하는 시간」을 의미한다. 허용소비량을 계산할 때 무게(g)를 부피(ℓ나 ㎖)로 환산할 수 있으며, 이 경우 유해물질의 비중을 고려하여야 한다.[97]

단서규정에 있는 '환기가 불충분한 실내작업장'이란 작업장의 크기, 유해물질 사용량, 작업장의 환기량, 전체 환기장치 및 국소배기장치의 유무 및 성능 등을 고려하여 종합적으로 판단해야 한다.[98]

사례 연구

산업보건기준에 관한 규칙 제167조 관련 작업장 체적을 감안한 허용소비량이 10g이고, 10명이 하루 총 1시간 미만으로 관리대상유해물질을 취급하며, 10명이 하루 사용하는 양을 모두 합한 것이 30g인 경우, 허용소비량 초과 유무?
☞(회시) 허용소비량을 계산하기 위한 공식은 '허용소비량(g/hr)=작업장체적/15' 이다. 귀하가 체적을 감안하여 계산한 허용소비량 값이 10g/hr로 계산되었다면 하루 8시간 동안은 80g/day이며, 만약 8시간 동안 사용한 관리대상 유해물질의 총량이 30g/day라면 허용소비량 미만이라고 본다.(산업보건환경과-472, 2005.1.25.)

---

96   관리대상물질, 허가대상물질, 금지대상물질 및 분진에 대한 예방규정에서 개별로 국소배기장치 관련 규정은 해당 장치의 설치근거 및 성능(제어풍속)을 규정하고 있어 각 해당 유해인자의 배출에 필요한 별도의 규정을 의미한다.(근로자건강보호과-3519, 2009.9.3.)
97   (산업보건환경과-2440, 2005.5.7.)
98   (산업보건환경과-577, 2005.1.28.)

(10) 밀폐작업 기준

보건조치에 주의해야 할 사항은 해당 유해요인이 현 상태에는 없지만 유해요인이 발생할 수 있는 장소, 환경, 조건에 대한 기준에 대한 해석이다. 밀폐공간 안전보건조치를 들 수 있다.

'밀폐공간'이란 산소결핍, 유해가스로 인한 화재·폭발 등의 위험이 있는 장소로서 산업안전 보건기준에관한규칙 별표 18에서 정하고 있는 장소로, 밀폐공간 작업 근로자의 건강장해예방을 위한 조치를 하여야 한다. 또한 '밀폐공간'에는 '분뇨, 오염된 흙, 폐수, 그 밖에 부패하거나 분해되기 쉬운 물질이 들어있는 정화조·침전조·집수조·맨홀·관 또는 피트의 내부'뿐만 아니라 정화조·침전조 시설이 있는 급배기시설이 갖춰진 실내공간도 포함되는 것으로 해석하고 있다.[99]

따라서 해당 장소에 유해요인이 현재에는 존재하지 않더라도 필요한 예방조치를 하여야 하는 것이다. 즉, 근로자가 밀폐공간에서 작업을 하는 경우 송기마스크, 사다리 및 섬유로프 등 비상시에 근로자를 피난시키거나 구출하기 위하여 필요한 기구를 갖추어야 한다. 비록 지금은 적정공기 수준일 경우라도 비상시에는 송기마스크를 착용할 수 있도록 갖추어 두어야 하고, 작업 전 측정한 산소 및 유해가스 농도가 적정하더라도 작업 중에 해당 작업장이 적정공기[100] 상태로 유지되도록 환기를 하여야 한다.[101]

---

99   (국민신문고, 2012.7.3.)

100   '적정공기'란 산소의 농도가 18% 이상 23.5% 미만, 탄산가스의 농도가 1.5% 미만, 황화수소의 농도가 10피피엠 미만 인 수준의 공기를 말한다.

101   (국민신문고, 2012.9.4.)

(11) 중량물

안전보건규칙 제663조(중량물의 제한) 사업주는 근로자가 인력으로 들어 올리는 작업을 하는 경우에 과도한 무게로 인하여 근로자의 목·허리 등 근골격계에 무리한 부담을 주지 않도록 최대한 노력하여야 한다.

제664조(작업조건) 사업주는 근로자가 취급하는 물품의 중량·취급빈도·운반거리·운반속도 등 인체에 부담을 주는 작업의 조건에 따라 작업시간과 휴식시간 등을 적정하게 배분하여야 한다.

제665조(중량의 표시 등) 사업주는 근로자가 5㎏ 이상의 중량물을 들어 올리는 작업을 하는 경우에 다음 각 호의 조치를 하여야 한다.
1. 주로 취급하는 물품에 대하여 근로자가 쉽게 알 수 있도록 물품의 중량과 무게중심에 대하여 작업장 주변에 안내표시를 할 것
2. 취급하기 곤란한 물품은 손잡이를 붙이거나 갈고리, 진공빨판 등 적절한 보조도구를 활용할 것

제666조(작업자세 등) 사업주는 근로자가 중량물을 들어 올리는 작업을 하는 경우에 무게중심을 낮추거나 대상물에 몸을 밀착하도록 하는 등 신체의 부담을 줄일 수 있는 자세에 대하여 알려야 한다.

안전보건규칙(제663조, 제666조)과 관련한 근골격계에 과도한 부담을 주는 중량물의 무게는 근로자의 연령 및 성별, 작업빈도, 운반거리 등에 따라 달라질 수 있으나 일반적으로 남자근로자의 경우 25㎏, 여자근로자의 경우 15㎏ 이상의 물체를 말한다.[102]

안전보건규칙 제665조제1호에 의하여 '주로' 취급하는 물품에 대하여 '작업장 주변'에 안내표시를 하도록 규정되어 있는 바, 주로 취급하는지 여부는 개별 근로자가 아닌 당해 작업장에서 상당수의 근로자가 일상적으로 취급하는 물품인지에 따라 판단하며 상당수의 근로자가 작업장을 옮겨 다니면서 일상적으로 취급하는 물품인 경우에는 작업장마다 중량과 무게중심을 표시하여야 한다.[103](동일한 작업장 내에서 작업장소를 변경하는 경우에는 다수의 근로자가 쉽게 볼 수 있는 하나의 장소를 선정하여 안내표시)

근로자가 취급하는 중량물의 위치에 따라 무게중심이 바뀔 수 있는 경우 무게중심 표시방법은 주로 취급하는 중량물의 무게중심이 바뀔 경우에는 주된 작업에 따른 무게중심을 표시하되

---

102 (산보 68070-749, 2003.9.5.)
103 (산업보건환경과-796, 2004.2.17.)

근로자에게 무게중심이 바뀌는 데 대해 주지시키는 것이 필요하다.[104]

(12) 근골격계부담작업 유해요인조사 실시방법

근골격계부담작업 유해요인조사는 위험성평가의 대표적인 방법이다. 현재 우리나라에서만 강행적으로 실시되고 있다. 위험성평가는 유해위험 요인의 현황, 수준, 관리방법을 파악, 결정하는 조사 및 관리체계이다. 따라서 이는 질환자를 판정하는 의학적 판단절차가 아니다. 따라서 증상조사에 의사가 직접 참여하여 개별 문진을 통해 질환 여부를 판단하는 것도 아니다.[105]

현재 고시에서 규정하고 있는 11개 부담작업이 있는 경우 매 3년마다 유해요인조사를 실시하도록 하고 있다.

근골격계부담작업의 판단은 해당 부담작업이 집중적인가 아니면 일정 시간 지속적이고 반복적으로 수행되는지가 판단요소이다.[106] 간헐적이고 조정이 가능한 작업은 부담작업으로 보지 않는다.[107]

---

104   (산업보건환경과-796, 2004.2.17.)

105   근골격계부담작업 유해요인조사는 근골격계질환 발생을 예방하기 위해 근골격계부담작업이 있는 부서의 유해요인을 제거하거나 감소시키기 위한 것으로, 질환자의 선별을 목적으로 하는 것은 아니다. 증상조사를 포함한 유해요인조사의 조사자에 대해 특별히 자격을 제한하고 있지 않고 있으므로, 사업주는 안전보건관리책임자가 직접 실시하거나 근로자, 관리감독자, 안전담당자, 안전관리자, 보건관리자, 외부전문기관 또는 외부전문가 중 사업주가 적합하다고 판단하는 자를 조사자로 지정하여 유해요인조사를 실시할 수 있으며 증상조사의 구체적인 방법은 사업장에 따라 정할 수 있다.(근로자건강보호과-4778, 2009.12.22.)

106   할인매장 등의 계산원이 하루에 총 2시간 이상 목, 어깨, 팔꿈치, 손목 또는 손을 사용하여 같은 동작을 반복하는 작업을 하는 경우에는 근골격계부담작업 제2호에 해당한다. 이때 '같은 동작'이라 함은 '동작이 동일하거나 다소 차이가 있다 하더라도 동일한 신체 부위를 유사하게 사용하는 움직임'을 말하며 '반복하는 작업'의 해당 여부는 신체부위별로 아래 표를 참고하여 판단한다.(산업보건환경과-3907, 2005.7.7.)

신체 부위	어깨	팔꿈치	손목/손
분당 반복 작업기준	2.5회 이상	10회 이상	10회 이상

107   임의로 자료입력 시간을 조절할 수 있는 설계 및 사무직 근로자의 경우에는 근골격계부담작업의 범위(노동부장관 고시) 제1호에 의한 '집중적'으로 수행되는 작업으로 보지 아니하나 '임의로 자료입력 시간의 조절' 여부는 직종별로 판단할 것이 아니라 개별 근로자의 작업상황을 구체적으로 고려하여 판단하여야 한다.(산업보건환경과-796, 2004.2.17.)

1) 실시주기

정기유해요인조사 또는 수시유해요인조사 후 단기간 내에 근골격계질환자가 발생하였을 경우에는 근골격계질환자가 당해 작업에서 단기간 내에 발생하였다면 유해요인조사 또는 작업환경개선의 적정성에 대한 재평가를 위하여 유해요인조사를 재실시하는 것이 바람직하다.[108]

만일 근골격계부담작업 유해요인조사결과, 작업장 상황, 작업조건, 작업과 관련된 근골격계질환 징후 및 증상 유무 등에 대해 근로자와의 면담, 증상 설문조사, 인간공학적 측면을 고려한 조사 등 적절한 방법과 당해 작업 근로자 또는 근로자대표가 참여하여 조사한 결과 11가지 부담작업에 해당되는 작업이 없는 것으로 조사되고, 이후 산업보건기준에 관한 규칙 제143조제2항 각 호의 사유가 발생하지 아니하였다면 유해요인조사를 실시하지 않아도 된다.[109]

신설사업장은 1년 이내에 유해요인조사를 실시한다. 다만 다른 사업장을 인수·합병하는 경우에는 수시유해요인조사에 해당하여 즉시 실시하여야 한다.[110]

수시유해요인조사 대상 중 업무량의 변화에 따른 유해요인조사 실시 여부의 판단의 작업장 증가 등 부담요인이 증가하였는지 여부를 기준으로 한다.[111] 다만, 정기 유해요인조사는 인원 감소 및 작업량 감소 등 사업장의 변동이 있는 경우에도 실시하는 것이 원칙이다.[112]

108　(산업보건환경과-796, 2004.2.17.)

109　(근로자건강보호과-1443, 2009.4.13.)

110　동일 사업장(공장) 내에 위치한 다른 사업장(공장)을 인수·합병하면서 근골격계부담작업에 해당하는 새로운 작업·설비가 도입된 경우에는 안전보건규칙(제6573조제2항)에 따라 지체 없이 유해요인조사를 실시하여야 하며, 유해요인조사를 새로 도입된 작업·설비 중 실제 가동 중인 작업·설비에 대해서만 실시할 수 있다.(그러나 실제 가동되지 않아 유해요인조사를 실시하지 않은 작업·설비가 추후 가동되는 경우에는 해당 작업·설비에 대해서도 지체 없이 유해요인조사를 실시하여야 함)
다만, 인수된 날부터 최근 3년 이내에 인수·합병된 사업장(공장)의 작업·설비에 대한 유해요인조사가 이미 실시된 바 있고, 그 이후부터 지금까지 해당 작업·설비에 대해 근골격계부담작업에 해당하는 업무의 양과 작업공정 등 작업환경이 변경된 사실이 없는 경우에는 이전 유해요인조사가 실시된 날부터 매 3년마다 유해요인조사를 실시하는 것이 가능한 것으로 해석한다.(산업보건환경과-6627, 2004.11.24.)

111　동일 차종으로써 시간당 생산량이 증가하여 근골격계부담작업에 해당하는 업무의 양이 증가한 경우에는 지체 없이 유해요인조사를 실시하여야 한다. 다만, 최근 3년 이내에 동일 차종의 시간당 동일 생산량의 근골격계부담작업에 대한 유해요인조사를 실시한 결과가 있는 경우에는 그 결과로 갈음하여 유해요인조사를 실시하지 아니할 수 있으며, 동일한 작업조건에서 시간당 생산량의 감소로 근골격계부담작업에 해당하는 업무의 양이 감소한 경우에는 유해요인조사를 실시하지 아니할 수 있다. 차종 교체에 따른 부품의 추가 또는 변경으로 근골격계부담작업에 해당하는 작업동작 및 작업자세 등의 빈도가 증가한 경우에도 지체 없이 유해요인조사를 실시하여야 하는 것으로 해석하고 있다.(산업보건환경과-5030, 2004.9.2.)

112　산업보건기준에 관한 규칙 제143조(유해요인조사)에 의하여 사업주는 근골격계부담작업에 근로자를 종사하도록 하는 경

근골격계질환이 발생한 근로자를 사업장 내 근골격계질환 재활센터의 재활·복귀프로그램을 통하여 적절히 치료한 후 작업장에 복귀시키는 경우라 하더라도 산업안전보건법 제2조제1호의 산업재해에 해당하면서 3일 이상의 휴업을 요하는 근골격계질환자에 대하여는 동법 제57조 및 동법 시행규칙 제73조의 규정에서 정한 바에 따라 산업재해 발생보고서를 지방노동관서의 장에게 제출하여야 한다.[113]

2) 실시방법

유해요인조사는 안전보건규칙 제657조의 규정에 따라 작업장 상황(작업설비·작업공정·작업량·작업속도 등), 작업조건(작업시간·작업자세·작업방법·작업동작 등), 근골격계질환의 징후 및 증사 등 3가지 사항에 대하여 근로자와의 면담, 인간공학적 측면을 고려한 조사 및 증상, 설문조사 등 적절한 방법으로 실시하여야 하며, 위 3가지 사항 중 하나라도 제외되어 있거나 상기의 적절한 방법이 아닌 경우에는 유해요인조사를 실시한 것으로 인정받을 수 없다.[114]

안전보건규칙 제657조(유해요인조사)제2항제1호와 관련하여, 산재요양결정자 발생 시 유해요인조사는 당해 근로자가 종사하는 작업(해당 공정)에 대해서 실시하는 것이 원칙이다.[115]

우에는 3년마다 유해요인조사를 실시토록 규정되어 있는바 현재 불규칙적인 작업상황에 있다 하더라도 정기 유해요인조사는 실시하여야 함. 다만, 일시적으로 가동되지 않아 부담작업이 없어져 정기 유해요인조사를 실시하기 어려운 작업에 대해서는 당해 작업에 한하여 정기 유해요인조사를 아니할 수 있으나, 추후 정상적으로 가동되는 경우 지체 없이 수시 유해요인조사를 실시하여야 할 것이다.(산업보건환경팀-2096, 2007.4.12.)

113　(산업보건환경과-5032, 2004.9.2.)

114　안전사고 또는 근골격계질환 사고 발생 시 1차적으로 사고를 조사하고 사고보고서 작성 후 대책회의를 실시하는데 참석대상은 해당 공정의 과정, 실무자, 설비부 담당엔지니어, 노동조합대의원이 참석하여 사고내용을 기술 후 원인을 파악하여 재발방지를 위한 기술적, 관리적, 교육적 대책 등 3개항에 대해 대책을 세우고 실행 여부를 안전보건관계자가 체크 관리하는 방법이 위 규정에 적합하지 아니하는 한 법적 유해요인조사로 인정되지 아니한다. 또한, 새로운 설비 도입 시 1차적으로 회사의 안전관리자 또는 안전담당자·안전보조·순찰원이 새로운 설비를 안전진단하고 문제점을 발췌하여 설비담당 엔지니어에게 조치토록 하고 2차적으로 노동조합 안전보건관계자와 사측의 안전보건관계자가 일정을 협의 후 해당 설비에 대한 노사합동 안전진단을 실시하는 경우에도 마찬가지이다.(산업보건환경과-2479, 2004.5.4.)

115　(산보 68070-629, 2003.7.29.)

3) 대상작업

유해요인조사의 실시대상의 선정기준은 작업단위이다[116].

여러 작업을 수시로 바꾸어 작업하던 근로자가 근골격계질환에 이환된 경우 수시유해요인 조사 대상작업을 선정하기 위해서는 우선 근골격계질환에 이환된 신체 부위에 주로 부담을 주는 작업을 선정하고 선정된 다수의 작업 중 근무한 기간 및 작업강도 등을 종합적으로 고려하여 1개 작업을 선정하여 유해요인조사를 실시하면 된다.[117]

한 단위작업장소 내에서 10개 이하의 부담작업이 동일 작업으로 이루어지는 경우에는 작업 강도가 가장 높은 2개 이상의 작업을 표본으로 선정하여 유해요인조사를 실시해도 전체 동일 부담작업에 대한 유해요인조사를 실시한 것으로 인정받을 수 있다.

다만, 한 단위작업장소 내에 동일 부담작업의 수가 10개를 초과하는 경우에는 초과하는 5개의 작업당 작업강도가 가장 큰 1개의 작업을 추가하여 유해요인조사를 실시하여야 하고 교대제 작업은 교대 근무조 각각을 동일 작업으로 간주하고 유해요인조사를 실시하여야 한다.[118]

사례 연구

대형할인매장 캐셔(계산대작업) 작업이 부담작업이라면, 10개의 캐셔작업대 각각에 3명씩 3교대로 30명이 부담작업을 행하고 있는 경우 유해요인조사의 방법은?

☞ 캐셔작업(캐셔작업대 10개, 3명 3교대)은 전체 동일 작업 수가 30개에 해당되므로, 작업강도가 높은 순으로 6개 이상의 작업을 표본으로 선정하여 유해요인조사를 하여야 한다.(산업보건환경과-2868, 2004.5.25.)

※ 처음 10개 작업에 대해 2개 작업 이상을 표본선정, 10개를 초과하는 작업에 대해 4개 작업이상을 표본에 추가

---

116 1명의 근로자가 여러 작업을 수행하는 경우에는 각각의 작업에 대하여 우선 근골격계부담작업 여부를 판단 후 근골격계 부담작업에 대해 각각 유해요인조사 실시하고, 특정설비를 다수의 근로자가 동시에 사용하여 작업을 하는 경우에는 근로자의 수에 따라 작업의 수를 산정한다.(산업보건환경과-796, 2004.2.17.)

117 (산업보건환경과-796, 2004.2.17.)

118 [예시] 주조 1공장에 동일 작업인 부담작업이 16개 있는 경우에는 모두 4개(10개 작업에 대해 2개 선정, 초과 6개 작업에 대해 2개 추가) 이상의 작업을 표본으로 선정하여 유해요인조사

4) 근로자 참여

사업주가 실시하는 유해요인조사에 작업별로 근로자를 참여(안전보건규칙 제657조제3항)시키도록 하는 것은 특정 작업에 내포되어 있는 근골격계 질환의 위험요인은 그 작업을 직접 수행하는 근로자가 가장 잘 알고 있기 때문으로 참여하도록 하고 있다. 다만, 유해요인조사 대상작업에 직접 종사하는 근로자가 참여할 수 없는 경우가 발생할 수 있으므로 이 경우에는 근로자대표를 대신 참여시키도록 하고 있는 것이다.[119]

5) 보존기한

정기 및 수시 유해요인조사표의 보존기한은 법 제164조의 규정[120]에 따라 해당 작업에 대한 유해요인조사 결과서는 3년간 보존하여야 한다.

6) 교육 및 산업안전보건 위원회

근로자 및 관리감독자를 대상으로 보건관리자가 실시하는 '근골격계부담작업 유해요인조사의 방법 및 부서별 협조사항'의 내용이 법 제29조, 시행규칙 제26조 및 별표 5의 규정에서 정한 교육내용에 부합하는 경우 법상 안전보건교육에 해당될 수 있다. 산업안전보건위원회가 구성된 사업장의 경우에는 해당 안전보건교육은 제24조제2항제1호의 규정에 의하여 산업안전보건위원회의 심의·의결을 거쳐야 한다.[121]

근골격계질환 유해요인조사는 산업안전보건법 제24조의 규정에 의한 산업안전보건위원회

119　가. 당해 작업 종사근로자와의 면담 및 증상설문조사를 포함한 조사를 실시한 경우(보건규칙 제658조)
나. 합리적인 사유로 당해 작업 종사근로자와의 면담 및 증상설문조사가 실시되지 않았으나 근로자대표가 대신 유해요인조사에 입회한 경우
다. 사업주가 참여를 요청했음에도 당해 작업 종사근로자 또는 근로자대표가 정당한 사유 없이 조사나 참여에 응하지 않아 관할 지방노동관서의 장에게 이 사실을 통보한 후 중재를 받아 유해요인조사를 실시한 경우(산업보건환경과-4727, 2005.8.12.)
120　법 제164조(서류의 보존) 제1항 사업주는 다음 각 호의 서류를 3년(제2호의 경우 2년을 말한다) 동안 보존하여야 한다. 다만, 고용노동부령으로 정하는 바에 따라 보존기간을 연장할 수 있다.
3. 안전조치 및 보건조치에 관한 사항으로서 고용노동부령으로 정하는 사항을 적은 서류
121　(산업보건환경과-3396, 2004.6.21.)

의 심의·의결사항에 반드시 해당하지는 않는다.[122]

안전보건규칙 제662조제1항제2호의 규정에서 근골격계질환 예방과 관련하여 노사 간의 이견이 지속되는 사업장으로서 필요하다고 인정되는 경우에 근골격계질환 예방관리프로그램을 수립·시행 명령의 주체를 노동부장관으로 규정하고 있으나, 동 행정명령이 개별 사업장을 대상으로 행사되는 만큼 동 규정에 의한 실질적인 명령권자는 지방노동관서의 장으로 보는 것이 타당하다.

(13) 서서 일하는 근로자, 직무스트레스 등

제80조(의자의 비치) 사업주는 지속적으로 서서 일하는 근로자가 작업 중 때때로 앉을 수 있는 기회가 있으면 해당 근로자가 이용할 수 있도록 의자를 갖추어 두어야 한다.

장시간 서서 일하는 작업이 늘어나고 있다. 특히 서비스업(판매업)에서 해당 작업이 증가하고 있다. 장시간 서서 일하는 것이 오랜 기간 지속될 경우 하지정맥에 무리를 주어 관련 질환이 발생한다. 규칙에서는 이 경우 근로자가 때때로 쉴 수 있는 의자를 비치하고 이용할 수 있도록 하고 있다.

동 규칙에서 '지속적'의 취지는 통상 서서 작업하는 것이 원칙인 작업의 경우를 말하고 간헐적인 작업은 제외되며 '때때로 앉을 수 있는 기회'란 작업상황에 맞추어 적절한 방법으로 작업 중 의자에 앉아 근무하거나 쉴 수 있는 시간을 주어야 한다는 의미이다.[123] 반드시 별도의 장소를 마련하라는 의미는 아니다.[124]

---

122 (산업보건환경과-4546, 2004.8.12.)
123 예를 들어 N/C 가공작업자의 경우 전산프로그램으로 장비가 작동함으로 작업자의 여유 시간이 많을 경우에 의자비치가 해당되는지 여부는 지속적으로 일하는지 여부에 따라 판단하고 기계에 의한 자동작업으로 근로자는 작업 추이만을 지켜보는 등 의자에 앉아 작업을 수행할 수 있는 경우 '때때로 앉을 수 있는 기회'를 부여한 것으로 본다.(산업보건환경팀-5829, 2007.11.29.)
124 【질의】유통업체의 계산직 근로자가 계산을 하는 장소가 협소하여 별도의 휴게실에 소파 등을 비치하여 두고 있는 바, 별도의 장소에 의자를 비치하는 것으로 산업보건기준에 관한 규칙을 준수하는 것으로 판단할 수 있는 여부
☞ (회시) 해당 유통업체의 계산직 근로자가 작업 중에 별도의 휴게 공간에 때때로 갈 수 있는 작업조건인지 여부 및 휴게 공간과의 거리 등에 따라 판단하여야 할 것으로 판단되며, 만일 작업 중에는 별도의 휴게 공간에 가기가 어려운 조건이라면 해당 근로자

1) 직무스트레스

직무스트레스예방규정은 법 제5조를 직접 받고 있다. 법 제5조는 사업주의 일반적 의무조항(노력의 의무)으로 벌칙이 없다. 이는 타 안전보건규칙 조항이 대부분 법 제38조 또는 제39조를 받는 데 비하여 차이가 있다 할 수 있다. 백화점, 병원, 통신판매 등의 직종에서 감정노동(emotional works)이 문제가 되고 있다. 향후 직무스트레스 규정의 강행화가 논의될 수 있을 것이다.

2) 단말기 조작

컴퓨터의 사용이 일상화되고 컴퓨터단말기를 보면서 작업을 하는 경우가 늘어나고 있다. 안전보건규칙 제667조(컴퓨터단말기 조작업무에 대한 조치)의 적용대상은 영상표시단말기(VDT)취급근로자작업관리지침(고용부고시) 제3조에 따른 영상표시단말기 연속작업자 중 작업량·작업속도·작업강도 등을 근로자 임의로 조정하기 어려운 자를 말한다.[125]

3) 고열작업

안전보건규칙 제559조제1항제2호에서 규정한 '용선로 등으로 광물·금속 또는 유리를 용해하는 장소'란 해당 작업수행으로 인해 고열이 근로자에게 건강상 영향을 미치는 정도를 고려하여야 한다. 따라서 해당 장소를 어디까지 볼 것인지는 작업공간의 범위, 고열차단 상태, 작

가 때로로 앉을 수 있는 작업 장소에 의자를 비치하여야 하며, 만일 작업 중 때때로 별도의 휴게 공간에 갈 수 있는 조건이라면 별도의 휴게실에 의자를 비치하여도 될 것으로 판단된다. 참고로 의자 비치를 위한 장소가 협소할 경우에는 설치에 많은 공간을 요하지 않는 입좌식 의자 등을 설치할 수 있다. (근로자건강보호과-2290, 2008.8.8.)

125 '작업량 · 작업속도 · 작업강도 등을 근로자 임의로 조정하기 어려운 자' 란 다른 근로자와 보조를 맞춰 공동으로 진행되는 업무를 수행하는 자로 당해 근로자의 작업량, 작업속도, 작업시간의 변화가 다른 근로자의 업무에 영향을 주어 자율적으로 휴식시간을 활용할 수 없는 자를 의미한다.
'연속적인 컴퓨터단말기작업'이란 휴식시간을 갖지 않고 컴퓨터단말기를 취급하는 일련의 반복작업을 말한다. 동 근로자의 건강장해예방을 위해서는 1회 연속작업이 1시간을 넘지 않도록 하고 다음 연속작업이 시작되기 전 10~15분의 휴식시간을 부여함이 바람직하다.(영상표시단말기(VDT)취급근로자작업관리지침에서 사업주가 행하여야 할 조치에 관한 기술상의 지침 또는 작업환경의 표준을 지도 · 권고하고 있음) (산보 68307-156, 2003.2.28.)

업자에게 영향을 미치는 정도 등 작업장의 여건을 종합적으로 고려하여 판단해야 할 것이다.[126]

고열의 노출기준은 「화학물질 및 물리적인자의 노출기준(고용부고시)」〈별표 4〉 고온의 노출기준을 참고하여 결정한다.

4) 혈액누출

보건조치는 인적관리에 대한 규정을 두고 있다. 예를 들어 안전보건규칙 제598조제2항에 따라 사업주는 혈액노출사고 조사 결과에 따라 혈액에 노출된 근로자의 면역상태를 파악하여 「별표 14」에 따른 조치를 하고 혈액매개의 감염우려가 있는 근로자는 「별표 15」에 따라 3개월 또는 6개월 추적관리를 하도록 규정하고 있다.[127]

---

126 (근로자건강보호과-175, 2008.5.9.)

127 【질의】산업안전보건기준에 관한 규칙 「별표 15」에서 근로자가 B형간염 바이러스에 노출된 후 3개월 또는 6개월 동안에 HBsAG(항원) 추적검사를 하도록 명시되어 있으나 B형간염 환자의 혈액에 노출된 근로자의 B형간염 항체가 적절하거나, 항체가 부적절하여 24시간 내 예방적 투약이 이루어진 경우에 추적검사를 하지 않을 수 있는지 여부?
☞ (회시) 주사침상해를 입은 근로자 중 상해 당시 B형간염 검사결과 항원이 없거나 혈중 항체가 충분하여 감염우려가 없다면 추적관리를 할 필요가 없다. 다만, 항체가 없거나, 항체가 충분치 않거나, 기억하지 못하는 경우에는 주사침 찔림 사고 즉시 백신 또는 면역글로불린을 주사하는 등 적절한 조치를 하였다 하더라도 향후에 감염으로 인하여 발병하지 않는다는 근거가 불충분하기 때문에 동 규칙에서 정해 놓은 일정기간(3개월 또는 6개월)은 추적관리를 하여야 한다.(서비스산재예방팀-2688, 12.12.18.)

안전보건정보 제공

◈ 이 편의 제도 개요 ◈

〈법 제34조, 37조〉

제34조(법령 요지의 게시 등) ① 사업주는 이 법과 이 법에 따른 명령의 요지 및 안전보건관리규정을 각 사업장의 근로자가 쉽게 볼 수 있는 장소에 게시하거나 갖추어 두어 근로자에게 널리 알려야 한다.

제37조(안전·보건표지의 설치·부착) 사업주는 유해하거나 위험한 장소·시설·물질에 대한 경고, 비상시에 대처하기 위한 지시·안내 또는 그 밖에 근로자의 안전 및 보건의식을 고취하기 위한 사항 등을 그림, 기호 및 글자 등으로 나타낸 표지(이하 이조에서 '안전보건표지'라 한다)를 근로자가 쉽게 알아볼 수 있도록 설치하거나 부착하여야 한다. 이 경우 「외국인근로자의 고용 등에 관한 법률」 제2조에 따른 외국인근로자를 사용하는 사업주는 안전보건표지를 고용노동부장관이 정하는 바에 따라 해당 외국인근로자의 모국어로 작성하여야 한다.

안전보건정보의 제공은 산업재해를 예방하는 기초이다. 위험의 인식(risk perception)은 재해예방활동이 이루어지기 위한 동인(motivation)이다. 유해위험요인은 자각하고 그 피해를 인식하고 있어야 위험을 피하거나 관리하는 활동에 동참할 수 있을 것이다. 그런 의미에서 안전보건정보는 위험의 생산자로부터 사업장에서 작업을 하는 작업자(down stream)까지 바른 전달체계를 갖추어야 한다. 위험에 대한 소통(risk communication)은 현장에서 이루어지는 안전보건 정보교환 활동을 통칭한다.

아는 만큼 보이고 보이는 만큼 행동한다고 한다. 기계기구의 위험성, 작업물질의 유해성에 대한 충분한 정보와 지식은 산업재해를 예방하는 첩경이다. 따라서 산업안전보건법에서 다양한 방법으로 안전보건정보 전달체계를 구축하도록 하고 있다.

사업주는 법령의 요지를 각 사업장별로 근로자가 보기 쉬운 장소에 게시하여야 한다. 이는 근로자에게 안전보건정보를 제공하라는 의미이다. 안전보건표지, 물질안전보건자료의 정보는 안전보건을 확보하는 데 필수적인 정보이다.

안전인증이나 안전검사의 합격표지는 해당 기계기구가 기본적인 안전성을 담보하고 있다는 것으로 보여 준다.

① 법령요지 게시

　법 제34조는 근로자가 산업안전보건법령을 알 수 있도록 사업주에게 이 법과 이 법에 따른 명령의 요지를 상시 각 사업장에 게시 또는 비치하도록 하고 있다. 또한 사업주는 근로자대표가 산업안전보건위원회 의결사항 등[128]에 관하여 그 내용 또는 결과의 통지를 사업주에게 요청할 경우 이에 성실히 응하도록 하고 있다. (법 제35조)

○ 위반에 대한 조치
- 게시하지 않은 경우에는 500만 원 이하의 과태료 부과대상이다.

128　요청사항: 산업안전보건위원회(또는 노사협의체) 의결사항, 안전보건관리규정내용, 도급사업시의 안전·보건조치, 물질안전보건자료, 작업환경측정에 관한 사항, 안전·보건진단결과, 안전보건개선계획의 수립·시행내용

② 안전보건표지

법 제37조는 사업주에게 사업장에 있는 유해 또는 위험한 시설·장소 및 물질에 대한 경고, 비상시 조치의 지시·안내, 기타 안전·보건의식의 고취를 위하여 고용노동부령이 정하는 바에 따라 근로자가 쉽게 알아볼 수 있도록 안전보건표지를 설치하거나 부착하도록 하고 있다. 외국인 근로자[129]를 고용하는 경우 해당 외국인근로자의 모국어로 된 안전보건표지와 작업안전수칙을 부착하여야 한다. (시행규칙 제38조~제40조)

○ 안전보건표지 종류: 금지표지, 경고표지, 지시표지, 안내표지, 관계자 외 출입금지

분류	종류
금지표지	1. 출입금지, 2. 보행금지, 3. 차량통행금지, 4. 사용금지, 5. 탑승금지, 6. 금연, 7. 화기금지, 8. 물체이동금지
경고표지	1. 인화성물질 경고, 2. 산화성물질 경고, 3. 폭발성물질 경고, 4. 급성독성물질 경고, 5. 부식성물질 경고, 6. 방사성물질 경고, 7. 고압전기 경고, 8. 매달린 물체 경고, 9. 낙하물체 경고, 10. 고온 경고, 11. 저온 경고, 12. 몸 균형 상실 경고, 13. 레이저광선 경고, 14. 발암성·변이원성·생식독성·전신독성·호흡기과민성 물질 경고, 15. 위험장소 경고
지시표지	1. 보안경 착용, 2. 방독마스크 착용, 3. 방진마스크 착용, 4. 보안면 착용, 5. 안전모 착용, 6. 귀마개 착용, 7. 안전화 착용, 8. 안전장갑 착용, 9. 안전복착용
안내표지	1. 녹십자표지, 2. 응급구호표지, 3. 들것, 4. 세안장치, 5. 비상용기구, 6. 비상구, 7. 좌측비상구, 8. 우측비상구
출입금지표지	1. 허가대상유해물질 취급, 2. 석면취급 및 해체·제거, 3. 금지유해물질 취급

○ 위반에 대한 조치

- 안전보건표지를 미설치하거나 미부착한 경우 500만 원 이하의 과태료 부과대상이다.

---

129 「외국인근로자의 고용 등에 관한 법률」에 따른 외국인 근로자

③ 물질안전보건자료 및 경고표시

　화학물질에 대한 안전보건정보는 사업주 및 근로자가 자신이 취급하는 화학물질의 유해·위험성 등 제대로 알고 이에 대한 예방대책을 수립하고 대응토록 하는 기본적 정보제공 체계이다. 화학물질에 의한 작업장 내 사고나 직업병의 다수가 올바른 정보를 갖고 있지 못해서 발생하고 있다. 법 제110조에 따라 유해인자분류기준에 해당하는 화학물질 또는 이를 함유한 혼합물을 제조·수입하는 자는 물질안전보건자료(MSDS: Material Safety Data Sheets)를 작성하여 고용노동부장 제출하도록 의무를 부과하고 있다.[130] 원자력안전법등 타법에 규정을 받는 화학물질은 제외한다.[131]

　물질안전보건자료대상물질을 양도하거나 제공하는 자는 이를 양도받거나 제공받는 자에게 물질안전보건자료를 제공하고,(법 제111조제1항) 기재 내용을 변경할 필요가 생긴 때에 이를

130　종전은 물질안전보건자료(이하 'MSDS') 작성자를 '양도·제공자'로 규정하여 유해·위험한 화학물질*(이하 '유해성·위험성 물질')을 제조·수입한 뒤 직접 취급하고 양도·제공하지 않으면 MSDS 작성의무가 제외되었으나, 법 개정으로 MSDS 작성자를 화학물질 제조·수입자로 변경하고, 작성된 MSDS는 정부에 제출하도록 규정함.
131　물질안전보건자료의 작성·제출 제외 화학물질(시행령 제86조)
1. 「건강기능식품에 관한 법률」 제3조제1호에 따른 건강기능식품
2. 「농약관리법」 제2조제1호에 따른 농약
3. 「마약류 관리에 관한 법률」 제2조제2호 및 제3호에 따른 마약 및 향정신성의약품
4. 「비료관리법」 제2조제1호에 따른 비료
5. 「사료관리법」 제2조제1호에 따른 사료
6. 「생활주변방사선 안전관리법」 제2조제2호에 따른 원료물질
7. 「생활화학제품 및 살생물제의 안전관리에 관한 법률」 제3조제4호 및 제8호에 따른 안전확인대상생활화학제품 및 살생물제품 중 일반소비자의 생활용으로 제공되는 제품
8. 「식품위생법」 제2조제1호 및 제2호에 따른 식품 및 식품첨가물
9. 「약사법」 제2조제4호 및 제7호에 따른 의약품 및 의약외품
10. 「원자력안전법」 제2조제5호에 따른 방사성물질
11. 「위생용품 관리법」 제2조제1호에 따른 위생용품
12. 「의료기기법」 제2조제1항에 따른 의료기기
13. 「총포·도검·화약류 등의 안전관리에 관한 법률」 제2조제3항에 따른 화약류
14. 「폐기물관리법」 제2조제1호에 따른 폐기물
15. 「화장품법」 제2조제1호에 따른 화장품
16. 제1호부터 제15호까지의 규정 외의 화학물질 또는 혼합물로서 일반소비자의 생활용으로 제공되는 것(일반소비자의 생활용으로 제공되는 화학물질 또는 혼합물이 사업장 내에서 취급되는 경우를 포함한다)
17. 고용노동부장관이 정하여 고시하는 연구·개발용 화학물질 또는 화학제품. 이 경우 법 제110조제1항부터 제3항까지의 규정에 따른 자료의 제출만 제외된다.
18. 그 밖에 고용노동부장관이 독성·폭발성 등으로 인한 위해의 정도가 적다고 인정하여 고시하는 화학물질

물질안전보건자료에 반영하여 물질안전보건자료를 양도받거나 제공받은 자에게 신속하게 제공하여야 한다.(법 제111조제3항) 또한, 화학물질을 취급하려는 사업주는 물질안전보건자료를 작업장 내에 쉽게 볼 수 있는 장소에[132] 게시하거나 갖추어 두어야 한다.(법 제114조제1항) 아울러 사업주는 취급하는 작업공정별로 관리요령을 게시하고 해당 근로자를 교육하여야 한다.(법 제114조제2항, 제3항)

해당 물질을 양도하거나 제공하는 자는 고용노동부령으로 정하는 방법에 따라 이를 담은 용기 및 포장에 경고표시를 하여야 한다.(법 제115조제1항) 사용 사업주 또한 경고표시를 하여야 한다.(법 제115조제2항)

(1) 기재하여야 할 사항(법 제110조제1항 및 시행규칙 제156조)

○ 제품명

○ 물질안전보건자료대상물질을 구성하는 화학물질 중 제104조에 따른 분류기준에 해당하는 화학물질의 명칭 및 함유량[133]

○ 안전 및 보건상의 취급 주의 사항

○ 건강 및 환경에 대한 유해성, 물리적 위험성

○ 그 밖에 고용노동부령으로 정하는 사항(시행규칙 제156조)

- 물리·화학적 특성

- 독성에 관한 정보

- 폭발·화재 시의 대처방법

- 응급조치 요령

---

132   시행규칙 제167조
1. 물질안전보건자료대상물질을 취급하는 작업공정이 있는 장소
2. 작업장 내 근로자가 가장 보기 쉬운 장소
3. 근로자가 작업 중 쉽게 접근할 수 있는 장소에 설치된 전산장비
133   2013년 법 개정으로 분류기준에 해당하는 화학물질은 구성성분의 명칭 및 함유량을 별도 표시하도록 하였다. 이는 대부분의 화학물질이 혼합물이며 근로자에게 건강장해를 일으키는 구성성분의 유해성을 정확히 아는 것이 중요함을 감안한 개정이다.

- 그 밖에 고용노동부장관이 정하는 사항

(2) 작성방법[134]

물질안전보건자료는 한글로 작성하는 것을 원칙으로 하되 화학물질명·외국기관명 등의 고유명사는 영어로 표기할 수 있다. 물질안전보건자료의 신뢰성이 확보되도록 인용된 자료의 출처를 함께 적는다. (시행규칙 제156조제1항)

(3) 근로자 교육

사업주는 물질안전보건자료대상물질의 물질을 제조·사용·운반 또는 저장하는 작업에 근로자를 배치하기 전에 해당 물질안전보건자료에 관한 교육을 실시(별도로 교육하거나 법 제29조에 포함하여 실시)하고 교육 서류를 보존하여야 한다. (법 제114조제3항, 시행규칙 제169조) 새로운 대상물질이 도입된 경우와 유해성·위험성 정보가 변경된 경우에도 실시하여야 한다.

○ 교육은 유해성·위험성이 유사한 대상물질을 그룹별로 분류하여 실시할 수 있다. (시행규칙 제169조제2항)

---

134 「화학물질의 분류 · 표시 및 물질안전보건자료에 관한 기준」 참조

- 대상화학물질의 명칭(또는 제품명)
- 물리적 위험성 및 건강 유해성
- 취급상의 주의사항
- 적절한 보호구
- 응급조치요령 및 사고 시 대처방법
- 물질안전보건자료 및 경고표시를 이해하는 방법

(4) 작업공정별 관리요령 게시

사업주는 물질안전보건자료에 적힌 내용을 참고하여 대상물질을 취급하는 작업공정별로 대상물질의 ① 제품명, ② 건강 및 환경에 대한 유해성, 물리적 위험성, ③ 안전 및 보건상의 취급 주의 사항, ④ 적절한 보호구, ⑤ 응급조치요령 및 사고 시 대처방법이 포함된 관리요령을 작성하여 게시하여야 한다. (법 제114조제2항, 시행규칙 제168조)

(5) 경고표지 부착

사업주는 물질안전보건자료대상물질을 취급하는 근로자의 안전보건을 위하여 이를 담은 용기 및 포장에 경고표시를 하여야 한다. (법 제115조제2항) 예외적으로 용기 및 포장에 담는 방법 외의 방법으로 대상화학물질을 양도하거나 제공하는 경우에는 경고표시 기재 항목을 적은 자료를 제공한다.

○ 화학물질 또는 화학물질을 함유한 제제 단위로 작성하고 용기 및 포장에 붙이거나 인쇄하는 방법으로 부착한다. 타법에 의한 표시[135]를 한 경우에 표시한 것으로 본다. (시행규칙 제

---

135 ① 「화학물질관리법」 제16조에 따른 유해화학물질에 관한 표시
② 「위험물안전관리법」 제20조제1항에 따른 위험물의 운반용기에 관한 표시
③ 「고압가스안전관리법」 제11조의2에 따른 용기 등의 표시

170조제1항)

○ 경고표지에는 해당 화학물질의 ① 명칭(제품명), ② 그림문자(화학물질의 분류에 따라 유해·위험의 내용을 나타내는 그림), ③ 신호어(유해·위험의 심각성 정도에 따라 표시하는 '위험' 또는 '경고' 문구), ④ 유해·위험 문구(화학물질의 분류에 따라 유해·위험을 알리는 문구), ⑤ 예방조치 문구(화학물질에 노출되거나 부적절한 저장·취급 등으로 발생하는 유해·위험을 방지하기 위하여 알리는 주요 유의사항), ⑥ 공급자 정보(물질안전보건자료대상물질의 제조자 또는 공급자의 이름 및 전화번호 등) 모두를 기재[136]한다. (시행규칙 제170조제2항)

(6) 유해성·위험성자료 제출 명령(법 제109조제1항, 시행규칙 제155조)

신규화학물질로서 고용노동부장관은 근로자의 건강장해를 예방하기 위하여 필요하다고 인정할 때에는 암 또는 그 밖에 중대한 건강장해를 일으킬 우려가 있는 화학물질을 제조·수입하는 자 또는 사용하는 사업주에게 해당 화학물질의 유해성·위험성 조사와 그 결과의 제출 또는 법 제105조제1항에 따른 유해성·위험성 평가에 필요한 자료의 제출을 명할 수 있다. 그 명령을 받은 날부터 45일 이내에 그 결과를 보고하여야 한다. (시행규칙 제155조)

---

④ 「위험물선박운송및저장규칙」 제6조제1항 및 제26조제1항에 따른 표시(같은 규칙 제26조제1항에 따라 국토해양부 장관이 고시하는 수입물품에 대한 표시는 최초의 사용사업장으로 반입되기 전까지에 한함)
⑤ 「항공안전법 시행규칙」 제209조제6항에 따른 국제민간항공기구에서 정한 위험물항공운송에 관한 기술상의 기준에 의한 표시(수입물품에 대한 표시는 최초의 사용사업장으로 반입되기 전까지에 한함)
136 「화학물질의 분류·표시 및 물질안전보건자료에 관한 기준」(고시) 참조

영업비밀로서의 보호가치가 있다고 승인을 받은 화학물질은 구체적으로 식별할 수 있는 정보[137]는 고용노동부령에 따라 대체할 수 있는 명칭과 함유량으로 적을 수 있다.(법 제112조제1항) 다만, 근로자에게 중대한 건강장해를 초래할 우려가 있는 화학물질로서 고용노동부장관이 고시하는 것[138]은 그러하지 아니한다.(법 제112조제1항 단서)

비공개 승인 또는 연장 승인된 물질안전보건자료를 법 제111조제1항에 따라 제공받은 자가 물질안전보건자료대상물질을 혼합하는 방법으로 제조하려는 경우에는 그 제공받은 물질안전보건자료에 기재된 대체자료를 연계하여 사용[139]할 수 있다.(시행규칙 제162조제7항)

〈영업비밀 비공개 승인제도〉

구분	내용	비고
대상	영업비밀과 관련되어 같은 항 제2호에 따른 화학물질의 명칭 및 함유량을 물질안전보건자료에 적지 아니하려는 자	근로자에게 중대한 건강장해를 초래할 우려가 있는 화학물질로서 「산업재해보상보험법」 제8조제1항에 따른 산업재해보상보험및예방심의위원회의 심의를 거쳐 고용노동부장관이 고시하는 것은 그러하지 아니하다.
시기	물질안전보건자료대상물질을 제조하거나 수입하기 전	

---

137   대상물질의 구성성분 및 함유량으로서「부정경쟁방지 및 영업비밀보호에 관한 법률」 제2조제2호에 따른 영업비밀에 해당한다고 인정되는 것(시행규칙 제165조제1항)
138   고시(제19조)
1. 법 제37조의 규정에 따른 제조 등의 금지유해물질
2. 법 제38조의 규정에 따른 제조 등의 허가대상유해물질
3. 안전보건규칙 제420조의 규정에 따른 관리대상유해물질
4. 「유해화학물질관리법」에 따른 유독물
139   다만, 혼합하는 방법이 아닌 화학적 조성(組成)을 변경하는 등 새로운 화학물질을 제조하는 경우에는 그렇지 않다.

비공개 승인 절차	비공개승인신청서 작성 · 제출 ↓ 안전보건공단 ↓ 결정통보	처리기간: 1개월 통보기한연장: 10일	첨부 서류[140] 1. 비공개하려는 화학물질의 명칭 및 함유량이 「부정경쟁방지 및 영업비밀 보호에 관한 법률」 제2조제2호에 따른 영업비밀에 해당함을 입증하는 자료로서 고용노동부장관이 정하여 고시하는 자료 2. 법 제112조제1항에 따른 대체자료(이하 '대체자료'라 한다) 3. 비공개하려는 화학물질의 명칭 및 함유량, 건강 및 환경에 대한 유해성, 물리적 위험성 정보 4. 물질안전보건자료 5. 법 제104조에 따른 분류기준에 해당하지 않는 화학물질의 명칭 및 함유량 6. 그 밖에 비공개 승인을 위해 필요한 정보로서 고용노동부장관이 정하여 고시하는 서류
접수시스템	물질안전보건자료시스템		
승인기준	화학물질 명칭 · 함유량의 대체 필요성, 대체자료의 적합성에 대한 판단 및 물질안전보건자료의 적정성 검토		
유효기간	5년		
연장절차	비공개 승인 만료일 30일 전까지 연장승인 신청서 제출	처리기간: 1개월	
승인취소 요건	1. 거짓이나 그 밖의 부정한 방법으로 제1항, 제5항 또는 제7항에 따른 승인 또는 연장승인을 받은 경우 2. 제1항, 제5항 또는 제7항에 따른 승인 또는 연장승인을 받은 화학물질이 제1항 단서에 따른 화학물질에 해당하게 된 경우		

대체자료(영업비밀) 정보제공 요구

① 근로자를 진료한 의사 또는 산업보건의가 근로자의 치료를 위하여 필요하다고 판단하는 경우, ② 보건관리자(보건관리전문기관 포함), 산업보건의 또는 근로자대표가 대상화학물질로 인하여 근로자에게 직업병발생 등 중대한 건강상의 장해가 발생할 우려가 있다고 판단하는 경우, ③ 근로자대표, 역학조사기관 또는 업무상질병판정위원회에서 근로자에게 발생한 직업성 질환의 원인 규명을 위하여 필요하다고 판단하여 요구하는 경우에는 대체자료로 적힌 화학물질의 명칭 및 함유량 정보 제공을 요구할 수 있다. (법 제112조제10항, 시행규칙 165조)

---

140   연구 · 개발용 물질안전보건자료대상물질에 대하여 비공개 승인을 신청하려는 자는 제1항제1호 및 제6호의 자료를 생략 가능(시행규칙 제161조제2항)

법 제84조는 안전한 작업에 필요한 보호구 및 유해·위험한 기계·기구·설비는 안전성이 확보된 상태에서 사업장에서 사용할 수 있도록 하는 '인증제도'[141]를 두고 있다. 사업장에서 안전한 제품을 구입·사용할 수 있도록 제조·유통단계에서부터 관리한다. 유해·위험의 정도 및 범용적 생산 여부에 따라 안전인증제도와 자율안전확인 신고제도(법 제89조)로 나뉜다.

고용노동부장관은 안전에 관한 성능과 제조자의 기술능력·생산체계 등에 관한 안전인증기준[142]을 정하고(법 제83조), 안전인증 대상 기계·기구·설비 및 방호장치·보호구를 제조(설치하거나 주요 구조부분의 변경하는 경우[143]를 포함) 또는 수입하는 자는 고용노동부장관이 실시[144]하는 안전인증을 받아야 한다.(법 제84조제1항)

(1) 안전인증대상 및 면제

1) 안전인증대상 기계 · 기구, 방호장치 및 · 보호구(시행령 제74조)

구분	안전인증 대상
기계 · 기구 및 설비	① 프레스 ② 전단기 및 절곡기 ③ 크레인 ④ 리프트 ⑤ 압력용기 ⑥ 롤러기 ⑦ 사출성형기 ⑧ 고소작업대 ⑨ 곤돌라

---

141 종전 법에서는 '의무안전인증' 이었으나, 2013.6.12. 법 개정으로 '안전인증' 으로 변경하였다.

142 ※ 「위험기계 · 기구 안전인증」, 「방호장치 안전인증」, 「보호구 안전인증」

143 1. 설치 · 이전 시 안전인증을 받아야 하는 기계 · 기구 및 설비: 가. 크레인, 나. 리프트, 다. 곤돌라
2. 주요 구조부분 변경 시 안전인증을 받아야 하는 기계 · 기구 및 설비: 가. 프레스, 나. 전단기 및 절곡기, 다. 크레인, 라. 리프트, 마. 압력용기, 바. 롤러기, 사. 사출성형기, 아. 고소작업대, 자. 곤돌라, 차. 기계톱

144 「안전인증 · 자율안전확인의 신고절차」(고시)

방호장치	① 프레스 및 전단기 방호장치 ② 양중기용 과부하방지장치 ③ 보일러 압력방출용 안전밸브 ④ 압력용기 압력방출용 안전밸브 ⑤ 압력용기 압력방출용 파열판 ⑥ 절연용 방호구 및 활선작업용 기구 ⑦ 방폭구조 전기기계 · 기구 및 부품 ⑧ 추락 · 낙하 및 붕괴 등의 위험방호에 필요한 가설기자재(고용노동부장관이 정하여 고시) ⑨충돌 · 협착 등의 위험 방지에 필요한 산업용 로봇 방호장치(고용노동부장관이 정하여 고시)
보호구	① 추락 및 감전 위험방지용 안전모 ② 안전화 ③ 안전장갑 ④ 방진마스크 ⑤ 방독마스크 ⑥ 송기마스크 ⑦ 전동식 호흡보호구 ⑧ 보호복 ⑨ 안전대 ⑩ 차광 및 비산물 위험방지용 보안경 ⑪ 용접용 보안면 ⑫ 방음용 귀마개 또는 귀덮개

- 고용노동부장관은 매 3년 범위 내에서 안전인증기준의 준수 여부에 대한 확인을 하고(법 제84조제4항), 안전인증을 받은 자는 안전인증을 받은 제품의 제품명, 제조수량, 판매수량, 판매처 현황 등의 사항을 3년간 기록·보존(법 제84조제5항)하여야 하고, 고용노동부장관은 관련 자료를 제출하게 할 수 있다.(법 제84조제6항)

2) 안전인증의 전부 또는 일부 면제(법 제84조제1항)

○ 연구개발을 목적으로 제조·수입 또는 수출을 목적으로 제조하거나 다른 법령[145]에서 안전성에 관한 검사나 인증을 받은 경우는 안전인증을 전부 면제(시행규칙 제109조제1항)

○ 고용노동부장관이 정하는 외국의 안전인증기관의 인증 및 다른 법령[146] 등에 따라 인증 또는 검사를 받은 경우 안전인증기준과 동등 이상인 항목에 한하여 심사를 면제(시행규칙 제109조제2항)

○ 안전인증을 면제받고자 하는 자는 대상제품의 제조·통관 전에 안전인증면제신청서(시행규칙 별지 제43호 서식)를 제출[147]하고, 안전인증기관은 이를 확인하고 안전인증면제확인서(시행규칙 별지 제44호 서식)를 발급(시행규칙 제109조제4항)

---

145 「고압가스안전관리법」, 「에너지이용합리화법」, 「전기사업법」, 「항만법」, 「광산보안법」, 「건설기계관리법」, 「선박안전법」, 「원자력안전법」, 「소방시설 설치유지 및 안전관리에 관한 법률」, 「방위사업법」, 「위험물안전관리법」
146 「품질경영 및 공산품안전관리법」(안전인증), 「산업표준화법」(인증), 「국가표준기본법」(시험), 국제전기기술위원회(IEC)의 국제방폭전기기계 · 기구 상호인증제도(IECEx Scheme)(인증)
147 제출서류: ① 제품 및 용도설명서 ② 연구 · 개발을 목적으로 사용되는 것임을 증명하는 서류 ③ 외국의 안전인증기관의 인증증서 및 시험성적서 ④ 다른 법령에 따른 인증 또는 검사를 받았음을 증명하는 서류 및 시험성적서

(2) 안전인증 절차

1) 안전인증의 신청(시행규칙 제108조)

○ 안전인증기관에 안전인증신청서(시행규칙 별지 제42호), 제출서류(시행규칙 별표 20) 및 인증대상 제품의 시료 등을 제출

2) 안전인증 심사의 종류 및 방법(시행규칙 제110조)

○ 심사는 ① 예비심사, ②서면심사, ③ 기술능력 및 생산체계심사, ④ 제품심사(형식별 또는 개별제품심사)에 대하여 실시한다.

3) 안전인증의 확인

○ 안전인증기관은 법 제84조제4항에 따라 안전인증을 받은 자가 안전인증기준(기술능력·생산체계 포함)을 지키고 있는지 주기적으로(2년에 1회 이상)[148] 확인한다.

(3) 안전인증 표시

안전인증을 받은 자는 안전인증대상 기계·기구 등이나 이를 담은 용기 또는 포장에 고용노동부령으로 정하는 안전인증표시를 하여야 한다. (법 제85조제1항)

---

148 다만, 최근 2년 동안 안전인증이 취소되거나 안전인증표시의 사용금지 또는 개선명령을 받은 사실이 없고 최근 2번의 확인 결과 기술능력 및 생산체계가 고용노동부장관이 정하는 기준 이상인 경우 3년에 1회 받을 수 있도록 한다.(시행규칙 제111조제2항)

▶ 안전인증(법 제85조제1항) ※ 시행규칙 별표 14(국가표준기본법에 따른 통합인증 마크를 준용)	

안전인증을 받지 않은 안전인증대상 기계·기구 등은 안전인증표시 또는 이와 유사한 표시를 하거나 안전인증에 관한 광고를 할 수 없다. (법 제85조제2항) 안전인증표시를 임의로 변경하거나 제거하여서는 아니 된다. (법 제85조제3항)

고용노동부장관은 안전인증을 받지 않고 부착한 안전인증표시 및 유사 안전인증표시를 한 경우, 안전인증이 취소되거나 안전인증표시 사용금지명령을 받은 경우에 해당 표시의 제거를 명하여야 있다. (법 제85조제4항)

(4) 안전인증 취소·공고

고용노동부장관은 안전인증을 허위·부정하게 받은 자에 대해 안전인증을 취소하거나 6개월 이내의 기간을 정하여 안전인증표시의 사용금지 또는 안전인증기준에 맞게 개선하도록 명할 수 있다. (법 제86조제1항)

○ 인증이 취소된 경우 ① 안전인증대상기계·기구 등의 명칭 및 형식번호 ② 안전인증번호 ③ 제조자(수입자)명 및 대표자 ④ 사업장 소재지 ⑤ 취소일자 및 취소사유를 관보, 전국단위 일간신문 또는 인터넷 등에 공고한다. (법 제86조제2항, 시행규칙 제115조제2항)

안전인증이 취소된 자는 안전인증이 취소된 날부터 1년 이내 같은 규격과 형식의 안전인증대상기계·기구 등에 대하여 안전인증을 신청할 수 없다. (법 제86조제3항)

(5) 미인증품·인증취소품 조치

안전인증을 받지 않거나, 안전인증기준에 맞지 아니하게 된 경우, 안전인증 취소 및 안전인증표시 사용 금지 명령을 받은 경우에는 해당 품목은 제조·수입·양도·대여·사용하거나 양도·대여의 목적으로 진열할 수 없다.(법 제87조제1항) 위반자는 3년 이하의 징역 또는 3천만 원 이하의 벌금에 처한다. 이 경우 해당 제품의 수거나 파기명령을 할 수 있다.(법 제87조제2항)

다만, 수거·파기명령을 받은 자가 그 제품을 구성하는 부분품을 교체하여 결함을 개선하는 등 안전인증기준의 부적합 사유를 해소할 수 있는 경우에는 해당 부분품에 대해서만 수거·파기할 것을 명할 수 있다.(시행규칙 제116조제1항)

(6) 유해·위험기계 등 제조·유통단계의 성능시험

법 제101조는 안전인증 및 자율안전확인대상기계 등의 안전성능 저하 등으로 근로자에게 피해를 주거나 줄 우려가 크다고 인정 시

- 고용노동부장관은 유해·위험기계 등을 제조하는 사업장에서 제품 제조 과정을 조사 할 수 있으며, 제조·수입·양도·대여하거나 양도·대여 목적으로 진열된 유해·위험기계 등을 수거하여 안전인증 또는 자율안전기준에 적합한지 성능시험 가능

(처벌규정) 유해·위험기계 관련 조사, 수거, 성능시험을 방해하거나 거부하는 자는 1년 이하의 징역 또는 1천만 원 이하의 벌금

6 자율안전확인 신고

법 제89조는 위험기계 기구, 방호장치 및 보호구 중 범용적으로 생산되는 제품의 경우 제조자가 스스로 안전성을 확인하여 이를 입증하고 사업장에서 확인할 수 있는 표시를 부착하도록 한다.

안전인증대상에서 제외되는 유해 또는 위험한 기계·기구·설비 및 방호장치·보호구를 제조(자율안전확인대상 기계·기구 등을 설치하거나 주요 구조부분을 변경하는 경우를 포함) 또는 수입하는 자는 고용노동부장관이 정한[149] 안전에 관한 성능이 적합한지 여부를 스스로 확인하여 고용노동부장관에게 신고한 후 생산하여야 한다.(법 제89조제1항) 위반 시 1천만 원 이하의 벌금에 처한다.

(1) 신고 대상 및 신고의 면제

1) 자율안전확인대상 기계 · 기구, 방호장치 · 및 보호구(시행령 제77조)

구분	자율안전확인 신고 대상
기계 · 기구 및 설비	① 연삭기 또는 연마기(휴대용 제외), ② 산업용 로봇, ③ 혼합기, ④ 파쇄기 또는 분쇄기, ⑤ 식품가공용기계(파쇄 · 절단 · 혼합 · 제면기만 해당한다), ⑥ 컨베이어, ⑦ 자동차정비용 리프트, ⑧ 공작기계(선반, 드릴기, 평삭 · 형삭기, 밀링만 해당한다), ⑨ 고정형 목재가공용기계(둥근톱, 대패, 루타기, 띠톱, 모떼기 기계만 해당한다), ⑩ 인쇄기
방호장치	① 아세틸렌 용접장치용 또는 가스집합 용접장치용 안전기 ② 교류아크 용접기용 자동전격방지기 ③ 롤러기 급정지장치 ④ 연삭기 덮개 ⑤ 목재가공용 둥근톱 반발예방장치 및 날접촉 예방장치 ⑥ 동력식 수동대패용 칼날 접촉 방지장치 ⑦ 추락 · 낙하 및 붕괴 등의 위험방호에 필요한 가설기자재(안전인증대상 가설기자재는 제외)로 고용노동부장관이 고시

---

149 「위험기계 · 기구 자율안전확인」, 「방호장치 자율안전확인」, 「보호구 자율안전확인」

보호구	① 안전모 ② 보안경 ③ 보안면
	※ 안전인증대상 안전모, 보안경, 보안면은 제외

2) 자율안전확인 신고의 면제(법 제89조제1항 단서)

○ 연구개발을 목적으로 제조·수입 또는 수출을 목적으로 제조하거나 법 제84조에 따른 안전인증(임의인증) 및 「품질경영 및 공산품안전관리법」 등 다른 법령[150]에 따라 검사나 인증을 받은 경우 자율안전확인의 신고를 면제(시행규칙 제119조)

(2) 신고방법

○ 제조자가 스스로 제품별 인증기준(자율안전기준) 및 절차에 따라 제품을 제작, 시험하고 기술문서 작성 후 자율안전확인대상기계·기구 등을 출고 또는 수입하기 전에 자율안전확인 신고서(시행규칙 별지 제48호서식) 및 관련 서류[151]를 첨부하여 신고수리기관(산업안전보건공단)에 제출(시행규칙 제120조제1항)

- 신고수리기관은 신고한 날부터 15일 이내 자율안전확인 신고증명서(시행규칙 별지 제49호서식)를 신고인에 발부(시행규칙 제120조제3항)

○ 신고자는 자율안전기준에 맞는 것임을 증명하는 서류를 보존(법 제89조제3항)

---

150 「품질경영 및 공산품안전관리법」(안전인증), 「산업표준화법」(인증), 「국가표준기본법」(시험), 국제전기기술위원회(IEC)의 국제방폭전기기계 · 기구 상호인증제도(IECEx Scheme)(인증)

151 제출 서류: ① 제품의 설명서 ② 자율안전확인대상 기계 · 기구 등의 자율안전기준을 충족함을 증명하는 서류(공인시험기관에서 실시한 시험 · 검사결과서에 한하며, 신고자가 관련 시험 · 검사설비를 보유한 경우 자체시험 · 검사결과서로 대신 가능)

(3) 자율안전확인의 표시

자율안전확인의 신고를 한 자는 자율안전확인대상 기계·기구 등이나 이를 담은 용기 또는 포장에 고용노동부령으로 정하는 자율안전확인의 표시를 하여야 한다. (법 제90조제1항)

▶ 자율안전확인표시(안전인증마크와 동일)

※시행규칙 별표 14(국가표준기본법에 따른 통합인증 마크를 준용)

신고를 하지 않은 대상 기계·기구 등에는 자율안전확인표시 또는 유사표시를 하거나 자율안전확인에 관한 광고를 할 수 없다. (법 제90조제2항) 표시를 임의로 변경하거나 제거하여서도 아니 된다. (법 제90조제3항) 고용노동부장관은 자율안전확인의 신고를 하지 않고 부착한 자율안전확인표시 및 유사 자율안전확인표시를 한 경우와 거짓이나 그 밖의 부정한 방법으로 자율안전확인의 신고를 하거나 자율안전확인표시 사용금지명령을 받은 경우에 해당 표시의 제거를 명한다. (법 제90조제4항)

(4) 자율안전확인표시의 사용금지

고용노동부장관은 성능에 맞지 않게 자율안전확인의 신고를 한 자에 대해 6개월 이내의 기간을 정하여 자율안전확인표시의 사용을 금지하거나 개선하도록 명할 수 있다. (법 제91조)

(5) 미신고품·부적합 제품에 대한 조치

자율안전확인신고를 하지 않거나, 자율안전확인신고기준에 맞지 아니하게 된 경우, 자율안전확인증표시의 사용 금지 명령을 받은 경우에는 해당 자율안전확인대상기계 등을 제조·수입·양도·대여·사용하거나 양도·대여의 목적으로 진열할 수 없다.(법 제92조제1항) 이 경우 해당 제품의 수거나 파기명령을 할 수 있다.(법 제92조제2항) 각 조항의 위반자는 1년 이하의 징역 또는 1,000만 원 이하의 벌금에 처한다.

⑦ 안전검사

법 제93조는 사업장에서 사용하는 유해하거나 위험한 기계·기구·설비의 주요 부위가 안전성을 유지하고 있는지를 주기적으로 확인하는 안전검사제도를 두고 있다. 고용노동부장관은 유해 또는 위험한 기계·기구 및 설비의 안전에 관한 성능에 관한 검사기준을 고시한다. 대통령령으로 정하는 기계·기구·설비를 사용하는 사업주는 고용노동부장관이 실시하는 안전검사를 받아야 한다. 안전검사의무는 위험기계 등의 소유주에 있다. (법 제93조제1항) 위반 시 해당 기계·기구·설비의 사용중지 및 1,000만 원 이하의 과태료가 부과된다.

(1) 안전검사대상 및 검사주기

1) 안전검사대상 및 검사주기(시행령 제78조)

사업장에 설치가 끝난 날부터 3년 이내에 최초 안전검사를 실시하고 이후에는 검사주기에 따른다. 유해·위험 기계 등의 검사주기 만료일 30일 전에 안전검사업무를 위탁받은 안전검사기관에 안전검사 신청하여야 한다. (시행규칙 제124조제1항)

안전검사대상	검사주기	안전검사대상	검사주기
① 프레스	최초 설치 후 3년 이내 이후 2년마다	⑦ 곤돌라	건설현장: 6개월 제조업 등: 최초 설치 후 3년 이내 이후 2년마다
② 전단기	최초 설치 후 3년 이내 이후 2년마다	⑧ 국소배기장치(이동식 제외)	최초 설치 후 3년 이내 이후 2년마다

③ 크레인(정격하중 2톤 미만 제외)	건설현장: 6개월 제조업 등: 최초 설치 후 3년 이내 이후 2년마다	⑨ 원심기 (산업용)	최초 설치 후 3년 이내 이후 2년마다
④ 리프트	건설현장: 6개월 제조업 등: 최초 설치 후 3년 이내 이후 2년마다	⑩ 사출 성형기(형 체결력 294 킬로뉴턴 미만은 제외)	최초 설치 후 3년 이내 이후 2년마다
⑤ 압력용기	최초 설치 후 3년 이내 이후 2년마다 (PSM제출 확인 시 4년)	⑪ 고소작업대(화물자동차 또는 특수자동차에 탑재한 것)	자동차관리법에 따른 등록 후 3년 이내 이후 2년마다
⑥ 롤러기(밀폐형 구조 제외)	최초 설치 후 3년 이내 이후 2년마다	⑫ 컨베이어	최초 설치 후 3년 이내 이후 2년마다
		⑬ 산업용 로봇	최초 설치 후 3년 이내 이후 2년마다

2) 안전검사의 면제(법 제93조제2항)

○ 「고압가스안전관리법」 등 다른 법령[152]에서 안전성에 관한 검사나 인증을 받은 경우는 안전검사를 면제하거나 일부 면제[153]한다. (시행규칙 제125조)

(2) 안전검사 합격표지

안전검사에 합격한 유해·위험 기계 등에는 안전검사기관이 교부한 합격표지를 부착하여야 한다. (법 제94조제2항) 합격표지는 근로자들이 식별이 가능한 곳에 부착한다. (시행규칙 제126조 별표 16) 합격증명서를 부착하지 않은 사업주는 500만 원 이하의 과태료를 부과한다.

---

152 「고압가스안전관리법」, 「에너지이용합리화법」, 「전기사업법」, 「항만법」, 「광산보안법」, 「건설기계관리법」, 「선박안전법」, 「원자력법」, 「화재예방, 소방시설설치유지 및 안전관리에 관한 법률」, 「위험물안전관리법」, 「화학물질관리법」 등
153   건설기계관리법에 따라 검사(1회/2년)를 받은 타워크레인은 해당 주기의 안전검사만을 면제, 나머지 산업안전보건법에 따른 검사시기(1회/6월)에는 검사를 받아야 하다.(시행규칙 제130조)

(3) 미검사품 · 불합격품의 사용금지

안전검사를 받지 않거나(법 제93조제2항에 따라 안전검사가 면제되는 것은 제외) 안전검사에 불합격한 유해·위험 기계 등은 사용하여서는 아니 된다.(법 제95조) 위반 시 1천만 원 이하의 과태료를 부과한다.

(4) 사업장 자율검사프로그램

사업주가 근로자대표와 협의하여 안전검사에 준하는 검사프로그램(자율검사프로그램)을 작성하고 고용노동부장관의 인정을 받아 그에 따라 안전에 관한 성능검사를 실시하면 '안전검사'를 면제한다.(법 제98조제1항) 자율검사는 검사원 자격을 가진 사업장 소속 검사자(시행규칙 제130조) 또는 지정검사기관에 위탁하여 안전검사 검사주기의 1/2[154]에 해당하는 주기마다 검사를 실시한다.(시행규칙 제132조) 인정된 자율검사프로그램의 유효기간은 2년이다.(법 제98조제2항) 인정기준을 준수하지 않을 경우 인정을 취소하거나 개선명령을 내릴 수 있다.(법 제99조) 사업주는 자율검사프로그램의 인정이 취소된 안전검사대상기계 등을 사용해서는 안 되며(법 제99조제2항) 위반 시 1천만 원 이하의 과태료를 부과한다.

▶ 자율검사프로그램 인정필 표시 ※「안전검사 절차」(고시) 제7조	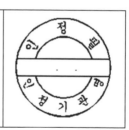

검사결과 서류는 2년간 보존한다.(법 제99조제3항, 제164조제2항) 서류를 보존하지 않은 경우 300만 원 이하의 과태료를 부과한다.

---

154 시행령 제28조의6제3호의 크레인 중 건설현장 이외에서 사용하는 것은 6개월마다 검사 실시

⑧ 방호조치 없는 유해·위험기계·기구의 양도·대여 금지

제80조(유해하거나 위험한 기계·기구에 대한 방호조치) ① 누구든지 동력(動力)으로 작동하는 기계·기구로서 대통령령으로 정하는 것은 고용노동부령으로 정하는 유해·위험 방지를 위한 방호조치를 하지 아니하고는 양도, 대여, 설치 또는 사용에 제공하거나 양도·대여의 목적으로 진열해서는 아니 된다.
② 누구든지 동력으로 작동하는 기계·기구로서 다음 각 호의 어느 하나에 해당하는 것은 고용노동부령으로 정하는 방호조치를 하지 아니하고는 양도, 대여, 설치 또는 사용에 제공하거나 양도·대여의 목적으로 진열해서는 아니 된다.
1. 작동 부분에 돌기 부분이 있는 것
2. 동력전달 부분 또는 속도조절 부분이 있는 것
3. 회전기계에 물체 등이 말려 들어갈 부분이 있는 것
③ 사업주는 제1항 및 제2항에 따른 방호조치가 정상적인 기능을 발휘할 수 있도록 방호조치와 관련되는 장치를 상시적으로 점검하고 정비하여야 한다.
④ 사업주와 근로자는 제1항 및 제2항에 따른 방호조치를 해체하려는 경우 등 고용노동부령으로 정하는 경우에는 필요한 안전조치 및 보건조치를 하여야 한다.

법 제80조는 동력으로 작동하는 기계·기구로서 원심기 등 대통령령이 정하는 것은 고용노동부령으로 정하는 유해·위험방지를 위한 방호조치를 하지 아니하고는 이를 양도·대여·설치 또는 사용에 제공하거나 양도·대여의 목적으로 진열하지 못하도록 하고 있다. 위반 시 1년 이하의 징역 또는 1천만 원 이하의 벌금에 처한다.[155]

사업주는 방호조치가 정상적인 기능을 발휘할 수 있도록 상시 점검 및 정비하여야 하며, 근로자가 방호조치의 기능이 상실된 것을 발견하고 이를 신고한 때에는 즉시 수리, 보수 및 작업중지 등 적절한 조치를 취해야 한다. (시행규칙 제99조)

---

155 종전에 5년 이하 징역, 5천만 원 이하 벌금이었으나, 방호조치대상의 변경으로 벌칙 조정

(1) 방호조치대상 기계 · 기구 및 방호장치[156]

방호조치 대상 기계 · 기구 (시행령 별표 20)	기계 · 기구 별 설치하여야 할 방호장치 (시행규칙 제98조)
예초기	날접촉 예방장치
원심기	회전체 접촉 예방장치
공기압축기	압력방출장치
금속절단기	날접촉 예방장치
지게차	헤드가드, 백레스트, 전조등, 후미등, 안전벨트
포장기계(진공포장기, 랩핑기로 한정)	구동부 방호 연동장치

(2) 공통으로 적용되는 방호조치(시행규칙 제98조제2항)

- 작동부분상의 돌기 부분은 묻힘형으로 하거나 덮개를 부착할 것

- 동력전달 부분 및 속도조절 부분에는 덮개를 부착하거나 방호망을 설치할 것

- 회전기계의 물림점(롤러, 기어 등)에는 덮개 또는 울을 설치할 것

---

156 방호조치 대상 기계기구가 종전에 프레스 등 17종에서 변경되어 2013.3.1.부터 시행

● 상세 해설

(1) 제조·수입자의 물질안전보건자료 작성 제출의무

〈물질안전보건자료작성 제출 관련 제도 관련 변경사항〉

구분	종전	현행
작성 대상	• 유해성·위험성 물질 및 이를 함유한 제제	• 유해성·위험성 물질 및 이를 함유한 혼합물
	• 약칭: – 대상화학물질	• 약칭: – 물질안전보건자료대상물질
	• 타법(11개)에서 관리하는 화학물질 등 제외	• 타법(15개)에서 관리하는 화학물질 – 특히, 연구개발용 물질은 작성은 하되, 제출만 제외
작성 주체	• 대상화학물질을 양도하거나 제공하는 자	• 물질안전보건자료대상물질을 제조하거나 수입하는 자
기재 항목	• 대상화학물질의 명칭	• 제품명
	• 모든 구성성분의 명칭 및 함유량	• 구성성분 중 유해성·위험성 물질의 명칭 및 함유량
제출	• 별도 명령 시 제출	• 고용노동부장관에게 제출(모든 구성성분)
비공개 심사	• 미규정	• 비공개심사 후 대체명칭 및 대체함유량으로 기재 가능

물질안전보건자료(MSDS)를 작성·제출해야 하는 자는 유해성·위험성 물질 및 이를 함유한 혼합물(화학제품)을 제조·수입할 때 MSDS를 작성하되, MSDS에 기재하는 구성성분은 국제기준(UN GHS)에 따라 유해성·위험성 물질로 한정하였다. 유해성·위험성 물질을 제조·수입하는 자는 이를 양도·제공받는 자에게 제공하여야 할 뿐만 아니라, 고용노동부장관(공단)에게도 MSDS를 제출(종전에는 별도 명령 시 제출)하도록 하였다. MSDS 미기재 구성성분(유해성·위험성 물질이 아닌 화학물질)이 있는 경우 화학물질의 명칭 및 함유량을 별도로 제출하여야 한다. 다만 ① MSDS에 유해성·위험성 물질이 아닌 화학물질까지 모든 구성성분을 기재하였거나, ② 수입하는 자가 국외제조자로부터 유해·위험성 물질이 없음을 확인하는 서류(LOC, Letter of Confirmation)를 받아 제출하는 경우에는 유해성·위험성 물질 아닌 화학물질에 대한 자료 제출 면제한다. 또한 「원자력안전법」에 따른 방사선물질 등 타법 등에서 이미 정보 제공

이 이루어지거나 위해의 정도가 적다고 인정되는 경우(소비자의 생활용으로 제공되는 물질이나 이를 함유한 혼합물) 등은 MSDS 작성·제출 면제한다. 연구개발(R&D)을 위한 화학물질도 유해·위험할 수 있으므로 MSDS 작성 규정은 일반 화학물질과 동일하게 적용하되, 제출만 면제한다.[157]

유해성·위험성 물질 및 이를 함유한 혼합물을 양도하거나 제공하는 경우 MSDS를 함께 제공하여야 한다.

MSDS를 제출하지 않거나 국외제조자로부터 받은 확인 서류를 거짓으로 제출한 경우 또는 유해·위험성 화학물질의 양도·제공 시 MSDS를 제공하지 않은 경우 과태료 500만 원을 부과한다.

(2) 물질안전보건자료 작성방법

법 제111조(물질안전보건자료의 제공) ① 물질안전보건자료대상물질을 양도하거나 제공하는 자는 이를 양도받거나 제공받는 자에게 물질안전보건자료를 제공하여야 한다.

② 물질안전보건자료대상물질을 제조하거나 수입한 자는 이를 양도받거나 제공받은 자에게 제110조제3항에 따라 변경된 물질안전보건자료를 제공하여야 한다.

③ 물질안전보건자료대상물질을 양도하거나 제공한 자(물질안전보건자료대상물질을 제조하거나 수입한 자는 제외한다)는 제110조제3항에 따른 물질안전보건자료를 제공받은 경우 이를 물질안전보건자료대상물질을 양도받거나 제공받은 자에게 제공하여야 한다.

④ 제1항부터 제3항까지의 규정에 따른 물질안전보건자료 또는 변경된 물질안전보건자료의 제공방법 및 내용, 그 밖에 필요한 사항은 고용노동부령으로 정한다.

법 제114조(물질안전보건자료의 게시 및 교육) ① 물질안전보건자료대상물질을 취급하려는 사업주는 제110조제1항 또는 제3항에 따라 작성하였거나 제111조제1항부터 제3항까지의 규정에 따라 제공받은 물질안전보건자료를 고용노동부령으로 정하는 방법에 따라 물질안전보건자료대상물질을 취급하는 작업장 내에 이를 취급하는 근로자가 쉽게 볼 수 있는 장소에 게시하거나 갖추어 두어야 한다.

② 제1항에 따른 사업주는 물질안전보건자료대상물질을 취급하는 작업공정별로 고용노동부령으로 정하는 바에 따라 물질안전보건자료대상물질의 관리 요령을 게시하여야 한다.

③ 제1항에 따른 사업주는 물질안전보건자료대상물질을 취급하는 근로자의 안전 및 보건을 위하여 고용노동부령으로 정하는 바에 따라 해당 근로자를 교육하는 등 적절한 조치를 하여야 한다.

---

157 「화학물질의 등록 및 평가 등에 관한 법률」 시행령 제11조제1항4호에 따른 연구개발용 물질의 정의를 준용

사업장에서 물질안전보건자료를 어떻게 작성하고 어디에 어떤 방법으로 게시 또는 갖추어 두어야 하는가에 대한 논란이 있을 수 있다. '게시·비치'는 주변에 있는 사람은 원하면 언제든지 볼 수 있는 상태로 두는 것을 말한다. 법의 취지는 사업장서 일하는 근로자가 자신이 취급하는 물의 성분, 유해성, 취급 시 유의사항, 사고 시 대피에 관한 정보를 상시로 볼 수 있는 상태면 된다. 최근에는 컴퓨터, 무선인터넷 시설의 발달을 활용할 수도 있다.[158]

산업안전보건법 제110조에 따른 '화학물질 또는 이를 함유한 혼합물'이란 다음과 같다.

○ '화학물질'은 원소 및 원소 간의 화학반응에 의하여 생성된 물질

○ '이를 함유한 혼합물'이란 화학물질의 주성분에 부형제, 용제, 안정제 등을 첨가하여 제조한 제품[159]

화학물질의 명칭은 다양하게 사용되고 있으므로 동일한 물질의 정확한 물질명을 확인해 보아야 한다.

「약사법」[160]에 따른 의약품·의약외품 등 타법에 의한 제제는 물질안전보건자료 작성대상에서 제외하고 있다.

1) 비치장소

물질안전보건자료를 사업장 내에 갖추어 두는 경우 법규에 부합성 여부를 판단하기 위해서

158　예) 한 사업장이 금년 경영계획 수립 시 'MSDS 전산화' 항목을 집어넣었다. 'MSDS 전산화'란 각 물질별 MSDS 및 부서별 물질 사용현황, 물질별 유해성, 당사 자체규정인 'MSDS 운영지침'의 내용을 전산화하여 공장에서 사용하는 유해화학물질에 대한 정보를 전 사원이 공유화하기 위하여 사업장 각 현장의 휴게실에 PC가 설치하고, 그 PC를 이용 사내 홍보사항의 전달 및 게시하는 시스템을 갖춰 운영하여 작업장의 근로자가 상시로 취급하는 물질의 물질안전보건자료를 열람할 수 있는 경우 시행규칙 제92조의4 제3항2호의 규정에 부합하는 것으로 해석한다.

159　종전에는 '화학물질을 함유한 제제'로 표현함.

160　「산업안전보건법」시행령 제32조의2 제2호에 따라 「약사법」에 따른 의약품 및 의약외품은 물질안전보건자료의 작성·비치 대상 제외 제제입니다. 이 경우「약사법」에 따른 의약품이란 동법 제2조제4호에 규정된 물품을 말합니다.

4. '의약품'이란 다음 각 목의 어느 하나에 해당하는 물품을 말한다.

가. 대한민국약전(大韓民國藥典)에 실린 물품 중 의약외품이 아닌 것

나. 사람이나 동물의 질병을 진단·치료·경감·처치 또는 예방할 목적으로 사용하는 물품 중 기구·기계 또는 장치가 아닌 것

다. 사람이나 동물의 구조와 기능에 약리학적(藥理學的) 영향을 줄 목적으로 사용하는 물품 중 기구·기계 또는 장치가 아닌 것

○ 따라서 원료의약품이 「약사법」 제2조제4호의 각 목에 따른 의약품에 해당되는지를 확인하여 물질안전보건자료 작성·비치 등 제외 제제의 해당여부를 판단하여야 할 것으로 사료됩니다.(국민신문고, 2012.11.21.)

는 근로자의 접근성, 상시 이용 가능성을 판단하여야 한다.[161]

사례 연구

염화메틸렌의 유해 여부, 관련된 규제 또는 규정은 무엇인지?
☞ 염화메틸렌의 법상 정식명칭은 디클로로메탄이다.
- 한글명: 염화메틸렌, 메틸렌클로라이드, 디클로로메탄
- 영문명: Dichloromethane, Methylene chloride
- 화학식: CH_2Cl_2
- CAS 번호: 75-09-2
유해성: '염화메틸렌'은 피부 및 점막에 약간의 자극이 있고, 미국 산업위생전문가협의회(ACGIH)에서는 발암성추정물질(A2)로 규정한다.
법령근거: '염화메틸렌'은 산업안전보건법 제42조 및 제43조의 규정에 의하여 6개월에 1회 이상 취급 작업장은 작업환경을 측정·평가하고, 취급 근로자는 특수건강검진을 실시하여야 하며 동법 제41조의 규정에 인하여 물질안전보건자료(MSDS)를 작성하여 작업장에 비치 또는 게시하고 이를 담은 용기 또는 포장에는 경고표지를 부착하여야 한다.
또한, 산업안전보건기준에관한규칙(제3편 제1장)에 따라 관리대상 유해물질로 설비기준, 작업방법 등을 준수하여야 한다.(산보 68343-221, 2001.4.13.)

「산업안전보건법」 제114조에 따라 물질안전보건자료는 취급 근로자가 쉽게 볼 수 있는 장소에 게시하거나 갖춰 두어야 한다. 고시에서는 근로자가 쉽게 볼 수 있는 장소를 예시하고 있다.

2) 독성실험

물질안전보건자료 작성 시 혼합물의 독성 시험은 우량시험기관(GLP)에서 받은 시험성적서를 우선 적용하여야 할 것이다.[162]

---

161 「화학물질 분류·표시 및 물질안전보건자료에 관한 기준(노동부고시)」 제12조제1항에서 취급근로자가 쉽게 볼 수 있도록 다음 각 호의 장소 중 어느 하나 이상의 장소에 물질안전보건자료를 게시 또는 갖추어 두라고 명시되어 있다.
1. 대상화학물질 취급작업 공정 내
2. 안전사고 또는 직업병 발생우려가 있는 장소
3. 사업장내 근로자가 보기 쉬운 장소
따라서 귀 사업장의 각 공정별 교육장이 상기 각 호 중 어느 하나에 해당하고 그 교육장에 물질안전보건자료를 비치하였다면 법규를 충족한 것이라고 볼 수 있다.(국민신문고, 2010년)
162 (산업보건환경과-1402, 2005.3.16.)

3) 일반소비자용

일반소비자용 화학제품(주방용 세척제 등)을 슈퍼마켓에 판매하는 경우에는 물질안전보건자료의 양도·제공 의무가 없다.

4) 완제품(article)

고형화된 완제품[163](발암성 물질 함유제품 제외)은 물질안전보건자료 작성 및 경고표시에서 제외된다.[164]

'성형 완제품'은 제조 과정에서 형성된 특정한 형태·기능·용도가 최종 사용까지 유지되는 제품을 의미하며 '화학물질을 함유한 혼합물'은 일반적으로 다른 제품을 만들기 위한 원료로서 사용되는 등 추가적인 가공 과정을 거치는 화학제품이므로 '성형 완제품'은 이에 해당하지 않는다. 따라서 '성형 완제품'은 '화학물질을 함유한 혼합물'에 포함되지 않으며, 법 제110조에 따른 물질안전보건자료 작성·비치 및 경고표시 대상이 아닌 것으로 해석한다.[165]

물질안전보건자료의 작성·비치 등에 관한 기준(고용부 고시) 제3조제2항제2호에 따른 '고형화된 완제품'은 우선 법 제110조에 따른 위 '화학물질을 함유하는 혼합물'의 범위 내에서 해석되어야 하는 바, 이는 일반적으로 말하는 '성형 완제품(Article)'과는 차이가 있는 것으로서 '화학물질을 함유하는 혼합물' 중에서 고체 상태로 가공된 화학제품을 의미하며, 입자(particle), 펠릿(pellet) 등의 형태로 가공된 중간 제품이 주로 해당된다.

---

163 동볼, 납스틱, copper foil, prepreg, cover lay, thin core 등

164 「화학물질의 분류·표시 및 물질안전보건자료에 관한 기준(고용노동부고시 제2012-14호)」 제3조제2항제2호에 따르면 고형화된 완제품으로서 취급근로자가 작업 시 그 제품과 그 제품에 포함된 대상화학물질에 노출될 우려가 없는 제제(다만, 발암성물질이 함유된 제품은 제외한다)는 물질안전보건자료 및 경고표시 제외대상이다. 여기서 고형화된 완제품이란 제조 과정에서 형성된 특정한 형태·기능·용도가 최종 사용까지 유지되는 것으로서 사용 중 근로자에게 노출되는 과정이 없어야 한다.(국민신문고, 2012.7.6.)

165 제조 당시의 형태와 기능을 유지하는 상태로 사용되는 것으로서 사업장에서 작업 시 제품에 함유된 물질이 외부에 유출되지 아니하는 성형 완제품(Article)에 발암성 물질이 미량 함유되었다면 법 제41조 적용 대상에 포함되는지 여부에 대한 질의에 대하여 A사의 자동차 배기가스 저감 촉매제품은 추가적인 가공 과정이 없이 그대로 자동차 머플러에 장착되는 '성형 완제품'이므로 법 제41조에 따른 '화학물질 또는 화학물질을 함유한 제제'에 해당되지 않기 때문에 물질안전보건자료 및 경고표시 적용대상이 아니라고 회시하였다.(산업보건과-16, 2010.7.13.)

5) 함유혼합물 기재방법

화학물질을 함유한 혼합물별로 모두 물질안전보건자료를 작성하여 제공해야 하며 도료의 경우에도 일부 구성성분이 유사하더라도 색의 차이로 인해 구성성분이 조금이라도 달라지거나 제품명이 다른 경우 각기 다른 물질안전보건자료를 작성하여 제공하여야 한다. 예를 들어 완성된 제품(도료)의 색(성분변화)에 따라 MSDS 역시 색상별로 작성하여 제공하여야 한다.

물질안전보건자료에 기재되는 구성성분의 함유량 총합이 반드시 100%가 되어야 하지는 않는다.[166]

(3) 경고표시 방법

법 제115조(물질안전보건자료대상물질 용기 등의 경고표시) ① 물질안전보건자료대상물질을 양도하거나 제공하는 자는 고용노동부령으로 정하는 방법에 따라 이를 담은 용기 및 포장에 경고표시를 하여야 한다. 다만, 용기 및 포장에 담는 방법 외의 방법으로 물질안전보건자료대상물질을 양도하거나 제공하는 경우에는 고용노동부장관이 정하여 고시한 바에 따라 경고표시 기재 항목을 적은 자료를 제공하여야 한다.
② 사업주는 사업장에서 사용하는 물질안전보건자료대상물질을 담은 용기에 고용노동부령으로 정하는 방법에 따라 경고표시를 하여야 한다. 다만, 용기에 이미 경고표시가 되어 있는 등 고용노동부령으로 정하는 경우에는 그러하지 아니하다.

산업안전보건법 제115조에 의한 경고표지는 유해한 화학물질을 제조, 수입, 사용, 운반 또는 저장하고자 할 때 이를 담은 각각의 용기 또는 포장에 부착하여야 한다.

경고표지에 포함되어야 할 사항은 화학물질명 또는 제품명, 유해그림, 유해위험성 및 그에 대한 조치사항, 물질안전보건자료를 참고할 수 있다는 문구, 산업안전보건법 규정에 근거한다는 취지의 문구가 포함된다.[167]

경고표지를 하도록 하는 것은 근로자가 쉽게 안전보건정보를 확인하도록 하는 것이므로 외

---

166 「화학물질의 분류·표시 및 물질안전보건자료에 관한 기준(고용노동부고시 제2012-14호)」 제11조제8항에 따라 구성성분의 함유량을 기재하는 경우 ±5%(%)의 범위에서 함유량의 범위로 함유량을 대신하여 표시할 수 있다. 따라서 물질안전보건자료에 구성성분을 함유량 범위로 표시하는 경우 구성성분의 함유량의 총합이 반드시 100%가 되지 않을 수도 있다.(국민신문고, 2012.6.4.)
167   순간접착제를 생산하고 있는 화학회사는 제품포장에 '유해그림'을 포함한 경고표지를 하여야 한다.(산보 68343-147, 2000.2.25.)

국에서 수입하는 화학제품이 우리나라에 사용될 경우에는 우리나라 근로자들이 알 수 있도록 해당 내용이 한글로 표기되어야 한다.[168] 또한 한글로 번역된 제품의 MSDS가 보관 장소에 비치되어 있다 하더라도 제품의 용기에는 산업안전보건법에 따라 한글로 경고표지를 따로 부착하여야 한다.[169]

경고표시의 원칙은 명확성, 정보충실성, 말단유지성이다.

명확성은 경고표시를 사용자(근로자)가 분명하게 인식하도록 하여야 하는 점이다.

예를 들어 그림문자의 그림은 검은색으로 하고, 테두리는 빨간색으로 하도록 하고 있다.[170] 그림문자 테두리를 검정색으로 표시 가능 여부에 대한 질의에 대하여 명확성을 훼손하게 된다고 해석하고 있다.[171]

경고표지 중 그림문자 란에 빨간색 테두리를 미리 제작하여 사용 가능한지 여부에 대한 질의에 대하여 혼동의 소지가 있는 것으로 해석한다.[172]

정보충실성은 필요항목은 모두 기재하여야 한다. 혼합물질일 경우에는 각 구성성분별 유해위험요소가 모두 반영하여 표시하여야 한다. 예를 들어 예방조치문구 항목 대신 다른 항목명으로 기재해도 되는지에 대한 질의에 대하여 이를 허용하지 않는 것으로 해석하였다.[173] 공급자

168　【질의】 저의 회사는 미군항공기를 정비하는 관계로 미군에서 지급하는 화학약품을 사용하고 있어 제품의 구성물질, 인체에 미치는 영향 및 긴급 시 조치사항이 제품에 영문으로 표시되어 있으며 미국법에 의한 경고 표시가 되어 있는 경우 산업안전보건법 제41조에 의한 경고표시로 인정 여부?
☞ (회시) 산업안전보건법에 의한 경고표지는 동법 제41조제2항, 동법 시행규칙 제92조의4 및 물질안전보건자료의작성·비치등에관한기준(고시) 제11조에 따라 한글로 작성·부착하여야 한다.(산보 68343-256, 2000.4.11.)
169　【질의】 현재 폐사에서 직수입하여 사용하는 영문경고표지가 부착된 원료의 경우 개별경고표지 부착 대신 보관, 사용장소에 관련 경고표지 및 유해성 정보를 게시, 교육을 실시하는 것으로 원료제품의 경고표지를 대체할 수 있는지 여부?
☞ (회시) 영문 경고표지가 부착된 제품의 경우에는 동 고시 제11조의 규정에 따라 각각의 용기별로 한글 경고표지를 작성·부착하여 사용하는 것을 원칙으로 하고 있으므로, 사용장소에 유해성정보 등의 게시 및 교육으로 경고표지 부착의무를 갈음할 수는 없다.(산보 68343-362, 2001.6.5.)
170　「화학물질의 분류·표시 및 물질안전보건자료에 관한 기준(고용노동부고시 제2012-14호)」 제8조제3항
171　다만, 바탕색과 테두리의 구분이 어려운 경우, 즉 바탕색이 붉은 계통의 색인 경우에 한하여 바탕색의 대비 색상으로 할 수 있으며, 이 경우 그림문자의 바탕은 흰색이어야 한다.(국민신문고, 2012.3.13.)
172　그림문자는 그림과 테두리로 구성되어 있으며, 그림을 표시하지 않고 테두리만 표시할 경우 인화성 가스 구분2, 수유독성 등과 같이 그림문자가 없는 구분과 혼동할 우려가 있어 테두리만 표시하는 것은 문제의 소지가 있을 것으로 판단된다.(국민신문고, 2012.3.13.)
173　정해진 양식에 따라 '예방조치 문구'로 기재를 하여야 하고 공급자 정보는 문의사항 발생 또는 긴급 시 연락을 위한 것이므로 연락 가능한 전화번호를 기재하여야 한다.(국민신문고, 2012.7.6.)

정보에 회사 이름만 기재하거나 전화번호 없이 회사 이름 및 주소와 연락 가능한 전화번호를 기재하여야 한다.

 말단유지성이란 화학물질이 사용되는 최종단계까지 경고표시가 동일하게 이행되어야 한다는 점이다. 화학물질은 용기에 담겨서 계속 다른 용기(작은 용기)로 바뀌면서 사용된다. 최종 작업자(downstream)가 유해물질에 노출될 위험이 가장 크기 때문에 이 원칙이 잘 지켜져야 한다. 따라서 소분용기에 대하여도 경고표시를 충실히 하여야 한다.

 「화학물질관리법」 등 타법에 의한 경고표지를 인정하고 있다. 다만 해당 법에 적용되는 경우에 한한다.

「산업안전보건법」 시행규칙 제170조제2항에 따라 경고표지에는 다음 각 사항 모두가 포함되어야 한다. 1. 명칭: 해당 대상화학물질의 명칭 2. 그림문자: 화학물질의 분류에 따라 유해 · 위험의 내용을 나타내는 그림 3. 신호어: 유해 · 위험의 심각성 정도에 따라 표시하는 '위험' 또는 '경고' 문구 4. 유해 · 위험 문구: 화학물질의 분류에 따라 유해 · 위험을 알리는 문구 5. 예방조치 문구: 화학물질에 노출되거나 부적절한 저장 · 취급 등으로 발생하는 유해 · 위험을 방지하기 위하여 알리는 주요 유의사항 6. 공급자 정보: 대상화학물질의 제조자 또는 공급자의 이름 및 전화번호 등 – 또한 「화학물질의 분류 · 표시 및 물질안전보건자료에 관한 기준」 제7조에 따라서 경고표지의 양식은 다음과 같다.

(그림문자 예시)	(명칭)
	(신호어)
	유해 · 위험 문구 :
	예방조치 문구 :
공급자 정보:	

1) 소분용기

　유해물질을 실제 사업장에서 사용할 때에는 공급처에서 받은 용기(보통 대용량)를 사용하지 않고 용액을 나누어 작은 용기에 담아서 사용한다. 이를 '소분용기'라 하며 이 경우에 경고표지를 부착하는 것이 원칙이나 일부 생략이 가능하다.[174] 다만 옮겨 담기 위하여 일시적으로 사용하는 용기에는 부착하지 아니할 수 있다. 이를 '반제품용기'라 한다.[175] 이때의 경고표지는 유해·위험의 정도에 따른 '위험' 또는 '경고'의 문구만을 표시할 수 있다. 다만, 이 경우 보관·저장 장소의 작업자가 쉽게 볼 수 있는 위치에 경고표지를 부착하거나 물질안전보건자료를 게시해야 한다.

　제품을 만들기 위한 실험 과정 중 화학물질을 옮겨 담은 소분용기에도 경고표시를 해야 하는 지에 대한 질의에 대하여 반제품용기에 해당하지 않는 경우 경고표지를 하여야 한다고 해석하였다.[176]

2) 색상

　경고표지는 유희위험정보가 명확히 나도록 하고 고시로 상세히 규정하고 있다. 용기에 직접 표시하는 경우 기준을 준수하여야 하나 불가피한 경우 색상을 달리할 수 있으나 제한이 있다.[177]

174　「화학물질의 분류·표시 및 물질안전보건자료에 관한 기준(고용노동부고시 제2012-14호)」 제6조제2항에 따라 대상화학물질을 담은 용기나 포장의 용량이 100밀리리터(㎖) 이하인 경우에는 경고표지에 명칭, 그림문자, 신호어를 표시하고 그 외의 기재 내용은 물질안전보건자료를 참고하도록 표시할 수 있다.

175　같은 사업장 내에서 상시적이지 않은 경우로서 공정간 이동을 위하여 화학물질을 담은 용기를 말한다.(고시 제2조제8호)

176　사용하는 소분용기의 용량이 100밀리리터(㎖)를 초과하고 위의 반제품용기에 해당하지 않는다면(실험을 위해 화학물질을 소분용기에 옮겨 담은 후 그 용기를 사용하여 작업을 한다면 그 소분용기는 반제품용기라 할 수 없음)「화학물질의 분류·표시 및 물질안전보건자료에 관한 기준(고용노동부고시 제2012-14호)」에 맞는 경고표지를 부착해야 한다.(국민신문고, 2012.9.18.)

177　【질의】초산에틸을 생산하여 탱크로리 및 드럼(200ℓ 강제드럼)에 산업안전보건법 제41조의 경고표지를 부착하는 대신 용기에 직접 인쇄할 경우
1. 기존 경고 내용을 나타내는 그림은 노란색 바탕에 검정색 그림으로 되어 있으나 당사의 초산에틸 강제드럼은 바탕색상이 갈색이므로 그 위에 검정색 경고표지를 인쇄하여 사용할 수 있는지?
2. 질의 1의 사항이 적합지 않을 경우 당사 초산에틸 강제드럼의 바탕색을 갈색에서 노란색으로 바꾸고 경고표지를 검정색으로

3) 문구변경

경고표지의 내용인 유해성 분류를 임의로 간소화하거나 통합하지 말아야 한다. 예를 들어 한 회사에서 제품 경고표지를 위하여 전체 제품의 유해성 분류를 실시한 결과 유해성 분류는 다르나 경고문구가 유사한 제품들이 많아 제품 경고표지를 단일화시키고자 이들을 유해성 분류가 높은 것으로 통합하여 경고표지를 표시하여도 가능한지 여부에 대한 회시에서 법규에 위반되는 것으로 해석하고 있다.[178]

변경 예) 인화성, 유해성 → 고인화성, 유해성

유해성, 자극성 → 유해성

과민성 → 유해성

인화성 → 인화성, 유해성

4) 일반소비자용

시행령 제86조제16호에 따라 물질안전보건자료 및 경고표시 제외 대상인 '사업장에서 사용하지 않는 일반 소비자용 제제'에 대한 해석의 논란이 있다. 동 규정은 입법 취지상 '주로 일반 소비자의 생활용으로 제공하는 화학제품'으로 해석한다. 해당 화학제품이 일반 소비자를 대상으로 주로 생활용 화학제품으로서 판매되는지 여부가 가장 중요한 판단기준이며 일반적인 소매점(할인마트 등)에서 판매되는 생활용 화학제품이 이에 해당되는 대표적인 예이다.[179]

인쇄하여 사용할 수 있는지?

☞ (회시) 경고표지를 용기에 직접 인쇄하고자 할 때 그 용기 표면의 색상을 유해그림의 바탕색으로 사용하는 것은 1리터(ℓ) 미만의 소량 용기에만 적용됨(물질안전보건자료의작성·비치등에관한기준 제15조제3항 단서 참조) 따라서 귀사가 화학물질을 담은 강제드럼(200ℓ)에 경고표지를 직접 인쇄하고자 하는 경우는 동 고시의 경고표지 부착원칙(경고표지 전체의 바탕은 흰색, 글씨와 테두리는 검정색, 유해그림의 바탕은 노란색 또는 주황색)에 따라 작성·표시하여야 한다.(산보 68343-271, 2000.4.18.)

178   산업안전보건법 제41조제4항, 동법 시행규칙 제92조의5, 「물질안전보건자료의작성·비치등에관한기준(고용부고시)」에 따라 경고표지에 표기하는 유해·위험성의 분류문구(16가지)는 당해 제품의 상태를 가장 효과적으로 나타내는 것으로 이 문구에 따라 취급 근로자가 취하여야 할 조치가 달라진다.

따라서 귀하가 예를 든 '인화성'을 '고인화성'으로, '자극성'을 '유해성'으로, '과민성'을 '유해성' 등으로 문구를 변경하여서는 아니 되며, 당해 제품의 유해·위험성에 따른 정확한 분류문구를 경고표지상에 표기하여야 한다.(산보 68343-362, 2001.6.5.)

179   학교 급식실에서 사용하는 '식기세척제, 소독용락스, 염소제제, 알코올 소독제'가 포함되는지 여부에 대한 유권해석에 대하여 일반 소매점에 가정용을 구입할 수 있는 제품, 즉 「품질경영 및 공산품안전관리법」에 따라 '자율안전확인대상공산품'으로

다만, 페인트, 윤활유 등 일반 소비자가 가정에서 사용할 수 있는 화학제품이라도 주로 사업장에서 사용되고 있는 화학제품인 경우 일반적인 소매점에서 일반 소비자를 대상으로 판매되지 않고 주로 사업장에 제공할 목적으로 판매되는 화학제품인 경우에는 물질안전보건자료 및 경고표시 제외대상에 해당되지 않는다고 본다.

5) 공급자 정보

화학제품이 외국에서 제조, 수입된 경우 경고표시 기재항목인 '공급자 정보'를 외국의 제조자, 한국의 수입자 중 어느 곳을 기재하여야 하는지 여부에 대한 해석을 할 때 경고표시의 '공급자 정보'는 해당 화학물질을 양도·제공받은 자가 필요시 상대방에게 연락할 수 있도록 명칭, 주소, 전화번호 등을 기재한 정보를 말한다.[180]

(4) GHS(Globally Harmonized System Classification and labelling of chemicals)

2009년 MSDS 작성방법이 국제표준(GHS)으로 변경되었다. 경과규정에 따라 단일물질은 2010년 7월 1일부터는 반드시 GHS에 따른 경고표지가 부착되어 있어야 한다. 이를 위반하는 경우 산업안전보건법에 따라서 과태료가 부과된다. 혼합물질은 2013년 7월 1일부터 시행하고 있다. 기존의 경고표지는 위 기간 내에 모두 교체하여야 한다.[181]

2010년 7월 이전에 생산되었으나 창고에 재고로 보관중인 제품에 대해서 GHS 기준에 따른

규정된 '생활화학가정용품'(세정제, 방향제, 접착제, 광택제, 탈취제, 합성세제, 표백제, 섬유유연제)이 제외 대상에 포함되는 대표적인 경우라고 볼 수 있다고 회시함.(근로자건강보호과-1545, 2010.6.25.)

180 경고표시의 '공급자 정보'에는 제조자 또는 수입자의 정보를 기재할 수 있으며, 해외 제조자도 포함될 수 있다. 다만, '공급자 정보'를 표시하는 취지에 미루어 볼 때에 해외 제조자 관련 정보를 기재하는 경우에는 국내 사업주가 필요시 연락하여 상담을 받을 수 있는 명칭, 주소, 전화번호 등을 기재하여야 하며 그러하지 아니한 경우에는 '공급자 정보'에 국내 수입자에 관한 정보를 기재하여야 한다.(산업보건과-29, 2010.7.13.)

181 「산업안전보건법」 시행규칙 부칙 제259호 제4조제2항에 따라서 두 종류 이상의 화학물질을 함유한 제제의 경우에는 이 규칙 시행 당시 종전의 제92조의4, 별표 1의2, 별표 2부터 별표 4까지 및 별표 11의2에 따른 경고표시, 안전·보건표지 및 유해인자의 분류기준은 2013년 6월 30일까지(2013년 6월 30일 당시 유통·사용 중인 경우에는 2015년 6월 30일까지) 제92조의4, 별표 1의2, 별표 2부터 별표 4까지 및 별표 11의2의 개정규정에 따른 경고표시, 안전·보건표지 및 유해인자의 분류기준과 함께 사용하거나 적용할 수 있다.

경고표지를 부착하여야 한다고 해석하고 있다.[182]

해외 공급자가 GHS에 따른 MSDS 및 경고표지를 제공하지 않는 경우 국내로 수입하는 사업주가 GHS에 따른 MSDS 및 경고표시를 이행하여야 한다.

물질안전보건자료의 작성은 원칙적으로 제조사이나 부득이한 경우 사용자가 작성하여야 하는 경우가 있다.[183]

산업안전보건법 제110조에 따라서 국내에서 화학물질을 제조·수입·사용·운반 또는 저장하려는 사업주는 MSDS 및 경고표시 의무가 있으므로 위반 시 국내에서 제조·수입하는 사업주와 사용사업주 모두에게 과태료가 부과될 수 있다. 따라서 국내 및 국외의 원료 공급자가 GHS 경고표지를 부착하지 않은 경우 과태료 부과대상은 수입자, 공급자 모두가 해당한다.

어떤 화학물질을 GHS 기준에 따라 검토한 결과 아무런 유해성·위험성 분류 결과에 해당하지 않는 경우에는 경고표지를 부착하지 않는 대신에 이를 증명하도록 하고 있다.[184]

GHS MSDS로 개정하였을 경우 그 내용이 달라지지 않은 경우에는 물질안전보건자료 재교육을 실시할 의무는 없다.

1) GHS에 따른 변경사항

단일물질과 혼합물질의 차이는 '단일물질'이란 화학물질의 주성분에 부형제, 용제, 안정제 등을 첨가하여 제조한 제품을 제외한 물질을 말한다.

인위적으로 혼합하지 않은 불순물 또는 부산물만 포함되어 있는 경우에는 단일물질로 보아

182　2010년 7월 1일부터 단일물질에 대해 GHS에 따른 경고표시를 하도록 규정하고 있으므로 2010년 6월 30일 이전에 생산되어 판매되지 않고 제품창고에 재고로 보관 중인 단일물질에 대해서도 경고표시를 하여야 한다.(국민신문고, 2010년)

183　화학물질 공급업체의 사정으로 개정된 GHS MSDS를 양도받지 못하는 경우 사용 사업장에서 직접 MSDS를 작성 또는 수정하여 사용 가능한지에 대한 질의에 대하여 법 제41조제1항에 따라서 모든 사업주에게 물질안전보건자료의 작성·비치 의무가 규정되어 있으므로 불가피하게 물질안전보건자료를 제공받을 수 없는 경우 해당 화학물질을 사용하는 사업주가 물질안전보건자료를 직접 작성하여야 한다고 회시하였다.(국민신문고, 2010년)

184　「화학물질의 분류·표시 및 물질안전보건자료에 관한 기준(노동부고시)」 제3조에 따른 유해성·위험성 분류기준에 해당되는 화학물질에 대해서는 물질안전보건자료 및 경고표시를 이행하여야 한다. 다만, 유해성·위험성 분류기준에 해당되지 않는 경우에는 제조 또는 수입자로부터 이를 입증할 수 있는 근거를 서면으로 통보받아 사업장내에 갖춰 두어야 한다.(국민신문고, 2010년)

야 할 것으로 사료되며 해당 제품을 제조하기 위하여 두 가지 이상의 화학물질을 인위적으로 혼합한 경우에는 '혼합물질'로 보아야 한다.

MSDS와 경고표시상의 화학물질명 또는 제품명이 동일해야 하는지 여부에 대하여는 「화학물질의 분류·표시 및 물질안전보건자료에 관한 기준 제6조의2제1항 및 제2항에 따라서 경고표지의 명칭은 MSDS상의 제품명을 기재하여야 하며 유해·위험 문구는 별표 2에 따라 해당되는 문구를 모두 표시해야 하지만 중복되는 유해·위험문구를 생략하거나 유사한 유해·위험 문구는 조합하여 표시할 수 있다.

경고표시의 유해위험문구는 반드시 모두 기재해야 하는지는 동 고시 제5조제1항에 따라서 경고표시는 대상화학물질의 용기 및 포장에 부착하거나 인쇄하는 등 유해·위험정보가 명확히 나타나도록 하여야 한다.

유해성 표시내용이 변경된 경우 기존 경고표지 위에 재부착하거나, 포장용기 전체를 교체하는 방법 등 유해·위험정보가 명확히 나타날 수 있는 방법을 검토하여 적용할 수 있다.

2) 유해위험성 미분류 경우

물질안전보건자료를 검토한 결과 유해성·위험성의 모든 항목이 '해당없음(분류되지 않음)'이라면 산업안전보건법 제115조에 의한 물질안전보건자료 및 경고표시 작성 대상이 아니다. 그러나 단순히 자료가 불충분하거나 자료가 없어 유해·위험성이 분류되지 않는 화학물질의 경우는 이에 해당하지 않는다.[185]

---

185 다만, 「화학물질의 분류·표시 및 물질안전보건자료에 관한 기준(고용노동부고시 제2012-14호)」의 제13조제3항 및 제4항에 따라 대상화학물질이 산업안전보건법 시행규칙 [별표 11의2]에 따른 분류기준에 해당하지 않음을 양도·제공자는 서면으로 통보하고, 양도·제공받은 자는 통보받은 서류를 사업장내에 비치하고 있어야 한다. 유해성·위험성 분류결과 '자료 없음'의 경우 아직 유해성이 완전히 결정되지 않았으므로, 물질안전보건자료를 작성하는 것을 권장합니다.
이 경우 경고표시에 명칭 및 공급자 정보를 기재하시고, 그림문자, 신호어, 유해·위험 문구는 '자료 없음' 등으로 표기, 예방조치 문구는 MSDS를 검토한 후 예상되는 문구를 삽입하거나 "기타 자세한 사항은 MSDS를 참조하시오."라는 문구를 추가하여 작성하도록 권고하고 있다.(국민신문고, 2012.7.31.)

3) 교육

근로자에 대한 MSDS 교육은 화학물질이 가지는 유해위험성을 이해하도록 하는 것이 목적이다. 따라서 유해성 등에 차이가 있는 경우에는 기존제품과 유해·위험성이 유사하더라도 새로운 제품이 도입된 경우에도 실시하여야 한다.[186] 또한 GHS 개정에 의하여 MSDS상의 유해성·위험성 정보가 변경되는 경우 취급근로자에게 MSDS 교육을 실시하여야 한다.

(5) 안전인증방법 등

법 제84조(안전인증) ① 유해·위험기계 등 중 근로자의 안전 및 보건에 위해(危害)를 미칠 수 있다고 인정되어 대통령령으로 정하는 것(이하 '안전인증대상기계 등'이라 한다)을 제조하거나 수입하는 자(고용노동부령으로 정하는 안전인증대상기계 등을 설치·이전하거나 주요 구조 부분을 변경하는 자를 포함한다. 이하 이 조 및 제85조부터 제87조까지의 규정에서 같다)는 안전인증대상기계 등이 안전인증기준에 맞는지에 대하여 고용노동부장관이 실시하는 안전인증을 받아야 한다.

② 고용노동부장관은 다음 각 호의 어느 하나에 해당하는 경우에는 고용노동부령으로 정하는 바에 따라 제1항에 따른 안전인증의 전부 또는 일부를 면제할 수 있다.

1. 연구·개발을 목적으로 제조·수입하거나 수출을 목적으로 제조하는 경우
2. 고용노동부장관이 정하여 고시하는 외국의 안전인증기관에서 인증을 받은 경우
3. 다른 법령에 따라 안전성에 관한 검사나 인증을 받은 경우로서 고용노동부령으로 정하는 경우

③ 안전인증대상기계 등이 아닌 유해·위험기계 등을 제조하거나 수입하는 자가 그 유해·위험기계 등의 안전에 관한 성능 등을 평가받으려면 고용노동부장관에게 안전인증을 신청할 수 있다. 이 경우 고용노동부장관은 안전인증기준에 따라 안전인증을 할 수 있다.

---

186 「산업안전보건법」 시행규칙 제92조의6제1항에 따라 대상화학물질을 제조·사용·운반 또는 저장하는 작업에 근로자를 배치하게 된 경우, 새로운 대상화학물질이 도입된 경우 및 유해성·위험성 정보가 변경된 경우에는 대상화학물질의 물질안전보건자료에서 별표 8의2에 해당되는 내용을 근로자에게 교육하여야 한다.
따라서 새로운 화학물질이 도입된 경우에는 취급근로자에게 물질안전보건자료에 관한 교육을 실시하여야 함. 다만, 동조 제2항에 따라 유해성·위험성이 유사한 대상화학물질을 그룹별로 분류하여 함께 교육할 수 있으므로 향후 유해성·위험성이 유사한 기존제품과 신규제품을 함께 교육할 필요가 있을 시에는 같은 그룹으로 분류하여 함께 교육할 수 있다.(국민신문고, 2012.9.27.)

'출고'란 제품이 시장에 나와 최초로 사용이 가능한 시점을 말한다.[187][188][189]

차량탑재용 크레인은 2009년 10월 1일 이후 출고되는 것부터 적용하고 있다.[190]

안전인증(종전 설계 · 완성검사)을 받아야 하는 자는 인증대상 설비를 제조(설치 포함)하는 자이며 사용하는 자는 안전인증을 받은 제품을 사용하거나 안전검사를 받아야 한다. 안전인증을 받아야 하는 주체는 제조자이므로 수입품은 해외 제조자가 형식별로 안전인증을 받아야 하고 다만, 수입업자가 안전인증을 받을 수 있으나 수입되는 전체 품목에 대해 안전인증을 받아야 한다. 외국의 안전인증기관에서 인증 받았더라도 주요 구조부가 변경되면 그 변경 주체가 다시 안전인증을 받아야 한다.[191]

안전인증을 받아야 하는 자는 기계 · 기구 및 설비를 제조(설치 또는 주요 구조부분의 변경을 포함)하는 자이며, 단, 법률 제6847호 산업안전보건법 시행(2003.7.1.) 전 설치된 크레인이 주

---

187 「산업안전보건법」 부칙 〈제8562호, 2007.7.27〉 상의 '출고'는 "우리나라에서 판매 또는 사용을 목적으로 우리나라 시장에 어떤 제품이 최초로 사용(양도 또는 대여 포함)이 가능한 시점"을 의미한다.(제조산재예방과-1670, 2011.7.29.)
188 안전인증 및 자율안전확인신고 제도의 법 적용 시점인 '시행일 이후 출고되는 것부터 적용'에서 '출고일'에 대한 명확한 해석
1. 국내 제조품의 경우 ① 제조일 ② 최초 유통일(판매, 대여 등) 중 어느 시점
2. 해외 수입품(특히, 중고품)의 경우 ① 제조일 ② 수입일 ③ 최초 유통일(판매, 대여 등) 중 언제인지
☞ (회시) '출고일'은 법을 적용하는 시점으로 보아야 하므로 국내 제조품과 해외 수입품의 구분 없이 우리나라에서 판매 또는 사용을 목적으로 우리나라 시장에 어떤 제품이 최초로 사용(양도 또는 대여 포함)이 가능한 시점을 말하며, 참고적으로 법 제34조제3항 및 제35조제1항에 수출을 목적으로 제조된 경우에는 안전인증 및 자율안전안전확인 신고의 전부를 면제하고 있다.(안전보건지도과-1103, 2010.5.25.)
189 【질의】 차량 탑재 크레인의 의무 안전인증 적용 시점 관련 규정인 "2009년 10월 1일 출고분부터 적용한다."에서 '출고'의 법 해석 및 시행일 이전 출고한 제품의 법 적용 여부?
☞ (회시) 일반적으로 출고(出庫)란 생산자가 생산품을 시장에 내는 것(사전적 의미)을 말하므로, 생산품(완제품)이 제조사에서 국내현장에 설치 · 사용될 목적으로 반출되는 시점으로 적용(차량탑재 시점과는 무관)함이 타당하며, 시행일 이전에 출고한 제품의 경우에는 적용되지 않을 것이다.(안전보건지도과-3796, 2009.10.6.)
190 「안전인증 · 자율안전확인신고의 절차에 관한 고시」 부칙 〈제2008-73호, 2008.12.3.〉 제1조(시행일) (제조산재예방과-2725, 2012.9.27.)
191 (안전보건지도과-517, 2010.2.02.)

문자의 시방서에 의하여 주문되지 않았다면 제조 또는 설치한 자가 안전인증을 받아야 한다.[192]

원자력발전소에 사용하는 업무상 특수성이 인정되어 타법에 의해 검사받는 크레인은 안전인증, 안전검사가 면제된다.[193] 하지만 면제대상일지라도 산업안전보건법에서 요구하는 성능에 대한 안전검사가 이루어지지 않는 경우 면제하지 않는다.[194]

고압가스용기 등 타 법령에 의해 형식 승인 및 자체점검 받은 경우 안전인증 면제될 수 있다.[195] 군 작전에 운용하기 위하여 제작하는 차량탑재용 크레인은 특수목적용으로서「산업안전보건법 시행규칙」제109조제1항제5호에「방위사업법」제28조제1항에 따른 품질보증을 받은 경우「산업안전보건법」제84조제1항에 따른 안전인증을 전부 면제하고 있다.[196]

3톤 이상 타워크레인이「건설기계관리법」상 신규등록검사 등을 받은 경우에「산업안전보건법」에 의한 안전인증 및 안전검사를 면제하고 있다.[197] 3톤 미만의 타워크레인은「산업안전보건법」상 안전인증을 받아야 한다.

192　(안전보건지도과-792, 2010.4.22.)

193　2003.7.7. 삭제된 종전 산업안전보건법 시행규칙 제59조(이중검사의 배제) 사항은 법률(제6847호, 2002.12.30)에 상향되면서 삭제된 것으로, 종전 회시내용(산안 68807-/95.1.8)처럼 원자력발전소에서 사용되는 크레인이지만 원자로 내에서 원료봉과 직접 반응하는 등 업무상 특수성이 인정된 크레인에 한해서 현행 안전인증·안전검사의 적용이 면제된다.(안전보건지도과-3375, 2009.9.3.)

194　【질의】「산업안전보건법」제34조제3항 및 같은 법 시행규칙 제58조의2 제1항제4호에 의하면 의무안전인증대상 기계·기구 등이「전기사업법」제63조에 따른 검사를 받은 경우에는 안전인증의 전부를 면제할 수 있다고 규정되어 있는 바, 연료전지 발전설비에 대해「전기사업법」제63조에 따른 사용 전 검사를 받아 합격한 경우에 연료전지 발전설비에 설치한 방폭구조 전기기계·기구 및 부품이 안전인증의 면제 대상에 해당되는지 여부?
☞ (회시)「산업안전보건법」제34조제3항 및 같은 법 시행규칙 제58조의2제1항제4호는 의무안전인증대상 기계·기구 등에 대하여「전기사업법」제63조에 의한 검사를 받은 경우에 안전인증의 전부를 면제함으로써 안전인증대상 기계·기구 등 설치자가 중복검사를 받아야 하는 문제를 해소하기 위한 조항인 바,「전기사업법」제63조에 따른 연료전지 발전설비의 사용 전 검사에서「산업안전보건법」제34조제2항에서 정한 방폭구조 전기기계·기구 및 부품에 대해 방폭성능을 확인하는 검사가 이루어지지 않으면 연료전지 발전설비가「전기사업법」에 따른 사용 전 검사에 합격하였다 하더라도 연료전지 발전설비에 설치된 방폭구조 전기기계·기구 및 부품은「산업안전보건법」제34조제3항에 따른 안전인증의 전부 면제대상에 해당한다고 볼 수 없을 것이다.(제조산재예방과-1462, 2011.7.12.)

195　【질의】「소방시설설치유지 및 안전관리에 관한 법률」에 따른 소화기구로서 형식 승인 및 자체점검을 받은 고압가스용기가「산업안전보건법시행령」제28조 및 제28조의6에 따른 안전인증 및 안전검사대상에 해당되는지 여부?
☞ (회시) 고압가스용기가「소방시설설치유지 및 안전관리에 관한 법률」에 따라 형식승인 및 자체점검을 받은 경우에는「산업안전보건법 시행규칙」제58조의2 제1항 및 제73조에 의하여 안전인증 및 안전검사의 면제 대상에 해당한다.(제조산재예방과-1827, 2012.6.22.)

196　(제조산재예방과-2725, 2012.9.27.)

197　(안전보건지도과-518, 2010.2.02.)

안전검사 시 타워크레인의 안전성에 영향을 주는 광고판 등의 설치를 제한하고 있다.[198]

---

198 【질의】 타워크레인에 부착 가능한 임의 광고판·조명등 등의 설치 가능한 범위?

☞ (회시) 타워크레인의 부착물에 의한 붕괴 등의 위험방지를 위하여, 타워크레인 등의 고소에는 풍압 등의 영향으로 구조부에 부가응력을 발생시킬 수 있는 광고판 등의 부착물을 설치할 수 없도록 크레인제작기준·안전기준 및 검사기준을 개정 고시(제2001-57호 제52조)하여 2001.10.10.부터 시행하고 있으며, 타워크레인의 임의부착물에 대한 허용범위는 타워크레인의 종류, 부착물의 크기·수 등을 감안하여 부가응력 발생 여부를 확인하여야 하므로, 설계·완성검사 등 안전성 검사 시 허용 여부를 판단하여야 할 것이고, 통상적으로 광고용 현수막·대형간판은 풍압에 의하여 과도한 응력을 발생시킬 수 있으므로 설치를 하여서는 아니 되고, 작업 등의 경우에도 그 크기·무게·수 기타 부대설비(브라켓 등)에 의해 과도한 부가응력 발생 여부를 별도로 판단하여야 할 것이나 특별히 대형으로 제작된 작업 등 부착물의 하중이 타워크레인 설계 하중 이하인 경우에는 부착·사용이 가능할 것으로 판단된다.(산안 68320-26, 2002.1.14.)

안전보건 교육·훈련

◈ 이 편의 제도 개요 ◈

① 근로자 안전 · 보건교육

법 제29조 및 제31조는 근로자가 업무를 수행하면서 작업장의 유해·위험에 대하여 적절히 대응할 수 있도록 하기 위하여 안전보건교육에 대하여 규정하고 있다. 안전보건교육은 채용 시, 작업내용 변경 시 및 주기적으로 실시하고 특히 유해위험한 작업에는 특별안전보건교육을 실시한다. 또한 건설업 종사 일용근로자에 대한 기초안전보건교육제도가 도입되어 시행되고 있다.

(1) 근로자 안전보건교육의 종류별 내용 · 시간

1) 채용시교육(법 제29조제2항)

사업주는 근로자를 채용하여 최초 작업에 종사하기 전에 교육을 실시한다. 교육내용은 ① 기계·기구의 위험성과 작업순서 및 동선에 관한 사항, ② 작업개시 전 점검에 관한 사항, 정리 정돈 및 청소에 관한 사항, ③ 사고 발생 시 긴급조치에 관한 사항, ④ 산업보건 및 직업병예방 에 관한 사항, ⑤ 물질안전보건자료에 관한 사항, ⑥ 산업안전보건법 및 일반관리에 관한 사항 이다. (시행규칙 별표4)

교육대상	교육시간
일용근로자(건설업 일용근로자 제외)	1시간 이상
일용근로자를 제외한 근로자	8시간 이상

2) 작업내용 변경 시 교육

'다른 작업으로 전환한 때'나 '작업설비나 작업방법 등의 변경이 있는 때' 등의 경우에 근로자의 안전보건을 확보하기 위해 실시하는 교육이다. 근로자가 작업내용이 변경되어 변경된 작업을 하기 전 실시한다. 교육내용은 신규채용시교육과 같다.

교육대상	교육시간
일용근로자	1시간 이상
일용근로자를 제외한 근로자	2시간 이상

3) 특별안전·보건교육(법 제29조제3항)

근로자가 최초 유해·위험한 작업에 종사하기 전에 실시한다. 근로자가 이직 후 1년 이내에 신규 채용되어 이직 전과 같은 특별교육 대상작업에 종사하는 경우이거나 근로자가 동일 사업장 내 다른 작업에 배치된 후 1년 이내에 배치 전과 같은 특별교육대상 작업에 종사하는 경우에는 특별안전·보건교육 대상사업에 6개월 이상 근무한 경험이 있는 때에는 해당 근로자의 대한 특별교육을 100분의 50 이상으로 단축하여 실시할 수 있다. (시행규칙 제27조)

교육대상	교육시간
별표 5 제1호 라목 각 호(40호 제외)의 어느 하나에 해당하는 작업에 종사하는 일용근로자	2시간 이상
별표 5 제1호 라목 40호 의 타워크레인 신호 작업에 종사하는 일용근로자	8시간 이상
별표 5 제1호 라목 각 호의 어느 하나에 해당하는 작업에 종사하는 일용근로자를 제외한 근로자	- 16시간 이상(최초 작업에 종사하기 전 4시간 이상 실시하고 12시간은 3월 이내 분할하여 실시 가능) - 단기간[199] 또는 간헐적[200] 작업인 경우에는 2시간 이상

---

199 '단기간 작업'이란 2개월 이내에 종료되는 1회성 작업을 말한다.
200 '간헐적 작업'이란 연간 총 작업일수가 60일을 초과하지 않는 작업을 말한다.

4) 정기교육(법 제29조제1항)

교육대상별 교육시간(시행규칙 별표 4)

교육대상		교육시간
사무직 종사 근로자[201]		매분기 3시간 이상
사무직 종사 근로자 외의 근로자	판매업무에 직접 종사하는 근로자[202]	매분기 3시간 이상
	판매업무에 직접 종사하는 근로자 외의 근로자	매분기 6시간 이상
관리감독자의 지위에 있는 사람		연간 16시간 이상

교육내용(시행규칙 별표 5)

근로자	관리감독자
○ 산업안전 및 사고예방에 관한 사항 ○ 산업보건 및 직업병 예방에 관한 사항 ○ 건강증진 및 질병예방에 관한 사항 ○ 유해·위험 작업환경 관리에 관한 사항 ○ 산업안전보건법 및 일반관리에 관한 사항 ○ 직무스트레스 예방 및 관리에 관한 사항 ○ 산업재해보상보험법 제도에 관한 사항	○ 작업공정의 유해·위험과 재해예방 대책에 관한 사항 ○ 표준안전작업방법 및 지도요령에 관한 사항 ○ 관리감독자의 역할과 임무에 관한 사항 ○ 산업보건 및 직업병 예방에 관한 사항 ○ 유해·위험 작업환경 관리에 관한 사항 ○ 산업안전보건법 및 일반관리에 관한 사항 ○ 직무스트레스 예방 및 관리에 관한 사항 ○ 산업재해보상보험법 제도에 관한 사항 안전보건교육 능력 배양에 관한 사항(전체 교육시간의 1/3 이하) - 현장근로자와의 의사소통능력 향상, 강의능력 향상, 기타 안전보건 교육 능력 배양 등에 관한 사항

---

201   공장 또는 공사현장과 같은 구역에 있지 아니한 사무실에서 서무·인사·경리·설계 등의 사무업무에 종사하는 근로자 (시행규칙 제205조제1항 참조)

202   도·소매상점이나 유사 사업체 또는 거리 및 공공장소에서 상품을 판매하며, 상품을 광고하거나 예술 작품을 위하여 일정한 자세를 취하고 상품의 품질과 기능을 선전하는 등의 활동을 하는 근로자

채용 시 교육 및 작업내용 변경 시 교육 교육내용
○ 기계 · 기구의 위험성과 작업의 순서 및 동선에 관한 사항
○ 작업 개시 전 점검에 관한 사항
○ 정리정돈 및 청소에 관한 사항
○ 사고 발생 시 긴급조치에 관한 사항
○ 산업보건 및 직업병 예방에 관한 사항
○ 물질안전보건자료에 관한 사항
○ 직무스트레스 예방 및 관리에 관한 사항
○ 「산업안전보건법」 및 일반관리에 관한 사항

특별교육 대상 작업별 교육

작업명	교육내용
〈공통내용〉 제1호부터 제40호까지의 작업	채용 시 교육과 같은 내용
〈개별내용〉 1. **고압실 내 작업**(잠함공법이나 그 밖의 압기공법으로 대기압을 넘는 기압인 작업실 또는 수갱 내부에서 하는 작업만 해당) ○ 고기압 장해의 인체에 미치는 영향에 관한 사항, ○ 작업의 시간 · 작업 방법 및 절차에 관한 사항, ○ 압기공법에 관한 기초지식 및 보호구 착용에 관한 사항, ○ 이상 발생 시 응급조치에 관한 사항, ○ 그 밖에 안전 · 보건관리에 필요한 사항	
2. **아세틸렌 용접장치 또는 가스집합 용접장치를 사용하는 금속의 용접 · 용단 또는 가열작업**(발생기 · 도관 등에 의하여 구성되는 용접장치만 해당) ○ 용접 흄, 분진 및 유해광선 등의 유해성에 관한 사항, ○ 가스용접기, 압력조정기, 호스 및 취관두 등의 기기점검에 관한 사항, ○ 작업방법 · 순서 및 응급처치에 관한 사항, ○ 안전기 및 보호구 취급에 관한 사항, ○ 화재예방 및 초기대응에 관한사항, ○ 그 밖에 안전 · 보건관리에 필요한 사항	
3. **밀폐된 장소**(탱크 내 또는 환기가 극히 불량한 좁은 장소를 말한다)에서 하는 용접작업 또는 습한 장소에서 하는 전기 용접 작업 ○ 작업순서, 안전작업방법 및 수칙에 관한 사항, ○ 환기설비에 관한 사항, ○ 전격 방지 및 보호구 착용에 관한 사항, ○ 질식 시 응급조치에 관한 사항, ○ 작업환경 점검에 관한 사항, ○ 그 밖에 안전 · 보건관리에 필요한 사항	
4. **폭발성 · 물반응성 · 자기반응성 · 자기발열성 물질, 자연발화성 액체 · 고체 및 인화성 액체의 제조 또는 취급작업**(시험연구를 위한 취급작업은 제외한다) ○ 폭발성 · 물반응성 · 자기반응성 · 자기발열성 물질, 자연발화성 액체 · 고체 및 인화성 액체의 성질이나 상태에 관한 사항, ○ 폭발 한계점, 발화점 및 인화점 등에 관한 사항, ○ 취급방법 및 안전수칙에 관한 사항, ○ 이상 발견 시의 응급처치 및 대피 요령에 관한 사항, ○ 화기 · 정전기 · 충격 및 자연발화 등의 위험방지에 관한 사항, ○ 작업순서, 취급주의 사항 및 방호거리 등에 관한 사항, ○ 그 밖에 안전 · 보건관리에 필요한 사항	

5. 액화석유가스 · 수소가스 등 인화성 가스 또는 폭발성 물질 중 가스의 발생장치 취급 작업

○ 취급가스의 상태 및 성질에 관한 사항, ○ 발생장치 등의 위험 방지에 관한 사항, ○ 고압가스 저장설비 및 안전취급 방법에 관한 사항, ○ 설비 및 기구의 점검 요령, ○ 그 밖에 안전 · 보건관리에 필요한 사항

6. 화학설비 중 반응기, 교반기 · 추출기의 사용 및 세척작업

○ 각 계측장치의 취급 및 주의에 관한 사항, ○ 투시창 · 수위 및 유량계 등의 점검 및 밸브의 조작주의에 관한 사항, ○ 세척액의 유해성 및 인체에 미치는 영향에 관한 사항, ○ 작업 절차에 관한 사항, ○ 그 밖에 안전 · 보건관리에 필요한 사항

7. 화학설비의 탱크 내 작업

○ 차단장치 · 정지장치 및 밸브 개폐장치의 점검에 관한 사항, ○ 탱크 내의 산소농도 측정 및 작업환경에 관한 사항, ○ 안전보호구 및 이상 발생 시 응급조치에 관한 사항, ○ 작업절차 · 방법 및 유해 · 위험에 관한 사항, ○ 그 밖에 안전 · 보건관리에 필요한 사항

8. 분말 · 원재료 등을 담은 호퍼 · 저장창고 등 저장탱크의 내부작업

○ 분말 · 원재료의 인체에 미치는 영향에 관한 사항, ○ 저장탱크 내부작업 및 복장보호구 착용에 관한 사항, ○ 작업의 지정 · 방법 · 순서 및 작업환경 점검에 관한 사항, ○ 팬 · 풍기(風旗) 조작 및 취급에 관한 사항, ○ 분진 폭발에 관한 사항, ○ 그 밖에 안전 · 보건관리에 필요한 사항

9. 다음 각 목에 정하는 설비에 의한 물건의 가열 · 건조작업

가. 건조설비 중 위험물 등에 관계되는 설비로 속부피가 1㎥ 이상인 것

나. 건조설비 중 가목의 위험물 등 외의 물질에 관계되는 설비로서, 연료를 열원으로 사용하는 것(그 최대연소소비량이 매 시간당 10㎏ 이상인 것만 해당한다) 또는 전력을 열원으로 사용하는 것(정격소비전력이 10킬로와트 이상인 경우만 해당한다)

○ 건조설비 내외면 및 기기기능의 점검에 관한 사항, ○ 복장보호구 착용에 관한 사항, ○ 건조 시 유해가스 및 고열 등이 인체에 미치는 영향에 관한 사항, ○ 건조설비에 의한 화재 · 폭발 예방에 관한 사항

10. 다음 각 목에 해당하는 집재장치(집재기 · 가선 · 운반기구 · 지주 및 이들에 부속하는 물건으로 구성되고, 동력을 사용하여 원목 또는 장작과 숯을 담아 올리거나 공중에서 운반하는 설비를 말한다)의 조립, 해체, 변경 또는 수리작업 및 이들 설비에 의한 집재 또는 운반 작업

가. 원동기의 정격출력이 7.5킬로와트를 넘는 것, 나. 지간의 경사거리 합계가 350m 이상인 것, 다. 최대사용하중이 200㎏ 이상인 것

○ 기계의 브레이크 비상정지장치 및 운반경로, 각종 기능 점검에 관한 사항, ○ 작업 시작 전 준비사항 및 작업방법에 관한 사항, ○ 취급물의 유해 · 위험에 관한 사항, ○ 구조상의 이상 시 응급처치에 관한 사항, ○ 그 밖에 안전 · 보건관리에 필요한 사항

11. 동력에 의하여 작동되는 프레스기계를 5대 이상 보유한 사업장에서 해당 기계로 하는 작업

○ 프레스의 특성과 위험성에 관한 사항, ○ 방호장치 종류와 취급에 관한 사항, ○ 안전작업방법에 관한 사항, ○ 프레스 안전기준에 관한 사항, ○ 그 밖에 안전 · 보건관리에 필요한 사항

12. 목재가공용 기계(둥근톱기계, 띠톱기계, 대패기계, 모떼기기계 및 라우터만 해당하며, 휴대용은 제외한다)를 5대 이상 보유한 사업장에서 해당 기계로 하는 작업

○ 목재가공용 기계의 특성과 위험성에 관한 사항, ○ 방호장치의 종류와 구조 및 취급에 관한 사항, ○ 안전기준에 관한 사항, ○ 안전작업방법 및 목재 취급에 관한 사항, ○ 그 밖에 안전 · 보건관리에 필요한 사항

13. 운반용 등 하역기계를 5대 이상 보유한 사업장에서의 해당 기계로 하는 작업

○ 운반하역기계 및 부속설비의 점검에 관한 사항, ○ 작업순서와 방법에 관한 사항, ○ 안전운전방법에 관한 사항, ○ 화물의 취급 및 작업신호에 관한 사항, ○ 그 밖에 안전 · 보건관리에 필요한 사항

14. 1톤 이상의 크레인을 사용하는 작업 또는 1톤 미만의 크레인 또는 호이스트를 5대 이상 보유한 사업장에서 해당 기계로 하는 작업(제40호의 작업은 제외한다)

○ 방호장치의 종류, 기능 및 취급에 관한 사항, ○ 걸고리 · 와이어로프 및 비상정지장치 등의 기계 · 기구 점검에 관한 사항, ○ 화물의 취급 및 안전작업방법에 관한 사항, ○ 신호방법 및 공동작업에 관한 사항, ○ 인양 물건의 위험성 및 낙하 · 비래(飛來) · 충돌재해 예방에 관한 사항, ○ 인양물이 적재될 지반의 조건, 인양하중, 풍압 등이 인양물과 타워크레인에 미치는 영향, ○ 그 밖에 안전 · 보건관리에 필요한 사항

15. 건설용 리프트 · 곤돌라를 이용한 작업

○ 방호장치의 기능 및 사용에 관한 사항, ○ 기계, 기구, 달기체인 및 와이어 등의 점검에 관한 사항, ○ 화물의 권상 · 권하 작업방법 및 안전작업 지도에 관한 사항, ○ 기계 · 기구에 특성 및 동작원리에 관한 사항, ○ 신호방법 및 공동작업에 관한 사항, ○ 그 밖에 안전 · 보건관리에 필요한 사항

16. 주물 및 단조작업

○ 고열물의 재료 및 작업환경에 관한 사항, ○ 출탕 · 주조 및 고열물의 취급과 안전작업방법에 관한 사항, ○ 고열작업의 유해 · 위험 및 보호구 착용에 관한 사항, ○ 안전기준 및 중량물 취급에 관한 사항, ○ 그 밖에 안전 · 보건관리에 필요한 사항

17. 전압이 75볼트 이상인 정전 및 활선작업

○ 전기의 위험성 및 전격 방지에 관한 사항, ○ 해당 설비의 보수 및 점검에 관한 사항, ○ 정전작업 · 활선작업 시의 안전작업방법 및 순서에 관한 사항, ○ 절연용 보호구, 절연용 보호구 및 활선작업용 기구 등의 사용에 관한 사항, ○ 그 밖에 안전 · 보건관리에 필요한 사항

18. 콘크리트 파쇄기를 사용하여 하는 파쇄작업(2m 이상인 구축물의 파쇄작업만 해당한다)

○ 콘크리트 해체 요령과 방호거리에 관한 사항, ○ 작업안전조치 및 안전기준에 관한 사항, ○ 파쇄기의 조작 및 공통작업 신호에 관한 사항, ○ 보호구 및 방호장비 등에 관한 사항, ○ 그 밖에 안전 · 보건관리에 필요한 사항

19. 굴착면의 높이가 2m 이상이 되는 지반 굴착(터널 및 수직갱 외의 갱 굴착은 제외한다)작업

○ 지반의 형태 · 구조 및 굴착 요령에 관한 사항, ○ 지반의 붕괴재해 예방에 관한 사항, ○ 붕괴 방지용 구조물 설치 및 작업방법에 관한 사항, ○ 보호구의 종류 및 사용에 관한 사항, ○ 그 밖에 안전 · 보건관리에 필요한 사항

20. 흙막이 지보공의 보강 또는 동바리를 설치하거나 해체하는 작업

○ 작업안전 점검 요령과 방법에 관한 사항, ○ 동바리의 운반 · 취급 및 설치 시 안전작업에 관한 사항, ○ 해체작업 순서와 안전기준에 관한 사항, ○ 보호구 취급 및 사용에 관한 사항, ○ 그 밖에 안전 · 보건관리에 필요한 사항

21. 터널 안에서의 굴착작업(굴착용 기계를 사용하여 하는 굴착작업 중 근로자가 칼날 밑에 접근하지 않고 하는 작업은 제외한다) 또는 같은 작업에서의 터널 거푸집 지보공의 조립 또는 콘크리트 작업

○ 작업환경의 점검 요령과 방법에 관한 사항, ○ 붕괴 방지용 구조물 설치 및 안전작업 방법에 관한 사항, ○ 재료의 운반 및 취급 · 설치의 안전기준에 관한 사항, ○ 보호구의 종류 및 사용에 관한 사항, ○ 소화설비의 설치장소 및 사용방법에 관한 사항, ○ 그 밖에 안전 · 보건관리에 필요한 사항

22. 굴착면의 높이가 2m 이상이 되는 암석의 굴착작업

○ 폭발물 취급 요령과 대피 요령에 관한 사항, ○ 안전거리 및 안전기준에 관한 사항, ○ 방호물의 설치 및 기준에 관한 사항, ○ 보호구 및 신호방법 등에 관한 사항, ○ 그 밖에 안전 · 보건관리에 필요한 사항

23. 높이가 2m 이상인 물건을 쌓거나 무너뜨리는 작업(하역기계로만 하는 작업은 제외한다)

○ 원부재료의 취급 방법 및 요령에 관한 사항, ○ 물건의 위험성 · 낙하 및 붕괴재해 예방에 관한 사항, ○ 적재방법 및 전도 방지에 관한 사항, ○ 보호구 착용에 관한 사항, ○ 그 밖에 안전 · 보건관리에 필요한 사항

24. 선박에 짐을 쌓거나 부리거나 이동시키는 작업

○ 하역 기계 · 기구의 운전방법에 관한 사항, ○ 운반 · 이송경로의 안전작업방법 및 기준에 관한 사항, ○ 중량물 취급 요령과 신호 요령에 관한 사항, ○ 작업안전 점검과 보호구 취급에 관한 사항, ○ 그 밖에 안전 · 보건관리에 필요한 사항

25. 거푸집 동바리의 조립 또는 해체작업

○ 동바리의 조립방법 및 작업 절차에 관한 사항, ○ 조립재료의 취급방법 및 설치기준에 관한 사항, ○ 조립 해체 시의 사고 예방에 관한 사항, ○ 보호구 착용 및 점검에 관한 사항, ○ 그 밖에 안전 · 보건관리에 필요한 사항

26. 비계의 조립 · 해체 또는 변경작업

○ 비계의 조립순서 및 방법에 관한 사항, ○ 비계작업의 재료 취급 및 설치에 관한 사항, ○ 추락재해 방지에 관한 사항, ○ 보호구 착용에 관한 사항, ○ 비계상부 작업 시 최대 적재하중에 관한 사항, ○ 그 밖에 안전 · 보건관리에 필요한 사항

27. 건축물의 골조, 다리의 상부구조 또는 탑의 금속제의 부재로 구성되는 것(5m 이상인 것만 해당한다)의 조립 · 해체 또는 변경작업

○ 건립 및 버팀대의 설치순서에 관한 사항, ○ 조립 해체 시의 추락재해 및 위험요인에 관한 사항, ○ 건립용 기계의 조작 및 작업신호 방법에 관한 사항, ○ 안전장비 착용 및 해체순서에 관한 사항, ○ 그 밖에 안전 · 보건관리에 필요한 사항

28. 처마 높이가 5m 이상인 목조건축물의 구조 부재의 조립이나 건축물의 지붕 또는 외벽 밑에서의 설치작업

○ 붕괴 · 추락 및 재해 방지에 관한 사항, ○ 부재의 강도 · 재질 및 특성에 관한 사항, ○ 조립 · 설치 순서 및 안전작업 방법에 관한 사항, ○ 보호구 착용 및 작업 점검에 관한 사항, ○ 그 밖에 안전 · 보건관리에 필요한 사항

29. 콘크리트 인공구조물(그 높이가 2m 이상인 것만 해당한다)의 해체 또는 파괴작업

○ 콘크리트 해체기계의 점점에 관한 사항, ○ 파괴 시의 안전거리 및 대피 요령에 관한 사항, ○ 작업방법 · 순서 및 신호 방법 등에 관한 사항, ○ 해체 · 파괴 시의 작업안전기준 및 보호구에 관한 사항, ○ 그 밖에 안전 · 보건관리에 필요한 사항

30. 타워크레인을 설치(상승작업을 포함한다) · 해체하는 작업

○ 붕괴 · 추락 및 재해 방지에 관한 사항, ○ 설치 · 해체 순서 및 안전작업방법에 관한 사항, ○ 부재의 구조 · 재질 및 특성에 관한 사항, ○ 신호방법 및 요령에 관한 사항, ○ 이상 발생 시 응급조치에 관한 사항, ○ 그 밖에 안전 · 보건관리에 필요한 사항

31. 보일러(소형 보일러 및 다음 각 목에서 정하는 보일러는 제외한다)의 설치 및 취급 작업

가. 몸통 반지름이 750㎜ 이하이고 그 길이가 1,300㎜ 이하인 증기보일러, 나. 전열면적이 3㎡ 이하인 증기보일러, 다. 전열면적이 14㎡ 이하인 온수보일러, 라. 전열면적이 30㎡ 이하인 관류보일러

○ 기계 및 기기 점화장치 계측기의 점검에 관한 사항, ○ 열관리 및 방호장치에 관한 사항, ○ 작업순서 및 방법에 관한 사항, ○ 그 밖에 안전 · 보건관리에 필요한 사항

32. 게이지 압력을 제곱센티미터당 1㎏ 이상으로 사용하는 압력용기의 설치 및 취급작업

○ 안전시설 및 안전기준에 관한 사항, ○ 압력용기의 위험성에 관한 사항, ○ 용기 취급 및 설치기준에 관한 사항, ○ 작업안전 점검 방법 및 요령에 관한 사항, ○ 그 밖에 안전 · 보건관리에 필요한 사항

33. 방사선 업무에 관계되는 작업(의료 및 실험용은 제외한다)

○ 방사선의 유해 · 위험 및 인체에 미치는 영향, ○ 방사선의 측정기기 기능의 점검에 관한 사항, ○ 방호거리 · 방호벽 및 방사선물질의 취급 요령에 관한 사항, ○ 응급처치 및 보호구 착용에 관한 사항, ○ 그 밖에 안전 · 보건관리에 필요한 사항

34. 맨홀작업

○ 장비 · 설비 및 시설 등의 안전점검에 관한 사항, ○ 산소농도 측정 및 작업환경에 관한 사항, ○ 작업내용 · 안전작업방법 및 절차에 관한 사항, ○ 보호구 착용 및 보호 장비 사용에 관한 사항, ○ 그 밖에 안전 · 보건관리에 필요한 사항

35. 밀폐공간에서의 작업

○ 산소농도 측정 및 작업환경에 관한 사항, ○ 사고 시의 응급처치 및 비상 시 구출에 관한 사항, ○ 보호구 착용 및 사용방법에 관한 사항, ○ 밀폐공간작업의 안전작업방법에 관한 사항, ○ 그 밖에 안전 · 보건관리에 필요한 사항

36. 허가 및 관리 대상 유해물질의 제조 또는 취급작업

○ 취급물질의 성질 및 상태에 관한 사항, ○ 유해물질이 인체에 미치는 영향, ○ 국소배기장치 및 안전설비에 관한 사항, ○ 안전작업방법 및 보호구 사용에 관한 사항, ○ 그 밖에 안전 · 보건관리에 필요한 사항

37. 로봇작업

○ 로봇의 기본원리 · 구조 및 작업방법에 관한 사항, ○ 이상 발생 시 응급조치에 관한 사항, ○ 안전시설 및 안전기준에 관한 사항, ○ 조작방법 및 작업순서에 관한 사항

38. 석면해체 · 제거작업

○ 석면의 특성과 위험성, ○ 석면해체 · 제거의 작업방법에 관한 사항, ○ 장비 및 보호구 사용에 관한 사항, ○ 그 밖에 안전 · 보건관리에 필요한 사항

39. 가연물이 있는 장소에서 하는 화재위험작업

○ 작업준비 및 작업절차에 관한 사항, ○ 작업장 내 위험물, 가연물의 사용 · 보관 · 설치 현황에 관한 사항, ○ 화재위험작업에 따른 인근 인화성 액체에 대한 방호조치에 관한 사항, ○ 화재위험작업으로 인한 불꽃, 불티 등의 비산(飛散)방지조치에 관한 사항, ○ 인화성 액체의 증기가 남아 있지 않도록 환기 등의 조치에 관한 사항, ○ 화재감시자의 직무 및 피난교육 등 비상조치에 관한 사항, ○ 그 밖에 안전 · 보건관리에 필요한 사항

40. 타워크레인을 사용하는 작업 시 신호업무를 하는 작업

○ 타워크레인의 기계적 특성 및 방호장치 등에 관한 사항, ○ 화물의 취급 및 안전작업방법에 관한 사항, ○ 신호방법 및 요령에 관한 사항, ○ 인양 물건의 위험성 및 낙하 · 비래 · 충돌재해 예방에 관한 사항, ○ 인양물이 적재될 지반의 조건, 인양하중, 풍압 등이 인양물과 타워크레인에 미치는 영향, ○ 그 밖에 안전 · 보건관리에 필요한 사항

5) 건설업 기초안전 · 보건교육

건설 일용근로자를 채용할 때에는 사전에 그 근로자에 기초안전·보건교육을 이수(채용 전에 건설업 기초교육을 이수한 경우 제외)하여야 한다. (법 제31조)[203] 교육기관은 산업안전보건

---

203 건설현장에서 일용근로자를 채용할 때마다 반복적으로 실시하던 1시간의 채용시교육을 건설업 차원의 4시간 기초안전 · 보건교육으로 개선(2012.1.26.부터 시행)

공단에 등록한 기관이다.

건설업 기초안전 · 보건교육에 대한 내용 및 시간(규칙 제28조제1항 관련)

구분	교육 내용	시간
공통	산업안전보건법 주요 내용(건설 일용근로자 관련 부분)	1시간
	안전의식 제고에 관한 사항	
교육 대상별	작업별 위험요인과 안전작업 방법(재해사례 및 예방대책)	2시간
	건설 직종별 건강장해 위험요인과 건강관리	1시간

6) 특수형태근로종사자에 대한 안전보건교육(시행령 제68조)[204]

특수형태근로종사자로부터 노무를 제공받는 자는 안전 및 보건에 관한 교육을 실시하여야 한다. (법 제77조제2항)

○ 안전·보건교육대상: 건설기계[205] 운전사, 골프장 캐디, 택배원, 퀵서비스기사, 대리운전기사

교육과정	교육시간
가. 최초 노무제공 시 교육	2시간 이상(특별교육을 실시한 경우는 면제한다)
나. 특별교육	16시간 이상(최초 작업에 종사하기 전 4시간 이상 실시하고 12시간은 3개월 이내에서 분할하여 실시가능)
	단기간 작업 또는 간헐적 작업인 경우에는 2시간 이상

---

204 교육의 면제: 같은 도급인사업장 근무 시 소속사업장 변경 시 기존교육 인정; 같은 업종 6개월 이상 근무 후 이직 시 1년 이내 최초교육 교육시간 1/2 감경; 특별교육대상작업 6개월 이상 근무 후 이직 시 1년 이내 동일작업 시 특별교육 1/2 감경

205 건설기계관리법 시행령 별표1: 1. 불도저, 2. 굴착기, 3. 로더, 4. 지게차, 5. 스크레이퍼, 6. 덤프트럭, 7. 기중기, 8. 모터그레이더, 9. 롤러, 10. 노상안정기, 11. 콘크리트뱃칭플랜트, 12. 콘크리트피니셔, 13. 콘크리트살포기, 14. 콘크리트믹서트럭, 15. 콘크리트펌프, 16. 아스팔트믹싱플랜트, 17. 아스팔트피니셔, 18. 아스팔트살포기, 19. 골재살포기, 20. 쇄석기, 21. 공기압축기, 22. 천공기, 23. 항타 및 항발기, 24. 자갈채취기, 25. 준설선, 26. 특수건설기계, 27. 타워크레인

〈특수형태근로종사자의 최초 노무제공 시 교육내용〉

1. 교통안전 및 운전안전에 관한 사항
2. 보호구 착용에 대한 사항
3. 산업안전 및 사고 예방에 관한 사항
4. 산업보건, 건강진증 및 질병 예방에 관한 사항
5. 유해 · 위험 작업환경 관리에 관한 사항
6. 기계 · 기구의 위험성과 작업의 순서 및 동선에 관한 사항
7. 작업 개시 전 점검에 관한 사항
8. 정리정돈 및 청소에 관한 사항
9. 사고 발생 시 긴급조치에 관한 사항
10. 물질안전보건자료에 관한 사항
11. 직무스트레스 예방 및 관리에 관한 사항
12. 「산업안전보건법」 및 산업재해보상보험 제도에 관한 사항

---

(2) 근로자 안전보건 교육방법

1) 실시자 자격(시행규칙 제26조제3항, 교육규정 제6조)

① 사업장의 안전보건관리책임자·관리감독자·안전관리자(안전관리전문기관의 종사자를 포함)·보건관리자(보건관리전문기관의 종사자를 포함)·안전보건관리담당자 및 산업보건의, ② 안전보건공단에서 실시하는 해당 분야의 강사요원 교육과정을 이수한 사람, ③ 산업안전지도사 또는 산업보건지도사, ④ 산업안전보건에 관하여 학식과 경험이 있는 사람으로서 고용노동부장관이 정하는 기준에 해당하는 사람

2) 교육방법(시행규칙 제26조제2항, 교육규정 제3조제1항)

자체 교육을 실시할 때에는 적합한 교육교재와 적절한 교육장비 등을 갖추고 집체교육, 현장교육, 인터넷 원격교육[206] 방법으로 교육을 실시한다. 자체 교육이 어려운 경우에는 안전·보

---

206   인터넷 원격교육은 다음의 요건을 갖추어야 한다.

건교육기관에 위탁하여 실시할 수 있다.

3) 기록보존

교육실시 결과는 안전·보건교육의 실시 여부를 확인할 수 있는 방법[207]으로 한다.

---

(1) 시행규칙 별표 8 소정의 교육시간에 상당하는 분량의 자료 제공(게시된 자료의 1시간 학습 분량은 10프레임 이상 또는 200자 원고지 20매로 하되, 사진 또는(그림 1장)은 200자 원고지 1/2매로 본다. 다만, 동영상 자료는 실제 상영시간을 적용)
(2) 교육대상자가 전산망에 게시된 자료를 열람하고 필요한 경우 질의·응답을 할 수 있는 시스템
(3) 교육근로자의 수강 정보 등록(ID, Password), 교육시작 및 종료시각, 열람 여부 확인 등을 위한 관리시스템
207 문서 또는 전산입력 자료(스캔 포함)의 형태 여부에 관계없이 그 실시 여부를 증명할 수 있으면 된다.

② 관리책임자 등 직무교육

법 제32조는 안전보건관리책임자 등이 안전보건에 관한 능력을 배양하고 새로운 유해·위험요인 및 관리방식 등을 습득하게 하도록 위탁기관에서 의무적으로 직무교육을 받도록 하고 있다.

대상자

○ 관리책임자·안전관리자 및 보건관리자

○ 안전·보건관리전문기관 및 건설재해예방 전문지도기관의 위탁 및 지도업무수행자

○ 안전검사기관, 자율안전검사기관의 검사업무수행자, 석면조사기관의 석면조사업무 수행자

교육종류별 이수시기

신규교육은 관리책임자 등으로 선임된 때에는 선임일로부터 3개월(의사인 보건관리자의 경우는 1년) 이내에 이수한다. 보수교육은 신규교육을 이수한 후에 매 2년이 되는 날을 기준으로 전후 3개월 사이에 이수한다. 제29조제1항) 직무교육을 이수한 자가 다른 사업장으로 전직하여 신규로 선임된 경우로서 선임신고 시 전직 전에 받은 교육이수증명서를 제출하면 해당 교육을 이수한 것으로 본다. (시행규칙 제30조) 보수교육을 받아야 할 기간 내에 ① 해당 분야 석사학위 이상을 취득한 경우, ② 해당 분야 기술사를 취득한 경우, ③ 직무능력 향상교육을 24시간 이상(관리책임자는 6시간 이상) 이수한 경우에는 보수교육을 면제한다. (교육규정 제20조제2항)

교육대상별 교육시간(시행규칙 제29조제2항, 시행규칙 별표 6)

구분	안전보건관리책임자	안전관리자	보건관리자	안전보건관리담당자
신규교육	6시간 이상	34시간 이상	34시간 이상	–
보수교육	6시간 이상	24시간 이상	24시간 이상	8시간 이상

③ 유해 · 위험작업 취업제한

제140조(자격 등에 의한 취업 제한) ① 사업주는 유해하거나 위험한 작업으로서 상당한 지식이나 숙련도가 요구되는 고용노동부령으로 정하는 작업의 경우 그 작업에 필요한 자격 · 면허 · 경험 또는 기능을 가진 근로자가 아닌 자에게 그 작업을 하게 하여서는 아니 된다.
② 고용노동부장관은 제1항에 따른 자격 · 면허 취득 또는 근로자의 기능 습득을 위하여 교육기관을 지정할 수 있다.

유해 또는 위험한 작업으로서 고용노동부령이 정하는 작업에 있어서는 그 작업에 필요한 자격·면허·경험 또는 기능을 가진 근로자 외의 자를 해당 작업에 임하게 하여서는 아니 된다. (법 제140조제1항) 사업주가 이를 위반하는 경우 3년 이하의 징역 또는 3,000만 원 이하의 벌금에 처한다. (법 제169조제1호)

취업제한의 대상작업 및 자격·면허·경험·기능에 대한 세부사항은 「취업제한규칙」 제3조에서 규정한다. (법 제140조제3항) 고용노동부장관은 자격·면허 취득자의 양성 또는 근로자의 기능습득을 위하여 교육기관을 지정[208]할 수 있다. (법 제140조제2항)

필요한 기능이나 자격·면허를 보유하지 않는 근로자를 유해위험작업 취업제한 작업(22개)[209]에 종사하게 하는 경우 사업주는 법 위반으로 처벌받는다. 예를 들어 사업장 내 지게차를 무자격자 근로자에게 운전하게 하는 경우[210]에도 해당한다.

208　지정교육기관의 지정요건 · 지정절차 등에 대하여는 「취업제한규칙」에서 구체적으로 규정

209　1. 「고압가스 안전관리법」에 따른 압력용기 등을 취급하는 작업, 2. 「전기사업법」에 따른 전기설비 등을 취급하는 작업, 3. 「에너지이용 합리화법」에 따른 보일러를 취급하는 작업, 4. 「건설기계관리법」에 따른 건설기계를 사용하는 작업, 5. 터널 내에서의 발파 작업, 6. 인화성 가스 및 산소를 사용하여 금속을 용접 · 용단 또는 가열하는 작업, 7. 폭발성 · 발화성 및 인화성 물질의 제조 또는 취급작업, 8. 방사선 취급작업, 9. 고압선 정전작업 및 활선작업(活線作業), 10. 철골구조물 및 배관 등을 설치하거나 해체하는 작업, 11. 천장크레인 조종작업(조종석이 설치되어 있는 것에 한정), 12. 타워크레인 조종작업(조종석이 설치되지 않은 정격하중 5톤 이상의 무인타워크레인을 포함), 13. 컨테이너크레인 조종업무(조종석이 설치되어 있는 것에 한정), 14. 승강기 점검 및 보수작업, 15. 흙막이 지보공(支保工)의 조립 및 해체작업, 16. 거푸집의 조립 및 해체작업, 17. 비계의 조립 및 해체작업, 18. 표면공급식 잠수장비 또는 스쿠버 잠수장비에 의해 수중에서 행하는 작업, 19. 롤러기를 사용하여 고무 또는 에보나이트 등 점성물질을 취급하는 작업, 20. 양화장치(揚貨裝置) 운전작업(조종석이 설치되어 있는 것에 한정), 21. 타워크레인 설치(상승작업을 포함) · 해체작업, 22. 이동식 크레인(카고크레인에 한정) · 고소작업대(차량탑재형에 한정) 조종작업

210　건설기계관리법 제26조, 동법 시행규칙 제73조에 의하여 3톤 이상의 지게차인 경우 건설기계조종 면허를 받아야 하고, 3톤 미만의 지게차인 경우 건설기계조종에 관한 교육과정을 이수한 때에는 조종사 면허를 받은 것으로 보나, 이 경우 자동차운전 면허를 소지하도록 규정되어 있다. 따라서 사업주가 면허를 소지하지 않은 근로자로 하여금 지게차를 운전토록 한 때에는 산업안전보건법 제47조제1항 및 동법 제67조의2에 의거 3년 이하의 징역 또는 2천만원 이하의 벌금에 처하게 된다.(산안 68320-133, 2002.4.1.)

(1) 안전보건교육의 원칙

제29조(근로자에 대한 안전보건교육) ① 사업주는 소속 근로자에게 고용노동부령으로 정하는 바에 따라 정기적으로 안전보건교육을 하여야 한다.

② 사업주는 근로자(건설 일용근로자는 제외한다. 이하 이 조에서 같다)를 채용할 때와 작업내용을 변경할 때에는 그 근로자에게 고용노동부령으로 정하는 바에 따라 해당 작업에 필요한 안전보건교육을 하여야 한다.

③ 사업주는 근로자를 유해하거나 위험한 작업에 채용하거나 그 작업으로 작업내용을 변경할 때에는 제2항에 따른 안전보건교육 외에 고용노동부령으로 정하는 바에 따라 유해하거나 위험한 작업에 필요한 안전보건교육을 추가로 하여야 한다.

④ 사업주는 제1항부터 제3항까지의 규정에 따른 안전보건교육을 제33조에 따라 고용노동부장관에게 등록한 안전보건교육기관에 위탁할 수 있다.

제31조(건설업 기초안전보건교육) ① 건설업의 사업주는 건설 일용근로자를 채용할 때에는 그 근로자로 하여금 제33조에 따른 안전보건교육기관이 실시하는 안전보건교육을 이수하도록 하여야 한다. 다만, 건설 일용근로자가 그 사업주에게 채용되기 전에 안전보건교육을 이수한 경우에는 그러하지 아니하다.

안전보건교육의 목적은 근로자가 수행하는 업무의 유해위험요소를 인식하고 올바른 작업방법, 안전장구의 사용 및 위험에 대처하고 대응할 수 있는 능력을 갖도록 하는 것이다. 안전보건교육은 안전보건의 확보에 중요하다. 따라서 안전보건교육의 실시는 정확한 목적과 체계적 방법에 따라 현장작업에서 발생하는 유해위험에 대처하기에 적합한 방법과 내용으로 실시되어야 한다. 사업주는 안전보건교육계획을 수립하고 이에 따라 실시하여야 한다.

안전보건교육과 관련한 법령을 해석할 때 다음 세 가지를 종합적으로 고려하여 판단하여야 한다. 첫째, 법령에서 원하는 교육의 목적이 무엇인가를 파악하여야 한다. 둘째, 교육대상자의 선정은 교육에서 구분하고 있는 목적에 부합하여야 한다. 셋째, 교육시간, 교육방법(교재, 강사)은 안전보건교육에 적합한지를 보아야 한다.

예를 들어 유해위험작업에 종사하게 되는 경우 실시하는 특별안전보건교육은 해당 작업의 명칭, 근로자의 직책, 사업부서의 종류와 관계없이 해당 유해위험작업을 수행하게 되는가를 갖고 판단하여야 한다.

산업안전보건법 제29조에 의한 안전보건교육은 사업주가 산업재해방지를 위해 사업주의 책임으로 실시해야 하는 교육이므로, 근로자가 이러한 교육에 참가한 경우에는 근로한 것으로 보아야 한다. 따라서 작업시작 전이나 작업종료 후 기타 근무시간 이외에 정기교육을 실시한 경우가 근로기준법 제55조(연장, 야간 및 휴일근로)의 규정에 해당하면 동 규정에 따라 소정의 임금을 가산하여 지급하여야 할 것이다.[211]

사업장 내 안전보건교육을 시킬 수 있는 자는 필요한 능력(법적 요건)을 갖추어야 하므로 아무나 안전보건교육을 실시할 수 없다. 따라서 노동조합이 요청하여 사외 명예산업안전감독관이 실시는 교육도 법상 안전보건교육으로 인정되지 않을 수 있다.[212]

특별교육은 법령(시행규칙 별표 5)으로 규정된 유해위험작업에 종사하는 근로자에 대하여 실시하는 교육이다.

근로자가 작업에 들어가기 전에 실시하는 교육은 채용시교육과 작업내용변경 시 교육으로 나뉜다. 논의가 필요한 것은 작업내용변경교육 시 종전 작업과 현 작업 간의 유해위험의 차이점에 대한 것이다. 규칙에서 구분되어 있는 유해위험작업과 동종의 작업일 경우 종전에 받은 특별교육이 인정된다. 유해위험작업은 해당 유해위험이 동일할 경우 단순히 기계의 종류가 변경되었다고 달라지는 것이 아니다. 또한 동일 작업일 경우 근로자의 신분이 변경되었다고 다시 교육을 받아야 하는 것도 아니다.

---

211 (안정 68307-666, 2001.7.30.)
212 【질의】노동조합에서 요청한 외부 명예산업안전감독관(강사요원교육과정 이수자)이 교육을 실시하고자 할 경우 회사는 이를 실시해야 할 의무가 있는지 여부?
☞ (회시) 근로자에 대한 안전·보건교육의 의무 주체는 사업주이고 강사선정 등 교육과정에 수반되는 다른 사항에 대해서도 의무 주체는 동일하므로 필요한 경우 노동조합 등에서 추천 등은 할 수도 있으나 사업주가 노동조합이 추천한 강사를 통하여 법 제31조의 교육을 실시해야 하는 것은 아니다.(안정 68301-277, 2000.3.15.)

○ 채용시교육, 작업내용변경 시 교육 및 특별안전보건교육의 대상구분이 종전 '건설업 종사근로자 또는 건설업 종사근로자를 제외한 자' 에서 '일용근로자 또는 일용근로자를 제외한 근로자' 로 개정되었다.(2009.8.7.)

채용시교육, 특별안전보건교육, 작업내용 변경 시의 교육은 해당 작업에 종사하기 전에 실시하여야 한다.[213]

안전보건교육은 특별한 사유가 없는 한 「근로기준법」 제54조에 따른 휴게시간에 교육을 실시하지 않도록 하여야 한다.

1) 분할 실시

교육방법도 사업장 여건에 맞추어 작업장 단위별로 분리 실시하거나 통합하여 실시할 수 있다.[214][215]

특별교육은 대상 작업별로 16시간(단기간 또는 간헐적 작업은 2시간) 이상을 실시하여야 한다. 다만, 특별교육을 분할 실시하는 경우에는 다음 각 호의 사항을 준수하여야 한다.

1. 최초 작업에 종사하기 전 4시간 이상 실시하고 12시간은 3개월 이내 분할하여 실시할 것

2. 최초 작업에 종사하기 전에 실시하는 특별교육은 집체교육, 현장교육 또는 체험교육으로 실시할 것

3. 2개 이상의 특별교육을 분할하여 실시할 경우에는 최초 작업에 종사하기 전에 규칙 별표 5 제1호라목에 따른 공통내용을 2시간 이상 교육하고, 해당 작업별 개별내용을 각각 2시간 이상 교육할 것

---

213 산업안전보건법 제31조제2항 및 제3항의 규정에 의하여 사업주가 실시하여야 할 근로자에 대한 교육은 근로자를 채용할 때와 작업내용을 변경할 때, 유해·위험한 작업에 근로자를 사용할 때에 실시하도록 규정하고 있으므로 동 교육은 각각 당해 작업을 실시하기 전에 실시하여야 한다.(안정 68300-116, 2003.2.17.)

214 【질의】현재 당사가 실시하는 월 2시간의 부서 단위별 정기안전교육(주 15분씩 4회 총 1시간, 라인정지 및 결품시 1시간, 라인정지 및 결품이 없을 시 별도 1시간)과 관련, 노동조합은 전체인원(300~400명)에 대한 집체교육을 요구하고 있는바, 이에 대한 유권해석?

☞ (회시) 산업안전보건법 제31조는 사업주는 당해 소속 근로자에 대하여 노동부령이 정하는 바에 의하여 정기적으로 안전·보건에 관한 교육을 실시하도록 규정하고 있음. 이러한 소속 근로자에 대한 정기교육은 개별근로자에 대해 실시시기를 달리할 수 있는 것으로 반드시 일시집합교육을 의미하는 것은 아니다.(안정 68307-1027, 2001.11.6.)

215 택지개발지구 내 블록별 별도의 사업허가를 받아 시공하는 아파트 건설공사를 하면서 통합사무실을 운영하는 경우, 산업안전보건법령에 의하여 사업주가 실시하여야 하는 교육은 사업장별 구분실시, 교육장소 등에 대해 특별한 제한을 두고 있지 않으므로 귀 질의의 경우 소속 근로자에 대해 통합하여 안전보건교육을 실시할 수 있다.(안정 68307-147, 2002.2.22.)

4. 단기간 작업 또는 간헐적 작업인 경우에는 최초 작업에 종사하기 전에 특별교육을 모두 실시할 것

2) 교육주기

채용시교육, 특별안전보건교육, 작업내용 변경 시 교육은 정기교육과 달리 해당 작업에 해당할 때 일회 실시하는 것으로 법적의무가 완료된다.[216][217]

3) 외주 근로자

파견근로자에 대한 안전보건교육의 실시의무는 사용사업주에 있다.[218] 따라서 어떤 사업장의 직원과 외주 인력수급 협력사의 인력이 함께 근무하고 있는 경우 원도급자가 외주(파견) 인력에 대한 신규채용 시 및 정기 안전보건교육 실시의무 주체가 된다.

4) 인터넷 원격교육

현재 인터넷을 이용한 온라인 교육이 활성화되고 있다. 인터넷교육의 특성상 비대면, 관리 곤란의 문제로 인하여 교육시간인정, 교육방법의 제한이 있다. 인터넷 원격교육을 실시할 때에는 다음 시간 미만으로 실시(그 외시간은 집체교육, 현장교육 또는 체험교육으로 실시할 것)한다.

---

216 산업안전보건법 제31조제2항의 '작업내용변경을 변경할 때'의 교육은 기간에 의해서가 아니라 '다른 작업으로 전환할 때'와 '작업설비나 작업방법 등의 대폭적인 변경이 있을 때' 등 실질적으로 근로자의 안전·보건을 위한 안전교육이 필요한 경우에 해당하는지 여부에 따라 결정되는 것이다. 따라서 동 교육은 경과기간 등에 관계없이 변경된 작업이 상술한 '작업내용을 변경할 때'에 해당하는지 여부에 따라 동 교육 실시 여부를 판단하여야 한다.(안정 68307-1118, 2001.11.28.)
217 법령에 의한 특별안전보건교육은 매년 정기적으로 실시할 필요는 없고 유해 또는 위험한 작업에 근로자를 사용할 때에 16시간 이상 실시하면 된다.(안전정책과-470, 2004.1.27.)
218 귀사가 '외주 인력수급 협력사의 조리원'을 파견받아 사용하고 있는 경우라면 산업안전보건법 제31조에 의한 '외주 인력수급 협력사의 조리원'의 교육의무는 「파견근로자 보호 등에 관한 법률」 제35조제1항에 따라 귀사가 사용사업주로서 교육 의무자이다. 따라서 귀사에서 '외주 인력수급 협력사의 조리원'에 대해 신규로 파견받은 경우에는 귀사는 신규채용시교육을 8시간(일용근로자의 경우는 1시간) 실시하여야 하고, 같은 근로자에 대해서는 매분기 6시간 이상의 정기교육을 실시하여야 한다.(서비스산재예방팀-2463, 2012.11.22.)

> 가. 사무직 종사 근로자 외의 근로자 정기교육: 해당 분기 교육시간의 2분의 1
> 나. 관리감독자 정기교육: 해당 연도 교육시간의 2분의 1
> 다. 특별교육: 전체 교육시간의 3분의 1

인터넷 교육시스템은 대리수강 방지[219]와 미수강 방지[220]를 위한 시스템을 갖추고 있어야 한다.

모바일 인터넷 원격교육 시스템은 원격교육기준 외에 추가로 작업방해 금지기준[221]을 준수하여 모바일 인터넷 원격교육 수강으로 인해 발생할 수 있는 안전사고를 예방하기 위한 조치를 할 것을 갖추고 있어야 한다.

5) 강사인력

사내에서 근로자 정기교육을 실시하는 경우 외부 강사를 초빙하여 교육을 할 수 있다. 사업주가 인정하는 경우 노동조합이 추천하는 자도 법령의 교육강사기준에 적합한 자일 경우 가능하다.[222]

---

219 가. 대리수강 방지 내용을 사전에 공지하고 확인받을 것
나. 대리수강을 하는 경우에는 교육시간으로 인정되지 않음을 공지하고 확인받을 것
다. 동일 아이디(ID)가 동시에 접속되지 않도록 할 것1일 진도제한 등
220 5분 이상 자동진행 방지, 30분 이상 무반응시 종결 · 모바일 인터넷 원격교육의 1차시 교육시간은 30분 이내로 할 것 등
221 – 접속할 때마다 첫 화면에 '작업 중 수강 금지' 및 '운전 중 수강 금지' 내용을 공지하여 수강생의 확인을 받은 후에 교육을 시작할 것
– 근무 시간 중 작업시간에는 접속되지 않도록 할 것. 이 경우 공정이나 부서 및 업무 등을 고려하여 접속 및 차단기능을 갖출 것
– 진동이나 움직임이 감지될 경우 화면이 정지되도록 하는 등
222 노동조합 주관하에 집합교육을 실시하기로 산업안전보건위원회에서 합의하였는데, 노동조합에서 추천한 강사가 노동조합 기획위원(간호사면허증 소지)인 '건강한 노동세상' 소속일 경우 교육가능 여부 판단은 안전보건교육을 사업주가 자체적으로 실시하는 경우에 교육을 실시할 수 있는 사람은 「산업안전보건법 시행규칙」 제33조제3항 및 「산업안전보건교육규정」(고용노동부 고시) 별표 1에서 규정하고 있는 해당 강사기준에 적합하여야 한다.(서비스산재예방팀-43, 2013.1.4.)

《산업안전보건교육규정 별표 1》

1. **사업 내 교육강사기준**(제6조 관련)

1. 안전보건교육기관 및 직무교육기관의 강사와 같은 등급 이상의 자격을 가진 사람

2. 사업장 내 관리감독자 또는 안전(보건)관리자 등 안전(보건)관계자의 지위에 있는 사람 또는 교육대상 작업에 3년 이상 근무한 경력이 있는 사람으로 사업주가 강사로서 적정하다고 인정하는 사람

3. 다음 각 호의 어느 하나에 해당하는 사람으로서 실무경험을 보유한 자(강의는 유관분야에 한함)

가. 안전관리전문기관 · 보건관리전문기관 · 재해예방전문지도기관 · 석면조사기관의 종사자로서 실무경력이 3년 이상인 사람

나. 소방공무원으로서 실무경력 3년 이상인 사람 및 응급구조사 국가자격 취득자로서 실무경력이 3년 이상인 사람

다. 근골격계 질환 예방 전문가(물리치료사 또는 작업치료사 국가면허 취득자, 1급 생활스포츠지도사 국가자격 취득자) 또는 직무스트레스예방 전문가(임상심리사, 정신보건임상심리사 등 정신보건 관련 국가면허 또는 국가자격 · 학위 취득자)

라. 「의료법」에 따른 의사 · 간호사

마. 공인노무사, 변호사

바. 한국교통안전관리공단에서 교통안전관리 실무경력이 3년 이상인 사람

사. 보건복지부에서 실시하는 자살예방 생명지킴이(게이트키퍼) 강사양성교육 과정 이수자 및 보고듣고말하기 강사양성교육 과정 이수자

안전보건교육의 강사는 법령(고시)에 규정되어 있는 바에 따른다. 현장의 유해위험요소를 잘 아는 작업선임자가 관리감독자의 지위에 있다면, 근로자 채용 시 및 작업내용 변경 시 안전보건교육을 실시할 수도 있다.[223]

6) 교육결과

안전보건 교육결과를 반드시 문서로 보존할 필요는 없다. 다만 사업주는 안전보건교육을 실시한 사실을 입증하여야 한다. 교육일지, 전자문서, 서명날인 또는 교육현장 촬영 사진 등 다양한 방법으로 이를 입증할 수 있을 것이다.[224] 최근에는 산업안전보건법에 의해 실시되는 교

223　산업안전보건법시행규칙 제33조제3항제3호 및 산업안전보건교육규정(노동부고시)은 관리감독자와 관련한 교육을 실시할 수 있는 자의 범위로 '사업장 내 관리감독자 또는 안전(보건)관리자 등 안전관계자의 지위에 있는 자로서 사업주가 강사로서 적정하다고 인정하는 자'를 규정하고 있으므로 귀 질의상의 작업선임자가 소속근로자에 대한 교육을 실시할 수 있는 자로 인정을 받으려면 관리감독자, 안전(보건)관리자, 산업보건의, 명예산업안전감독관 등 안전관계자의 지위에 있는 자에 해당하여야 한다.(안정 68300-116, 2003.2.17.)

224　법에 교육실시 결과를 특정한 서식을 정하여 기록 · 보존하도록 의무화하고 있지는 않다. 따라서, 교육 실시의 근거자료는 임의 서식에 의거 작성 · 보관하여도 무방하지만 산업안전보건법 제51조의 규정에 의하여 노동부의 근로감독관이 안전보건교육 의무이행 여부를 확인하고자 할 경우 그 실시 여부를 증명할 수 있어야 할 것이다.(안전정책과-1188, 2004.3.2.)

육·점검·회의결과 등을 종이문서 대신 전산으로 관리도 법적효력이 있다.[225]

안전보건교육실적의 보존기간은 산업안전보건법에 명시되어 있지 않다. 다만 법률처분의 시효가 만료 전까지는 그 사실을 입증할 수 있어야 한다.[226]

7) 교육면제

법령상 안전보건교육의 종류별[(채용시, 작업내용 변경 시, 유해위험작업)과 정기교육(근로자, 관리감독자)]로 목적이 다르므로 하나의 교육이 다른 교육으로 대치되는 것은 아니다.[227] 다만, 특별교육을 받은 자는 채용시교육, 작업내용변경시교육을 받은 것으로 인정된다(시행규칙 제27조제4항). 이는 교육의 내용이나 성격(어떤 업무에 종사하게 되는 때)이 비슷하고 특별교육이 보다 심층적 안전보건교육에 해당하므로 가능하다. 특별교육을 받고 6개월 이상 근무 후 퇴직하였다 1년 이내에 동일한 업무에 종사하게 된 때에는 일정 시간(50/100)이 면제된다. (시행규칙 제27조제2항)

산업안전보건법 시행규칙 제27조(안전보건교육의 면제) 항목 중 관리감독자는 노동부장관이 따로 정하는 교육을 일정 시간(24시간) 이수한 때에는 정기적인 안전보건교육을 면제할 수 있다고 명시되어 있는데 이 경우 당해 연도 관리감독자 교육도 면제된다.[228]

---

225 사업주는 산업안전보건법령에 근거한 법적서류를 정해진 기간 또는 일정 기간 동안 기록·보존할 경우 문서 또는 전산 입력 자료(참석자의 사인을 스캔 포함)의 형태 여부에 관계없이 이들 서류가 사업주의 법 이행사실을 입증할 수 있다면 유효하다.(안전정책과-4214, 2005.7.19.)

226 교육실시 결과를 특정한 서식을 정하여 기록·보존하도록 의무화하고 있지 않다. 다만, 안전보건교육을 실시하지 아니하는 경우 「산업안전보건법」 제72조제2항에 따라 과태료의 처분을 하도록 하고 있고, 질서위반행위규제법 제15조제1항에서 과태료의 시효는 5년이다. 따라서 사업주는 교육실시일로부터 5년 이내에 교육실시에 대한 다툼이 있는 경우 교육실시 관련 서류를 문서 또는 전산입력 자료(스캔포함)의 형태 여부에 관계없이 보존하였다가 그 사실 여부를 증명할 수 있어야 할 것이다.(서비스산재예방팀-2463, 2012.11.22.)

227 고소위험공정작업에 따른 특별안전교육을 2시간 이수한 근로자는 월 정기교육을 면제할 수 있는지에 대한 질의에 대하여 사업장 내 모든 근로자에게 매월 정기적으로 실시하여야 할 교육과 유해 또는 위험작업이 있을 때에 그 위험의 예방을 위해 실시하여야 할 특별안전교육 내용이 서로 다르므로 특별안전보건교육을 실시한 근로자라 하더라도 당월의 정기교육을 실시하여야 한다고 회시하였다.(안정 68307-201, 2002.3.11.)

228 사업장 내 정기교육은 생산직, 사무직, 관리감독자의 지위에 있는 자로 구분하고 있으므로 관리감독자의 지위에 있는 자가 노동부장관이 따로 정하는 교육을 받았다면 그 시간만큼 당해 연도에 관리감독자가 받아야 할 교육은 면제될 수 있다.(안정 68307-201, 2002.3.11.)

8) 안전보건교육기관 등록제

안전보건교육 위탁기관 지정제 폐지(2009.2.6.)에 따라 사업장에서는 안전보건기준(「산업안전보건법 시행령」 제40조)에 따라 고용노동부에 등록한 기관에서 운영하는 법상 적합한 교육과정에 위탁한 경우에는 법정교육으로 인정된다고 해석한다.[229]

「사업주가 안전보건교육을 위탁할 수 있는 기관(「산업안전보건법 시행령」 제40조)
법인 또는 산업안전·보건 관련 학과가 있는 학교로서 법 제33조에 따라 고용노동부장관에게 등록한 경우

---

(2) 채용시교육 대상 및 방법

채용시교육은 신규 채용된 근로자에게 당해 작업장의 안전보건 관련 정보, 작업 시 유의사항 등을 교육하는 것이 법적 취지이므로 같은 현장 내에서 협력업체의 소속만 변경된 경우라면 동일한 안전보건교육을 다시 실시하지 않아도 되는 것으로 해석한다.[230]

채용시교육은 신규채용 된 근로자에게 당해 작업장의 안전·보건 관련 정보, 작업 시 유의사항 등을 교육하도록 규정한 것으로 귀 사업장에 채용되어 계속 근무해 오던 근로자가 동일한 업무, 동일한 작업환경 하에서 단순히 고용형태가 변경(비정규직 → 정규직)된 경우라면 별도의 채용시교육은 실시하지 않아도 될 것이다.(안전정책과-2946, 2004.6.3.)

비정규직으로 근무하던 직원이 과거 직무와 동일한 업무를 수행 중이고 작업환경도 동일한 상태에서 정규직으로 전환되었을 경우에는 별도의 채용시교육을 실시하여야 할 의무는 없다.

단기간 사용하는 일용직근로자에 대한 채용시교육은 1시간 이상이다.

---

229   (서비스산재예방팀-43, 2013.1.4.)
230   근로자가 A협력회사에서 신규채용자 안전교육을 받은 경우 동일 현장내의 B협력회사에서 작업시 신규채용자 교육을 다시 받지 아니하여도 된다.(산안(건안) 68307-10014, 2001.2.9.)

특별안전보건교육은 법령에서 정하는 유해위험작업에 종사하는지 여부가 교육대상의 판단 기준이다. 사업장에서 분류하는 직종으로 구분하지는 않는다.[231]

특별교육은 규정된 유해위험작업에 대해 근로자가 사전에 인식하고 대처하는 교육이기 때문에 사업장 내에서 단기간의 지원업무 및 생산품의 수시 변동이 발생한 경우일지라도 해당 작업이 특별교육대상 작업에 속하는 경우 해당 교육을 실시하여야 한다. 즉, 특별안전보건교육대상 작업장의 근로자가 생산제품 및 생산공정은 다르나 유사장비나 유사물질을 취급하는 다른 특별안전보건교육대상 작업장으로 이동하여 지원작업이 이루어지는 경우에도 해당 작업에 대한 특별교육은 실시하여야 한다.

특별교육은 해당 작업에 대하여 한번 받은 것으로 유효하다. 즉, 지원업무가 종료된 후 원 소속으로 복귀한다 하여도 종전의 유해위험작업 특별교육의 재교육 의무는 없다.[232]

특별안전보건교육은 법령에 규정된 유해위험작업(규칙별표 5)에 종사하는 자에 대하여 실시하는 것이다.

별도로 구획된 각 부서별 호이스트를 보유(가공1반 2대, 가공3반 3대)하고 각 반별로 작업이 이루어지는 경우 특별안전보건교육을 실시하여야 하는지 여부와 호이스트를 취급하지 않는 사상, 조립 등의 작업자에 대해서는 특별안전보건교육대상이 아니라고 해석하였다.[233]

특별교육의 실시대상의 변경 여부는 구체적인 작업내용에 의해서 결정되므로 유해위험요인의 변화 없이 단순히 생산제품의 변경만으로는 유해위험에 대한 안전보건교육이 달라지지 않

---

231   산업안전보건법령에 의하여 사업주가 실시하여야 할 특별안전보건교육은 직종에 의하여 구분되는 것이 아니라 유해·위험작업에 따라 실시하도록 규정하고 있으므로 대상작업에 대해서는 산업안전보건법 시행규칙 별표 8의2 라호에 규정하고 있는 '특별안전보건교육대상작업별교육내용'을 따라야 한다.(안정 68307-201, 2002.3.11.)

232   새로운 B 작업장의 작업이 시행규칙【별표 8의2】에 비추어 볼 때 A 작업장의 작업과 다르지 않다면 사업주는 A 작업장의 작업에 대하여 기 실시한 특별안전보건교육 사항을 재교육할 의무가 없다. 또한 특별교육 실시대상에 해당하는 작업에 종사하는 근로자에게 해당 특별안전보건교육을 실시한 사업주에 대하여는 산업안전보건법 제31조제2항의 작업내용 변경 시의 교육의무가 면제된다.(동법 시행규칙 제33조의2 참조) (안정 68301-1045, 2000.10.5.)

233   산업안전보건법시행규칙 별표 8의2제1호라목 특별안전보건교육 대상 작업 중 「호이스트를 5대 이상 보유한 사업장에서 당해 기계에 의한 작업」은 특별안전보건교육을 실시하도록 규정하고 있으므로 별도로 구획을 정하여 각 부서별로 작업을 하더라도 귀 사업장에 보유한 호이스트가 5대라면 당해 기계에 의한 작업을 수행하는 근로자에 대해 특별안전교육을 실시하여야 하며, 호이스트를 취급하지 않는 사상, 조립 등의 작업자에 대해서는 동 교육을 실시할 의무는 없다.(안정 68301-186, 2003.3.14.)

는 경우에는 동일장비로 생산제품을 달리하였다 하여 특별교육의무가 발생하지는 않는다.[234]

1) 실시시기

동일한 유해위험작업은 일회의 특별교육으로 법적의무를 충족한다.[235] 특별교육을 받은 자가 이직 후 1년 이내에 다른 사업장에 취업하여 동일 업무(작업)에 종사하게 되는 경우에는 특별교육시간을 1/2로 줄일 수 있다. 같은 사업장내에서 다른 업무로 이동 후 1년 이내에 배치 전과 같은 작업에 종사하게 되는 경우에도 이와 같다.

2) 교육면제

특별안전보건교육을 한 때에 면제되는 신규채용 및 작업내용 변경 시 교육(시행규칙 제27조 제4항)은 해당 교육을 받은 근로자가 작업의 변화가 없을 경우에 한한다.[236]

단기간 또는 간헐적으로 작업을 하는 근로자에 대한 특별교육 시간은 2시간 이상으로 규정하고 있다.[237]

작업내용 변경 시 교육 또는 특별안전보건교육은 근로자가 해당 직무에 종사하게 된 때에 실시하여야 한다. 노동조합의 잦은 파업으로 인해 사무직 인원이 현장으로 투입될 경우에도 해당 업무에 종사하게 된 사무직 근로자도 교육을 실시해야 한다.[238]

---

234 (안정 68301-1045, 2000.10.5.)

235 거푸집지보공 조립자 10명에 대한 특별안전교육을 ○월에 실시하였다면 이것으로 10명에 대한 특별안전교육이 끝난 것인지, 아니면 매일 해야 하는 것인지 한 달에 한 번 해야 하는 것인지 여부에 대한 질의에 대해 규칙에서 구분하는 동일 유해위험 작업일 경우에는 1회의 특별교육만 실시하면 된다고 회시하였다.(서비스산재예방팀-43, 2013.1.4.)

236 사업주는 특별안전보건교육을 받고 해당 작업에 종사하던 자가 작업내용이 변경될 경우에는 이전에 특별안전보건교육을 받았다 하더라도 새로이 변경되는 작업에 해당하는 작업내용 변경 시 교육을 실시하여야 하며, 변경된 작업내용이 이전의 작업과 다른 특별안전보건교육대상 작업에 해당될 경우에는 변경된 작업에 해당하는 특별안전보건교육을 실시하여야 한다.(안정 68307-749, 2003.9.6.)

237 산업안전보건법 시행규칙 별표 8에서 '단기간 작업이라 함은 2개월 이내 종료되는 1회성 작업'을, '간헐적 작업이라 함은 연간 총 작업일수가 60일을 초과하지 않는 작업'을 의미한다. 따라서 특별교육 대상 작업이 연간 일상적으로 발생되지 않고 위 기준 내에서 발생된다면 해당 작업에 종사하는 근로자에 대해서는 최초 투입 전에 2시간 이상의 특별교육을 실시하면 된다.(국민신문고, 2012.4.6.)

238 노동조합의 파업으로 사무직 인원을 현장에 투입할 때에는 반드시 작업내용변경 시 교육을 실시하여야 한다. 과거 투입되었던 사무직 인원의 현장 재투입 시 작업내용 변경 시 교육의 재실시 여부와 작업내용 변경 시 교육 실시 후 유효기간이 있는지 여부에 대해서는 위에서 언급한 바와 같이 작업내용변경 시 교육은 기간에 의해서가 아니라 '작업내용을 변경하는 때'에 해당하

일상적인 업무전환을 6개월에 한 번씩 같은 직무를 맞교대(정기적인 직무전환)하는 경우 매회 교육(특별교육, 작업내용 변경 시 교육)을 실시하는 것은 아니다.

특별안전보건교육 항목(40종) 중 해당 업무가 중복되는 경우 해당 특별교육을 모두 이수하여야 한다.[239]

(4) 작업내용 변경 시 교육방법

작업내용을 변경할 때의 안전·보건교육과 관련한 '작업내용 변경'이란 '다른 작업으로 전환하였을 때'와 '작업설비, 작업방법 등에 대하여 대폭적인 변경이 있을 때' 등 결과적으로 근로자의 안전보건을 확보하기 위해 실질적인 교육이 필요하다고 인정되는 경우를 의미한다.[240]

예를 들어 보조업무를 수행하는 사원이 본 업무를 수행하는 경우 변경되는 작업내용이 동일할 경우에는 추가의 교육실시 의무는 없다고 해석한다.[241]

유사직무를 수행하는 동료를 지원함에 있어 사전 작업내용변경 교육이 필요한지는 당해 지원작업이 '작업내용을 변경할 때'의 작업에 해당하는지 여부에 따라 판단하여야 한다.[242]

근로자가 동일한 작업을 수행하고 있고 설비의 변경 등이 새로운 유해위험과 관련이 없는 경우 종전의 교육은 효력이 있다.

동일기계는 아니지만 유사한 기계설비로 동일 작업을 수행하는 경우 작업내용 변경 시의 교육의무에 해당하지 않는 것으로 해석한다.[243] 'A'라는 구역에서 운반작업을 하던 자가 'B'라는 구

는지 여부에 따라 동 교육 실시 여부를 판단하여야 한다. 정기적인 직무전환에 따라 작업내용의 변경이 없는 상태에서 이전 작업으로 배치된 경우에는 최초 작업내용변경 시 교육 이후 매회 동 교육을 실시할 필요는 없다.(안전정책과-6732, 2004.12.6.)

239　특별안전보건교육 39종 항목 중 해당하는 업무가 많을 경우에는 해당 작업과 관련된 특별안전보건교육을 각각 실시하여야 할 것이며, 이를 실시하지 않을 경우 산업안전보건법 제72조제2항제2호에 따라 500만 원 이하의 과태료(미실시 근로자 1인당 5만 원) 등 불이익 처분을 받을 수 있다.(안전보건정책과-97, 2008.4.10.)

240　(안정 68301-1246, 2000.11.22.)

241　산업안전보건법 제31조제2항에서 규정하는 안전·보건에 관한 교육 중 '작업내용을 변경할 때'란 '다른 작업으로 전환하였을 때'와 '작업설비, 작업방법 등에 대하여 대폭적인 변경이 있을 때' 등 결과적으로 근로자의 안전보건을 확보하기 위해 실질적인 교육이 필요하다고 인정되는 경우를 의미한다. 따라서 귀문과 같이 변경되는 작업내용이 동일하다면 법 제31조제2항에 의한 작업내용변경 시 교육의 실시의무는 없을 것이다.(안정 68307-142, 2001.3.12.)

242　(안정 68307-50, 2001.2.14.)

243　산업안전보건법 제31조제2항의 '작업내용을 변경할 때'의 교육에 해당하는지 여부는 기계·설비의 변경이나 작업장소의 이동 등에 의해서 판단될 수 있는 것이 아니라 '다른 작업으로 전환할 때'와 '작업설비나 작업방법 등의 대폭적인 변경이 있

역으로 이동하여 운반작업을 수행하는 경우에 작업내용 변경 시 교육의무는 없다 할 것이다.

'A' 직무를 담당하다가 'B' 직무를 수행하면서 관련 작업내용 변경 시 교육을 받은 자가 다시 'A' 직무를 담당하게 되는 경우 작업내용변경 시 교육을 이수해야 하는 것은 아니다.[244]

작업의 중대한 변화 없이 해당 작업을 수행하는 기간 동안은 유효하다.

설비가 교체되었으나 종전의 설비(작업)와 새로운 설비(작업)의 작업내용 및 이에 따른 유해위험요인에 변동이 없는 경우에는 작업변경 시 교육의무가 없다고 해석한다.[245]

(5) 정기교육 대상 및 방법

Tip

정기 안전보건 교육시간
- 사무직(판매업무 포함) 종사 근로자: 매 분기 3시간 이상
- 그 외의 근로자: 매 분기 6시간 이상
- 관리감독자: 연간 16시간 이상

정기교육[246]은 사업장에서 사용한 교육의 명칭과 관계없이 그 내용, 시간 등이 법령에 부합하여야 할 것이다.[247]

을 때' 등 실질적으로 근로자의 안전·보건을 확보하기 위한 안전교육이 필요한 경우에 해당하는지 여부에 따라 결정되는 것이므로 기계설비나 작업장소가 변경되었다 하더라도 상술한 작업내용의 변경이 없다면 작업내용변경시의 교육실시 의무는 없다.(안정 68307-50, 2001.2.14.)

244　안전·보건에 관한 교육 중 '작업내용을 변경할 때' 란 직무의 변경을 말하는 것이 아니라 '다른 작업으로 전환하였을 때'와 '작업설비, 작업방법 등에 대하여 대폭적인 변경이 있을 때' 등 결과적으로 근로자의 안전보건을 확보하기 위해 실질적인 교육이 필요하다고 인정되는 경우를 의미한다.
따라서 직무변경에 따른 작업내용의 변경이 없다면 같은 법 제31조제2항의 규정에 의한 작업내용변경 시 교육의 이수 의무는 없다.(안정 68307-1135, 2001.12.1.)

245　산업안전보건법 제31조제2항에 의한 작업내용변경 시 교육은 작업설비, 작업내용이 변경되는 등으로 근로자의 안전보건 확보를 위하여 실질적인 교육이 필요한 경우 실시하여야 하고, 동조 제3항에 의한 특별교육 역시 작업설비, 작업내용변경이 있는 경우 새로운 유해·위험요인으로부터 근로자의 안전보건 확보를 위하여 동 교육을 실시하여야 한다. 압력용기를 설치·취급하는 인원은 특별교육을 받도록 되어 있는데 구 설비가 철거되고 새롭게 압력용기가 설치되었을 경우 작업내용변경 시 교육대상에 포함되는지 여부는 새롭게 설치된 압력용기의 특성 및 작업내용의 변경 여부에 따라 특별교육 실시 여부를 판단하여야 할 것이다.(안전정책과-6833, 2004.12.13.)

246　정기안전보건교육시간 기준이 개정(2012.1.26.)되어 매달 의무 교육시간이 폐지됨

247　건설현장에서 안전수칙 미준수 등 특정 근로자에 대해 자체적으로 특별히 실시한 교육이 사업장의 정기교육으로 볼 수 있는지는 법령상에 규정된 교육내용, 시간, 강사의 자격, 교재 등이 적합한지를 종합적으로 검토하여 판단하여야 한다.(안정 6807-201, 2002.3.11.)

법상 안전보건교육 실시의무는 사업주에 있다. 따라서 사업주가 실시하는 정기 안전보건교육에 근로자가 참가하지 않더라도 사업주의 정기교육 실시의무가 소멸되는 것은 아니다.[248] 노동조합이나 개인적 사유로 인하여 지정된 교육일시에 불참한 근로자에 대하여는 추가적으로 실시하여야 한다. 근로자 또한 산업안전보건법을 준수하고 안전보건과 관련된 사업주의 적법한 지시를 따라야 할 의무가 있다. 따라서 정당한 사유 없이 교육에 불참한 근로자 역시 산업안전보건법 위반(법 제6조)에 해당한다.

판매업무에 종사하는 근로자는 안전보건교육 관련 법령상 구분에 있어 '사무직종사 근로자'로 보지 않는다.[249]

산업안전보건법의 적용은 단위 사업장별로 그 업종, 규모 등에 따라 적용하므로 본사, 공장, 지점, 영업소, 출장소 등이 장소적으로 분산되어 있는 경우에는 원칙적으로 각각 별개의 사업장으로 보아야 한다. 다만, 장소적으로 분산되어 있다 할지라도 지점, 영업소 등의 노무관리, 회계 등이 명확하게 독립적으로 운영되지 않는 등 업무처리 능력을 감안할 때 하나의 사업장이라고 말할 정도의 독립성이 없는 경우에는 직근상위 조직과 일괄하여 하나의 사업으로 볼 수 있다. 이 경우 안전보건교육도 총괄하여 실시할 수 있다.

248　【질의】1. 사업장 내 근로자에 대한 안전보건교육을 매월 둘째 주와 넷째 주 목요일에 정기적으로 실시하고 있으나 근로자의 일부가 노동조합의 불법 단체행동으로 인해 위 교육을 참여하지 못하고 별도로 교육을 요청하였으나 회사의 생산손실 등을 사유로 당해 근로자에 대한 교육을 실시하지 아니하였다면 산업안전보건법 위반으로 사업주가 처벌을 받는지 여부?
2. 근로자가 500명 이상인 사업장에서 연·월차 등 개인사유로 휴가를 실시한 근로자가 출근 후 교육을 요청하였으나 본인 사유라는 이유로 사업주가 교육을 미실시한 경우가 산업안전보건법 위반에 해당하는지 여부?
☞ (회시) 1. 산업안전보건법 제31조제1항, 동법 시행규칙 제33조제1항, 별표 8의 규정에 의하여 사업주는 당해 사업장의 근로자에 대하여 정기적으로 안전보건에 관한 교육을 실시해야 할 의무가 있다. 2. 사업주는 안전보건교육 실시의 편의를 도모하기 위하여 특정일시를 정하여 정기적으로 안전보건교육을 실시할 수 있지만, 동 일시에 불참한 근로자에 대한 정기 안전보건교육 실시의무가 없어지는 것은 아니다.
따라서 사업주는 귀문 노동조합의 단체행동 참여, 연·월차의 사용, 기타의 사유로 사업장에서 정한 일시에 안전보건교육에 참석하지 못한 근로자를 대상으로 추가로 산업안전보건법상의 정기 안전보건교육을 실시하여야 할 것이며 만일 당해 교육을 실시하지 않았다면 산업안전보건법 위반으로 처벌받을 수 있다.(안정 68307-195, 2001.3.22.)
249　산업안전보건법 시행령 별표 1 제6호에서 규정하고 있는 「사무직 근로자만을 사용하는 사업장」이라 함은 일반적으로 사무실에서 인사, 서무, 경리, 회계, 기획 등의 사무업무만을 하는 경우를 말한다. 생산공장·본사와 장소를 달리하는 전국 450여 개의 영업지점을 총괄관리하는 ○○자동차 국내 영업본부의 경우 귀사 영업지점들이 동법 시행령 별표 1 제4호에 해당된다 하더라도 국내 영업본부가 당연히 동법 시행령 별표 1 제4호에 해당된다고 볼 수는 없다. 또한 귀사 국내 영업본부, 영업소 등 단위사업장에서 근무하는 근로자가 위 기준에 해당할 경우에만 사무직 근로자로 볼 수 있을 것이다.(안전정책과-6638, 2004.12.2.)

1) 교육방법

사업장에서 집체교육 또는 현장교육이 곤란한 근로자에 대해 산업안전보건교육규정(고용노동부 고시) 제3조제1항제3호에서 규정에 따라 인터넷 원격교육을 당해 교육을 실시할 수 있다. 이 경우 교육생의 출결관리, 교육시간 등 사업주가 실제 교육에 대한 관리·감독을 할 수 있는 사업장 내 인트라넷망(일반 인터넷은 제외)을 이용한 원격교육만을 법상 안전교육으로 인정한다.

법정요건[250]을 갖춘 업체와 계약을 체결하여 사업장 내에서 여러 장소에 분산되어 근무하는 근로자와 타 지역 사업장(분원)에서 근무하는 근로자에게 인터넷 원격교육으로 정기안전교육을 실시할 수 있다.[251]

건설현장에서 자체 개발하여 사용하는 시청각교육 시스템(안전관리자의 참관 없이 근로자 스스로 개별 PC로 교육받고 교육종료 후 교육내용에 대한 테스트 후 일정 점수 이상 시 교육이수 인정)에 의한 교육도 인정이 가능하다. 단 이 경우 해당 시스템의 교육내용, 필요시 강사와 질의응답이 가능한지 여부 등 설치기준을 준수하여야 한다.[252]

사업장에서 온라인을 이용하여 실시한 정기안전 교육 및 특별안전교육도 법적 교육으로 인정된다.[253]

예를 들어 작업환경측정결과 설명회 개최시간 등을 정기교육의 일부로 활용할 수 있다.[254] 이

---

250 산업안전보건교육규정 제3조제1항제3호에 따라 같은 규정 제3조제2항의 요건

251 안전보건교육 위탁전문기관에 위탁하고자 하는 경우 일반 근로자에 대해서는 일반 인터넷을 이용한 원격교육 방법으로는 위탁할 수 없으며 관리감독자 정기교육에 한하여 인터넷 원격교육의 방법으로 정기교육을 위탁할 수 있으며, 이 경우 산업안전보건교육규정(고용노동부 고시) 제24조제1항에 따라 한국산업안전보건공단 및 같은 법 제32조제3항에 따라 고용노동부에 등록된 관리책임자 등 직무교육위탁기관을 통해서만 위탁할 수 있다.(국민신문고, 2012.3.10.)

252 산업안전보건법 제31조 및 같은 법 시행규칙 제33조, 산업안전보건교육규정(고용부고시) 제3조에 따라 사업주가 사업장 내에서 전산망을 활용하여 교육을 실시하는 경우에는 ① 산업안전보건법 시행규칙 별표 8 소정의 교육시간에 상당하는 분량의 자료(제시된 자료의 1시간 학습분량은 10프레임 이상 또는 200자 원고지 20매로 하되, 사진 또는 그림 1장은 200자 원고지 $\frac{1}{2}$ 매로 보고, 동영상자료는 실제 상영시간을 적용)를 제공하고, ② 교육대상자가 전산망에 게시된 자료를 열람하고 필요한 경우 질의·응답을 할 수 있는 시스템과 ③ 교육근로자의 수강정보 등록(ID, Password), 교육시간 및 종료시각, 열람 여부 확인 등을 위한 관리시스템을 갖추도록 규정하고 있다.
따라서 귀 질의의 시청각교육이 위의 요건을 갖추어 운영한다면 법정 안전보건교육으로 인정될 수 있으나, 교육강사의 참여 없이 (질의·응답을 할 수 없는) 단순히 PC를 이용한 시청각교육인 경우 이를 인정하기 곤란하다.(안전보건정책과-91, 2008.4.10.)

253 온라인을 이용한 정기 및 특별안전보건교육이 산업안전보건교육규정 제3조에 따른 요건을 갖추고 사업장 특성에 맞는 교육대상별 교육내용에 적합한 교육교재를 사용하여 산업안전보건법 시행규칙 제33조제1항에 의한 안전보건교육내용 및 시간을 준수할 수 있는 형태로 운영된다면 법정 산업안전보건교육으로 인정할 수 있다.(안전보건정책과-948, 2009.3.24.)

254 작업환경측정결과에 대한 설명회를 해당 시간 동안 정기 안전·보건교육으로 인정받으려면 상기 교육내용에 대한 요건을

경우 법령에서 정한 교육내용(산업안전보건법령에 관한 사항, 작업공정의 유해·위험에 관한 사항 등)에 부합하여야 한다.

교육시간은 법령에 규정된 시간 이상을 실시하여야 하며, 분할하여 실시할 수 있다.[255] 이 경우 교육내용이 규정에 부합하여야 한다.[256][257] TBM(Tool Box Meeting), 위험예지훈련과 같이 작업시작 전에 작업현장에서 5~15분간 짧게 실시하는 안전보건교육은 현장교육으로, 정기안전보건교육으로 인정한다.[258]

단순히 교육자료를 게시하는 것만으로는 안전보건교육을 실시한 것으로 인정되지 않는다.[259]

안전보건교육의 실시의무는 사업주에 있다. 다만, 동일 사업체에서 소속 근로자가 본부 또는 공장에 장기출장을 갈 경우 해당 지역에서 실시할 수 있다.[260] 이 경우 원 소속 사업장에서는 해당 출장자가 안전보건교육에서 누락되지 않도록 관리할 의무가 있다.

질병, 훈련 중인 근로자는 해당 기간 동안 안전보건교육에서 제외되는 것으로 본다. 예를 들어 고용보험법에 따라 고용유지를 위해 훈련 중인 관리감독자나 근로자의 경우 훈련기간 동안에는 산업안전보건법령에 따른 안전보건교육을 실시하지 않아도 된다.[261]

충족하여야 할 것이다.(안전정책과-4611, 2004.8.18.)

255 산업안전보건교육규정(노동부 고시) 제3조제2항은 산업안전보건법 제31조 및 동법 시행규칙 제33조의 교육 중 "정기교육에 대하여는 사업장의 실정에 따라 그 시간을 적절히 분할하여 실시할 수 있다."라고 규정하고 있으므로 분할하여 실시한 교육시간의 총합이 시행규칙 제33조제1항에서 정한 교육시간 이상이라면 당해 조항위반으로 보지 않는다.(안정 68307-666, 2001.7.30.)

256 안전보건교육방법은 산업안전·보건교육규정에 규정되어 있으며, 제2조의 '현장교육'이란 산업체의 생산시설 또는 근무장소에서 실시하는 교육을 말한다(위험예지훈련 등 작업전후 실시하는 단시간 안전보건 교육을 포함한다)고 규정하고 있다. 따라서 TBM(Tool Box Meeting), 위험예지훈련과 같이 작업현장에서 5~15분간 짧게 실시하는 현장교육(On the Job Training)에 대해 산업안전보건교육으로 인정된다.(국민신문고, 2019.6.29.)

257 안전·보건관리자가 체조나 작업지시와는 별도로 교육안을 관리감독자에게 배포하여 관리감독자가 근로자에게 5~10분 교육을 실시하였을 경우, 시행규칙 제33조의 규정에 의하여 교육내용, 교육방법, 교육실시자 자격 등을 갖춘 경우라면 분할 실시된 교육은 해당 월의 정기교육시간으로 인정될 수 있다.(안정 68307-1235, 2001.12.27.)

258 (안정 68301-277, 2000.3.15.)

259 【질의】집합교육이 불가능하고 비번, 휴일에만 안전교육 실시가 가능한 사업의 특성상, 매일 작업시작 전 출근점검, 승차 가능유무, 안전운행에 따른 지시, 유인물 형태의 교육용 자료를 게시하여 근로자 개별 수첩에 기재하고난 뒤 업무를 하는 경우 이를 정기 안전보건교육으로 인능한지 여부

☞ (회시) 귀소에서 질의한 일일교육 및 분기교육이 산안법상 근로자정기안전보건교육에 해당되는지 여부는 상술한 교육시간, 교육내용, 교육실시자의 자격 및 교육방법 등의 준수 여부를 종합적으로 검토한 후 결정되어야 할 것으로 되며, 단순히 매일 작업시작 전 출근점검, 승차가능 여부, 열차안전운행에 따른 지시, 유인물형태의 교육용 자료의 게시 등의 내용은 작업을 위한 준비 또는 작업에 필요한 과정의 일부에 불과하므로 이를 교육으로 볼 수 없다.(서비스산재예방팀-43, 2013.1.4.)

260 장기간 출장자의 경우는 원 소속지를 벗어나 출장지 관리책임자로부터 직접 작업지시를 받고 근무하는 등 출장지 관리책임자의 지휘·감독하에 있다고 보이므로 출장자에 대한 안전보건교육은 출장지 관리책임자의 책임하에 실시하여야 할 것이다.(국민신문고, 2009.11.17.)

261 고용유지를 위한 훈련기간을 제외한 기간에 대하여 산업안전보건법에 적합한 근로자 안전보건교육을 실시하면 된다. 다만, 훈련 중인 자가 훈련시간 외의 시간에 현업에 종사하는 경우에는 고용유지 훈련시간 외의 시간에 산업안전보건법령에 적합한

건설현장에서 사무실에 종사하는 관리, 공무, 경리 등의 근로자는 안전보건교육상 사무직근로자로 보지 않는다.[262]

안전보건교육대상 근로자는 사업장에서 부르는 명칭에 관계없이 해당 직무에 종사하는지 여부로 판단한다. 예를 들어 병원의 수련의, 비정규직, 용역 등 명칭으로 구분하지는 않는다.[263]

타법에 의한 안전보건교육이 산업안전보건법에 정하고 있는 교육내용, 시간, 방법 등을 충족한다면 정기 안전보건교육으로 인정될 수 있다고 해석한다.

사례 연구

철도안전법에 따라 운전업무종사자 및 관제업무종사자(분기별 6시간 교육), 여객을 상대로 승무 및 역무서비스를 제공하는 자, 철도시설의 건설 또는 관리와 관련한 작업의 현장 감독업무를 수행하는 자 등(분기별 3시간 교육) 철도종사자에 대하여 실시하는 철도안전교육을 산업안전보건법에 의한 정기교육으로 인정받을 수 있는지 여부?

☞ (회시)

산업안전보건법상 정기안전보건교육의 내용은 산업안전보건법령, 작업공정의 유해 · 위험, 표준안전작업방법, 안전사고사례 및 산재예방대책, 기타 안전 · 보건관리에 필요한 사항 등으로 구성되어 있는 바

○ 철도안전법령에 따라 철도운영자 등이 실시하는 철도종사자에 대한 안전교육내용 중 안전 관련 제 규정, 철도운전 및 관제이론 일반, 사고사례 및 사고예방대책, 비상시 응급조치, 안전관리의 중요성, 근로자의 건강관리 및 기타 안전 및 보건관리에 관하여 필요한 사항은 산업안전보건법상 정기교육으로 인정될 수 있다.

○ 다만, 교육대상 및 시간은 해당 근로자의 직종 및 사업장의 업종분류에 따라 산업안전보건법 시행규칙 별표 8의 규정에 따른 교육대상 및 시간을 준수하여야 한다.

(안전보건정책팀-655, 2006.2.02.)

---

(6) 관리감독자 교육방법

관리감독자란 산업안전보건법 제16조제1항이 규정에 따라 '경영조직에서 생산과 관련되는

안전보건교육을 실시하여야 한다.(국민신문고, 2009.11.23.)

262   사무직근로자라 함은 같은 법 시행규칙 제99조제1항에 따라 공장 또는 공사현장과 같은 구역에 있지 아니한 사무실에서 서무 · 인사 · 경리 · 판매 · 설계 등의 사무업무에 종사하는 근로자(판매업무에 직접 종사하는 사람은 제외한다)를 말한다. 따라서 사무실에서 근무하는 근로자라도 '사무직근로자' 기준에 해당하지 않는다면 매분기 6시간 이상의 정기교육을 실시하여야 한다.(서비스산재예방팀-2463, 2012.11.22.)

263   병원은 산업안전보건법이 전부 적용되는 업종으로 수련의, 정규직 또는 계약직 등에 관계없이 귀 병원에서 고용하여 사용하는 근로자에 대해서는 법상 적합한 안전보건교육을 실시하여야 한다.(국민신문고, 2012.12.27.)

당해 업무와 소속직원을 직접 지휘·감독하는 직위에 있는 자'를 의미한다. 따라서 일반 구매, 영업, 관리부서의 관리자는 법령에 의한 관리감독자교육 대상에서 제외된다.[264] 관리감독자에는 부서의 장뿐 아니라 직·반장까지 포함한다고 본다.

2013.8.6. 시행령 개정에 따라 아파트 등 건물관리업도 모든 교육(채용 시, 정기, 작업내용변경 시, 특별, 관리감독자교육)의 대상이 되었다. 아울러 시행령 개정에 따라 유해위험작업에 대한 특별안전보건교육은 근로자의 규모, 업종의 종류와 관계없이 실시하여야 한다. 건물관리업체와 같은 비제조업종의 관리감독자는 업무의 성격에 따라 교육의무가 발생할 수 있다.[265]

건설현장에 있어서 관리감독자란 시공과 관련된 부서의 직·조·반장, 공사과장·부장 등이 이에 해당할 것이다. 건설현장에서 원·하청 소속 근로자 및 관리감독자에 대한 교육실시의무 주체는 해당 근로자의 사업주가 누구인지에 따라 정하여진다.[266]

정기안전보건교육 시 관리감독자 교육은 교육실시의 목적이 다르므로 원칙적으로 병행 또는 갈음 처리할 수 없다.[267]

---

264 일반 구매, 영업, 관리나 정비, 품질, 설비 등의 부서의 장에 대하여 정기 안전보건교육을 실시해야 하는지 여부는 당해 부서의 업무가 생산과 관련이 있는지 여부에 따라 판단되어져야 할 것이며, 산업안전보건법 제14조제1항의 규정에 의한 관리감독자에 해당하지 않는 자에 대해서는 동법 제31조제1항의 규정에 의한 관리감독자 정기 안전보건교육의 실시의무는 없다고 할 것이다.(안정 68307-699, 2001.8.8.)

265 아파트 건물관리업체의 기관실에 근무하는 기계, 전기, 영선, 기전, 설비, 기관(과장, 계장, 주임)담당자가 관리감독자 교육대상이 누구인지는 해당 기관실의 과장, 계장, 주임 중 실질적으로 작업을 지휘·감독하는 자가 관리감독자 교육대상이 되며, 교육은 사업장에서 자체 실시하거나 지정교육기관에 위탁하여 실시할 수 있다.(안전정책과-138, 2005.1.5.)

266 산업안전보건법 제31조제1항의 규정에 의거 관리감독자의 지위에 있는 자에 대한 정기 안전보건교육의 실시의무는 당해 근로자를 사용하여 사업을 행하는 당해 사업의 사업주에게 있다. 따라서 원청업체의 소속 관리감독자에 대해서는 원청업체 사업주가 실시하고, 협력업체의 소속 관리감독자에 대해서는 협력업체 사업주가 실시하여야 하며, 당해 교육을 실시할 수 있는 자의 범위는 같은 법 시행규칙 제33조제3항에 구체적으로 정하고 있다.
아울러, 산업안전보건법 제29조제1항제3호의 규정에 의거 동일한 장소에서 행하여지는 사업의 일부를 도급에 의하여 행하는 사업의 사업주는 그가 사용하는 근로자와 그의 수급인이 사용하는 근로자가 동일한 장소에서 작업을 할 때 생기는 산업재해를 예방하기 위하여 수급인이 행하는 근로자의 안전보건교육에 대한 지도와 지원을 하여야 하며, 이를 위반한 경우 500만 원 이하의 벌금을 받을 수 있다.(안전보건정책팀-1346, 2007.3.27.)

267 산업안전보건법 제31조제1항 및 같은 법 시행규칙 별표 8과 별표 8의2에 의해 정기교육을 사무직 및 사무직종사근로자 외의 근로자와 관리감독자 지위에 있는 자의 교육으로 구분하여 교육시간 및 교육내용을 각각 다르게 규정하고 있으며, 이는 각 교육대상에 적합한 내용의 교육을 실시하도록 하는 데 그 목적이 있다.
따라서 교육대상자 구분 없이 관리감독자를 근로자 교육에 포함하여 실시하는 것은 정기교육 대상자별로 교육시간과 내용을 구분하고 있는 법령의 취지에 부합하지 않는 것으로 본다.(서비스산재예방팀-2463, 2012.11.22.)

정기교육과 관리감독자 교육은 그 목적이 틀리므로 갈음할 수 없다.[268]

사업주 단체로서 근로자직업훈련촉진법에 의한 관리감독자직무능력향상과정 및 관리감독자 재해예방실천과정을 개설하여 사업장 관리감독자교육을 실시하는 경우 산업안전보건법 제31조제4항의 관리감독자에 대한 사업주의 위탁교육으로 갈음할 수 있다.[269]

(7) 직무교육방법

관리책임자 교육, 안전관리자 교육과 같이 해당 직위에 종사하게 됨으로써 실시하는 교육의무는 단순히 공장(사업장)의 변경(인사이동)으로 새로이 발생하지는 않는다.[270]

안전관리자, 보건관리자, 관리책임자 등 직무교육대상자가 퇴직하는 경우 이전 사업장에서 받은 직무교육(신규, 보수)은 유효하다.[271]

법령에 따른 전문화교육을 일정 시간(24시간) 이상 이수한 경우 관리책임자 등의 직무교육 중 보수교육을 면제한다.[272]

---

268 산업안전보건법 제31조제1항의 정기교육을 동법 시행규칙 별표 8과 별표 8의2에 의해 생산직, 사무직, 관리감독자의 지위에 있는 자의 교육으로 구분하고 교육시간, 교육내용을 각각 다르게 규정한 것은 각 교육대상에 적합한 내용의 교육을 실시하도록 하는데 그 목적이 있을 것이므로 교육대상자의 구분 없이 관리감독자를 생산직교육에 포함하여 실시하였다 할지라도 이를 이유로 당해 관리감독자교육을 면제할 수는 없다.(서비스산재예방팀-43, 2013.1.4.)

269 「산업안전보건법 시행령」 제26조의10에 해당하는 기관에서 운영하는 법상 적합한 교육과정에 위탁한 경우에는 법정교육을 인정된다.(서비스산재예방팀-43, 2013.1.4.)

270 관리책임자 등이 사업주의 인사명령에 따라 해당 직위는 그대로 유지한 채 근무지만 변경된 경우에는 신규선임으로 볼 수 없다.
지방관서에 변경선임보고 시 사업주의 인사명령 공문과 관리책임자 등으로 선임되어 안전보건 활동을 하였다는 근거자료를 제출하면 신규선임에 따른 교육은 이수하지 아니하여도 될 것이다.(국민신문고, 2009.5.14.)

271 산업안전보건법상 안전관리자로 신규로 선임이 된 사람은 선임일로부터 3개월 이내에 직무교육 중 신규교육을 받아야 하고, 신규교육을 이수한 후 매 2년이 되는 날을 기준으로 전후 3개월 사이에 보수교육을 받아야 한다.
다만, 같은 법 시행규칙 제39조제6항에 따라 직무교육을 이수한 사람이 다른 사업장으로 전직하여 신규로 선임된 경우로서 선임신고 시 전직 전에 받은 교육이수증명서를 제출하면 해당 교육을 이수한 것으로 본다.(국민신문고, 2010.10.1.)

272 산업안전보건교육규정(고용노동부 고시) 제20조에서 같은 규정 제25조에 따른 24시간 이상의 전문화교육 과정을 이수한 사람은 같은 법 제32조에 따른 관리책임자 등의 직무교육 중 보수교육을 면제한다. 또한 직무교육 중 보수교육을 받아야 하는 사람이 신규교육을 이수한 날로부터 2년 사이에 전문화교육을 이수하였다면, 전문화교육 이수일로부터 2년이 되는 날을 기준으로 전후 3개월 사이에 차기 보수교육을 받으면 된다.(서비스산재예방팀-2463, 2012.11.22.)

(8) 건설업기초교육 기준

건설업 종사하는 일용근로자에 대하여 현장에서 작업 전에 기초적인 안전보건교육을 이수(4시간)하는 제도가 2011년 신설되었다. '일용근로자'란 산재보상보험법령(시행령 제23조)에 따라 정의하고 있다.[273] 즉, '1일 단위로 고용되거나 근로일에 따라 일당(미리 정하여진 1일 동안의 근로시간에 대하여 근로하는 대가로 지급되는 임금을 말한다) 형식의 임금을 지급받는 근로자'를 말한다. 동 규정 단서에 따라 3개월 이상 계속 근무하거나 근로형태가 상용근로자와 비슷한 경우는 제외된다.

직책이나 명칭에 관계없이 건설업에 종사하는 일용근로자에 해당하는 자는 교육대상이다.

건설업기초교육의 의무는 근로자를 고용하는 사업주에 있다. 다만 건설현장의 원하도급 관계에서의 교육 시에는 원도급업체에게 교육지원 의무(교육장소 제공 등)와 산업안전보건관리비를 활용하여 교육을 실시할 수 있다.[274]

건설업기초안전보건교육은 일회만 받으면 된다. 특별교육과 건설업기초교육을 그 목적이 다르므로 갈음할 수 없다.[275]

건설업기초교육기관의 인력기준 중 '건설안전산업기사 또는 산업위생산업기사 자격 소지자로서 해당 실무경력이 3년 이상인 사람'에서 해당 실무경력은 자격증 취득 후부터 경력으로 해석하고 있다.[276] '해당 실무경력'이란 산업안전보건과 관련된 실무경력만을 인정하고 일반 대기

273　건설업 기초안전·보건교육을 받아야 하는 대상자는 건설현장에 신규로 채용되는 일용근로자로서 산재보상보험법령에 따른 일용근로자를 말하며 건설업 기초안전·보건교육의 대상 여부는 근로자와의 근로계약, 고용형태, 임금지급 기준 등을 고려하여 판단하여야 한다.(국민신문고, 2012.3.12.)

274　산업안전보건법 제29조제2항제3호에 규정한 "수급인이 근로자에게 하는 안전·보건교육에 대한 지도와 지원"은 같은 법 시행규칙 제30조제3항에 따라 "수급인인 사업주가 하는 근로자의 해당 안전·보건교육에 필요한 장소 및 자료의 제공 등 필요한 조치"를 말하는 것으로 이는 근로자에 대한 교육실시의 의무는 근로자를 채용하여 사용하는 사업주에게 있으므로 수급인 사업주 소속의 근로자에 대하여는 수급인 사업주의 책임 하에 교육을 실시하여야 하고 도급인 사업주는 수급인의 사업주와 교육장소, 교육장비 제공 등에 대하여 지원하여야 한다. 또한, 건설업 산업안전보건관리비 계상 및 사용기준(고용노동부 고시 제2012-23호, 2012.2.8.) 제7조제1항제5호에 따라 건설업기초교육에 소요되는 비용을 안전관리비에서 사용이 가능하므로 안전관리비에서 교육에 소요되는 비용을 사용할 경우는 동 교육에 소요되는 교육비·출장비·수당(수당은 교육에 소요되는 시간의 임금을 초과할 수 없음)은 교육장까지의 이동거리, 소요시간 등을 고려하여 결정하고 수급인이 안전·보건교육에 사용하는 비용도 협의체(또는 산업안전보건위원회) 회의 등에서 협의하여 결정하는 것이 타당하다.(국민신문고, 2012.5.2.)

275　건설업 기초안전·보건교육은 산업안전보건법 시행규칙 제33조의2(안전·보건교육의 면제)에 해당이 없으므로 건설업 기초안전·보건교육과 특별교육을 각각 실시하여야 한다.(국민신문고, 2012.6.19.)

276　산업안전보건법 시행령 별표 6의3에서 정하고 있는 '건설안전산업기사 자격 소지자로서 해당 실무경력이 3년 이상인 사람'의 의미는 '건설안전산업기사 자격을 소지한 이후에 건설안전 실무에 3년 이상의 경력이 있는 사람'을 의미한다. 따라서 자격을 소지하기 전의 경력, 자격이 정지 또는 취소 상태에서의 경력, 타 분야에서의 경력 등은 포함되지 않는다.(국민신문고,

환경, 수질관리업무 등은 인정하지 않고 있다.[277]

277   산업위생기사 자격증 소지자로서 해당 실무경력이라 함은, 산업위생기사 자격증을 소지한 이후 보건관리자, 작업환경측정 등과 같이 「산업」과 관련한 업무로서 「산업보건」, 「산업위생」 분야의 실무를 수행한 경력을 가리키며, 실내공기질, 대기, 수질 등의 환경분야 대행업체에 재직 중의 경력은 「산업보건」 또는 「산업위생」 분야에 해당하는 실무라고 보기 어렵다.(국민신문고, 2012.6.27.)

◈ 이 편의 제도 개요 ◈

도급이란 당사자의 일방(수급인)이 어떤 일을 완성할 것을 약정하고, 상대방(도급인)이 그 일의 결과에 대하여 보수를 지급할 것을 약정함으로써 성립하는 계약(민법 제664조)을 말한다. 도급은 고용이나 위임과 같이 노무공급계약의 일종이나 '일의 완성'을 목적으로 하는 점에 특색이 있어서 고용이나 위임과 구별된다. 종래의 도급이 담당하였던 기능은 고용이나 위임에 의하여 잠식되는 결과를 가져왔으나, 아직도 큰 비중을 차지하고 있으며, 특히 토목공사나 각종 건축, 선박의 건조 등과 같은 분야에서는 도급이 여전히 행해지고 있을 뿐만 아니라, 최근에는 제조업, 서비스업까지로 확대되는 경향이 있다. 건설공사의 도급은 오늘날 중요한 의의를 가지는 순수한 도급인데, 여러 가지 위험성이 뒤따르기 때문에 건설업법 등 특별법이 제정되어 있고, 새로운 계약내용이나 형태가 발생하고 있다. 일의 완성 전의 위험(재해)은 수급인의 부담으로 돌아가는 것이 원칙이나, 근로자의 안전보건과 관련하여서 일정한 책임을 도급인에게도 부여하고 있다.

　개정법은 도급의 범위가 도급인의 사업장에서는 발주까지 포함하는 포괄적 개념으로 변모하였다. 도급 금지나 도급인(건설공사발주자 포함)의 안전보건조치 의무를 명확히 이해할 필요가 있다. 노무제공자에 속하는 기타고용형태종사자의 대상과 안전보건 기준도 구체화되었다.

	법 제58조	법 제59조
대상작업	1) 도금작업 2) 수은, 납 또는 카드뮴의 제련, 주입, 가공 및 가열하는 작업 3) 제118조제1항에 따른 허가대상물질을 제조하거나 사용하는 작업[278]	1. 중량비율 1% 이상의 황산, 불산, 질산, 염산을 취급하는 설비를 개조·분해·해체·철거하는 작업 또는 해당 설비의 내부에서 이루어지는 작업. 다만, 도급인이 해당 화학물질을 모두 제거한 후 증빙자료를 첨부하여 고용노동부장관에게 신고한 경우는 제외 2. 그 밖에 유해하거나 위험한 작업으로서 「산업재해보상보험법」 제8조제1항에 따른 산업재해보상보험및예방심의위원회의 심의를 거쳐 고용노동부장관이 정하는 작업
도급 가능 여부	상시작업 / 불가 일시·간헐작업 / 가능 전문기술업체 / 승인받아 가능	승인받아 가능
재하도급	불가	불가
승인절차	안전보건평가 → 승인신청 → 승인여부 통지(고용노동(지)청)	동일
유효기간	3년	3년

　같은 사업장 내에서 작업을 도급받는 사업주는 대체로 영세할 뿐 아니라 자기 사업장이 아니기 때문에 독자적인 노력만으로는 유해·위험작업과 관련되는 안전보건 관리에 어려움이 있다.

　이에 따라 법 제58조는 도급인의 사업장에서 일하는 수급인 근로자의 안전보건을 위하여 ① 도금작업, ② 수은, 납 또는 카드뮴의 제련, 주입, 가공 및 가열하는 작업,[279] ③ 제118조제1항에

278　안전보건규칙 제452조(정의) 이 장에서 사용하는 용어의 뜻은 다음과 같다.
1. '허가대상 유해물질' 이란 고용노동부장관의 허가를 받지 않고는 제조·사용이 금지되는 물질로서 영 제88조에 따른 물질을 말한다.(디클로로벤지딘, 베릴륨, 비소, 황화니켈, 염화비닐 등 12가지 화학물질)
2. '제조' 란 화학물질 또는 그 구성요소에 물리적·화학적 작용을 가하여 허가대상 유해물질로 전환하는 과정을 말한다.
3. '사용' 이란 새로운 제품 또는 물질을 만들기 위하여 허가대상 유해물질을 원재료로 이용하는 것을 말한다.
279

작업 공정	내용
제련	채굴된 암석(광석)에서 목적하는 금속을 추출하여 괴 또는 가루로 만드는 공정
주입	제련 시 추출한 금속물질(괴 또는 가루)을 로(爐)에서 녹여 주형(틀) 등에 금속을 부어 넣는 공정

따른 허가대상물질을 제조하거나 사용하는 작업의 사업장내 도급을 금지하고 있다. (법 제58조제1항) 위반 시 과징금 10억 원 이하를 부과한다.

　다만 ① 임시·간헐적으로 하는 작업을 도급하는 경우, ② 수급인이 보유한 기술이 전문적이고 도급사업주의 사업 운영에 필수 불가결한 경우로서 고용노동부장관의 승인을 받을 경우에 한하여 도급을 줄 수 있도록 하고 있다. (법 제58조제2항) 승인을 받지 않고 도급한 경우, 승인을 받아 도급받은 작업을 재하도급한 경우(법 제60조)에는 과징금 10억 원 이하를 부과한다.

　현행법에서는 도급승인대상 작업을 새로이 추가하였다. 안전보건상 유해작업 중 대통령령이 정하는 작업은 고용노동부장관의 승인을 받지 않고는 도급(하도급 포함)을 줄 수 없도록 하고 있다. 도급을 승인받은 자가 도급 시 준수해야 할 안전·보건조치의 기준(도급승인 기준)에 미달하게 된 경우에는 승인을 취소한다. 법 제59조에서 사업주는 자신의 사업장에서 안전 및 보건에 유해하거나 위험한 작업 중 급성 독성, 피부 부식성 등이 있는 물질의 취급 등 대통령령으로 정하는 작업을 도급하려는 경우 고용노동부장관의 승인을 받도록 하였다. 위반 시 과징금 10억 원 이하를 부과한다. (법 제161조제1항)

　도급을 하는 경우 사업주는 산업재해 예방을 위한 조치를 할 수 있는 능력을 갖춘 사업주에게 도급하여야 한다. (법 제61조)

(1) 도급금지작업(법 제58조)

　안전보건상 유해작업 중 ① 도금작업, ② 수은, 납, 카드뮴의 제련, 주입, 가공 및 가열하는 작업, ③ 법 제118조제1항에 따라 허가를 받아야 하는 물질[280]을 제조·사용하는 작업은 원칙적으로 도급을 금지한다.

가공	금속재료를 절단하거나 구멍 뚫기 등을 거친 후, 용접 및 리벳 등을 이용하여 접합하는 공정
가열	금속 또는 합금에 요구되는 성질 즉 강도, 경도(변형률), 내마모성, 내충격성 및 가공성 등의 성능을 확보하기 위하여 열을 가하는 공정

280　디클로로벤지딘과 염, 크롬산 아연, 베릴륨 등

다만, 도급금지 예외가 되기 위해서는 ① 일시·간헐적 작업, ② 수급인의 기술이 전문적이고, 해당 기술이 도급인의 사업 운영에 필수 불가결한 경우에는 승인을 받으면 허용한다.

〈도급금지 예외 판단〉

ㅇ 일시 · 간헐 작업 도급금지 예외를 인정받기 위해서는 기본적으로 상시인력 고용이 어려운 사정이 객관적으로 인정되어야 한다.

* 일시적 작업은 그 수요가 갑자기 발생하여 상시인력 고용이 불가능한 경우, 간헐적 작업은 작업의 수요는 예측이 되나, 오랜 기간의 간격을 두고 발생하여 상시인력 고용이 어려운 경우임

– 상시인력 고용이 어려운 사정이 인정되더라도 '일시적 작업'은 '30일 이내 종료되는 1회성 작업'으로 '간헐적 작업'은 연간 총 작업일수가 60일을 초과하지 않는 작업으로 제한

ㅇ '일시 · 간헐 작업'은 「파견근로자 보호 등에 관한 법률」에서 갑작스런 주문증가, 생산계획 변경 등 예측이 불가능한 요인으로 발생한 업무로서 기존 인력 대처 한계인 경우로 봄(연중 반복적으로 발생하지 않아야 함)

* (간헐 작업 예) 허가대상물질 비소화합물 촉매 교체 작업으로 10개월마다 하는데, 특수장비가 필요하며, 통상 작업기간은 40일이 소요되어 해당 작업에 필요한 인력을 상시 고용하기 어려움이 인정됨(황화니켈 촉매 교체는 4년마다 함)

ㅇ '전문적 기술'이란 도급인이 습득 · 보유하기 어려운 전문적인 기술임이 지정, 고시, 공고, 인증, 특허 등에 의해 객관적으로 확인 가능한 경우

ㅇ '필수 불가결'이란 해당 기술이 없다면 도급인의 전체 사업 중 도급과 관련된 사업의 운영이 불가능한 경우

---

(2) 도급승인

1) 대상 및 면제

ㅇ 중량비율 1% 이상의 황산, 불화수소, 질산, 염화수소를 취급하는 설비를 개조·분해·해체·철거하는 작업 또는 해당 설비의 내부에서 이루어지는 작업

ㅇ 「산업재해보상보험 및 예방심의위원회」의 심의를 거쳐 고용노동부장관이 정하는 작업

ㅇ 도급승인 예외: 도급인이 해당 화학물질을 모두 제거한 후 증명자료를 첨부하여 고용노동부장관에게 신고한 경우 도급승인 제외

* (제거방법) 배관·설비 등 화학물질 제거(Draining) → 초순수·용수 및 질소 등을 사용 잔여물, 치환가스가 남아 있지 않도록 배관·설비 세척 및 치환

* (제거증명자료) ① 안전작업 절차서 및 작업구간, 세정방법 등을 포함한 내용, ② 화학물질

제거 전후 현장사진, ③ pH meter 검증 자료(황산, 불산, 염산, 황산, 질산(액상)) 또는 가스검지기 측정결과(불화수소, 질산, 염화수소)(가스검지기 교정성적서 포함)

○ (도급승인 시 하도급 금지) 도급금지의 예외적 승인작업(법 제58조제2항) 및 유해·위험한 물질(황산 등)의 취급 작업 등 승인대상 작업(법 제59조)을 도급 받은 수급인은 그 작업을 하도급 할 수 없다.

○ (적격 수급인) 무분별한 도급을 방지하기 위한 목적으로 산재예방 조치 능력을 갖춘 사업주에게 도급하도록 규정 신설

2) 승인절차

도급승인를 받으려는 자는 ① 도급작업 안전보건관리계획서,[281] ② 도급대상 작업의 공정 관련 서류 일체[282]를, ③ 법 제58조제3항에 따른 안전 및 보건에 관한 평가결과(시행규칙 제74조 별표 12)를 포함하여 도급승인신청서(시행규칙 별지 제31호서식)를 작성하여 지방고용노동관서의 장에게 제출하여야 한다. (시행규칙 제75조제1항) 도급승인신청서가 접수된 날로부터 14일 이내에 신청서를 반려하거나 승인증을 신청자에게 발급한다. 도급승인 신청 시 법 제58조제3항에 따른 안전보건평가(변경승인은 제외)를[283] 실시하여야 한다. (법 제58조제3항)

종전 규정에 의해 도급인가를 받은 사업주는 인가 잔여기간이 3년 이내인 경우 잔여기간 동안 도급 가능,[284] 3년을 초과하거나 인가기간이 없는 경우 법 시행 이후 3년까지 종전의 규정에 따른다.

---

281 안전작업절차, 도급 시 안전·보건관리 및 도급작업에 대한 안전·보건시설 등에 관한 사항 포함
282 기계·설비의 종류 및 운전조건, 유해·위험물질의 종류·사용량, 유해·위험요인의 발생실태 및 종사근로자수 등에 관한 사항 포함
283 이전 법(법 제28조제3항)은 기특법 제55조의5(다음 각 호의 법률의 규정에 의한 관계행정기관의 장의 시정지시 등의 권한은 이를 행사하지 아니한다.)에 따라 실시하지 못하였다.
284 인가의 남은 기간이 3년을 넘지 아니한 경우에는 그 남은 기간 동안 도급 가능

안전 및 보건에 관한 평가의 내용(시행규칙 별표 12, 제74조 관련)

종류	평가항목
종합평가	1. 작업조건 및 작업방법에 대한 평가 2. 유해 · 위험요인에 대한 측정 및 분석 가. 기계 · 기구 또는 그 밖의 설비에 의한 위험성 나. 폭발성 · 물반응성 · 자기반응성 · 자기발열성 물질, 자연발화성 액체 · 고체 및 인화성 액체 등에 의한 위험성 다. 전기 · 열 또는 그 밖의 에너지에 의한 위험성 라. 추락, 붕괴, 낙하, 비래 등으로 인한 위험성 마. 그 밖에 기계 · 기구 · 설비 · 장치 · 구축물 · 시설물 · 원재료 및 공정 등에 의한 위험성 바. 영 제88조에 따른 허가 대상 유해물질, 고용노동부령으로 정하는 관리 대상 유해물질 및 온도 · 습도 · 환기 · 소음 · 진동 · 분진, 유해광선 등의 유해성 또는 위험성 3. 보호구, 안전 · 보건장비 및 작업환경 개선시설의 적정성 4. 유해물질의 사용 · 보관 · 저장, 물질안전보건자료의 작성, 근로자 교육 및 경고표시 부착의 적정성 가. 화학물질 안전보건 정보의 제공 나. 수급인 안전보건교육 지원에 관한 사항 다. 화학물질 경고표시 부착에 관한 사항 등 5. 수급인의 안전보건관리 능력의 적정성 가. 안전보건관리체제(안전 · 보건관리자, 안전보건관리담당자, 관리감독자 선임관계 등) 나. 건강검진 현황(신규자는 배치전건강진단 실시 여부 확인 등) 다. 특별안전보건교육 실시 여부 등 6. 그 밖에 작업환경 및 근로자 건강 유지 · 증진 등 보건관리의 개선을 위하여 필요한 사항
안전평가	종합평가 항목 중 제1호의 사항, 제2호가목부터 마목까지의 사항, 제3호 중 안전 관련 사항, 제5호의 사항
보건평가	종합평가 항목 중 제1호의 사항, 제2호바목의 사항, 제3호 중 보건 관련 사항, 제4호 · 제5호 및 제6호의 사항

※ 비고: 세부 평가항목별로 평가 내용을 작성하고, 최종 의견('적정' '조건부 적정' '부적정' 등)을 첨부해야 한다.

② 도급금지 위반 과징금 부과

법 개정으로 도급금지 위반에 대한 과징금 부과제도가 도입되었다. 법 제161조제1항의 부과 대상은 ① 법 제58조제1항을 위반하여 도급한 경우, ② 도급승인(법 제58조제2항, 제59조제1항)을 받지 않고 도급한 경우, ③ 승인받은 도급작업을 재하도급한 경우(법 제60조 위반)이다.

과징금의 부과방법은 도급금액, 기간 및 횟수, 관계수급인 근로자의 산업재해 예방에 관한 조치 이해노력정도, 산업재해 발생 여부를 고려하고 구체적인 위반행위의 내용 등을 종합적으로 고려하여 그 금액을 산정한다.(법 제161조제2항, 시행령 제113조 별표 34) 산정된 과징금이 10억 원을 초과하는 경우에는 10억 원으로 한다.

산정식(시행령 별표 34)

부과액=기본 산정금액(위반행위 및 도급금액[285]에 따라 산출되는 금액)+1차조정(위반 기간[286] 및 횟수에 따른 가중[287])+2차조정 가감[관계수급인 근로자의 산업재해 예방조치 이행 정도(경

---

285   ※ 도급금액
1. 도급금지 등 의무위반이 있는 작업과 의무위반이 없는 작업을 함께 도급한 경우 각 작업별로 도급금액을 산출할 수 있으면 의무위반이 있는 작업의 금액만을 도급금액으로 하고, 각 작업을 분리할 수 없어 각 작업별로 도급금액을 산출할 수 없으면 해당 작업의 상시근로자 수에 따른 비율로 도급금액을 추계한다.
2. 도급금지와 도급승인을 함께 위반한 경우 등 2가지 이상 위반행위가 중복되는 경우에는 중대한 위반행위의 도급금액을 기준으로 한다.
286   가. 이 별표에서 '위반기간'이란 위반행위가 있었던 날부터 위반행위가 적발된 날까지의 기간을 말한다.
나. 이 별표에서 3년간이란 위반행위가 적발된 날부터 최근 3년간을 말한다.
287   1) 위반기간에 따른 조정

위반기간	가중치
1년 이내	-
1년 초과 2년 이내	기본 산정금액 × 100분의 20
2년 초과 3년 이내	기본 산정금액 × 100분의 50
3년 이상	기본 산정금액 × 100분의 80

2) 위반 횟수에 따른 조정

위반 횟수	가중치
3년간 1회	기본 산정금액 × 100분의 20
3년간 2회	기본 산정금액 × 100분의 50
3년간 3회	기본 산정금액 × 100분의 80

감)+산업재해[288]의 발생 빈도(가중)]

○ 위반행위 및 도급금액에 따른 산정기준(기본 산정금액)

위반행위	근거 법조문	기본 산정금액
1) 법 제58조제1항을 위반하여 도급한 경우	법 제161조 제1항제1호	연간 도급금액의 100분의 50
2) 법 제58조제2항제2호를 위반하여 승인을 받지 않고 도급한 경우	법 제161조 제1항제2호	연간 도급금액의 100분의 40
3) 법 제59조제1항을 위반하여 승인을 받지 않고 도급한 경우	법 제161조 제1항제2호	연간 도급금액의 100분의 40
4) 법 제60조를 위반하여 승인을 받아 도급받은 작업을 재하도급한 경우	법 제161조 제1항제3호	연간 도급금액의 100분의 50

○ 관계수급인 근로자의 산업재해 예방에 필요한 조치 이행을 위한 노력의 정도

조치 이행의 노력	감경치
3년간 법 제63조부터 제66조까지의 규정에 따른 도급인의 의무사항 이행 여부에 대한 근로감독관의 점검을 받은 결과 해당 규정 위반을 이유로 행정처분을 받지 않은 경우	1차 조정에 따른 금액[289] × 100분의 50
3년간 법 제63조부터 제66조까지의 규정에 따른 도급인의 의무사항 이행 여부에 대한 근로감독관의 점검을 받지 않은 경우 또는 해당 점검을 받은 결과 법 제63조부터 제66조까지의 규정 위반을 이유로 행정처분을 받은 경우	-

○ 산업재해 발생 빈도

산업재해 발생 빈도	가중치
3년간 미발생	-
3년간 1회 이상 발생	1차 조정에 따른 금액 × 100분의 20

　납부기한까지 과징금을 납부하지 아니하면 과징금 납부기한이 지난 날부터 매 1개월이 지날 때마다 체납된 과징금의 5/1,000에 해당하는 금액을 가산금을 부과한다. (법 제161조제3항, 시행령 제113조제2항) 가산금의 징수기간은 60개월까지이다.

288　도급인 및 관계수급인의 근로자가 사망한 경우 또는 3일 이상의 휴업이 필요한 부상을 입거나 질병에 걸린 경우로 한정
289　기본산정금액에 1차조정가중치를 더한 금액

	대상	내용
안전보건총괄책임자 지정(법 제62조)	도급인 사업장에서 작업하는 경우, 수급인 근로자 포함 100명 이상 사업장,[290] 총 공사금액 20억 이상 건설업	관계수급인의 산업재해를 예방하기 위한 업무 총괄자 지정[291](도급인 관리책임자)
도급인의 안전 · 보건조치(법 제63조)	도급인 사업장에서 작업하는 경우	안전 및 보건시설의 설치 등 조치 ※ 작업행동 관리 제외
산재예방 조치(법 제64조)	도급인 사업장에서 작업하는 경우	협의체구성, 순회점검, 교육지원 및 확인, 경보체게 운형 · 훈련, 위생시설제공
안전 · 보건 정보제공 (법 제65조)	– 폭발성 · 발화성 · 인화성 · 독성 등 유해위험 화학물질 제조 · 사용 · 운반 · 저장 또는 당해 설비의 개조 · 분해 · 해체 · 철거작업 – 질식 · 붕괴 위험작업	안전보건정보를 작업시작 전 문서로 제공 수급인의 안전보건조치 이행 여부 확인 정보미제공시 작업거부, 이해지체 면책
관계수급인에 대한 시정조치(법 제66조)	도급인 사업장에서 작업하는 경우	관계수급인 근로자가 법위반 또는 법에 따른 명령 위반 시 시정조치

　고용환경이 변화하여 건설업은 물론 대부분의 사업이 도급에 의하여 작업이 이루어지고 있어 하나의 사업장내에서 서로 다른 기업의 근로자가 작업을 하고 있어 해당 사업장 내에서 안전보건관리는 수급인(하청업체)의 근로자를 포함할 필요가 있다. 법 제63조는 도급을 주는 경우 도급인[292]이 지켜야 할 사항을 규정한다. 도급인은 관계수급인 근로자가 도급인의 사업장에서 작업을 하는 경우에 자신의 근로자와 관계수급인 근로자의 산업재해를 예방하기 위하여 안전 및 보건 시설의 설치 등 필요한 안전조치 및 보건조치를 하여야 한다. 사업장을 보유하고 그 사업장 내에서 도급에 의한 작업이 있는 경우 필요한 안전조치의 의무를 도급인에게 부여하였다.

　다만, 보호구 착용의 지시 등 관계수급인 근로자의 작업행동에 관한 직접적인 조치는 제외

290　선박 및 보트 건조업, 1차 금속 제조업 및 토사석 광업의 경우에는 50명
291　이 경우 「건설기술진흥법」 제64조제1항제1호에 따른 안전총괄책임자를 둔 것으로 본다.(법 제62조제2항)
292　동조의 적용은 사무직에 종사하는 근로자만 사용하는 사업을 제외한 모든 사업이다. (시행령 제54조)

한다고 하여 도급인의 의무는 안전보건 시설물·장구 등의 설치·제공, 사용수칙의 제정과 이를 알려 주는 데 있다.

이는 종전 법에서는 같은 장소에서 작업하는 경우, 사업의 일부를 도급하는 경우에 적용하던 것을 사업장내에서 발생하는 모든 작업으로 확대하여 수급인 근로자의 산업재해 예방 의무를 보다 강화하고 있다.(법 제63조, 제64조)

(1) 도급인 사업장에서 도급을 주는 경우

도급인의 사업장에서 행하여지는 작업에 대하여는 사업의 종류를 불문하고 도급인의 관계수급인 근로자의 산업재해예방을 위한 안전조치 및 보건조치 의무가 발생한다.(시행령 제54조[293])

도급인 사업장 밖일지라도 '도급인의 사업장'에 포함되는 장소가 있다.(법 제10조제2항) 도급인이 제공하거나 지정한 경우로서 도급인이 지배·관리하는 다음 장소(21개)는 도급인의 안전·보건조치 의무가 부과되는 장소에 해당한다.(시행령 제11조)

---

1. 토사 · 구축물 · 인공구조물 등이 붕괴될 우려가 있는 장소
2. 기계 · 기구 등이 넘어지거나 무너질 우려가 있는 장소
3. 안전난간의 설치가 필요한 장소
4. 비계 또는 거푸집을 설치하거나 해체하는 장소
5. 건설용 리프트를 운행하는 장소
6. 지반을 굴착하거나 발파작업을 하는 장소
7. 엘리베이터홀 등 근로자가 추락할 위험이 있는 장소
8. 석면이 붙어 있는 물질을 파쇄 또는 해체하는 작업을 하는 장소
9. 공중 전선에 가까운 장소로서 시설물의 설치 · 해체 · 점검 및 수리 등의 작업을 할 때 감전의 위험이 있는 장소
10. 물체가 떨어지거나 날아올 위험이 있는 장소
11. 프레스 또는 전단기(剪斷機)를 사용하여 작업을 하는 장소

293　시행령 제54조(도급 금지 및 도급사업의 안전 · 보건 조치) 법 제63조에서 도급인이 관계수급인 근로자의 산업재해를 예방하기 위한 안전조치 및 보건조치를 하여야 할 사업은 사무직에 종사하는 근로자만 사용하는 사업을 제외한 사업을 말한다.

12. 차량계 하역운반기계 또는 차량계 건설기계를 사용하여 작업하는 장소

13. 전기 기계 · 기구를 사용하여 감전의 위험이 있는 작업을 하는 장소

14. 「철도산업발전기본법」 제3조제4호에 따른 철도차량(「도시철도법」에 따른 도시철도차량을 포함한다)에 의한 충돌 또는 협착의 위험이 있는 작업을 하는 장소

15. 그 밖에 화재 · 폭발 등 사고 발생 위험이 높은 장소로서 고용노동부령으로 정하는 장소

시행규칙 제6조 도급인의 안전 · 보건 조치 장소

1. 용접 · 용단작업 등 화재 · 폭발 우려가 있는 작업을 하는 장소

2. 양중기에 의한 충돌 또는 협착의 위험이 있는 작업을 하는 장소

3. 유기화합물취급 특별 장소

4. 방사선 업무를 하는 장소

5. 밀폐공간

6. 폭발성물질 등 위험물질을 제조하거나 취급하는 장소

7. 화학설비 및 그 부속설비에 대한 정비 · 보수 작업이 이루어지는 장소

1) 산업재해예방 공동책임(법 제63조)[294]

도급인은 관계수급인 근로자가 '도급인의 사업장'에서 작업을 하는 경우 자신의 근로자와 관계수급인 근로자의 산업재해를 예방하기 위하여 안전 및 보건시설의 설치 등 필요한 안전·보건조치[295]를 하여야 한다. 다만, 보호구 착용의 지시 등 관계수급인 근로자의 작업행동에 관한 직접적인 조치는 제외한다.

위반 시 3년 이하의 징역 또는 3,000만 원 이하의 벌금에 처한다. 가중처벌로서는 근로자를 사망에 이르게 한 경우 7년 이하의 징역 또는 1억 원 이하의 벌금에 처하며(제167조제1항), 가중처벌에 관한 형을 선고받고 그 형이 확정된 후 5년 이내에 다시 제1항의 죄를 범한 자는 그 형의 2분의 1까지 가중한다. 또한, 법원은 법 제39조제1항을 위반하여 근로자를 사망에 이르게 한 사람에게 유죄의 판결(선고유예는 제외한다)을 선고하거나 약식명령을 고지하는 경우에는 200시간의 범위에서 산업재해 예방에 필요한 수강명령을 병과(倂科)할 수 있다.

---

294   종전규정: 도급인인 사업주는 그의 수급인이 사용하는 근로자가 고용노동부령이 정하는 산업재해 발생위험이 있는 장소에서 작업을 할 때에는 시행규칙 및 안전보건규칙에 따른 산업재해예방조치를 취하여야 한다.(종전 법 제29조제3항, 시행규칙 제30조제5항) 위반 시 1년 이하의 징역 또는 1,000만 원 이하의 벌금에 처한다.

295   「산업안전보건기준에관한규칙」이 적용대상이다.

구분	대상자	벌칙	비고
법 위반 시	행위자(안전보건관리책임자 등)	3년 이하의 징역 또는 3천만 원 이하의 벌금	
	법인	〃	
사망 시	행위자(안전보건관리책임자 등)	7년 이하의 징역 또는 1억 원 이하의 벌금	200시간 수강명령 병과
	법인	10억 원 이하의 벌금	

2) 관계수급인 근로자 산재예방 체계 구축을 위한 조치(법 제64조제1항)

법 제63조에 따른 도급인인 사업주는 자신의 사업장에서 관계수급인이 사용하는 근로자에 대한 산업재해 예방을 위하여 ① 수급인을 포함한 안전 보건에 관한 협의체의 구성 및 운영, ② 작업장의 순회점검 등 안전보건관리, ③ 관계수급인이 근로자에게 하는 안전·보건교육에 대한 장소 및 자료 지원, ④ 유해위험작업 특별교육 실시확인, ⑤ 작업장소에서 발파작업을 하는 경우나, 작업장소에서 화재·폭발이 발생하거나 토사·구축물 등 붕괴 또는 지진 사고가 발생하는 경우에 대비한 경보의 운영과 대피방법 훈련, ⑥ 위생시설[296] 등 필요한 시설의 설치 등을 위하여 필요한 장소의 제공 또는 도급인이 설치한 위생시설 이용의 협조의무(법 제64조제1항)가 있다. 위반 시 500만 원 이하의 벌금에 처한다.(법 제172조)

사업을 타인에게 도급하는 자는 수급인 근로자의 건강을 보호하기 위하여 수급인이 고용노동부령으로 정하는 위생시설에 관한 기준을 준수할 수 있도록 수급인에게 위생시설을 설치할 수 있는 장소를 제공하거나 자신의 위생시설을 수급인의 근로자가 이용할 수 있도록 하는 등 적절한 협조를 하여야 한다.(법 제64조제1항제6호)

3) 안전 · 보건에 관한 사업주 간 협의체의 구성 및 운영

협의체는 도급인인 사업주 및 그의 수급인인 사업주 전원으로 구성된 협의체를 구성(시행규칙 제79조제1항)하여 ① 작업의 시작 시간, ② 작업 또는 작업장 간의 연락방법, ③ 재해 발생

---

296   휴게시설, 세면 · 목욕시설, 세탁시설, 탈의시설, 수면시설(시행령 제81조)

위험이 있는 경우 대피방법, ④ 작업장 위험성평가의 실시에 관한 사항, ⑤ 사업주와 수급인 또는 수급인 상호 간의 연락 방법 및 작업공정의 조정 등을 협의(시행규칙 제79조제2항)하는 회의를 매월 1회 이상 정기적으로 개최하고 그 결과를 기록·보존한다. (시행규칙 제79조제3항)

4) 작업장의 순회점검 등 안전 · 보건관리

○ 작업장은 2일에 1회[297] 이상 순회점검(시행규칙 제80조제1항)

\- 관계수급인은 도급인이 실시하는 순회점검을 거부·방해 또는 기피하지 못하며, 도급인인 사업주의 시정요구에 응하여야 한다. (시행규칙 제80조제2항)

(3) 관계수급인이 행하는 근로자의 안전·보건교육에 대한 지원

○ 안전·보건교육에 필요한 장소의 제공, 자료의 제공 등의 요청 시 협조(시행규칙 제80조제3항)

(4) 관계수급인이 근로자에게 하는 특별안전보건교육(법 제29조제3항)의 실시 확인

(5) 다음 각 목의 어느 하나의 경우에 대비한 경보체계 운영과 대피방법 등 훈련

가. 작업 장소에서 발파작업을 하는 경우

나. 작업 장소에서 화재·폭발, 토사·구축물 등의 붕괴 또는 지진 등이 발생한 경우

(6) 위생시설 등 고용노동부령으로 정하는 시설의 설치[298] 등을 위하여 필요한 장소의 제공 또는 도급인이 설치한 위생시설 이용의 협조

1. 휴게시설

2. 세면·목욕시설

3. 세탁시설

4. 탈의시설

5. 수면시설

---

297 다음 각 목의 사업을 제외한 사업은 일주일에 1회
\- 건설업, 제조업, 토사석 광업, 서적, 잡지 및 기타 인쇄물 출판업, 음악 및 기타 오디오물 출판업, 금속 및 비금속 원료 재생업
298 해당 시설을 설치할 때에는 해당 시설에 대해 안전보건규칙에서 정하고 있는 기준을 준수해야 한다.(시행규칙 제81조제2항)

5) 합동 안전보건점검(법 제64조제2항)

도급사업의 사업주는 도급인 사업주와 근로자, 수급인 사업주와 근로자로 구성된 합동점검반을 구성하여 정기 또는 수시로 작업장에 대한 안전보건점검을 실시하여야 한다.

점검반 구성(시행규칙 제82조제1항)

① 도급인,[299] ② 관계수급인,[300] ③ 도급인 및 관계수급인의 근로자 각 1명(관계수급인의 근로자의 경우에는 해당 공정만 해당)

정기 안전 · 보건점검의 실시 횟수

업종	실시 횟수
가. 건설업 나. 선박 및 보트 건조업	2개월에 1회 이상
나머지 사업	분기에 1회 이상

(2) 유해위험작업 도급 시 추가조치

1) 안전보건 정보의 제공(법 제65조)

고용노동부령으로 정하는 화학물질 또는 혼합물을 제조·사용·운반 또는 저장하는 설비의 개조·분해·해체·철거 등의 작업을 도급 주는 경우에는 작업수행에 필요한 안전보건 정보를 제공하여야 한다. (법 제65조제1항)

---

299 같은 사업 내에 지역을 달리하는 사업장이 있는 경우에는 그 사업장의 안전보건관리책임자
300 같은 사업 내에 지역을 달리하는 사업장이 있는 경우에는 그 사업장의 안전보건관리책임자

	1. 폭발성 · 발화성 · 인화성 · 독성 등의 유해성 · 위험성이 있는 화학물질 또는 그 혼합물을 제조 · 사용 · 운반 또는 저장하는 반응기 · 증류탑 · 배관 또는 저장탱크의 개조 · 분해 · 해체 · 철거 작업	
대상작업	**화학물질**	**대상설비**
	위험물질(안전보건규칙 별표 1) 관리대상 유해물질(안전보건규칙 별표 12)	화학설비 및 그 부속설비(안전보건규칙 별표 7)
	2. 1호의 설비 내부 작업 3. 질식 또는 붕괴위험 작업 - 산소결핍, 유해가스 등 질식위험 장소의 작업(밀폐공간 작업) - 토사 · 구축물 · 인공구조물 등 붕괴 우려가 있는 장소에서 작업	
정보제공 내용	• 위험물질 및 관리대상 유해물질의 명칭과 그 유해성 · 위험성 • 안전 · 보건상 유해하거나 위험한 작업에 대한 안전 · 보건상 주의사항 • 안전 · 보건상 유해하거나 위험한 물질의 유출 등 사고 발생 시 조치사항	
제공절차	• 도급인은 도급작업 시작 전에 수급인에게 문서(전자문서 포함)으로 제공 • 하도급하는 경우 제공받은 문서의 사본을 하도급작업시작 전까지 제공 • 제공된 정보에 따라 필요한 조치를 하는지 확인 • 확인을 위해 기록 등 자료제출을 수급인에게 요구	

(3) 관계수급인 및 관계수급인 근로자의 의무(법 제66조)

도급인 사업장에서 도급인인 사업주(법 제64조)와 안전보건정보제공대상 작업을 도급한 경우(법 제65조제1항)에는 그의 수급인(관계수급인) 또는 수급인(관계수급인)의 근로자가 도급받은 작업과 관련하여 이 법 또는 이 법에 따른 명령을 위반하면 수급인(관계수급인)에게 그 위반행위의 시정을 요구할 수 있고(법 제66조제1항), 수급인(관계수급인) 및 수급인(관계수급인)의 근로자는 정당한 사유가 없는 한 조치 요구에 따라야 한다. (법 제66조)

	대상	내용
건설공사 발주자(법 제67조)	총 공사금액 50억 이상	건설공사 계획, 설계 및 시공단계별 조치 대장을 작성 -계획단계(기본안전보건대장): 해당 건설공사에서 중점적으로 관리해야할 유해·위험요인과 감소방안 -설계단계(설계안전보건대장): 유해·위험요인 감소방안이 포함된 설계 -시공단계(공사안전보건대장): 안전한 작업을 위한 시공계획
안전보건조정자(제68조)	각 건설공사금액의 함이 50억 원 이상	2개 이상 건설공사를 도급한 건설공사발주자는 같은 장소에서 행하여지는 경우 작업의 혼재로 발생할 수 있는 산재예방을 위한 안전보건조정자를 두어야 함
공사기간 단축·공법변경 금지(제69조)	건설공사발주자, 건설공사 최초수급인(시공총괄·관리자)	설계도서에 따른 공사기간 단축 금지 공사비를 줄이기 위하여 위험공법 사용 금지 및 정해진 공법 변경 금지
건설공사 기간 연장(제70조)	태풍·홍수 또는 전쟁 등 불가항력 사유 발생 시 건설공사발주자에게 책임 있는 사유로 착공 지연 시	사유 종료 10일 이내 공사기간 연장 요청 요청받은 날부터 30일 이내 연장 조치
설계변경 요청(제71조)	1.붕괴위험 공사 • 높이 31m 이상인 비계 • 작업발판 일체형 거푸집 또는 높이 6m 이상인 거푸집 동바리 • 터널 지보공 또는 높이 2m 이상인 흙막이 지보공 • 동력을 이용하여 움직이는 가설구조물 2.유해위험방지계획서 변경명령 받은 경우	전문가의 의견을 들어 건설공사도급인에게 해당 건설공사의 변경을 요청
산업안전보건관리비 계상(제72조)	도급계약 체결 시 또는 건설공사도급인이 사업계획 수립할 때	도급금액 또는 사업비에 계상된 산업안전보건관리비의 범위에서 해당 사업의 위험도를 고려하여 지급·사용
산재예방 지도(제73조)	공사금액 1억 원 이상 120억 원 미만	건설재해예방전문지도기관의 지도

		작업시작 전 소유자(대여자)와 합동 안전점검
타워크레인 등 안전조치 (제76조)	타워크레인, 건설용 리프트, 항타기 및 항발기 설치·해체·조립 작업시	작업계획서 작성 및 이행 여부 확인 작업자의 자격·면허·경험·기능 보유 여부 확인

(1) 발주 단계별 안전보건대장 작성

건설공사의 발주자는 건설공사의 단계별로 안전보건대장을 작성하고 그 이행 여부를 확인하여야 한다. (법 제67조)[301] 대상 공사는 총 공사금액이 50억 원 이상인 공사이다. (시행령 제55조) 위반 시 1천만 원 이하의 과태료를 부과한다. (법 제175조제4항)

안전보건대장에 포함되어야 할 내용과 이행방법은 다음과 같다. (시행규칙 제86조)

구분	내용	방법
기본	해당 건설공사에서 중점적으로 관리하여야 할 유해·위험요인과 이의 감소방안 포함 1. 공사규모, 공사예산 및 공사기간 등 사업개요 2. 공사현장 제반 정보 3. 공사 시 유해·위험요인과 감소대책 수립을 위한 설계조건	공사규모·예산·기간 등 사업 개요, 공사 시 유해·위험요인과 감소대책 수립 설계조건 등이 포함된 기본안전보건대장 작성
설계	1. 안전한 작업을 위한 적정 공사기간 및 공사금액 산출서 2. 제1항제3호의 설계조건을 반영하여 공사 중 발생할 수 있는 주요 유해·위험요인 및 감소대책에 대한 위험성평가 내용 3. 법 제42조에 따른 유해·위험방지계획서 작성계획 4. 법 제68조에 따른 안전보건조정자 배치계획 5. 법 제72조에 따른 산업안전보건관리비 산출내역서 6. 법 제73조에 따른 건설공사의 산업재해예방지도 실시계획	기본안전보건대장을 설계자에게 제공하고 설계자로 하여금 안전한 작업을 위한 적정 공사기간·금액 산출서 등이 포함된 설계안전보건대장을 작성하고 확인
공사	1. 설계안전보건대장의 위험성평가 내용이 반영된 공사 중 안전보건 조치 이행계획 2. 법 제42조에 따른 유해·위험방지계획서의 심사 및 확인결과에 대한 조치내용 3. 법 제72조에 따라 계상된 산업안전보건관리비 사용계획 및 사용내역 4. 법 제73조에 따른 건설공사의 산업재해예방 지도 계약 여부, 지도 결과 및 조치내용	최초 건설공사 수급인에게 설계안전보건대장을 제공하고, 이를 반영하여 유해·위험방지계획서의 심사·확인 결과 조치내용 등이 포함된 공사안전보건대장을 작성하게 하고 이행 여부 확인

---

301 2020.1.6. 이후 건설공사발주자가 건설공사의 설계에 관한 계약을 체결하는 경우부터 적용

(2) 안전보건조정자

2개 이상의 건설공사를 도급한 건설공사발주자는 2개 이상의 건설공사가 같은 장소에서 행해지는 경우에[302] 작업의 혼재로 인하여 발생할 수 있는 산업재해를 예방하기 위하여 건설공사 현장에 안전보건조정자[303]를 두어야 한다.[304] (법 제68조) 선임대상 공사는 각 건설공사[305] 금액의 합이 50억 원 이상인 경우이다. (시행령 제56조) 위반시 500만 원 이하의 과태료를 부과한다. (법 제175조제5항)

〈안전보건조정자 업무(시행령 제57조)〉

1. 같은 장소에서 이루어지는 각각의 공사 간에 혼재된 작업의 파악
2. 혼재된 작업으로 인한 산재 발생의 위험성 파악
3. 혼재된 작업으로 인한 산재 예방을 위한 작업 시기ㆍ내용 및 안전보건조치 등 조정
4. 각각의 공사 도급인의 안전보건관리책임자 간 작업내용 정보 공유 여부 확인

---

302   예) ・건설(건축, 토목)+소방시설공사 ・전기공사+소방시설공사 등
303   제56조(안전보건조정자의 선임 등) 제2항
1. 법 제143조제1항에 따른 산업안전지도사 자격을 가진 사람
2. 「건설기술 진흥법」 제2조제6호에 따른 발주청이 발주하는 건설공사인 경우 발주청이 같은 법 제49조제1항에 따라 선임한 공사감독자
3. 다음 각 목의 어느 하나에 해당하는 사람으로서 해당 건설공사 중 주된 공사의 책임감리자
가. 「건축법」 제25조에 따라 지정된 공사감리자
나. 「건설기술 진흥법」 제2조제5호에 따른 감리 업무를 수행하는 자
다. 「주택법」 제43조에 따라 지정된 감리자
라. 「전력기술관리법」 제12조의2에 따라 배치된 감리원
마. 「정보통신공사업법」 제8조제2항에 따라 해당 건설공사에 대하여 감리업무를 수행하는 자
4. 「건설산업기본법」 제8조에 따른 종합공사에 해당하는 건설현장에서 안전보건관리책임자로서 3년 이상 재직한 사람
5. 「국가기술자격법」에 따른 건설안전기술사
6. 「국가기술자격법」에 따른 건설안전기사 자격을 취득한 후 건설안전 분야에서 5년 이상의 실무경력이 있는 사람
7. 「국가기술자격법」에 따른 건설안전산업기사 자격을 취득한 후 건설안전 분야에서 7년 이상의 실무경력이 있는 사람
304   (경과조치) 법 시행(' 20.1.16.) 전 도급계약을 체결하여 건설공사가 행해지는 현장의 경우에는 종전의 규정을 따름
305   * ① 「건설산업기본법」 제2조제4호에 따른 건설공사, ② 「전기공사업법」 제2조제1호에 따른 전기공사, ③「정보통신공사업법」 제2조제2호에 따른 정보통신공사, ④「소방시설공사업법」에 따른 소방시설공사, ⑤「문화재 수리 등에 관한 법률」에 따른 문화재 수리공사

(3) 공사기간 단축·공법변경 금지

건설공사발주자 또는 건설공사도급인[306]은 설계도서에 따라 산정된 공사기간을 단축해서는 아니 된다.(법 제69조제1항) 또한, 건설공사발주자 또는 건설공사도급인은 공사비를 줄이기 위하여 위험성이 있는 공법을 사용하거나 정당한 사유 없이 정해진 공법을 변경해서는 아니 된다.(법 제69조제2항) 위반 시 1천만 원 이하의 벌금에 처한다.(법 제171조)

(4) 건설공사 기간연장

건설공사발주자는 불가항력적 사유 또는 건설공사발주의 귀책으로 인하여 건설공사가 지연되어 해당 건설공사도급인이 산업재해예방을 위하여 공사기간의 연장을 요청하는 경우에는 특별한 사유가 없으면 공사기간을 연장하여야 한다.(법 제70조제1항) 관계수급인 또한 같은 사유로 공사기간 연장을 요청할 수 있다.(법 제70조제2항) 위반 시 1천만 원 이하의 과태료를 부과한다.(법 제175조제5항) 요청방법은 ① 공사기간 연장 요청사유 및 그에 따른 공사 지연사실을 증명할 수 있는 서류, ② 연장 기간 산정근거 및 공정관리 변경에 관한 서류를 첨부하여 별지서식에 작성하여 요청한다.(시행규칙 제87조)

구분	요청기간	처리기간
건설공사도급인이 요청하는 경우	사유종료 날부터 10일 이내	요청받은 날부터 30일 이내 연장조치
관계수급인이이 요청하는 경우	사유종료 날부터 10일 이내	요청받은 날부터 30일 이내 연장조치 또는 10일 이내 발주자에게 연장요청[307]

---

306 건설공사발주자로부터 해당 건설공사를 최초로 도급받은 수급인 또는 건설공사의 시공을 주도하여 총괄·관리하는 자를 말함.
307 발주자로부터 연장조치 결과를 통보받은 날부터 5일 이내에 관계수급인에게 그 결과를 통보(시행규칙 제89조제5항)

(5) 설계변경 요청

건설공사도급인은 해당 건설공사 중에 가설구조물의 붕괴 등[308]으로 산업재해가 발생할 위험이 있다고 판단되면 전문가[309]의 의견을 들어 건설공사발주자에게 해당 건설공사의 설계변경을 요청할 수 있다. (법 제71조제1항) 노동부장관의 공사중지 또는 유해위험방지계획서변경명을 받은 경우도 같다. (법 제71조제2항) 관계수급인이 전문가의 의견을 들어 요청하는 경우에는 직접 설계변경을 하거나 발주자에게 요청하여야 한다. (법 제71조제3항) 관계수급인의 설계변경요청에 조치를 하지 아니한 도급인과 설계변경요청을 받은 발주자가 이를 반영[310]하지 아니한 발주자에게는 1천만 원 이하 과태료를 부과한다. (법 제17조제4항)

요청방법은 설계변경 요청 대상, 요청사유 및 그에 따른 증명 서류 등을 첨부하여 별지서식에 작성하여 요청한다. (시행규칙 제88조)

구분	내용
공통	1. 설계변경 요청 대상 공사의 도면 2. 당초 설계의 문제점 및 변경요청 이유서 3. 그 밖에 재해 발생의 위험이 높아 설계변경이 필요함을 증명할 수 있는 서류
도급인, 관계수급인의 요청 시	1. 가설구조물의 구조계산서 등 당초 설계의 안전성에 관한 전문가의 검토 의견서 및 그 전문가(전문가가 공단인 경우는 제외한다)의 자격증 사본
공사중지명령, 유해위험방지계획서 변경명령 시	1. 법 제42조제4항에 따른 유해·위험방지계획서 심사결과 통지서 2. 제45조제4항에 따라 지방고용노동관서의 장이 명령한 공사착공중지명령 또는 계획변경명령 등의 내용

처리기간은 다음과 같다.

---

308   다음 구조물을 설치·운용할 때 해당 구조물의 붕괴·낙하 등 재해 발생의 위험이 높은 경우
1. 높이 31m 이상인 비계(飛階)
2. 작업발판 일체형 거푸집 또는 높이 6m 이상인 거푸집 동바리
3. 터널의 지보공(支保工) 또는 높이 2m 이상인 흙막이 지보공
4. 동력을 이용하여 움직이는 가설구조물
309   1.「국가기술자격법」에 따른 건축구조기술사(토목공사 및 제1항제3호의 구조물은 제외한다)
2.「국가기술자격법」에 따른 토목구조기술사(토목공사로 한정한다)
3.「국가기술자격법」에 따른 토질및기초기술사(제1항제3호의 구조물로 한정한다)
4.「국가기술자격법」에 따른 건설기계기술사(제1항제4호의 구조물로 한정한다.
310   요청받은 내용이 기술적으로 적용이 불가능한 명백한 경우는 제외(법 제71조제4항)

구분	처리기간
건설공사도급인이 요청하는 경우	요청받은 날부터 30일 이내 설계변경 후 승인통지 또는 불승인 통지
관계수급인이이 요청하는 경우	요청받은 날부터 30일 이내 설계변경승인통지서 통보 또는 10일 이내 발주자에게 제출[311]

(6) 타워크레인 등 안전조치

건설공사도급인은 자신의 사업장에서 ① 타워크레인, ② 건설용 리프트, ③ 항타기 및 항발기가 설치되어 있거나 작동하고 있는 경우 또는 설치·해체·조립하는 등의 작업이 이루어지고 있는 경우 안전조치 및 보건조치를 하여야 한다. (법 제76조, 시행령 제66조) 위반 시 3년 이하의 징역 또는 3천만 원 이하의 벌금에 처한다. (법 제168조)

〈건설공사도급인의 안전조치(시행규칙 제94조)〉
1. 작업시작 전 기계·기구 등을 소유 또는 대여하는 자와 합동으로 안전점검 실시
2. 작업을 수행하는 사업주의 작업계획서 작성 및 이행 여부 확인(타워크레인, 항타기 및 항발기)
3. 작업자가 법 제140조에서 정한 자격·면허·경험 또는 기능을 가지고 있는지 여부 확인(타워크레인, 항타기 및 항발기)
4. 그 밖에 해당 기계·기구 또는 설비 등에 대하여 안전보건규칙에서 정하고 있는 안전보건조치
5. 기계·기구 등의 결함, 작업방법과 절차 미준수, 강풍 등 이상 환경으로 인하여 작업수행 시 현저한 위험이 예상되는 경우 작업중지 조치

(7) 타워크레인 설치·해체업의 등록

타워크레인을 설치하거나 해체를 하려는 자는 인력·시설 및 장비 등의 요건을 갖추어 등록하여야 한다. (법 제82조제1항) 위반 시 1,500만 원 이하의 과태료를 부과한다. (법 제175조)

사업주는 등록한 자로 하여금 타워크레인을 설치하거나 해체하는 작업을 하도록 하여야 한다. (법 제82조제2항) 위반 시 3년 이하의 징역 또는 3천만 원 이하의 벌금에 처한다. (법 제168조)

---

311 발주자로부터 결과를 통보받은 날부터 5일 이내에 관계수급인에게 그 결과를 통보(시행규칙 제90조제6항)

⑤ 유해 · 위험기계 · 기구 등의 대여 시 안전조치

기계·기구·설비 및 건축물 등을 대여하는 경우 발생할 수 있는 재해를 예방하기 위해 타인에게 대여하거나 대여받는 자가 지켜야 할 유해·위험방지 조치를 규정하고 있다. (법 제81조) 법 위반 시 3년 이하의 징역 또는 3천만 원 이하의 벌금에 처한다.

(1) 법 적용 대상 기계 · 기구 · 설비 및 건축물(시행령 제71조, 별표 21)

① 사무실 및 공장용 건축물, ② 이동식크레인, ③ 타워크레인, ④ 불도저, ⑤ 모터 그레이더, ⑥ 로더, ⑦ 스크레이퍼, ⑧ 스크레이퍼 도저, ⑨ 파워 셔블, ⑩ 드래그라인, ⑪ 클램셸, ⑫ 버킷 굴삭기, ⑬ 트렌치, ⑭ 항타기, ⑮ 항발기, ⑯ 어스드릴, ⑰ 천공기, ⑱ 어스오거, ⑲ 페이퍼드레인머신, ⑳ 리프트, ㉑ 지게차, ㉒ 롤러기, ㉓ 콘크리트 펌프, ㉔ 고소작업대, ㉕ 그 밖에 산업재해보상보험 및 예방심의위원회 심의를 거쳐 고용노동부장관이 정하여 고시하는 기계, 기구, 설비 및 건축물 등

(2) 기계 · 기구 및 설비 대여 시

1) 대여자의 조치

해당 기계 등을 미리 점검하고 이상을 발견한 때에는 즉시 보수하거나 그 밖에 필요한 정비를 하고, 대여받는 자에게 ① 해당 기계 등의 성능 및 방호조치의 내역, ② 해당 기계 등의 특성 및 사용 시의 주의사항, ③ 해당 기계 등의 수리·보수 및 점검 내역과 주요 부품의 제조일, ④

해당 기계 등의 정밀진단 및 수리 후 안전점검 내역, 주요 안전부품의 교환이력 및 제조일을 적은 사항을 서면으로 발급한다. (시행규칙 제100조제1항)

사용을 위하여 설치·해체 작업(기계 등을 높이는 작업을 포함한다. 이하 같다)이 필요한 기계 등을 대여하는 경우로서 해당 기계 등의 설치·해체 작업을 다른 설치·해체업자에게 위탁하는 경우에는 ① 설치·해체업자가 기계 등의 설치·해체에 필요한 법령상 자격을 갖추고 있는지와 설치·해체에 필요한 장비를 갖추고 있는지를 확인할 것, ② 설치·해체업자에게 제2호 각 목의 사항을 적은 서면을 발급하고, 해당 내용을 주지시킬 것, ③ 설치·해체업자가 설치·해체 작업 시 안전보건규칙에 따른 산업안전보건기준을 준수하고 있는지를 확인하여야 한다.

해당 기계 등의 대여에 관한 사업상황을 기계 등 대여사항 기록부(시행규칙 별지 제39호서식)에 기록·보존하여야 한다. (시행규칙 제103조)

2) 대여받는 자의 조치

해당 기계 등을 조작하는 사람이 관계법령에서 정하는 자격이나 기능을 가진 사람인지 확인하고, 해당 기계 등을 조작하는 자에게 ① 작업의 내용, ② 지휘계통, ③ 연락·신호 등의 방법, ④ 운행경로·제한속도, 그 밖에 해당 기계 등의 운행에 관한 사항, ⑤ 그 밖에 해당 기계 등의 조작에 따른 산업재해를 방지하기 위하여 필요한 사항을 주지시켜야 하고, 조작하는 자는 이를 준수하여야 한다. (시행규칙 제101조)

타워크레인을 대여받은 자는 ① 타워크레인을 사용하는 작업 중에 타워크레인 장비 간 또는 타워크레인과 인접 구조물 간 충돌위험이 있으면 충돌방지장치를 설치하는 등 충돌방지를 위하여 필요한 조치를 할 것, ② 타워크레인 설치·해체 작업이 이루어지는 동안 작업과정 전반(全般)을 영상으로 기록하여 대여기간 동안 보관할 것

해당 기계 등을 대여하는 자가 제100조제2호 각 목의 사항을 적은 서면을 발급하지 않는 경우 해당 기계 등을 대여받은 자는 해당 사항에 대한 정보 제공을 요구할 수 있다. (시행규칙 제101조제3항) 기계 등을 대여받은 자가 기계 등을 대여한 자에게 해당 기계등을 반환하는 경우에는 해당 기계 등의 수리·보수 및 점검 내역과 부품교체 사항 등이 있는 경우 해당 사항에 대

한 정보를 제공해야 한다. (시행규칙 제101조제4항)

(3) 건축물 대여자의 의무

1) 대여 공장건축물 국소배기장치 등의 점검 · 보수

공용으로 사용하는 공장건축물로서 국소배기장치·전체환기장치·배기처리장치 중 하나의 장치를 설치한 것을 대여하는 자는 해당 건축물을 대여받은 자가 2명 이상인 경우로서 국소배기장치·전체환기장치·배기처리장치 중 하나의 장치의 전부 또는 일부를 공용으로 사용하는 경우에는 그 공용부분의 기능이 유효하게 작동되도록 점검·보수 등 필요한 조치를 하여야 한다. (시행규칙 제104조)

2) 편의제공 요구에 응할 의무

해당 건축물을 대여받은 사업주로부터 국소배기장치, 소음방지를 위한 칸막이벽, 그 밖에 산업재해를 방지하기 위하여 필요한 설비의 설치에 관하여 해당 설비의 설치에 수반된 건축물의 변경승인, 해당 설비의 설치공사에 필요한 시설의 이용 등 편의제공을 요구받은 경우에는 이에 따라야 한다. (시행규칙 제105조)

6 그 밖의 고용형태 종사자 안전보건조치

(1) 특수형태근로종사자에 대한 안전보건조치

계약형식에 관계없이 근로자와 유사하게 노무를 제공하는 자로서 근로기준법 등이 적용되지 않는 사람(특수형태근로종사자[312])로부터 노무를 제공받는 자는 특수형태근로종사자의 산업재해 예방을 위한 필요한 안전·보건조치를 하여야 한다. (법 제77조제1항)

이동통신단말장치로 물건의 수거·배달 등을 중계하는 자는 이륜자동차로 물건을 수거·배달하는 자에 대한 안전·보건조치를 하여야 한다. (법 제78조) 위반 시 1천만 원 이하의 과태료가 부과된다.

대상(시행령 제67조)	안전보건조치(안전보건기준 제672조, 제673조)
1. 보험모집인(보험설계사, 우체국보험 모집을 전업으로 하는 사람)	휴게시설(79조), 사무실 건강장해 예방(646-653조), 컴퓨터단말기 보건조치(667조), 고객 폭언 등 대응지침 제공·교육(법 41조1항)
2. 등록된 건설기계를 직접 운전하는 사람	전도방지(3조), 작업장 청결(4조), 분진방지(4조의2), 오염된바닥세척(5조), 작업장(6조-20조), 통로(21-30조), 보호구(22-34조), 관리감독자(35-41조), 추락방지(42-53조), 비계안전(54-62조), 이동식비계 등(67-71조), 기계안전일반기준(86-99조), 양중기안전(132-170조), 차량계하역운반기계안전(171-190조), 컨베이어(191-195조), 건설기계 등 안전(196-221조), 거푸집동바리(328-337조), 굴착작업(338-379, 철골작업(380-383조), 해체작업(384조), 화물취급작업 위험방지(385-393조), 벌목작업(405-406조), 궤도작업(407-413조), 터널교량작업 안전(417-419조)
3. 학습지 교사	휴게시설(79조), 사무실 건강장해 예방(646-653조), 컴퓨터단말기 보건조치(667조), 고객 폭언 등 대응지침 제공·교육(법 41조1항)

---

312 대통령령으로 정하는 직종에 종사하고, 주로 하나의 사업에 노무를 상시적으로 제공하고 보수를 받아 생활하고, 노무를 제공할 때 타인을 사용하지 아니할 것

4. 골프경기를 보조하는 골프장 캐디	- 사전조사ㆍ작업계획서(38조), 휴게시설 등(79조), 잔재물처리(79조의2), 의자비치(80조),수면장소(81조),구급용구(82조), 승차위치탑승금지(86조7항), 운전시작전 조치(89조), 차량계하역기계전도방지(171조), 접촉방지(172조), 꽂음접속기전기안전(316조) - 미끄럼방지 신발, 고객 폭언 등 대응지침 제공 및 후속조치
5. 택배원으로서 집화 또는 배송업무를 하는 사람	- 작업장(3-20조), 통로ㆍ조명(21-22조), 계단(26-30조), 사전조사ㆍ작업계획서(38조1항2호), 탐승제한(86조), 운전시작전조치(89조), 차량계하역기계 제한속도(98조), 운전위치 이탈금지(99조), 차량계하역운반기계안전(171-178조), 컨베이어 안전(191-195조), 중량물취급작업(385조), 화물취급작업(387-393조), 근골격계부담작업(656-666조) - 업무에 이동되는 자동차 제동장치 정기점검, 고객 폭언 등 대응지침제공
6. 퀵서비스업자로부터 업무를 의뢰받아 배송업무를 하는 사람	안전모 착용지시(32조1항10호), 크레인 탑승제한(86조11항), 전조등 등 작동 여부 확인, 고객 폭언 등 대응지침 제공
7. 대출모집인	휴게시설(79조), 사무실 건강장해 예방(646-653조), 컴퓨터단말기 보건조치(667조), 고객 폭언 등 대응지침 제공ㆍ교육(법 41조1항)
8. 신용카드회원 모집인	휴게시설(79조), 사무실 건강장해 예방(646-653조), 컴퓨터단말기 보건조치(667조), 고객 폭언 등 대응지침 제공ㆍ교육(법 41조1항)
9. 대리운전 업무를 하는 사람	고객 폭언 등 대응지침 제공
10. 이륜자동차 배달종사자	- 이륜자동차 면허, 안전모 보유 여부 확인, 단말장치의 소프트웨어를 통한 운전자 준수사항 등 안전운행 및 산재예방조치사항 정기고지 - 물건의 수거ㆍ배달에 소요되는 시간이 산업재해를 유발할 정도로 제한해서는 안 됨

(2) 가맹본부 산재예방 조치사항

가맹본부[313]는 가맹점사업자에게 가맹점의 설비나 기계, 원자재 또는 상품을 공급하는 경우에 가맹점사업자와 그 소속 근로자의 산업재해를 예방하기 위한조치를 하여야 한다. (법 제79조)

---

313 외식업, 도소매업 중 편의점으로서 200개 이상의 가맹점수를 가진 가맹본부(시행령 제69조)

- 가맹점의 안전·보건에 관한 프로그램의 마련·시행

〈안전 · 보건 프로그램 내용〉

① 가맹본부 전체 차원의 안전보건경영방침 및 안전보건활동 계획
② 가맹본부의 프로그램 운영 조직 구성 등에 관한 사항
③ 가맹점 위험요소 등을 포함한 가맹점 안전보건매뉴얼
④ 가맹점의 재해 발생 시 가맹본부 및 가맹점주의 조치사항 등
　* 가맹본부는 가맹점주에게 위 내용을 교육 등의 방식으로 전달

- 가맹본부가 가맹점에 설치하거나 공급하는 설비·기계 및 원자재 또는 상품 등에 대하여 가맹점사업자에게 안전·보건에 관한 정보의 제공

〈안전 · 보건정보 제공 방법〉

① 가맹계약서의 관계 서류에 포함하여 제공
② 가맹점에 설비 · 기계 · 원자재 · 상품 등을 설치하거나 공급할 때 제공
③ 「가맹사업거래의 공정화에 관한 법률」에 따라 가맹점사업자와 그 직원에 대한 교육 · 훈련 시 제공
④ 가맹본부가 가맹사업자에 대한 정기 · 수시 방문지도 시에 제공
⑤ 정보통신망 등을 이용하여 수시로 제공

---

⑦ 안전보건총괄책임자

법 제62조는 도급인의 사업장에서 행하여지는 도급사업에서는 관계수급인의 근로자가 자신의 사업장에서 작업하고 있으므로 이들을 포함한 총괄적이고 체계적인 안전보건관리를 위하여 도급인에게 안전보건총괄책임자를 지정하여 산업재해 예방업무를 총괄·관리하게 하고 있다. 안전보건총괄책임자는 해당 사업의 안전보건관리책임자(도급인의 안전보건관리책임자) 또는 안전보건관리책임자를 두지 아니하여도 되는 사업에서는 그 사업장에서 사업을 총괄·관리하는 사람이어야 한다. (법 제62조제1항) 지정하지 아니한 경우에는 500만 원 이하의 과태료를 부과한다. (법 제175조제5항)

(1) 안전보건총괄책임자의 직무(시행령 제53조)

○ 법 제35조에 따른 위험성평가의 실시에 관한 사항

○ 법 제51조부터 제55조에 따른 작업의 중지 및 재개

○ 법 제64조에 따른 도급사업 시의 안전·보건 조치

○ 법 제72조에 따른 수급인의 산업안전보건관리비의 집행 감독 및 그 사용에 관한 관계수급인 간의 협의·조정

○ 안전인증대상기계등과 자율안전확인대상기계 등의 사용 여부 확인

(2) 지정대상 사업(시행령 제52조)

○ 관계수급인에게 고용된 근로자를 포함하여 상시근로자가 100명 이상인 사업.[314] 다만, 1차 금속 제조업, 선박 및 보트 건조업, 토사석 광업은 50명 이상인 사업

○ 관계수급인의 공사금액을 포함한 해당 공사의 총 공사금액이 20억 원 이상인 건설업

---

314 종전에는 제조업(1차 금속 제조업, 선박 및 보트 건조업 제외), 서적, 잡지 및 기타 인쇄물 출판업, 음악 및 기타 오디오물 출판업, 금속 및 비금속 원료 재생업만 해당되었으나, 2013.8.6. 시행령 개정으로 전 업종으로 확대되었다.

● 상세 해설

(1) 도급의 범위

제2조(정의) 이 법에서 사용하는 용어의 뜻은 다음과 같다.

6. '도급'이란 명칭에 관계없이 물건의 제조·건설·수리 또는 서비스의 제공, 그 밖의 업무를 타인에게 맡기는 계약을 말한다.

7. '도급인'이란 물건의 제조·건설·수리 또는 서비스의 제공, 그 밖의 업무를 도급하는 사업주를 말한다. 다만, 건설공사발주자는 제외한다.

8. '수급인'이란 도급인으로부터 물건의 제조·건설·수리 또는 서비스의 제공, 그 밖의 업무를 도급받은 사업주를 말한다.

9. '관계수급인'이란 도급이 여러 단계에 걸쳐 체결된 경우에 각 단계별로 도급받은 사업주 전부를 말한다.

10. '건설공사발주자'란 건설공사를 도급하는 자로서 건설공사의 시공을 주도하여 총괄·관리하지 아니하는 자를 말한다. 다만, 도급받은 건설공사를 다시 도급하는 자는 제외한다.

11. '건설공사'란 다음 각 목의 어느 하나에 해당하는 공사를 말한다.

가. 「건설산업기본법」 제2조제4호에 따른 건설공사

나. 「전기공사업법」 제2조제1호에 따른 전기공사

다. 「정보통신공사업법」 제2조제2호에 따른 정보통신공사

라. 「소방시설공사업법」에 따른 소방시설공사

마. 「문화재 수리 등에 관한 법률」에 따른 문화재수리공사

산업안전보건법의 주된 의무 주체인 사업주는 기본적으로 자신이 고용하는 근로자의 안전보건에 대하여 법적 의무가 있다. 다만, 도급인에게 수급인 근로자의 안전보건에까지 일정부분 의무를 부과하는 경우가 있는데 이때 "도급을 받아 도급인의 사업장에서 작업을 하는 경우…"[315]가 전제조건이 된다.

사업(business)은 사업의 목적을 달성하기 위한 행위가 수반되며 이에 따른 장소가 필요하다. 여기서 장소란 협소한 의미의 공장이나 건설현장 이외에 사업이 수행되는 불특정의 장소도 포함될 수 있다.

---

315 종전에는 "같은 장소에서 행하여지는 사업으로서…"

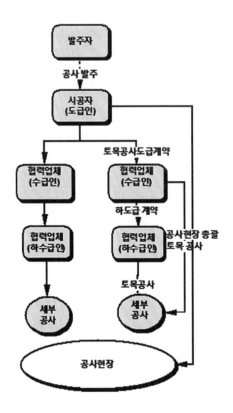

　제5장 '도급 시 산재예방편'에서 말하는 '도급인의 사업장'은 도급인의 사업을 수행하는 장소로서의 사업장의 개념으로 보는 것이 타당하다. 따라서 반드시 도급인의 근로자가 수급인의 근로자가 혼재되어 동시에 같이 일하는 장소만을 말하는 것은 아니다. 비록 도급인과 수급인 근로자가 별도의 장소에서 일하고 있지만, 사업이 수행되는 전반에 있어 연속성이 있고 포괄적으로 '도급인의 사업장'의 범위에 해당할 경우를 포함한다.[316] 예를 들어 독립된 법인이 어떤 기업의 제품의 출하업무만을 별도로 구획된 장소에서 일을 하는 경우에도 하나의 사업장에 있는 경우에는 도급 시 안전보건조치 관련 법의 적용을 받는 도급사업으로 판단하고 있다.[317] 도

316　제29조제1항에서 정하는 '동일한 장소'는 특정한 장소를 말하는 것으로 보기 어렵고 동 장소에서 무엇을 행하는가에 따라 판단해야 할 사안이며, 동조 전단부에서 '동일한 장소에서 행하여지는 사업'으로 정의되고 있는 것으로 볼 때 동 장소는 도급인의 사업을 수행하는 장소, 즉 사업장의 개념으로 보아야 한다.(산안 68320-86, 2003.3.10.)

317　【질의】제품의 출하업무를 주관하는 물류지원팀을 독립된 법인으로 분사하여 당사의 공장부지 내에서 당사의 물류창고를 무상으로 임대하고 거래관계는 별도의 계약서를 작성하여 물류업무를 수행하고 있음. 또한, 분사된 물류회사는 자체적으로 도급업체(물류지게차 등)를 운영, 관리하고 있음. 물류회사의 도급업체 사원이 물류창고에 설치되어 있는 화물용 승강기에 의한 사고 발생 시 당사에서의 책임이 있는지 여부?

☞ (회시) 귀하가 소속된 사업장과 물류회사는 그 업무형태상 도급관계에 있다고 볼 수 있는 바, 도급인의 근로자와 수급인의 근로자가 동일한 장소에서 작업을 행할 경우에는 수급사업주는 산업안전보건법 제23조의 규정에 의한 안전상의 조치의무를 이행

급인의 사업은 사업전반을 말하며 사업이 이루어지는 장소는 수급인의 사업장소를 포함한다. 수급인의 사업의 이루어지는 장소가 도급인의 사업장과 지리적으로 상당하게 떨어져 있고 분리되어 있는 경우에는 해당하지 않는다. 같은 장소를 구분하는 데는 안전보건관리가 이루어지는 형태를 참고할 수 있다. 지리적으로 동일한 구역 내의 장소는 물론 인접해 있어 총괄적 안전보건관리가 필요한 경우에는 같은 장소로 해석한다.

아울러 동조 적용 사업의 범위가 대통령령 개정[318]으로 '사무직이 종사하는 근로자만 사용하는 사업을 제외한 사업'으로 규정[319]하고 있어 타법적용 등 법의 일부적용사업[320]을 제외하고는 대부분이 적용된다고 보아야 한다.

(2) 같은 사업인지 여부

법 개정으로 구법의 '도급사업에 있어서의 같은 장소에서 행하여지는 사업[321]'이라는 개념에서 '도급인의 사업장'이라는 개념으로 확대되었다.

하는 이외에 도급사업주는 동법 제29조의 규정에 의하여 해당 작업장에서 발생할 수 있는 산업재해를 예방하기 위하여 규정된 조치를 취하여야 할 의무를 가진다.(산안 68320-918, 2000.10.17.)

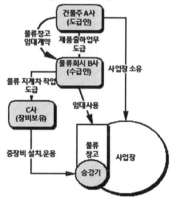

318　종전 적용대상(시행령 제26조제2항): '건설업, 제1차금속산업, 선박, 보트건조 및 수리업, 토사석채취업, 제조업, 서적 · 잡지 및 기타 인쇄물 출판업, 음악 및 기타 오디오물 출판업, 금속 및 비금속 원료 재생업'
319　2013.8.6. 개정
320　법 제29조 1항 내지 7항 적용제외사업(시행령 별표 1): 광산보안법, 원자력법, 항공법, 선박안전법 적용사업, 공공행정, 국방 및 사회보장 행정, 교육서비스업, 국제 및 외국기관, 상시근로자 5인 미만 사용사업장(2013.8.6. 개정)
321　하나의 장소에서 도급계약 관계에 있는 2개 이상 사업의 업무가 상호 관련되어 행하여져 전체적으로 하나의 사업을 이루는 경우를 의미한다.

따라서 도급인이 제조업이고 수급인(용역업체)이 식당일 경우와 같이 제조업을 행하는 도급인과 식당업을 행하는 수급인이 도급계약 관계하에 있다 하더라도 쌍방의 업무가 상호 관련되어 행하여지는 관계가 아닌 경우에는 식당업과 같은 경우, 종전에는 '동일한 장소에서 행하여지는 사업의 일부'라고 볼 수 없으므로 동 도급인에게는 구 법 제29조제1항에 의한 수급인의 근로자에 대한 산재예방조치의무(사업주 간 협의체의 구성·운영 의무 포함)는 발생하지 않는다고 보았으나,[322] 개정법에 따르면 도급인의 근로자를 위한 식당을 운영하는 경우에는 안전보건조치 의무(법 제63조)가 적용될 것이다.[323][324]

(3) 사업의 일부를 분리하여 도급

도급인이 수급인 근로자에 대한 안전보건조치 의무가 발생하는 조건으로 해당 도급이 도급인의 사업의 부분인가 여부이다. 사업의 '전부'를 도급 주는 경우는 동조 적용이 배제된다는 것이 법원의 태도이다.[325] 행정해석에 있어서도 일괄하도급의 경우 구법 제29조제1항의 도급사업에 해당하지 않는 것으로 판단하고 있다.[326] 2011년 법 개정으로 사업이 각 전문분야별로 이루

---

322   (안전정책과-513, 2004.1.29.)

323   종전에도 구 법 제29조에 의한 법적 책임은 발생하지 않더라도 도급인이 수급인에게 위험기계기구나 사무실, 공장건축물을 대여한 경우 또는 수급인의 근로자가 도급인이 관리하는 장소에서 사고를 당한 경우에는 당해 도급사업주는 대여자로서 또는 피재근로자의 소속과 관계없이 도급인이 관리하는 장소(시설물)에 대한 안전보건조치 의무자로서 당해 사실관계에 따라 법적 책임이 따를 수 있다고 해석하였다.

324   다만, 같은 장소에서 수개의 사업이 행하여지는 경우에는 지게차 등을 활용한 화물운반, 부분적인 보수공사 등에 의하거나, 화재, 폭발 등 비상사태 시 접근금지·대피에 대한 정보를 접하지 못하여 같은 장소에서 근무하는 타사의 근로자가 사고를 당할 수 있으므로 당해 사업주 상호 간에 안전보건에 대한 협의 등을 통하여 산업재해를 예방할 수 있도록 대비하는 것이 바람직하다.

325   "동일한 장소에서 행하여지는 사업의 일부가 아닌 '전부'를 도급에 의하여 행하는 사업의 사업주는 산업안전보건법 제29조제2항의 의무를 이행하여야 하는 사업주에 해당하지 아니하나, 동일한 장소에서 행하여지는 공사나 공정의 일부를 직접 담당하여 시행하는 사업주는 위 규정에 정한 사업주로서 산업재해예방을 위한 조치를 취할 의무가 있다."〈대법원 2005.10.28. 선고 2005도4802 판결, 대법원 2010.6.24. 선고 2010도2615 판결〉

326   일반건설업자로서 조합주택 신축에 총 공사금액 150억 원의 원수급인으로서 발주자의 서면 승인하에 시공능률을 향상시키기 위하여 건설산업기본법 제29조제1항제1호에 의거 일반건설업자를 일괄 하수급인으로 선정하여 건설공사 업무일체(재하수급인 선정/운영과 산업안전보건법에서 정한 업무 등 포함)를 수행토록 하고, 폐사에서는 사업책임자 1인을 선정하여 건설공사현장이 아닌 본사 사무실에 근무하며, 필요시 기성금 등의 관리업무에 한하여 수행하는 건설공사의 법상 안전보건관리 의무 주체와 관련한 회시에서 "공사의 전부를 일괄 하도급 시공하는 경우 원도급사 소속근로자가 당해 공사현장에서 작업을 수행하지 않고, 일괄 하도급을 받은 업체에서 그 책임하에 하도급 공사를 실제로 수행한다면 산업안전보건법령에서 규정하고 있는 안전관리자 및 안전보건관리책임자 선임, 안전보건총괄책임자 지정 및 도급사업에 있어서의 안전보건상의 조치이행 의무는 일괄 하도급을 받은 사업주에게 있다고 사료된다."라고 회시(산안(건안) 68307-10394, 2002.8.19.)

어지고 있고, 각 전문분야에 대한 공사를 전부 도급주어 하는 경우에는 적용하도록 하였다. 이는 사업 일부를 도급을 주어하는 경우뿐만 아니라 전문공정의 단계별로 도급을 주어 공사를 수행하고 있는 경우에도 종합적인 현장 안전보건관리가 요구되므로 전문분야의 공사 전체에 대해 하도급을 주는 경우에도 원도급업체의 사업주가 자신이 사용하는 근로자 및 수급인이 사용하는 근로자에 대한 산업재해 예방조치를 회피하지 않도록 할 필요가 있기 때문이다.

당초에는 "사업의 일부를 도급을 주어 행하는 사업으로서…"라고 본문에 규정하였으나, '사업이 전문분야의 공사로 이루어져 시행되는 경우로서 각 전문분야에 대한 공사를 전부 도급을 주어 하는 사업'[327]을 추가로 명시하여 개정한 바 있으며, 금번 개정으로 도급인의 사업장 내에서 이루어지는 모든 도급이 적용되게 됨으로써 종전 법규의 해석[328]에 있어 도급사업의 범위가 협소하게 해석되는 점을 해소하게 되었다.

산업안전보건법 위반과 같은 형벌법규의 해석은 엄격하여야 하고 명문규정의 의미를 피고인에게 불리한 방향으로 지나치게 확장해석하거나 유추해석하는 것은 죄형법정주의의 원칙에 어긋나는 것으로서 허용되지 않는다[329]는 것이 판례의 입장이다.[330]

---

327 2011.7.25.일 개정

328 대법원2005도4802(2005.10.28.): 산업안전보건법 제29조제2항(現제3항)은 제1항의 규정에 의한 사업주는 그의 수급인이 사용하는 근로자가 노동부령에 정하는 산업재해 발생위험이 있는 장소에서 작업을 할 때에는 노동부령이 정하는 산업재해예방을 위한 조치를 취하여야 한다고 규정하고 있는 바, 여기서 말하는 제1항의 규정에 의한 사업주란 법 제29조제1항에서 규정한 동일한 장소에서 행하여지는 사업의 일부를 도급에 의하여 행하는 사업으로서 대통령령이 정하는 사업의 사업주를 의미한다 할 것이다.(고속도로 공사를 4개 구간으로 나누어 각 별도의 전문건설업자들에게 하도급 주고, 그 공사나 공정 중 일부라도 직접 담당하여 시행하지 않은 건설회사는 위 법 제29조제1항의 사업주에 해당하지 않는다고 한 사례)

329 대법원 2006.6.2. 선고 2006도265 판결 참조

330 대구지방법원 2008.7.17. 선고 2008노1468 판결: "피고인 4 주식회사가 산업안전보건법 제29조제2항, 제1항에서 규정한 '동일한 장소에서 행하여지는 사업의 일부를 도급에 의하여 행하는 사업주'라는 사실을 인정하기에 부족하고, 달리 이를 인정할 증거가 없는 반면에, 오히려 피고인들이 제출한 증거들을 종합하면, 피고인 4 주식회사는 발주자인 LG필립스LCD 주식회사로부터 이 사건 공장신축공사 전체를 수급한 다음 모든 공사를 공종별로 나누어 27개의 하도급업체에게 각각 하도급 주었는데, 그 중 건축골조공사를 피고인 3 주식회사에 하도급 준 사실, 그 밖의 위 공장의 신축을 위한 모든 다른 공사 역시 그 공사에 관한 전문건설업자들에게 각 하도급을 주어 시행하였으며, 피고인 4 주식회사는 공장신축공사를 총괄적으로 관리·감독하고 전체공정을 조정하는 역할을 수행하기 위하여 공사현장에 최소한의 관리인원인 15인만을 배치하였을 뿐이고, 그 공사나 공정 중의 일부를 직접 담당하여 시행하지 않은 사실을 인정할 수 있으므로, 피고인 4 주식회사는 동일한 장소에서 행하여지는 사업의 '전부'를 도급에 의하여 행하는 사업주에 해당한다 할 것이고, 결국 피고인 4 주식회사는 산업안전보건법 제29조제2항의 의무를 이행하여야 하는 사업주에 해당하지 않는다(대법원 2005.10.28. 선고 2005도4802 판결 참조)고 무죄판결한 원심판결은 달리 사실을 오인하거나 법리를 오해하여 판결에 영향을 미친 위법이 있다고 보이지 않는다."

(4) 도급과 발주, 임대, 용역

현장에서는 도급과 발주, 임대, 용역계약이 혼용되어 사용되고 있어 법해석에 있어 주의를 요한다.

현행법에서는 도급인의 사업장에서 이루어지는 작업행위는 모두 도급으로 본다. 단, 건설업에서는 건설공사발주자와 도급인을 구분하였다. 이는 건설업의 경우 도급인의 사업장이라는 개념이 존재할 수 없는 점을 감안하여 발주자에게 일정한 의무를 부여하기 위한 방안으로 보인다.

도급은 민법 제664조 및 건설산업기본법 제2조에 의하여 '일(건설공사)을 완성할 것을 약정하고 그 일의 결과에 대해 보수(대가)를 지급할 것을 약정'하는 것을 조건으로 하고 있고, 임대차는 「민법」 제618조에 의하여 '당사자 일방이 상대방에게 목적물을 사용, 수익하게 할 것을 약정하고 상대방이 이에 대하여 차임을 지급할 것을 약정'함으로써 효력을 발생시키는 계약이다. 용역은 생산(生産)과 소비(消費)에 필요(必要)한 노무(勞務)를 제공(提供)하는 일이다.

임대계약이란 임대인(賃貸人)이 자기가 소유하는 물건을 임차인에게 사용 또는 수익케 하고 그 대가로서 임대료를 받는 계약을 말한다. 임대의 경우에는 법에서는 대여하는 자와 대여받는 자의 의무를 규정하고 있다. 건설기계 장비임차인이 산업안전보건법상 도급사업주로서의 안전보건조치 의무 주체자인지에 대한 질의에서 임대장비가 별도 장소에서 장비조립과 관련되어서 도급관련법(구법 제29조제1항)의 적용을 부인[331]하였으나, 산업안전보건법 제63조에 따라 도급인의 사업장이라는 같은 장소에서 도급에 의하여 행하는 도급인 사업주는 그가 사용하는 근로자와 그의 관계수급인이 사용하는 근로자의 산업재해를 예방하기 위해 도급사업에 있어서 안전·보건조치 의무를 이행하도록 하고 있는 바, 임대장비를 사용하여 본 작업을 수행하게 되면 동 작업을 수행하는 장비임대업체도 하수급인에 포함되는 점을 비추어보면 해당 임

---

331   중장비(천공기) 임대업체가 건물신축공사의 토목공사를 도급받은 하도급업체와 중장비 임대만을 약정하고 당해 공사의 원도급업체에게 공사현장 내 별도 장소를 임차하여 장비 조립작업을 수행하던 중 임대업체의 소속 근로자가 추락사고를 당하였다면 하도급업체(중장비 임차인)를 도급사업에 있어서의 안전보건 조치를 강구하여야 할 '사업주'로서의 법적 책임을 물을 수 없을 것으로 사료된다.(산업안전팀-110, 2006.1.6.)

대업체가 도급관련법 적용이 배제되지는 않는 것이 맞다. 동조를 적용함에 있어 당사자 간 계약서의 형식(하도급계약, 임대계약, 용역계약)이 무엇이었는지에 맺었느냐에 관계없이 실제로 행하여지는 일의 내용이 도급으로 이루어지는 경우에는 적용된다.[332]

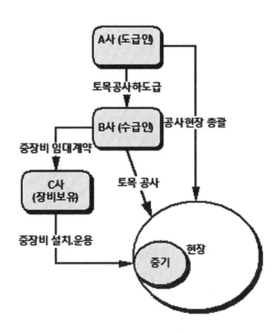

장소만 제공하는 경우에도 도급관련법이 적용될 수 있다. 예를 들어 건설공사에서 건설공사현장에서 발생한 암석을 처리하기 위해 골재생산업체와 계약을 맺는 경우 골재생산업체가 해당 건설사업과 관련이 없는 사업을 하는 경우에 어떻게 해석해야하는 지이다. 종전의 행정해석은 당해 사업과 무관하게 장소만을 제공한 경우 구법 제29조제1항의 도급주로서의 의무는 부인하고 제공한 장소 및 시설의 안전조치에 대한 의무만 있는 것으로 해석하였으나,[333] 법 개정으로 도급인의 산재예방 의무가 적용된다.

---

332 건설현장에서 발생한 암석을 처리하기 위한 공사를 하도급계약을 맺어 처리할 경우와 용역계약을 체결하는 경우 관리책임에 대한 회시에서 계약서의 양식이 아닌 일의 내용에 따라 정하여진다고 회시하였다.(산안 68320-269, 2001.6.23.)
333 개발과정에서 암석이 다량으로 발생하였으며 이에 암을 필요로 하는 제2업체에서 직접 암을 발파 후 크랏샤(파쇄기)를 이용하여 골재를 생산하여 제2업체에서 사용할 경우 이에 발생되는 안전관리 사고 발생 시 책임의 주체 및 관리책임의 주체는 누구인지에 대한 질의에 대하여 당해 사업과 무관하게 다른 업체에게 장소, 설비 등만 제공하고 공사(작업)에 관여하지 않는 경우에도 귀사가 제공한 장소, 시설 등에 대한 안전조치 책임은 귀사에 있다고 회시하였다.(산안 68320-269, 2001.6.23.)

사례 연구

【질의】 당 현장은 ○○하수처리장건설공사로 공사금액 280억 원(관급 80억 원)으로 계약하여 공사 중에 있으며 안전관리비는 관급자재비를 포함하여 계상되어 있을 경우
1. 일반관급자재(레미콘, 철근 등)에 대한 안전관리 의무와 관급계약에 의한 자재납품 설치가 제조업체에 일괄로 계약되었을 경우 관급자재 설치 근로자의 안전장구 지급 및 안전관리 의무는 누구에게 있는지
2. 상기 항에 대한 도급자의 법적 한계

(회시)

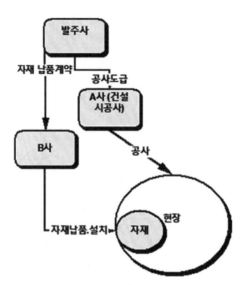

1. 산업안전보건관리비 계상 시 발주자가 제공하는 재료비(관급자재 포함)는 시공자가 당해 공사를 시행하는 데 소요되는 재료를 말하는 것으로 귀 질의의 관급자재인 레미콘, 철근 등은 이에 해당되며, 이때의 안전관리 의무는 귀사에 있음
2. 관급계약에 의한 자재납품 설치공사를 따로 발주하고 본 공사와 다른 시공자와 계약이 이루어지고 시공되는 경우 이는 별개의 공사로서, 당해 공사와 관련하여 지급되는 관급자재비는 본공사의 관급자재비로 볼 수 없으며 산업안전보건관리비도 별도로 계상 및 관리되어야 하고, 개인보호구 지급 및 안전관리 의무도 근로자를 고용하여 사업을 행한 별도의 시공자에게 있다.

(산안(건안) 68307-10583, 2001.12.3.)

위 사례에서 문제가 되는 것은 발주사가 공사를 하나의 작업장소에 각기 따로 발주한 경우,

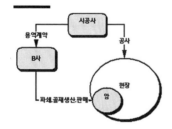

법 제62조제1항에서 요구하는 현장의 총괄관리의 책임자가 사라지게 되는 문제가 발생한다. 극단적으로 발주자가 같은 장소에서 이루어지는 하나의 공사를 세부적으로 각각 따로 모두 발주할 경우가 발생할 수 있다. 따라서 이러한 경우 발주자를 도급인으로 보는 것이 법적으로 타당할 것으로 사료된다. 왜냐하면 각각 발주하는 경우에는 발주자가 시공자와 마찬가지로 납품된 제품이 현장에 적합하게 시공되고 있는지를 관리해야 하기 때문이다. 일례로 대한주택공사가 전문건설업체에 발주한 공사에서 발주자인 주택공사를 도급인이라고 행정해석한 바 있다.[334] 또한 현행법에서는 건설공사의 경우 건설공사발주자에게 안전관리에 대한 책임을 별도로 부여하여 법적 사각지대를 해소하고 있다.

구법에서는 발주자의 지위에서 도급을 준 경우에는 도급사업주에 해당하지 아니하다고 행정해석하였다. 예를 들어 제조업체가 직접 수행하던 생산설비에 대한 개·보수작업을 설비공사업체 등에 도급(발주)을 준 경우 제조업체는 산업재해 발생에 대한 책임에서 벗어나는 사례가 있다. 종전의 행정해석은 개·보수작업의 경우 공사발주의 일환으로 해석하였으나, 이 경우 본연의 사업을 수행하기 위한 불가분의 사업을 도급함에도 계약형태상 발주자의 지위를 이용하여 법 적용이 배제됨에 따라 재해예방능력이 미약한 설비공사업체에 책임을 전가할 뿐 아니라, 설비 소유자가 이행하여야 할 조치까지 방기하는 문제가 있었다. 종전에는 구법 제29조 제1항에서 규정하고 있는 '사업'이라 함은 도급 사업주의 사업을 말하는 것으로 도급 사업주가 '본래 사업'의 목적을 달성하기 위해 당연히 수행되어야 할 불가분의 관계에 있는 사업이면 충

---

334 【질의】 1. 대한주택공사가 발주하여 전문건설업체와 계약체결 시 산업안전보건법에 의한 안전보건관리책임자 및 안전관리자는 누가 선임해야 되는지?(업체별로 산업안전보건관리비를 계상)
2. 이때, 중대사고 발생 시 민·형사상 책임은 누구에게 있는지?
3. 전문건설업체(계약건별) 공사금액이 120억 원이 넘는 업체가 없을 경우 안전관리자 선임의무가 있는지?
4. 주공이 직접 자체 실행예산에 편성하여 안전관리비를 집행하고 안전보건관리책임자 및 안전관리자를 선임할 수 있는지?
☞ (회시) 1. 대한주택공사는 자기공사를 시공하는 시공사(원청업체)이므로 안전보건관리책임자 및 안전관리자를 직접 선임하여야 하며, 협력업체는 선임의무가 없다.
2. 법 준수의무는 원·하청 사업주에게 있으며, 중대재해가 발생한 경우에는 지방관서에서 구체적으로 조사한 후에 판단하고 있음. 이때, 원청업체는 법인인 주택공사 및 법인을 대신하여 행위한 대표이사(권한을 위임 받은 자)에게 있으며, 하청업체도 마찬가지임
3. 전문건설업체(계약건별) 공사금액이 120억 원을 넘지 않는 경우 동 업체는 안전관리자 선임의무가 없으며, 원청업체는 총 공사금액을 기준으로 하여 법적 안전관리자수를 선임하여야 함. 원청업체가 총 공사금액을 기준으로 하여 법적 안전관리자수를 선임한 경우에는 전문건설업체의 공사금액이 150억 원을 넘더라도 안전관리자를 선임한 것으로 본다.
4. 안전관리비의 계상 및 관리주체도 원청업체이므로 원청업체에서 직접 집행하면서 하청업체 사용분을 정산하거나 도급계약서에 반영하여 일정비율을 지급할 수 있을 것이다.(안전보건지도과-2916, 2009.7.24.)

분한 것으로 해석을[335] 통하여 이 문제를 해소하였으나, 법 개정으로 현재는 법적 건설공사를 제외한 도급인의 사업장에서 이루어지는 일체의 도급(발주 포함)을 도급으로 본다.

[5] 안전보건조치 공동책임 기준

> **제63조(도급인의 안전조치 및 보건조치)** 도급인은 관계수급인 근로자가 도급인의 사업장에서 작업을 하는 경우에 자신의 근로자와 관계수급인 근로자의 산업재해를 예방하기 위하여 안전 및 보건 시설의 설치 등 필요한 안전조치 및 보건조치를 하여야 한다. 다만, 보호구 착용의 지시 등 관계수급인 근로자의 작업행동에 관한 직접적인 조치는 제외한다.

산업안전보건법상의 '사업주'는 '근로자를 사용하여 사업을 행하는 자(법 제2조제4호)'이므로 자기가 직접 사용하지 않는 근로자에 대한 위험예방조치 책임을 부과하고 있는 법 제63조는 예외적 규정이라고 볼 수도 있으나, 수급인의 사업의 장소가 도급인 사업장이고 작업의 내용이 도급인의 사업에 필요한 작업을 수행하며, 수급인이 수행하는 작업의 위험으로 인하여 주변의 다른 근로자에게까지 영향을 미칠 수 있는 점 등을 볼 때 해당 사업장의 전반적인 안전보건관리를 하여야 하는 도급인에게 일정한 안전보건조치 의무를 부과하는 것이다. 도급인이 수급인이 하여야 하는 안전보건조치에 대하여 공동으로 이행하여야 하는 경우가 있다. 구법에서는 특정위험장소를 정하여 이를 해결하였으나,[336] 현행법은 도급인의 사업장에서 작업을 하는 모든 관계수급인 근로자의 안전·보건조치에 대하여 적용하고 있다. 필요한 안전조치와 보건조치를 명시하지는 않았으나 『산업안전보건기준에 관한 규칙』이 적용된다 할 것이다. 안전보건기준 중 시설적 측면의 안전기준, 보건기준은 직접적으로 적용된다.

법 제63조 단서에서 보호구 착용의 지시 등 관계수급인 근로자의 작업행동에 관한 직접적

---

335 생산설비의 유지, 개·보수작업은 본연의 사업을 위해 반드시 필요한 부분일 뿐 아니라 실제로 도급 사업주가 직접 수행하던 것을 관리효율, 비용절감 등을 위해 도급을 주는 만큼 생산설비의 유지, 개·보수작업은 도급 사업주의 사업 범위에 포함되어, 법 제29조에 규정된 안전·보건조치를 이행하여야 한다.(건설산재예방과-3311, 2012.10.2.)

336 구 산업안전보건법 제29조제3항의 규정에 따라 동조 제1항의 규정에 의한 사업주는 토사붕괴, 화재, 폭발, 추락, 낙하위험이 있는 장소 등 노동부령이 정하는 산업재해 발생위험이 있는 장소에서 작업을 할 때에는 산업재해예방을 위한 조치를 하도록 하고, 동법 시행규칙 제30조제4항에서는 '토사·구축물 등이 무너질 우려가 있는 장소' 등에는 도급인인 사업주가 필요한 재해예방 조치를 하도록 하고 있다. '산업재해 발생위험이 있는 장소' 18개소가 시행규칙(제30조제4항)에 규정되어 있다. 2014년부터 기존 16개 장소에서 '안전보건규칙 별표 7에 따른 화학설비 및 그 부속설비에 대한 정비·보수작업이 이루어지는 장소', '안전보건규칙 제574조에 따른 방사선 업무를 하는 장소'가 추가되었다. 지켜야 할 사항으로 산업안전보건기준에 관한 규칙으로 한다고 규정하고 있으나 구체적인 조문을 제시하지 아니하여 해석이 필요하다.

인 조치는 제외하도록 하고 있으므로 안전모 등 보호장구의 지급에 있어서는 고용사업주(수급인)는 지급 및 사용의무가 발생하고 도급사업주에게는 해당 작업이 안전보건규칙에서 규정하고 있는가에 따라 달라진다.[337]

작업행동에 대한 직접조치

공동책임이 면제되는 범위로 법에서는 '보호구 착용의 지시 등 관계수급인 근로자의 작업행동에 고나한 직접적인 조치'를 명시하고 있다. 따라서 안전보건기준 중 보호구 착용, 출입의 금지 등이 해당될 것이다. 하지만 이는 일률적으로 적용할 수 없고 개별적 사안에 따라 적용 여부를 판단해야 할 것이다.

도급사업주의 안전보건조치 의무 적용 여부는 ① 당해 작업이 재해의 원인이 된 위험이 상시 존재하는 장소적 개념으로 볼 수 있는지 여부, ② 당해 작업에 대한 통상적인 관리주체가 도급인인지 수급인인지 명확하게 구분되는지 여부, ③ 당해 작업에 대한 표준작업지침이 정해져 있고, 통상 동 지침대로 작업이 수행되고 있었는지 여부를 고려하여 판단하여야 한다.[338]

예를 들어 건설현장의 펌프카의 붐대가 부러져 주면의 근로자가 사망한 사고와 관련하여 종전에는 해당 장소는 '기계·기구 등이 전도 또는 도괴 될 우려가 있는 장소'라 함은 설치방법 및 장소에 따라 기계·기구 자체가 넘어지거나 무너지는 경우를 의미하므로 콘크리트 펌프카의 붐대가 부러진 곳은 상기 장소에 해당되지 않으므로 원청에 대하여 구법 제29조제2항을 적용할 수 없다고 하였으나,[339] 법규에서는 어떠한 방법으로 기계·기구가 넘어지거나 무너지는 것

337　【질의】'을'(수급인) 소속 근로자가 안전보호구 미착용으로 인한 산업재해 발생시 '갑'(도급인)의 안전보호구 미착용에 대한 법률위반 여부?
☞ (회시) 산업안전보건법에서는 사업주 외에도 동일한 장소에서 사업의 일부를 도급에 의하여 행하는 경우 동법 제18조 및 제29조의 규정에 의한 도급인(원도급업체)에게도 안전·보건조치를 별도로 행하도록 하고 있는바, 일반적으로 개인보호구 미착용에 대해서는 하도급업체의 책임으로 볼 수 있으나 재해 발생 시 구체적인 책임한계는 그 원인, 작업내용, 작업장소 및 작업지시 등에 따라 법 적용 여부를 판단하여야 할 것이다.(산업안전과-4691, 2004.7.26.)
338　(산업안전과-550, 2010.9.3.)
339　【질의】건설현장에서 콘크리트 펌프카로 콘크리트 타설작업 중 들어 올린 붐대가 부러지면서 밑에서 작업하던 근로자가 붐대에 맞아 사망한 경우 산업안전보건법 제29조제1항, 같은 법 시행규칙 제30조제5항제2호 '기계·기구 등이 전도 또는 도괴될 우려가 있는 장소'의 규정을 원청에 대하여 적용할 수 있는지 여부?
☞ (회시) 전도 또는 도괴는 넘어지거나 무너뜨리는 것을 의미하는 말로서 위의 규정은 이러한 위험이 있는 장소에서 지반의 침하

을 따지지 않고 그 위험이 있는 장소에 대한 산업재해예방조치를 규정하고 있으므로 붐대가 부러지는 경우일지라도 그로 인한 위험이 충분히 예견되는 경우라면 해당 기계기구가 무너지지 않도록 각 부품을 점검하고 주변 작업반경 내에 근로자의 출입을 금지하는 등의 안전조치를 하여야 할 것이다.

조선업에서 천장크레인의 줄걸이용 후크가 탈락하여 조작하던 수급인 근로자가 재해를 입은 사고와 관련하여 동작업은 통상적으로 크레인을 이용하여 중량물을 인양하거나 운반하는 작업을 하는 경우에는 해당 물체가 떨어질 위험이 상존한다고 볼 수 있어 구법 시행규칙 제30조제5항제15호(물체가 떨어지거나 날아올 위험이 있는 장소) 정하는 작업에 해당한다고 해석한 바 있다.[340]

건설업의 산업안전보건에 소요되는 비용은 안전보건관리로 사용한다. 여기에는 수급인의

방지, 안전한 경사유지 등 위험방지를 위한 필요한 조치를 하도록 하는 것을 의미함. 따라서 위 사고의 경우 펌프카의 작업이 이러한 원인으로 인한 사고에 해당하는가 여부에 따라 판단하여야 할 것으로 사료되며, 이러한 위험이 없이 기계 자체의 결함이 원인이 되어 붐대가 부러진 경우라면 위에 해당되지 아니하다고 사료된다.(산안(건안) 68307-10328, 2002.7.15.)

340 【질의】선박건조 및 수리업에 해당하는 사업장내 해양구조물 제관 공장에서 철판을 성형기로 둥글게 밴딩한 강관(Ø2000×L1800, 3t)을 용접작업장소로 운반하기 위해 수급인 소속 근로자가 리모컨 스위치로 조작하는 천장 크레인을 조정하여 대차 위에 상차하던 중 강관하부가 대차와 충돌하여 강관을 매단 줄걸이용 후크 한쪽이 탈락하여 강관이 리모컨을 조작하는 작업자를 강타한 사고와 관련하여, 동 작업장소가 산업안전보건법 제29조제2항 및 같은 법 시행규칙 제30조제5항제15호(물체가 떨어지거나 날아올 위험이 있는 장소)에 해당하는지 여부?
※ 참고
- 강관운반 대차는 레일을 따라 이동하며, 높이는 1m임
- 강관상차 작업은 천장크레인 리모컨을 조작하는 작업자 1인이 수행함
- 강관상차작업은 1일 2회 정도 이루어짐
- 크레인 및 대차는 도급인 소유임
갑) 통상 크레인으로 중량물을 매달아 운반하는 작업은 크레인 결함, 줄걸이용 로프 및 후크의 결함, 불량한 작업방법 등으로 인해 크레인에 매단 물체가 떨어질 위험이 상존하는 작업이고 동 작업이 특정한 장소에서 늘 이루어지므로 위 법 적용이 되는 장소로 보아야 함
을) 산안법에서 정하고 있는 15개 작업장소의 특징을 보면 수급인 근로자가 작업하는 위험장소에 상존하는 불안전 상태를 도급인 사업주가 사전에 안전보건시설 설치 및 개선을 통해 안전보건조치를 하여야 할 작업장소로 특정하여야 한다고 생각되는 바, 위 사고 장소의 경우 1인 작업이고, 권상높이가 1m로 작업이 1일 2회 정도 간헐적이며, 천장 크레인은 리모컨으로 조작하므로 작업자가 권상물체에 가까이 접근하지 않고도 작업할 수 있는 점 등을 고려할 때 물체가 떨어지거나 날아와 작업자에게 위험을 줄 수 있는 통상적 장소로 보기는 곤란함
☞ (회시) 산업안전보건법 제29조제2항의 입법취지는 도급사업에 있어서 수급인 사업주의 재해예방조치 능력이 미약한 점을 감안하여 산업재해 발생위험이 있는 장소(16개소)에 대해 도급인 사업주에게도 수급인이 사용하는 근로자의 산업재해 예방을 위한 조치를 하도록 책임을 부여한 것으로 산업안전보건법 시행규칙 제30조제5항제15호의 '물체가 떨어지거나 날아올 위험이 있는 장소'에서는 도급인 사업주도 안전규칙의 당해 위험예방 조치를 하여야 한다.
귀 질의의 재해 관련 사고내용을 확인한 결과 피재자가 크레인(15톤 천장크레인)을 사용하여 강관(무게 3.17톤)을 대차(높이 0.97m)에 올리던 중 강관이 강관체결용 기구(하카)로부터 이탈되어 떨어지면서 대차측면에 있던 크레인 조작자를 충격한 것으로 추정되는 바, 통상적으로 크레인을 이용하여 중량물을 인양하거나 운반하는 작업을 하는 경우에는 해당 물체가 떨어질 위험이 상존한다고 볼 수 있어 매일 강관을 대차에 싣는 작업을 하고, 동 작업 또한 일정장소에서 수행되는 점 등을 고려할 때 산업안전보건법 시행규칙 제30조제5항에서 정한 '물체가 떨어질 위험이 있는 장소'로 보여진다.(질의의 '갑설') (건설산재예방과-1601, 2011.7.13.)

안전보건관리가 포함된다. 또한 안전보건관리비를 계상하지 않는 경우라도 하도급업체가 적정한 안전보건관리를 할 수 있도록 조치하여야 한다.[341]

(6) 도급사업 시 수급인의 의무

산업안전보건법상 재해예방의 책임은 사업주에게 있으며 '사업주'라 함은 '근로자를 사용하여 사업을 행하는 자'를 말하는 것으로 이러한 재해예방의 책임은 도급계약 등에 관계없이 당해 근로자를 직접 사용하여 사업을 행한 사업주에게 직접적인 책임이 있다.[342] 법 제63조에 의하여 도급주에게 일정한 수급인 근로자에 대한 안전보건의무가 부여되더라도 수급인의 법상 의무가 면제되지는 않는다.[343]

건설현장에서 도급인(원청)이 수급인(하청) 근로자에 대한 신규채용·정기교육 및 건강진단을 실시하는 경우가 있으나, 산업안전보건법 상 법적의무는 해당 근로자를 고용하는 수급인에 있다.[344] 관련 서류(건강진단, 교육일지, 산재발생기록 등)의 보존의무도 고용 사업주에 있다.[345]

---

341 【질의】안전관리비를 계상하지 않아도 될 경우 하도급에서 투입한 안전관리자 인건비 외 기타 사용된 안전관리비 정산은 어떻게 해야 하는지?
☞ (회시) 원도급업체에서 하도급 공사금액, 안전관리자 선임(하도급에서 안전관리자 선임 시)에 따른 소요인건비, 안전시설 설치비 등을 고려하여 적정하게 지급하여 공사 시행 관련 하도급업체의 안전보건관리책임자를 보좌하여 안전관리업무를 수행할 수 있도록 조치하는 것이 타당하다.(안전보건지도과-412, 2008.10.24.)

342 (산안 68320-269, 2001.6.23.)

343 【질의】법인 A는 APT를 건설하여 분양하는 업체로서 APT를 건설함에 있어, 골조공사 도급계약을 자회사인 법인 B와 체결하면서 안전시설의 설치 및 관리는 물론 안전점검 및 교육도 모두 법인 A가 담당하는 것으로 약정하고 관련된 안전관리비 역시 A가 사용하는 것으로 도급계약서에 체결하였고 실제로도 그대로 이행하고 있는 경우 안전시설의 일부가 미설치되어 관계기관의 점검 시 적발되었을 때 위 법 제67조와 제71조의 적용에 있어서 안전시설의 미설치 책임은 법인 A와 그 대리인인 현장감독만이 져야 하는지 아니면 안전시설의 미설치 책임은 법인 A는 물론 법인 B 및 각 대리인이 모두 져야 하는 것인지 여부?
☞ (회시) 산업안전보건법상 사업주는 사업을 행함에 있어서 자기가 사용하는 근로자에게 위험이 발생하지 않도록 예방조치를 하여야 할 의무를 규정하고 있으므로 안전조치 등의 이행의무 주체는 근로자를 고용한 사업주에게 있음. 다만, 동일한 장소에서 사업의 일부를 도급에 의하여 행하는 경우에는 동법 제29조의 규정에 의한 도급인으로서 안전·보건조치가 별도로 행하여져야 한다. 귀 질의에서 A업체가 공사현장 전체를 계획·관리하고 시공하면서 공사의 일부를 B업체에게 도급을 주어 시행하는 경우라면 당사자 간 계약 여부와 관계없이 B업체 작업장소에 대한 안전시설 설치의무는 B업체에 있으며, A업체는 법 제29조의 규정에 의한 도급사업에 있어서의 안전·보건조치 의무를 지게 된다.(산안(건안) 68307-10598, 2001.12.6.)

344 (안정 68307-718, 2001.8.13.), (산업안전과-4691, 2004.7.26.)

345 도급사업에 있어 귀 질의의 안전보호구 지급의무, 일반건강진단 등 각종 건강진단 실시의무, 정기교육 등 각종 교육 실시의무, 산업재해 발생에 대한 보고의무, 산업재해기록 의무 등은 근로자를 고용하여 사용한 하도급업체 '을'이 이행의무 주체이다. 따라서 건강진단, 안전보호구 지급, 안전교육 관련 서류는 '을' 사업주가 구비·보관하면 될 것이다. 다만, 동법 제29조의 규정에 의거 동일한 장소에서 행하여지는 사업의 일부를 도급에 의하여 행하는 경우 동 사업주는 그의 수급인이 행하는 근로자의 안전·보건교육에 대한 지도와 지원을 할 의무가 있다.(산업안전과-4691, 2004.7.26.)

다만, 산업안전보건법 제63조에 의하여 도급인인 사업주(원청회사)는 그가 사용하는 근로자와 그의 수급인이 사용하는 근로자가 도급인의 사업장에서 작업을 할 때에 생기는 산업재해를 예방하기 위하여 안전·보건시설의 설치의무가 발생하고, 법 제64조에 따라 협의체구성, 작업장 순회점검, 수급인이 행하는 근로자의 안전·보건교육에 대한 지도와 지원을 해야 할 의무가 있다.

건설공사에서 산업안전보건관리비를 계상하여 사용하고 있다. 통상 원청(도급인)이 관리하고 있으나 산업안전보건관리를 지급받지 못하였다고 하여 수급인이 자신이 수행하고 있는 공사에 대한 법상 보호장구 지급, 안전시설설치에 대한 의무가 면제되는 것은 아니다.[346]

산업안전보건법 제29조의 규정에 의한 근로자에 대한 안전보건교육은 도급인 여부와 관계없이 당해 사업장 이외의 자라 하더라도 동법 시행규칙에 의한 강사자격에 해당하는 자이면 그로 하여금 실시하게 할 수 있다. 단, 이 경우 안전보건교육에 대한 법적 시간 및 내용 등 제반 법적요건을 준수하여야만 법정 안전보건교육시간으로 인정받을 수 있다.

산업안전보건법 제57조에 의하여 사업주는 '3일 이상의 휴업을 요하는 산업재해'가 발생한 때에는 해당 재해가 발생한때로부터 1개월 이내에 산업재해조사표를 작성하여 제출하여야 한다.[347] 이때 보고의무가 있는 사업주는 피재근로자를 고용하는 사업주(수급인의 근로자인 경우 수급인)를 말한다. 피재근로자를 고용하고 있는 사업주가 위 기준에 해당하는 산업재해를 기한 내에 보고하지 아니한 경우에는 산업안전보건법 제57조에 의한 보고의 의무를 위반한 것이다.

같은 장소에서 작업을 하는 경우 작업계획서 등 도급인과 수급인이 동시에 취하여야 할 안전보건조치가 있을 수 있다. 이 경우 법상의무는 각각 부여되어 있지만 도급인의 안전보건조치를 수급인이 해당 작업에 맞게 적용하는 것이 바람직하다.[348]

---

346 【질의】 '갑' (도급인)이 '을' (수급인)에게 산업안전보건관리비를 지급하였을 경우에 안전보호구 지급, 건강진단 실시 의무 주체와는 어떤 상관관계가 있는지? 산업안전보건관리비를 지급하지 않은 경우 원수급인이 안전보호구 지급, 건강진단 실시의무 등을 지게 되는지?
☞ (회시) 법령에서 규정한 안전보호구 지급 등 위험예방조치 의무는 산업안전보건관리비 유무에 관계없이 이행하여야 하므로 산업안전보건관리비에 관계없이 이행의무 주체는 변동이 없으며, 산업안전보건관리비는 안전시설 등의 조치에 소요되는 비용으로 사용할 수 있다.(산업안전과-4691, 2004.7.26.)
347 구 법령에서는 산업재해보상보험법에 의한 요양신청서를 제출한 경우에는 산업재해조사표 제출을 면제하고 있었으나, 2013.6.12. 법 개정으로 삭제(2014.7.1.부터 시행)
348 【질의】산업안전보건기준에 관한 규칙 제38조의 규정에 의한 작업계획서 작성을 원도급업체가 작성하였는데 별도로 하

예를 들어 한 사업장에서 창고시설로 출하관리는 원청업체 직원이 하고 포장기계 조작 및 정비보수업무는 하도급업체가 전담하고 있을 경우 안전작업허가서 발행주체와 작업감독자 선정·수행 주체는 구체적 사안에 따라 달라질 수 있으나, 사업장 전체에 영향을 미칠 수 있는 사안이거나 시행규칙에서 정하고 있는 위험장소에서의 작업인 경우에는 도급인이 주관하여 수급인과 협의하여 관리하여야 할 것이다.[349]

예를 들어 조선업인 A사가 사업장 내에 수행하는 각종 시설공사(건물보수, 증축, 기계설치 등)를 개별산재 가입된 업체를 통하여 공사수행 중 추락, 붕괴사고 발생 시 구법 제29조의1항에 의한 도급사업에 해당하는지 여부에 대한 회시에서 해당 공사가 건축물의 신축 등 조선업 자체의 사업과 관련이 없는 경우가 아니 작업설비의 개보수 등에 해당한다면 구법 제29조제1항에 의한 도급으로 보아야 한다고 하였다.[350]

(7) 공동 도급

건설공사의 경우 공동도급이 문제가 된다. 산업안전보건법에서 규정하고 있는 근로자 보호 의무 주체는 당해 근로자를 사용하는 사업주(법인인 경우 그 법인 자체)를 말하는 것으로 당해 근로자를 고용하여 작업을 수행토록 한 사업주에게 원칙적으로 책임이 있으며, 공동이행방식에 의한 공사의 경우 참여업체 모두를 사업주로 보고 있다. 하지만 실제로는 그러나, 구체적인 사고와 관련한 책임한계 문제는 당해 사고와 관련하여 그 원인, 작업상황, 작업지시, 작업장소, 고용관계 등 사실관계를 조사하여 산업안전보건법상 그에 대한 이행의무가 있는 자에게 법적인 책임을 묻고 있다.

공동도급공사를 각각 나누어서 시공하는 경우 발주처 또는 권한 있는 기관(법원 등)의 허가나 지시가 있는 경우[351]는 물론, 그러한 사실이 없이 임의로 분할하여 시공을 하는 경우에도 같다.[352] 즉, 계약의 법적 효력을 고려하지 않고 실제로 그러한 행위가 있었는지만을 확인하여 판단한다.

이 경우 주의해야 할 점은 공동도급 시 공동도급자를 법 제63조의 도급인으로 보아야 하는 원래 목적이 훼손되는지 여부를 조사하여야 할 것이다.

(8) 도급에 따른 산업재해 예방 조치(지원시스템 구축)

> 제64조(도급에 따른 산업재해 예방조치) ① 도급인은 관계수급인 근로자가 도급인의 사업장에서 작업을 하는 경우 다음 각 호의 사항을 이행하여야 한다.
> 1. 도급인과 수급인을 구성원으로 하는 안전 및 보건에 관한 협의체의 구성 및 운영
> 2. 작업장 순회점검
> 3. 관계수급인이 근로자에게 하는 제29조제1항부터 제3항까지의 규정에 따른 안전보건교육을 위한 장소 및 자료의 제공 등 지원

---

351 【질의】 시행사는 A이고, 시공사는 B와 C 공동도급이었으나 C사가 회사사정으로 법원허가하에 B사로 위임시공하였을 때 안전사고 발생 시 책임은?
☞ (회시) 귀 질의에서와 같이 C사가 시공권을 포기하고 법원의 허가하에 제반 법적절차를 밟아 B사로 위임시공계약이 이루어진 후 B사 단독으로 시공한 경우라면 원칙적으로는 B사가 사업주로서 산업재해를 예방할 책임이 있다고 판단된다.(산안(건안) 68307-10460, 2001.9.20.)

352 【질의】 ○○가 발주한 ○○공사를 A사(45%)와 B사(55%)가 공동 도급받았으나 발주처 승인 없이(각사 현장소장 합의에 의함) 임의로 구간을 나누어 분담시공 중에 A사의 시공구간에서 협력업체(C)사 근로자 1명이 사망한 경우 법적 처벌 대상은 누구인지?
☞ (회시) 귀 질의에서 2개사가 공동이행방식으로 계약을 체결하였으나 내부협약 등에 의거 별도로 구역을 나누어 분담시공을 함으로써 사실관계에 있어서 고용관계, 작업의 지시, 하도급 등이 각각의 회사 책임하에 이루어지는 경우라면 각각을 별도의 사업주로 보아 원청에게도 2차적인 책임 여부를 판단하여 법을 위반한 사업주를 처벌하여야 할 것이다.(안전보건지도과-1539, 2010.6.30.)

4. 관계수급인이 근로자에게 하는 제29조제3항에 따른 안전보건교육의 실시 확인

5. 다음 각 목의 어느 하나의 경우에 대비한 경보체계 운영과 대피방법 등 훈련

가. 작업 장소에서 발파작업을 하는 경우

나. 작업 장소에서 화재 · 폭발, 토사 · 구축물 등의 붕괴 또는 지진 등이 발생한 경우

6. 위생시설 등 고용노동부령으로 정하는 시설의 설치 등을 위하여 필요한 장소의 제공 또는 도급인이 설치한 위생시설 이용의 협조

② 제1항에 따른 도급인은 고용노동부령으로 정하는 바에 따라 자신의 근로자 및 관계수급인 근로자와 함께 정기적으로 또는 수시로 작업장의 안전 및 보건에 관한 점검을 하여야 한다.

③ 제1항에 따른 안전 및 보건에 관한 협의체 구성 및 운영, 작업장 순회점검, 안전보건교육 지원, 그 밖에 필요한 사항은 고용노동부령으로 정한다.

도급인은 도급인의 근로자와 수급인의 근로자가 도급인사업장에서 작업을 할 때에 생기는 산업재해를 예방하기 위한 조치를 하여야 한다. 여기에는 작업공정이나 건설현장에서 직접 혼재되어 작업을 하는 경우가 반드시 포함되며, 직접 혼재되어 작업하고 있지 않더라도 한 사업장 내, 어떤 한 영역 내에서나 특정장소에서 발생한 어떤 위험(예 화재)이 밖으로 전이되어 사업장 내에 다른 장소에 있는 수급인 근로자에게 위험을 끼칠 가능성이 있는 경우에도 해당한다. 따라서 동조의 적용은 특정공정, 건물 내 칸막이나 하나의 건물단위에만 적용되는 것이 아니라 사업장의 범위에 적용되는 것으로 보아야 한다. 작업을 할 때를 해석하는 경우에도 작업의 지속 여부를 따지지 않으므로 일회의 작업이 있더라도 해당하는 것으로 해석한다.[353][354]

법 제64조에서 도급인인 사업주의 의무로서 정하는 사업주 간 협의체, 작업장의 순회점검, 교육지원, 경보의 통일, 작업환경측정 등을 규정하고 있는 점에 비추어 보아 사업장내에서 어느 정도 작업이 사업의 전체운영에 유기적으로 연결되어 있는 작업이면 된다. 도급계약으로 이루어졌더라도 작업의 장소, 내용이 도급인이 취할 조치가 없는 경우 도급인의 의무가 있다고 보지 않는다고 해석하였다.[355]

353　(산안 68320-86, 2003.3.10.)

354　【질의】아래와 같은 경우에 있어 산업안전보건법상 협력업체(도급) 대상에 포함 여부?

1. '을' 사가 '갑' 사의 작업장 기계기구를 1년 계약을 통해 주기적으로 점검 · 보수를 하는 경우

2. '을' 사가 '갑' 사 작업장의 집진기 등 설비를 1년 계약으로 관리하는 경우

3. '을' 사가 '갑' 사의 건축물 및 기계설비 설치, 보수공사를 1회성계약을 통해 실시하는 경우

☞ (회시) 산업안전보건법 제29조(도급사업에 있어서의 안전 · 보건조치)에 있어 '도급'이라 함은 민법 제664조에 의하여 '계약당사자 일방(수급인)이 어느 일을 완성할 것을 약정하고 상대방(도급인)이 그 일의 결과에 대하여 보수를 지급할 것을 약정함으로써 성립하는 계약'을 말하는 바, 귀 질의의 경우 계약기간의 장단과 관계없이 사실관계에 있어 상기 도급의 정의에 해당되는지 여부를 판단하여 결정하여야 할 것이다.(산업안전팀-4623, 2006.9.22.)

355　【질의】해상교량공사를 행하는 원수급인으로부터 철근콘크리트 및 보링그라우팅공사를 하도급 받은 하도급업체가 단지

1) 협의체 구성

"도급인인 사업주는 법 제64조제1항제2호의 규정에 의하여 작업장을 2일에 1회 이상 순회점검 하여야 한다."

'사업주'라 함은 '근로자를 사용하여 사업을 행하는 자(산업안전보건법 제2조제3호)'를 말하는 것으로, 법 제64조제1항에 의한 '도급인인 사업주'는 '사업의 일부를 도급에 의하여 행하는 사업주'로서 법상 사업주는 법인인 경우에는 법인, 개인회사인 경우에는 대표자를 말하는 것이며, 행위 능력이 없는 법인 또는 장소적으로 떨어진 사업장의 개인사업주에 있어서는 당해 사업장을 실질적으로 총괄관리하는 대표이사 등이 안전·보건에 관하여 사업주를 위하여 행위자로서 사업주의 의무를 이행하여야 한다.[356]

여기서 사업주의 법 이행을 반드시 사업주 자신이 직접 수행하여야 하는 것을 말하는 것은 아니며 사업주를 대신하여 당해 업무를 수행하는 자를 지정하여 이행하면 된다.[357] 협의체에 참

선박소유주로부터 무동력선인 부선(속칭 바지선)을 공사현장 해상에서 철근망 등을 운반하는 데 이용코자 월대로 임차하여 사용하던 중 부선 관리책임자인 선두(부선의 선장격으로 근로자임)가 동 부선에 다른 사람이 아무도 없는 상태에서 선박소유주, 하도급 및 원수급업체 관계자 등 누구로부터도 아무런 작업지시 없이 부선의 부력탱크를 점검하고자 잠겨 있던 볼트, 너트들을 기구를 이용하여 임의로 열고 들어가 있던 중 '산소결핍의증'으로 사망한 경우 산업안전보건법 제29조제3항, 같은 법 시행규칙 제30조제5항제10호 '산소결핍 위험이 있는 작업을 하는 장소'의 규정의 적용 여부?

☞ (회시) 산업안전보건법 제29조의 규정에 의한 '동일한 장소'라 함은 도급계약 또는 임대차계약 등 계약형태와 관계없이 실질적인 도급계약 관계에 있는 수 개의 사업에 의하여 작업이 서로 관련되어 있을 뿐만 아니라 사용사업주가 서로 다른 근로자가 혼재되어 작업을 하는 각 작업현장을 포함하는 개념으로서 업무명령계통이 통일되지 않을 경우 재해 발생 위험이 높은 장소를 의미한다.

따라서 귀 질의의 요지와 같이 하수급인이 선박소유주에게 바지선(부선)을 임차한 상태에서 사고 당시의 작업상황이 타 도급 작업과의 연관성이 없고, 피 재해자가 타 소속 근로자와 혼재됨이 없이 단독으로 점검하던 중 사고를 당하였다면 원·하수급인을 도급사업에 있어서의 안전보건조치를 취하여야 할 사업주로서 책임을 묻기에는 곤란할 것이다.(산업안전팀-4108, 2006.9.4.)

356 【질의】공사금액 150억 원 이상의 토목 건설현장에서 산업안전보건법 제29조의 2에 의한 안전보건에 관한 협의체를 구성·운영하는 경우 사용자 위원 중 해당 사업의 대표자가 원청사 대표인지 아니면 현장소장 인지, 또한 공사금액 20억 이상인 도급 또는 하도급 사업의 사업주도 업체 대표인지 현장소장인지 여부?

☞ (회시) 산업안전보건법 제29조의2 규정에 따라 공사금액 120억 원(건설산업기본법 시행령 별표 1에 따른 토목공사는 150억 원) 이상의 건설업 사업주는 근로자와 사용자가 같은 수로 구성되는 안전·보건에 관한 노사협의체를 구성·운영하여야 하며, 사용자 위원에는 해당 사업의 대표자를 포함하여 구성하여야 한다.

귀 질의와 같이 해당 사업의 대표자를 판단하는 경우 같은 사업 내에 지역을 달리하는 사업장이 있는 경우 그 사업장의 최고책임자를 말하고, 건설공사의 경우 해당 현장의 안전·보건을 총괄하는 안전보건총괄책임자가 이에 해당된다. 또한 산업안전보건법 시행령 제26조의4 제2항제3호 규정에 의한 '공사금액이 20억 원 이상인 도급 또는 하도급 사업의 사업주' 역시 각 도급 또는 하도급 업체의 현장대리인인 현장소장을 말한다.(국민신문고, 2011.3.23.)

357 법 제29조제2항제2호(시행규칙 제30조)에 의한 「작업장의 순회점검」은 사업주의 의무로서, 반드시 사업주가 직접 실시해야 하는 것은 아니며 사업주가 경영관리, 시간적인 이유 등으로 직접 점검을 하기 곤란하여 관리감독자 등에게 순회점검을 하도록 한 경우에는 점검의 결과 및 조치의 이행 여부 등에 대한 관리·감독을 철저히 하여 사업주의 의무를 다하면 될 것이다. 다만, 사업주의 지시에 대하여 관리자가 순회점검을 하지 아니한 경우에는 동 규정 위반에 대한 법상 책임은 사업주에게 있다.(산안 68320-266, 2001.6.23.)

여하는 수급인대표자도 이와 같다. 예를 들어 사업주가 관리감독자에게 해당 업무를 위임할 경우에 해당 관리감독자가 작업장 순회점검을 하는 것으로 사업주의 작업장 순회점검이 갈음된다.

협의체를 구성하는 데 있어 참여하는 수급인에는 하수급인을 포함한다.

수 개의 수급업체 중 일부가 불참한 상태에서 사업주 간 협의체가 운영되었고, 도급사업의 합동 안전·보건점검이 이루어진 경우에는 불참한 수급업체의 공사 종류, 소속 근로자 수, 불참이유, 협의체 및 합동점검 실태 등을 종합적으로 고려하여야 하며, 사업주 간 협의체 구성·운영 및 도급사업 합동 안전·보건점검 의무를 이행하지 않을 경우 도급인 사업주에게 벌칙(500만 원 이하의 벌금)이 있다.[358]

순회점검의 횟수는 업종에 따라 구분한다.[359]

2) 합동점검

합동 안전보건점검에는 도급인 사업주, 근로자와 수급인의 사업주 및 근로자가 포함되어야 한다. 수급인이 여럿이 있는 경우 수급인의 근로자는 해당 공정의 합동점검만 수행하면 된다. 점검에 참여하는 도급인 및 수급인의 근로자는 도급인이 정하여야 하나 산업안전보건위원회 또는 협의를 통하여 정하는 것이 바람직하다.

산업안전보건법 시행규칙 제82조제1항제3호의 도급인 및 관계수급인의 근로자 각 1인의 괄호 안에서 "관계수급인의 근로자의 경우에는 해당하는 공정에 한한다."라는 조문이 있는데, 여기서 '관계수급인에 해당하는 공정'이라 함은 세부적인 공정의 담당근로자를 말하는 것이 아니고 해당 수급인(업체)의 근로자 1인이 관할하는 공정을 점검하면 되는 것이다.[360]

358　(산업안전팀-1628, 2006.4.7.)
359　시행규칙 제30조의2 제2항(2014.1.1.):
1. 건설업, 제조업, 토사석 광업, 서적·잡지 및 기타 인쇄물 출판업, 음악 및 기타 오디오물 출판업, 금속 및 비금속 원료 재생업: 2일에 1회 이상
2. 제1호의 사업을 제외한 사업: 1주일에 1회 이상
360　시행규칙 제30조의2 제1항제3호의 단서규정(수급인의 근로자의 경우에는 해당 공정에 한한다.)은 점검반원으로 구성된 각 수급인(협력업체)의 근로자대표 중 수급인의 작업공정에 대한 점검 시에 반드시 당해 수급인 소속근로자대표가 포함되어야

예를 들어 조립금속제조업으로서 사내에 3개의 수급업체가 있으며 작업의 단위공정은 300여 개 이상이며, 각각의 업체 소속 근로자는 80명, 77명, 13명이 있는 경우, 모든 단위공정(3개 업체 100여 개 내외 단위공정)의 근로자 1인씩을 참여시키는 것이 아니라 각각의 수급업체별로 1명씩 참여하면 되는 것으로 해석한다.

3) 위생시설 제공 협조

2011.7.25. 개정법률에 따라 도급인의 수급인에 대한 위생시설 설치장소 제공 등의 의무가 신설(구법 제29조제8항)되었다.[361] 종전 법령상 세척시설, 휴게시설 등 위생시설 설치 의무의 주체는 근로자를 직접 고용한 사업주이나 청소 등의 업무 특성상 수급인이 도급인(발주자)의 건물 내에서 작업하는 경우 도급인의 수급인에 대한 위생시설 설치장소 제공 등이 없이는 수급인이 해당 의무를 이행하기가 곤란함에 따라 사업을 타인에게 도급하는 자는 수급인에게 위생시설을 설치할 수 있는 장소를 제공하거나 자신의 위생시설을 수급인의 근로자가 이용할 수 있도록 하고, 이를 위반하는 경우 500만 원 이하의 과태료를 부과한다. 이를 통해 청소 등의 업무에 종사하는 근로자의 건강을 보호하고 법령상 규정된 수급인에 대한 위생시설 설치의무의 실효성이 높아질 것으로 기대하고 있다.

함을 의미한다.(산안 68320-136, 2003.4.9.)

361   제29조(도급사업시의 안전·보건조치) ⑨ 사업을 타인에게 도급하는 자는 근로자의 건강을 보호하기 위하여 수급인이 고용노동부령으로 정하는 위생시설에 관한 기준을 준수할 수 있도록 수급인에게 위생시설을 설치할 수 있는 장소를 제공하거나 자신의 위생시설을 수급인의 근로자가 이용할 수 있도록 하는 등 적절한 협조를 하여야 한다. 〈신설 2011.7.25.〉

(9) 화학물질 설비 정비수리작업 시 정보제공

> **제65조(도급인의 안전 및 보건에 관한 정보 제공 등)** ① 다음 각 호의 작업을 도급하는 자는 그 작업을 수행하는 수급인 근로자의 산업재해를 예방하기 위하여 고용노동부령으로 정하는 바에 따라 해당 작업 시작 전에 수급인에게 안전 및 보건에 관한 정보를 문서로 제공하여야 한다.
> 1. 폭발성ㆍ발화성ㆍ인화성ㆍ독성 등의 유해성ㆍ위험성이 있는 화학물질 중 고용노동부령으로 정하는 화학물질 또는 그 화학물질을 함유한 혼합물을 제조ㆍ사용ㆍ운반 또는 저장하는 반응기ㆍ증류탑ㆍ배관 또는 저장탱크로서 고용노동부령으로 정하는 설비를 개조ㆍ분해ㆍ해체 또는 철거하는 작업
> 2. 제1호에 따른 설비의 내부에서 이루어지는 작업
> 3. 질식 또는 붕괴의 위험이 있는 작업으로서 대통령령으로 정하는 작업
> ② 도급인이 제1항에 따라 안전 및 보건에 관한 정보를 해당 작업 시작 전까지 제공하지 아니한 경우에는 수급인이 정보 제공을 요청할 수 있다.
> ③ 도급인은 수급인이 제1항에 따라 제공받은 안전 및 보건에 관한 정보에 따라 필요한 안전조치 및 보건조치를 하였는지를 확인하여야 한다.
> ④ 수급인은 제2항에 따른 요청에도 불구하고 도급인이 정보를 제공하지 아니하는 경우에는 해당 도급 작업을 하지 아니할 수 있다. 이 경우 수급인은 계약의 이행 지체에 따른 책임을 지지 아니한다.

화학물질이 담긴 용기의 정비ㆍ보수작업이 도급에 의해 이루어 주고 있는 현실을 감안하여 2013년 신설된 조항이다. '안전ㆍ보건상 유해하거나 위험한 작업'이란 설비의 개조 작업, 분해 작업, 내부로 들어가서 하는 작업을 말한다.

'화학물질 또는 화학물질을 함유한 제제를 제조ㆍ사용ㆍ운반 또는 저장하는 설비'란 안전보건규칙 별표 1의 위험물질과 별표 12의 관리대상 유해물질 또는 해당 화학물질을 함유한 제제를 제조ㆍ사용ㆍ운반 또는 저장하는 반응기ㆍ증류탑ㆍ배관 또는 저장탱크 등 안전보건규칙 별표 7의 화학설비 및 그 부속설비를 말한다.

제공해야 할 안전ㆍ보건 정보는 ① 해당 물질의 명칭, 유해성ㆍ위험성, ② 해당 작업에 대한 안전ㆍ보건상의 주의사항, ③ 해당 작업에 대하여 도급하는 자가 마련한 안전ㆍ보건상의 조치, ④ 해당 물질의 유출 등 사고가 발생한 경우 긴급조치

제공방법은 안전보건정보를 기재한 문서(전자적 방법에 의한 문서를 포함한다)를 수급인에게 해당 작업이 시작되기 전까지 제공하여야 한다. 하수급인이 있는 경우에도 같다.

도급하는 작업에 대한 정보를 제공한 자는 수급인 및 하수급인의 근로자들이 제공된 정보에

따라 적절한 지시를 받고 있는지 확인하여야 한다.

(10) 공사기간 단축 및 공법변경 금지

제69조(공사기간 단축 및 공법변경 금지) ① 건설공사발주자 또는 건설공사도급인(건설공사발주자로부터 해당 건설공사를 최초로 도급받은 수급인 또는 건설공사의 시공을 주도하여 총괄·관리하는 자를 말한다. 이하 이 절에서 같다)은 설계도서 등에 따라 산정된 공사기간을 단축해서는 아니 된다.
② 건설공사발주자 또는 건설공사도급인은 공사비를 줄이기 위하여 위험성이 있는 공법을 사용하거나 정당한 사유 없이 정해진 공법을 변경해서는 아니 된다.

구법 제29조제8항의 내용과 같다. 동 조항 위반 시 1천만 원의 벌금에 처한다. 건설공사 발주자와 건설공사 최초 수급인이 의무 주체가 된다. 공사기간 단축의 법 위반 여부의 판단의 설계도서에서 산정된 공사기간을 기준으로 한다. 위험성 있는 공법 등으로의 변경 여부의 판단은 통상적으로 알려진 건설기술자의 의견을 기준으로 한다.

(11) 수급인의 설계변경 요청

제71조(설계변경의 요청) ① 건설공사도급인은 해당 건설공사 중에 대통령령으로 정하는 가설구조물의 붕괴 등으로 산업재해가 발생할 위험이 있다고 판단되면 건축·토목 분야의 전문가 등 대통령령으로 정하는 전문가의 의견을 들어 건설공사발주자에게 해당 건설공사의 설계변경을 요청할 수 있다. 다만, 건설공사발주자가 설계를 포함하여 발주한 경우는 그러하지 아니하다.
② 제42조제4항 후단에 따라 고용노동부장관으로부터 공사중지 또는 유해위험방지계획서의 변경 명령을 받은 건설공사도급인은 설계변경이 필요한 경우 건설공사발주자에게 설계변경을 요청할 수 있다.
③ 건설공사의 관계수급인은 건설공사 중에 제1항에 따른 가설구조물의 붕괴 등으로 산업재해가 발생할 위험이 있다고 판단되면 제1항에 따른 전문가의 의견을 들어 건설공사도급인에게 해당 건설공사의 설계변경을 요청할 수 있다. 이 경우 건설공사도급인은 그 요청받은 내용이 기술적으로 적용이 불가능한 명백한 경우가 아니면 이를 반영하여 해당 건설공사의 설계를 변경하거나 건설공사발주자에게 설계변경을 요청하여야 한다.
④ 제1항부터 제3항까지의 규정에 따라 설계변경 요청을 받은 건설공사발주자는 그 요청받은 내용이 기술적으로 적용이 불가능한 명백한 경우가 아니면 이를 반영하여 설계를 변경하여야 한다.

2013년 법 개정으로 설계변경요청제도가 신설되었다. 수급인이 붕괴 등의 위험이 높다고 판단되는 경우 도급인에게 설계변경을 요청할 수 있다. 현행법은 이를 세분화 하여 건설공사도급인이 건설공사발주자에게, 관계수급인이 건설공사도급인에게로 구분하여 규정하였다.

'재해 발생 위험이 높다고 판단되는 경우'란 ① 높이 31m 이상인 비계, ② 작업발판 일체형 거푸집 또는 높이 6m 이상인 거푸집 동바리, ③ 터널 지보공 또는 높이 2m 이상인 흙막이 지보공으로서 붕괴 등의 위험이 있다고 판단되는 경우, ④ 그 밖에 동력을 이용하여 움직일 수 있는 가설구조물로서 붕괴·낙하 등의 위험이 있다고 판단되는 경우이다.

'수급인이 의견을 들어야 하는 전문가'란 건축구조기술사, 토목구조기술사, 토질 및 기초기술사, 건설기계기술사와 안전보건공단이다. 이 경우 해당 수급인에게 고용된 사람은 제외한다.

관계수급인이 법 제71조제3항에 따라 설계변경을 요청할 경우에는 ① 설계변경 요청 대상 공사의 도면, ② 현행 설계의 문제점 및 변경이유서, ③ 구조계산서를 포함한 전문가의 안전성 검토 의견서, ④ 그 밖에 설계변경에 필요한 서류를 첨부하여 도급인에게 제출하여야 한다.

설계변경을 요청 받은 도급인은 설계변경 요청서를 받은 날부터 30일 이내에 설계를 변경하거나 건설공사발주자에게 요청한 후 건설공사 설계변경 승인 통지서를, 불승인 사유에 해당하는 경우에는 건설공사 설계변경 불승인 통지서를 수급인에게 통보하여야 한다.

(12) 안전보건총괄책임자의 개념

제62조(안전보건총괄책임자) ① 도급인은 관계수급인 근로자가 도급인의 사업장에서 작업을 하는 경우에는 그 사업장의 안전보건관리책임자를 도급인의 근로자와 관계수급인 근로자의 산업재해를 예방하기 위한 업무를 총괄하여 관리하는 안전보건총괄책임자로 지정하여야 한다. 이 경우 안전보건관리책임자를 두지 아니하여도 되는 사업장에서는 그 사업장에서 사업을 총괄하여 관리하는 사람을 안전보건총괄책임자로 지정하여야 한다.
② 제1항에 따라 안전보건총괄책임자를 지정한 경우에는 「건설기술관리법」 제26조의3 제1항제1호에 따른 안전총괄책임자를 둔 것으로 본다.

사업장 내에서 수급인 근로자가 같이 일하는 경우에는 수급인 근로자를 포함하여 상시 100

명(1차 금속 제조업, 선박 및 보트 건조업 및 토사석 광업의 경우에는 50명)을 고용하는 경우에는 안전보건총괄책임자를 두어 안전보건관리를 총괄하여야 한다.

안전보건총괄책임자는 실질적으로 사업장을 전체로 총괄하는 자를 말한다.[362] 총괄관리하는 자는 그 직책, 권한이 총괄관리하는 데 부합하여야 한다. 단순히 실행업무만을 부여받고 실질적인 총괄관리를 할 수 없는 자는 안전보건총괄책임자라 할 수 없다.

---

362 【질의】 공사현장 착공시기에 A가 현장대리인 및 현장소장이었으나 작업수행 중 B가 현장대리인, C가 현장소장으로 변경되었을 경우에 B, C 중 누구를 안전보건총괄책임자로 선임하여야 할 것인지 여부는?
☞ (회시) 사업장에서 실질적으로 총괄관리하는 자를 안전보건관리책임자로 선임하여야 하며, 동법 제18조의 규정에 의하여 동일한 장소에서 사업의 일부를 도급에 의하여 행할 때에는 안전보건관리책임자를 안전보건총괄책임자로 지정하여야 한다. 따라서 현장대리인 또는 현장소장 중 안전보건관리책임자로 선임된 자를 안전보건총괄책임자로 지정하여야 한다.(산안(건안) 68307-10370, 2001.8.4.)

제6장

안전보건관리 조직과 사람

◈ **이 편의 제도 개요** ◈

안전보건의 확보는 단순히 안전설비를 갖추는 것으로 확보되지 않는다. 재해는 사업의 과정 속에서 발생하며 사업은 인간의 생산활동과 연계되어 있다. 생산활동은 좁은 의미의 물건을 제조하는 과정을 말하기도 하지만 현재는 물건의 제조뿐 아니라 상품 및 서비스의 제조, 분배, 판매 등을 포함하게 된다.

안전보건관리라는 활동이 필요하다.

산업안전보건 법규의 준수, 즉 안전보건조치의 이행은 철저한 안전보건관리를 통하여서만 이루어질 수 있다. 따라서 사업장의 안전보건관리체제가 제대로 구성되어 운영되어야 한다.

안전경영은 사업에 있어 필요한 안전보건과 현황을 평가하고 관련된 자원의 분배, 방침의 설정 및 실행원칙을 기업차원에서 결정하는 것이다. 안전경영의 원칙에 따라 안전보건관리 활동이 이루어진다.

산업안전보건법은 사업장에서 산업재해예방의 책임을 사업주에게 부과하면서 사업주를 보좌하여 안전보건관리 활동을 하도록 하는 안전보건관리체계를 구축하도록 하고 있다. 안전보건관리책임자, 관리감독자는 사업주의 안전보건에 대한 조치사항이 충실히 이행되도록 행위자의 역할을 하도록 하고 있다. 안전관리자와 보건관리자는 사업장 내에서 사업주나 안전보건관리책임자를 보좌하여 산업재해예방의 기술적 자문을 하도록 한다.

산업안전보건위원회는 실효성 있는 산업재해예방업무의 추진을 위하여 사업장 내 노사가 모여서 숙의하는 역할을 한다. 이는 안전보건 정보전달 및 추진체계를 구축함으로써 산재예방 활동이 능동적이고 자발적으로 참여하는 여건이 조성되도록 한다.

〈사업장 안전 · 보건관리체계도〉

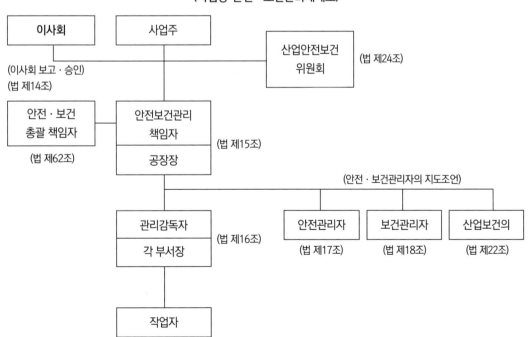

② 대표이사의 이사회 보고 · 승인

> **제14조(이사회 보고 및 승인 등)** ① 「상법」 제170조에 따른 주식회사 중 대통령령으로 정하는 회사의 대표이사는 대통령령으로 정하는 바에 따라 매년 회사의 안전 및 보건에 관한 계획을 수립하여 이사회에 보고하고 승인을 받아야 한다.
> ② 제1항에 따른 대표이사는 제1항에 따른 안전 및 보건에 관한 계획을 성실하게 이행하여야 한다.
> ③ 제1항에 따른 안전 및 보건에 관한 계획에는 안전 및 보건에 관한 비용, 시설, 인원 등의 사항을 포함하여야 한다.

산업안전보건법은 사업장에서 이루어지는 안전보건에 관한 사항을 관리하는 것을 규정하고 있다. 여러 개의 사업장이 있는 경우 각 사업장마다 안전보건관리체계를 구축하고 활동하도록 하고 있다. 여러 사업장을 두고 있는 기업의 경우 회사 전체로서 종합적인 안전보건에 대한 경영상 노력이 요구되고 있다. 이번 법 개정으로 대표이사의 안전보건경영계획의 수립 및 시행 의무가 신설되었다. 상법상 주식회사의 대표이사[363]는 대통령령으로 정하는 바에 따라 매년 회사의 『안전 및 보건에 관한 계획』을 수립하여 이사회에 보고하고 승인을 받아야 한다.(법 제14조)[364] 안전 및 보건에 관한 계획을 이사회에 보고하지 않거나 승인을 받지 아니한 경우 1천만 원 이하의 과태료를 부과한다.(법 제175조)

○ 대상(시행령 제13조제1항)

1. 상시근로자 500명 이상을 사용하는 회사

2. 「건설산업기본법」 제23조에 따른 전년도 시공능력평가액(토목·건축공사업에 한함) 순위 상위 1,000위 이내의 건설회사

○ 계획에 포함할 사항(시행령 제13조제2항)

1. 안전 및 보건에 관한 경영방침

2. 안전·보건관리 조직의 구성·인원 및 역할

3. 안전·보건 관련 예산 및 시설 현황

4. 안전 및 보건에 관한 전년도 활동실적 및 내년도 활동계획

---

363 「상법」 제408조의2제1항 후단에 따라 대표이사를 두지 못하는 회사의 경우에는 같은 법 제408조의5에 따른 대표집행임원을 말한다.
364 시행시기: 20221.1.부터

③ 안전보건관리책임자

　사업장 안전보건관리가 효과적으로 이루어지기 위해서는 총괄하여 관리하는 책임자가 필요하다. 법 제15조는 사업장에 안전보건에 대한 관리를 책임지는 「안전보건관리책임자」를 두어 산업안전보건업무를 총괄·관리하도록 한다. 안전보건관리책임자는 해당 사업을 실질적으로 총괄·관리하는 자[365]이어야 한다. 사업주는 관리책임자가 업무를 원활히 수행하도록 권한·시설·장비·예산 등을 지원하여야 한다.(시행령 제14조제2항) 사업주는 안전보건관리책임자를 선임사실 및 업무수행내용을 증명할 수 있는 서류를 사업장에 갖춰(비치)야 한다.(시행령 제14조제3항)

(1) 선임대상 사업장 (시행령 별표 2)

구분	사업의 종류
상시근로자 50명 이상을 사용하는 사업	① 토사석 광업, ② 식료품 제조업, 음료 제조업, ③ 목재 및 나무제품 제조업;가구 제외, ④ 펄프, 종이 및 종이제품 제조업, ⑤ 코크스, 연탄 및 석유정제품 제조업, ⑥ 화학물질 및 화학제품 제조업;의약품 제외, ⑦ 의료용 물질 및 의약품 제조업, ⑧ 고무제품 및 플라스틱제품 제조업, ⑨ 비금속 광물제품 제조업, ⑩ 1차 금속 제조업, ⑪ 금속가공제품 제조업;기계 및 가구 제외, ⑫ 전자부품, 컴퓨터, 영상, 음향 및 통신장비 제조업, ⑬ 의료, 정밀, 광학기기 및 시계 제조업, ⑭ 전기장비 제조업, ⑮ 기타 기계 및 장비 제조업, ⑯ 자동차 및 트레일러 제조업, ⑰ 기타 운송장비 제조업, ⑱ 가구 제조업, ⑲ 기타 제품 제조업, ⑳ 서적, 잡지 및 기타 인쇄물 출판업, ㉑ 금속 및 비금속 원료 재생업, ㉒ 자동차 종합 수리업, 자동차 전문 수리업

365 　'해당 사업을 실질적으로 총괄·관리하는 자' 라 함은 해당 사업의 경영에 대한 실질적인 책임과 권한을 가진 최종관리자를 말하는 것으로 안전보건관리의 실시주체를 명확히 하여 사업장의 안전보건관리를 원활히 수행하도록 한 것이다.
- 일반적으로 개인사업주 또는 법인의 대표이사가 사업장에 상주하는 경우에는 개인사업주 또는 법인의 대표이사가 해당 사업을 실질적으로 총괄·관리하는 자로서 안전보건관리책임자가 되고,
- 개인사업주 또는 법인의 대표이사가 사업장에 상주하지 못하는 경우로서 사업주가 공장장(명칭에 무관) 등에게 사업경영의 실질적인 권한과 책임을 위임한 경우에는 개인사업주 또는 법인을 대리하여 실질적으로 사업을 경영하는 자(부사장, 공장장, 지점장, 사업소장, 현장소장 등)가 안전보건관리책임자로 선임되어야 한다.

상시근로자 300명 이상을 사용하는 사업	①농업, ② 어업, ③ 소프트웨어 개발 및 공급업, ④ 컴퓨터 프로그래밍, 시스템 통합 및 관리업, ⑤ 정보서비스업, ⑥ 금융 및 보험업, ⑦ 임대업(부동산 제외), ⑧ 전문, 과학 및 기술 서비스업(연구개발업은 제외한다), ⑨ 사업지원 서비스업, ⑩ 사회복지 서비스업
공사금액 20억 원 이상	건설업
상시근로자 100명 이상을 사용하는 사업	위 업종 이외의 업종

(2) 안전보건관리책임자의 업무

안전보건관리책임자는 사업장의 산재예방계획의 수립 등 안전보건관리를 총괄하고 안전관리자 및 보건관리자를 지휘·감독(법 제15조제2항)하며, 안전관리자 또는 보건관리자의 건의에 대해 적절한 조치를 취하여야 한다. (법 제20조)

〈안전보건관리책임자 업무(법 제15조)〉

1. 사업장의 산업재해 예방계획의 수립에 관한 사항
2. 제25조 및 제26조에 따른 안전보건관리규정의 작성 및 변경에 관한 사항
3. 제29조에 따른 안전보건교육에 관한 사항
4. 작업환경측정 등 작업환경의 점검 및 개선에 관한 사항
5. 제129조부터 제132조까지에 따른 근로자의 건강진단 등 건강관리에 관한 사항
6. 산업재해의 원인 조사 및 재발 방지대책 수립에 관한 사항
7. 산업재해에 관한 통계의 기록 및 유지에 관한 사항
8. 안전장치 및 보호구 구입 시 적격품 여부 확인에 관한 사항
9. 그 밖에 근로자의 유해·위험 방지조치에 관한 사항으로서 고용노동부령으로 정하는 사항[366]

---

[366] ○ 법 제36조에 따른 위험성평가의 실시에 관한 사항과 안전보건규칙에서 정하는 근로자의 위험 또는 건강장해의 방지에 관한 사항(시행규칙 제9조)

④ 관리감독자

　법 제16조는 사업장 작업현장에서 안전보건 관리가 실제로 이루어질 수 있도록 안전보건관리 관리감독자에 대한 규정을 하고 있다. 사업주는 생산과 관련되는 업무와 소속 직원을 직접 지휘·감독하는 부서의 장이나 그 직위를 담당하는 자를 산업안전보건에 관한 '관리감독자'로 지정[367]하여 해당 직무와 관련된 안전보건상의 업무를 수행하도록 하여야 한다.(법 제16조제1항) 사업주는 관리감독자에게 안전보건상의 업무를 수행할 수 있도록 필요한 권한을 부여하고 시설·장비·예산, 그 밖에 업무수행에 필요한 지원을 하여야 한다.(시행령 제15조제2항)

(1) 관리감독자의 업무(시행령 제15조제1항)

　○ 사업장 내 관리감독자가 지휘·감독하는 작업(이하 '해당 작업'이라 함)과 관련되는 기계·기구 또는 설비의 안전보건점검 및 이상 유무의 확인

　○ 관리감독자에게 소속된 근로자의 작업복·보호구 및 방호장치의 점검과 그 착용·사용에 관한 교육·지도

　○ 해당 작업에서 발생한 산업재해에 관한 보고 및 이에 대한 응급조치

　○ 해당 작업의 작업장 정리·정돈 및 통로확보에 대한 확인·감독

　○ 해당 사업장의 산업보건의, 안전관리자(안전관리전문기관의 해당 사업장 담당자) 및 보건관리자(보건관리전문기관의 해당 사업장 담당자), 산업보건의, 안전보건관리담당자의 지도·조언에 대한 협조

　○ 법 제36조에 따른 위험성평가에 관해 해당 작업의 유해·위험요인 파악 및 개선조치 시 시행에 대한 참여

367　「산업안전보건법」 제14조제1항에 따른 관리감독자는 「건설기술관리법」 제26조의3 제1항제2호 및 제3호의 규정에 따른 안전관리책임자 및 안전관리담당자를 둔 것으로 간주한다.(법 제15조제2항)

○ 그 밖에 해당 작업[368]의 안전 및 보건에 관한 사항으로 고용노동부령으로 정하는 사항

- 작업시작 전 점검, 측정, 작업방법 결정, 작업지휘

- 재료, 공구, 기계, 방호장치 등 점검, 이상 발견 시 수리·정비 및 조치사항 기록

- 작업인원 확인, 출입금지, 연락망 구성, 대피경로 확인

- 작업요령 교육, 준수 조치, 보호구 착용 교육·지도 및 착용상황 감시

- 작업후 정리정돈 등

작업[369]시작 전 점검사항(안전보건규칙 제35조제2항 관련)

- 제동장치, 조정장치, 권과방지장치, 경보장치, 방호장치 작동 상태
- 작업면, 회전축, 기어등 덮개,울, 와이어로프, 슬링와이어, 전선 등 손상이나 이상유무
- 작업준비, 소화기구, 용접방화포 등 비산방지조치, 환기조치
- 올바른 작업자세, 보호구 착용 등 점검, 작업근로자 화재예방 및 피난교육

---

368 관리감독자의 유해·위험 방지(안전보건규칙 제35조제1항 관련)

작업의 종류
1. 프레스등을 사용하는 작업(제2편제1장제3절)
2. 목재가공용 기계를 취급하는 작업(제2편제1장제4절)
3. 크레인을 사용하는 작업(제2편제1장제9절제2관·제3관)
4. 위험물을 제조하거나 취급하는 작업(제2편제2장제1절)
5. 건조설비를 사용하는 작업(제2편제2장제5절)
6. 아세틸렌 용접장치를 사용하는 금속의 용접·용단 또는 가열작업(제2편제2장제6절제1관)
7. 가스집합용접장치의 취급작업(제2편제2장제6절제2관)
8. 거푸집 동바리의 고정·조립 또는 해체 작업/지반의 굴착작업/흙막이 지보공의 고정·조립 또는 해체 작업/터널의 굴착작업/건물 등의 해체작업(제2편제4장제1절제2관·제4장제2절제1관·제4장제2절제3관제1속·제4장제4절)
9. 달비계 또는 높이 5m 이상의 비계(飛階)를 조립·해체하거나 변경하는 작업(해체작업의 경우 가목은 적용 제외)(제1편제7장제2절)
10. 발파작업(제2편제4장제2절제2관)
11. 채석을 위한 굴착작업(제2편제4장제2절제5관)
12. 화물취급작업(제2편제6장제1절)
13. 부두와 선박에서의 하역작업(제2편제6장제2절)
14. 전로 등 전기작업 또는 그 지지물의 설치, 점검, 수리 및 도장 등의 작업(제2편제3장)
15. 관리대상 유해물질을 취급하는 작업(제3편제1장)
16. 허가대상 유해물질 취급작업(제3편제2장)
17. 석면 해체·제거작업(제3편제2장제6절)
18. 고압작업(제3편제5장)
19. 밀폐공간 작업(제3편제10장)

369

작업의 종류

⑤ 안전관리자

법 제17조는 사업주에게 사업장 내 산업안전에 관한 기술적인 사항에 관하여 사업주 또는 안전보건관리책임자를 보좌하고, 관리감독자에게 지도·조언을 할 수 있는 안전관리자를 두도록 하고 있다. 사업주가 안전관리자를 배치할 때에는 연장근로·야간근로 또는 휴일근로 등 해당 사업장의 작업형태를 고려하여야 한다.(시행령 제18조제2항) 사업주는 안전관리자에게 해당 업무를 수행할 수 있도록 필요한 권한을 부여하고, 시설·장비·예산 그 밖에 업무수행에 필요한 지원을 하여야 한다.(시행령 제18조제5항)

안전관리자가 안전보건관리책임자의 총괄·관리업무(법 제15조제1항) 중 안전에 관한 기술적인 사항에 대하여 사업주 또는 관리책임자에게 건의하거나 관리감독자에게 지도·조언하는 경우에 사업주·관리책임자 및 관리감독자는 이에 상응하는 적절한 조치를 하여야 한다.(법 제20조) 안전관리자의 자격은 산업안전지도사·산업안전기사 이상의 자격 등 업무수행에 필요한 전문능력이 있어야 한다.(시행령 제17조, 별표 4)

1. 프레스등을 사용하여 작업을 할 때(제2편제1장제3절)
2. 로봇의 작동 범위에서 그 로봇에 관하여 교시 등(로봇의 동력원을 차단하고 하는 것은 제외한다)의 작업을 할 때(제2편제1장제13절)
3. 공기압축기를 가동할 때(제2편제1장제7절)
4. 크레인을 사용하여 작업을 하는 때(제2편제1장제9절제2관)
5. 이동식 크레인을 사용하여 작업을 할 때(제2편제1장제9절제3관)
6. 리프트(자동차정비용 리프트를 포함한다)를 사용하여 작업을 할 때(제2편제1장제9절제4관)
7. 곤돌라를 사용하여 작업을 할 때(제2편제1장제9절제5관)
8. 양중기의 와이어로프·달기체인·섬유로프·섬유벨트 또는 훅·샤클·링 등의 철구(이하 '와이어로프등'이라 한다)를 사용하여 고리걸이작업을 할 때(제2편제1장제9절제7관)
9. 지게차를 사용하여 작업을 하는 때(제2편제1장제10절제2관)
10. 구내운반차를 사용하여 작업을 할 때(제2편제1장제10절제3관)
11. 고소작업대를 사용하여 작업을 할 때(제2편제1장제10절제4관)
12. 화물자동차를 사용하는 작업을 하게 할 때(제2편제1장제10절제5관)
13. 컨베이어등을 사용하여 작업을 할 때(제2편제1장제11절)
14. 차량계 건설기계를 사용하여 작업을 할 때(제2편제1장제12절제1관)
14의2. 용접·용단 작업 등의 화재위험작업을 할 때 (제2편제2장제2절)
15. 이동식 방폭구조(防爆構造) 전기기계·기구를 사용할 때(제2편제3장제1절)
16. 근로자가 반복하여 계속적으로 중량물을 취급하는 작업을 할 때(제2편제5장)
17. 양화장치를 사용하여 화물을 싣고 내리는 작업을 할 때(제2편제6장제2절)
18. 슬링 등을 사용하여 작업을 할 때(제2편제6장제2절)

(1) 안전관리자의 업무(시행령 제18조)

안전관리자는 다음 업무를 수행한다. 사업주는 안전관리 업무의 원활한 수행을 위하여 외부 전문가의 평가·지도를 받을 수 있도록 하고, 안전관리자는 업무 수행 시에 보건관리자와 협력하여야 한다.

○ 산업안전보건위원회(또는 안전보건에 관한 노사협의체)에서 심의·의결한 직무와 해당 사업장의 안전보건관리규정 및 취업규칙에서 정한 업무

○ 법 제36조에 따른 위험성평가에 대한 보좌 및 지도·조언

○ 안전인증대상 기계·기구 등과 자율안전확인대상 기계·기구 등의 구입 시 적격품의 선정에 대한 보좌 및 지도·조언

○ 해당 사업장 안전교육계획의 수립 및 안전교육 실시에 관한 보좌 및 지도·조언

○ 사업장 순회점검, 지도 및 조치의 건의

○ 산업재해 발생의 원인조사·분석 및 재발방지에 관한 기술적 보좌 및 지도·조언

○ 산업재해 통계의 유지·관리·분석을 위한 보좌 및 지도·조언

○ 법 또는 법에서 정하는 안전에 관한 사항의 이행에 관한 보좌 및 지도·조언

○ 업무수행 내용의 기록·유지

○ 그 밖에 안전에 관한 사항으로서 고용노동부장관이 정하는 사항

(2) 안전관리자 선임방법

1) 대상 사업장 및 선임자 수(시행령 제16조, 별표 3)

대상 업종은 46개 업종으로 구분하여 상시근로자 50명 이상을 고용하는 사업장에(건설업은 120억 원 또는 300명 이상)두도록 하고 있다. 별표 3의 1호에서 23호에 해당하는 사업의 상시근로자가 500명 이상일 경우와 24호에서 45호의 사업이 1,000명 이상을 고용하는 경우에는 2

명 이상을 두도록 한다. 건설업은 공사금액 800억 원 이상(또는 상시근로자 600명 이상)일 경우 2명 이상을 두고 공사금액 800억 원을 기준으로 700억 원이 증가할 때마다 또는 상시근로자 600명을 기준으로 300명이 추가될 때마다 1명씩 추가한다.

2) 대상별 안전관리자 자격(시행령 제17조, 별표 4)

시행령 별표 4에 해당하는 자격자를 선임하되 별표 3의 업종구분에 따라 두어야 할 자격에 제한이 있다. 300명 이상을 고용하는 사업장(건설업 제외)은 전담 안전관리자를 두어야 한다.(법 제17조제2항 및 시행령 제16조제2항) 다만, 안전관리자 업무를 전문기관에 위탁하는 경우에는 규모의 제한이 없다.[370]

기특법에 따라 고압가스안전관리법 등 타법에 의한 안전 관련 선임자로 하여금 산업안전보건법에 의한 안전관리자 업무를 수행하게 할 수 있다.[371]

3) 안전관리자 공동선임(시행령 제16조제4항)

하나의 사업주가 경영하는 둘 이상의 사업장이 같은 시·군·구(자치구인 구를 말한다) 지역에 소재하거나 사업장 간의 경계를 기준으로 15㎞ 이내에 소재하는 경우 해당 사업장의 상시근로자 수의 합계가 300명 이내인 경우에는 안전관리자 1명을 공동으로 선임할 수 있다.[372]

---

370 「기특법」 제40조제1항제1호
371 기특법 중 관련 조항: 제29조(안전관리자의 겸직 허용), 제30조(중소기업자 등에 대한 안전관리자 고용의무의 완화), 제31조(2종 이상의 자격증보유자에 대한 의무고용의 완화), 제36조(산업안전관리자 등의 공동채용), 제39조(공동채용자의 관리 등), 제40조(안전관리 등의 외부위탁)
372 기특법 제36조【산업안전관리자 등의 공동채용】동일한 산업단지 등에서 사업을 영위하는 자는 산업안전보건법 제15조 및 동법 제16조의 규정에 불구하고 3인 이하의 사업장의 사업주가 공동으로 안전관리자 또는 보건관리자를 채용할 수 있다. 이 경우 이들이 상시 사용하는 근로자수의 합계는 300인 이내이어야 한다.

4) 도급사업시의 안전관리자 선임방법(시행령 제16조제3항)

같은 장소에서 이루어지는 도급사업[373]의 공사금액 또는 수급인(하수급인 포함)이 사용하는 상시근로자 수는 각각 해당 사업의 공사금액 또는 상시근로자 수에 포함시켜 해당 사업이 안전관리자 선임의무 대상 여부를 적용한다. (시행령 제16조제3항)[374]

ㅇ 수급인이 안전관리자를 선임하여야 하는 경우(시행령 제16조제3항 단서)

수급인이 시행령 별표 3에 따른 안전관리자 선임의무 대상사업에 해당하는 경우(근로자수 50명 또는 공사금액 120억 원 이상 등)에는 수급인이 별도로 안전관리자를 선임해야 한다. 다만, ① 도급인인 사업주가 자신이 선임하여야 할 안전관리자를 두고, ② 안전관리자를 두어야 할 수급인인 사업주의 업종별로 상시근로자수(건설업의 경우 공사금액)를 합계하여 그 근로자수 또는 공사금액에 해당하는 안전관리자를 선임한 경우에는 수급인이 별도로 안전관리자를 선임하지 아니할 수 있다.[375](시행령 제16조제5항, 시행규칙 제10조) 수급인이 별도로 안전관리자를 선임하는 경우 도급인의 안전관리자 선임 여부를 위한 근로자수(공사금액)에는 수급인의 근로자(공사금액)를 포함시키지 않는다.

(3) 안전관리자의 선임 신고(시행령 제16조제6항, 시행규칙 제11조)

안전관리자를 선임(변경 및 위탁포함)한 경우에는 그 날로부터 14일 이내에 관할 지방고용노동관서의 장에게 선임보고(시행규칙 별지 제2호, 3호 서식)하여야 한다.

---

373 종전에는 토사석채취업, 1차금속제조업 등 일부업종만 적용되었으나, 2013.8.6. 시행령개정으로 대부분업종으로 확대되었다.(시행령 제12조제3항)

374 예) 전자제품제조업인 사업장에 도급인 A의 근로자수가 10명이고 수급인 B의 근로자 20명, 수급인 C의 근로자 15명이 있는 경우 해당 사업장의 총 근로자수가 50명이므로, 시행령 별표 3에 따라 도급인이 안전관리자를 선임하여야 한다.

375 (예) 1차 금속 제조업에 있어서 도급사업의 총 근로자수가 330명이고, 그중 도급인 근로자는 200명, 수급인 A의 근로자 60명, 수급인 B의 근로자 70명인 경우라면 본래는 도급인·수급인 A·수급인 B 모두가 각각 안전관리자를 1명씩 두어야 하나, 도급인이 자신의 근로자 400명에 대한 안전관리자 1명과 수급인 A·B의 근로자 130명에 대한 안전관리자 1명을 선임하였다면, 수급인은 별도의 안전관리자를 둘 필요가 없다.

(4) 안전관리자 증원 · 교체임명 명령(법 제17조제3항, 시행규칙 제12조)

① 해당 사업장의 연간재해율이 같은 업종의 평균재해율의 2배 이상인 경우, ② 중대재해가 연간 2건 이상 발생한 때,[376] ③ 관리자가 질병이나 그 밖의 사유로 3개월 이상 직무를 수행할 수 없게 된 경우 고용노동부장관은 안전관리자를 정수 이상으로 늘리거나 다시 임명할 것을 명할 수 있다. (법 제17조제3항)

안전관리자를 두어야 할 사업의 종류 · 규모, 안전관리자의 수(시행령 별표 3)

사업의 종류		규모 및 수	
1. 토사석 광업 2. 식료품 제조업, 음료 제조업 3. 목재 및 나무제품 제조;가구제외 4. 펄프, 종이 및 종이제품 제조업 5. 코크스, 연탄 및 석유정제품 제조업 6. 화학물질 및 화학제품 제조업;의약품 제외 7. 의료용 물질 및 의약품 제조업 8. 고무 및 플라스틱제품 제조업 9. 비금속 광물제품 제조업 10. 1차 금속 제조업 11. 금속가공제품 제조업;기계 및 가구 제외 12. 전자부품, 컴퓨터, 영상, 음향 및 통신장비 제조업	13. 의료, 정밀, 광학기기 및 시계 제조업 14. 전기장비 제조업 15. 기타 기계 및 장비제조업 16. 자동차 및 트레일러 제조업 17. 기타 운송장비 제조업 18. 가구 제조업 19. 기타 제품 제조업 20. 서적, 잡지 및 기타 인쇄물 출판업 21. 해체, 선별 및 원료 재생업 22. 자동차 종합 수리업, 자동차 전문 수리업 23. 전기업(발전업에 한함)	상시근로자 500명 이상	2명
		상시근로자 50명이상 500명 미만	1명

---

[376] 다만, 해당 사업장의 전년도 사망만인율이 같은 업종의 평균 사망만인율 이하인 경우는 제외한다.

		상시근로자 1,000명 이상	2명

24. 농업, 임업 및 어업 25. 제2호부터 제19호까지의 사업을 제외한 제조업 26. 전기, 가스, 증기 및 공기조절공급업(발전업제외) 27. 수도, 하수 및 폐기물 처리, 원료 재생업(제21호에 해당하는 사업은 제외한다) 28. 운수 및 창고업 29. 도매 및 소매업 30. 숙박 및 음식점업 31. 영상·오디오 기록물 제작 및 배급업 32. 방송업 33. 우편 및 통신업 34. 부동산업 35. 임대업; 부동산 제외	36. 연구개발업 37. 사진처리업 38. 사업시설 관리 및 조경 서비스업 39. 청소년 수련시설 운영업 40. 보건업 41. 예술, 스포츠 및 여가 관련 서비스업 42. 개인 및 소비용품수리업(제22호 사업은 제외한다) 43. 기타 개인 서비스업 44. 공공행정(청소, 시설관리, 조리 등 현업업무에 종사하는 사람으로서 고용노동부장관이 고시하는사람제외) 45. 교육서비스업 중 초등·중등·고등 교육기관, 특수학교·외국인학교 및 대안학교(적용대상에 한함)	상시근로자 1,000명 이상	2명
		상시근로자 50명이상 1,000명 미만	1명

46. 건설업

50억 원 (관계수급인은 100억 원 이상)~120억 원 미만 (「건설산업기본법 시행령」 별표 1의 토목공사업에 속하는 공사는 150억 원 미만)	1명	3,900억 원~4,900억 원 미만	6명(3명)
120억 원(「건설산업기본법 시행령」 별표 1의 토목공사업에 속하는 공사는 150억 원 이상)~800억 원 미만	1명	4,900억 원~6,000억 원 미만	7명(4명)
800억 원~1,500억 원 미만	2명(1명)	6,000억 원~7,200억 원 미만	8명(4명)
1,500억 원~2,200억 원 미만	3명(2명)	7,200억 원~8,500억 원 미만	9명(5명)
2,200억 원~3,000억 원 미만	4명(2명)	8,500억 원~1조 원 미만	10명(5명)
3,000억 원~3,900억 원 미만	5명(3명)	1조 원 이상 [매2,000억 원(2조원이상부터는 매3,000억 원)마다 1명씩 추가]	11명(절반)
( )은 전체 공사기간의 시작·종료 15%까지의 선임자수			

비고: 철거공사를 포함한 건설공사의 경우 철거공사만 이루어지는 기간에 대해서는 전체 공사기간 중 전후 15에 해당하는 기간에 산입하지 아니한다. 다만, 해당 기간에는 공사금액별 선임하여야 하는 최소 안전관리자를 선임하여야 한다.

〈표 4〉 사업 및 규모별 안전관리자 선임자격 기준

1호에서 23호(위험업종)
50인에서 500명 미만
1. 산업안전지도사, 산업안전기사 이상, 4년제 대학 이상 산업안전 관련 학과 졸업자, 산업안전산업기사, 전문대 산업안전 관련 학과 졸업자
2. 고압가스 안전관리법, 액화석유가스의 안전관리 및 사업법, 도시가스사업법, 교통안전법, 총포 · 도검 · 화약류 등 단속법, 전기사업법 적용사업장: 해당법령에 따라 채용된 안전관리책임자(교통안전관리자)
3. 이공계 전문대이상 졸업자로 관리감독업무 경력 3년 이상으로 교육이수자(1998년 이수자까지)
4. 구법(1986.4.8.)에 의한 자격 취득자
500명 이상
1. 산업안전지도사, 산업안전기사 이상, 4년제 대학 이상 산업안전 관련 학과 졸업자(1인 이상 필수 포함)
2. 산업안전산업기사, 건설안전기사 이상, 건설안전산업기사, 전문대 산업안전 관련 학과 졸업자
3. 고압가스 안전관리법, 액화석유가스의 안전관리 및 사업법, 도시가스사업법, 교통안전법, 총포 · 도검 · 화약류 등 단속법, 전기사업법 적용사업장: 해당법령에 따라 채용된 안전관리책임자(교통안전관리자)
4. 이공계 전문대이상 졸업자로 관리감독업무 경력 3년 이상으로 교육이수자(1998년 이수자까지)
5. 구법(1986.4.8.)에 의한 자격 취득자
24호에서 45호
50인에서 1,000명 미만
1. 산업안전지도사, 산업안전기사 이상, 산업안전산업기사, 4년제 대학 이상 산업안전 관련 학과 졸업자, 전문대 산업안전 관련 학과 졸업자
2. 건설안전기사 이상, 건설안전산업기사(농업, 임업 및 어업, 전기, 가스, 증기 및 수도사업, 하수폐기물처리, 원료재생 및 환경복원업, 도매 및 소매업에만 적용)
3. 고압가스 안전관리법, 액화석유가스의 안전관리 및 사업법, 도시가스사업법, 교통안전법, 총포 · 도검 · 화약류 등 단속법, 전기사업법 적용사업장: 해당법령에 따라 채용된 안전관리책임자(교통안전관리자)
4. 이공계 전문대 이상 졸업자로 관리감독업무경력 3년 이상 또는 공업계고등학교 졸업자로 관리감독업무경력 5년 이상으로 교육이수자(1998년 이수자까지)
5. 구법(1986.4.8.)에 의한 자격 취득자
1,000명 이상
1. 산업안전지도사, 산업안전기사 이상, 산업안전산업기사, 4년제 대학 이상 산업안전 관련 학과 졸업자, 전문대 산업안전 관련 학과 졸업자(1인 이상 필수 포함)
2. 건설안전기사 이상, 건설안전산업기사
3. 고압가스 안전관리법, 액화석유가스의 안전관리 및 사업법, 도시가스사업법, 교통안전법, 총포 · 도검 · 화약류 등 단속법, 전기사업법 적용사업장: 해당법령에 따라 채용된 안전관리책임자(교통안전관리자)
4. 전담안전관리자를 두어야 하는 사업장에서 안전 관련 업무를 10년 이상 담당자
5. 건설산업기본법 제8조에 따른 종합공사 업종의 건설현장에서 법 제12조의 안전보건관리책임자로 10년 이상 재직자
6. 이공계 전문대이상 졸업자로 관리감독업무 경력 3년 이상으로 교육이수자(1998년 이수자까지)
7. 구법(1986.4.8.)에 의한 자격 취득자

건설업

◎ 자격종류

1. 산업안전지도사, 건설안전산업기사 이상, 산업안전산업기사 이상

2. 4년제대학 이상 산업안전 관련 학과 졸업자, 전문대 산업안전 관련 학과 졸업자

3. 이공계 전문대이상 졸업자로 관리감독업무 3년 경력 이상 또는 공업계고등학교 졸업자로 관리감독업무경력 5년 이상으로 교육이수자(1998년 이수자까지)

4. 건설산업기본법 제8조에 따른 종합공사 업종의 건설현장에서 법 제12조의 안전보건관리책임자로 10년 이상 재직자

◎ 규모별 선임자격 종류

구분	선임자격	특례
50억 원 이상~800억 원 미만	1,2,3,4	
800억 원 이상~1500억 원 미만	1,2,3,4	1,2호 자격자 1명 이상 포함
1,500억 원 이상~2,200억 원 미만	1,2,3	'산업안전지도사등'[377] 1명 포함
2,200억 원 이상~3,000억 원 미만	1,2,3	산업안전지도사등 2명 포함
3,000억 원 이상~3,900억 원 미만	1,2,3	산업안전지도사등 2명(1명)* 포함
3,900억 원 이상~4,900억 원 미만	1,2,3	〃
4,900억 원 이상~6,000억 원 미만	1,2,3	산업안전지도사등 2명(2명) 포함
6,000억 원 이상~7,200억 원 미만	1,2,3	〃
7,200억 원 이상~8,500억 원 미만	1,2,3	산업안전지도사등 3명(3명) 포함
8,500억 원 이상~1조 원 미만	1,2,3	〃
1조 원 이상	1,2,3	〃

○ 공사기간별 선임 특례

* 전체 공사기간을 100으로 하여 공사 시작에서 15에 해당하는 기간과 공사 종료 전의 15에 해당하는 기간에는 '산업안전지도사등'의 자격자 선임수를 (   )의 인원 이상으로 한다.

○ (적용례) 개정규정은 공사금액에 따라 차등 시행, 시행일 이후 착공하는 공사부터 적용하되, 그 이전 착공공사는 종전규정 적용

- 100억 원 이상: '20.7.1.
- 80억 원 이상~100억 원 미만: '21.7.1
- 60억 원 이상~80억 원 미만: '22.7.1
- 50억 원 이상~60억 원 미만: '23.7.1

---

377   산업안전지도사, 건설안전기술사, 건설안전기사(또는 산업안전기사)의 자격을 취득한 후 7년 이상 건설안전 업무를 수행한 사람, 건설안전산업기사(또는 산업안전산업기사)의 자격을 취득한 후 10년 이상 건설안전 업무를 수행한 사람

⑥ 보건관리자

　법 제18조는 사업주에게 사업장 내 산업보건에 관한 기술적인 사항에 관하여 사업주 또는 안전보건관리책임자를 보좌하고, 관리감독자에게 지도·조언을 할 수 있는 보건관리자를 두도록 하고 있다. 사업주가 보건관리자를 배치할 때에는 연장근로·야간근로 또는 휴일근로 등 해당 사업장의 작업형태를 고려하여야 한다. (시행령 제20조제3항) 사업주는 보건관리자에게 해당 업무를 수행할 수 있도록 필요한 권한을 부여하고, 시설·장비·예산 그 밖에 업무수행에 필요한 지원을 하여야 한다. (시행령 제22조제3항) 보건관리자가 의사 또는 간호사인 경우에는 건강관리실(상담실·처치실 및 양호실을 갖추어야 함), 상하수도 설비, 침대, 냉난방시설, 외부 연락용 직통전화, 구급용구 등을 지원하여야 한다. (시행규칙 제14조)

　보건관리자가 안전보건관리책임자의 총괄·관리업무(법 제15조제1항) 중 안전에 관한 기술적인 사항에 대하여 사업주 또는 관리책임자에게 건의하거나 관리감독자에게 지도·조언하는 경우에 사업주·관리책임자 및 관리감독자는 이에 상응하는 적절한 조치를 하여야 한다. (법 제20조) 보건관리자의 자격은 산업보건지도사, 의사, 산업위생기사, 간호사 자격 등 업무수행에 필요한 전문능력이 있어야 한다. (시행령 제21조, 별표 6)

(1) 보건관리자의 업무(시행령 제22조)

　보건관리자는 다음 업무를 수행한다. 사업주는 안전관리 업무의 원활한 수행을 위하여 외부 전문가의 평가·지도를 받을 수 있도록 하고, 보건관리자는 업무 수행 시에 안전관리자와 협력하여야 한다.

　○ 산업안전보건위원회[378]에서 심의·의결한 업무와 안전보건관리규정 및 취업규칙에서 정

---

[378]　건설업인 경우 법 제75조제1항에 따른 '노사협의체'

한 업무

○ 법 제36조에 따른 위험성평가에 관한 보좌 및 지도·조언

○ 안전인증대상 기계·기구 등과 자율안전확인대상 기계·기구 등 중 보건과 관련된 보호구 구입 시 적격품 선정에 관한 보좌 및 조언·지도

○ 물질안전보건자료의 게시 또는 비치에 관한 보좌 및 지도·조언

○ 해당 사업장 보건교육계획의 수립 및 실시에 관한 보좌 및 지도·조언

○ 작업장 내에서 사용되는 전체 환기장치 및 국소 배기장치 등에 관한 설비의 점검과 작업 방법의 공학적 개선에 관한 보좌 및 지도·조언

○ 사업장 순회점검, 지도 및 조치의 건의

○ 산업재해 발생의 원인 조사·분석 및 재발방지를 위한 기술적 보좌 및 지도·조언

○ 산업재해 통계의 유지·관리·분석을 위한 보좌 및 지도·조언

○ 법 또는 법에 따른 명령에서 정하는 보건에 관한 사항의 이행에 관한 보좌 및 지도·조언

○ 업무수행 내용의 기록·유지

○ 해당 사업장의 근로자를 보호하기 위한 다음 조치에 해당하는 의료행위(보건관리자가 「의료법」에 따른 의사 또는 간호사인 경우에 한함)

- 자주 발생하는 가벼운 부상에 대한 치료
- 응급처치가 필요한 사람에 대한 처치
- 부상·질병의 악화를 방지하기 위한 처치
- 건강진단 결과 발견된 질병자의 요양 및 지도 및 관리
- 위 의료행위에 따르는 의약품의 투여

○ 시행령 제33조에 따른 산업보건의의 직무(보건관리자가 의료법에 따른 의사인 경우에 한함)

○ 그 밖에 작업관리 및 작업환경관리에 관한 사항

(2) 보건관리자 선임방법

보건관리자의 선임보고 절차(시행령 제20조제3항, 시행규칙 제10조), 보건관리자 증원·개임 명령(법 제18조제3항, 시행규칙 제11조)은 안전관리자와 같다.

1) 대상 사업장 및 선임자 수(시행령 제20조, 별표 5)

대상 업종은 44개 업종으로 구분하여 상시근로자 50명 이상을 고용하는 사업장에(건설업[379]은 800억 원 또는 600명 이상) 두도록 하고 있다. 별표 5의 1호에서 22호에 해당하는 사업의 상시근로자가 500명 이상일 경우, 23호는 1,000명 이상일 경우 3명이상을 두어야 하며, 24호에서 43호의 사업이 5,000명 이상을 고용하는 경우에는 2명 이상을 두도록 한다.

2) 대상별 보건관리자 자격(시행령 제21조, 별표 6)

시행령 별표 6에 해당하는 자격자[380]를 선임하되 별표 5의 업종 구분에 따라 두어야 할 자격에 제한이 있다. 300명 이상을 고용하는 사업장은 전담 보건관리자를 두어야 한다.(법 제18조제1항) 다만, 보건관리자 업무를 전문기관에 위탁하는 경우에는 규모의 제한이 없다.[381]

300명 미만 사업장은 기특법에 따라 대기환경보전법에 따라 선임한 환경기술인 등 타법에 의한 선임자를 산업안전보건법에 의한 보건관리자로 선임하여 업무를 수행하게 할 수 있도록 한다.[382]

---

379 2013.8.6. 시행령개정으로 처음 도입되었으며, 2015.1.1. 착공하는 건설공사부터 적용한다.(부칙 제2호)
380 1. 「의료법」에 따른 의사
2. 「의료법」에 따른 간호사
3. 법 제142조제2항에 따른 산업보건지도사
4. 「국가기술자격법」에 따른 산업위생관리산업기사 또는 대기환경산업기사 이상의 자격을 취득한 사람
5. 「국가기술자격법」에 따른 인간공학기사 이상의 자격을 취득한 사람
6. 「고등교육법」에 따른 전문대학 이상의 학교에서 산업보건 또는 산업위생 분야의 학과를 졸업한 사람(법령에 따라 이와 같은 수준 이상의 학력이 있다고 인정되는 사람을 포함한다)
381 「기특법」 제40조제1항제1호
382 기특법 제29조제4항 및 제5항, 동법 시행령 제12조제7항
◆ 기특법 제29조(안전관리자의 겸직 허용) ④ 다음 각 호의 어느 하나에 해당하는 사람을 2명 이상 채용하여야 하는 자가 그중

3) 보건관리자의 공동선임(시행령 제20조제3항 및 제16조제4항)

하나의 사업주가 경영하는 둘 이상의 사업장이 같은 시·군·구(자치구인 구를 말한다) 지역에 소재하거나 사업장 간의 경계를 기준으로 15㎞ 이내에 소재하는 경우 해당 사업장의 상시근로자수의 합계가 300명 이내인 경우에는 보건관리자 1명을 공동으로 선임할 수 있다.

4) 도급 사업에 있어서의 보건관리자 선임방법(시행령 제16조제3항)

도급사업에서의 보건관리자 선임방법은 도급사업에 있어서의 안전관리자 선임방법(영 제16조제3항에서 제6항)을 준용한다. (시행령 제20조제3항)

1명을 채용한 경우에는 그가 채용하여야 하는 나머지 사람도 채용한 것으로 본다.
1. 「수질 및 수생태계 보전에 관한 법률」 제47조에 따라 사업자가 임명하여야 하는 환경기술인
2. 「대기환경보전법」 제40조에 따라 사업자가 임명하여야 하는 환경기술인
3. 「산업안전보건법」 제18조에 따라 사업주가 두어야 하는 보건관리자
◆ 기특법 시행령 제12조(안전관리자의 범위 등)
⑦ 상시근로자 300명 미만을 사용하는 사업장에서 「산업안전보건법」 제18조에 따른 보건관리자와 「대기환경보전법」 제40조에 따른 환경기술인의 기술자격을 함께 보유한 사람 1명을 채용한 경우에는 법 제29조제4항에 따라 「산업안전보건법」 제18에 따른 보건관리자와 「대기환경보전법」 제40조에 따른 환경기술인 각 1명을 채용한 것으로 본다.

보건관리자를 두어야 할 사업의 종류·규모, 보건관리자의 수(시행령 별표 5)

사업의 종류	규모 및 수	
1. 광업(광업 지원 서비스업은 제외한다) 2. 섬유제품 염색, 정리 및 마무리 가공업 3. 모피제품 제조업 4. 그 외 기타 의복액세서리 제조업(모피 액세서리에 한정한다) 5. 모피 및 가죽 제조업(원피가공 및 가죽 제조업은 제외한다) 6. 신발 및 신발부분품 제조업 7. 코크스, 연탄 및 석유정제품 제조업 8. 화학물질 및 화학제품 제조업(의약품 제외) 9. 의료용 물질 및 의약품 제조업 10. 고무 및 플라스틱제품 제조업 11. 비금속 광물제품 제조업 12. 1차 금속 제조업 13. 금속가공제품 제조업(기계 및 가구 제외) 14. 기타 기계 및 장비 제조업 15. 전자부품, 컴퓨터, 영상, 음향 및 통신장비 제조업 16. 전기장비 제조업 17. 자동차 및 트레일러 제조업	18. 기타 운송장비 제조업 19. 가구 제조업 20. 해체, 선별 및 원료 재생업 21. 자동차 종합 수리업, 자동차 전문 수리업 22. 이 영 제89조 각 호의 어느 하나에 해당하는 유해물질을 제조하는 사업과 그 유해물질을 사용하는 사업 중 고용노동부장관이 특히 보건관리를 할 필요가 있다고 인정하여 고시하는 사업	
	상시근로자 2,000명 이상	2명*
	상시근로자 500명 이상 2,000명 미만	2명
	상시근로자 50명 이상 500명 미만	1명
	* 1명 이상은 의사 또는 간호사	
23. 제2호부터 22호까지의 사업을 제외한 제조업	상시근로자 3,000명 이상	2명*
	상시근로자 1,000명 이상 3,000명 미만	2명
	상시근로자 50명이상 1,000명 미만	1명
	* 1명 이상은 의사 또는 간호사	
24. 농업, 임업 및 어업 25. 전기, 가스, 증기 및 공기조절공급업 26. 수도, 하수 및 폐기물 처리, 원료 재생업(제20호에 해당하는 사업은 제외한다) 27. 운수업[383] 및 창고업 28. 도매 및 소매업 29. 숙박 및 음식점업 30. 서적, 잡지 및 기타 인쇄물 출판업 31. 방송업 32. 우편 및 통신업 33. 부동산업 34. 연구개발업 35. 사진 처리업	38. 교육서비스업 중 초등·중등·고등 교육기관, 특수학교·외국인학교 및 대안학교(교원 및 행정사무 종사자는 제외한다) 39. 청소년 수련시설 운영업 40. 보건업 41. 골프장 운영업 42. 개인 및 소비용품수리업(제21호에 해당하는 사업은 제외한다) 43. 세탁업	
	상시근로자 5,000명 이상	2명*
	상시근로자 50명 이상 5,000명 미만(사진 처리업의 경우 100명 이상 5,000명 미만)	1명
	* 1명 이상은 의사 또는 간호사	

383　종전에 제외되었던 육상운송 및 파이프라인 운송업 포함

36. 사업시설 관리 및 조경 서비스업 37. 공공행정(행정사무 종사자는 제외한다)	
44. 건설업	공사금액 800억 원 이상(「건설산업기본법 시행령」 별표 1에 따른 토목공사업에 속하는 공사의 경우에는 1천억 이상) 또는 상시근로자 600명 이상: 1명 [공사금액 800억 원(토목공사업은 1,000억 원)을 기준으로 1,400억 원이 증가할 때마다 또는 상시근로자 600명을 기준으로 600명이 추가될 때마다 1명씩 추가한다]

7 안전보건관리담당자

안전관리자, 보건관리자 선임 비대상 사업장중 위험업종에 대하여는 사업장에서 사업주를 보좌하고 관리감독자에 지도·조언을 하는 안전보건관리업무를 담당하는 안전보건관리담당 자를 두도록 하였다. (법 제19조)

구분	내용
대상 (시행령 제24조)	다음 업종의 상시근로자 20명 이상 50명 미만인 사업장 1. 제조업 2. 임업 3. 하수, 폐수 및 분뇨 처리업 4. 폐기물 수집, 운반, 처리 및 원료 재생업 5. 환경 정화 및 복원업
자격요건	– 안전관리자, 보건관리자 자격 또는, – 고용노동부장관의 교육 이수
겸직 여부	업무에 지장이 없는 범위에서 다른 업무 겸직 가능
업무[384] (시행령 제25조)	1. 법 제29조에 따른 안전보건교육 실시에 관한 보좌 및 지도·조언 2. 법 제36조에 따른 위험성평가에 관한 보좌 및 지도·조언 3. 법 제125조에 따른 작업환경측정 및 개선에 관한 보좌 및 지도·조언 4. 법 제129조부터 제131조까지에 따른 건강진단에 관한 보좌 및 지도·조언 5. 산업재해 발생의 원인 조사, 산업재해 통계의 기록 및 유지를 위한 보좌 및 지도·조언 6. 산업 안전·보건과 관련된 안전장치 및 보호구 구입 시 적격품 선정에 관한 보좌 및 지도·조언

---

384 업무를 수행했음을 증명할 수 있는 서류를 갖추어 두어야 한다. (시행령 제24조제4항)

법 제22조는 사업주에게 의사로서 산업의학전문의·예방의학전문의 또는 산업보건에 관한 학식과 경험이 풍부한 자를 산업보건의로 채용 또는 위촉하여 사업장 근로자의 건강관리에 대한 보건관리자의 업무를 지도하도록 한다. 산업보건의 선임대상 사업장은 50인 이상 사업장으로서 의사가 아닌 보건관리자 선임대상 사업장이다. (시행령 제29조제1항) 보건관리자가 의사인 경우와 보건관리전문기관에 보건관리자 업무를 위탁한 경우에는 산업보건의를 두지 아니할 수 있다. (시행령 제29조제2항) 산업보건의는 외부에 위촉할 수 있다. (시행령 제29조제2항)

현재, 동 제도는 기특법 제28조에 따라 기업자율로 하고 있다.[385]

---

385 제28조(기업의 자율고용) ① 다음 각 호의 어느 하나에 해당하는 사람은 다음 각 호의 해당 법률에도 불구하고 채용 · 고용 · 임명 · 지정 또는 선임(이하 '채용'이라 한다)하지 아니할 수 있다.
1. 산업안전보건법 제17조제1항에 따라 사업주가 두어야 하는 산업보건의

안전·보건관리전문기관

  안전·보건관리자를 직접 고용하기 어려운 중·소규모 사업장을 위하여 지정을 받은 안전·보건관리전문기관[386]에 안전·보건관리업무를 위탁할 수 있도록 한다.(법 제17조제4항 및 제18조제4항)

  자격 있는 안전·보건관리자를 직접 고용하지 못하는 사업장 또는 전문적 업무지원을 받으려는 사업장은 업무위탁을 할 수 있다. 중·소규모 사업장의 안전·보건관리 운영을 위해 도입되었다.

(1) 업무위탁 가능 사업(시행령 제19조제1항, 제23조제2항)

  산업안전보건법에는 전담 안전관리자(보건관리자)를 두지 아니하여도 되는 사업장은 건설업을 제외한 사업으로 상시근로자 300명 미만을 사용하는 사업장이다. 그러나 기특법 제40조에 따라 모든 사업장이 위탁가능하다.[387]

(2) 안전·보건관리전문기관의 지정요건

  안전관리전문기관은 법 제145조에 따라 등록한 산업안전지도사, 또는 안전관리업무를 하고자 하는 법인이 시행규칙 별표 7에 따른 인력·시설 및 장비를 갖추어 지방고용관서의 장에게

---

386   2013년 법 개정으로 종전의 '안전·보건관리대행기관'이 '안전·보건관리전문기관'으로 명칭이 변경되었다.
387   제40조【안전관리 등의 외부위탁】① 사업자는 다음 각 호의 법률의 규정에 불구하고 다음 각 호의 1에 해당하는 자의 업무를 주무부장관이 지정하는 관리대행기관에 위탁할 수 있다.
1. 산업안전보건법 제15조의 규정에 의하여 사업주가 두어야 하는 안전관리자

지정을 받아야 한다. (시행령 제27조제1항)

보건관리전문기관은 ① 법 제145조에 따라 등록한 산업보건지도사, ② 국가 또는 지방자치단체의 소속기관, ③ 의료법에 따른 종합병원 또는 병원, ④ 고등교육법에 따른 대학 또는 그 부속기관, 또는 ⑤ 보건관리업무를 하고자 하는 법인이 시행규칙 별표 8에 따른 인력·시설 및 장비를 갖추어 지방고용관서의 장에게 지정을 받아야 한다. (시행령 제27조제2항) 보건관리전문기관은 업종별 보건관리전문기관(광업), 유해인자별[388] 보건관리전문기관으로 지정받을 수도 있다.

---

388 ① 납취급 사업, ② 수은취급 사업, ③ 크롬취급 사업, ④ 석면취급 사업, ⑤ 법 제38조에 따라 제조·사용허가를 받아야 할 물질을 취급하는 사업, ⑥ 근골격계 질환의 원인이 되는 단순반복작업·영상표시단말기취급사업·중량물취급작업 등을 행하는 사업

⑩ 산업안전 · 보건지도사

　법 제145조는 사업장서 안전보건문제에 대하여 법적으로 자문 받을 수 있는 전문자격(면허)자인 지도사 제도를 규정하고 있다. 지도사는 법 제36조에 따른 위험성평가의 지도, 제49조에 따른 안전보건개선계획서의 작성, 그 밖에 산업안전 및 산업보건에 관한 사항의 자문에 대한 응답 및 조언을 그 직무로 하고 있다. (시행령 제101조)

　산업안전지도사의 업무영역은 기계안전·전기안전·화공안전·건설안전 분야로 구분하고, 산업보건지도사는 산업의학, 산업위생분야로 구분한다. (시행령 제102조) 지도사는 고용노동부장관이 시행하는 지도사시험에 합격하여야 한다. (법 제143조) 기술사 등 고용노동부령으로 정하는 자격의 보유자에 대하여는 지도사시험의 일부를 면제한다.

　지도사(법인)는 직무를 시작할 때에는 주사무소를 설치하려는 지역 관할 지방고용노동관서의 장에 등록하여야 한다. (법 제145조, 시행규칙 제229조) 지도사는 업무 수행과 관련하여 고의 또는 과실로 의뢰인에게 손해를 입힌 경우에는 그 손해를 배상할 책임이 있다. (법 제148조) 법 제145조에 따라 등록한 지도사는 손해배상책임을 보장하기 위하여 따라 2천만 원(법 제148조제2항에 따른 법인인 경우에는 2천만 원에 사원인 지도사의 수를 곱한 금액) 이상 보증보험에 가입하여야 한다. (시행령 제108조)

⑪ 산업안전보건위원회

법 제24조는 사업주에게 사업장에 노사가 참여하는 산업안전보건위원회를 구성하여 사업장에서 근로자의 위험 또는 건강장해를 예방하기 위한 계획 및 대책 등 산업안전·보건에 관한 중요한 사항에 대하여 심의·의결하도록 한다. 노사협의회와 관계없이 별도로 설치해야 한다.

〈산업안전보건위원회 운영 흐름도〉

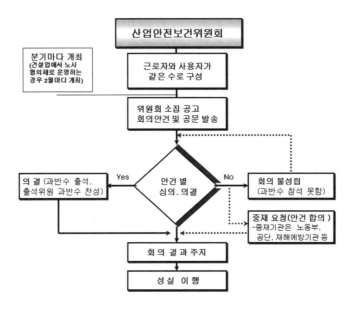

(1) 심의, 의결사항

○ 심의·의결사항

- 사업장의 산업재해예방계획의 수립에 관한 사항

- 안전보건관리규정의 작성 및 그 변경에 관한 사항(법 제25조, 제26조)

- 근로자의 안전 보건 교육에 관한 사항(법 제29조)

- 작업환경측정 등 작업환경의 점검 및 개선에 관한 사항(법 제42조)

- 근로자의 건강진단 등 건강관리에 관한 사항(법 제129조~제132조)

- 산업재해에 관한 통계의 기록·유지에 관한 사항

- 중대재해의 원인조사 및 재발방지대책의 수립에 관한 사항

- 유해·위험한 기계·기구 그 밖의 설비를 도입한 경우 안전·보건조치에 관한 사항

- 해당 사업장의 근로자의 안전과 보건을 유지·증진시키기 위하여 필요하다고 인정되는 사항

(2) 설치대상

○ 상시근로자 100명 이상 사용하는 사업장

- 유해·위험업종은 상시근로자 50명 이상 사용하는 사업장[389]

- 다만, 농업 등은 상시근로자 300인 이상 사용하는 사업장[390]

○ 건설업의 경우에는 공사금액이 120억 원(건설산업기본법 시행령 별표 1에 따른 토목공사

---

389   유해 · 위험업종(시행령 별표 9):
1. 토사석 광업
2. 목재 및 나무제품 제조업; 가구제외
3. 화학물질 및 화학제품 제조업; 의약품 제외(세제, 화장품 및 광택제 제조업과 화학섬유 제조업은 제외)
4. 비금속 광물제품 제조업
5. 1차 금속 제조업
6. 금속가공제품 제조업(기계 및 가구 제외)
7. 자동차 및 트레일러 제조업
8. 기타 기계 및 장비 제조업(사무용 기계 및 장비 제조업은 제외)
9. 기타 운송장비 제조업(전투용 차량 제조업은 제외)
390   10. 농업
11. 어업
12. 소프트웨어 개발 및 공급업
13. 컴퓨터 프로그래밍, 시스템 통합 및 관리업
14. 정보서비스업
15. 금융 및 보험업
16. 임대업; 부동산 제외
17. 전문, 과학 및 기술 서비스업(연구개발업은 제외한다)
18. 사업지원 서비스업
19. 사회복지 서비스업

업에 해당하는 공사의 경우에는 150억 원) 이상인 사업장

(3) 위원회의 구성 · 운영

1) 위원회 구성 방법

산업안전보건위원회는 근로자와 사용자가 같은 수로 구성한다. 위원장은 위원 중에서 호선하고 이 경우 근로자 위원과 사용자 위원 중 각 1명을 공동위원장으로 선출할 수 있다.

근로자 위원

○ 근로자대표[391]

○ 근로자대표가 지명하는 명예산업안전감독관(법 제23조에 따라 위촉된 명예산업안전감독관)

○ 근로자대표가 지명하는 9명 이내의 해당 사업장의 근로자[392]

사용자 위원

○ 사업의 대표자

○ 안전관리자 1명(안전관리전문기관에 위탁한 경우 해당 사업장 담당자)

○ 보건관리자 1명(보건관리전문기관에 위탁한 경우 해당 사업장 담당자)

○ 산업보건의 1명(선임되어 있는 경우)

○ 해당 사업의 대표자가 지명하는 9명 이내의 해당 사업장 부서의 장

---

391   근로자의 과반수로 조직된 노동조합이 있는 경우에는 그 노동조합의 대표자를, 근로자의 과반수로 조직된 노동조합이 없는 경우에는 근로자의 과반수를 대표하는 자를 말하며, 사업장에 단위노동조합의 산하 노동단체가 그 사업장 근로자의 과반수로 조직되어 있는 경우에는 지부 · 분회 등 명칭여하에 불구하고 해당 노동단체의 대표자

392   근로자의 과반수 미만으로 조직된 노동조합의 근로자대표는 조합원인 근로자와 조합원이 아닌 근로자의 비율을 반영하여 근로자 위원을 지명하도록 노력하여야 하고, 작업부서별로 근로자수에 비례하는 등 전체 근로자의 의사가 반영되도록 노력하여야 한다.

2) 위원회 운영 및 조치

위원회는 ① 회의에 부의할 사항(법 제24조제2항), ② 위원수, ③ 근로자 위원의 지명방법 등 자격에 관한 사항, ④ 사업주 위원의 자격에 관한 사항, ⑤ 위원회의 회의소집, 회기, 의결정족수 기타 위원회의 운영에 관한 사항, ⑥ 근로자 및 명예감독관의 작업중지 요청권에 대한 구체적인 행사기준·절차 및 작업재개 등에 관한 사항, ⑦ 기타 위원회 운영에 필요한 사항이 포함된 위원회 운영규정을 작성·비치하여야 한다. 사업주는 위원에게 직무수행과 관련한 사유로 불리한 처우를 해서는 아니 된다.(법 제24조제6항)

회의 소집

정기회의는 분기마다 위원장이 소집하며, 임시회의는 위원장이 필요하다고 인정[393]할 때에 소집한다. 위원장은 회의개최 7일 전에 개최일시, 장소 및 의제 등을 각 위원이 알 수 있도록 통보하여야 한다. 다만, 긴급한 경우의 임시회의 소집은 그러하지 아니하다.

당연직 사용자 위원인 안전관리자, 보건관리자는 위원회에 참석하여 사업장 안전보건에 관한 의견을 진술한다.

① 산업재해 발생의 원인조사 및 재해방지를 위한 기술적인 지도·조언

② 직업병 또는 직업병유소견자 발생 시 원인조사 및 대책 수립

③ 유해·위험기계 등의 안전에 관한 성능검사 결과 등에 대한 의견

④ 건강진단결과 발견된 질병자·유소견자의 요양지도 및 관리방법

⑤ 물질안전보건자료의 게시 또는 비치사항

⑥ 안전보건관리규정 및 취업규칙 중 안전보건에 관한 사항을 위반한 근로자에 대한 조치 건의

⑦ 기타 사업장 안전보건에 관한 사항

---

393 근로자대표가 회의의 목적사항을 문서로 명시하여 회의의 소집을 요구한 때에는 위원장은 이에 응하여야 한다.

의결 정족수

회의는 근로자 위원 및 사용자 위원 각 과반수의 출석으로 개의하며, 출석위원 과반수의 찬성으로 의결한다.

위원장은 표결권을 가지며, 가부동수로 의결되지 아니한 경우 또는 의결된 사항의 해석이나 이행방법 등에 관하여 의견의 불일치가 있는 경우에는 해당 사업장 위원회에 설치된 중재기구에 회부하여 해결하거나 동 위원회에서 위임한 제3자에게 중재를 의뢰할 수 있다.

회의록 작성·비치

① 개최일시 및 장소, ② 출석위원, ③ 심의내용 및 의결·결정사항, ④ 기타 토의사항-위원회는 다음 사항을 기록 작성·비치하되, 회의록에 출석위원 전원이 서명 또는 날인한다. 작성일로부터 2년간 보존한다.

3) 의결되지 아니한 사항의 안건처리

① 심의·의결해야 할 사항에 관하여 위원회에서 의결하지 못한 경우, ② 의결된 사항의 해석 또는 이행방법 등에 관하여 의견의 불일치가 있는 경우에는 근로자 위원 및 사용자 위원이 합의하여 위원회에 둔 중재기관에서 결정하거나 제3자의 중재[394]를 받아야 한다. 중재결정이 있는 때에는 산업안전보건위원회의 의결을 거친 것으로 보며 사업주 및 근로자는 이에 따라야 한다.

4) 회의 결과의 주지 및 조치

위원장은 산업안전보건위원회에서 심의·의결된 내용 등 회의결과와 중재 결정된 내용 등을 사내방송·사내보·게시 또는 자체정례조회 기타 적절한 방법으로 근로자에게 신속히 알려야 한다. 사업주 및 근로자는 위원회가 심의·의결 또는 결정한 사항을 성실히 이행하여야 한다.

---

394 지방고용노동관서의 장, 한국산업안전보건공단 지사장, 안전·보건전문기관의 지부장 또는 사무국장, 작업환경측정기관의 장, 특수건강진단의 장, 산업안전·보건지도사, 기타 지방고용노동관서의 장이 중재 자격이 있다고 인정하는 자 등 산업안전보건에 학식과 경험이 있는 자로서 노사의 합의에 의하여 결정

(4) 건설업의 안전보건에 관한 노사협의체 활용(법 제75조)

공사금액 120억 원 이상(토목공사업은 150억 원 이상) 건설공사를 도급에 의해 행하는 건설업의 경우 법 제64조에 따른 안전·보건에 관한 노사 협의체를 다음의 자를 포함하여 구성한 경우에는 법 제24조제1항에 따른 산업안전보건위원회 및 제64조제1항제1호에 따른 안전·보건에 관한 협의체를 각각 구성·운영하는 것으로 본다.

〈건설업 노사협의체의 구성〉

사용자위원	근로자위원
1. 해당 사업의 대표자	1. 도급 또는 하도급 사업을 포함한 전체 사업의 근로자대표
2. 안전관리자 1명 3. 보건관리자 1명(선임대상에 한정)	2. 근로자대표가 지명하는 명예산업안전감독관 1명(다만, 명예산업안전감독관이 위촉되어 있지 아니한 경우에는 근로자대표가 지명하는 해당 사업장 근로자 1명)
4. 공사금액이 20억 원 이상인 공사의 하수급인[395]	3. 공사금액이 20억 원 이상인 도급 또는 하도급 사업의 근로자대표

---

395 노사합의로 공사금액 20억 원 미만인 도급 또는 하도급 사업의 사업주 및 근로자대표를 위원으로 위촉할 수 있다.

● 상세 해설

(1) 안전보건관리책임자 선임기준

> **제15조(안전보건관리책임자)** ① 사업주는 사업장을 실질적으로 총괄하여 관리하는 사람에게 해당 사업장의 다음 각 호의 업무를 총괄하여 관리하도록 하여야 한다.
> 1. 사업장의 산업재해 예방계획의 수립에 관한 사항
> 2. 제25조 및 제26조에 따른 안전보건관리규정의 작성 및 변경에 관한 사항
> 3. 제29조에 따른 안전보건교육에 관한 사항
> 4. 작업환경측정 등 작업환경의 점검 및 개선에 관한 사항
> 5. 제129조부터 제132조까지에 따른 근로자의 건강진단 등 건강관리에 관한 사항
> 6. 산업재해의 원인 조사 및 재발 방지대책 수립에 관한 사항
> 7. 산업재해에 관한 통계의 기록 및 유지에 관한 사항
> 8. 안전장치 및 보호구 구입 시 적격품 여부 확인에 관한 사항
> 9. 그 밖에 근로자의 유해 · 위험 방지조치에 관한 사항으로서 고용노동부령으로 정하는 사항
> ② 제1항 각 호의 업무를 총괄하여 관리하는 사람(이하 '안전보건관리책임자' 라 한다)은 제17조에 따른 안전관리자와 제18조에 따른 보건관리자를 지휘 · 감독한다.
> ③ 안전보건관리책임자를 두어야 하는 사업의 종류와 사업장의 상시근로자 수, 그 밖에 필요한 사항은 대통령령으로 정한다.

2013년 법이 개정되면서 "사업주는 다음 각 호의 업무를 총괄·관리할 안전보건관리책임자(이하 '관리책임자'라 한다)를 두어야 한다."를 "…두어 …총괄관리하도록 하여야 한다."로 조문의 변경이 있었다. 이는 관리책임자를 두는 것만으로 사업주의 의무가 완성되는 것으로 이해되는 것을 방지하기 위함이다. 관리책임자 제도는 우리나라와 일본의 법규에 있는 제도이다. 현재 사업의 대다수가 법인의 형태로 이루어지는 점을 감안하고 사업장단위로 안전보건관리가 이루어져야 함을 고려하여 안전보건관리의 합리적 운영을 도모하기 위한 제도이다. 산업안전보건법의 제정 목적은 근로자의 안전과 보건을 유지·증진함에 있으며, 이를 위해 동법에서는 산업안전보건에 관한 기준을 확립하고 그 책임의 소재를 명시하고 있다. 안전보건관리책임자는 사업장에서 법의 목적이 달성되도록 직무수행에 성실히 노력하여야 할 것이다. 하지만

동 제도가 사업주의 안전보건관리 책임을 분산시킨다는 비판도 있다.

　이러한 점을 감안하여 사업장의 관리책임자는 당해 사업에서 그 사업을 실질적으로 총괄·관리하는 자이어야 한다고 규정하고 있는 바, '당해 사업을 실질적으로 총괄·관리하는 자'라 함은 당해 사업의 경영에 대한 실질적인 책임과 권한을 가진 최종관리자를 말하는 것으로 일반적으로 개인사업주 또는 법인의 대표이사가 사업장에 상주하는 경우에는 개인사업주 또는 법인의 대표이사가 당해 사업을 실질적으로 총괄·관리하는 자로서 안전보건관리책임자가 되고, 개인사업주 또는 법인의 대표이사가 사업장에 상주하지 못하는 경우로서 사업주가 공장장(명칭에 무관) 등에게 사업경영의 실질적인 권한과 책임을 위임한 경우에는 개인사업주 또는 법인을 대리하여 실질적으로 사업을 경영하는 자가 안전보건관리책임자로 선임되어야 한다. 하나의 사업장에 각 사업본부별로 책임 운영하더라도 복수의 관리책임자 선임은 아니라고 해석하고 있다.[396] 이는 동일한 사업을 사업의 규모가 크다는 이유로 각 사업본부별로 책임 운영되고 있다하더라도, 사업장이 각 사업본부별로 업무를 분장하여 운영하고 있는 것은 사업의 규모가 커서 각 생산공정 및 관리부문으로 나누어 내부적으로 업무분장을 하고 있을 뿐, 각 본부별 사업이 별도의 독립경영으로 보기 어려울 뿐만 아니라, 각 사업본부별 또는 담당업무별 책임의 범위가 모호하고 작업 한계의 구분이 불명확하여 원활한 안전보건관리를 위한 안전보건관리책임자 선임제도의 목적이 퇴색될 우려가 있으므로 안전보건에 대한 의무이행이 보장되기 위해서는 안전보건관리의 책임이 다수에게 분산되어서는 안 된다. 다만, 사업장 내의 안전보건관리 문제는 안전보건관리규정, 산업안전보건위원회 등 사업장 자체적으로 해결할 수 있는 제도적 장치가 있으므로 이를 통해 사업장 특성에 맞는 안전보건관리체제 등을 구축·시행하는 방안을 강구하여야 한다. 재해 발생 시의 책임에 대하여는 법 제71조를 근거로 안전보건관리업무를 실질적으로 수행한 행위자를 처벌할 수 있는 제도가 있으므로 사업장의 안전보건관리 규정상에 각 부서장(본부장 등)에게 당해 업무영역에 대한 안전보건에 관한 관리자로 임무가 부여되고 있어, 재해조사 결과 부서장의 과실이 인정되는 경우에는 당해 부서장도 행위자로서 사법 처리될 수 있다.

396　하나의 사업장에서 사업주가 안전보건 업무에 관한 전반적인 책임과 권한을 각 본부장에게 위임하여 업무를 수행하는 경우라도 안전보건관리책임자를 본부별로 둘 수 없다.(산안 68320-296, 2001.7.11.)

1) 장소적 개념

안전보건관리책임자 및 안전·보건관리자는 각 사업장에 두도록 규정하고 있으므로 장소적 개념인 사업장을 기준으로 하는 것이 원칙이다. 예를 들어 주택관리업의 경우 주택관리사업의 단위 장소(아파트 단지 등)의 규모에 따라 선임 여부를 판단하여야 한다.[397] 모델하우스공사와 같이 본 공사의 하도급 공사이지만 장소적으로 분리된 공사면 별도의 사업장[398]으로 보나 농협의 단위지소와 같이 장소적으로 떨어져 있으나 독립된 인사·노무 및 경영체계가 없는 경우에는 독립된 사업장으로 보지 않는다고 하였다.[399] 이때 양곡출하작업의 내부 결정 및 작업지시 등 단위업무를 각 사업소(지점)에서 수행하고 있으나, 각 사업소는 단지 장소적으로 분리된 소규모 하부조직으로서 인사·노무·회계 등 경영권이 분리된 별도의 사업(장)도 아니고, 그 규모가 대부분 상시근로자 6-15명으로 안전보건관리책임자 선임대상 사업장도 아니므로 일상적인 사업 추진 및 내부업무 집행은 각 사업소에서 결정하지만 단위농협 전체의 사업주로서의 권한과 책임은 법인을 대표하는 조합장에게 있으므로 당해 조합장을 위반 행위자로 보아야 하였다.

올바른 관리책임자를 선임해야 하는 것은 사업주의 의무이며 행정관청에 신고하였다 하여 바르지 않은 관리책임자를 선임한 데 대한 책임이 면탈되지는 않는다. (사)한국○○○의 경우 1998년부터 10여 년 동 안 ○○고용노동지청에 총무이사 또는 부회장을 안전보건관리책임자

397　주택관리업자가 위탁받아 관리하는 공동주택에 기술인력·장비 및 기타 관리인력을 두고(투입) 사업을 하는 경우 안전보건관리책임자, 안전관리자의 선임의무는 해당 사업장의 규모에 따라 선임 여부를 판단하여야 한다.(산안 68320-321, 2001.7.25.)

398　아파트 도급계약에 포함된 모델하우스 건립공사에도 안전보건관리책임자를 선임하여야 하는지 여부?
모델하우스 건립비용이 도급계약에 포함된 공사에서 모델하우스 공사가 하도급계약에 의하여 수행 중일 경우 본 공사와 시간적·장소적으로 분리된 경우에는 별도의 사업장으로 보고, 동일한 장소에서 시간적으로도 본 공사와 연결되는 경우에는 하나의 사업장으로 보아 당해 사업장의 공사금액에 따라 관리책임자 등 선임 여부를 판단하여야 한다.(산업안전과-6958, 2004.11.6.)

399　【질의】A단위농협(본점)이 있고 여러 지점(사업소)은 동일한 시·군내에서 읍·면·동 단위로 장소적으로 분리되어 있으며 인사·노무관리, 회계·경영권 등 사업주로서 권한은 단위농협 대표자인 조합장에게 있을 때 a사업소 소속 근로자가 b지점에서 관리하는 양곡창고에서 출하작업을 위하여 이송용 컨베이어를 화물차량에서 하차하던 중 컨베이어 전도로 사망하는 중대재해가 발생하였을 경우 안전상의 조치의무자를 누구로 볼 것인지?
☞ (회시) 본사, 지점, 사업소 등이 장소적으로 분산되어 있는 경우에는 원칙적으로 각각 별개의 사업으로 보아야 함. 다만, 장소적으로 분산되어 있다 할지라도 지점, 사업소 등의 업무처리능력 등을 고려할 때 하나의 사업이라고 말할 정도의 독립성이 없으면 직근상위조직과 일괄하여 하나의 사업으로 보아야 한다. 따라서 A단위농협(본점)이 여러 지점의 인사, 노무관리, 재정 및 회계 등의 업무를 수행하고 있다면 그 전체를 하나의 사업으로 보아야 할 것이며, 단위농협 전체의 사업주로서 권한과 책임이 조합장에게 있다면 당해 조합장을 산업안전보건법상의 책임자로 보아야 할 것이다.(산업안전팀-4679, 2007.9.20.)

로 선임·신고하였고 ○○고용노동지청에서 이의 제기를 하지 않아 선임된 안전보건관리책임자로 하여금 산업안전보건업무를 수행해 온 경우일지라도 동 신고접수는 단순 수리에 해당하므로 신뢰보호원칙을 적용되는 행정처분에 해당하지 아니한다 하였다.[400]

관리책임자 및 안전·보건관리자는 사업주별로 선임하는 것이 원칙이다. 수급인 및 하수급인 여부와 관계없이 당해 사업주가 법에서 정한 이상의 근로자(또는 공사금액)를 고용하는 경우에는 선임의무가 발생한다.[401]

관리책임자 선임시점은 당해사유가 발생한 때이다.[402] 즉, 근로자수(공사금액)가 법적 기준에 해당하게 되는 시점을 말하며, 건설공사의 경우는 실착공일이 선임기준일에 해당한다.[403] 선임보고는 동 시점부터 14일 이내이다. 신고자는 사업주 또는 사업주의 대리인이다. 관리책임자에 해당하는 현장소장(공장장)이 신고 주체가 되는 것은 아니다.[404]

산업안전보건법 제62조에서는 도급인의 사업장에서 작업을 하는 관계수급인 근로자와 도급인의 근로자의 산업재해를 예방하기 위한 업무를 총괄하여 관리하기 위하여 안전보건총괄책임자를 지정하여 총괄·관리하도록 하고 있다. 따라서 도급 사업장인 경우에 안전보건관리책

400　당해사업에서 그 「사업을 실질적으로 총괄관리하는 자」의 적정 선임·보고 의무는 사업주에게 있고, 법에 규정한 선임요건을 갖추지 못한 안전보건관리책임자를 사업주가 보고하였다면 비록 관리책임자 등 선임보고를 하였다 할지라도 당해 사업장의 적법한 안전보건관리책임자라고 할 수 없다.(안전보건지도과-2200, 2009.6.2.)

401　【질의】총 공사금액 325억 원 공사를 시행하는 A건설현장에서 철골 및 골조부분에 대하여 각 B, C업체에 110억 원, 200억 원 하도급 공사를 체결하였다면 안전보건관리책임자 선임의무는 누구에게 있는지?
☞ (회시) 산업안전보건법 시행규칙 제12조의 규정에 의하여 건설업에 있어서 안전보건관리책임자 선임대상은 총 공사금액(도급에 의한 공사로서 발주자가 재료를 제공하는 경우에는 그 재료의 시가 환산액을 포함한다)이 20억 원 이상의 공사를 시행하는 경우로 규정하고 있다. 이때 총 공사금액이라 함은 도급금액을 의미하는 것으로서 수급인 및 하수급인 여부와 관계없이 당해 사업주가 도급받은 총 공사금액이 20억 원 이상을 의미함. 따라서 A, B, C사 모두 안전보건관리책임자를 선임하여야 할 것이다.(산안(건안) 68307-10558, 2001.11.21.)

402　시행규칙 제14조(관리책임자 등의 선임 등) ① 사업주는 법 제13조제1항에 따른 안전보건관리책임자, 법 제15조제1항에 따른 안전관리자, 법 제16조제1항에 따른 보건관리자, 법 제17조제1항에 따른 산업보건의 및 법 제18조제1항에 따른 안전보건총괄책임자(이하 '관리책임자 등'이라 한다)를 선임(選任)하거나 지정할 사유가 발생한 경우에는 지체 없이 선임하거나 지정하여야 한다.

403　안전보건관리책임자 등의 선임시기는 산업안전보건법 시행규칙 제14조제1항의 규정에 의하여 선임사유가 발생한 때에 지체 없이 이를 선임하도록 하고 있으며, 건설공사의 경우는 실착공일이 선임일에 해당한다. 또한, 동법 시행령 제9조제3항 및 제12조제6항의 규정에 의하여 선임일로부터 14일 이내에 지방노동관서장에게 선임보고서를 제출하도록 하고 있으며, 이때 14일 이내라 함은 선임일을 기준으로 초일은 산입하지 아니하고 14일이 되는 시점 이내를 말한다.(산안(건안) 68307-10225, 2002.5.20.)

404　산업안전보건법 제13조 및 제15조, 동법 시행규칙 제14조의 규정에 의거 지방노동관서에 제출하는 관리책임자 등 선임보고서의 제출의무 주체는 사업주로 하고 있는 바, 이때 보고인은 사업주 또는 대표자가 하거나 사업주로부터 위임을 받은 대리인도 가능하다.(산안(건안) 68307-10499, 2002.11.15.)

임자와 안전보건총괄책임자가 비록 동일인일지라도 별도로 지정하여 한다.[405]

(2) 관리감독자 업무수행 방법

> **제16조(관리감독자)** ① 사업주는 사업장의 생산과 관련되는 업무와 그 소속 직원을 직접 지휘·감독하는 직위에 있는 사람(이하 '관리감독자'라 한다)에게 산업 안전 및 보건에 관한 업무로서 대통령령으로 정하는 업무를 수행하도록 하여야 한다.
> ② 관리감독자가 있는 경우에는 「건설기술 진흥법」 제64조제1항제2호에 따른 안전관리책임자 및 같은 항 제3호에 따른 안전관리담당자를 각각 둔 것으로 본다.

관리감독자를 두어야 하는 '생산과 관련되는 업무'란 '산업 활동을 통하여 재화 또는 서비스를 만들어 내거나 제공하는 업무'를 말한다.[406] 따라서 관리감독자의 업무는 제조와 관련된 생산만을 말하는 것이 아니다. 정비, 서비스업무까지 포함한다.[407]

관리감독자는 당해 업무에 있어 기계기구 및 설비의 안전점검, 보호구착용, 정리정돈 및 안전통로 확보 등의 업무를 수행한다. 따라서 현장(공장) 전체의 관리책임자와는 그 성격이 다르다.[408]

---

405 산업안전보건법 제18조의 규정에 따라 안전보건총괄책임자를 선임하여야 하는 사업에서는 그 사업의 관리책임자를 안전보건총괄책임자로 지정하도록 하고 있으나 법 제18조제1항 후단에서와 같이 안전보건관리책임자를 두지 아니하여도 되는 사업에서도 안전보건총괄책임자는 지정을 하여야 하는 경우가 있으므로 해당 사업의 안전보건총괄책임자와 그 사업의 안전보건관리책임자가 반드시 일치하는 것은 아니며, 법 제13조와 제18조에서 각각 별도로 안전보건관리책임자와 안전보건총괄책임자를 선임 및 지정토록 규정하고 있고 직무의 내용이 상이하므로 안전보건관리책임자와 안전보건총괄책임자를 선임하여야 하는 사업인 경우 안전보건관리책임자와 안전보건총괄책임자를 각각 선임 및 지정(안전관리책임자 겸 안전보건총괄책임자로 동시에 지정하는 경우 포함)하고 관련 서류를 각각 별도로 갖춰두어야 할 것이다.(산재예방정책과-229, 2012.1.16.)

406 한국표준산업분류에 의하면 '산업 활동'이란 '각 생산단위가 노동, 자본, 원료 등 자원을 투입하여, 재화 또는 서비스를 생산 또는 제공하는 일련의 활동 과정'이라 정의하고 있는바, '생산과 관련되는 업무'는 이러한 '산업 활동'을 통하여 재화 또는 서비스를 만들어 내거나 제공하는 업무로 보는 것이 타당하다.(산재예방정책과-2332, 2012.4.30.)

407 【질의】산업안전보건법 제14조의 '경영조직에서 생산과 관련되는 업무'에 정비업무(자동차 정비업)가 포함되는지 여부? 동 조의 '당해 업무와 소속직원을 직접 지휘, 감독하는 부서의 장이나 그 지위를 담당하는 자'의 범위가 다음에서 어디까지인지? ① 현장정비팀장=보직과장, ② 정비반장=팀원, ① 정비반원=팀원
☞ (회시) 산업안전보건법 제14조제1항 규정에 의거 '관리감독자'란 경영조직에서 생산과 관련되는 당해 업무와 소속 직원을 직접 지휘·감독하는 부서의 장이나 그 직위를 담당하는 자를 말하는 바, 여기에서 '생산과 관련되는 업무'에는 정비업무가 포함되며, 귀사의 경우 현장정비팀장이 관리감독자라고 사료된다.(산업안전팀-1737,2006.4.5)

408 【질의】전기공사현장에서 전기공사업법 제17조의 규정에 의해 지정된 시공관리책임자를 산업안전보건법의 안전담당자(관리감독자)로 지정하여 업무수당을 산업안전보건관리비로 사용할 수 있는지?
☞ (회시) 산업안전보건법 제14조의 규정에 의하면 관리감독자란 경영조직에서 생산과 관련되는 당해의 업무와 소속 직원을 직접 지휘·감독하는 부서의 장이나 그 직위를 담당하는 자를 말하며, 위험방지가 특히 필요한 작업에 있어서는 당해 작업의 관리감독자를 안전담당자로 지정하여 안전업무를 수행하도록 하여야 하며 안전담당자는 직·조·반장의 지위에서 당해 작업을 직접

관리감독자의 수는 정하여지지 않으며 업무단위별로 해당 부서장을 관리감독자로 업무를 수행토록 하면 된다.[409] 관리감독자의 자격은 해당 업무의 직위에 해당함에 따라 자동적으로 발생한다.[410] 따라서 노사가 합의하여 지정하지 않거나 변경하여 정할 사안이 아니다.[411] 해당 직위에 있는 자가 일시 공석인 경우에는 대리자를 지정하여 업무를 수행토록 한다.[412]

특별한 위험이 있는 작업(40종)[413]의 경우에는 관리감독자에게 특별교육, 유해위험기계의 성능검사(해당 자격자에 한함)업무 등을 추가로 부여하고 있다. 따라서 사업주는 해당 업무에 관리감독자가 수행하여야 할 내용을 숙지하고 이행토록 하여야 한다.[414] 관리감독자는 당해 작업

지휘 · 감독하는 자를 말하는바, 귀 질의의 경우 전기공사업법 제17조의 규정에 의한 시공관리책임자는 위에서 언급한 직 · 조 · 반장의 지위에 있는 자가 아닌 현장의 책임자의 지위에 있는 자이므로 안전담당자로 지정할 수 없다.(산안(건안) 68307-1080, 2000.12.4.)

409 【질의】동바리 조립해체 작업 중에 작업팀이 여러 팀으로 구성되어 각 작업반장들의 지휘 아래 작업을 할 경우 각 팀마다 안전담당자(관리감독자) 지정이 가능한지 여부와 안전담당자 지정 인원수를 정해 놓은 것이 있는지?
☞ (회시) 현장 내에서 동바리 해체작업이 별도의 장소에서 별도의 작업팀에 의해 이루어진다면 각 작업팀별로 당해 작업의 작업반장으로 하여금 안전담당자의 업무를 수행하게 할 수 있다.(산안(건안) 68307-36, 2001.1.12.)

410 【질의】정부양곡 도급계약에 의해서 양곡창고를 운영 중인데 양곡의 입 · 출고 과정에서 도급계약에 의한 인부(근로자)를 사용하고 있음. 개인창고 또는 법인창고에서 사업주는 안전담당자(관리감독자)를 지정해야 되는지? 안전담당자(관리감독자)를 지정해야 한다면 그 자격은?
☞ (회시) 관리감독자는 직 · 조 · 반장 등의 지위에 있는 자로서 당해 작업을 직접 지휘 · 감독하는 관리감독자로 하여금 안전보건 업무를 수행토록 하면 되고 특별히 제한하는 자격이 없다.(산안 68320-268, 2001.6.23.)

411 【질의】1. 역장과 역무과장이 근무하지 않는 C조의 근무시간대에 노사가 협의만 하면 관리감독자를 지정하지 않아도 되는 것인지, 또한 역장만 관리감독자로 지정해도 되는지?
2. 각 팀에는 각 과별로 1명의 과장이 있어, 여러 조를 관리하고 있음. 이 경우 노사협의만 하면 차량과장만을 관리감독자로 지정해도 문제가 없는지?
☞ (회시) 관리감독자는 직 · 조 · 반장 등의 지위에 있는 자로서 노사협의와 관계없이 관리감독자를 두어 상기 직무를 수행하여야 하므로, C조 근무시간대의 경우에도 관리감독자를 지정하여야 하며, 역장을 포함하여 각 조별로 조장을 관리감독자로 지정하여야 한다. 노사협의와 관계없이 차륜조, 연결조, 제동조, 대차조, 기중기조의 각 선임관리장이 관리감독자에 해당한다.(산업안전팀-3203, 2007.6.28.)

412 【질의】A사업소의 직급체계는 사업소장-팀장-선임전기장-전기장-전기원의 형태로 구성되어 있고 단체협약 및 사업장안전보건관리규정상에는 관리감독자의 범위를 선임전기장까지 인정하고 있고, 실제로 각각의 선임전기장들이 관리감독자로 지정되어 업무를 수행하고 있음
○ 한편 A사업소에는 ○○주재소, ○○전기보수실, ○○변전소 등 장소를 달리 하는 4개의 현장이 있고, 각 현장마다 선임전기장이 관리감독자로 지정되어 소속 전기장과 전기원을 관리 감독하는 형태임
○ A사업소의 상급기관인 B본부는 선임전기장 일시 부재 시(7일 이내) 관리감독자 업무 공백을 우려하여 사업소별로 직무대리를 자체지정토록 하였고, A사업소는 선임전기장의 직무대리로 차하급자인 전기장 또는 전기원을 내부공문으로 지정함
※ B본부 사무분장표에는 전기장과 전기원은 시설운영 · 조작 · 성능시험 · 검사 및 유지보수 등의 업무에 종사하는 실무자임
관리감독자인 선임전기장의 일시 부재 시 업무공백을 방지하기 위하여 차하급자인 전기장 또는 전기원을 직무대리로 지정한 행위가 산업안전보건법을 위반하여 '관리감독자에게 직무와 관련된 안전보건상의 업무를 수행하도록 하지 않은 경우'에 해당되는지 여부?
☞ (회시) 사업주는 관리감독자의 업무 수행에 공백이 없도록 관리하여야 할 것으로 판단되나, 귀 질의와 같이 관리감독자의 일시적인 부재 시의 업무수행에 대하여는 산업안전보건법에서 별도로 정하고 있는 사항은 없으나 관리감독자의 질병, 휴가 등 일시적인 부재 시의 업무수행은 일반 사회통념상 기준에 따라 수행하면 될 것이다.(산재예방정책과-3755, 2012.7.13.)

413 시행규칙 별표 2

414 【질의】양곡창고(양곡더미 높이 5~8m)에서 근무하는 인부(근로자)에게 어떤 안전장비를 갖추도록 해야 하는지?
☞ (회시) 양곡의 취급작업과 관련한 안전조치는 당시 작업의 형태에 따라 다르므로 구체적인 방법을 제시하기 어려우나, 대체로 「산업안전보건기준에 관한 규칙」 중 2편 제5장(중량물 취급시의 위험방지)과 2편 제6장(하역작업 등에 의한 위험방지), 3편 11

장의 정리정돈 및 통로확보의 확인·감독 등을 수행하므로 공백이 없어야 한다. 교대근무의 경우에도 관리감독자가 업무수행이 가능토록 하여야 한다.[415]

(3) 안전·보건관리자 선임기준

제17조(안전관리자) ① 사업주는 사업장에 제15조제1항 각 호의 사항 중 안전에 관한 기술적인 사항에 관하여 사업주 또는 안전보건관리책임자를 보좌하고 관리감독자에게 지도·조언하는 업무를 수행하는 사람(이하 '안전관리자'라 한다)을 두어야 한다.

② 안전관리자를 두어야 하는 사업의 종류와 사업장의 상시근로자 수, 안전관리자의 수·자격·업무·권한·선임방법, 그 밖에 필요한 사항은 대통령령으로 정한다.

③ 고용노동부장관은 산업재해 예방을 위하여 필요한 경우로서 고용노동부령으로 정하는 사유에 해당하는 경우에는 사업주에게 안전관리자를 제2항에 따라 대통령령으로 정하는 수 이상으로 늘리거나 교체할 것을 명할 수 있다.

④ 대통령령으로 정하는 사업의 종류 및 사업장의 상시근로자 수에 해당하는 사업장의 사업주는 제21조에 따라 지정받은 안전관리 업무를 전문적으로 수행하는 기관(이하 '안전관리전문기관'이라 한다)에 안전관리자의 업무를 위탁할 수 있다.

제18조(보건관리자) ① 사업주는 사업장에 제15조제1항 각 호의 사항 중 보건에 관한 기술적인 사항에 관하여 사업주 또는 안전보건관리책임자를 보좌하고 관리감독자에게 지도·조언하는 업무를 수행하는 사람(이하 '보건관리자'라 한다)을 두어야 한다.

② 보건관리자를 두어야 하는 사업의 종류와 사업장의 상시근로자 수, 보건관리자의 수·자격·업무·권한·선임방법, 그 밖에 필요한 사항은 대통령령으로 정한다.

③ 고용노동부장관은 산업재해 예방을 위하여 필요한 경우로서 고용노동부령으로 정하는 사유에 해당하는 경우에는 사업주에게 보건관리자를 제2항에 따라 대통령령으로 정하는 수 이상으로 늘리거나 교체할 것을 명할 수 있다.

④ 대통령령으로 정하는 사업의 종류 및 사업장의 상시근로자 수에 해당하는 사업장의 사업주는 제21조에 따라 지정받은 보건관리 업무를 전문적으로 수행하는 기관(이하 '보건관리전문기관'이라 한다)에 보건관리자의 업무를 위탁할 수 있다.

2013년 법 개정으로 제15조 및 제16조의 "…안전(보건)관리자를 두어야 한다."를 "…두어 …

장 3절(중량물작업 특별조치)에 의한 안전보건조치를 하여야 하며 근로자의 보호장비로는 2m 이상의 하적단 위에서 작업할 때 안전모를 지급·착용케 하여야 하는 것(산업안전보건기준에 관한 규칙 제32조) 등이 있다. 또한, 질의내용으로 보아 양곡의 창고 입, 출고와 관련하여 예상되는 업무로서는 '높이가 2m 이상인 물건을 쌓거나 무너뜨리는 작업(시행령 별표 2, 제24호)' 등이 있으므로 관리감독자로 하여금 특별교육 등의 업무를 추가로 수행하도록 하여야 한다.(산안 68320-268, 2001.6.23.)

415 **【질의】** ○○시설사업소는 일근 사업소장 1명, 일근 기술원 1명, 장비운전원 2~3명, 각 조별(3조 2교대)로 선임시설관리장이 시설관리장과 시설관리원을 지휘하여 사업소 관내에서 사업소 소재지가 아닌 별도의 지역에서 작업시행하고, 각 지역(서빙고동, 마포동)에 시설관리원 2명씩 배치(일근 근무)하는 경우 사업소장만을 관리감독자로 할 수 있는지?

☞ (회시) 3조 2교대로 교대근무가 이루어지는 경우 관리감독자의 업무 공백이 없어야 하며, 따라서 A조, B조, C조별로 각 선임시설관리장이 관리감독자라고 판단된다.(산업안전팀-3203, 2007.6.28.)

업무를 수행하게 하여야 한다."로 변경하였다. 이는 사업주에게 안전관리자·보건관리자를 선임하는 의무뿐만 아니라 안전관리자·보건관리자에게 업무를 수행하게 할 의무도 있음을 명확하게 규정하고자 함이다. 안전·보건관리자는 당해 사업주를 보좌하여야 한다.[416]

안전·보건관리자의 선임 수는 법에서 정한 사항은 최소한 규정이다. 추가선임도 가능하다. 건설업의 경우 법상 의무가 아니더라도 전담 안전관리자를 선임·신고하고 업무를 수행토록 하는 경우 산업안전보건관리비에서 해당자에 대한 인건비를 지급할 수 있다. 다만, 전담으로 안전관리를 담당하지 않는 경우에는 그러하지 아니하다.[417] 근로자수가 법정요건 미만으로 감소된 경우에도 이를 이유로만 안전·보건관리자를 해고할 수 없다.[418] 산업안전보건법에서는 안전관리자 해임 시 신고절차를 규정하고 있지 않으므로 해임과 관련하여 산업안전보건법상 별도의 조치를 취하지 않아도 된다.[419]

추가 공사가 동일한 현장에서 이루어지는 경우 사업장이 계속되는 것으로 본다. 이 경우 안전관리자의 선임은 공사당시의 총 공사금액으로 보고 선임수를 결정한다.[420] 다만, 안전보건관

---

416 【질의】총 공사금액 325억 원 공사를 시행하는 A건설현장에서 철골 및 골조부분에 대하여 각 B, C업체에 110억 원, 200억 원 하도급 공사를 체결하였다면 안전관리자 선임대상인 위 C업체에서 선임된 안전관리자는 자체 도급받은 골조공사 부문에 한하여 안전보건관리책임자의 업무를 보좌 또는 지휘, 감독을 받아야 하는지, 아니면 B, C 또는 A업체에서 선임된 안전보건관리책임자의 지휘, 감독도 받아야 하는지?
☞ (회시) 산업안전보건법 제15조의 규정에 의하여 사업주가 선임하는 안전관리자는 사업주 또는 관리책임자를 보좌하고 관리감독자 등에 대해 지도·조언하도록 하기 위하여 선임하는 것이므로 하수급인인 C사에서 선임한 안전관리자의 업무범위도 C사가 시공하는 공사에 한한다고 할 수 있다.(산안(건안) 68307-10558, 2001.11.21.)
417 전기공사업법에 따라 전기공사를 분리수주 한 바, 당해 공사에 대한 안전관리를 전기공사업법상 시공관리책임자가 현장 상주하면서 겸직할 수 있는지 여부에 대하여 "건설업산업안전보건관리비계상및사용기준(고용부고시) 별표 2 『안전관리비의 항목별 사용내역 및 기준』의 규정에 의거 안전관리자의 인건비는 '산업안전보건법 시행령 별표 4'에서 정하는 자격을 소지한 자를 지방노동관서에 선임신고하고 안전관리업무를 전담으로 수행할 때에 지급할 수 있으므로 귀 질의 공사의 시공관리책임자의 인건비 및 업무수당은 산업안전보건관리비로 사용할 수 없다."라고 하였다.(산안(건안) 68307-10623, 2001.12.22.)
418 【질의】당사는 종전 500인 이상 사업장으로서 보건관리자 2명(간호사 1명, 대기기사 1급 1명)을 선임하여 왔으나, 현재 상시근로자 500인 이하가 되어서 대기기사 1명만 선임하고 촉탁근무자인 간호사와 근로계약을 종료하고자 하는데 가능한지 여부?
☞ (회시) 귀 질의 내용 중 『근로계약의 종료』가 근로계약상 정해진 계약기간의 만료를 의미하는 것인지 근로기준법상 경영상 이유로 인한 해고를 의미하는 것인지에 따라 달라진다.
가. 『근로계약의 종료』가 근로계약상 계약기간 만료일 경우에는 별도의 해고조치 없이 근로관계는 종료된다.
나. 『근로계약의 종료』가 경영상 이유로 인한 해고를 의미할 경우
근로기준법 제31조에 의하면 사용자는 경영상 이유로 근로자를 해고하고자 하는 경우에는 긴박한 경영상의 필요가 있어야 한다고 규정하고 있다. 따라서 당해 사안의 경우 긴박한 경영상의 필요가 있는지 여부가 먼저 판단되어야 하며, 긴박한 경영상의 필요가 있는 경우에도 근로기준법 제31조에 규정한 다음의 절차에 의하여야 한다.
① 사용자는 배치전환 등 해고를 피하기 위한 노력을 다하여야 하며 합리적이고 공정한 해고 기준을 정하고 이에 따라 그 대상자를 선정하여야 한다.
② 해고를 피하기 위한 방법 및 해고의 기준 등에 관하여 근로자의 과반수를 대표하는 자에 대하여 해고를 하고자 하는 날의 60일 전까지 통보하고 성실하게 협의하여야 한다.(산보 68340-378, 2000.5.29.)
419 (산안(건안) 68307-10592, 2001.12.6.)
420 【질의】○○시 건설안전관리본부에서 발주하여 폐사에서 시행 중인 도로공사(96. 8.~02. 12. 약 890억 원)에 연계하여

리비는 별도로 계상하여야 한다.[421] 근로자수가 증가하거나 공사금액이 증액된 경우에는 해당 시점을 기준으로 필요한 안전·보건관리자를 증원하여야 할 것이다.[422]

공동도급 공사현장에서 안전관리자가 선임되어 공사를 수행하다가 공동도급사 중 어느 한 회사가 동일 현장 내에서 별도의 공사를 수행하여 기존의 공사와 같은 관리조직하에 있다면 추가 수주 공사는 기존에 선임된 안전관리자가 안전관리업무를 수행할 수 있다.[423]

전담 안전·보건관리자는 당해 사업장에 전속되며 같은 회사일지라도 타 사업장의 안전·보건업무를 담당할 수 없다.[424]

안전·보건관리자는 관리감독자와 달리 계속 근무하여야 하는 것은 아니다.[425]

동일 공사구간 내 IC가 추가 발주되어 수의계약(2.4.~3.9. 약 140억 원으로 수주한 경우 동일한 발주처에 동일한 시공자가 같은 공사조직으로 동일한 작업장내에서 수행하는 공사이므로 하나의 사업장으로 간주하여 이에 해당되는 안전보건총괄책임자 및 안전관리자를 선임하여야 하는지, 아니면 신규공사(약 140억 원)를 별개의 건으로 보아 안전관리자(토목공사 150억 원 미만)를 추가 선임할 의무는 없으나 별도의 안전보건총괄책임자 선임 및 건설재해예방전문기관의 기술지도를 받아야 하고, 사업개시신고 등 제반사항을 신규로 등록하여야 하는지?

☞ (회시) 기존에 시공 중인 도로공사 현장 내에 추가로 IC설치공사를 수주하여 별도의 계약을 체결하여 시공하는 경우 추가공사가 기존공사와 동일한 공사조직·체계 및 관리하에서 수행되는 경우라면 이를 하나의 사업장으로 보아 개별 공사가 아닌 당해 공사현장 전체에 대하여 안전보건총괄책임자 및 안전관리자 선임이 가능하다.(산안(건안) 68307-10137, 2002.4.3.)

421 【질의】○○시 건설안전관리본부에서 발주하여 폐사에서 시행 중인 도로공사(96.8.~2.12. 약 890억 원)에 연계하여 동일 공사구간 내 IC가 추가 발주되어 수의계약(2.4.~3.9. 약 140억 원으로 수주한 경우, 신규공사와 기존공사의 산업안전보건관리비를 별도로 계상 관리해야 하는지 아니면 통합하여 관리해도 되는지 여부?

☞ (회시) 산업안전보건관리비는 계약에 의해 이루어지는 공사별로 계상 및 사용을 하도록 하고 있으므로, 위 2개의 공사가 동일 시공자에 의해 수행된다고 하더라도 분리 발주된 경우라면 산업안전보건관리비는 각각의 공사에 대하여 사용하여야 함. 다만, 안전관리자 인건비와 같이 산업안전보건관리비의 공동사용에 대해서는 별도로 정한 바는 없으나 당해 현장의 공사비율 등을 고려하여 적절하게 분배하여 사용할 수 있다.(산안(건안) 68307-10137, 2002.4.3.)

422 【질의】최초 13억 원 공사에서 매년 7억 원, 13억 원씩 증액되어 별도 계약을 체결하여 34억 원이 되었는바, 관리책임자 선임등보고서에서는 20억 원 이상인 공사에 한하여 안전보건관리책임자를 선임하게 되어 있음. 이런 공사에 대해서는 어느 시점을 기준으로 안전보건관리책임자를 신고해야 하는지? (공사기간은 총 공사기간으로 적어야 하는지, 공사금액은 어떻게 적어야 하는지, 공사금액에 관급자재비도 따로 적어야 하는지)

☞ (회시) 귀 질의의 안전보건관리책임자 선임은 차수별 공사 시에는 총 부기금액(추정계약금액) 기준으로 20억 원 이상일 경우에는 공사착공 시 선임하여야 하고, 설계변경 등 공사의 추가증액에 의한 공사금액 변경시에는 20억 원 이상 되는 시점부터 변경된 공사금액에 따라 선임하여야 하며, 선임보고서식의 공사기간은 최초 시작부터 종료 시까지 총 공사기간을, 공사금액은 선임보고서 제출 당시의 총 공사금액(관급자재가 있을 경우 당해 금액을 포함한 금액)을 기재하여야 한다.(산안(건안) 68307-57, 2003.3.4.)

423 수행 중인 관공사의 공동도급이 J사 70%, D사가 30%로서 공동수행하고 있는 바, 현장 내에서 최근 추가공사(100억 미만)를 J사 단독으로 수주하였을 경우, 기존 공동도급에서 근무하고 있는 안전관리자가 같이 겸하여 업무 수행한 것을 인정할 수 있다.(산안(건안) 68307-10023, 2001.2.13.)

424 【질의】같은 시에 2개의 아파트공사 현장이 있을 경우 A현장은 150억 원이 넘는 안전관리자 선임의무 현장이고(자체공사), B현장은 약 50억 원 정도로 안전관리자 선임의무현장이 아님. 거리로는 약 3~4㎞ 정도 떨어져 있는데 안전관리자가 B현장의 기술지도를 할 수 있는지?

☞ (회시) 150억 원 이상에 선임된 안전관리자는 당해 현장에서 안전관리업무를 전담하여야 하므로 동일한 시공사라 하더라도 다른 현장의 안전관리업무를 수행할 수 없다. 또한, 공사현장이 동일한 공사조직, 관리체계하에서 장소적으로도 인접한 경우에 한하여 하나의 사업장으로 보고 안전관리자를 공동으로 선임할 수 있도록 하고 있는 바, 별개의 조직에 의해 관리되는 50억 원인 공사현장에서 기술지도를 면제받고자 할 경우에는 별도로 안전관리자를 선임하여야 한다.(산안(건안) 68307-270, 2003.9.9.)

425 【질의】안전관리자 1인을 두어야 하는 현장으로서 야간작업진행시 안전관리자가 계속 상주하여야 하는지 여부?

300인 이상 사업장에 두는 안전·보건관리자는 모두 전담이어야 한다.[426][427] 안전·보건관리자는 당해 사업장에 고용되어야 하며, 파견업체에 의한 인력파견은 인정하지 않는다.[428][429] 안전관리자 선임기준에 해당하는 경우 안전관리자를 선임하지 아니하고 안전보건관리책임자만 둘 수는 없다.[430] 300인 미만 사업장으로 '같은 시·군·구' 및 '하나의 사업장 경계에서 15㎞ 이내의

☞ (회시) 안전관리자는 산업안전보건법 제15조의 규정에 의거 안전에 관한 기술적인 사항에 대하여 이에 대한 지도·조언을 하는 자로서 야간작업이 이루어질 경우 별도의 안전관리자를 선임해야 하는 의무는 없다.(산안(건안) 68307-1, 2000.1.3.)

426 산업안전보건법시행령 제12조제2항에 따라 "상시근로자 300인 이상을 사용하는 사업장에는 당해 사업장에서 법 제15조제1항 및 이 영 제13조제1항 각 호에 규정된 직무만을 전담하는 안전관리자를 두어야 한다."라고 규정하고 있다. 이는 근로자 규모가 증가함에 따라 안전관리자의 직무수행에 소요되는 시간 및 업무량도 그만큼 증가할 것이기 때문에 안전관리에 내실을 기하기 위해서 전담 안전관리자를 두도록 하고 있으며, 같은 이유로 상시근로자 300인 이상으로서 안전관리자 2인을 두어야 하는 사업장도, 2인 모두 안전관리업무만 전담하여야 한다.(산안 68320-299, 2000.4.11.)

427 상시근로자 300인 이상을 사용하는 사업장에서는 산업안전보건법시행령 제16조제2항의 규정에 의하여 동 시행령 제17조제1항 각 호에 규정된 직무만을 전담하는 보건관리자를 두어야 하기 때문에 상시근로자 300인 이상 사업장의 보건관리자는 다른 종류의 자격을 소지하고 있다 하더라도 다른 업무를 겸직할 수 없다.(산보 68340-378, 2000.5.29.)

428 【질의】파견업체가 보건관리자 자격자를 사업장에 파견하여 상주토록 하면서 보건관리자의 업무를 수행하도록 하는 것이 산업안전보건법 제16조에 따른 적법한 보건관리자 선임의무 이행에 해당하는지 여부?

☞ (회시) 사업주는 산업안전보건법 제16조 및 동법 시행령 제16조에 따라 사업장의 보건관리를 위하여 동법 시행령 제17조의 직무만을 전담하는 보건관리자를 선임하거나, 보건관리대행기관에 보건관리 업무를 위탁하여야 한다. 이 경우 보건관리자의 선임이란 근로계약을 통해 동법 시행령 별표 6의 자격자를 사업장에 직접 고용하는 것을 말한다. 따라서 파견업체에 의한 보건관리자의 파견을 통하여 사업장의 보건관리를 수행하는 것은 산업안전보건법 제16조에 의한 보건관리자의 선임으로 인정되지 아니하므로 파견된 간호사 등을 통하여 사업장의 보건관리를 수행할 경우는 산업안전보건법에 저촉된다. 또한 파견회사가 간호인력을 대학병원 등에 파견하고 있다면 이는 파견근로자 보호 등에 관한 법률에도 저촉된다.(산보 68307-88, 2001.2.16.)

○ 동법 제정당시의 입법취지를 고려해 볼 때 보건에 관한 기술적인 사항을 사업주에게 지속적으로 지도·조언하고 동법 시행령 제17조의 직무를 수행하는 자인 보건관리자를 사업장에 상주하여 보건관리를 전담토록한 동법 제16조는 보건관리자의 직접 고용을 전제로 하여 제정된 것임.

○ 보건관리자의 파견을 인정할 경우 동법상 전문기관에 의한 보건관리업무의 외부위탁 규정을 엄격히 갖추고 있음에도 불구하고 그와 다른 예외를 인정하여 개인 또는 전문기관이 아닌 일반 영리기관에 의한 보건관리 대행을 가능케 하는 결과를 초래하여 보건관리상의 심각한 문제를 야기할 가능성이 큼.

○ 동법 시행령 별표 6에서 규정하는 보건관리자의 자격에 해당하는 업무는 파견근로자 보호 등에 관한 법률에서 규정하는 26개 파견대상업무에 해당하지 않으며,

- 더욱이 동법 시행령 제2조제2항제3호에 의거 의료법 제2조의 규정에 의한 의료인의 업무 및 동법 제58조의 규정에 의한 간호조무사의 업무는 출산·질병·부상 등으로 결원이 생긴 경우 또는 일시적·간헐적으로 인력을 확보하여야 할 필요가 있는 경우에도 파견이 금지되는 소위 「절대금지업무」임.

429 【질의】소규모 공사를 수행하는 현장에서 안전관리자 및 안전보조요원의 인력 수급이 어려워 채용이 계속 지연되므로 기술인력 용역업체를 통하여 인력을 지원할 경우
1. 안전관리자를 용역업체와 계약을 체결하여 인력 용역으로 선임할 수 있는지 여부?
2. 안전보조원의 경우 용역업체와 계약을 체결하여 인력 용역으로 고용할 수 있는지 여부(소속은 용역업체 직원임)?

☞ (회시) 1. 산업안전보건법 제15조 및 동법 시행령 제12조에 의하면 일정규모 이상의 건설공사를 수행하는 사업주는 대통령령이 정하는 자격을 가진 안전관리자를 두어야 한다고 규정하고 있는 바, 이때 "두어야 한다."라는 의미는 당해 사업주 소속 근로자로서 안전관리업무를 수행하여야 함을 의미하는 것으로 소속 근로자가 아닌 용역업체 직원은 안전관리자로 선임될 수 없다.
2. 건설현장의 안전보조원이라 함은 건설업산업안전보건관리비계상및사용기준(노동부고시) 별표 2 『안전관리비의 항목별 사용내역 및 기준』에 의거 안전관리자를 보조하여 안전순찰 등 안전관리업무만을 전담하는 자를 말하는 것으로 '파견근로자 보호 등에 관한 법률' 규정에 의하면 건설현장에서 용역계약에 의해 용역업체 소속 근로자를 안전보조원으로 사용하는 것은 금지되어 있다.(산안(건안) 68307-10362, 2002.7.26.)

430 동법 시행규칙 제12조의 규정에 의하면 공사금액이 20억 원 이상인 공사를 시행하는 건설업의 경우에는 안전보건관리책임자를 선임하도록 하고 있으므로 안전관리자 선임 여부와 관계없이 안전보건관리책임자를 두어야 한다.(산안(건안) 68307-10243, 2002.5.28.)

지역' 내의 동일 사업주의 사업장은 공동으로 안전·보건관리자를 선임할 수 있다.[431]

안전·보건관리자를 2명 이상 선임하여야 하는 사업장에서 일부는 자체 선임하고 나머지 일부를 전문기관에 업무를 위탁할 수 없다.[432]

기업활동 규제완화에 관한 특별조치법 제36조(산업안전관리자 등의 공동채용)에 의거 동일한 산업단지 등에서 사업을 하는 자는 공동으로 안전관리자 또는 보건관리자를 채용할 수 있으며 이들이 상시 사용하는 근로자수의 합계는 300명 이내이어야 한다. 공동 안전·보건관리자를 선임하는 사업장의 전체 근로자수가 300인이 넘는 경우 모든 사업장이 법 위반이 된다.[433]

안전보건전문기관이 업무 위탁받을 수 있는 사업장 수에는 법상 비선임대상 사업장도 포함된다.[434]

산업안전보건법시행령 제18조제2항에 의하면 사업주가 안전관리자를 배치할 때에는 연장·야간 또는 휴일근로 등 당해 사업장의 작업형태를 고려하여 배치하도록 하고 있다. 따라서 선임된 안전관리자 중 작업형태에 따라 적절하게 배치하면 된다. 예를 들어 터널공사로 주야

---

431 【질의】당사는 상시근로자 수가 298명 정도이며, 인접지역에 250m 정도의 거리를 두고, 각기 번지수가 다른 2개 공장이 위치하고 있으며(1공장, 2공장 형식으로 구성), 이 2개의 사업장이 사업자등록번호는 같으며 대표자가 동일인일 경우 안전관리자 및 보건관리자를 공장, 2공장 따로 선임하여야 하는지 아니면 안전관리자 1명 및 보건관리자 1명을 선임하여 1, 2공장을 모두 관리할 수 있는지?
☞ (회시) 산업안전보건법시행령 제12조제4항의 규정에 따라 동일 사업주(동일 개인사업주 또는 동일 법인)가 제1공장과 제2공장을 경영하고 있는 경우에 2개의 공장이 동일 읍·면·동 지역 안에 있고, 이들 공장의 상시근로자수 합계가 300인 미만이라면 제1공장과 제2공장에 대하여 안전·보건관리자를 공동으로 둘 수 있다.(산안 68320-373, 2003.9.23.)
432 안전·보건관리자 2명 선임대상 사업장에서 1명만을 자체 선임하고 나머지 1명에 대해서는 대행기관에 업무를 위탁하는 경우는 법령에서 정한 바 없어 허용되지 아니한다.(산재예방정책과-4115, 2011.9.29.)
433 【질의】A~E 5개사의 상시근로자수 합이 약 400명 이상(각사 모두 각각 50명 이상임)인 경우 이들 사업장에 대해 안전·보건관리자 1명을 공동으로 선임한 경우 안전·보건관리자 선임의무 위반으로 볼 수 있는지, 과태료 부과대상에 해당할 경우 어떠한 기준으로 부과하여야 하는지 여부?
☞ (회시) 안전·보건관리자의 공동선임의 한계로 상시근로자수를 정한 것이므로 이를 초과한 것은 선임의무 위반으로 과태료 부과대상에 해당하며, 안전보건관리자를 공동으로 선임한 사업장 A~E 5개사 모두에게 각각 500만 원의 과태료를 부과한다.(산재예방정책과-3167, 2012.6.13.)
434 【질의】1. 보건관리자 선임의무가 없는 50인 이하 사업장에 보건관리대행업무를 수행할 경우 지정한계에 포함되는지?
2. 사업주와 협의하여 보건관리대행기관 법적인력이 아닌 자로 하여금 보건관리업무를 수행할 경우 법 위반인지와 이 경우 수수료를 사업주와 협의하여 징수가 가능한지?
☞ (회시) 1. 보건관리대행기관의 인력기준은 산업안전보건법 시행규칙 제20조 및 같은 법 시행규칙 별표 6에서 「대행하고자 하는 사업장 또는 근로자수」로 구분하여 정하고 있음. 이는 규정된 사업장 또는 근로자수의 보건관리대행에 필요한 최소한의 기준을 규정한 것으로 50인 미만 사업장도 지정한계에 포함하여야 한다.
2. 산업안전보건법 제16조의 규정에 따라 보건관리자를 두어야 할 사업장이 보건관리자의 업무를 위탁할 수 있는 기관은 같은 법 시행규칙 제20조에 의한 인력·시설 및 장비를 갖추고 지방노동관서에서 지정을 받은 보건관리대행기관이므로 지정받은 인력 이외의 자가 대행사업장의 보건관리업무를 수행한 경우에는 당해 사업장이 보건관리자를 선임한 것으로 볼 수 없으며 보건관리대행수수료에 대해서는 산업안전보건법에서 별도 규정하고 있지 않다.(산업보건환경팀-1679, 2006.3.21)

24시간 계속 공사를 하고 있고 안전관리자 5명이 선임되어 있는 경우 안전관리자 중 1, 2명을 교대로 야간 업무를 수행하게 할 수 있다.[435]

안전·보건관리자 선임의무 적용기준에 있어 종전에는 일부업종의 경우 사업장에서 사용하는 전기·가스 등의 용량[436]이 선임대상 기준이었으나, 2013년 법 개정으로 동 조문이 삭제되어 대부분의 경우 업종과 규모만으로 선임 여부를 판단하면 된다.

(4) 선임대상 사업장

법적 선임의무의 기준은 원칙적으로 당해 사업장의 업종 및 상시근로자수로 판단한다.[437][438][439][440] 여러 업종이 혼재하여 사업을 하는 경우 사업의 종류는 한국표준산업분류에 따라

---

435 (산안(건안) 68307-10253, 2002.5.31.)

436 ※ 별표 1 제4호의 각 목(구법 시행령)
가. 최고사용압력이 매제곱센티미터당 7㎏ 미만의 증기보일러를 사용하는 사업
나. 연간 1백만 킬로와트시 미만의 전기를 사용하는 사업
다. 전기사용설비의 정격용량의 합계 또는 계약용량이 300킬로와트 미만인 사업
라. 연간 석유 250만톤 미만에 해당하는 에너지를 사용하는 사업
마. 월평균 4천㎥ 미만의 도시가스를 사용하는 사업
바. 저장능력 250㎏ 미만의 고압가스 또는 액화석유가스를 사용하는 사업

437 【질의】 전기전자제조업으로서 인원은 50명 이상이나 작업현장은 주로 외부에 나가서 A/S만 이루어질 때 보건관리자 선임에 해당이 되는지?
☞ (회시) 어느 일정한 사업장이 보건관리자를 선임할 의무가 있는지의 여부는 당해 사업장이 한국표준산업분류(통계청 고시)상 어느 업종에 속하는지에 의해 판단하면 되고, 당해 사업주가 사용하고 있는 근로자들의 주된 작업장소가 사업장의 내부인지 외부인지와는 관련이 없다. 귀 질의와 같이 귀 사업장이 전기전자분야 제조업에 속한다면 귀 사업장의 근로자들의 주된 작업장소가 어디인가에 관계없이 보건관리자를 선임하여야 한다.(산보 68340-196, 2000.3.16.)

438 민영 케이블 TV 및 유선방송업체인 귀사의 업종은 『한국산업표준분류표』의 업종분류에 의한 '오락, 문화 및 운동 관련 서비스업(대분류)' 중 '방송업(소분류)'에 해당되어 산업안전보건법 제15조(시행령 제12조제1항, 영 별표 3 제22호 해당 업종)의 규정에 의하여 상시근로자가 50인 이상인 경우에는 안전관리자를 선임하여야 한다.(산안 68320-100, 2001.2.21.)

439 아파트관리소는 『한국산업표준분류표』에 의한 업종분류상 부동산업(중분류)에 해당되어 상시근로자가 50인 이상인 아파트관리소는 산업안전보건법 제15조에 의한 안전관리자 선임대상 사업장이다.(산안 68320-110, 2001.2.27.)

440 【질의】 당사는 건축자재를 제조·판매하는 업체로 서울소재 본사 외에 지방 수개의 지역에 생산공장을 운영하고 있음. 서울소재 본사에서는 생산공정이 전혀 이루어지지 않으며, 순수 관리직과 영업직 업무를 수행하는 임·직원으로만 구성되어 있으며, 그 인원수는 500명을 상회함. 이 경우 안전관리자 및 보건관리자의 선임 여부는?
☞ (회시) 산업안전보건법상 안전·보건관리자 선임은 같은 법 제15조 및 제16조에 의하여 '사업장'(주로 장소적 관념에 의하여 결정됨) 단위로 선임하는 것을 원칙으로 하고 있다. 따라서 귀 질의 내용과 같이 귀사의 본사가 영업소·공장 등과 별개의 장소에 떨어져 있는 경우는 근로자의 대다수가 영업직인 것으로 보아 주업종이 도·소매업인 독립된 사업장으로 보이므로 안전·보건관리자를 선임해야 한다.(산보 68307-541, 2001.8.7.)

상시근로자수가 다수인 업종을 기준으로 산업안전보건법의 적용 여부를 판단한다.[441]

사업장의 독립성은 인사노무 등 경영조직이 구체적이고 별도로 갖추어졌는지 여부에 따라 결정된다.[442] 인근지역에 있는 같은 회사의 두 개의 공장이라도 별개의 사업장으로 볼 수 있고,[443] 지하철공사와 같이 거리적 문제로 현업기관을 두고 있는 경우 독립된 사업장으로 인정할

---

441 【질의】지방자치단체로부터 시설물 등 아래와 같은 업무를 위탁받아 관리운영하고 있는 경우 안전관리자 선임대상인지 여부?
1. 종합경기장 천연잔디관리 및 주변환경정비(2명 근무)
2. 청소년수련관 및 실내체육관 시설관리 및 주변환경정비(8명 근무)
3. 화장장에서 화장 및 납골업무, 화장실 및 환경정비(5명 근무)
4. 공영주차장 주차 및 징수업무(총 16명 근무)
5. 시가지 전역 환경정비와 쓰레기 수거업무 등(101명 근무)
6. 저소득층 자녀 대상 무상교육서비스 지원(3명 근무)
7. 위기청소년 보호지원 및 긴급구조(4명 근무)
☞ (회시) 사업의 종류는 한국표준산업분류에 따라 상시근로자수가 다수인 업종을 기준으로 산업안전보건법의 적용 여부를 판단하며, 이 경우 다른 업종과의 상관관계를 고려하여 상시근로자수를 산정해야 한다. 따라서 귀 사업장의 경우 안전관리자 선임대상 업종 및 규모에 해당하는지 여부는 구체적인 사실관계를 확인하여 판단할 사항이나, 질의 내용만으로 볼 때 상시근로자수가 가장 많은 '시가지 전역 환경정비와 쓰레기 수거업무'가 한국표준산업분류(8차 개정)상 '공공장소 청소 및 유사 서비스업(90300)'에 해당되는 것으로 판단된다.(안전보건지도과-1351, 2009.4.14.)
442 【질의】시장이 지정하는 공영주차장 관리, 불법주·정차차량 견인 및 관리 및 기타 시장이 위탁하는 업무를 수행하는 주차시설관리공단이 안전·보건관리자를 선임하여야 하는지?
☞ (회시)
1. 산업안전보건법 제15조 및 제16조, 동법 시행령 제12조 및 제16조에 따라 일정한 사업의 종류 및 규모에 해당하는 사업주는 안전관리자 및 보건관리자를 두어야 하며, 종류·규모에 따라 안전관리자 및 보건관리자의 수와 선임방법은 동법 시행령 별표 3과 별표 5에 각각 규정하고 있는바,
2. 시설공단의 주된 사업내용이 공영주차장관리 운영으로서 한국표준산업분류표상 운수업 중 여행알선, 창고 및 운송 관련 서비스업의 주차장운영업에 해당되어 상시근로자 수가 50인 이상일 때에는 안전관리자 및 보건관리자를 선임하여야 한다.
3. 다만, 시설공단 및 각 주차장의 선임대상 여부는 아래의 구체적인 사항을 검토하여 결정해야 할 것이다.
○ 하나의 사업장이냐 아니냐 하는 구분은 주로 장소적 관념에 의하여 원칙적으로 결정하여야 하나, 비록 장소적으로 분산되어 있다 할지라도 각 주차장에 근무하는 인력의 규모가 작고, 조직의 관련성(회계, 인사 등), 사무능력(명의의 독립성 등) 등을 감안할 때 하나의 사업장이라고 할 수 있을 만큼 독립성이 없고(기관의 독립성 판단 시 별도의 사업자등록번호 존재 여부를 그 근거로 할 수도 있음) 시설공단과의 거리를 감안할 때 인근에 위치하여 안전·보건관리상 별도 사업장으로 취급하지 않는 것이 합리적인 경우에는 일괄하여 하나의 사업장으로 보고,
○ 각 주차장들이 독립성이 없다 하더라도 원거리에 있어 안전·보건관리상 별도의 사업장으로 취급하는 것이 합리적일 경우에는 시설공단과 분리하여 별개의 사업장으로 보아야 할 것임.
○ 그러나 각 주차장들이 조직적 관련, 사무능력, 규모 등을 감안할 때 각 주차장이 독립성을 갖추었다고 본다면 주차장 명칭여하에 관계없이 별개의 사업장으로 보아야 한다.(산안 68320-45, 2000.5.31.)
443 【질의】한 개의 회사인데 같은 지역 내에 각각의 울타리를 하고 두 개의 공장으로 분리되어 있고, 공장별로 건강관리실이 분리되어 설치되어 있음. 그러나 간호사는 한 명이 오전 오후로 나누어서 건강관리실을 관리하다보니 다급한 상황이 발생 시 제대로 대처를 못하고 있음. 인원은 1공장 1,000명 2공장 500명이 근무하고 있는데 관련 법 규정은?
☞ (회시) 1. 일정한 종류 및 규모에 해당하는 사업의 사업주는 산업안전보건법 제16조 및 같은 법 시행령 제16조 규정에 의하여 사업장에 보건관리자를 두어야 하는 바,
○ 하나의 사업장이냐 아니냐 하는 것은 주로 장소적 관념에 의하여 결정하여야 할 것이므로 동일한 장소에 있는 것이면 원칙적으로 이를 분리하지 않고 하나의 사업장으로 보고, 장소적으로 분리되어 있는 것은 원칙적으로 별개의 사업장으로 보아야 할 것임.
2. 그런데 예외적으로 장소적으로 분산되어 있다 할지라도 ① 인력의 규모, ② 조직적 관련성(회계, 인사, 조직 등), ③ 사무능력(명의의 독립성) 등을 감안할 때 하나의 사업장이라고 할 수 있을 만큼의 독립성을 갖추었다고 볼 수 없고, 사업장 간의 거리가 공동보건관리자가 가능할 정도의 인근거리에 위치한 경우는 보건관리상 하나의 사업장으로 보아야 할 것이며, 다만, 각 사업장이

수 있다고 해석한다.[444] 분리 발주된 공사일지라도 동일현장 내 동일조직에 의해 공사가 진행되는 경우 하나의 사업장으로 인정한다.[445] 예를 들어 ○○택지개발지구에서 아파트 건설공사를 하고 있는 경우, 시공하는 현장이 같은 택지개발지구내에 있으면서 각각 블록이 다르며 각 블록 간의 거리는 500m, 1,000m 정도 떨어져 있음(3개 블록). 시행자와 시공자가 같으면서 한 곳에서 모든 관리를 할 계획인 경우에는 착공신고와 사업승인은 각각 별도로 받았을 경우라도 하나의 사업장으로 보아 공동 안전관리자를 선임할 수 있다.[446] 이 경우 공사건별로 계상하여야 하는 산업안전보건관리비는 별도 작성[447]하고 협의체구성, 교육일지 등은 통괄하여 운영할 수 있다.[448] 또한 이때에 공동으로 선임된 안전관리자의 인건비는 당해 공사현장의 공사비율을 고

독립성이 없다 하더라도 사업장 간의 거리가 장소적으로 멀리 떨어져 있어 공동보건관리가 불가능하다고 판단되는 경우 및 사업장 간의 거리가 근거리에 위치하고 있더라도 각 사업장이 독립성을 갖추었다고 판단되는 경우는 보건관리상 별개의 사업장으로 보아 각각 보건관리자를 선임하여야 한다.(산보 68340-618, 2000.9.18.)

444 【질의】지하철공사의 안전관리자를 어떻게(몇 명) 선임하여야 하는지?(당사를 하나의 사업장으로 취급하여야 하는지, 아니면 각 단위현업사무소를 별개의 사업장으로 취급하여야 하는지 여부)
☞ (회시) 1. 산업안전보건법상 사업장의 개념은 주로 장소적 관념에 따라 장소적으로 분산되어 있으면 별개의 사업장으로 보는 것이 원칙이며 예외적으로 장소적으로 분산되어 있다 하더라도 근거리에 있는 출장소, 분소 등과 같이 규모가 극히 작고, 조직적 관련성, 사무처리능력 등을 감안할 때 하나의 사업장으로 볼 수 있을 정도의 독립성이 없는 경우 직근 상위기구와 일괄하여 하나의 사업장으로 볼 수 있을 것이다.
2. 귀 공사의 경우 분소, 역 등의 세분화된 조직을 가지고 있는 역무사무소, 승무사무소, 차량사무소 등 현업기관이 상당한 거리에 떨어져 있고, 「지하철현업기관설치운영내규」, 「안전보건관리규정」, 「위임전결규정」, 「취업규칙」, 「단체협약」 등 귀 공사 관련 운영규정에서 현업기관의 장에게 관할구역 내 업무의 총괄 및 지휘, 노사업무 협조 및 노무관리에 관한 사항, 소속직원의 지휘·감독, 소속직원의 인사 및 회계업무 관리, 교육계획 수립·실시, 직원의 출·퇴근, 결근 등의 복무관리, 업무(보직) 부여, 인력 배치, 근무시간 및 근무형태의 변경, 차량의 검사, 시설물의 유지관리 및 점검, 시설 개·보수공사 및 시행, 안전관리계획 및 시행 등의 업무와 감독권한이 부여되어 있을 뿐만 아니라, 안전보건위원회와 노사협의회가 각 현업기관별로 설치·운영되고 있는 등으로 보아 현업기관은 조직상 상당한 독립성을 가지고 있다고 판단된다.
3. 따라서 귀 공사의 안전관리자 선임은 본사와 역무사무소 및 승무사무소, 차량사무소, 설비사무소 등 각 현업기관을 별도의 사업장으로 보고 그 사업의 종류 및 규모에 따라 안전관리자 선임 여부를 결정하여야 할 것이다.(산안 68320-1133, 2000.12.30.)

445 【질의】동일 공사현장 내에 학술정보관(300억 원)과 생명공학관(170억 원)을 동일 발주처에서 분리 발주하여 같은 회사가 시공할 경우, 각각의 계약건별로 안전보건총괄책임자와 안전관리자를 선임하여야 하는지? 아니면 안전관리자만 2명 선임하여야 하는지? 동일한 장소에서 행하여지는 사업의 일부로 관리영역내에 있으므로 안전관리자 1명만 선임하여야 하는지?
☞ (회시) 산업안전보건법 적용은 사업 또는 사업장을 대상으로 하고, 동법에서 규정하고 있는 사업장의 개념은 주로 장소적 관념에 따라 결정되는 것으로 동일한 장소에서 서로 연관되는 조직하에 작업이 연속적으로 이루어지는 경우 원칙적으로 하나의 사업장으로 보고 있다. 귀 질의의 공사현장의 경우도 개별공사가 분리 발주되었으나 공사현장이 학교구내 동일지역에 위치하여 각각의 공사가 동일한 현장관리조직 체계 내에서 관리된다면 이를 하나의 사업장으로 보아 개별공사가 아닌 당해 공사현장 전체에 대하여 안전보건총괄책임자 및 안전보건관리자를 선임하면 된다.(산안(건안) 68307-10151, 2001.4.25.)

446 (산안(건안) 68307-10340, 2002.7.19)

447 산업안전보건관리비는 계약에 의해 이루어지는 공사별로 계상·사용 및 정산하도록 하고 있음. 따라서 귀 공사가 분리 발주된 경우라면 산업안전보건관리비는 원칙적으로 각 공사별로 계상·사용 및 정산하여야 함. 다만, 공동으로 선임된 안전관리자의 경우 그 인건비 사용 및 정산 등에 대해서는 별도로 정하고 있지는 않으나, 당해 현장의 공사비율 등을 고려하여 적절하게 분배하여 사용 및 정산할 수 있을 것이나 동 비용이 이중으로 정산되지 않도록 유의하여야 한다.(산안(건안) 68307-10368, 2002.7.30.)

448 건설현장에서 의무적으로 작성 및 보존하여야 하는 서류는 산업안전보건법 제30조의 규정에 의한 산업안전보건관리비 사용내역서와 동법 제64조의 규정에 의한 관리책임자 등 선임에 관한 서류, 기계·기구의 자체검사서류, 작업환경측정, 건강진단서류이며, 그 외의 안전보건교육일지, 안전점검일지, 협의체 구성·운영 서류 등은 법령상의 의무 이행 여부에 대한 확인 시에

려하여 적절하게 분배하여 산업안전보건관리비의 사용하여야 한다.[449]

(5) 하도급

사내하도급업체의 안전·보건관리자는 해당 사업주가 선임하거나 원도급업체가 하도급근로자수를 포함하여 안전·보건관리자를 선임할 수 있다.[450][451] 이때 안전관리자를 선임(위탁포함)한 수급인의 근로자는 제외한다.[452] 파견근로자가 있는 경우 사용 사업주의 근로자로 보아 이를

필요한 서류이다.
인접한 2개 공사현장을 하나의 공사조직하에서 운영하는 경우 공사건별로 계상하여야 하는 산업안전보건관리비는 사용내역서도 별도로 작성하여야 하며, 그 외의 서류는 법령상의 의무 이행 여부에 대한 확인이 가능하도록 현장의 관리방법이나 실정에 따라 적절한 방법으로 작성(통합 또는 별도)하면 될 것이다.(산안(건안) 68307-64, 2003.3.12.)

449 2개 공사현장에 공동으로 선임된 안전관리자의 인건비는 당해 공사현장의 공사비율을 고려하여 적절하게 분배하여 산업안전보건관리비의 사용 및 정산이 이루어져야 할 것이다.(산안(건안) 68307-242, 2003.8.13.)

450 【질의】 총 공사금액이 720억 원인 건설현장에서 협력업체 1개사의 공사금액이 150억 원인 경우 안전관리자를 별도로 선임해야 하는지?
☞ (회시) 산업안전보건법 제15조 및 동법 시행령 제12조에 의하여 건설업의 경우 공사금액이 120억 원(토목공사는 150억 원)이상이거나 상시근로자 300인 이상인 경우 동법 시행령 별표 3의 기준에 해당하는 안전관리자를 선임하도록 규정하고 있다. 따라서 귀 현장의 경우 협력업체의 공사금액이 150억 원으로 상기 기준에 의거 안전관리자 선임의무가 있다. 다만, 산업안전보건법 제15조 및 같은 법 시행령 제12조에 의거 동일한 장소에서 행하여지는 도급사업에 있어서 도급인인 사업주(원청)가 노동부령이 정하는 바에 따라 당해 사업의 수급인인 사업주(협력업체)의 근로자에 대한 안전관리자를 선임한 경우에는 당해 사업의 수급인인 사업주는 안전관리자를 선임하지 아니할 수 있다.(산안(건안) 68307-408, 2000.5.16.)

451 【질의】 원청업체(제조업)에서 인력공급업체와 도급계약하여 수급업체에서 인력만 투입하고 자체 생산설비를 사용 및 생산관리 및 인원관리 등 생산활동을 하고 있는데 수급업체 인원을 안전관리대행 시 원청업체 상시근로자수에 포함하여야 하는지?
☞ (회시) 제조업체가 인력공급업체와 계약하여 파견근로자 보호 등에 관한 법률상의 파견근로자를 사용하는 경우에는 사용사업주가 산업안전보건법에 의한 사업주(파견근로자 보호 등에 관한 법률 제35조)이므로 제조업체의 사업주가 파견근로자를 포함한 상시근로자수에 따라 안전관리자 선임대상 여부를 판단하여야 하며, 제조업체와 용역계약에 의하여 하도급을 받아 제조업을 하는 수급업체인 경우에는 원칙적으로 도급업체(원청)와 수급업체(하청) 각각의 규모(근로자 수)와 업종에 따라 안전관리자 선임 여부를 판단하여야 한다.(단, 도급인인 사업주가 노동부령이 정하는 바에 따라 수급인인 사업주의 근로자에 대한 안전관리를 전담하는 안전관리자를 선임한 경우에는 수급인인 사업주는 안전관리자를 선임하지 아니할 수 있음) (산안 68320-192, 2001.5.2.)

452 수급인이 상시근로자의 수가 50인 미만임에도 불구하고 안전·보건관리대행기관에서 대행계약을 각각 체결하였다면 안전관리자 및 보건관리자를 선임한 것으로 보아 도급인은 수급인 상시근로자의 수에서 제외하고 전체 상시근로자의 수를 산정할 수 있다.(안전보건지도과-72, 2008.4.18.)

합산한다.[453][454] 따라서 파견업체에 선임의무는 발생하지 않는다.[455]

시설관리를 외부업체에 위탁하여 관리하고 있더라도 사업장 전체의 안전관리 의무는 해당 사업장의 사업주에 있다. 회사 명칭이 변경된 경우는 대표이사, 주소, 설비 등의 변동이 없어도 새로이 관리책임자 등 선임신고를 하여야 한다.[456]

건설업에서 현장대리인과 같이 다른 업무를 수행하는 자는 안전관리자 자격을 보유하였다 하여도 안전관리자로 선임할 수 없다.[457]

(6) 기특법

기특법에 따라 타법에 의해 선임된 관리자가 산업안전보건법에 의한 안전·보건관리자로 인

---

453 【질의】종합병원에 140여 명의 근로자를 파견 및 위탁하는 인력파견사업장이 보건관리자를 선임하여야 하는지?
☞ (회시) 파견 중인 근로자에 대하여는 「파견근로자 보호 등에 관한 법률」 제35조의 규정에 의하여 사용사업주가 산업안전보건법에 의한 사업주이기 때문에 파견근로자는 사용사업주의 근로자수에 포함하여 산업안전보건법시행령 별표 3(안전관리자), 별표 5(보건관리자)에 의거하여 사용사업주가 이에 해당하는 규모 및 근로자수에 따라 안전·보건관리자를 선임하여야 한다.(산보 68340-692, 2003.8.19.)

454 【질의】한 아파트를 경비용역업체에서 파견된 경비직근로자 50인 이상이 관리를 하고 있고 또 시설용역업체에서 파견된 근로자가 보일러 및 전기시설을 관리할 경우 보건관리자를 선임해야 되는지?
☞ (회시) 질의 내용으로 보아 귀 사업장은 타인을 위하여 주거용 부동산을 관리하는 아파트관리사무소로 판단되는 바, 아파트관리사무소는 한국표준산업분류(통계청 고시)상 부동산업에 해당되고 파견근로자에 관하여는 파견근로자 보호 등에 관한 법률 제35조제1항의 규정에 의하여 이를 사용하는 사업주를 산업안전보건법 제2조제3호의 규정에 의한 사업주로 보기 때문에 귀사는 경비직 파견근로자 50명과 아파트관리용역업체에서 파견된 근로자 및 기타 근로자를 합한 근로자를 사용한다고 할 수 있다. 따라서 귀사의 경우 각각의 파견근로자 및 고용형태를 불문하고 기타 근로자를 합하여 상시근로자수가 50명 이상이 된다면 산업안전보건법시행령 별표 5에 따라 보건관리자를 선임하여야 한다.(산보 68340-281, 2000.4.22.)

455 【질의】저희 업체는 현재 상시근로자 170명인 제조업으로 정규직 70명, 용역업체(인력공급) 100명으로 구성되어 있는데 안전관리자의 선임방법에 대하여,
1. 저희 업체에서 용역업체 근로자를 포함하여 상시근로자를 170명으로 보아 안전관리자를 선임하여야 하는지?
2. 저희 회사와 하청(용역업체) 각각 50인 이상이므로 각각 안전관리자를 선임해야 하는지?
☞ (회시) 제조업의 안전관리자 선임대상은 상시근로자 50인 이상 사업장이며, '용역업체 근로자'가 '인력공급업체에서 파견한 근로자'인 경우, 산업안전보건법상의 사업주는 사용사업주(파견근로자 보호 등에 관한 법률 제35조)이므로 인력공급업체에서 파견한 근로자 수를 포함하여 전체 근로자 수에 따라 안전관리자를 선임하여야 한다.(산안 68320-347, 2003.9.1.)

456 산업안전보건법 제13조, 제15조, 제16조에 의한 안전관리책임자, 안전관리자 및 보건관리자를 선임한 사업주는 동법 시행규칙 제14조에 의하여 관할 지방노동사무소에 재직증명서, 자격증 사본(또는 대행계약서) 등 관련 증빙자료를 첨부한 '관리책임자선임등보고서'를 제출하여야 한다. 따라서 사업의 주체인 회사명이 변경된 경우에는 당연히 바뀐 회사명으로 선임신고를 하여야 한다. 다만, 종전의 회사에서 사용하던 설비, 근로자의 변경 등이 없이 단순히 회사명만 변경된 경우에는 관리책임자 등의 선임 보고 시 별도의 자격 등을 생략하고, 회사명 변경 사실과 해당자의 계속 고용 여부를 확인할 수 있는 재직증명서만을 첨부하여 신고할 수 있을 것이다.(산안 68320-132, 2001.3.16.)

457 산업안전보건법 제15조 및 동법시행령 제12조 규정에 의거 공사금액이 120억 원(토목공사업에 속하는 공사는 150억 원) 이상인 건설공사에는 전담안전관리자를 선임하도록 하고 있다.(산안(건안) 68307-10091, 2001.3.20.)

정한다. 전기안전관리자 등을 산업안전보건법에 의한 안전관리자로 인정하는 경우에는 법적 요건을 모두 충족하여야 한다.[458] 300인 미만 사업장에서 수질환경보전법의 수질환경관리인, 대기환경보전법의 대기환경관리인, 산업안전보건법에 의한 보건관리자를 선임하여야 하는 경우 관련 법의 자격요건을 갖춘 자 1인을 채용한 것으로 각 법의 법정인력을 보유한 것으로 본다.[459] 이 경우 산업안전보건법에 의한 선임신고 의무는 면제되지 않는다. 300인 이상 사업장에서도 전문기관을 통한 보건관리자 업무 위탁은 가능하다.[460]

---

458 【질의】근로자 69명이 숙박업(호텔)을 하는 업종이며, 850kw의 수용전력을 가지고 전기안전관리자를 선임하였을 경우 전기안전관리자가 기업활동규제완화에관한특별조치법 제29조제2항제9호 및 산업안전보건법 제15조에 의한 산업안전관리자로서 선임(겸임) 가능 여부?

☞ (회시) 기업활동규제완화에관한특별조치법 제29조제2항제9호에 의하여 전기안전관리담당자가 안전관리자가 될 수 있는 경우는
가. 당해 사업장에서 매출액이 가장 많은 영업분야로서 그 매출액이 당해 사업장의 총 매출액의 40%(당해 사업장의 영업분야 3 이하인 경우 50%) 이상을 차지하는 영업분야로 하되, 매출액이 없거나 매출액 산정이 불가능한 사업장에 있어서는 그 사업장에 종사하는 상시근로자수가 가장 많은 영업분야로서 그 근로자의 수가 당해 사업장 전체 상시근로자 수의 40%(당해 사업장의 영업분야가 3 이하인 경우 50%) 이상을 차지하는 영업분야(동법 시행령 제12조제3항)
나. 또는, 전기사업법 제2조의 규정에 의한 자가용 전기설비의 소유자 또는 점유자로 수용전력이 2,000kw 이상인 경우임(동법 시행령 제12조제4항제5호).
따라서 숙박업(호텔) ①의 경우에 해당되지 않을 뿐만 아니라 수용전력도 850kw로서 ②의 경우에도 해당되지 아니하므로 전기안전관리담당자를 산업안전관리자로 선임할 수 없다.(산안 68320-429, 2000.5.22.)

459 기업활동규제완화에관한특별조치법 제29조제4항의 규정에 의하면 수질환경보전법에 의한 수질환경관리인, 대기환경보전법에 의한 대기환경관리인, 산업안전보건법의 의한 보건관리자를 2인 이상 채용하여야 하는 자가 그중 1인을 채용한 경우에는 그가 채용해야 하는 나머지 자도 채용한 것으로 보고, 환경관리인과 보건관리자의 구체적인 채용면제기준에 관해서는 동법 제29조제5항에서 대통령령(시행령)으로 위임하고 있다. 그리고 동 규정으로부터 위임을 받아 동법 시행령 제12조제7항에서 상시근로자 300인 미만을 사용하는 사업장에 대해서는 당해 사업장이 산업안전보건법에 의한 보건관리자와 대기환경보전법에 의한 대기환경관리인의 기술자격을 함께 보유한 자 1인을 채용한 경우라는 일정한 조건하에서만 산업안전보건법에 의한 보건관리자와 대기환경보전법에 의한 대기환경관리인 각 1인을 채용한 것으로 간주한다고 규정하고 있다. 따라서 사업주가 선임하고자 하는 자가 위의 두 가지 자격 중 어느 하나라도 충족시키지 못하면 사업주는 보건관리자와 환경관리인 중 2명 이상을 채용한 것으로 간주되지 아니한다.
기특법 제54조의4(환경관리인의 임명 등 신고의무의 면제)의 규정에 의한 신고의무의 면제규정은 수질환경보전법 및 대기환경보전법에서 정한 환경관리인의 임명 및 변경의 경우에만 해당되고 산업안전보건법에 의한 보건관리자는 해당되지 아니하므로 사업주가 보건관리자를 선임하거나 개임할 경우에는 산업안전보건법 제16조제2항, 동법 시행령 제16조제3항(제12조제6항 준용) 및 동법 시행규칙 제14조의 규정에 의하여 선임 또는 개임한 날로부터 14일 이내에 선임 또는 개임사실을 관할 지방노동관서의 장에게 보고하여야 한다.(산보 68340-23, 2000.1.12.)

460 산업안전보건법령은 법 제16조제3항 및 동법 시행령 제19조제2항에서 보건관리자의 업무를 보건관리대행기관에 위탁할 수 있는 사업으로서 상시근로자 300인 미만을 사용하는 사업 및 벽지로서 노동부장관이 정하는 지역에 소재하고 있는 사업으로 규정하고 있으나, 기특법은 동법 제40조(안전관리 등의 외부위탁)제1항제2호에서 사업의 규모에 관계없이 보건관리자의 업무를 보건관리대행기관에 위탁할 수 있다고 규정함으로써 두 개의 법이 외부위탁 가능 사업장에 대해 서로 다르게 규정하고 있다.
그런데 법의 효력에 있어서 기특법은 동법 제3조의 규정에 의하여 행정규제를 정하고 있는 다른 법령의 규정에 우선하여 적용하므로 동 규정(외부위탁 가능 사업장의 규모)과 관련해서도 기특법은 산업안전보건법에 우선적으로 적용된다. 따라서 귀 질의와 같이 상시근로자수가 400인으로서 상시근로자 300인 이상을 사용하는 사업의 경우에도 보건관리자의 업무를 외부기관(노동부 지정 보건관리대행기관)에 위탁할 수 있다.(산보 68340-24, 2000.1.13.)

(7) 자격인정

안전보건 관련 학과 졸업자를 인정해 주고 있다.[461][462] 안전보건 관련 학과란 산업안전·보건과 관련된 내용이 교과에 편성되어 이수한 자를 말한다. 졸업한 자이어야 하며 재학 중인 자는 인정되지 않는다.[463] 소방이나 응급구조학과, 환경, 시스템공학과, 공업경영과와 병원경영학과와 같이 산업안전보건의 극히 일부분에만 해당하는 내용은 인정되지 않는다.[464][465][466][467][468] 또한 명칭

461　귀하가 서울산업대학교(현 서울과학기술대학교)에서 안전공학과를 전공하고 졸업하였다면, 산업안전보건법 제15조【안전관리자 등】, 시행령 제14조【안전관리자의 자격】및 영 별표 4에서 규정하고 있는 안전관리자의 자격 중 하나인, '고등교육법에 의한 4년제 대학 이상의 학교에서 산업안전 관련 학과를 전공하고 졸업한 자'에 해당되어 안전관리자로 선임될 수 있는 바, 귀하가 안전관리자로 선임될 경우, 사업주는 선임한 날로부터 14일 이내에 관할 지방노동관서에 비치되어 있는 선임신고서 양식을 작성하여 학력을 증명할 수 있는 서류(예: 졸업증명서) 및 재직증명서를 첨부하여 신고하면 된다.(산안 68320-179, 2000.3.3.)

462　귀하가 질의한 산업대학원 건설학과가 산업안전 관련 학과에 포함되는지 여부는 질의 내용만으로는 판단하기 어려우나, 산업안전보건법시행령 별표 4 제5호의 산업안전 관련 학과라 함은 사업장 근로자의 안전에 관한 기술적인 분야를 전공하는 학과로서 통상 안전공학과, 산업안전공학과, 산업안전과, 산업안전관리, 건설안전과 등이 해당된다.(산안 68320-299, 2000.4.11.)

463　【질의】현재 보건위생학과 4학년에 재학 중이고, 산업위생에 관한 학점을 12학점 이상 취득을 하였는데 보건관리자로 선임될 수 있는지 여부?
☞ (회시) 산업안전보건법시행령 별표 6의 제6호 규정에 의하면 고등교육법에 의한 전문대학 또는 이와 동등 이상의 학교에서 산업보건위생에 관한 학과목을 12학점 이상 수료한 자로서 보건위생 관련 학과를 졸업한 자에 한하여 보건관리자의 자격요건을 충족하는 것으로 규정하고 있다. 따라서 귀하와 같이 현재 보건위생학과에 재학 중인 자는 졸업자가 아니므로 보건관리자의 자격이 해당되지 않는다.(산보 68340-189, 2000.3.14.)

464　귀 질의의 '소방안전관리과'는 일반적으로 소방대상물의 방화관리는 물론 소방시설의 설계, 감리, 시공 및 점검 업무를 원활히 수행할 수 있는 기법을 터득하는 학문으로 동 학과의 특성상 이를 산업안전보건법 제15조에 의한 안전관리자의 자격인 '산업안전 관련 학과를 전공하고 졸업한 자'로 보기는 어려울 것이다.(산업안전과-3762, 2005.7.14.)

465　귀 질의에서 문의한 '응급구조과'는 사고현장에 출동하여 신속한 구조와 적절한 응급처치를 시행하고 안전하게 의료기관으로 이송함으로써 인간의 생명을 보호하고자 함을 그 설치목적으로 하며, 주로 소방법, 응급의료에 관한 법률 등에 의한 응급구조사, 소방서 119구급대원 및 구조대원, 의료기관의 구급차 관리자 등의 양성을 위해 임상응급의학 등 응급의료 관련 교과과정이 설치되어 있는 소방 관련 학과이다.
따라서 동 과의 설치목적, 교과과정 등을 종합적으로 고려해 볼 때 산업안전보건법상의 보건관리자의 직무를 수행할 만한 전문적인 지식이 있다고 보기 어려우므로 '응급구조과'는 영 별표 6 제6호의 '보건위생 관련 학과'에 포함된다고 볼 수 없다. '보건위생 관련 학과'는 보건위생학과, 공중보건학과, 보건관리학과, 건강관리학과, 환경위생학과 등 일반보건위생과 관련된 학과(학부)라고 볼 수 있다.(산보 68340-398, 2000.6.7.)

466　산업안전보건법 시행령 별표 4(안전관리자의 자격) 제6호에 해당하는 '고등교육법에 의한 전문대학 또는 이와 동등 이상의 학교에서 산업안전 관련 학과를 전공하고 졸업한 자' 중 '산업안전 관련 학과'라 함은 산업안전(공)학을 전공하는 학과로서 산업안전공학과, 안전학과, 건설안전학과, 안전관리과 등 산업안전 관련 명칭을 사용하는 학과를 포괄하는 의미이며, '전공(專攻)'이라 함은 '한 가지 부문을 전문적으로 연구하는 것'으로 정의되고 있다. 따라서 '산업안전 관련 학과를 전공하고 졸업한 자'라 함은 학과의 명칭에도 불구하고 '산업안전(공)학을 주로 전공하고 학위를 받은 자(졸업한 자)'로 보아야 한다.
따라서 '산업시스템경영학과'는 일반적으로 기업의 품질관리시스템(조직, 자원, 절차) 평가, 효율적인 경영시스템 구축, 품질향상 및 고객만족을 통한 경쟁력 확보 등을 주로 배우는 학문임. 그러므로 이러한 학과는 산업안전보건법시행령 별표 4에서 정하는 '산업안전 관련 학과'로 볼 수 없다.(산안 68320-3, 2003.1.8.)

467　【질의】○○공업대학 공업경영과를 졸업하고 현재 한국건설기술인협회에서 학력·경력으로 '안전관리 초급기술등급'을 인정받은 자를 산업안전보건법상 안전관리자로 선임할 수 있는지?
☞ (회시) '공업경영과'는 근로자의 안전과 관련하여 전공한 안전공학과, 산업안전공학과, 산업안전과, 산업안전관리과, 건설안전과를 말하는 것으로 귀하가 전공한 공업경영과(산업공학과)는 이에 해당된다고 볼 수 없고, 한국건설기술인협회의 '안전관리 초급기술자' 경력증은 건설기술관리법의 목적에 따른 것일 뿐 산업안전보건법에서 규정하고 있는 안전관리자 자격요건에 해당되지 않는다.(안전보건지도과-1219, 2009.4.1.)

468　산업안전보건법 시행령 별표 6의 제7호 '보건위생 관련 학과'는 보건위생학과, 공중보건학과, 보건관리학과, 건강관리학

이 유사하더라도 이수한 학점이 기준에 미달하는 경우도 인정하지 않는다.[469] 안전관리대행업체, 검사기관 등에서 근무한 경력도 산업안전실무경력이 인정된다.[470] 안전보건관리업무 경력의 인정 자는 해당 업무에 종사하였음을 입증할 자료(재직증명서)를 제출한다.[471]

(8) 안전 · 보건관리자로 볼 수 없는 경우

안전·보건관리자의 선임의무는 사업주에 주어져 있으므로 발주처 등에서 선임하는 것으로 사업주의 의무가 면제되지 않는다.[472]

노조전임자가 산업안전보건활동을 할 수 있다 하여도 안전관리자로 선임될 수 있는 것은 아니다.[473] 사업장의 자체 부속 특수검진기관 또는 작업환경측정기관 인력(의료인력, 산업위생관

과, 환경위생학과 등 일반보건위생과 관련된 학과(학부)라고 볼 수 있으며, 귀 질의의 병원경영학과는 병원경영학, 보건경제학, 병원회계학, 보건통계학, 건강보험 등 병원경영에 대한 전문적인 지식과 소양을 갖춘 전문경영인 양성을 목적으로 하는 학과로서 산업안전보건법상의 보건관리자의 직무를 수행할 만한 전문적인 지식이 있다고 보기 어려우므로 '보건위생 관련 학과'에 포함된다고 볼 수 없다.(산재예방정책과-4912, 2012.9.10.)

469   산업안전보건법시행령 별표 4의 5, 6호의 '산업안전관련학과' 라 함은 사업장 근로자의 안전에 관한 기술적인 분야를 전공하는 학과로서 통상 산업안전공학과, 안전학과, 건설안전학과, 안전관리과 등 산업안전 관련 명칭을 사용하는 학과 등이 이에 해당되고 학력인정 등에 관한 법률(1997.1.12. 제정)의 안전공학 전문학사 학력인정 표준교육과정상의 2년제 전문학사 학력인정 학점 및 과목 중 전공(전공필수 포함)분야 45학점 이상 이수한 자에 대하여 전문학사 취득한 자에 한한다.
따라서 귀 질의의 ○○대학 '환경안전과' 는 환경 및 안전에 관련된 업무를 원활히 수행할 수 있는 기법을 터득하는 학문으로 산업안전공학 전공(전공필수 포함) 분야의 이수학점이 28학점에 해당되어 산업안전공학을 전공하고 전문학사학위(산업안전공학전공)를 취득한 자에 해당되지 아니하여 동 학과의 특성상 이를 「산업안전관련학과를 전공하고 졸업한 자」로 보기 어려울 것이다.(안전보건지도과-2198, 2009.6.2.)

470   산업안전실무경력(건설업에서의 경력을 제외)은 사업장에서 산업안전 분야에 종사한 경력 또는 지방노동관서장으로부터 지정받은 지정기관(지정검사기관, 안전관리대행기관, 종합진단기관, 안전진단기관, 지정교육기관 등)에서 산업안전 분야에 종사한 경력으로 사업장 또는 해당 지정기관에서 발급한 경력증명서에 이를 입증할 내용이 명시되어야 한다.(안전보건지도과-44, 2008.4.1.)

471   건설산업기본법에서 규정하고 있는 일반건설업(토목공사업, 건축공사업, 토목공사업, 산업설비공사업)으로 등록을 한 업체 소속의 건설현장에서 10년 이상 안전보건관리책임자로 근무하였다면 소속사의 원 · 하도급 여부와 관계없이 안전관리자로 선임이 가능하고, 안전관리자 선임보고를 하는 경우 증명은 안전보건관리책임자로서 근무한 사실을 확인할 수 있는 재직증명서로도 제출이 가능하며 공사금액과 관계없이 선임이 될 수 있다.(산안(건안) 68307-10065, 2001.3.8.)

472   【질의】공사금액 69억 5천만 원의 기계설비공사로서 기술지도 계약을 체결하여 안전기술 지도를 받고 있는 현장에 대하여 발주처에서 안전관리자를 직접 고용하여 일괄 감독하는 경우에 시공사의 기술지도 계약을 해지하여 안전기술 지도를 받는 것을 중단할 수 있는지 여부?
☞ (회시) 산업안전보건법상 안전관리자는 근로자를 사용하여 사업을 하는 사업주가 직접 선임하도록 규정하고 있고, 이 경우에 한하여 재해예방 전문지도기관으로부터 받아야 하는 기술지도가 면제되기 때문에 귀 현장과 같이 발주처에서 안전관리자를 선임한 경우에는 기술지도가 면제되지 않는다.(산업안전과-1013, 2010.10.20.)

473   【질의】택시운송업체의 교통안전관리자가 산업안전보건법상의 안전관리자 임무를 수행할 수 있으며, 근로시간면제(Time off) 제도에 의하면 노조전임자가 산업안전활동을 할 수 있도록 되어 있음. 회사의 노동조합위원장이 도로교통 안전관리자 자격증 소지자로서 교통안전관리자로 선임되어 있는데 노동조합위원장으로 하여금 안전관리자 임무를 대행케 할 수 있는지?
☞ (회시) 근로시간면제제도에 의한 노조전임자의 산업안전보건활동의 범위는 산업안전보건법에서 근로자 또는 근로자대표와

리인력)으로 선임된 사람은 사업장 보건관리자 중복 선임할 수 없다.[474]

대표이사는 원칙적으로 안전(보건)관리자가 될 수 없으나, 공동 대표이사이며 실질적 총괄 권한이 없는 경우 안전관리자가 될 수 있다고 해석한다.[475] 고압가스기능사 자격과 같은 일부 자격은 특정 사업을 하는 경우에만 인정한다.[476]

(9) 의료행위

보건관리자는 사업장 보건관리에 대한 의료행위를 할 수 있는 바, 보건관리자 중 의사인 경우 보건관리와 관련하여 전문(일반)의약품 투약, 간호사는 일반의약품 투약을 할 수 있다.[477][478]

협의 · 합의 · 참여 · 신고 · 추천 등의 활동을 규정하고 있다. 안전관리자는 사업주 또는 관리책임자를 보좌하고 관리감독자에 대하여 이에 관한 지도 · 조언을 하고 안전관리 업무의 책임자로서 회사의 재산보호 및 근로자의 안전을 위하여 사업장내 운수업무 등에 대한 지휘 · 감독권한이 있는 경우라면 사용자 또는 그 이익 대표자에 해당되며, 안전관리자 업무는 노조전임자의 산업안전활동에 해당되지 않으므로 교통안전관리자의 자격을 가진 노동조합위원장은 안전관리자로 선임할 수 없다.(안전보건지도과-216, 2010.7.29.)

474 직원이 자체 부속 특수검진기관 또는 작업환경측정기관 인력(의사, 산업위생관리기사 등)으로 선임될 경우 보건관리자 중복선임이 되므로 선임이 불가하다. 다만, 산업안전보건법 시행령 제16조제2항의 규정에 의해 상시근로자 300인 미만을 사용하는 사업의 사업장에서의 보건관리자는 보건관리 업무에 지장이 없는 범위 안에서 다른 업무를 겸할 수 있다.(산보 68430-877, 2002.10.5.)

475 【질의】상시근로자수 140명의 택시운송업체에서 父子가 등기부상 공동대표로 되어 있고, 2인 모두 교통안전관리자 자격을 보유하고 있으며, 업무처리에 있어 아들이 부친의 결재를 받는 등 부친이 대표이사로서 실질적인 권한을 행사하고 있는 경우 아들을 동 업체 안전관리자로 선임할 수 있는지?
☞ (회시) 단일 회사인 경우 대표이사는 산업안전보건법상 안전보건관리책임자의 지위에 있는 자이므로 안전관리자로 선임할 수 없으나 위 질의 내용과 같이 공동 대표이사 중 어느 1인이 실질적인 권한과 책임이 없는 경우에는 동인을 안전관리자로 선임할 수 있다.(산업안전과-535, 2010.9.2.)

476 【질의】당사는 식료품 제조를 하는 업체로서 상시근로자 수는 80여 명인 회사입니다. 냉동식품을 제조하는 회사라서 냉동제조(프레온) 시설을 갖추고 있습니다. 따라서 고압가스 안전관리법에 의한 '고압가스냉동기계기능사 1급' 자격을 가지고 있는 직원이 있으며 산업안전보건법 시행령 별표 4에서 규정하는 안전관리자의 자격에 보면 10호 가에 해당하는 자를 선임할 수 있다고 하였는데 위에서 말한 자격증으로 산업안전보건법에서 말하는 안전관리자 선임 자격이 있는지?(식료품 제조업 회사이기 때문에 고압가스 안전관리법과는 별개라고 생각됨)
☞ (회시) 산업안전보건법 제15조, 같은 법 시행령 제14조(영 별표 4 제10호) 규정에 의거 식료품 제조업은 고압가스안전관리법의 적용을 받아 설립된 사업이 아니므로 '고압가스냉동기계기능사 1급 자격증 소지자'는 안전관리자로서 자격이 없다.(산업안전팀-945, 2007.2.22.)

477 약사법시행령 제34조제6호에 따라서 산업안전보건법 제16조의 규정에 의한 보건관리자인 의사가 그 업무수행으로서 환자에 대해 조제하는 것이 가능하므로 건강관리실의 보건관리자인 의사는 상병의 악화방지를 위한 처치에 따르는 전문의약품(주사제 포함)의 투약이 가능하다.(산보 68340-466, 2000.6.30.)

478 【질의】1. 의약분업과 관련하여 사업장내 의무실 산업간호사가 할 수 있는 처치의 범위는?
2. 산업간호사가 근무사원의 애로로 인해 두통, 감기, 설사 등에 투약하는 것이 가능한지?
☞ (회시) 1. 보건관리자가 간호사인 경우 의약분업 시행 후에도 산업안전보건법 시행령 제17조제6호에 따라 사업장내 근로자의 보호를 위하여 외상 등 흔히 볼 수 있는 환자의 치료행위, 응급을 요하는 자에 대한 응급처치 행위, 상병의 악화방지를 위한 처치행위, 건강진단결과 발견된 질병자의 요양지도 및 관리행위 등에 대하여 일반의약품의 투여를 할 수 있다.
2. 보건관리자가 간호사인 경우 산업안전보건법시행령 제17조제6호 다목의 상병의 악화방지를 위한 처치와 이에 따른 일반의

⁴⁷⁹ 이 경우 필요한 최소한으로 하여야 한다. ⁴⁸⁰ 의사 및 간호사에게는 건강관리실 및 필요한 장비를 제공하여야 한다. 건강관리실은 사업장 내에 설치하는 것이 원칙이다. 다만 부득이한 경우로 인정되는 경우 인근 지역에 둘 수 있다. ⁴⁸¹

(10) 건설업

산업안전보건법시행령 제12조의 건설업 안전관리자 선임기준이 되는 공사금액은 도급계약상의 총 공사금액(발주자가 재료를 제공한 경우에는 그 재료의 시가 환산액을 포함)을 말한다. ⁴⁸²

약품의 투여를 할 수 있으므로 두통, 감기, 설사 등의 경우에도 전문의약품이 아닌 일반의약품의 투여는 가능하다.(산보 68340-471, 2000.6.30.)

479 【질의】 사업장에서 보건관리자는 아니지만 20년 근무한 약사임. 산업안전보건법시행령 제17조제1항제6호에서 정한 의료행위는 할 수 없는지?
☞ (회시) 산업안전보건법시행령 제17조제1항제6호 괄호의 "보건관리자가 별표 6 제1호 및 제2호의 1에 해당하는 자인 경우에 한한다."라는 영 별표 6의 보건관리자의 자격 중 산업안전보건법시행령 제17조제1항제6호의 의료행위를 할 수 있는 자격이 있는 자는 의료법에 의한 의사 및 간호사에 한한다.(산보 68340-467, 2000.6.30.)

480 【질의】 사업장 의료실의 간호사가 감기환자에 대한 일반의약품 투여에 대하여 법적인 하자는 없는지? 직원들이 흔히 치료받고 있는 경증의 내과환자, 피부질환자 및 외상환자에 대해 의료행위를 할 수 있는 각 질병 및 상병의 종류(구체적으로)는 어떤 것이 있으며, 그에 대한 의료행위 허용범위는?
☞ (회시) 산업안전보건법(이하 '산안법') 제16조의 규정에 의하여 선임된 보건관리자가 간호사인 경우 같은 법 시행령 제17조제1항제6호의 가목 내지 라목의 의료행위에 따르는 의약품 투여행위를 할 수 있으나 의약분업의 시행에 따라 전문의약품이 아닌 일반의약품만이 투여가 가능하므로 감기 등 가벼운 상병의 악화방지를 위한 경우 일반의약품의 투여는 가능함. 다만, 투여는 단기간에 걸쳐야 하고 필요 최소한에 그쳐야 하므로 증상이 호전되지 않는 경우에는 지체 없이 의사에게 의뢰하는 등 상당한 신중을 기하여야 할 것이다. 또한 산업안전보건법령상 간호사인 보건관리자의 구체적인 의료행위의 범위에 관한 사항이 명시된 바가 없으므로 일정한 보건관리자의 의료행위가 산안법에 의한 의료행위에 해당하는지의 여부는 산안법의 취지, 기존에 사업장의 보건관리자에 의해서 일반적으로 행해져 온 의료관행, 일반 의료 관련 법령 등을 고려하여 개별적으로 판단하여야 할 것이다.(산보 68307-287, 2001.5.8.)

481 【질의】 공항 내의 독립된 2개 사업장이 동일 장소에서 사업을 운영하고 있으나 공간확보문제 등으로 자사 내 건강관리실 등을 설치하지 못하고 공항 내 타사 부속의료원과 장비·설비 사용 등의 계약을 체결하여 직무를 수행할 경우 별도로 자사내 건강관리실을 설치하지 않아도 사업주의 지원으로 인정할 수 있는지 여부?
☞ (회시) 1. 산업안전보건법시행규칙 제16조에 규정된 보건관리자에 대한 시설·장비 지원은 원칙적으로 당해 사업장내에서 이루어져야 함.
2. 다만, 귀소의 질의에서와 같이 동일 장소에서 사업을 영위하고 있는 타 사업장의 건강관리실내에 당해 사업장 근로자들만을 위한 보건관리가 가능한 공간이 명시적으로 확보(사업장 간 임대차 계약이 확인되는 경우 등)되어 있으며, 근로자가 쉽게 찾을 수 있어 이용에 그다지 큰 불편이 없고, 직무수행에 적합한 면적 확보 등 시설 및 장비가 산업안전보건법시행규칙 제16조의 요건을 충족할 경우 적법한 보건관리자에 대한 시설·장비의 지원으로 볼 수 있음.
3. 구체적인 보건관리자에 대한 적법한 시설·장비 지원 인정 여부에 대해서는 위 기준을 참고하여 사업장 실사 후 지방노동관서에서 직접 판단하여야 할 것이다.(산보 68307-231, 2001.4.17.)

482 전기공사에서 발주자가 제공한 지급자재비를 포함한 공사금액이 120억 원 이상인 경우에는 안전관리업무를 전담하는 자격이 있는 안전관리자를 선임하여야 한다.(산안(건안) 68307-10291, 2002.6.19.)

총 공사금액을 대상으로 하며 철거공사를 포함하여 일괄 하도급을 받은 경우 모든 공사비를 합산한다.[483] 선임기준의 공사금액은 총 공사금액이며 수주 금액을 말한다.[484] 총 공사금액이라 함은 공사 도급계약서 또는 자체사업계획서상의 금액을 말하는 것으로 여기에는 부가가치세를 비롯하여 당해 공사의 시공과 관련되는 모든 비용을 포함하는 금액이다.[485]

공사금액은 도급계약서상 총 공사금액을 말하며, 공사 중 물가변동에 의한 공사금액 변경이 있는 경우라 하여도 당초의 공사금액으로 안전관리자 등의 선임 여부를 판단한다. 설계내역의 증가 없이 물가변동지수 적용으로 공사금액이 800억 원 이상이 되었을 경우 안전관리자를 증원하지 않아도 되는 것으로 해석한다.[486]

공동도급 분담이행방식에 의해 수행하는 공사라 함은 각 구성원이 공사를 미리 분할하여 각각의 분담공사에 대해 책임을 지고 시공하는 경우를 말하는 것으로, 안전관리자 선임에 대해

---

483 【질의】일반적으로 재건축 아파트는 철거를 포함하여 재건축조합으로부터 일괄 도급을 받고 있는 바, 공사 진행상 건설회사의 여러 가지 여건에 의하여 철거공사 후 신축공사까지는 약간의 시간(대략 1개월 내외)이 소요되고 있음.
착공신고를 철거공사만 하고 철거완료 후 신축공사에 대한 별도 착공계 제출하는 등 철거공사와 신축공사에 대한 시간적 간격을 두고 별도로 시행할 경우
1. 철거공사 금액이 20억 원 미만일 경우 안전보건관리책임자 및 안전관리자 선임신고 대상인지 여부?
2. 철거공사까지 일괄도급이므로 착공신고와는 관계없이 공사금액이 400억이므로 안전관리자를 선임하여 신고하여야 하는지 여부?
☞ (회시) 1. 산업안전보건법 시행령 제12조, 동법 시행규칙 제12조의 규정에 의거 건설업 안전보건관리책임자 및 안전관리자는 도급계약서상의 총 공사금액(발주자가 재료를 제공한 경우에는 그 재료의 시가환산액을 포함)을 대상으로 당해 공사기간 중 선임하여야 한다.
2. 따라서 귀 질의의 재건축공사에서 철거 및 신축공사가 동일한 업체에서 수행하는 하나의 공사로서 일괄 계약된 경우에는 철거공사를 포함한 당해 전체 공사기간에 대해 안전보건관리책임자 및 안전관리자를 선임하여야 한다.(산안(건안) 68307-41, 2003.2.20.)
484 【질의】자동차회사를 상대로 자동차 설비를 수주/제작/납품을 주로 수행하는 종합엔지니어링 회사로 안전관리자 선임 기준인 공사금액은 수주금액 기준인지 아니면, 수주금액 중에서 현장설치공사비(인건비, 기타)에 한정된 설치비 기준인지?(가령, 당사에서 150억 원에 수주하여 A, B, C, D, E, F의 6개 국내자동차설비 전문회사에 하도급으로 공사를 수행한다고 가정할 때)
☞ (회시) 건설현장의 안전관리자 선임기준인 공사금액(도급에 의한 공사로서 발주자가 재료를 제공하는 경우에는 그 재료의 시가 환산액 및 부가가치세를 포함함)은 수주금액을 말하며, 자동차 설비를 발주자로부터 150억 원에 수주하였다면 산업안전보건법 제15조 및 동법시행령 제12조의 규정에 의거 안전관리자를 전담 선임하여야 한다.(산업안전팀-916, 2007.2.21.)
485 【질의】하도급 계약 시 계약서상의 공사금액은 60억 원이나 계약서에 포함되지 않은 지급자재비(유로폼 등 가설재 30억 원, 레미콘 31억 원)가 시가 환산액 61억 원일 경우 하도급 공사금액을 얼마로 보아야 하는지?
☞ (회시) 총 공사금액이라 함은 공사 도급계약서 또는 자체사업계획서상의 금액을 말하는 것으로 여기에는 부가가치세를 비롯하여 당해 공사의 시공과 관련되는 모든 비용을 포함하는 금액임. 다만, 설계감리비, 분양 관련 비용, 이주(비) 관련 비용, 민원처리비, 하자보수비 등과 같이 공사 수행과 직접 관련이 없는 비용이 있다면 이들은 총 공사금액에서 제외될 수 있다. 따라서 계약서상의 부기금액은 아니나 레미콘, 유로폼 등의 가설재를 모두 포함하여 공사금액을 121억 원으로 본다.(안전보건지도과-412, 2008.10.24.)
486 산업안전보건법시행령 별표 3에 의거 건설업 안전관리자 선임에 있어서 공사금액은 도급계약서상의 총 공사금액(지급자재비 포함)을 의미하는바 설계변경 등 공사내용 변경으로 인한 도급계약의 변경요인이 아닌 단지 물가변동만으로 공사금액이 변경되었을 경우 공사 내용에는 변화가 없으므로 당초 공사금액으로 안전관리자를 선임하여야 한다.(산안(건안) 68307-162, 2003.6.12.)

서도 공사별로 각 분담내역의 공사규모에 따라 그 여부를 결정하여야 한다.[487]

건설공사에서 하청업체의 안전관리자를 원청업체에서 선임하고자 할 경우 산업안전보건법 시행규칙 제10조의 규정에 의거 ① 도급인인 사업주 자신이 선임하여야 할 안전관리자를 두고 ② 안전관리자를 두어야 할 수급인인 사업주의 공사금액을 합계하여 그 공사금액에 해당하는 안전관리자를 추가로 선임하여야 한다.[488]

사례 연구

《하도급업체에서 안전관리자 선임 방법》
산업안총 공사금액이 150억 원인 건설현장에서 A하도급자의 공사금액이 102억 원과 B하도급자의 공사금액이 20억 원인 현재 A하도급자 소속의 안전관리자가 당 현장의 안전관리자로 선임되어 있는 바,
1. A하도급자 소속의 안전관리자가 당 현장의 안전관리자로 선임될 수 있는지의 여부
2. 선임 후 업무수행이 부적합할 경우 원도급자가 별도의 안전관리자를 선임하여야 하는지 여부

☞ 산업안전보건법 시행령 제12조의 규정에 의하면 공사금액이 120억 원(토목공사는 150억 원) 또는 상시근로자 300인 이상인 경우에는 안전관리업무만을 전담하는 유자격 안전관리자를 두어야 한다.
따라서 귀 질의와 같이 원도급업체가 도급받은 공사금액이 150억 원인 공사현장에서 A하도급업체의 공사금액이 102억 원, B하도급업체의 공사금액이 20억 원일 경우, 원도급업체에게 안전관리자 선임의무가 있으며 A하도급업체는 선임 의무가 없는바, 설령 A하도급업체에서 자율적으로 안전관리자를 선임하였다 하더라도 원도급업체는 위의 규정에 의한 안전관리자를 별도로 선임하여야 한다.(산안(건안) 68307-10224, 2002.5.20.)

공사업체의 부도로 중단되었던 건설공사를 새로운 건설회사가 계약을 체결하여 시공하는 경우 새로운 계약서에 의거한 공사금액 및 근로자수로 안전관리자 선임 여부를 판단한다.[489]

기술지도를 면제받거나 산업안전보건관리비로 그 인건비를 지급하기 위해서는 '산업안전보건법 시행령 별표 4'에서 정한 자격을 소지한 자를 안전관리자로 선임하여 안전관리업무를 전담토록 하고 지방노동관서에 신고하여야 한다.

건설공사의 일괄하도급을 주었다 하여도 원도급자의 안전관리자 선임의무는 면제되지 않는

---

487 (산안(건안) 68307-10637, 2001.12.29.)
488 (산안(건안) 68307-10638, 2001.12.29.)
489 산업안전보건법 시행령 제12조의 건설업의 안전관리자 선임기준이 되는 공사금액은 도급계약서상의 총 공사금액(발주자가 재료를 제공한 경우에는 그 재료의 시가 환산액을 포함)을 말하는 것으로, 귀 질의의 공사가 수차에 걸친 시공업체의 부도로 인하여 20억 원에 해당하는 잔여공사를 별도의 건설회사와 계약을 체결하고자 할 경우에 이는 별도의 도급계약에 의한 공사로서 안전관리자 선임대상에 해당되지 않는 것으로 사료되지만, 상시근로자수 300인 이상인 경우에는 안전관리자를 선임하여야 한다.(산안(건안) 68307-10204, 2002.5.11.)

다.[490]

건설현장에서 감리단 및 발주처에서 시공사에 안전관리자를 선임요구하거나 감축요구의 수용여부는 산업안전보건법에 정하여진 바가 없다.[491] 다만 안전보건관리를 저해하는 요구를 할 수 없다.[492]

건설업 안전관리자 선임기준에 있어 공사금액 800억 원 이상인 공사의 경우 전체 공사기간 중 공사 시작 후 및 종료 전 각 15에 해당하는 기간에 있어 안전관리자 선임이 완화된다. 이때 기준되는 공사기간이라 함은 공사착공 후 준공까지의 기간을 말하는 것이며, 당해 공사를 실제로 시작한 날을 착공일로 본다.[493] 이때 공사기간이 연장되는 경우 새로 선임의무가 발생한다.[494]

공사가 1, 2차로 나누어 계약·시공되고 있으나 하나의 공사이고 최초 공사계약 시 선임하고 노동부에 선임보고한 안전관리자가 2차공사 시까지 연속하여 안전관리자 업무를 수행하는 경우라면 별도로 안전관리자 선임신고를 하지 않아도 된다.[495]

법적 요건을 갖춘 안전관리자가 선임되지 않은 경우 건설현장에 사용하는 안전담당자는 그

---

490 【질의】건설산업기본법 제29조제1항 및 제3항의 규정에 따라 발주자의 서면 동의를 얻어 적법한 절차로 일반 건설업체에 일괄 하도급한 건설공사현장에서 원도급자는 현장대리인 1인만 현장에 상주하고 있으며, 모든 실질적인 작업은 일괄하도급업체에서 수행하는 경우, 안전보건총괄책임자는 원도급자의 현장대리인으로 하되, 안전관리자는 일괄 하도급업체에 소속된 자를 선임 가능한지?
☞ (회시) 산업안전보건법시행령 제12조의 규정에 의거 공사금액이 120억 원(토목공사는 150억 원) 이상이거나 상시근로자 300인 이상을 사용하는 건설현장(하청업체를 포함함)은 영 별표 4에서 정한 자격이 있는 안전관리자를 선임하여야 한다. 따라서 귀 질의의 안전관리자 선임 여부는 일괄하도급 여부와 관계없이 도급받은 공사금액 중 원청 또는 하청업체가 위의 안전관리자 선임대상이 되는 기준에 해당되는가 여부에 따라 판단하여야 한다.(산안(건안) 68307-10279, 2002.6.12.)
491 발주자의 안전관리자 선임요구에 대한 이행 여부는 계약당사자 간의 공사계약 내용 등에 따라 처리하여야 할 것이다.(산안(건안) 68307-10298, 2002.6.25.)
492 【질의】○○지역 항만공사(98.11.9.~2.12.30.) 현장의 시공사로서 공사금액은 1,224억 원이며 공정율이 90%로 현재 안전관리자가 2명 선임이 되어 있는데 산업안전보건법 시행령 제12조제1항의 안전관리자의 선임 등에 의하면 공정율 85% 이상일 경우 1인 이상을 선임할 수 있다고 되어 있어 발주처 및 감리단에서 안전관리자 선임을 2명에서 1명으로 인원축소를 요구하는 바, 당사에서는 원활한 안전관리 업무수행을 위하여 2명을 유지하고 산업안전보건관리비 중 안전관계자 인건비로 처리하려고 하는데 발주처 및 감리단에서 인원축소 및 감액조치를 할 수 있는지 여부?
☞ (회시) 산업안전보건법시행령 별표 3의 건설업에 있어 안전관리자를 2인 이상 선임하여야 하는 경우에 공사기간에 따라 안전관리자 선임을 완화할 수 있는 규정은 임의 사항인 바 현장 사정에 따라 2인 이상의 안전관리자가 계속하여 필요하다고 판단된다면 2인 이상의 안전관리자가 업무를 수행토록 할 수 있다. 이러한 경우에 발주자 또는 감리자가 일방적으로 안전관리자의 선임축소와 그에 따라 인건비 감액조치를 할 수 없다.(산안(건안) 8307-10356, 2002.7.25.)
493 (산안(건안) 68307-10561, 2001.11.21.)
494 이때, '공사 시작 후 및 공사 종료 전 15의 기준'은 공정율이 아닌 공사기간을 말하며, 공사 종료 전의 15에 해당되는 기간이라서 안전관리자 1인을 선임하였으나 공사기간이 연장되어 공사종료 전의 15에 해당되지 아니하는 기간이 되었을 경우에는 연장사유가 발생한 즉시 안전관리자 1인을 추가로 선임하여야 할 것이다.(산안(건안) 68307-124, 2003.5.15.)
495 (산안(건안) 68307-10560, 2001.11.21.)

인건비를 안전관리비에서 지급할 수 없다.[496]

안전관리비 관계 서류를 제외한 서류(교육, 점검 등)는 통합 운영이 가능하다.

공사가 중단된 경우 그 기간은 공사기간에 산입하지 않는 것이 맞다. 이는 총 공사기간은 실 공사기간으로 하여야 안전관리자선임 완화제도[497]의 실효성이 담보된다.

사례 연구

《공사기간 산출방법》
- 공사기간: 2020.11~2025.6.
- 2020.11~2021.10.(A사)
- 2021.11~2022.10.(공사중단)
- 2022.11~2025.6.(B사)

예를 들어 시공자가 A사가 B사로 교체되어 2019.11월 공사도급 계약을 발주처와 하였을 경우 전체 공사기간실질적인 공사기간은 공사기간(2020.11~2025.6)에서 공사중단 기간 (2021.11.~2022.10.)을 제외한 기간을 합산하여 전체 공사를 산정한다.

공사 시작 후 및 공사 종료 전 15%에 대하여 안전관리자[498]를 1인 이상 선임할 수 있는 규정 적용 시 공사 시작 후 15%에서 공사 시작의 의미는 실공사일을 기준으로 한다.[499] 이 기간 중 공사기간이 연장된 경우 재산정하여야 한다.[500]

496　건설업산업안전보건관리비계상및사용기준(노동부고시) 별표 2 『안전관리비의 항목별 사용내역 및 기준』에서 규정하는 안전보조원을 의미하는 경우, 동 규정에서 정하는 안전보조원이라 함은 안전관리자를 보조하며 당해 현장에서 안전관리 업무를 전담하여 수행하는 자를 말하는 바, 안전관리자가 선임되어 있지 않은 다른 두 현장의 경우는 안전관리비에서 그 인건비를 지급하는 안전보조원을 선임할 수 없다.(산안(건안) 68307-10637, 2001.12.29.)

497　공사금액 800억 원 이상 또는 상시근로자 600인 이상의 건설현장은 자격이 있는 안전관리자를 2명 이상 선임하도록 규정하고 있으며 전체 공사기간을 100으로 하여 공사시작에서 15에 해당하는 기간과 공사종료 전의 15에 해당하는 기간에는 상시근로자수가 600인 미만인 경우에 1인을 선임할 수 있도록 하고 있다.

498　국가기술자격법」제9조제3항에 따른 건설안전기술사 (또는, 건설안전기사 또는 산업안전기사의 자격을 취득한 사람으로서 10년 이상 건설안전 업무를 수행한 사람이거나 건설안전산업기사 또는 산업안전산업기사의 자격을 취득한 사람으로서 13년 이상 건설안전 업무를 수행한 사람) 자격을 취득한 사람

499　이때, '공사 시작 후 및 공사 종료 전 15의 기준'은 공정율이 아닌 공사기간을 말하며 실제 현장 인력이 투입되어 공사가 시작된 경우를 모두 포함하는 것으로 귀 사업장에서는 가설공사(수방공사)가 시작된 시기를 공사 시작 시기로 보아야 한다.(국민신문고 2AA-1009-041597, 2010.10.1.)

500　공사 종료 전의 15에 해당되는 기간이라서 안전관리자 1인을 선임하였으나 공사기간이 연장되어 공사종료 전의 15에 해당되지 아니하는 기간에 해당되었을 경우에는 연장사유가 발생한 즉시 영 별표 3을 기준으로 안전관리자를 추가로 선임하여야 한다.(안전보건지도과-750, 2010.4.19.)

(11) 업종구분 사례

• **이동통신기지국 유지보수**는『한국산업표준분류표』상의 통신업(대분류) 중 전기통신업(중분류)으로 소분류로는 '무선통신업(6422, 무선전화, 무선호출, 기타 무선통신망을 운영하는 산업활동)'에 해당하여 산업안전보건법시행령 별표 3 제21호에 해당하는 사업으로 상시근로자 50인 이상 1,000인 미만 사업장은 안전관리자를 1명 이상 선임하여야 한다. (산안 68320-316, 2001. 7. 24.)

• **병원**은『한국산업표준분류표』에 의한 업종분류상 보건 및 사회복지사업(대분류) 중 보건업(중분류)에 해당하고, **호텔**은 숙박 및 음식점업(대·중분류) 중 숙박업(소분류)에 해당되어 안전·보건관리자를 선임하여야 한다. (산안 68320-408, 2001. 9. 11.)

• **보건소** 및 **보건의료원**은 모두 안전·보건관리자 선임대상 업종이다. 표준산업분류표에 의해 보건소는 보건 및 사회복지사업 중 공중보건의료업으로 분류되어 있고 보건의료원은 일반병원(의료업)으로 분류된다.[501]

• **건설 시공과 관련하여 품질관리 업무**를 수행하는 경우 그 사업은 '사업서비스업'에 해당하고, 안전관리자 및 보건관리자 선임대상에 해당하지 않는다. (산안(건안) 68307-10451, 2002. 10. 9.)

• **육상운송업(구역내 철도운송업 제외)**은 산업안전보건법 시행령 제16조(별표 5 제21호)의 규정에 의하여 보건관리자 선임의무가 없다.

• **방송업과 골프장 운영업**은 산업안전보건법 시행령 제16조(별표 5 제21호)의 규정에 의하여 상시근로자 50인 이상인 경우 보건관리자를 선임하여야 할 의무가 있다.

• 호텔업은『한국표준산업분류표(통계청고시)』에 의한 업종분류 상 숙박 및 음식점업(대·중분류) 중 숙박업(소분류)에 해당되고, 병원은 업종분류상 보건 및 사회복지사업(대분류) 중 보건업(중분류)에 해당되어 상시근로자 50인 이상인 경우 보건관리자를 선임하여야 한

---

501 **【질의】** 공공기관으로 ○○도 ○○군청 실과원소의 소속인 보건의료원으로 주요업무는 보건정책사업추진(보건소 기능과)과 의료원(병원)으로서 진료과목은 10개 과목과 입원실, 응급실을 운영하고 있으며 직원은 공무원(행정직, 보건직, 간호직 등) 95명인 경우 안전관리자를 선임해야 하는지 여부?
☞ **(회시)** 한국표준산업분류표에 의거 보건의료원은 보건업에 해당되어 상시근로자수가 50인 이상일 경우에는 안전관리자를 선임하여야 한다.(산업안전팀-577, 2007.2.1.)

다. (산보 68340-62, 2003. 1. 24)

• **석유제품의 검사**를 주로 하는 사업은 '전문, 과학 및 기술 서비스업(74)' 중 '기술시험, 검사 및 분석업(7441)'에 해당하고, '전문, 과학 및 기술서비스업'에 해당하는 위 품질검사소는 산안법 제15조 및 제16조의 선임대상 업종이 아니다. (산안 68320-30, 2003. 2. 3.)

• **대형 패밀리 레스토랑**(음식점업)이 상시근로자수가 50인 이상으로 전기사용 용량은 300킬로와트 미만이지만 월 평균 4천㎥ 이상의 도시가스를 사용하고 있는 경우 안전관리자 및 보건관리자를 선임하여야 하는지, 도시가스법에 의거 가스 안전관리자를 두고 있으면 안전관리자 선임을 하지 않아도 되는지?

☞ (회시) 레스토랑은 음식점업으로 적용대상 사업에 해당된다. 또한 레스토랑은 도시가스사업법의 적용을 받아 설립된 사업이 아니므로 가스 안전관리자는 안전관리자로서 자격이 없다. (산업안전팀-915, 2007. 2. 21.)

• 상시근로자 60여 명이고 박물관, 홍보관, 시청각실, 기획설계시공, 건축·플랜트 **모형을 제작, 납품하는 사업**장도 안전관리자 선임 대상에 포함되는지 여부?

☞ (회시) 귀질의 업종은 제조업(대분류) 중 가구 및 기타제품제조업(중분류)으로 세세 분류로는 '교시용 모형 제조업(36975)에 해당되는 것으로 판단'되어 안전관리자 선임 대상사업장이다. (산업안전팀-1759, 2005. 12. 14.)

문서의 작성 및 관리

◈ 이 편의 제도 개요 ◈

1 보존문서

   법 제164조는 법령에 따라 작성하는 서류 중 일정 기간 보존하도록 의부를 부과하고 있다. 이는 사업장의 안전보건관리 상태와 근로자의 안전보건에 영향을 미치는 서류를 보존토록 하여 안전보건관리의 실효성을 확보한다. 서류보존기간은 통상 3년이나 고용노동부령에 의거 석면해체작업에 참여한 근로자 명부, 발암성확인물질 기록은 30년간 보존토록 하여 해당 근로자의 건강보호 및 관리에 활용토록 하고 있다. 전산입력 자료가 있는 경우 대신 보존할 수 있다. (법 제164조제7조) 법 위반자는 300만 원 이하의 과태료에 처한다.

〈보존해야 할 서류의 유형 및 보존기간〉

보존기간	보존서류의 유형	관련 법령 조항
30년	• 석면해체 · 제거업자의 업무에 관한 서류 • 작업환경측정결과를 기록한 서류 중 고용노동부장관이 고시하는 발암성 확인 물질에 대한 기록이 포함된 서류	법 제122조제3항 시행규칙 제241조제1항
	• 고용노동부장관이 고시하는 발암성 확인 물질을 취급하는 근로자에 대한 건강진단결과서류 또는 전산입력자료	시행규칙 제241조제2항
5년	• 작업환경측정결과를 기록한 서류	시행규칙 제188조
	• 건강진단에 관한 서류 중 건강진단개인표, 건강진단결과표 및 근로자가 제출한 건강진단결과를 증명하는 서류	시행규칙 제209조, 법 제133조 단서
	• 산업안전 · 보건지도사가 업무에 관한 사항을 기재한 서류	법 제145조
3년	• 관리책임자 · 안전관리자 · 보건관리자 및 산업보건의 선임에 관한 서류	법 제15조, 제17조, 제18조, 제21조
	• 화학물질의 유해성 · 위험성 조사에 관한 서류	법 제108조, 제109조
	• 작업환경측정에 관한 서류(5년 보존서류 제외)	법 제125조
	• 건강진단에 관한 서류(5년 보존서류 제외)	법 제129조-제131조
	• 안전조치 및 보건조치에 관한 사항중 노동부령으로 정하는 사항	법 제38조, 제39조
	• 산업재해 발생 원인 등 기록	법 제87조제2항
	• 석면조사 결과에 대한 서류	법 제119조제1항

2년	• 산업안전보건위원회 회의록	법 제24조제3항
	• 안전보건에 관한 노사협의체 회의록	법 제75조제4항
	• 자율안전기준에 맞는 것임을 증명하는 서류	법 제89조제3항
	• 자율검사프로그램에 따라 실시하는 검사결과 기록 서류	법 제98조제3항

❷ 안전보건관리규정

법 제25조는 사업주에게 산업안전보건위원회의 심의를 거쳐 사업장의 특성에 맞는 산업안전보건에 관한 규정을 작성하여 게시 또는 비치하고 근로자에게 알리도록 하고 있다. 사업주 및 근로자는 안전보건관리규정을 준수하여야 한다.(법 제27조) 안전보건관리규정에 관하여 산업안전보건법에 규정한 것을 제외하고는 그 성질에 반하지 아니하는 한 근로기준법상의 취업 규칙에 관한 규정을 준용한다.(법 제28조) 안전보건관리규정은 해당 사업장에 적용되는 단체협약 및 취업규칙에 반할 수 없으며 단체협약 또는 취업규칙에 반하는 부분에 관하여는 해당 단체협약 또는 취업규칙에 정한 기준에 의한다.(법 제25조제2항)

(1) 안전보건관리규정에 포함되어야 할 내용(법 제25조제1항[502])

① 안전·보건 관리조직과 그 직무에 관한 사항

② 안전·보건교육에 관한 사항

③ 작업장 안전 및 보건관리에 관한 사항

④ 사고조사 및 대책수립에 관한 사항

⑤ 그 밖에 안전 및 보건에 관한 사항

(2) 작성의무대상 사업장(시행규칙 제25조제1항)

○ 상시근로자 100명 이상을 사용하는 사업의 사업주(시행규칙 제25조제1항)

502　안전보건관리규정에 포함되어야 할 세부적인 내용은 시행규칙 별표 6의2에서 상세하게 규정하고 있다.

- 다만, 농업 등은 상시근로자 300명 이상 사업장의 사업주[503]

사업주는 작성 또는 변경사유 발생일로부터 30일 이내에 시행규칙 별표 3의 내용을 포함한 안전보건관리규정을 작성·변경하여야 한다.(시행규칙 제25조제2항) 안전보건관리규정을 작성할 경우 소방·가스·전기, 교통분야 등의 다른 법령(소방기본법·고압가스안전관리법·전기사업법, 교통안전법)에서 정하는 안전관리규정과 통합 작성할 수 있다.(시행규칙 제25조제3항)

〈타 안전보건 관련 법령상의 안전관리규정〉

규정명	근거법	관할 부문
안전보건관리규정	산업안전보건법	안전일반, 가스, 전기, 화재·폭발, 보건·위생 등 전 부문
가스안전관리규정	고압가스안전관리법	고압가스
전기안전관리규정	전기사업법	전기
교통안전관리규정	교통안전법	교통
예방규정	소방기본법	화재·폭발 등

(3) 안전보건관리규정 작성·변경 절차

사업주가 안전보건관리규정을 작성 또는 변경할 때에는 산업안전보건위원회의 심의·의결을 거쳐야 한다. 다만, 산업안전보건위원회가 설치되어 있지 아니한 사업장에 있어서는 근로자대표의 동의를 얻어야 한다.(법 제26조)

---

503   1. 농업
2. 어업
3. 소프트웨어 개발 및 공급업
4. 컴퓨터 프로그래밍, 시스템 통합 및 관리업
5. 정보서비스업
6. 금융 및 보험업
7. 임대업;부동산 제외
8. 전문, 과학 및 기술 서비스업(연구개발업은 제외한다)
9. 사업지원 서비스업
10. 사회복지 서비스업

<안전보건관리규정의 세부내용(시행규칙 별표 3)>

1. 총칙
가. 안전보건관리규정 작성의 목적 및 적용 범위에 관한 사항
나. 사업주 및 근로자의 재해 예방 책임 및 의무 등에 관한 사항
다. 하도급 사업장에 대한 안전·보건관리에 관한 사항
2. 안전·보건 관리조직과 그 직무
가. 안전·보건 관리조직의 구성방법, 소속, 업무 분장 등에 관한 사항
나. 안전보건관리책임자(안전보건총괄책임자), 안전관리자, 보건관리자, 관리감독자의 직무 및 선임에 관한 사항
다. 산업안전보건위원회의 설치·운영에 관한 사항
라. 명예산업안전감독관의 직무 및 활동에 관한 사항
마. 작업지휘자 배치 등에 관한 사항
3. 안전·보건교육
가. 근로자 및 관리감독자의 안전·보건교육에 관한 사항
나. 교육계획의 수립 및 기록 등에 관한 사항
4. 작업장 안전관리
가. 안전·보건관리에 관한 계획의 수립 및 시행에 관한 사항
나. 기계·기구 및 설비의 방호조치에 관한 사항
다. 유해·위험기계등에 대한 자율검사프로그램에 의한 검사 또는 안전검사에 관한 사항
라. 근로자의 안전수칙 준수에 관한 사항
마. 위험물질의 보관 및 출입 제한에 관한 사항
바. 중대재해 및 중대산업사고 발생, 급박한 산업재해 발생의 위험이 있는 경우 작업중지에 관한 사항
사. 안전표지·안전수칙의 종류 및 게시에 관한 사항과 그 밖에 안전관리에 관한 사항
5. 작업장 보건관리
가. 근로자 건강진단, 작업환경측정의 실시 및 조치절차 등에 관한 사항
나. 유해물질의 취급에 관한 사항
다. 보호구의 지급 등에 관한 사항
라. 질병자의 근로 금지 및 취업 제한 등에 관한 사항
마. 보건표지·보건수칙의 종류 및 게시에 관한 사항과 그 밖에 보건관리에 관한 사항
6. 사고 조사 및 대책 수립
가. 산업재해 및 중대산업사고의 발생 시 처리 절차 및 긴급조치에 관한 사항
나. 산업재해 및 중대산업사고의 발생 원인에 대한 조사 및 분석, 대책 수립에 관한 사항
다. 산업재해 및 중대산업사고 발생의 기록·관리 등에 관한 사항
7. 위험성평가에 관한 사항
가. 위험성평가의 실시 시기 및 방법, 절차에 관한 사항
나. 위험성 감소대책 수립 및 시행에 관한 사항
8. 보칙
가. 무재해운동 참여, 안전·보건 관련 제안 및 포상·징계 등 산업재해 예방을 위하여 필요하다고 판단하는 사항
나. 안전·보건 관련 문서의 보존에 관한 사항
다. 그 밖의 사항
사업장의 규모·업종 등에 적합하게 작성하며, 필요한 사항을 추가하거나 그 사업장에 관련되지 않는 사항은 제외할 수 있다.

③ 산업안전보건관리비

　건설공사 발주자가 도급계약을 체결하거나 건설공사도급인(건설공사 발주자로부터 건설공사를 최초로 도급받은 수급인은 제외)이 건설공사 사업계획을 수립할 경우에는[504] 고용노동부장관이 정하는 바에 따라 산업재해예방을 위한 산업안전보건관리비를 도급금액 또는 사업비에 계상하도록 하고 있다.(법 제72조제1항) 선박의 건조 또는 수리를 최초로 도급받은 수급인은 사업 계획을 수립할 때에는 사업비에 계상하여야 한다.(법 제72조제3항) 현재 건설업에 대해 산업안전보건관리비를 규정하고 있다.[505] 산업안전보건관리비는 도급금액 또는 사업비 중 일정 금액을 안전관리자 인건비·안전시설비·기술지도비 등 재해예방에만 사용하도록 한다. 수급인 또는 자체 사업을 행하는 자는 해당 산업안전보건관리비를 다른 목적으로 사용하여서는 아니 되며, 고용노동부령이 정하는 바에 따라 그 사용내역서를 작성·보존[506]하여야 한다.(법 제72조제3항)

(1) 산업안전보건관리비 계상의무

　현재 건설업에만 계상 및 사용기준을 두고 있다.[507] 사용기준에는 공사의 진척별 사용기준, 사업의 규모별·종류별 사용방법 및 내역, 기타 산업안전보건관리비의 사용에 관하여 필요한 사항을 정하고 있다.(법 제72조제2항) 발주자 및 자기공사자는 산업안전보건관리비를 기준에

504　종전법에는 건설업, 선박건조·수리업 기타 대통령령이 정하는 사업을 타인에게 도급하는 자와 이를 자체사업으로 영위하는 자는 도급계약을 체결하거나 자체사업계획을 수립할 경우

505　동 제도는 1988년에 건설업종의 안전관리업무 활성화를 위해 노동부 고시(「건설공사표준안전관리비산정기준」, 제88호-13호, 1988.2.15.)로 운영되어오다가 1990.1.13. 제1차 법 개정 시 법정제도로 규정되었고, 1996.12.31. 제6차 법 개정 시 도급이 많이 행해지고 재해율이 높은 선박건조·수리업 등으로 확대되었으며, 2000.1.7. 제10차 법 개정시 '표준안전관리비'를 '산업안전보건관리비'로 변경되었다.

506　산업안전보건관리비를 근로자의 산업재해 및 건강장해예방에 사용하고 그 사용내역서를 작성하여 공사종료 후 1년간 보존(시행규칙 제32조제2항)

507　「건설업 산업안전보건관리비 계상 및 사용기준」(고용노동부 고시 제2019－64호, 2019.12.13. 개정)

따라 계상하여야 한다. 총 공사금액 2천만 원 이상인 건설공사에 적용한다.

1) 계상기준

① 대상액이 5억 원 미만 또는 50억 원 이상일 때에는 대상액에 별표 1에서 정한 비율을 곱한 금액[508]

② 대상액이 5억 원 이상 50억 원 미만일 때에는 대상액에 별표 1에서 정한 비율(X)을 곱한 금액에 기초액(C)을 합한 금액.

다만, 발주자가 재료를 제공할 경우 해당 금액을 대상액에 포함시킬 때의 안전관리비는 해당 금액을 포함시키지 않은 대상액을 기준으로 계상한 안전관리비의 1.2배를 초과할 수 없다.

〈공사 종류 및 규모별 안전보건관리비 계상기준표(고시 별표 1)〉

공사종류 \ 구분	대상액[509] 5억 원 미만인 경우 적용 비율(%)	대상액 5억 원 이상 50억 원 미만인 경우		대상액 50억 원 이상인 경우 적용비율 (%)	영 별표5에 따른 보건관리자 선임 대상 건설공사의 적용비율(%)
		적용비율 (%)	기초액		
일반건설공사(갑)	2.93%	1.86%	5,349,000원	1.97%	2.15%
일반건설공사(을)	3.09%	1.99%	5,499,000원	2.10%	2.29%
중건설공사	3.43%	2.35%	5,400,000원	2.44%	2.66%
철도·궤도신설공사	2.45%	1.57%	4,411,000원	1.66%	1.81%
특수및기타건설공사	1.85%	1.20%	3,250,000원	1.27%	1.38%

2) 사용기준

고시 제7조(사용기준)에 따라 8개 항목에 맞추어 안전보건관리비를 사용하여야 하며, 별표 2 안전보건관리비의 항목별 사용 불가내역에 해당하는 내역은 안전보건관리비로 사용할 수 없다.

1) 안전관리자 등의 인건비 및 각종 업무수당 등, 2) 안전시설비 등, 3) 개인보호구 및 안전장

---

508   예) 직접노무비 40억 원, 재료비 50억 원인 아파트신축공사(일반공사장)의 계상의무액: 대상액(40억 원+50억 원) × 1.99%=1억 7,910만 원
509   대상액: 재료비+직접노무비(고시 제2조제1항제2호)

구 구입비 등, 4) 사업장의 안전진단비 등, 5) 안전·보건교육비 및 행사비 등, 6) 근로자의 건강관리비 등, 7) 건설재해예방 기술지도비, 8) 본사 사용비[510]

〈안전보건관리비의 항목별 사용불가내역 및 기준(고시 별표 2)〉

항목	사용불가내역
1. 안전관리자 등의 인건비 및 각종 업무수당 등	• 안전·보건관리자의 업무를 전담하지 않는 경우, 지방고용노동관서에 선임 신고하지 아니한 경우, 영 제17조(안전관리자 자격) 또는 제21조(보건관리자의 자격)의 자격을 갖추지 아니한 경우의 안전·보건관리자의 인건비 등
2. 안전시설비 등	• 원활한 공사수행을 위해 공사현장에 설치하는 시설물, 장치, 자재, 안내·주의·경고표지 등과 공사 수행 도구·시설이 안전장치와 일체형인 경우 등에 해당하는 경우 그에 소요되는 구입·수리 및 설치·해체 비용 등
3. 개인보호구 및 안전장구 구입비 등	• 근로자 재해나 건강장해예방 목적이 아닌 근로자 식별, 복리·후생적 근무여건 개선·향상, 사기 진작, 원활한 공사수행을 목적으로 하는 장구의 구입·수리·관리 등에 소요되는 비용
4. 사업장의 안전진단비 등	• 다른 법 적용사항이거나 건축물 등의 구조안전, 품질관리 등을 목적으로 하는 등의 점검 등에 소요되는 비용
5. 안전·보건교육비 및 행사비 등	• 산업안전보건법령에 따른 안전·보건교육, 안전의식 고취를 위한 행사와 무관한 항목에 소요되는 비용
6. 근로자의 건강관리비 등	• 근무여건 개선, 복리·후생 증진 등의 목적을 가지는 항목에 소요되는 비용
7. 건설재해예방 기술지도비	–
8. 본사 사용비	• 본사에 제7조제4항의 기준에 따른 안전보건관리만을 전담하는 부서가 조직되어 있지 않은 경우 등

(2) 건설재해예방 전문지도기관 기술지도

안전관리자 선임 대상이 아닌 건설공사 현장은 산업안전보건관리비를 사용하여 고용노동부장관이 지정하는 건설재해예방 전문지도기관으로 하여금 기술지도를 받아야 한다. (법 제73조제1항)

---

510 본사사용은 시행령 제17조에 따른 안전관리자의 자격을 갖춘 자(시행령 별표 4 제10호 및 제11호에 해당하는 자를 제외한다) 1명 이상을 포함하여 3명 이상의 안전전담직원으로 구성된 안전만을 전담하는 과·팀 이상의 별도조직(이하 '안전전담부서'라 한다)을 갖춘 건설업체에 한하여 사용할 수 있다.(고시 제7조제4항) 본사에서 안전관리비를 사용하는 경우 1년간(1.1.~12.31.) 본사 안전관리비 실행예산 및 사용금액은 전년도 미사용금액을 합산하여 5억 원을 초과할 수 없다.(고시 제7조제4항)

1) 기술지도 대상(시행령 제59조제1항)

○ 공사금액 1억 원 이상 120억 원(토목공사업은 150억 원) 미만인 일반건설공사

○ 건축법 제11조에 따른 건축허가 대상 공사

다만, 공사기간이 1개월 미만인 공사, 육지와 연결되지 아니한 도서지역(제주도 제외)에서 행하여지는 공사, 유해·위험방지계획서를 제출하여야 하는 공사, 사업주가 시행령 별표 4에 따른 안전관리자의 자격을 가진 자를 전담 안전관리자로 선임신고한 경우에는 기술지도 대상에서 제외한다. (시행령 제59조 단서)

2) 기술지도 방법(시행령 제60조 별표 18)

공사착공 후 14일 이내에 건설재해예방 전문지도기관과 기술지도 계약을 체결하고 그 증빙서류를 비치한다. 기술지도는 월 1회 이상 실시하되, 공사금액 40억 원 이상의 공사는 각 지도분야별로 시행규칙 별표 19 인력기준란 1)에 해당하는 자가 8회마다 1회 이상 방문지도하여야 한다.

법 제162조는 이 법에 따라 역학조사 등 업무를 수행하는 자가 지득한 개인정보 등 비밀을 타인에게 누설하거나 도용하지 않도록 하여 업무의 공정한 수행의 보장과 당사자의 참여를 유도하고 있다. 다만, 근로자의 건강장해를 예방하기 위하여 고용노동부장관이 필요하다고 인정할 때에는 예외로 한다.

비밀유지 의무자

비밀유지 의무자	관련 조항
• 안전인증을 행하는 자	법 제84조
• 자율안전확인신고의 수리 업무를 행하는 자	법 제89조
• 안전검사를 행하는 자	법 제93조
• 자율검사프로그램 인정 업무를 행하는 자	법 제98조
• 유해성·위험성조사보고서를 검토하는 자	법 제108조, 제109조
• 물질안전보건자료 등을 제출 받는 자	법 제110조
• 대체자료의 승인, 연장승인 여부를 검토하는 자 및 물질안전보건자료의 대체자료를 제공받는 자	법 제112조
• 건강진단을 하는 자	법 제129조-제131조
• 역학조사를 하는 자	법 제141조
• 유해·위험방지계획서를 검토하는 자	법 제42조
• 안전·보건진단을 하는 자	법 제47조
• 공정안전보고서를 검토하는 자	법 제44조
• 등록한 지도사	법 제145조

위반에 대한 조치

비밀유지 의무를 위반한 자에 대해서는 1년 이하의 징역 또는 1천만 원 이하의 벌금에 처한다.

● 상세 해설

(1) 산업안전보건관리비 적용 및 계상방법

산업안전보건법 제72조 규정에 의하여 산업안전보건관리비 계상 대상으로 건설공사 도급 및 선박건조 또는 수리 도급을 규정하고 있다. 현재 건설업 외에는 산업안전보건관리비의 계상을 의무화하고 있지 않다.[511][512][513][514]

철골 등 구조물이 건설현장이 아닌 제조공장에서 이루어지는 경우 산업안전보건관리비 적용대상이 아니다. 다만 제조공장일지라도 건설공사도급계약에 의하여 이루어지는 작업의 경우에는 동 규정이 적용된다.[515]

발주자는 원가계산에 의한 예정가격 작성 시 사용기준 제4조의 규정에 따라 안전보건관리비를 계상하여야 한다. 다만, 도급계약서상의 대상액을 기준으로 사용기준 제4조의 규정을 적용하여 안전보건관리비를 조정할 수 있다.[516]

---

511 귀 질의의 시설관리 용역서비스 업무의 경우 작업내용이 건물에 상주하면서 전기, 통신, 시설 등의 관리 및 유지보수 등에 해당하고 산업재해보상보험에 건설업종이 아닌 기타 업종으로 가입이 되었다면 산업안전보건관리비를 의무적으로 계상해야 하는 대상이 아니다.(산안(건안) 68307-10222, 2001.5.26.)

512 귀 질의의 하수종말처리장 위탁관리업무의 경우는 산업재해보상보험법상 위생 및 유사서비스업에 해당하여 동법 제5조의 규정을 받는 건설공사에 해당하지 않으므로 산업안전보건관리비 의무 계상 대상이 아니다.(산안(건안) 68307-10535, 2001.11.7.)

513 동해안 산불피해지에 대한 산림복구 사업 추진에 따른 '경관림 조성 사업'은 한국표준산업분류에서는 영림업(임업)으로 분류한다. 건설공사가 아니므로 산업안전보건관리비 계상 대상이 아니다.(산안(건안) 68307-10464, 2001.9.24.)

514 '선로의 유지보수업무'는 한국표준산업분류표에 의하면 철도터미널에서의 철도차량에 대한 일상적 유지 및 수리는 '운송지원서비스'로, 철도 등의 건설은 '토목시설물 건설업'으로 분류하고 있음. 따라서 귀 사무소가 행하는 주된 업무가 철도건설이 아닌 선로의 단순한 유지 및 보수업무라면 운수업 중 『철도 운송지원서비스업』에 해당하여 산업안전보건관리비 계상의무는 발생하지 않는다.(안정 68301-204, 2003.3.18.)

515 산업안전보건관리비는 건설업체에 적용이 되는 것이어서 건설공사 현장이 아닌 공장은 제조업에 해당하여 제작공정에서는 사용을 할 수 없다는 의미로, 귀 질의의 경우와 같이 구조물의 제작 및 설치를 일괄 하도급계약에 의해 수행하면서 하도급 업체가 당해 설치대상 구조물을 현장에서 직접 제작이 곤란하여 제조 공장이 아닌 별도의 장소에서 제작을 하는 경우로 건설업에 해당이 된다면 당해 제작과정에서 산업안전보건관리비를 사용할 수 있다.(산안(건안) 68307-10160, 2001.4.27.)

516 【질의】원가계산에의한예정가격작성준칙(재정경제부 회계예규)에 의거한 안전관리비 계상금액은 122,265,022원이나 도급내역서에 계약된 안전관리비 금액은 39,400,200원임. 안전관리비의 항목별 사용내역작성 시 도급내역서의 안전관리비 39,400,200원을 계상된 안전관리비로 책정하여 안전관리비 사용내역을 작성해도 하자가 없는지?

☞ (회시) 귀 질의의 경우 원가계산서 작성 시 계상된 산업안전보건관리비가 도급계약 시 도급계약서상의 대상액을 기준으로 조정이 되었다면 수급인은 조정된 산업안전보건관리비에 대하여 별표 2의 『안전관리비의 항목별 사용내역 및 기준』에 따라 사용하

발주자는 원가계산에 의한 예정가격 작성 시 규정에 따라 안전보건관리비를 계상하여야 한다. 다만, 도급계약상의 대상액을 기준으로 동조의 규정을 적용하여 안전관리비를 조정할 수 있다고 규정하고 있는 바, 원가계산 시는 공사금액이 4천만 원 이상이었다가 낙찰시 4천만 원 이하로 되었다면 안전관리비 공제 여부 및 방법은 공사계약 시 도급금액이 4천만 원 미만이었다면 당해 공사는 법상 안전관리비 계상을 하여야 하는 공사가 아니므로 원가계산서 작성 시 계상된 안전관리비를 계상하는 방법에 대해서는 당사자 간에 협의하여 결정하여 처리하여야 할 것이다.[517]

건설기술관리법에 의한 시공안전관리비는 시설물에 대한 안전관리계획의 작성 및 정기안전점검, 건축공사 수행 중 발생하는 주변 피해방지 및 주변의 통행안전 등을 위하여 사용되는 비용을 말하며 산업안전보건관리비와 구분된다.[518]

산업안전보건관리비의 정산방법에 대해서는 별도로 정한 바가 없으나 적법하게 사용한 산업안전보건관리비에 대해서는 공정율과 상관없이 사용한 금액만큼 기성을 청구할 수 있다.[519]

1) 관급자재

산업안전안전보건관리비 계상 시 관급자재의 범주에 해당하는지의 판단은 「국가를 당사자로 하는 계약에 관한 법률」시행규칙 제83조 규정에 의하면 관에서 발주하는 공사의 경우 자재의 품질·수급상황 및 공사현장 등을 종합적으로 참작하여 특히 그 공사에 필요하다고 인정되어 발주처에서 제공하는 재료를 말한다.[520]

면 된다.(산안(건안) 68307-10018, 2001.2.10.)
517   (산안(건안) 68307-614, 2000.7.13.)
518   건설기술관리법상 안전관리비는 동법 제26조의2 및 동법시행령 제46조의3에 규정된 것으로 시설물에 대한 안전관리계획의 작성 및 정기안전점검, 건축공사 수행 중 발생하는 주변 피해방지 및 주변의 통행안전 등을 위하여 사용되는 비용을 말하는 것으로 양자는 용어의 유사성에도 불구하고 실제로는 건설근로자의 재해예방을 위한 산업안전보건관리비와 구조물의 안전(품질관리)을 위한 안전관리비로 구분이 되고 별도의 목적에 따라 각각 사용된다.(산안(건안) 68307-10021, 2001.2.12.)
519   (산안(건안) 68307-14, 2001.1.6.)
520   (산안(건안) 68307-331, 2000.4.21.)

2) 공사가 복합적으로 시공되는 경우 안전보건관리비 적용

안전보건관리비의 계상비율은 공사의 종류별로 4종으로 구분한다. 분리 발주되어 시간·장소적으로 독립하여 행하여지는 공사의 경우 각각 안전보건관리비를 계상한다.[521] 전기공사업법에 의한 전기공사 등[522]은 타공사와 분리 발주되어 시간·장소적으로 독립하여 행하여지는 경우 '특수 및 기타 건설공사'로 분류하여 요율을 적용한다.[523][524][525] 안전보건관리비 계상요율 적용 공사의 종류는 각 단위 공사별로 공사의 종류를 결정하는 것이 아닌 당해 공작물의 완성을 위한 전체 공사 중 주된 사업(근로자수 및 임금총액의 비중이 큰 사업)의 공사의 종류를 적용하여 계상비율을 정한다.[526][527][528] 부대공사는 본공사 공사 종류의 계상율을 따른다.[529]

---

521 【질의】'총공사비' 라 함은 1개의 현장에 건축, 전기, 통신 등 각 공종마다 분리 발주하여 각각의 공사비의 합을 적용해야 하는지, 아니면 개별공종의 공사비를 적용하여 각각 안전관리비를 계상하여야 하는지?
예) 건축(2억 원), 전기(3천만 원), 통신(2천만 원)을 각각 분리 발주하여 계약자와 착공시기를 달리할 때, 건설업산업안전보건관리비계상및사용기준 제3조(적용범위)의 총 공사금액으로 적용해야 할 금액은?
☞ (회시) 산업안전보건관리비의 계상·사용 및 정산은 계약에 의해 구분되는 공사별로 이루어지므로 귀 질의의 현장에서 공종에 따라 건축, 전기, 통신공사를 분리하여 발주하였다면 산업안전보건관리비 계상도 각 공사별로 하여야 한다.(산안(건안) 68307-10042, 2001.2.20.)
522 준설공사, 조경공사, 택지조성공사(경지정리공사 포함), 포장공사, 전기공사, 정보통신공사
523 【질의】전기공사 원가계산 시 각종 요율을 적용할 때 특히 안전관리비 요율적용시 기준이 되는 건설업의 종류에서 전기공사는 어디를 기준으로 계상하여야 하는지?
☞ (회시) 전기공사의 안전관리비 요율을 주된 공사인 일반건설공사(갑)를 적용하도록 하는 것은 당해 전기공사가 산업안전보건관리비 계상대상 공사일 경우에 요율 적용의 문제로서, 전기공사의 공사금액 4천만 원 미만이라면 산업안전보건관리비 계상 의무는 없다.(산안(건안) 68307-10040, 2001.2.19.)
524 귀 질의의 토지구획정리사업 기반시설공사 중 도로신설, 상·하수도, 옹벽 및 하수도 박스공사 및 공원조성공사, 포장공사 등은 일반적인 택지조성공사에 포함되는 공사 종류로 보여지는 바, 당해 토지구획정리사업 기반시설공사가 다른 공사와 분리 발주되어 시간·장소적으로 독립하여 행하여진다면 이는 '특수 및 기타건설공사'에 해당한다.(산안(건안) 68307-10565, 2001.11.24.)
525 공유수면매립공사가 택지의 조성을 목적으로 하여 오수시설, 전기, 상·하수도, 조경, 기타 부대공사 등 일반적인 택지조성공사의 형태로 다른 공사와 분리 발주되어 시간·장소적으로 독립적으로 행하는 공사라면 '특수 및 기타건설공사'에 해당한다.(산안(건안) 68307-10336, 2002.7.19.)
526 하나의 건설공사에서 일반건설(갑)과 중건설공사가 복합적으로 시행되는 경우의 공사분류 판단기준은 "하나의 사업장 내에 건설공사 종류가 2 이상인 경우(분리 발주한 경우를 제외한다)에는 공사금액이 가장 큰 공사 종류를 적용한다."라고 규정하는 바 이에 따라 일반건설공사(갑)와 중건설공사가 분리 발주된 사실이 없이 시공하고 있다면 위 공사 중 공사금액이 큰 공사의 종류에 따라 나머지 공사도 적용되어야 할 것이다.(산안(건안) 68307-586, 2000.7.4.)
527 하수종말처리장공사의 경우 토목, 건축, 기계, 조경 등의 공사가 일괄발주로 복합공정에 의거 시공이 된다면 산업안전보건관리비계상을 위한 요율은 동 공사 중 주된 공사에 해당하는 공사의 요율을 적용하여야 한다.(산안(건안) 68307-790, 2000.8.30.)
528 【질의】건축물 내외의 전기공사나 도로건설 가로등 등 설치공사는 일반건설공사(갑) 요율을 적용하여야 하는지, 특수 및 기타건설공사 요율을 적용하여야 하는지?
☞ (회시) 귀 질의의 전기공사가 건축공사 및 도로공사 등과 병행하여 이루어진다면 시간·장소적으로 독립된 공사가 아니기 때문에 이 경우에는 일반건설공사(갑)에 해당하는 요율을 적용하여야 한다.(산안(건안) 68307-10040, 2001.2.19.)
529 포장공사를 위하여 흄관, BOX설치공사가 같이 부대될 경우 '특수 및 기타건설공사' 로 볼 수 있는지 여부는 도로공사는

두 개 이상의 공사가 같이 있는 경우 공법변경 등으로 공사의 비중이 변경된 경우에는 비중이 높은 공사를 기준으로 재조정한다.[530] 하나의 사업장 내에 건설공사 종류가 2 이상인 경우(분리 발주한 경우를 제외한다)에는 공사금액이 가장 큰 공사 종류를 적용한다.[531] 고압 및 저압 공사가 혼재된 전기공사의 경우 위험성이 높은 고압공사를 기준으로 산업안전보건관리비를 계상하여야 한다.[532]

철도노반시설공사가 일반토목공사가 주가 될 경우 '철도 또는 궤도신설공사'를 기준으로 하지 않는다.[533]

3) 대상액이 변경 등 재계상의 경우

공사착공 후 관급자재비 변경 등으로 총 공사금액에 변경이 있는 경우 안전보건관리비는 재산정하여야 한다.[534] 이때 공사금액이 감소된 경우일지라도 기존에 사용한 안전보건관리비는

포장층을 포함한 토공, 배수공, 구조물공 등으로 구분된 공사이며 포장공사는 표층, 기층, 보조기층, 선택층으로 구성되어 시공되는 공사인바, 귀 질의의 경우 위의 도로공사 중 공사금액을 기준으로 포장공사가 주된 공사이고 다른 공사가 부대공사이며, 이 부대공사 외의 다른 공사와 시간·장소적으로 분리 발주되어 행하는 공사라면 '특수 및 기타 건설공사'에 해당하는 것으로 판단한다.(산안(건안) 68307-340, 2000.4.24.)

530　【질의】당초 일반도로개설공사로 공사의 종류를 일반건설공사(갑)로 적용된 공사가 터널공사가 전체 공사비의 30% 비중으로 변경되었을 경우 산업안전보건관리비 계상에 있어 공사 종류?
☞【회시】귀 질의의 경우 비록 공법의 변경으로 위험도가 높은 터널공사가 반영되었지만 전체 공사금액에 있어 해당 공사금액이 적으므로 당초와 같이 전체 공사비의 70%를 차지하는 일반건설공사(갑)로 공사 종류를 적용하여야 한다.(산업안전팀-3253, 2007.7.4.)

531　【질의】○○철도건설 제○공구 노반건설공사와 관련하여 터널공사가 전체 공사의 51%를 차지하는 경우 철도·궤도 신설 공사 적용요율인 1.58%(50억 원 이상)의 적용 가능 여부?
☞【회시】귀 질의의 경우와 같이 철도 노반 건설 공사 중 터널공사가 전체 공사의 51%를 차지하고 있다면 상기 고시의 단서조항에 의하여 공사금액이 가장 큰 공사 종류에 따라 중건설공사로 분류, 적용하여야 할 것이다.(안전보건지도과-616, 2010.4.8.)

532　단가계약에 의하여 행하는 공사 중 전기공사업법 제2조에 따른 전기공사로서 고압 또는 특별고압 작업으로 이루어지는 공사는 총 계약금액이 4천만 원 이상일 경우 산업안전보건관리비를 계상하여야 한다. 이는 고압 또는 특별고압 전기공사의 경우 위험부담이 큰 공사로서 근로자 재해예방을 위해 다른 종류의 단가계약 공사와는 별개로 총 계약금액을 기준으로 산업안전보건관리비를 계상토록 한 것으로, 귀 질의처럼 고압 및 저압 전기공사가 혼재되어 단가계약 형태로 발주될 경우 고압공사와 저압 전기공사가 정확히 분리되지 않는다면, 위험성이 높은 고압공사를 포함하고 있음으로 단가계약의 내역 중 일부 저압공사를 포함하였다 하더라도 산업안전보건관리비를 계상하여야 할 것이다.(건설산재예방과-2977, 2012.9.4.)

533　철도 노반 신설공사와 궤도신설 공사가 분리 발주의 형태가 아닌 하나의 시공사가 일괄하여 시공할 경우 공사금액이 가장 큰 공사 종류에 따라 공사 종류를 분류, 적용하여야 한다. 귀 질의의 철도노반시설공사는 노반성토를 위한 절·성토 등의 시공 등 일반적인 토목공사의 형태와 과선교 건설 등 철도 또는 궤도 신설공사의 형태를 유지하고 있으나 그 주된 공사가 노반신설을 위한 공사이므로 산업안전보건관리비 계상에 있어 공사의 종류를 일반건설공사(갑)로 분류하는 것이 타당하다.(산업안전팀-3503, 2007.7.18.)

534　건설업표준안전관리비계상및사용기준 제3항에 의하면 발주자는 설계변경 등으로 대상액의 변동이 있는 경우에는 지체 없이 안전관리비를 조정 계상하여야 한다고 규정을 하고 있는바, 귀 질의의 경우도 관급자재비의 감소 등으로 대상액이 변경되었다면 산업안전보건관리비를 재계상하여야 한다.(산안(건안) 68307-56, 2001.1.18.)

유효하다.

산업안전보건관리비의 계상의무는 발주자에게 있으며, 산업안전보건관리비가 부족하게 계상된 경우라면 즉시 적법하게 재계상하여야 한다.[535]

발주자가 산업안전보건관리비를 공사원가계산에 반영하지 아니하여 산출내역에 누락된 경우라면 발주자는 산업안전보건관리비를 적법하게 재계상하여야 한다.[536]

발주자가 설계 당시 착오로 건설공사의 종류를 제대로 적용하지 않아 산업안전보건관리비가 부족 계상된 경우 재계상하여야 한다.[537] 산업안전보건관리비 계상 시 공사 종류에 해당하는 요율을 잘못 적용하여 산업안전보건관리비가 법정금액보다 부족하게 계상되었다면 발주자가 즉시 이를 조정 계상하여야 한다.[538]

산업안전보건관리비의 계상 의무는 발주자에게 있으므로 잘못 계상된 경우 이에 대한 재조정 등의 조치는 발주자의 책임으로 이루어져야 할 것이다.[539]

안전관리비의 계상의무는 발주자에게 있으며 부족하게 계상된 경우 적법하게 재계상하여야 하고 이를 지키지 아니할 때에는 발주자가 1천만 원 이하의 과태료 처분을 받을 수 있으며 시공자는 부족하게 계상된 경우라 하더라도 당해 안전관리비를 적법하게 사용하였다면 그와 관련하여 위법한 행위에 해당되지 아니한다.[540]

---

535 (산업안전과-1247, 2005.3.23.)
536 건설업을 타인에게 도급하는 자와 이를 자체사업으로 영위하는 자는 도급계약을 체결하거나 자체사업계획을 수립할 경우 노동부장관이 정하는 바에 의하여 산업재해예방을 위한 산업안전보건관리비를 도급금액 또는 사업비에 계상하도록 규정하고 있으며, 산업안전보건관리비가 계상되지 않았거나 부족 계상된 경우라면 발주자는 위 기준에 따라 적법하게 재계상하여야 한다.(산업안전과-3196, 2005.6.27.)
537 산업안전보건관리비의 계상의무는 발주자에게 있으며 산업안전보건관리비를 제대로 계상하지 않을 경우 산업안전보건법 제30조제1항의 규정에 의거 1천만 원 이하의 과태료 처분을 받게 된다.(산안(건안) 68307-10342, 2001.7.23.)
538 (산안(건안) 68307-10353, 2002.7.24.)
539 (산안(건안) 68307-10055, 2001.2.28.)
540 (산안(건안) 68307-10400, 2002.8.22.)

4) 재료비, 대상액 등 계상방법

대상액에서 말하는 재료비에는 관급자재비 및 사급자재비 모두 포함된다.[541] 이 경우 안전관리비는 당해 금액을 포함시키지 않은 대상액을 기준으로 계상한 안전관리비의 1.2배를 초과할 수 없다. 이는 발주자가 제공하는 재료를 공사비에 포함할 경우 안전관리비가 필요 이상으로 많아지는 것을 방지하기 위한 규정으로, "1.2배를 초과할 수 없다."라는 내용은 산업안전보건관리비를 1.2배 이하로 계상할 수 있다는 의미가 아니라 대상액을 포함한 산업안전보건관리비와 포함하지 않은 금액의 1.2배 중 작은 금액이 이에 해당한다는 의미이다.[542]

대상액 산정 시에는 재료비에 부가가치세가 포함되지 않는다.[543] 다만, 총 공사금액으로 산정 시에는 관급자재비에 부가가치세는 포함되나 조달수수료는 포함되지 않는다.[544]

대상액에는 내역에 반영되어 있는 모든 항목의 금액을 다 포함한다.[545] 골재 등 공사와 관련된 재료는 포함되고,[546] 엘리베이터 시공 등을 타 업체와 별도의 공사계약으로 하는 경우에는 대상액에 포함되지 않는다.[547]

---

541 귀 질의의 관급자재가 공사에 필요한 자재 및 기구 등을 발주자가 직접 제공한 것을 말하며 사급자재가 당해 공사에 소요되는 제품을 시공자가 직접 구입하여 공사에 투입한 것을 말한다면 관급자재 및 사급자재 모두 산업안전보건관리비 계상을 위한 대상액에 포함하여야 한다.(산안(건안) 68307-10075, 2001.3.16.), (산안(건안) 68307-10184, 2001.5.11.)

542 (산안(건안) 68307-10631, 2001.12.26.), (산안(건안) 68307-171, 2003.6.18.)

543 산업안전보건관리비의 계상 시기는 원가계산에 의한 예정가격 작성 시이므로 산업안전보건관리비 계상시 대상액인 재료비 및 직접노무비를 합한 금액에는 부가가치세가 포함되지 않는다.(산안(건안) 68307-10116, 2002.3.20.)

544 산업안전보건법상 총 공사금액이라 함은 총 원가에 부가가치세를 포함한 금액을 말하는 것으로 관급자재비의 경우에도 부가가치세를 포함한 금액을 말하며 조달수수료는 별개의 항목으로서 관급자재비에 포함되지 않는다.(안전보건지도과-121, 2010.3.3.)

545 【질의】설계내역에 산업안전보건관리비로 사용할 수 없는 교통안전관리비용 등과 산업안전보건관리비로 사용할 수 있는 시설(낙하물방지망, 법면 보호망, 가설방음시설, 환기시설 등)이 별도로 내역에 반영되었을 때 산업안전보건관리비 계상 시 이 금액을 대상액에서 제외하고 '율'을 계산해야 되는지?
설계내역에 반영되어 있을 때 산업안전보건관리비 계상시 이 금액을 대상액에서 제외하고 '율'을 계산하는지?
☞ (회시) 귀 질의의 경우 교통안전관리비용, 낙하물방지망, 법면보호망 등의 설치비용이 별도로 공사비에 반영되었는지 여부와 상관없이 기준에 따른 대상액에 정해진 요율을 곱하여 안전관리비를 계상하여야 한다.(산안(건안) 68307-10265, 2001.6.16.)

546 사급자재 및 골재 등이 당해 공사와 관련하여 공사목적물의 완성을 위해 소비되는 물품이라면 이는 산업안전보건관리비 계상을 위한 대상액에 포함된다.(산안(건안) 68307-10218, 2002.5.17.)

547 발주자가 제공하는 재료비는 수급자가 당해 공사를 시행하는 데 소요되는 재료를 말하는 것으로 귀 질의의 시멘트, 아스콘 등은 산업안전보건관리비 계상을 위한 대상액에 포함이 되나, 엘리베이터 설치, 냉난방기 설치 등의 관급공사가 발주자가 당해 공사의 시공사가 아닌 별도의 업체와 계약에 의해 시공하기로 한 경우라면 동 비용은 산업안전보건관리비 계상을 위한 대상액에 포함되지 않는다.(산안(건안) 68307-10457, 2001.9.19.)

대상액이 구분되어 있지 않은 경우라면 산업안전보건관리비는 자체 실행예산을 적용하여 산출된 금액이 아닌 자체 사업계획서상 총 공사금액의 70%를 대상액으로 보아 계상한다.[548]

공사금액이라 함은 공사의 수행과 관련하여 소요되는 제반 비용을 말하는 것으로 공사와 직접 관련이 없는 비용(민원처리 비용 등)이 포함되어 있다면 이는 공사금액에서 제외한다.

5) 낙찰률

도급계약 시 산업안전보건관리비를 조정하는 경우 당초의 산업안전보건관리비에 낙찰률을 적용할 수 있는지 여부는 대상액의 구분이 없거나 대상액의 구분이 있다 하더라도 대상액(재료비+직접노무비)이 전체 공사비에서 차지하는 비율에 변동이 없다면 당초의 산업안전보건관리비에 낙찰률을 적용하여 계상할 수 있다.[549]

수차에 걸쳐 장기간 계속되는 공사에 있어 산업안전보건관리비는 총 공사부기금액을 대상으로 하여 계상·사용하도록 한다.[550]

발주자가 낙찰률이 적용된 공사 도급계약서상의 도급금액을 기준으로 그에 따른 대상액에 해당 공사요율을 곱하여 산업안전보건관리비를 재계상한다.[551]

6) 총 공사금액

총 공사금액에는 부가가치세가 포함되어 있으나 이를 기준으로 계상한 산업안전보건관리비에는 부가가치세가 포함되어 있지 않은 바, 부가가치세가 포함되지 아니한 금액을 산업안전

---

548 (산안(건안) 68307-10114, 2002.3.20.)
549 (산안(건안) 68307-10053, 2002.2.5.)
550 귀 공사의 경우 산업안전보건관리비는 차수별 공사가 아닌 총 공사를 기준으로 대상액에 해당 공사의 요율을 곱하여 계상하여야 하고, 이렇게 계상된 산업안전보건관리비는 전체 공사금액에 대하여 계상된 산업안전보건관리비의 범위 내에서 해당 차수를 이월하여 사용이 가능하다.(산안(건안) 68307-10247, 2002.5.29.)
551 "발주자는 원가계산에 의한 예정가격 작성 시 동 고시 제4조(계상기준)의 규정에 따라 안전관리비를 계상하여야 한다. 다만, 도급계약상의 대상액을 기준으로 제4조의 규정을 적용하여 안전관리비를 조정할 수 있다."(산안(건안) 68307-10289, 2002.6.19.)

보건관리비로 보는 경우 정산 시 부가가치세를 제외하여야 하고, 부가가치세를 포함한 금액을 산업안전보건관리비로 볼 경우에는 정산 시 부가가치세를 포함하는 등 계상과 정산을 동일한 방법으로 하여야 한다.[552]

원수급자가 제조 및 설치의 일부를 제조업자에게 도급을 주었을 경우에는 적용되지 않는다.[553] '외주가공비'가 공사와 관련하여 협력업체가 시공하는 부분을 의미한다면 대상액에 포함한다.[554]

발주자가 제공하는 재료라 함은 공사계약일반조건(재경부회계예규) 제13조에서 정하는 발주기관이 공사의 수행에 필요하여 계약 상대방에게 공급하는 특정 자재 또는 기계·기구 등을 말하는 것으로, 시공사가 공사에 투입하기 위해 공사에 필요한 자재를 직접 구매한 경우라면 이는 발주자가 제공하는 재료로 볼 수 없다.[555]

총 공사금액이라 함은 공사 도급계약서상의 금액을 말하는 것으로 당해공사의 시공과 직접 관련이 있는 모든 비용을 포함하는 것으로 귀 질의 내용 중 당해공사 수행과 직접 관련이 없는 설계비·감리비·이주비 등은 총 공사금액에 포함되지 않으나 모델하우스 건립비용은 동 모델하우스 건립공사가 다른 업체에 별도로 발주되지 아니하고 본 공사와 함께 계약되어 시공되는 경우에는 총 공사금액에 포함되어야 한다.[556]

총 공사금액이라 함은 도급계약 또는 자체사업계획상의 금액을 말하는 것으로 여기에는 부가가치세가 포함된다.[557]

아파트 재건축공사와 같이 공사원가계산에 의한 재료비와 직접노무비가 명확하지 아니할 경우 도급금액 또는 총 사업비 중 부지매입비·시행비·감리비·분양비·금융비용 등을 제외한 제세공과금·부가가치세를 포함한 공사성 금액을 대상으로 하여 계상한다.[558]

---

552   (산안(건안) 68307-10296, 2002.6.24.)
553   귀 질의의 『케이블선 납품 및 설치계약』은 제조업으로 동 고시 적용대상이 아니다.(산업안전과-678, 2004.1.29.)
554   (산안(건안) 68307-10252, 2002.5.30.)
555   (산안(건안) 68307-10407, 2002.8.29.)
556   (산업안전과-2146, 2004.4.3.)
557   (산업안전과-2147, 2004.4.3.)
558   (산업안전과-3606, 2004.6.12.)

발주(도급)금액이 평당단가(연면적×평당공사비)로 산정되어 대상액이 구분되지 아니한 아파트공사는 총 공사금액으로 산정할 수 있다.[559] '총 공사금액'이라 함은 공사 도급계약서 또는 자체사업계획서상의 금액을 말하는 것으로 여기에는 부가가치세를 비롯하여 당해 공사의 시공과 관련되는 모든 비용을 포함하는 금액이다. 다만, 공사 수행과 직접 관련이 없는 비용(민원처리비[560], 분양계획 수립비 등[561])이 있다면 이들은 총 공사금액에서 제외될 수 있다.[562]

단가계약 공사[563]의 경우는 개별 단위 공사금액을 기준으로 한다.[564] 다만, 연간 단가계약공사의 경우 공사의 연계성이 있다고 하면 총 공사금액으로 한다.[565]

당초에는 대상액이 구분되었으나 도급계약 시 대상액을 구분할 수 없다면 도급계약서상의 총 공사금액 70%를 대상액으로 하여 산업안전보건관리비를 조정·계상하여야 한다. 또한 설계변경 등으로 공사수행 중 공사비가 증·감액되었다면 설계변경 시점을 기준으로 변경된 도급계약서상의 대상액(대상액이 구분되지 않는 경우 총 공사금액의 70%)을 기준으로 산업안전보건관리비를 재계상하여야 한다.[566]

대상액이 구분되어 있지 아니한 경우라면 총 공사금액(관급자재대 포함)의 70%를 대상액으로 하여 산업안전보건관리비를 계상한다.

559   귀 질의 공사의 공사금액이 평당단가로 산정되어 공사내역상 대상액의 구분 없이 총 공사금액만 정해진 경우라면 총 공사금액의 70%를 대상액으로 하여 산업안전보건관리비를 계상한다.(산업안전과-2146, 2004.4.3.)
560   민원처리비 (산안(건안) 68307-10621, 2001.12.20.)
561   분양계획 수립비, 광고비, 모델하우스 건립비(본공사의 일부로 계약 시는 포함) 등 본공사의 시공과 직접적인 관련이 없는 항목은 총 공사금액에서 제외한다. 공사와 관련된 이윤, 일반관리비, 경비 등을 총 공사금액에 포함한다.(산안(건안) 68307-10489, 2002.11.11.)
562   설계감리비, 분양 관련 비용, 이주(비) 관련 비용, 민원처리비, 하자보수비 등.(산업안전과-680, 2004.1.29.), 당해 공사의 시공과 직접 관련이 없는 민원처리비, 부지 임차료, 설계비, 감리비, 분양경비, 대출이자, 모델하우스건립비(본 공사와 별도로 발주된 경우) 등은 총 공사금액에서 제외할 수 있다.(산업안전과-1242, 2004.2.24.)
563   전기 및 정보통신법에 의한 공사가 아닌 일반 건축 및 토목공사를 연간 단가계약형태로 실시할 경우 연초에 맺은 추정 계약금액이 아닌 개별 단위공사가 「산업재해보상보험법」 제6조에 따라 「산업재해보상보험법」의 적용을 받으며 총 공사금액이 4천만 원 이상인 공사일 경우 산업안전보건관리비를 계상할 의무가 있다.(건설산재예방과-2306, 2012.7.10.)
564   발주자가 공사내용, 물량, 공사기간 및 장소를 구체적으로 정하여 작업지시를 하고 시공사가 해당 작업지시서에 따라 시공하는 경우에는 작업지시서에 따른 공사를 '개별 단위공사'로 보아 산업안전보건관리비 계상 여부를 판단한다.(안전보건지도과-1395, 2008.6.20.)
565   【질의】연간단가계약 공사 현장에서 작업지시서별 공사금액은 4천만 원이 되지 않지만 여러 개의 작업지시서상의 공사기간이 연결되어 진행되는 경우 하나의 공사로 보아 산업안전보건관리비를 계상할 수 있는지?
☞ (회시) 개별 단위 공사라 함은 장소·시간적 개념에 따라 구별되는 것으로서 각각의 작업지시서에 따라 작업이 이루어지지만 공사기간이 서로 연결되어 있고 하나의 공사조직에 의해 공사가 수행되고, 별도의 작업장소로 보기 어려운 경우 하나의 공사로 보아 총 공사금액이 4천만 원 이상인 경우에는 산업안전보건관리비를 계상하여야 한다.(안전보건지도과-147, 2010.1.13.)
566   (산업안전과-1108, 2004.2.16.)

대상액의 구분이 없거나 대상액의 구분이 있다 하더라도 대상액(재료비+직접노무비)이 전체 공사비에서 차지하는 비율에 변동이 없다면 당초의 산업안전보건관리비에 낙찰률을 적용하여 계상할 수 있다.[567]

세탁기, 냉장고 등 기성제품은 공사목적물 완성에 필요한 제품 또는 재료가 아닌 것으로 보아 대상액에 포함하지 않는다.[568]

7) 공동도급

주계약자 공동도급 발주공사의 경우 건설업 산업안전보건관리비 계상 대상공사 금액은 원칙적으로 총 공사금액을 기준으로 산정하고 그 사용은 각자의 분담비율로 한다.[569] 다만, 공동도급 분할책임시공의 경우 하나의 공사가 아닌 별개의 공사로 봄이 타당하므로, 각 지역의 공사금액 비율대로 산업안전보건관리비를 계상한다.[570]

공동도급 분할책임시공의 경우 별도 시공조직에 의해 시공되고 고용관계, 작업지시, 하도급 등의 각 회사의 책임하에 이루어지는 경우라면 사고 발생에 대한 책임도 각 분담이행사에 있다.[571]

공동도급 분할책임시공의 경우 하나의 공사가 아닌 별개의 공사로 봄이 타당한 바, 안전·보건관리자 선임 또는 기술지도 대상여부도 각 구역별로 해당 공사금액에 따라 정한다.[572]

---

567 (산업안전팀-565, 2006.1.26.)

568 냉장고, 세탁기 등은 공사목적물 완성에 필요한 제품 또는 재료로 보기 어려우므로 산업안전보건관리비 계상 시 대상액에 포함하지 않는다.(국민신문고-2AA-0810-067366, 2008.10.29.), (안전보건지도과-3377, 2008.11.10.)

569 전체 공사를 기준으로 산업안전보건관리비를 산정하여야 한다. 다만, 주계약자 관리방식의 도급계약은 주계약자가 전체 건설공사계약의 수행에 관하여 종합적인 계획·관리 및 조정을 하나 계약상의 시공, 제조, 용역의무이행의 책임에 대해서는 구성원 각자가 자신이 분담한 부분에 대하여 책임을 지는 방식이므로 전체 공사를 기준으로 산정된 산업안전보건관리비를 구성원 각자의 분담비율에 따라 사용하면 된다.(안전보건정책과-2562, 2010.12.2.)

570 (안전보건정책과-776, 2010.8.23.)

571 (안전보건정책과-776, 2010.8.23.)

572 (안전보건정책과-776, 2010.8.23.)

8) 정산방법 등

계상된 산업안전보건관리비를 초과하여 발생하는 안전관리 비용의 확보방안 및 사용에 대하여는 별도로 정하고 있지 않다.[573] 이 경우 안전보건관리비가 부족하다는 이유로 사업주의 안전보건조치의무는 면제되지는 않는다.

재료비와 노무비의 구분이 되지 않은 '실적공사비 방식'의 경우 예정가격작성준칙에 따라 산업안전보건관리비를 계상한다.[574][575]

발주자가 직접 구매(시공사가 발주자의 지시에 따라 구매하는 경우 포함)하여 설치하는 완제품[576][577]의 가액은 대상액에 포함되나, 이 경우 포함하지 않고 계상한 안전보건관리비의 1.2배를 초과할 수 없다.[578]

부도·폐업에 따른 후속공사는 새로운 도급계약으로 보아 계상한다.[579]

---

573 (산안(건안) 68307-14, 2003.1.17.)

574 실적공사비에 의한 예정가격 산정방식은 건설공사의 일부 또는 모든 공종에 관하여 재료비·직접노무비·산출경비를 포함(직접공사비)한 시공단위당 가격을 이미 수행한 유사공사의 계약단가 등을 토대로 공사규모, 특성 등을 고려하여 예정가격결정의 기초자료로 활용하는 방식으로 국가를 당사자로 하는 계약에 관한 법률 시행령 제9조제1항제3호, 동 법률 시행규칙 제5조제2항 및 실적공사비에 의한 「예정가격작성준칙(회계예규)」에 의거 일정 규모 이상의 대형공사에 적용하고 있다.(산업안전팀-1404, 2005.11.24.)

575 '대상액이 구분되어 있지 아니한 공사'라 함은 공사의 원가구성상 재료비와 직접노무비를 합한 금액이 다른 원가구성항목과 구분되어 있지 아니한 공사를 말하며 실적공사비에 의한 예정가격 작성준칙에 근거하여 실적공사비에 의해 예정가격을 산출하는 경우 그 사실관계에 있어 재료비와 직접노무비의 구분되어 있지 아니하다면 상기 '대상액이 구분되어 있지 아니한 공사'로 본다.(산업안전팀-1934, 2007.4.13.)

576 '완제품'이란 일정한 조건에 알맞게 제작 공정을 완전히 마친 제품으로 특정 제품 또는 작업방법상의 해석이 아닌 해당 공사내역상 제조원가로 구성되어 현장에 제작·납품되는지 여부에 따라 판단되어야 할 것으로 시멘트, 벽돌, 배관, 볼트 등 일반 건설자재와 같이 공사목적물의 기본적 구성형태를 이루는 물품이 아닌 터빈발전기 및 고압급수가열기, 보일러 등과 같이 최종 목적물에 원형대로 부착되어 그 일부분이 되는 완성된 물품을 말한다.(산업안전팀-2584, 2007.5.22.)

577 【질의】발전소 건설공사의 설치조건부 구매에 있어 공장제작분 기자재에 대한 산업안전보건관리비 계상 방법?
☞ (회시) 구매 및 설치시공을 일괄 계약하여 수행하는 공사에 있어 산업안전보건관리비는 계약형태와 상관없이 설치시공을 위해 완제품의 형태로 구매하는 자재는 '발주자가 제공하는 재료 또는 완제품의 형태로 제작·납품되어 설치되는 물품'으로 본다.(산업안전팀-2839, 2007.6.7.)

578 발주자가 재료를 제공하거나 물품이 완제품의 형태로 제작 또는 납품되어 설치되는 경우에 해당 재료비 또는 완제품의 가액을 대상액에 포함시킬 경우의 산업안전보건관리비는 해당 재료비 또는 완제품의 가액을 포함시키지 않은 대상액을 기준으로 계상한 산업안전보건관리비의 1.2배를 초과할 수 없도록 하고 있다. 동 고시에서 완제품 납품시 산업안전보건관리비 계상방법을 달리한 이유는 완제품의 경우 이를 재료비에 포함하여 계상할 경우 당해 현장의 안전관리비가 필요 이상으로 많아지는 것을 방지하기 위함이다.(건설산재예방과-977, 2012.3.28.)

579 귀 질의와 같이 공사시공업체인 ○○산업(주)(전 시공사)가 부도·폐업함에 따라 잔여공사를 타 회사가 발주처와 별도의 도급계약을 체결하고 당해 공사를 수행하게 되었다면 산업안전보건관리비도 당해 잔여공사를 기준으로 계상되어야 한다.(산업안전과-7302, 2004.12.1.)

산업안전보건법상 산업안전보건관리비의 계상기준은 최소한을 정한 것으로 도급계약 시 법에서 정한 기준 이상으로 산업안전보건관리비를 계상한 것은 산업안전보건법 위반이 아니다. 따라서 과다 계상하였다는 이유로 환수하여야 하는 것은 아니다. [580]

발주자는 재해예방 기술지도 대상임에도 기술지도 계약을 체결하지 않은 경우 계상한 산업안전보건관리비의 20%에 해당하는 금액을 지급하지 않거나 환수할 수 있다. 이때 환수금액은 정산액이 계상금액의 80% 이상이 되는 범위 내에 한한다. [581]

안전보건관리비로 구매한 안전관리용품은 당해 현장의 작업에 사용되고 사용자(시공자)에 귀속된다. [582]

본사 사용 안전보건관리비와 관련하여 현장에서는 전체 안전보건관리비의 5% 이내에서 배정되었음을 확인할 수 있는 서류를 구비하면 된다. 본사 업무수행 출장비는 해당 업체의 소속 전체 현장 모두를 말한다. [583]

산업안전보건관리비의 일부를 목적 외로 사용하였을 경우 이를 시정하여 원상회복을 해야 한다. 그렇지 아니하고 목적 외로 사용한 금액을 뺀 나머지 안전보건관리비를 향후에 사용하는 안전보건관리비로 보고 집행할 수는 있으나, 이러할 경우 목적 외 사용행위에 대해서는 과태료 부과처분에 해당한다. 또한 목적 외로 사용한 금액은 발주자가 감액 또는 환수할 수 있다. [584] 다만, 적법하게 사용하고 반납하는 경우에는 과태료 부과처분에 해당하지 않는다. [585]

580　귀하의 질의는 법상 계상요율 이상으로 산업안전보건관리비를 계상하여 계약한 건으로 설계변경 등 대상액의 변동에 의한 산업안전보건관리비 조정 계상(차액환수) 대상은 아니다.(건설산재예방과-131, 2012.1.13.)

581　귀 질의의 경우 지급할 안전관리비 정산액이 전체 계상 금액의 80% 미만이므로 재해예방 기술지도 미실시에 따른 환수 없이 전액 지급하여야 한다.(안전보건지도과-157, 2010.1.14.)

582　시공사가 고용부장관이 정하는 바에 따라 정당하게 사용(구입)된 물품은 발주기관에 반납할 의무는 없으며, 당해 현장에서 산업안전보건관리비로 구입한 물품이 당해 현장에서 사용 용도가 없어지지 않는 한 타 현장에 전용할 수 없을 것이며, 동 물품이 당해 현장에서 그 사용 용도를 다하였다면 이에 대한 소유·처분권은 사용자인 시공사에 있다.(안전보건지도과-2087, 2009.5.26.)

583　본사에서 사용한 내역을 현장에서 별도로 보관할 필요는 없다. 본사 사용 안전관리비 항목 중 업무수행 출장비는 당해 현장뿐 아니라 해당 업체의 소속 전체 현장 모두를 말한다.(안전보건지도과-4804, 2009.12.31.)

584　(산안(건안) 68307-10438, 2002.9.19.)

585　【질의】도로공사 등 발주처가 있는 경우 공사준공 시 안전관리비를 사용하지 못하였을 경우 감리자나 공사감독 등 발주처 관계자의 승인을 득한 후 발주처에 잔액을 반납하면 산업안전보건법 위반으로 과태료 부과 등의 제재를 받을 수 있는지?

산업안전보건관리비 사용 가능 여부 판단기준

건설업 산업안전보건관리비는 건설사업장에서 산업재해의 예방을 위하여 법령에 규정된 사항의 이행에 필요한 비용을 말하고, 이의 사용가능 여부도 이를 바탕으로 판단하여야 한다.

원도급자가 직접 안전시설 등을 설치하거나 산업안전보건관리비를 하도급업체에 지급하여 사용토록 할 수 있다.

산업안전보건관리비는 건설현장에서 사용되는 것으로 창호재 등 설치공사과정에서는 사용이 가능하나, 동 물품의 제작과정은 제조업에 해당되므로 산업안전보건관리비를 사용할 수 없다.[586]

안전보건관리비로 사용가능한지를 판단하기 위해서 다음을 검토하여야 한다. ① 원공사비에 포함된 내역이 아닌지? 즉, 공사에 당연히 필요한 시설, 즉 작업을 위해 필요한 작업발판 등은 포함되지 않는다. 안전시설도 공사내역에 포함되는 기본적인 시설을 제외된다. ② 현장근로자의 안전보건을 위해 사용하는 것인지? 교통, 환경이나 외부인 통제를 위한 시설은 안전보건 시설물일지라도 인정되지 않는다. ③ 법상 규정된 안전보건조치와 관련된 것인지? 산업안전보전보건법령에서 정하여진 안전보건 관련 조치를 이행하는 데 필요한 것이어야 한다. ④ 구체적이고 적정한 수준인지? 사용목적이 당해 작업, 근로자에 해당하는 구체성이 있어야 하고, 항목에 적합하더라도 사회통념상 인정되지 않는 과도한 집행은 인정되지 않는다.

산업안전보건관리비는 당해 공사의 안전관리에 필요한 안전비용의 최소한을 정한 것이므로 공사 설계내역서에 반영된 항목에 대해서는 공사비에서 집행하는 것이 바람직하다는 취지이다. 낙하물방지망 등 안전시설 비용이 가설공사 항목에 반영되어 있다면 동 비용은 산업안전

동 기준 제8조(목적 외 사용금액에 대한 감액 등)에 의거 당해 공사에 계상된 산업안전보건관리비를 공사 수행기간 적법하게 사용하고도 금액이 남아 발주자의 요구에 의해 잔여 금액을 반환하였다면 이를 이유로 과태료 처분을 받지 아니한다.(산안(건안) 68307-10508, 2002.11.21.)

586   (산안(건안) 68307-10604, 2001.12.11.)

보건관리비로 사용할 수 없다.

안전보건관리비 사용 시 적용하는 단가는 고시로 정해진 바가 없다. 통상적으로 적정하다고 인정되는 수준인지 여부로 판단한다. 계약관계에 있어서 발주자와 계약체결 시 기준에 따르고 다른 공사의 예, 물가자료, 정부조달단가 등이 참고로 사용될 수 있다.[587]

법상 안전보건조치를 이행하지 아니하여 산업재해가 발생한 데 대하여 해당 근로자의 안전보건관리의무가 있는 자는 안전보건관리비의 부족 등을 이유로 그 책임이 면책되지는 않는다.[588]

안전관리자 인건비의 산업안전보건관리비 집행은 고용부 선임보고일이 아닌 실제 업무수행일을 기준으로 산정한다.[589]

안전보건관리비로 구입하는 물품 등에 대해서 발주자가 사전에 확인할 수 있으나, 발주자의 사전확인을 받지 않았다 하더라도 당해 현장에서 적법하게 구입한 것이 사실이라면 당해 물품에 대해서 안전관리비로 사용이 가능하다.[590]

안전보건관리비를 추가로 사용하는 등 발주처에 사전 신고내용과 다르더라도 규정상 사용이 가능한 안전보건관리비로 사용한 경우 인정된다.[591]

587　(산안(건안) 68307-14, 2001.1.6.)

588　【질의】교량공사가 3개소로 총연장이 1.3㎞로서 강교 거치 시 안전난간이 필수적이나 강교가 3개소에 동시에 이루어져 안전난간이 약 5,000개 정도가 필요하지만 2,000개 반입 후 감리단의 지시로 인하여 추가적인 반입이 안 되어 안전난간을 설치하지 못한 상태로 강교 위에 작업자들이 통행하고 있는 실정임. 이런 경우 사고 발생 시 누가 책임을 져야 하는지, 아니면 감리단의 지시를 무시하고 반입을 하여야 하는지?
☞ (회시) 산업안전보건법상 작업자에 대한 안전상의 조치의무와 이를 태만히 하여 사고 시 책임을 당해 작업자를 직접 고용하여 사용하는 사업주에게 있는 바, 귀 질의의 경우 안전난간의 추가 설치에 대해서도 당해 작업의 사업주가 하여야 한다. 다만, 이 경우 안전상의 조치를 어느 정도 취할 것인가 하는 것은 당해 작업의 위험도 등을 고려하여 판단하되 작업자의 안전을 위해 반드시 필요한 경우라면 추가 설치도 가능하다.(산안(건안) 68307-14, 2001.1.6.)

589　안전관리자가 공사가 실제 착공이 되어 작업이 이루어지는 상황에서 산업안전보건법시행령 제13조(안전관리자의 직무 등)에서 정하는 안전에 관계되는 보호구의 구입 시 적격품의 선정, 사업장 순회점검·지도 및 조치건의 등 안전관리자의 업무를 실제로 수행한 경우에 한하여 산업안전보건관리비에서 그 인건비를 지급할 수 있다.(산안(건안) 68307-10061, 2001.3.7.)

590　(산안(건안) 68307-35, 2003.2.10.)

591　【질의】발주처에서는 교통관리비(단가구성: 교통관리초소, 교통관리인, 교통관리차량(1톤 포터)를 반영하였으므로 안전관리차량의 유지관리비를 정산할 수 없다고 하는데 맞는지?
☞ (회시) 귀 현장에 전담안전관리자가 선임되어 있고 공사현장이 대규모 도로공사인 현장 특성상 안전관리자의 안전관리업무수행을 위해 공사비에 반영된 차량 외에 추가로 차량이 필요하고 동 차량이 안전관리자 업무수행에 전용되는 경우라면 추가 차량에 대한 유지비는 산업안전보건관리비로 사용이 가능하다.(산안(건안) 68307-10266, 2002.6.10.)

안전보건관리비를 다른 목적으로 사용하거나 사용하지 아니한 금액에 대해서는 발주자의 요구에 따라 감액 또는 반환하여야 한다. 시공자는 최초 공사계약 시 발주자가 계상해 준 금액 이상을 산업안전보건관리비로 사용하여야 하므로 시공자가 자체 실행예산을 편성하여 사용하는 때에도 최초 계약 시 금액을 기준으로 동 금액 이상을 사용하여야 함. 계상된 산업안전보건관리비를 적정하게 사용하고 남은 금액에 대해서는 발주자의 요구에 따라 반환하여야 한다.[592]

산업안전보건관리비를 총괄공사로서 계약한 경우 공종에 관계없이 사용항목별 총괄적으로 집행, 관리할 수 있다.[593]

공사설계내역서에 명기되어 있는 안전시설비 등의 사용내역에 해당하는 최소한의 보호망과 낙하물방지망을 설계변경 감액조치하고 안전관리비로는 사용할 수 없다.[594]

건설현장에 안전보건관계자 인력을 파견 받아 사용하는 것은 불법이다. 하지만 실제 안전보건관리 업무를 수행한 경우 이를 안전보건관리비로 정산할 수 없는 것은 아니다.[595]

공사 수행 중 실제 사용한 산업안전보건관리비가 산업안전보건관리비 사용계획서상의 내역을 초과하였다고 하더라도 사용기준에서 정하는 금액을 초과하지 않은 경우라면 동 기준 내에서 사용이 가능하다. 또한 산업안전보건관리비 사용계획서의 수정 시기에 대해서는 별도로 정하고 있지 아니한 그 필요성이 발생했을 때 수정하면 된다.[596]

---

592   당초 산업안전보건관리비가 재개발조합과 시공자(원청) 간의 공사비에 근거하여 1.88% 적용하였으나 준공시점에 이르러 시공사의 실행공사비(당초 계약공사금액 대비 80% 정도임)에 근거하여 산업안전보건관리비를 감액하여 집행하려 하고 있음. 그런데 시공사가 자율안전관리 업체로서 유해위험방지계획서를 자체 심사하는 경우 당초 계약금액을 기준으로 할 경우 미집행 금액은 재개발 조합의 요구에 따라 반환하여야 한다.(산안(건안) 68307-10065, 2001.2.8.)

593   동일한 사업주와 총괄공사로서 계약하고 편의상 공종별로 공사금액을 분리할 경우, 표준안전관리비는 공종에 관계없이 공사 전체에 대해서 위 고시에서 정하는 기준에 따라 집행하면 된다.(산안(건안) 68307-227, 2000.3.16.)

594   안전보건관리비는 건설공사 시공에 필요한 안전비용의 최소를 정한 것으로 기설계내역서에 반영되어 있는 사항은 공사비로 집행함이 바람직하며, 설계변경 가능 여부에 대해서는 산업안전보건법상 정한 바가 없으므로 이는 공사계약관계법령에 의하여 판단하여야 한다.(산안(건안) 68307-274, 2000.4.3.)

595   현장에서 선임된 안전관리자가 ○○○시스템테크놀리지(유)에 소속된 자로 당해 공사 기간 동안 안전관리업무를 전담하여 수행하여 온 것이 사실이라면 안전관리자의 인건비는 산업안전보건관리비로 사용할 수 있다.(산안(건안) 68307-10141, 2001.4.16.)

596   (산안(건안) 68307-10428, 2001.9.4.)

CCTV가 공사 목적물의 품질 확보 또는 건설장비 자체의 안전운행 감시, 공사 진척상황 확인 등의 목적이 아닌 근로자의 안전작업 수행 여부의 확인 및 관리감독을 목적으로 설치하는 것이라면 산업안전보건관리비로 사용이 가능하나, CCTV 전담감시원에 대한 인건비는 사용하지 못 한다.[597]

응급구조사 자격증 취득자 채용하여 응급처치 및 건강상담하는 경우 응급구조사 인건비는 불가능하다.[598]

안전보건관리사용기준을 초과하는 안전시설물 설치가 필요한 경우에 안전보건관리비로 사용할 수 있는 금액은 고시에서 정하고 있는 기준 이내이다.[599] 하지만, 이 경우 사업주의 안전조치에 대한 법적 의무가 면제되는 것은 아니므로 안전보건관리비 초과 여부와 관계없이 필요한 안전보건조치는 하여야 한다.

계상된 산업안전보건관리비를 공사 수행기간 적법하게 사용하고도 금액이 남아 발주자의 요구에 의해 미사용 금액을 반환하였다면 이를 이유로 과태료 처분을 받지 않는다.[600] 장기 계속공사의 경우 안전관리비를 이월사용이 가능하다.[601]

산업안전보건관리비 사용내역서는 공사현장의 경우 공사종료 후 1년간 보존[602]하여야 하며, 보존의무는 사업주인 시공회사에 있다.[603]

안전자재 반입, 반출 등에 소요되는 운반비

안전시설 설치 등을 위하여 사용되는 안전자재 등을 현장으로 반입하거나 현장 내에서 운반

597　기존 인원이 병행하여 업무수행이 가능하므로 안전보건관리비에서 사용할 수 없다.(안전보건정책과-2409, 2010.11.24.)

598　응급구조사 인건비는 산업안전보건관리비로 사용이 불가하다.(안전보건지도과-3417, 2008.11.12.)

599　(산안(건안) 68307-10442, 2001.9.14.)

600　(산안(건안) 68307-10539, 2001.11.19.)

601　수차에 걸쳐 이루어지는 장기 계속 공사의 경우 산업안전보건관리비는 총 공사금액에 대하여 계상·사용을 하도록 하고 있음. 따라서 귀 질의의 공사에서 안전관리자 인건비를 당해 차수를 초과하여 사용하였다고 하더라도 총 공사금액에 의하여 계상된 산업안전관리비의 범위 내에서 이월하여 사용이 가능하다.(산안(건안) 68307-10182, 2001.5.9.)

602　산업안전보건법시행규칙 제32조제2항

603　(산안(건안) 68307-10351, 2001.7.25.)

하는 경우 소요되는 운반비 및 장비 사용료 등의 비용은 산업안전보건관리비로 사용이 가능하나, 당해 장비의 사용료 및 운반비 등이 공사비 내역에 기 반영되어 있는 경우라면 이는 공사비에서 사용하여야 한다.[604]

안전보건관리비로 구입한 기자재(카메라 등)는 당해 공사가 종료되었다고 발주자에 반납하는 것은 아니다.[605]

안전시설비, 안전장구, 안전보건 교육기자재 등에 속하는 안전펜스, 카메라, VTR 등 내구성이 있는 비품인 경우에도 손료를 적용하지 않는다.[606]

비록 2개의 공사가 동일 시공사에 의해 수행된다고 하더라도 분리 발주되어 시공되는 경우라면 산업안전보건관리비는 각각의 공사에 대해 별도로 사용을 하여야 한다.[607]

하도급공사의 경우 원도급사는 도급금액 또는 사업비에 계상된 산업안전보건관리비의 범위 내에서 그의 수급인에게 당해 사업의 위험도를 고려하여 적정하게 산업안전보건관리비를 지급하여[608] 수급인이 사용토록 하거나, 원도급사가 직접 하도급 작업과 관련하여 안전시설 설치 등 조치를 하여야 한다.[609]

하도급업체에서 안전보건관리비를 집행하는 경우 원도급업체의 안전관리자는 적정한 사용을 지도하여야 한다.

산업안전보건법 제72조제5항에 위반하여 산업안전보건관리비를 다른 목적으로 사용한 경우에는 동법 제175조제4항에 따라 과태료 처분을 받게 되고, 발주자는 목적 외 사용금액에 대하여 계약금액에서 감액조정하거나 반환을 요구할 수 있다. 또한, 목적 외 사용 금액이 1천만

---

604   (산안(건안) 68307-10138, 2002.4.4.)
605   (산안(건안) 68307-10641, 2001.12.31.)
606   산업안전보건관리비라 함은 건설공사에 있어서 산업재해의 예방을 위하여 『안전관리비의 항목별 사용내역 및 기준』에 규정된 사항의 이행에 필요한 비용을 말하는 것으로 이때 구입비용은 손료 개념을 적용하지 않는다. 따라서 귀 현장에서 구입한 안전용품 등에 대해서도 사용기간과 상관없이 구입비용 전액을 산업안전보건관리비로 사용할 수 있다.(산안(건안) 68307-10360, 2001.8.2.)
607   4대의 기기설비가 있는 동일사업장에서 기기설비유지를 위한 1년간의 경상공사계약이 이루어지고 그 경상공사 기간 중 1대의 단위기기설비에 대한 특정기간(약 1달) 동안의 계획예방공사가 동시에 이루어 졌을 때 각 경상, 계획예방공사계약에 의해 별도로 계상된 안전관리비로 구매한 안전장구를 상호 공사에 교체 사용할 수 없다.(산안(건안) 68307-10046, 2002.1.30.)
608   (산안(건안) 68307-10210, 2002.5.15.)
609   (산안(건안) 68307-10201, 2002.5.11.)

원을 초과할 경우에는 입찰참가자격사전심사시 감점을 받게 된다.[610]

1) 사용 가능한 경우

다음은 산업안전보건관리비로 사용이 가능한 경우로 판단한다.

안전시설비 항목

공사 설계내역서에 반영된 안전시설물로서 근로자의 안전보건에 필요한 시설물은 사용가능하다. 예를 들어 낙하물 방지 설치비용은 건설공사 표준품셈기준에 따라 가설공사 항목(지상에서 높이 3.5m 되는 곳의 비계 바깥에 수평에 대하여 30m 정도로 경사지게 방지망을 설치하고 그 위에는 필요한 부분 높이 15m 이내마다 방지망을 설치)에서 순공사비 내역서를 포함시키는 것이 타당하고 산업안전기준에 관한 규칙 제456조에 의한 낙하물방지망 또는 방호선반의 설치높이는 10m 이내마다 설치하도록 규정하고 있으므로 표준품셈기준과 차이가 발생하는 부분에 대해서는 산업안전보건관리비로 사용이 가능하다.[611]

설계내역서에 반영되어 있지 않는 BENT 내부 수직계단의 방호울,[612] 근로자의 안전을 위하여 사용되고 설계내역서에 반영되어 있지 않은 건설용 호이스트카 무선호출장치 구입비,[613] 공사내역에는 계상되어 있지 않은 낙하물방지망을 설치하기 위한 하부의 수평강관 파이프 및 브라켓 설치(재료비 및 노무비)[614] 도급내역서에 낙하물방지망으로 명시된 항목이 있으나, 비계와 철망 설치로서 철망은 작업여건상 합판 및 비계발판으로 대치한 후 추락·비래를 보호하기 위하여 설치한 안전망[615] Gang Form의 Cage 외부에 설치되는 낙하 및 추락방지를 위한 수직방

---

610   (안전보건지도과-4822, 2009.12.31.)
611   (안전보건지도과-2104, 2009.5.26.)
612   (산안(건안) 68307-326, 2000.4.20.)
613   (산안(건안) 68307-406, 2000.5.16.)
614   (산안(건안) 68307-10191, 2001.5.14.)
615   작업자의 추락 및 낙하 위험을 방지하기 위하여 설치한 것으로 동 설치비용이 공사비 내역에 반영되어 있지 않은 안전방망의 설치에 소요되는 비용은 산업안전보건관리비로 사용할 수 있다.(산안(건안) 68307-10603, 2001.12.11.)

망,[616] 근로자의 감전사고를 위한 접지형 플러그 구입비,[617] 건물 바닥 끝단 또는 개구부에 안전난간대 설치 후 낙하물 방지를 위하여 폭목용 라셀망,[618] 감전방지용 방호관,[619] 작업환경측정결과 작업환경개선을 위한 환기장치 가동시 가동시설요원의 인건비,[620] 현장 여건상 무전기로는 통신이 되지 않는 경우 안전관리자의 다른 통신수단 구입비용,[621] 해상공사의 케이슨 개구부 덮개 및 안전난간대 및 휴게시설,[622] 건설용리프트 추락방지용 안전발판,[623] 철탑 송전케이블 간섭예방 안전시설물,[624] 갱폼의 탈락을 방지하기 위한 안전장치 설치비용.[625]

용접작업 중 불꽃으로 인한 화재를 예방하기 위한 '방염천막'은 가능하나, 현장 내 보관 중인 자재에 덮는 '방염천막'은 불가능하다.[626] 이동식비계에 추가로 설치한 전도방지장치(아웃리

616　수직보호망이 비계 등의 외부에 설치하여 작업하는 쪽에서 물체가 비계 등의 외부로 낙하하는 것을 방지하기 위해 설치하는 보호망을 말하고, 동 비용이 공사설계내역에 반영되어 있지 않다면 그 설치비용은 산업안전보건관리비로 사용이 가능하다.(산안(건안) 68307-10607, 2001.12.12.)

617　기성제품에 부착된 안전장치 비용은 제외된다고 규정되어 있는 바, 귀 질의의 접지형 플러그가 플러그와 접지시설이 일체식으로 제작되어 사용되는 경우라면 동 비용은 산업안전보건관리비로 사용하기 어렵다.(산안(건안) 68307-10607, 2001.12.12.)

618　안전난간대 설치 후 낙하물 방지를 위한 목적으로 폭목 대용으로 라셀망을 사용하였다면 동 설치비용은 산업안전보건관리비로 사용이 가능하다. 또한, 폭목의 강도에 대해서는 별도로 규정한 바가 없다.(산안(건안) 68307-10044, 2001.2.20.)
※ 참고로, 추락재해방지 표준작업지침(노동부고시 제2001-11호)에 폭목으로 사용하는 목재는 폭을 10㎝ 이상으로 하고 두께는 1.6㎝ 이상으로 하도록 권고사항으로 규정하고 있음

619　현장 내 특고압선이 지나가고 있을 경우 재해예방을 위한 '가설전기시설 등의 누전차단기, 고압전선보호시설 및 접지시설 등'으로 사용 가능하다.(산안(건안) 68307-1063, 2000.11.30.)

620　(산안(건안) 68307-156, 2000.2.25.)

621　(산안(건안) 68307-673, 2000.7.26.)

622　근로자들의 해상 추락재해 예방을 위하여 설치하고 공사 설계내역 등에 반영되어 있지 않다면 산업안전보건관리비에서 사용이 가능하다. 또한, 부선 위에 설치하기 위한 컨테이너가 혹한 또는 혹서에 장기간 노출되어 일사병 또는 동상 등으로부터 근로자를 보호하기 위해 설치되는 간이 휴게시설이라면 컨테이너 구입비용도 산업안전보건관리비로 사용 가능하다.(안전보건지도과-1472, 2010.6.24.)

623　'건설용리프트 추락방지용 안전발판'은 그 설치목적이 발판상부에서 특정 작업을 수행하기 위한 작업발판에 해당하지 않고 건설용리프트와 건물의 벽체 사이에 형성되는 개구부에 의한 추락위험을 방지하기 위해 설치하는 시설이므로 추락방지용 안전시설비의 사용이 가능하다.(안전보건지도과-1314, 2009.4.10.)

624　【질의】공사현장에서 크레인을 사용하여 작업 시 현장 외부에 있는 철탑(높이 32m) 송전케이블과 간섭의 우려가 있어 작업을 위해 위험을 표시할 만한 안전시설물을 설치하여야 하는데, 이에 소요되는 비용을 산업안전보건관리비로 사용 가능 여부(사고 발생 시 근로자 안전사고 및 주변 지역의 정전사태 등의 위험이 있음)?
☞ (회시) 비록 철탑이 현장 외부에 설치되어 있다고는 하나 현장 여건상 대형크레인을 사용할 수밖에 없고 이 경우 중량물 양중작업을 할 경우 크레인과 철탑 송전케이블이 접촉함으로써 작업 근로자가 감전될 위험이 있는 경우라면 감전방지 조치에 소요되는 비용을 안전관리비로 사용할 수 있다. 따라서 안전조치의 주된 목적이 근로자 감전재해 예방을 위하여 설치하는 경우라면 산업안전보건관리비에서 사용할 수 있다.(안전보건정책과-853, 2010.8.25.)

625　갱폼 탈락방지 장치는 갱폼을 인양장비에 매달기 전 볼트 등을 임의로 해체하여 발생하는 갱폼낙하에 의한 재해를 예방하기 위한 목적의 장치로 판단되므로 동 장치를 설치하기 위해 소요되는 인건비와 자재비는 산업안전보건관리비로 사용이 가능하다.(안전보건지도과-4627, 2009.12.16.)

626　귀 질의의 방염천막이 설계내역서상에 포함되어 있지 않고, 용접작업 중 불꽃으로 인한 화재를 예방하여 근로자를 보호하기 위한 목적으로 사용된다면 화재예방시설로 보아 산업안전보건관리비로 사용이 가능하다. 다만, 자재를 덮는 방염천막은 근로자의 보호보다는 자재의 보호를 위한 용도로 판단되므로 산업안전보건관리비로 사용할 수 없다.(안전보건지도과-4307,

거).[627]

작업도구, 장비를 보다 안전하게 개량한 경우(예, 안전대 부착설비를 개선하여 근로자가 기둥부 통과 시 걸림 현상을 제거(반복적인 안전고리 탈부착 방지)함으로써 근로자 안전 확보가 가능한 안전패스너(안전레일&안전롤러)를 개발).[628]

가설계단에 설치하는 미끄럼 방지용 고무패드[629], '안전벨트용 LED 부착 밴드 및 추락위험지역 안전 LED 타포린'.[630]

공사감독용 CCTV 설치 및 관리비용은 불가능하나 안전관리를 위한 경우에 한하여 인정한다.[631]

안전진단비 항목

산업안전보건법·영·규칙 및 고시에서 규정하거나 자율적으로 외부전문가 또는 전문기관을 활용하여 실시하는 각종 진단, 검사, 심사, 시험, 자문 및 자체적으로 실시하기 위해 소요되는 비용도 산업안전보건관리비로 사용이 가능하다.

타워크레인·건설용리프트에 대한 자체검사를 지정검사기관에 의뢰하여 실시하고 그 결과에 따른 조치결과의 적정 여부를 확인하는 경우라면 이는 자체검사와 관련된 비용으로 산업안

2009.11.24.)

627 비계의 전도를 방지하기 위해 설치한 전도방지장치(아웃리거)는 기존 비계에 추가적으로 설치되는 경우라면 안전관리비로 사용이 가능하다.(산안(건안) 68307-655, 2000.7.22.)

628 귀 질의의 안전패스너(안전레일&안전롤러)는 추락의 위험이 있는 장소에서 근로자가 안전대를 풀었다 매었다 하는 일이 없이 계속해서 안전하게 이동이 가능한 부착설비로 판단되고 귀하가 주장하는 바와 같이 기존 지지로프를 이용한 '안전대 걸이 설비'에서의 로프 기둥으로 인한 안전대걸이 훅의 걸림 문제를 해결함으로써 안전도를 향상시킨 경우라면 동 안전패스너(안전레일&안전롤러)는 산업안전관리비로 사용이 가능할 것이다.(안전보건정책과-1988, 2010.11.1.)

629 건설현장의 가설계단에서 미끄러짐으로 인한 재해를 예방하기 위한 용도로 보여지므로 구입 및 설치비용은 산업안전보건관리비로 사용이 가능하다.(안전보건정책과-2410, 2010.11.24.)

630 '안전벨트용 LED 부착밴드'의 경우 야간작업, 터널 및 지하철 작업, 실내·선박내부·탄광 작업시 근로자의 안전벨트 착용여부 등을 확인할 수 있는 표식으로서 이에 소요되는 비용은 산업안전보건관리비로 사용할 수 있으며 추락의 위험이 있는 어두운 장소에 대해 근로자가 쉽게 위험지역을 식별할 수 있는 '안전 LED 타포린'도 산업안전보건관리비로 사용이 가능하다.(안전보건정책과-2408, 2010.11.24.)

631 귀 질의의 CCTV가 공사 목적물의 품질 확보 또는 건설장비 자체의 안전운행 감시, 공사 진척상황 확인 등의 목적이 아닌 근로자의 안전작업 수행 여부의 확인 및 관리감독을 목적으로 설치하는 것이라면 산업안전보건관리비로 사용이 가능할 것이다. 다만, 일부 근로자 재해예방목적을 포함하고 있으나, 발주자 및 감리단이 현장외부에서 공사 목적물의 품질 확보 또는 건설장비 자체의 운행 감시 등 공사 진척상황의 확인을 위한 목적을 일부 포함하고 있는 경우 CCTV에 소요되는 비용은 산업안전보건관리비로 사용할 수 없다.(건설산재예방과-2493, 2012.7.25.)

전보건관리비로 사용이 가능하다.[632]

가설기자재의 성능검정비용 및 라벨구입비,[633] 미검정 가설기자재에 대한 안전성심사 수수료,[634] 건설업체에서 건설안전컨설팅을 실시시 외부 안전전문가는 건설안전분야 대학교수, 건설안전기술사, 산업안전지도사(건설분야), 건설안전(산업)기사 등으로 건설안전 실무경력이 있는 건설안전분야 전문가(전기공사인 경우 전기안전기술사 등 전기안전분야 전문가)를 말하여, 안전보건진단기관은 산업안전보건법 제48조에 따라 지정을 받은 기관을 말한다.[635]

건설기계관리법에 의한 검사 이외에 자체적인 타워크레인의 안전검사.[636]

타워크레인 안전성 강화를 위해 법에서 규정한 점검 이외 추가하여 검사기관에 의뢰한 검사비용.[637]

안전보건교육·행사비 항목

'안전기원제 행사' 비용은 사회통념상 안전기원제 행사의 취지에 부합하여야 한다.[638]

유해위험요인자기관리 전산시스템을 구축하는 데 소요되는 비용,[639] 안전기원제 행사 후 기념품(수건) 제작,[640] 안전기원제 행사 시 초청자의 기념품비 및 작업자의 포상비.[641]

인건비 항목

안전관리자 의무선임 공사는 아니라 하더라도 자격요건에 해당하는 자를 선임·보고하고 동

---

632 (산업안전과-336, 2005.9.27.)
633 안전성 여부를 확인하기 위한 목적으로 사용된다면 가능하다.(산안(건안) 68307-789, 2000.8.30.)
634 자진 신고한 경우 '사업장 안전진단비 등'의 항목으로 사용 가능하다.(산안(건안) 68307-25, 2001.1.9.)
635 (안전보건지도과-616, 2009.1.15.)
636 귀 질의의 크레인 안전검사가 다른 법 적용사항이 아니고 근로자의 재해예방을 목적으로 실시하는 검사로서 검사기관에 의뢰하여 지급한 검사 비용은 산업안전보건관리비로 사용이 가능하다.(안전보건지도과-4584, 2009.12.11.)
637 (산업안전팀-5431, 2007.11.29.)
638 (산안(건안) 68307-85, 2003.3.31.)
639 본사 안전전담부서에서 전체 소속현장을 대상으로 산업안전보건업무만을 대상으로 유해위험요인자기관리 전산시스템을 구축하는 데 소요되는 비용은 산업안전보건관리비로 사용이 가능하다.(건설산재예방과-1892, 2012.6.8.)
640 (산안(건안) 68307-609, 2000.7.12.)
641 기념품은 기념타올 등 상식적으로 인정될 수 있는 정도에 한정되어야 하고 포상비 또한 안전유공자에 한하여 가시적인 수여행위 등 사회통념상 포상행위로 인정이 되는 경우에 한하여 사용이 가능하다.(산안(건안) 68307-1084, 2000.12.7.)

안전관리자가 안전관리 업무만을 전담하여 수행한다면 이때 지급하는 인건비는 산업안전보건관리비로 사용이 가능하다.[642]

산업안전보건관리비로 사용이 가능한 업무수당은 당해 작업의 직·조·반장 등의 지위에 있는 관리감독자가 영 제15조제1항 각 호의 규정에 의한 업무를 수행하는 경우에 한한다. 안전담당자가 직원으로서 직·조·반장 등의 지위에 있는 자가 아닌 경우에는 그에 대한 업무수당은 지급할 수 없다. 또한 안전담당자의 업무수당 지급기준 '월 급여의 10% 이내의 업무수당'에서 월 급여는 동 관리감독자의 업무에 대해 지급하는 월 임금액을 말하는 것으로 당해 현장에서 근무하지 않은 기간은 임금 지급에서 제외한다.[643]

하도급업체가 자율적으로 안전관리자를 채용하여 노동부에 선임신고 없이 전담으로 안전업무를 수행한 경우 원청의 안전관리자를 보조하는 자로 보아 인건비를 집행할 수 있다.[644]

설계변경에 의한 공사비 증액 등으로 안전보건관리비가 증액된 경우 기 사용한 안전관리자 인건비(수급업체 포함)를 소급하여 정산할 수 있다.[645]

안전보조원은 안전관리자를 보조하여 안전순찰 등의 안전업무를 전담하여 수행하는 자를 말하는 것으로, 안전관리자가 선임되어 있지 않은 경우의 안전보조원에 대해서는 동 규정에 의해 안전관리비로 그 인건비를 지급할 수 없다.

무전기, 카메라 및 순찰차량은 안전관리 업무를 수행하는 안전관리자가 사용하는 경우에 한하여 동 비용을 산업안전보건관리비로 사용할 수 있다는 의미로 안전관리자가 선임되어 있지 않은 경우 당해 비용을 산업안전보건관리비로 사용할 수 없다. 다만, 같이 안전관리자 의무 선임대상이 아닌 경우에도 자율적으로 산업안전보건법 시행령 별표 4에서 정하는 자격을 갖춘 안전관리자를 선임하여 안전관리 업무를 수행토록 하는 경우에는 안전보조원과 장비 비용을

---

642   (산안(건안) 68307-10150, 2002.4.10.)
643   (산안(건안) 68307-10490, 2001.10.9.)
644   (산안(건안) 68307-10543, 2001.11.13.)
645   건설업 산업안전보건관리비는 총 공사금액에 의해 계상된 안전관리비를 기준으로 사용이 가능하므로 귀 질의의 안전관리자 인건비가 건설업 산업안전보건관리비 계상 및 사용기준(고용노동부 고시) [별표 2] '안전관리비의 항목별 사용내역'상 1번 항목(안전관리자 등의 인건비 및 각종 업무 수당)에서 규정하고 있는 대로 사용되었다면 소급하여 정산이 가능하며 또한, 동 현장의 협력업체에서 기 사용한 안전관리비에 대해서도 정산이 가능하다.(안전보건정책과-970, 2010.8.31.)

안전관리비로 사용할 수 있다.[646]

안전보조원 및 리프트운전원을 계약에 의해 사용하는 경우 당해 업무를 수행하는 대가로 지불하는 비용은 산업안전관리비로 사용이 가능하다. 이때 비용은 안전보조원이나 운전자에게 지급하는 인건비를 말한다.[647]

안전보조원이 순찰 등 안전관리업무와 안전시설의 설치·유지·보수 업무를 병행하여 수행할 수 없다.[648]

안전감시단 업체와 계약을 체결한 안전감시단 운영비.[649]

보호구 항목

진·방독 등 위생을 위한 각종 개인보호구의 구입, 수리, 관리 등에 소요되는 비용은 산업안전보건관리비로 사용이 가능하다. 안전화 건조기, 안전화 털이개와 에어건 등 개인보호구의 관리 설비비용.[650]

밀폐된 공간에서 피부로 스며드는 분진을 억제하여 피부질환을 예방하기 위해 사용하고자 하는 방진복,[651] 동절기 토목현장 근로자들의 미끄럼방지를 위한 아이젠 구입비,[652] 건설현장 근로자의 추락방지를 위해 '안전대가 일체화된 작업복'.[653]

---

646 (산안(건안) 68307-10531, 2001.11.3.)
647 (산안(건안) 68307-10534, 2001.11.6.)
648 안전보조원이라 함은 안전관리자를 보조하는 자로 안전순찰 등 안전관리업무만을 전담하는 자를 말하는 것으로 안전관리업무와 안전시설의 설치·유지·보수 업무를 병행하여 수행하는 자는 산업안전보건관리비 기준 항목 1. (안전관리자 등의 인건비 및 각종 업무수당 등)에 해당하는 자로 볼 수 없다. 다만, 동 기준 항목 2. (안전시설비 등)에 의하면 안전보건시설의 구입·설치·유지·보수에 소요되는 인건비는 산업안전보건관리비로 사용이 가능하다.(산업안전과-1453, 2004.3.8.)
649 안전·보건관리자를 보조하는 자로 안전순찰 또는 질병자 관리 등 안전·보건관리업무를 전담하는 자의 인건비는 산업안전보건관리비로 사용이 가능하도록 규정하고 있으므로 귀 질의의 안전감시단이 고시에서 정한 기준에 적합하다면 그 인건비는 산업안전보건관리비로 사용이 가능하다. 안전보조원의 인원 및 인건비 증빙서류에 대해서는 법령에 규정된 사항이 없으므로 감리자 등과 협의하여 처리하여야 할 것이다.(안전보건지도과-4241, 2009.11.17.)
650 (산업안전팀-5533, 2007.12.7.)
651 (산업안전팀-5641, 2007.12.12.)
652 동절기 잦은 눈 등 현장여건상 근로자들의 미끄럼으로 인한 산업재해를 예방하기 위해 착용하는 것이라면 가능하다.(산업안전팀-258, 2008.1.22.)
653 노동부장관이 실시하는 보호구 성능검정 결과 합격한 경우라면 동 제품의 구입비는 산업안전보건관리비로 사용할 수 있다.(산업안전팀-355, 2008.1.31.)

근로자 건강관리비 항목

일반건강진단 실시비용(국민건강보험법에 의한 비용은 제외),[654] 음주측정기 구입비.[655]

건설현장내 환기가 불충분한 시험실 내 추가 환기덕트설비 자재 및 설치비,[656] 밀폐된 탱크공사에 작업하는 근로자들의 호흡기질환 등을 예방하기 위해 작업특성상 발생되는 먼지 제거를 위한 진공청소기.[657]

본사 사용 항목

본사 안전관리부서는 명칭의 여하에 관계없이 해당 업무를 수행하는 경우 안전보건관리비 적용대상이 된다.[658] 본사 안전전담부서의 명칭이 고용부 예시와 다르다 하여도 규정된 자격과 역할을 수행한다면 가능하다.[659]

2) 사용 불가능한 경우

공사 및 작업과 직접 관련된 비용은 산업안전보건관리비로 집행할 수 없다. 또한 공사 설계 내역서에 반영된 안전시설물(낙하물방지망) 설치비는 산업안전보건관리비로 사용할 수 없

---

654 (산업보건환경팀-749, 2006.1.20.)

655 음주측정기가 음주한 근로자들이 공사현장에서 일을 하게 됨으로써 안전사고 등의 발생이 우려되어 사전에 음주측정을 실시하여 과음을 한 경우 작업을 하지 못하게 하여 재해예방의 효과를 거두기 위한 차원에서 사용되는 경우라면 인정된다.(산업안전팀-2164, 2007.4.25.)

656 환기가 불충분한 토사 시험실 내에서 작업근로자의 건강보호를 목적으로 먼지 등 배출을 위해 추가로 설치하고자 하는 환기설비가 공사설계내역서에 반영되어 있지 아니하다면 동 환기시설의 설치에 소요되는 비용은 산업안전보건관리비로 사용이 가능하다.(안전보건지도과-236, 2010.3.15.)

657 (산업안전팀-54128, 2007.11.27.)

658 【질의】 당사는 조직개편으로 팀 명칭이 당초 안전팀에서 품질안전팀으로 변경되었으며, 당초 안전만을 전담하던 직원 3명(건설안전기사1급 1명, 노동부 안전관리자 양성교육 수료자 1명, 안전관리학과 전공자 1명)과 품질관리 전담직원 4명 등이 함께 근무를 하고 있고 ISO 9001 업무표준절차 규정에 따라 업무분장을 '안전파트'로 구분하고 당초에 수행하던 재해예방 각종 활동 및 산재처리와 관련한 안전업무를 실제 계속 수행하고 있는 바, 위와 같은 경우 본사관리비 사용가능 여부?

☞ (회시) 안전담당 부서의 명칭이 '안전팀'에서 '품질안전팀'으로 변경되었다고 하더라도 위 인원이 품질안전팀 내에서 '안전파트'에 소속되어 전과 동일하게 안전업무를 계속 수행하는 경우라면 산업안전보건관리비 본사 사용이 가능하다.(산안(건안) 68307-10423, 2002.9.10.)

659 안전전담부서의 명칭이 노동부 예시 내용과 일치하지 않는 경우라 하더라도 해당 부서가 산업안전보건법시행령 별표 4에서 정하는 건설현장의 안전관리자의 자격을 갖춘 자 1인을 포함하여 전담직원이 3인 이상인 안전만을 전담하는 과·파트 등의 조직을 갖추었을 경우에는 안전보건관리비를 본사에서 사용할 수 있다.(산안(건안) 68307-247, 2000.3.23.)

다.[660] 공사설계내역서란 원도급계약서상의 공사설계내역서를 말한다. 원도급계약서상에 포함되는 낙하물방지망 등의 설치비는 산업안전보건관리비로 사용할 수 없다.[661]

절연저항측정기, 접지저항측정기 등의 품목의 경우에는 사용되는 작업의 종류에 따라 판단하여야 한다. 본 공사 전기시설 설치와 관련하여 전선의 저항, 전기기기의 통전 여부 확인 등 통상적인 전기작업을 위한 용도라면 산업안전보건관리비로 사용이 불가능하고, 당해 현장의 가설전선의 접지 시설 등의 확인을 통해 작업 중인 근로자를 보호하기 위한 용도로 구입하는 경우라면 산업안전보건관리비로 사용이 가능하다.[662]

노출된 도시가스 배관의 가스누출을 검지하기 위하여 고정 설치하는 가스누출 경보기나 가스 포집갓 구입 및 설치비용은 공사비 등에 반영하여 사용하는 것이 타당하다.[663]

본사의 산재과는 안전보건을 전담하는 부서로 보기 어렵다.[664]

본사 안전전담부서 직원의 인건비 및 소속현장의 안전점검 등을 위한 업무수행 출장비는 산업안전보건관리비로 사용할 수 있으나, 디지털카메라, 컬러프린터, 사무용품 등의 구입비용은 산업안전보건관리비로 사용할 수 없다.[665]

사용 가능한 항목이라도 해당 시설 또는 장비에 소요되는 비용이 공사비 등 다른 비용으로 중복 사용이 가능할 경우 동 비용은 제외한다. 자연재난으로 파괴된 안전시설물에 대해 보험사로부터 받은 보상비[666]를 받은 경우 해당 부분을 제외하여야 한다.

---

660   (산안(건안) 68307-10487, 2001.10.8.)
661   (산업안전팀-38, 2005.1.3.)
662   (산안(건안) 68307-109, 2003.4.24.)
663   (산안(건안) 68307-10417, 2002.9.5.)
664   본사 산재과 소속 직원 및 안전과와 산재과의 총괄책임자인 안전관리팀장의 급여 등은 본사 안전관리비로 사용하기 어렵다. 안전보건관리비 사용내역서는 월간 단위로 사용내역서를 작성토록 명기되어 있는바, 본사 안전관리비 사용내역서는 매월 작성하여야 한다.(산안(건안) 68307-166, 2003.6.16.)
665   (산안(건안) 68307-281, 2003.9.26.)
666   자연재난 등의 사유로 안전시설이 파괴되어 동비용을 보험회사로부터 보상받았다면 보상받은 금액에 해당하는 비용에 해당하는 부분은 산업안전보건관리비로 사용할 수 없다.(건설산재예방과-3076, 2012.9.14.)

공사작업에 필수적인 경우

배관매설공사장의 '용접작업자 보호용 안전 Shelter(또는 Welding House)'.[667]

건물 내부 바닥청소작업용 분진집진차,[668] 흙막이 공사 후 작업저면으로 내려가기 위한 가설 발판 및 계단,[669] 이동식비계에 별도로 설치한 승강사다리,[670] 가설울타리 설치비,[671] 철로 건널목 시설비용 및 안내원의 인건비,[672] 현장 게이트 앞에 배치하여 현장출입 덤프트럭의 신호를 하는 신호수,[673] 덤프트럭의 신호수 역할을 겸하는 차량집계원.[674]

용도에 따라 달라지는 경우(일반 공사관리가 주목적인 경우)

도로 내 공사 현장에서 중장비와 외부 차량으로부터 근로자를 보호하기 위하여 설치한 PE방호 블록.[675]

667   '용접작업자 보호용 안전 Shelter(또는 Welding House)'는 관로 매설공사에서 굴착저면의 주요작업이 이루어지는 부위(관과 관을 연결하는 용접작업부위)에 설치하여 낙석, 붕괴 등에 의한 재해를 예방하는 조치로서 산업안전보건법에 의한 적정한 기울기 또는 토류벽을 설치한 상태에서 이루어지는 시설이라면 산업안전보건관리비로 사용이 가능할 것이나 기울기 미준수 또는 흙막이 시설이 없는 굴착장소에서 사용할 경우에는 이는 당연히 설계에 반영되어야 할 시설이 반영되지 아니하여 이를 대체하기 위한 가시설로 판단되므로 설계에 반영하여 공사비로 집행하여야 할 것이다.(안전보건지도과-49, 2010.7.10.)

668   건물내부 바닥청소작업 시 분진집진차는 근로자의 건강장해를 예방하기보다는 현장 청소 및 대기환경오염을 방지하기 위한 시설로 볼 수 있다. 다만 분진의 비산으로 인한 건강장해를 예방하기 위하여 근로자에게 지급하는 방진마스크 및 환기가 불충분한 장소의 환기설비에 대해서는 산업안전보건관리비로 사용할 수 있다.(산안(건안) 68307-242, 2000.3.22.)

669   가설계단은 근로자가 작업장으로 이동하기 위한 설비로서 작업상 필요한 설비이므로 동 시설물의 제작비용 중 추락방지용 안전난간설치에 소요되는 비용을 제외한 나머지 비용은 산업안전보건관리비에서 사용할 수 없다.(산안(건안) 68307-286, 2000.4.7.)

670   이동식비계에 설치한 승강용사다리는 주로 작업을 목적으로 설치된 것이어서 안전보건관리비로 사용할 수 없다.(산안(건안) 68307-655, 2000.7.22.)

671   현장에 설치하는 가설울타리는 현장의 경계를 표시하고 외부인의 출입을 통제하는 등의 용도이므로 산업안전보건관리비로 사용할 수 없다.(안전보건지도과-4822, 2009.12.31.)

672   작업장비 등의 이동을 위해 설치한 건널목은 장비 및 차량의 이동을 용이하게 하기 위한 시설로 산업안전보건관리비로 사용할 수 없다.(산안(건안) 68307-10096, 2001.3.22.)

673   유도 또는 신호수의 인건비는 산업안전보건관리비로 사용이 가능하나 귀 질의의 게이트에 배치된 신호수는 근로자의 보호를 위한 목적보다는 공사차량의 원활한 흐름과 통제를 위한 목적이 더 크므로 동 신호수의 인건비는 산업안전보건관리비로 사용할 수 없다.(안전보건지도과-4570, 2009.12.10.)

674   차량집계원이 현장 내에서 근로자의 보호를 위해 덤프트럭의 신호수로 근무하는 경우 신호수로서 업무를 수행하는 동안에 발생되는 인건비에 대해서는 산업안전보건관리비로 사용이 가능하다.(안전보건지도과-4570, 2009.12.10.)

675   공사현장에 중장비로부터 근로자 보호를 위한 교통안전표지판 및 펜스 등 교통안전시설물 비용은 안전관리비로 사용이 가능하나, 도로 확·포장공사 등에서 공사용 외의 차량의 원활한 흐름 및 경계표시를 위한 교통안전 시설물은 제외토록 규정하고 있는 바, 귀 질의의 PE방호 블록은 중장비 및 외부 차량의 경계표시 및 차량의 원활한 흐름을 위한 교통안전 시설물로 판단되므로 이에 소요되는 비용은 산업안전보건관리비로 사용이 불가하다.(안전보건지도과-234, 2010.3.15.)

자연재난 대비용 CCTV,[676] 수해방지용 또는 제빙용 모래와 주머니 구입비,[677] 기존도로 확·포장공사에서 차량의 안전한 운행 및 근로자 안전을 위하여 설치한 투광등,[678] 공사장 경계부에 선로 무단통행 방지 울타리,[679] 타워크레인 신호수용 무전기 및 근로자 식별용(열차승객과 식별) 조끼.[680]

교육장 내부에 사무실, 보호구 창고 및 자재창고의 교육용 고가비품 보안을 위한 안전교육장 도난경보시스템.[681]

재해예방이나 피해최소화가 아닌 사후보상 등 목적

근로자재해보상보험의 보험료[682]

일반 노무관리

출·퇴근관리, 근로자의 안전관리(개인 보호구지급, 개인벌점부과 등), 보건관리(건강진단 등), 노임지급관리 등을 통합한 '전자적 인력관리 시스템'의 설치 및 유지관리비,[683] 건설현장의

---

676   수방대비 등 다른 목적이 포함된 경우 소요되는 비용은 산업안전보건관리비로 사용할 수 없다. 귀 질의의 CCTV의 경우 일부 근로자 재해예방목적을 포함하고 있으나, 자연재해로 인한 현장소유물(시설 및 장비 등) 보호 등 수방대비 목적이 포함되어 있으므로 동 CCTV에 소요되는 비용은 산업안전보건관리비로 사용할 수 없다.(건설산재예방과-2515, 2012.7.26.)

677   우기대비 수방방지용 모래 및 주머니는 근로자의 산업재해예방을 위하여 사용되는 것이라면 안전관리비로 사용할 수 있을 것이나 본 구조물 보호 등 공사의 일부분이 유실되는 것을 방지하기 위해 사용된다면 안전관리비로 사용할 수 없다. 제빙용 모래 및 주머니 또한 같다.(산안(건안) 68307-286, 2000.4.7.)

678   투광등이 도로공사현장에서 공사차량 외의 일반차량의 원활한 흐름을 위하여 설치된 경우 산업안전보건관리비로 사용이 불가능하다.(산안(건안) 68307-758, 2000.8.22.)

679   【질의】도급계약 시행 중인 ○○하수종말처리장 건설사업의 부지경계가 경부선 철도부지와 맞닿아 있어 본 공사 착공에 따른 철도청 보선 사무소와의 협의내용 중 "하수종말처리장 설치에 따른 선로 무단통행을 예방하기 위하여 철도 선로 쪽 대지 경계부근에 펜스 또는 블록울타리 등을 설치하여야 합니다."의 조건에 의해 설치하는 안전울타리의 안전보건관리비 사용 여부?
☞ (회시) 작업장 내 개구부나 맨홀 등 근로자의 추락방지를 위하여 설치하는 안전펜스 및 가설울타리에 해당하지 않는다.(산안(건안) 68307-10097, 2001.3.26.)

680   타워크레인 운전원과 신호수용 무전기 및 모든 근로자에게 일률적으로 지급되는 조끼 등도 작업의 능률을 위한 것이라고 사료되는 바 산업안전보건관리비로 사용할 수 없다.(산안(건안) 68307-10096, 2001.3.22.)

681   도난방지용 장치는 근로자의 재해 예방과 직접 관련되는 비용이라고 보기 어렵다.(산안(건안) 68307-10642, 2001.1.2.)

682   재해 발생 시 피재근로자에 대한 보상을 목적으로 하는 것으로서 작업 중인 재해예방을 목적으로 사용되는 산업안전보건관리비에 해당하지 않는다.(산안(건안) 68322-777, 2000.8.28.)

683   '전자적 인력관리 시스템의 설치 및 유지관리비용'을 산업안전보건관리비로 사용이 가능한지 여부는 동 비용의 사용목적을 종합적으로 판단하여 근로자 안전·보건관리에 주된 목적이 있다면 산업안전보건관리비로 사용이 가능하나 그러하지 않는 경우 사용할 수 없다.(안전보건정책과-1027. 2010.9.2.)

순찰기능과 근로자의 출퇴근관리용 Touch-checker.[684]

타법에 의해 당연히 해야 하는 경우

가스누출 경보장치(도시가스사업법에 따라 설치한 고정식 가스누출검지경보장치),[685] 전기안전관리자의 인건비,[686] 산업안전보건법에 의한 안전관리자 선임과 별도로 도시가스사업법, 고압가스안전관리법, 소방법, 전기공사업법 등에 의거 추가로 선임되는 안전관리자의 인건비.[687]

후생복리 성격

숙박시설 사용료 등 생활보조적, 복리후생적 성격의 금품은 산업안전보건관리비로 사용할 수 없다.[688]

'건설근로자의 고용개선 등에 관한 법률'에 따라 설치하는 식당·탈의실,[689] 냄새 제거에 효과가 큰 기능성 음이온 양말.[690]

---

684   일반 노무관리에 사용되는 비용은 안전보건관리비로 사용할 수 없다.(산안(건안) 68307-1112, 2000.12.29.)

685   산업안전보건법령에 따라 인정되는 가스농도측정기는 휴대용에 한한다.(산안(건안) 68307-10643, 2001.1.2.)

686   공사에서 전차선단전 업무 등을 수행하기 위하여 선임된 안전관리자가 산업안전보건법에 의한 안전관리자 업무를 수행하지 아니하는 경우에는 안전보건관리비 적용대상이 아니다.(산안(건안) 68307-10066, 2001.3.8.)

687   산업안전보건법외 다른 법 적용 안전관리자 인건비는 산업안전보건관리비로 사용할 수 없다.(안전보건지도과-3474, 2008.11.17.)

688   산업안전보건관리비상 인건비라 함은 근로기준법 제18조의 규정에 의한 임금과 당해 현장에 근무하는 기간 동안의 퇴직급여충당금을 말하는 바, 이때의 임금은 사용자가 근로의 대가로 근로자에게 지급하는 일체의 금품으로 귀 질의의 숙박시설에 대한 사용료는 근로의 대상으로 지급되는 금품이기보다는 안전관리자를 포함한 현장 직원들이 특수한 근무조건이나 환경에서 직무를 수행하게 됨으로 말미암아 추가로 발생되는 단순 생활보조적, 복리후생적으로 보조되거나 혜택을 부여하는 금품으로 판단되므로 인건비로 볼 수 없을 것이다.(산업안전팀-2061, 2007.4.18.)

689   『건설근로자의 고용개선 등에 관한 법률』에서 규정하고 있는 '공사금액 1억 원 이상의 건설공사 시 식당·탈의실 등의 설치'는 건설근로자의 고용개선과 복지증진을 도모하기 위한 것으로서 이에 소요되는 비용을 산업재해의 예방을 위해 사용토록 규정한 산업안전보건관리비로 사용하기는 어렵다고 판단되는 바, 복리후생비 등 별도의 비용으로 확보하여 사용하여야 한다.(산업안전팀-493, 2008.2.18.)

690   안전대·안전화·안전장갑·보안경과 같은 각종 개인보호구의 구입·수리·관리 등에 소요되는 비용은 산업안전보건관리비로 집행할 수 있으나, '기능성 음이온 양말'은 개인보호구 또는 안전장구 등에 해당하지 않는다.(안전보건지도과-2930, 2009.7.24.)

과도하거나 적용대상이 아닌 경우

안전관리자의 기술수준을 높이고자 국가자격시험(건설안전기사) 취득 필요비용.[691]

안전관리자의 잠수교육은 안전관리자에 대한 잠수방법 및 잠수기술 습득을 위해 실시하는 교육에 해당하여 이에 소요되는 비용은 산업안전보건관리비로 사용하기 어렵다.[692]

안전보건총괄책임자 인건비,[693] 하청업체 공사부 대리의 업무수당,[694] 채용 시 건강진단,[695] 일반건강진단 항목 외에 요추검사 및 심전도검사 비용,[696] 노동조합과 임단협 시 임금인상 부족분을 보존해 주기로 하여 노임부족분에 대한 격려금.[697]

본사 안전전담직원의 현장 지원·점검 목적의 차량 리스(임대)비용 및 유류비.[698]

안전관리자에게 경영성과에 따라 지급한 성과급,[699] 안전관계자의 식비 및 간식비,[700] 감리단 직원에게 지급하는 안전화 등 개인보호구 구입비는 인정되지 않는다.[701]

---

691 자격·면허취득 또는 기능습득을 가능한 비용은 산업안전보건법 제47조에서 규정하고 있는 작업과 관련하여 지정된 교육기관에서 실시하는 교육에 한한다.(산안(건안) 68307-10087, 2001.3.17.)

692 (산안(건안) 68307-10608, 2001.12.12.)

693 '전담 안전관리자, 유도 또는 신호자 및 안전보조원의 인건비'는 산업안전보건관리비로 사용이 가능토록 규정하고 있다.(산업안전팀-37, 2006.1.3.)

694 하청업체 공사부 대리가 당해 작업의 직·조·반장 등의 지위에서 당해 작업을 직접 지휘·감독하는 관리감독자가 아니라면 위 규정에 의한 안전보건관리비에 의한 업무수당 지급이 아니다.(산안(건안) 68307-10154, 2001.4.25.)

695 채용 시 건강진단은 근로자를 채용한 후에 해당 업무에 적합 여부를 판단하여 근로자 건강을 보호하려는 취지로 운영되어 왔으나 동 건강진단이 오히려 질병이 있는 자에 대하여 고용기회를 박탈하는 수단으로 활용되는 등의 폐단이 있어 산업 안전보건법시행규칙(노동부령 제231호, 2005.10.7.) 개정으로 채용 시 건강진단이 폐지되었다. 따라서 채용시 건강진단을 사업장 자율적으로 실시하더라도 당해 비용은 산업안전보건관리비로 사용할 수 없다.(산업안전팀-1961, 2005.12.28.)

696 '법 제43조의 규정에 의한 근로자의 건강진단에 소요되는 비용'만을 산업안전보건관리비로 사용이 가능토록 규정하고 있다.(산업안전팀-434, 2006.1.18.)

697 귀 질의의 금년도 임금인상 부족분을 보전하기 위한 격려금은 임금의 성질을 갖는 금품이라기보다는 1회적인 금품으로써 성과배분 상여금으로 보여지므로 산업안전보건관리비에서 사용할 수 없다.(산업안전과-5273, 2004.8.18.)

698 당해 안전관리자용 안전순찰차량의 구입 또는 임대(리스)비용은 산업안전보건관리비로 사용이 불가하며, 임대차량의 유류비, 수리비, 소모품 교환비, 보험료는 사용이 가능하다.(산업안전팀-413, 2005.9.30.)

699 경영성과(매출액, 이익금, 생산성 등) 평가결과에 따라 지급 여부가 결정되는 성과급의 경우, 정기적 임금의 성격을 갖는 것으로 보기 어려우므로 산업안전보건관리비로 사용이 불가할 것으로 판단된다.(산업안전팀-991, 2005.10.28.)

700 전담안전관리자 및 안전보조원의 인건비(근로기준법 제18조 규정에 의한 임금 및 퇴직급여 충당금)는 산업안전보건관리비로 사용 가능하다. 그러나 귀 질의와 같이 전 근로자에게 정기적·일률적으로 계속 지급하지 아니하고 출근하는 날에 현물로 차등 지급하는 식대는 근로기준법 제18조 규정에 의한 임금 성격의 금원이 아닌 복리후생적 금품으로 산업안전보건관리비로 사용할 수 없다.(산업안전과-961, 2004.2.10.)

701 감리단 직원에게 지급하는 안전화 등 개인보호구 구입비용은 사용이 불가하다.(산업안전과-40, 2005.9.3.)

근로자 보건관리

◈ 이 편의 제도 개요 ◈

① 작업환경측정

'작업환경측정'이란 인체에 해로운 유해인자를 취급하는 작업을 하는 작업장에서 근로자가 어떤 유해인자에 어느 정도 노출되고 있는지를 공학적으로 측정, 평가하는 것을 말한다. 법 제125조는 근로자의 건강을 보호하기 위한 조치로써 작업환경의 상태를 평가하는 작업환경측정의 실시, 작업환경측정결과의 기록·보존 및 보고 등을 의무화하고, 그 의무를 위반한 경우 300만 원에서 1천만 원 이하의 과태료를 부과하고 있다.

(1) 대상 작업장

1) 측정대상 작업장(법 제125조제1항, 시행규칙 제186조제1항)

시행규칙 별표 31에 작업환경측정대상 유해인자를 규정하고 있다. 여기에는 유기화학물·금속류·산 및 알칼리류 등 화학적 인자(183종[702]), 분진(7종), 물리적인자(2종[703]), 기타 고용노동부장관이 고시하는 유해인자 등이다. 사업주는 작업환경측정대상 유해인자에 노출되는 근로자가 있는 작업장에 대해서는 작업환경측정 등을 하여야 한다.

도급인의 사업장에서 관계수급인 또는 관계수급인의 근로자가 작업을 하는 경우에는 도급인이 작업환경측정을 하여야 한다. (법 제125조제2항)

---

702 유기화합물(114종), 금속류(24종), 산 및 알칼리류(17종), 가스상 물질류(15종), 시행령 제90조에 따른 허가대상 유해물질(12종), 금속가공유(1)
703 8시간 시간가중평균 80데시벨(dB) 이상의 소음, 안전보건규칙(제7장)에 따른 고열.

2) 측정하지 아니할 수 있는 작업장(시행규칙 제186조제1항)

'임시작업'과 '단시간작업'이 이루어지는 작업장은 측정하지 아니할 수 있다. 단, 발암성 물질을 취급하는 작업은 측정하여야 한다.

- 임시작업: 일시적으로 행하는 작업 중 월 24시간 미만인 작업. 다만, 월 10시간 이상 24시간 미만인 작업이 매월 행하여지는 작업은 제외(안전보건규칙 제420조제8호)

- 단시간작업: 안전보건규칙 제11장의 규정에 따른 관리대상유해물질 취급에 소모되는 시간이 1일 1시간 미만인 작업. 다만, 1일 1시간 미만인 작업이 매일 행하여지는 작업은 제외(안전보건규칙 제420조제9호)

○ 안전보건규칙 제420조제1호에 따른 관리대상유해물질로서 허용소비량을 초과하지 아니하는 작업장

○ 안전보건규칙 제605조제2호에 따른 분진작업의 적용 제외 작업장

그 밖에 작업환경측정대상 유해인자의 노출수준이 고용노동부장관이 정한 노출기준에 비하여 현저히 낮은 경우로서 고용노동부장관이 정하여 고시하는 작업 또는 작업장으로 현재 '주유소'가 정하여져 있다.

(2) 측정방법 및 횟수

사업주는 측정대상 작업장에 대하여 측정자의 자격을 가진 자로 하여금 측정을 하도록 한 후 그 결과를 기록·보존하여야 한다.(법 제125조제1항, 제3항) 지정측정기관에 위탁 시 작업환경측정에 따른 시료의 분석만을 위탁할 수 있다.(법 제125조제3항)

1) 측정자의 자격

그 사업장에 소속된 사람으로서 산업위생관리산업기사 이상의 자격을 가진 자(시행규칙 제

187조) 또는 지정측정기관(법 제126조)

2) 측정방법(시행규칙 제189조제1항)

작업환경측정을 실시하기 전에 예비조사를 실시하고, 작업이 정상적으로 이루어져 작업시간과 유해인자에 대한 근로자의 노출정도를 정확히 평가할 수 있을 때 실시한다.

모든 측정은 개인시료 채취방법으로 실시하되, 개인시료 채취방법이 곤란한 경우에는 지역시료 채취방법으로 실시하여야 한다. 이 경우 그 사유를 시행규칙 별지 제83호서식의 작업환경측정결과표에 분명하게 밝혀야 한다. 유해인자별 세부측정방법 등 측정방법과 관련한 자세한 내용은「작업환경측정 및 지정측정기관 평가 등에 관한 고시」에 규정되어 있다.

3) 측정 횟수

작업장 또는 작업공정이 신규로 가동되거나 변경되는 등으로 작업환경측정대상 작업장이 된 경우에는 그날부터 30일 이내에 작업환경측정을 실시하고, 그 후 매 6개월에 1회 이상 정기적[704]으로 작업환경을 측정하여야 한다. (시행규칙 제190조제1항)

주기 단축(화학적 인자 측정치가 노출기준을 초과한 경우)

작업환경측정결과가 다음 경우에 해당하는 작업장 또는 작업공정은 해당 유해인자에 대하여 그 측정일부터 3개월에 1회 이상 작업환경측정을 실시하여야 한다. (시행규칙 제190조제1항단서)

- 화학적 인자(발암성 물질만 해당)의 측정치가 노출기준을 초과하는 경우
- 화학적 인자(발암성 물질을 제외)의 측정치가 노출기준을 2배 이상 초과하는 경우

---

704 다만, 안전보건진단기관이 진단을 실시할 때에 작업장의 유해 인자 전체에 대하여 고용노동부장관이 정하는 방법에 따라 작업환경을 측정한 경우에는 사업주는 해당 측정주기에 실시하여야 할 해당 작업장의 작업환경측정을 별도로 실시하지 아니할 수 있다.(시행규칙 제186조제2항)

주기 연장

최근 1년간 작업공정에서 공정 설비의 변경, 작업방법의 변경, 설비의 이전, 사용 화학물질의 변경 등으로 작업환경 측정결과에 영향을 주는 변화가 없는 경우로서 다음 각 호의 어느 하나에 해당하는 경우에는 해당 유해인자에 대한 작업환경측정을 1년에 1회 실시할 수 있다. (발암성물질을 취급하는 작업공정은 제외, 시행규칙 제190조제2항)

- 작업공정 내 소음의 작업환경측정결과가 최근 2회 연속 85데시벨(dB) 미만인 경우
- 작업공정 내 소음 외의 다른 모든 인자의 작업환경측정결과가 최근 2회 연속 노출기준 미만인 경우

(3) 관련 의무

1) 근로자대표 참석(법 제125조제4항)

사업주는 근로자대표[705]의 요구가 있을 때에는 작업환경측정 시 근로자대표를 참석시켜야 한다. 예비조사 시 근로자대표 또는 해당 작업공정을 수행하는 근로자의 요구가 있을 시 참석시켜야 한다. (시행규칙 제188조제2항)

2) 설명회 개최(법 제125조제7항)

사업주는 산업안전보건위원회 또는 근로자대표의 요구가 있는 경우에는 직접 또는 작업환경측정을 실시한 기관으로 하여금 작업환경측정결과에 대한 설명회를 개최하여야 한다.

---

705 관계수급인의 근로자대표를 포함.

3) 측정결과에 따른 조치(법 제125조제6항)

사업주는 작업환경측정의 결과를 해당 작업장 근로자(관계수급인 및 관계수급인의 근로를 포함)에게 알려야 하며, 그 결과에 따라 근로자의 건강을 보호하기 위하여 해당 시설 및 설비의 설치 또는 개선, 건강진단의 실시 등 적절한 조치를 하여야 한다. 사업주는 작업환경측정 결과 노출기준을 초과한 작업공정이 있는 경우에는 법 제125조제3항에 따라 해당 시설 및 설비를 설치하거나 개선, 건강진단 실시 등 적절한 조치를 하고 제196조제1항에 따른 시료채취를 마친 날부터 60일 이내에 해당 작업공정의 개선을 증명할 수 있는 서류 또는 개선 계획을 관할 지방고용노동관서의 장에게 제출하여야 한다. (시행규칙 제188조제3항)

4) 결과 보고

사업주는 측정을 실시한 때에는 작업환경측정결과보고서(시행규칙 별지 제82호서식)에 작업환경측정결과표(시행규칙 별지 제83호서식)를 첨부하여 시료채취를 마친 날로부터 30일 이내에 관할 지방고용노동관서의 장에게 제출한다. (시행규칙 제188조제1항)

지정측정기관이 작업환경측정을 한 경우에는 시료채취를 마친 날부터 30일 이내에 작업환경측정 결과표를 전자적 방법으로 지방고용노동관서의 장에게 제출하여야 한다. 다만, 시료분석 및 평가에 상당한 시간이 걸려 시료 채취를 마친 날부터 30일 이내에 보고하는 것이 어려운 지정측정기관은 고용노동부장관이 정하여 고시[706]하는 바에 따라 그 사실을 증명하여 지방고용노동관서의 장에게 신고하면 30일의 범위에서 제출기간을 연장할 수 있다. (시행규칙 제188조제2항)

5) 서류보존(법 제125조제5항 및 제164조제1항, 시행규칙 제241조)

○ 법 제125조에 따른 작업환경측정에 관한 서류: 3년간 보존

---

706   작업환경측정 결과의 보고내용 및 절차는 「작업환경측정 및 지정측정기관 평가 등에 관한 고시」에 규정되어 있다.

○ 시행규칙 제188조에 따른 작업환경측정결과를 기록한 서류: 5년간 보존

- 다만, 고용노동부장관이 고시하는 발암성 확인 물질에 대한 기록이 포함된 서류는 30년간 보존

(4) 위반에 대한 조치

① 작업환경측정을 하지 않은 경우 1천만 원 이하의 과태료 부과(법 제125조제1항 위반)

② 작업환경측정결과를 보고하지 않거나 허위보고를 한 경우 300만 원 이하의 과태료 부과(법 제125조제5항 위반)

③ 근로자대표가 요구했는데도 근로자대표를 참석시키지 않은 경우 500만 원 이하의 과태료 부과(법 제125조제4항 위반)

④ 산업안전보건위원회 또는 근로자대표가 설명회 개최를 요구했음에도 이에 따르지 않은 경우 500만 원 이하의 과태료 부과(법 제125조제7항 위반)

⑤ 해당 시설·설비의 설치·개선 또는 건강진단의 실시 등의 조치를 하지 않은 경우 1천만 원 이하의 벌금에 처함(법 제125조제6항 위반)

(5) 지정측정기관

작업환경측정은 고가의 장비와 전문가에 의해 실시하여야 하는 전문성을 요한다. 사업장마다 작업환경측정 자격자와 장비를 보유하기 어려우므로 대통령령으로 정한 자격을 갖춘 지정측정기관에 작업환경측정을 위탁할 수 있도록 한다.(법 제125조제3항) 지정측정기관은 사업장 자체측정기관[707]과 사업장 위탁 지정측정기관이 있다.(시행령 제95조)

---

707 측정할 수 있는 범위: 그 사업장(계열회사 사업장을 포함) 또는 그 사업장 내에서 사업의 일부가 도급계약에 의하여 행하여지는 경우는 수급인의 사업장

1) 지정측정기관 요건

사업장위탁측정기관으로 지정받을 수 있는 자(시행령 제95조)는, ① 국가 또는 지방자치단체의 소속기관, ②「의료법」에 따른 종합병원 또는 병원, ③「고등교육법」에 따른 대학 또는 그 부속기관, ④ 작업환경측정업무를 하고자 하는 법인 또는 ⑤ 작업환경측정 대상 사업장의 부속기관[708]으로 고용노동부령이 정하는 인력·시설 및 장비기준을 갖추고 측정·분석능력 확인에서 적합판정을 받은 자로 한다. (시행령 제95조, 별표 29)

2) 서류의 보존

지정측정기관은 작업환경측정을 실시한 때에는 ① 측정대상 사업장의 명칭 및 소재지, ② 측정연월일, ③ 측정을 실시한 자의 성명, ④ 측정방법 및 측정결과, ⑤ 기기를 사용하여 분석한 경우에 있어서는 분석자·분석방법 및 분석자료 등 분석에 관련된 사항을 기재한 서류를 3년간 보존하여야 한다. (시행규칙 제241조제4항)

3) 작업환경 측정, 분석능력 평가

작업환경측정에 대한 정확성 및 신뢰성을 확보하기 위하여 지정측정기관으로 하여금 고용노동부장관이 실시하는 정도관리(精度管理)[709]를 받도록 의무화하고 있다. (법 제126조제2항)

4) 지정측정기관 평가 · 공표

지정측정기관의 측정 및 분석수준을 향상시키기 위하여 정기적으로 평가하고 그 결과를 공

---

708 해당 부속기관이 소속된 사업장 등으로 한정하여 지정받으려는 경우로 한정
709 정도관리: 작업환경측정·분석치에 대한 정확성과 정밀도를 확보하기 위하여 지정측정기관의 작업환경측정·분석능력을 평가하고, 그 결과에 따라 지도·교육 기타 측정·분석능력 향상을 위하여 행하는 모든 관리적 수단(「작업환경측정 및 지정측정기관 평가 등에 관한 고시」 제2조제15호)

표한다.(법 제126조제3항,「작업환경측정 및 지정측정기관 평가 등에 관한 고시」) 평가는 2년마다 실시하되 필요시 평가주기를 조정할 수 있고 평가일 기준으로 최근 2년간 업무를 대상으로 한다. 평가등급은 S, A, B, C등급[710]으로 구분하여 공표한다.

(6) 작업환경측정 신뢰성 평가(법 제127조, 시행규칙 제194조)

법 제127조는 작업환경측정이 신뢰성이 있게 이루어졌는지를 평가하는 제도이다. 지방고용노동관서장은 ① 작업환경측정 결과가 노출기준 미만인데도 직업병 유소견자가 발생한 경우, ② 공정설비·작업방법 또는 사용화학물질의 변경 등 작업조건의 변화가 없는데도 유해인자 노출수준이 현저히 달라진 경우, ③ 제189조에 따른 작업환경측정방법을 위반하여 작업환경측정을 한 경우 등 신뢰성평가의 필요성이 인정되는 경우에는 그 작업환경측정의 신뢰성평가를 할 수 있다.

작업환경측정 신뢰성평가는 작업환경측정 결과 및 측정서류를 검토하고, 해당 작업공정 또는 사업장에 대하여 작업환경측정을 한다. 작업환경측정 결과 노출기준을 초과한 경우에는 법 제125조제6항에 따라 사업주로 하여금 해당 시설 및 설비를 설치·개선 또는 건강진단의 실시 등 적절한 조치를 하도록 한다. (시행규칙 제194조제3항)

---

710   S등급: 합계 평점이 90점 이상, A등급: 합계 평점이 80점 이상 90점 미만, B등급: 합계 평점이 70점 이상 80점 미만, C등급: 합계 평점이 70점 미만

② 도급인의 작업환경측정 의무

　법 제125조제2항은 도급인 사업장에서 관계수급인 또는 관계수급인 근로자가 작업 시 도급인은 자격을 가진 자에게 작업환경측정을 하도록 하여야 하며, 근로자대표(관계수급인의 근로자대표를 포함한다) 입회의무(법 제125조제4항), 작업환경측정 결과 알림 및 결과에 따른 해당 시설·설비의 설치·개선 또는 건강진단 실시 등 후속 조치 의무 규정하고 있다.(법 제125조제6항) 원칙적으로 작업환경측정 의무를 사업주에게 부여하되, 사내도급의 경우 도급인인 사업주가 수급인 근로자가 업무하는 공간에 대해 작업환경측정을 해야 하는 의무가 있음을 명확히 규정[711]하였다. 기존의 도급인의 작업환경측정의 실시, 기록·보존, 보고 및 근로자대표 입회의무에 추가하여 작업환경측정 결과 알림, 측정결과에 따른 시설·설비 개선, 설명회 개최 등 측정결과에 따른 후속조치 의무도 도급인에 부여하였다.[712]

---

[711]　도급인의 작업환경측정 의무 조항을 현행법 제29조제2항제4호에서 분리하여 작업환경측정 의무규정(개정법 제125조)에 통합 규정

[712]　벌칙규정 변경

구분	종전 ⇒ 개정	
도급인이 작업환경측정 미실시	500만 원 이하 벌금	1천만 원 이하 과태료
도급인이 작업환경측정 시 근로자대표 참석(근로자대표 요구 시)시키지 않은 경우	500만 원 이하 벌금	500만 원 이하 과태료
도급인이 측정결과를 기록·보존하지 않은 경우	500만 원 이하 벌금	300만 원 이하 과태료
도급인이 측정결과를 고용노동부에 보고하지 않은 경우	500만 원 이하 벌금	300만 원 이하 과태료
도급인이 측정결과에 따른 후속조치를 하지 않은 경우	벌칙 없음	1천만 원 이하 벌금
도급인이 측정결과를 근로자에게 알리지 않은 경우	벌칙 없음	500만 원 이하 과태료
도급인이 작업환경측정 결과 설명회(근로자대표 요구 시) 미개최 시	벌칙 없음	500만 원 이하 과태료

3 건강진단

작업을 수행하면서 근로자는 다양한 재료·도구 등을 다루게 된다. 직업과 관련하여 근로자의 건강에 영향을 주는 것으로 알려진 요소를 '유해인자'라 한다. 법 제8장(근로자 보건관리) 제2절에서는 특정작업 시 및 주기적으로 근로자의 건강상태를 확인하여 질병 또는 직업성질환을 초기단계에서 찾아내어 관리할 수 있도록 건강진단 및 건강관리 제도를 규정한다.

건강진단 종류는 건강진단의 실시시기 및 대상에 따라 일반건강진단(법 제129조)·특수건강진단(법 제130조제1항)·배치전 건강진단(법 제130조2항)·수시건강진단(법 제130조제3항) 및 임시건강진단(법 제131조) 등 5종류로 구분한다.

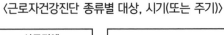

(1) 대상별 근로자 건강진단의 종류 · 실시시기

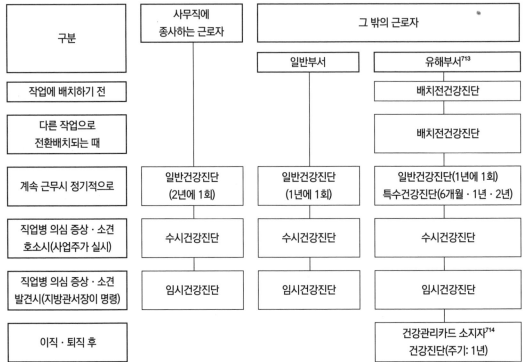

〈근로자건강진단 종류별 대상, 시기(또는 주기)〉

구분	사무직에 종사하는 근로자	그 밖의 근로자	
		일반부서	유해부서713
작업에 배치하기 전			배치전건강진단
다른 작업으로 전환배치되는 때			배치전건강진단
계속 근무시 정기적으로	일반건강진단 (2년에 1회)	일반건강진단 (1년에 1회)	일반건강진단(1년에 1회) 특수건강진단(6개월·1년·2년)
직업병 의심 증상·소견 호소시(사업주가 실시)	수시건강진단	수시건강진단	수시건강진단
직업병 의심 증상·소견 발견시(지방관서장이 명령)	임시건강진단	임시건강진단	임시건강진단
이직·퇴직 후			건강관리카드 소지자714 건강진단(주기: 1년)

1) 일반건강진단(법 제129조, 시행규칙 제197조)

상시 사용하는 모든 근로자를 대상으로 건강관리를 위하여 사업주가 주기적(사무직 근로자:715 2년에 1회 이상, 그 밖의 근로자: 1년에 1회 이상)으로 실시하는 건강진단을 말한다. 다른 법령의 규정에 따라 일반건강진단에 준하는 건강진단716을 받은 경우에도 일반건강진단을 실

---

713   유해부서: 특수건강진단 대상유해인자(177종)에 노출되는 부서 또는 업무
714   건강관리카드 발급대상 15개 업무 종사자
715   사무직에 종사하는 근로자: 공장 또는 공사현장과 같은 구역에 있지 아니한 사무실에서 서무·인사·경리·판매·설계 등의 사무업무에 종사하는 근로자를 말하며, 판매업무 등에 직접 종사하는 근로자는 제외
716   일반건강진단에 준하는 건강진단:「국민건강보험법」에 따른 건강검진, 「항공법」에 따른 신체검사,「학교보건법」에 따른 건강검사,「진폐의 예방과 진폐근로자의 보호 등에 관한 법률」에 따른 정기건강진단, 「선원법」에 따른 건강진단, 그 밖에 일반건강진단의 검사항목을 모두 포함하여 실시한 건강진단(예: 사업주가 부담하는 종합검진)

시한 것으로 본다. (시행규칙 제196조)

2) 특수건강진단(법 제130조, 시행규칙 제200조~제202조)

시행규칙에서 규정하는 직업병 발생 원인이 되는 유해인자(171종)에 노출되는 업무에 종사하는 근로자 및 근로자건강진단 실시결과 직업병 유소견자로 판정받은 후 작업 전환을 하거나 작업장소를 변경하고 직업병 유소견판정의 원인이 된 유해인자에 대한 건강진단이 필요하다는 의사의 소견이 있는 근로자를 대상으로 실시하는 건강진단을 말한다. 「원자력안전법」등 타법에 의한 건강진단도 특수건강진단 실시로 인정한다. (시행규칙 제200조)[717]

○ 특수건강진단 대상 업무

시행규칙 제201조에 따라 시행규칙 별표 22에서 정한 유해인자(171종)[718]에 노출되는 업무이다.[719] 야간작업[720]은 2013년에 추가되었다.

○ 실시시기 및 방법

- 배치전건강진단을 실시한 날로부터 유해인자별로 정해져 있는 시기에 첫 번째 특수건강진단을 실시하고,

- 이후 정해져 있는 주기에 따라 정기적으로 실시(시행규칙 제202조)

---

717   1. 「원자력안전법」에 따른 건강진단(방사선만 해당한다)
2. 「진폐의 예방과 진폐근로자의 보호 등에 관한 법률」에 따른 정기 건강진단(광물성 분진만 해당한다)
3. 「진단용 방사선 발생장치의 안전관리에 관한 규칙」에 따른 건강진단(방사선만 해당한다)
4. 그 밖에 다른 법령에 따라 별표 24에서 정한 법 제130조제1항에 따른 특수건강진단(이하 '특수건강진단' 이라 한다)의 검사항목을 모두 포함하여 실시한 건강진단(해당하는 유해인자만 해당한다)
718   유기화합물(109종), 금속류(20종), 산 및 알카리류(8종), 가스상태 물질류(14종), 시행령 제90조의 규정에 따른 허가대상물질(12종), 금속가공유(1종), 분진(7종), 물리적 인자(8종)
719   특수건강진단 대상여부는 사업주가 물질안전보건자료 또는 작업환경측정결과 등을 토대로 결정하여야 한다.
720   야간작업(2종)
가. 6개월간 밤 12시부터 오전 5시까지의 시간을 포함하여 계속되는 8시간 작업을 월 평균 4회 이상 수행하는 경우
나. 6개월간 오후 10시부터 다음날 오전 6시 사이의 시간 중 작업을 월 평균 60시간 이상 수행하는 경우

<유해인자별 특수건강진단 시기 및 주기>

구분	특수건강진단대상 유해인자	배치 후 첫 번째 특수건강진단 시기	주기(첫 번째 검진 이후)
1	N, N-디메틸아세트아미드, 디메틸포름아미드	1개월 이내	6개월
2	벤젠	2개월 이내	6개월
3	1,1,2,2-테트라클로로에탄, 사염화탄소, 아크릴로니트릴, 염화비닐	3개월 이내	6개월
4	석면, 면분진	12개월 이내	12개월
5	광물성분진, 목재분진, 소음 및 충격소음	12개월 이내	24개월
6	제1호부터 제5호까지의 규정의 대상 유해인자를 제외한 별표 22의 모든 대상 유해인자	6개월 이내	12개월

○ 실시주기 일시 단축(시행규칙 제202조제2항)

- 다음 각 호의 어느 하나에 해당하는 근로자에 대하여는 관련 유해인자별로 다음 회에 한하여 특수건강진단 실시주기를 1/2로 단축하여야 한다.

① 작업환경측정결과 노출기준 이상인 작업공정에서 해당 유해인자에 노출되는 모든 근로자 ② 특수·수시·임시건강진단 실시결과 직업병유소견자가 발견된 작업공정에서 해당 유해인자에 노출되는 모든 근로자 ③ 특수 또는 임시건강진단 실시결과 해당 유해인자에 대하여 특수건강진단 실시주기를 단축해야 한다는 의사의 판정을 받은 근로자

3) 배치전건강진단(법 제130조제2항, 시행규칙 제204조)

사업주가 특수건강진단 대상업무에 종사할 근로자에 대하여 배치 예정 업무에 대한 적합성 평가를 위하여 실시하는 건강진단으로 해당 작업에 배치하기 전에 실시한다.

○ 면제대상(시행규칙 제203조)

- 최근 6개월 이내에 해당 사업장 또는 다른 사업장에서 해당유해인자에 대한 배치전건강진단에 준하는[721] 건강진단을 받은 경우

---

721 배치전건강진단에 준하는 건강진단: 해당 유해인자에 대한 배치전건강진단, 배치전건강진단의 제1차 검사항목을 모두 포함하는 특수건강진단·수시건강진단 또는 임시건강진단(해당 유해인자에 한함), 해당 유해인자에 대하여 배치전건강진단의 제1차 검사항목 및 제2차 검사항목을 포함하는 건강진단

4) 수시건강진단(법 제130조제3항, 시행규칙 제205조)

사업주는 특수건강진단 대상업무로 인하여 해당 유해인자에 의한 직업성 천식·직업성 피부염 그밖에 건강장해를 의심하게 하는 증상을 보이거나 의학적 소견이 있는 근로자를 대상으로 건강진단을 실시한다. 이는 의심 근로자의 신속한 건강관리를 위해 법정 검진주기와 관계없이 실시하는 데 의의가 있다.

　○ 실시시기「근로자 건강진단 실시기준」(고시) 제3조

　- 산업보건의·보건관리자(보건관리대행기관 포함)가 필요하다고 판단하여 사업주에게 수시건강진단 실시를 건의한 경우

　- 해당 근로자나 근로자대표 또는 명예산업안전감독관이 사업주에게 수시건강진단 실시를 요청한 경우

　○ 면제대상「근로자 건강진단 실시기준」(고시) 제3조

　- 수시건강진단의 실시를 서면으로 건의 또는 요청받았으나 사업주가 직전 특수건강진단을 실시한 특수건강진단기관의 의사에게 자문을 받아 수시건강진단이 필요하지 않다는 자문결과서를 제출받은 경우에는 해당 수시건강진단을 실시하지 아니할 수 있다.

5) 임시건강진단 명령(법 제131조제1항 및 시행규칙 제207조)

지방고용노동관서의 장은 ① 같은 부서에 근무하는 근로자 또는 같은 유해인자에 노출되는 근로자에게 유사한 질병의 자각 및 타각증상이 발생한 경우, ② 직업병유소견자가 발생하거나 여러 명이 발생할 우려가 있는 경우, ③ 그 밖에 지방고용노동관서의 장이 필요하다고 판단하는 경우에 특수건강진단대상 유해인자 또는 그 밖에 유해인자에 의한 중독 여부, 질병에 걸렸는지 여부 또는 질병의 발생 원인 등을 확인하기 위하여 사업주로 하여금 해당 유해인자와 관련된 건강진단을 실시하도록 명령할 수 있다.

근로자건강진단 비용은 「국민건강보험법」에 따라 보건복지부장관이 고시하는 기준에 따른다. (시행규칙 제208조)

1) 일반건강진단

○ 실시기관: 특수건강진단기관 또는 「국민건강보험법」 따른 건강진단을 실시하는 기관(시행규칙 제196조)

○ 검사항목(시행규칙 제198조제1항 및 제2항)

① 과거병력·작업경력 및 자각·타각증상(시진·촉진·청진 및 문진)

② 혈압·혈당·요당·요단백 및 빈혈검사

③ 체중·시력 및 청력

④ 흉부방사선 간접 촬영

⑤ 혈청 지·오·티(AST(GSGOT)) 및 지·피·티ALT(SGPT), 감마 지·티·피[722] 및 총콜레스테롤

2) 배치전 건강진단, 특수건강진단 및 수시건강진단

○ 실시기관: 특수건강진단기관

○ 검사항목: 제1차 검사항목과 제2차 검사항목으로 구분되며, 유해인자별 세부검사항목은 시행규칙 별표 24에서 상세히 규정한다. (시행규칙 제206조제1항)

○ 실시방법(시행규칙 제206조제2항 및 제3항)

- 제1차 검사항목은 해당 건강진단 대상자 전체에 대하여 실시한다.

- 제2차 검사항목은 제1차 검사항목에 대한 검사결과 건강수준의 평가가 곤란하거나 질병이 의심되는 사람에 대하여 고용노동부장관이 정하여 고시하는 바에 따라 실시하되, 건강진단 담

---

[722] 혈당·총콜레스테롤 및 감마 지·티·피는 고용노동부장관이 정하는 근로자에 대하여 실시(근로자 건강진단 실시기준 제9조)

당의사가 해당 유해인자에 대한 근로자의 노출정도·병력 등을 고려하여 필요하다고 인정하는 경우에는 제2차 검사항목의 일부 또는 전부를 제1차 검사항목 검사 시에 추가하여 실시할 수 있다.

- 제1차 검사항목에 대한 검사결과 평가가 곤란하거나 질병이 의심되는 경우 해당 신체기관에 대한 2차 검사항목을 실시하되 일부 항목(고시 별표 2)의 의심되는 질병에 따라 건강진단을 실시하는 의사가 필요하다고 판단되는 경우 실시

- 다만, 기존에 가지고 있던 비직업성 질환이나 소견으로 인한 것이 명백한 경우, 이상소견의 원인 및 상태를 확인하는 데 불필요하다고 판단되는 경우에는 그 사유를 기재하고 실시하지 않을 수 있다.

(3) 건강진단결과 송부·보고(법 제134조, 시행규칙 제209조)

건강진단 결과는 건강진단기관이 사업주·근로자·공단에 송부하고 지방고용노동관서의 장에 보고한다.

○ 근로자에 대한 송부: 건강진단기관이 건강진단을 실시한 때에는 그 결과를 건강진단개인표에 기록하고, 건강진단 실시일부터 30일 이내에 근로자에게 송부하여야 한다. (시행규칙 제209조제1항)

○ 공단에 대한 송부: 특수·수시 또는 임시건강진단을 실시한 건강진단기관은 건강진단개인표 전산입력자료를 매분기 1회 공단에 송부하여야 한다. (고시 제16조)

○ 사업주에 대한 송부: 건강진단기관이 건강진단을 실시한 날부터 30일 이내에 건강진단결과표(실시현황, 사후관리소견서)를 송부(시행규칙 제209조제3항)

○ 특수건강진단기관은 특수·수시·임시건강진단을 실시하고 건강진단을 실시한 날부터 30일 이내에 건강진단결과표를 지방고용노동관서의 장에게 제출하여야 한다. (시행규칙 제209조제4항) 다만, 건강진단개인표 전산자료를 공단에 송부한 경우에는 면제한다. (시행규칙 제209조제4항 단서)

사업주는 일반건강진단결과표를 제출할 의무는 없으나, 지방고용노동관서의 장이 근로자의 건강을 유지하기 위하여 필요하다고 인정하는 사업장의 경우 해당 사업주에 대하여 일반건강진단결과표(시행규칙 별지 제84호서식)를 제출하게 할 수 있다. (시행규칙 제199조)

(4) 사업주의 의무

1) 건강진단 실시(법 제129조제1항)

사업주는 근로자의 건강보호·유지를 위하여 근로자에 대한 건강진단을 실시하여야 한다.[723]

2) 근로자대표 참석(법 제132조제1항)

사업주가 건강진단을 실시할 경우 근로자대표의 요구가 있을 때에는 건강진단에 근로자대표를 참석시켜야 한다.

3) 임시건강진단 실시 명령 이행(법 제131조제1항)

사업주는 지방고용노동관서의 장이 근로자의 건강을 보호하기 위하여 특정 근로자에 대한 임시건강진단 실시, 기타 필요한 사항을 명령한 경우 이 명령에 따라야 한다.

4) 건강진단결과 조치이행(법 제132조제4항)

사업주는 이 법령 또는 다른 법령에 따른 건강진단결과 근로자의 건강을 유지하기 위하여

---

723 해당 유해인자에 대하여 특수건강진단을 실시한 것으로 보는 건강진단: 「원자력안전법」에 따른 건강진단(방사선), 「진폐의 예방과 진폐근로자의 보호 등에 관한 법률」에 따른 정기건강진단(광물성 분진), 「진단용 방사선 발생장치의 안전관리에 관한 규칙」에 따른 건강진단(방사선), 그 밖에 특수건강진단의 검사항목을 모두 포함하여 실시한 건강진단(해당 유해인자)

필요하다고 인정할 때에는 작업장소의 변경, 작업의 전환, 근로시간의 단축 및 작업환경측정의 실시, 시설·설비의 설치 또는 개선 그 밖에 적절한 조치를 하여야 한다.

5) 설명회 개최(법 제132조제2항)

사업주는 산업안전보건위원회 또는 근로자대표가 요구할 때에는 직접 또는 건강진단을 실시한 건강진단기관으로 하여금 건강진단결과에 대한 설명을 하여야 한다. 다만, 본인의 동의 없이는 개별근로자의 건강진단결과를 공개하여서는 아니 된다.

6) 목적 외 사용금지(법 제132조제3항)

사업주는 건강진단결과를 근로자의 건강보호·유지 외의 목적으로 사용하여서는 아니 된다.

7) 건강진단 실시시기의 명시(시행규칙 제197조제2항, 제202조제4항)

사업주는 건강진단 실시시기를 안전보건관리규정 또는 취업규칙에 규정하는 등 정기적으로 실시되도록 노력해야 한다.

8) 건강진단결과의 보존(법 제164조제1항, 시행규칙 제241조)

○ 사업주는 시행규칙 제209조제3항에 따라 건강진단기관으로부터 송부받은 건강진단결과표, 법 제133조 단서에 따라 근로자가 제출한 건강진단결과를 증명하는 서류 또는 전산입력자료: 5년간 보존

○ 발암성확인물질을 취급하는 근로자에 대한 건강진단결과서류 또는 전산입력자료: 30년간 보존

○ 그 밖의 법 제129조~제131조에 따른 건강진단에 관한 서류: 3년간 보존

9) 건강진단 결과에 따른 사후관리 결과 보고 의무(법 제132조)

사업주는 건강진단의 결과 근로자 건강 유지를 위하여 필요하다고 인정할 때 작업장소 변경, 작업 전환, 근로시간단축 등 고용노동부령으로 정하는 바에 따라 적절한 조치를 하여야 하고, 고용노동부령으로 정하는 사업주는 조치 결과를 고용노동부장관에게 제출하여야 한다. 고용노동부령으로 정하는 사업주란 특수·수시·임시건강진단의 결과 특정 근로자에 대하여 근로금지 및 제한, 작업전환, 근로시간 단축 등 조치가 필요하다는 건강진단 실시 의사의 소견이 있는 건강진단 결과표를 송부받은 사업주를 말한다. (시행규칙 제210조)

○ (제출대상) 특수·수시·임시건강진단을 받은 근로자 중 4개 유형*의 사후관리소견이 있는 근로자에 대한 조치결과를 지방관서에 제출

* ① 근로제한 및 금지, ② 작업전환, ③ 근로시간 단축, ④ 직업병 확진 의뢰 안내 소견

○ (제출경로) 건강진단 결과표를 송부 받은 날부터 30일 이내 팩스, 우편, 전자문서 등의 방법으로 지방관서에 제출[724]

---

[5] 근로자의 의무

근로자는 법령의 규정에 따라 사업주가 실시하는 건강진단을 받아야 한다. 다만, 사업주가 지정한 건강진단기관의 진단받기를 희망하지 아니하는 경우에는 다른 건강진단기관으로부터 이에 상응하는 건강진단을 받아 그 결과를 증명하는 서류를 사업주에게 제출하여야 한다. (법 제133조)

---

724 사후관리조치 결과 보고서(시행규칙 별지제86호서식)에 ① 건강진단결과표(시행규칙 별지제85호서식), ② 건강진단결과를 통보받은 날 또는 건강진단결과를 송부 받은 날을 확인 할 수 있는 서류, ③ 사후관리조치 실시를 증명할 수 있는 서류 또는 실시계획을 첨부하여 제출

④ 고객응대업무 건강장해 예방 및 대응조치

직장 내 직무스트레스의 관리는 정보화 산업사회 사업장의 주요 보건관리사항이 되고 있다. 감정노동과 관련된 문제를 사업장에서 해결하기 위한 입법적 노력의 하나로 법 제41조가 신설되었다. 사업주는 주로 고객을 직접 대면하거나 정보통신망을 통하여 상대하면서 상품을 판매하거나 서비스를 제공하는 업무에 종사하는 근로자인 '고객응대근로자'에 대하여 고객의 폭언, 폭행, 그 밖에 적정 범위를 벗어난 신체적·정신적 고통을 유발하는 행위로 인한 건강장해를 예방하기 위한 필요한 조치를 하도록 하였다.(법 제41조제1항) 고객의 폭언 등으로 인하여 고객응대근로자에게 건강장해가 발생하거나 발생할 현저한 우려가 있는 경우에는 업무의 일시적 중단 또는 전환 등의 조치를 하여야 한다.(법 제41조제2항) 위반 시 1,500만 원 이하의 과태료가 부과된다.

구분	조치사항
건강장해 예방조치 (규칙 제41조)	1. 법 제41조제1항에 따른 폭언 등을 하지 않도록 요청하는 문구 게시 또는 음성 안내 2. 고객과의 문제 상황 발생 시 대처방법 등을 포함하는 고객응대업무 매뉴얼 마련 3. 제2호에 따른 고객응대업무 매뉴얼의 내용 및 건강장해 예방 관련 교육 실시 4. 그 밖에 법 제41조제1항에 따른 고객응대근로자의 건강장해 예방을 위하여 필요한 조치
대응조치 (시행령 제41조)	1. 업무의 일시적 중단 또는 전환 2. 「근로기준법」 제54조제1항에 따른 휴게시간의 연장 3. 법 제41조제1항에 따른 폭언 등으로 인한 건강장해 관련 치료 및 상담 지원 4. 관할 수사기관 또는 법원에 증거물·증거서류를 제출하는 등 법 제41조제1항에 따른 고객응대근로자 등이 같은 항에 따른 폭언 등으로 인하여 고소, 고발 또는 손해배상 청구 등을 하는 데 필요한 지원

⑤ 질병자의 근로금지 · 제한

법 제138조는 사업주로 하여금 근로로 인한 질병의 악화를 방지하기 위하여 감염병, 정신질환 또는 근로로 인하여 병세가 크게 악화될 우려가 있는 경우 의사의 진단에 따라 근로를 금지·제한하고, 근로자가 건강을 회복하였을 때에는 지체 없이 취업하게 하도록 규정하고 있다. (법 제138조제1항, 제2항)

사업주는 근로를 금지하거나 근로를 다시 시작하도록 하는 때에는 미리 보건관리자(의사인 보건관리자만 한한다), 산업보건의 또는 건강진단을 실시한 의사의 의견을 들어야 한다. (시행규칙 제220조제2항)

사업주가 이러한 의무를 위반하는 경우 1천만 원 이하의 벌금에 처한다. (법 제171조)

유의할 점은 동 제도는 근로자의 건강을 보호하기 위한 목적이므로 취업의 금지나 제한의 사유로 적용할 수 없다.

근로를 금지해야 할 경우(시행규칙 제220조제1항)

① 전염될 우려가 있는 질병에 걸린 사람(다만, 전염 예방조치를 한 경우에는 예외)

② 조현병, 마비성 치매에 걸린 사람

③ 심장·신장·폐 등의 질환이 있는 사람으로서 근로에 의하여 병세가 악화될 우려가 있는 사람

④ ①부터 ③까지에 준하는 질병으로서 고용노동부장관이 정하는 질병에 걸린 자[725]

건강 악화 우려가 있는 업무에의 근로 제한(시행규칙 제221조제1항)

사업주는 건강진단결과 ① 유기화합물, 금속류 등의 유해물질에 중독된 사람, ② 해당 유해

---

725 현재까지 별도로 정한 바 없다.

물질에 중독될 우려가 있다고 의사가 인정하는 사람, ③ 진폐의 소견이 있는 사람 또는 방사선에 피폭된 사람을 해당 유해물질 또는 방사선을 취급하거나 해당 유해물질의 분진·증기 또는 가스가 발산되는 업무 또는 해당 업무로 인하여 근로자의 건강을 악화시킬 우려가 있는 업무에 종사하도록 하여서는 아니 된다.

고기압 업무에의 근로 제한대상 질병(시행규칙 제221조제2항)

사업주는 다음에 해당하는 질병이 있는 근로자를 고기압 업무에 종사하도록 하여서는 아니된다.

①감압증 기타 고기압에 의한 장해 또는 그 후유증

②결핵, 급성상기도감염, 진폐, 폐기종, 그 밖의 호흡기계의 질병

③빈혈증, 심장판막증, 관상동맥경화증, 고혈압증, 그 밖의 혈액 또는 순환기계의 질병

④정신신경증, 알코올중독, 신경통, 그 밖의 정신신경계의 질병

⑤메니에르씨병, 중이염, 그 밖의 이관협착을 수반하는 귀 질환

⑥관절염, 류마티스, 그 밖의 운동기계의 질병

⑦천식, 비만증, 바세도우씨병, 그 밖에 알레르기성·내분비계·물질대사 또는 영양장해 등에 관련된 질병

6 근로시간 제한 등

    법 제139조는 특정한 유해 또는 위험한 작업은 그 작업에 직접 종사하는 시간을 제한하지 않으면 해당 근로자의 건강을 해치고 직업병에 이환될 가능성이 큰 것이 의학적으로 확립된 작업에 대하여 근로시간을 직접 제한한다.

    사업주는 유해 또는 위험한 작업으로서 대통령령이 정하는 작업에 종사하는 근로자에 대하여 1일 6시간, 1주 34시간을 초과하여 근로하게 하지 못한다. 사업주가 이를 위반하는 경우 3년 이하의 징역 또는 3천만 원 이하의 벌금에 처한다. (법 제169조)

근로시간이 제한되는 작업

    ○ 잠함·잠수작업 등 높은 기압 하에서 행하는 작업(시행령 제99조)

근로자의 건강 보호조치를 해야 할 작업

    사업주는 다음의 유해·위험작업에서 안전·보건조치 외에 작업과 휴식의 적정한 배분, 그 밖에 근로시간과 관련된 근로조건의 개선을 통하여 근로자의 건강보호를 위한 조치를 하여야 한다. (시행령 제99조제3항)

    ① 갱내에서 하는 작업

    ② 다량의 고열물체를 취급하는 작업과 현저히 덥고 뜨거운 장소에서 하는 작업

    ③ 다량의 저온물체를 취급하는 작업과 현저히 춥고 차가운 장소에서 하는 작업

    ④ 라듐방사선이나 엑스선, 그 밖의 유해방사선을 취급하는 작업

    ⑤ 유리·흙·돌·광물의 먼지가 심하게 날리는 장소에서 하는 작업

    ⑥ 강렬한 소음을 발생하는 장소에서 하는 작업

    ⑦ 착암기 등에 의하여 신체에 강렬한 진동을 주는 작업

    ⑧ 인력으로 중량물을 취급하는 작업

⑨ 납·수은·크롬·망간·카드뮴 등의 중금속 또는 이황화탄소·유기용제, 그 밖에 고용노동부령이 정하는 특정화학물질의 먼지·증기 또는 가스가 많이 발생하는 장소에서 하는 작업

⑦ 건강관리카드

석면, 진폐와 같이 장기간이 지난 후에 그 증상이 나타는 직업병이나 직업으로 인해 발생한 질환을 조기에 발견하고 지속적으로 관리해야 할 필요성이 있는 업무에 종사한 근로자의 건강관리를 위한 제도이다.(법 제137조) 법에서 규정하는 작업에 종사한 근로자가 이직을 하거나 퇴직을 하여도 해당 질환에 대하여 평생토록 건강관리를 할 수 있도록 건강관리카드를 발급한다. 이는 일신 종속적 개념의 제도이다. 산재보상 신청 시 동 카드의 제시로 해당 업무 종사경력이 확인된다.

(1) 발급대상 및 신청방법(법 제137조제1항, 시행규칙 제214조, 별표 25)

건강관리카드 발급대상 근로자는 시행규칙 별표 25에 규정된 업무에 일정 기간 이상 종사한 근로자이다. 카드를 발급받고자 하는 사람 또는 사업주(재직 중인 자가 사업주에게 의뢰하는 경우)는 산업안전보건공단에 발급 신청[726]을 하여야 한다.(시행규칙 제217조제1항) 신청을 받은 산업안전보건공단은 사업주(근로자가 이직한 경우에는 이직 당시의 사업주)에 대하여 해당 근로자의 건강진단개인표를 제출하도록 하고, 이에 따라 카드를 작성·발급한다.[727](시행규칙 제217조제3항)

---

[726] 수첩발급 신청서류(시행규칙 제217조제2항): 건강관리수첩발급 신청서(시행규칙 별지 제88호서식), 대상업무 및 종사기간을 증명하는 서류, 사진 1장

[727] 수첩발급신청을 대행한 사업주는 수첩을 발급받은 경우에는 지체 없이 해당 근로자에게 전달하여야 한다.(시행규칙 제217조제4항)

〈건강관리카드의 발급 대상(시행규칙 별표 25)〉

구분	발급대상 업무(시행규칙 제214조)	대상근로자
1	베타-나프틸아민 또는 그 염(같은 물질 함유중량 1% 초과 제제 포함) 제조 또는 취급 업무	3개월 이상 종사한 사람
2	벤지딘 또는 그 염(같은 물질 함유중량 1% 초과 제제 포함) 제조 또는 취급 업무	3개월 이상 종사한 사람
3	베릴륨 또는 그 화합물(같은 물질 함유중량 1% 초과 제제 포함) 또는 그 밖에 베릴륨 함유물질(같은 물질 함유중량 3% 초과 물질만 해당) 제조 또는 취급 업무	양 폐 부분에 베릴륨에 의한 만성 결정성 음영이 있는 사람
4	비스-(클로로메틸) 에테르(같은 물질 함유중량 1% 초과 제제 포함) 제조 또는 취급 업무	3년 이상 종사한 사람
5	가. 석면 또는 석면방직 제품을 제조하는 업무 나. 다음의 어느 하나에 해당하는 업무 (1) 석면함유제품(석면방직제품을 제외한다)을 제조하는 업무 (2) 석면함유제품(석면을 1% 초과하여 함유한 제품에 한한다. 이하 다목에서 같다)을 절단 등 가공하는 업무 (3) 설비 또는 건축물에 분무된 석면을 해체·제거 또는 보수하는 업무 (4) 석면이 1% 초과하여 함유된 보온재 또는 내화피복제의 해체·제거 또는 보수하는 업무 다. 설비 또는 건축물에 포함된 석면시멘트, 석면마찰제품 또는 석면개스킷 제품 등 석면함유제품을 해체·제거 또는 보수하는 업무 라. 나목 내지 다목 중 하나 이상의 업무에 중복하여 종사한 경우 마. 가목부터 다목까지의 업무로서 가목부터 다목까지에서 정한 종사기간에 해당하지 않는 경우	3개월 이상 종사한 사람 1년 이상 종사한 사람 10년 이상 종사한 사람 다음의 계산식으로 산출한 숫자가 120을 초과하는 사람: (나목의 업무에 종사한 월수)×10+(다목의 업무에 종사한 월수) 흉부방사선상 석면으로 인한 질병 징후(흉막반 등)가 있는 사람
6	벤조트리클로리드 제조(태양광선에 의한 염소화 반응 제조에 국한) 또는 취급 업무	3년 이상 종사한 사람
7	특정분진작업에 관계되는 업무	3년 이상 종사한 사람 중 흉부방사선 사진상 진폐가 있다고 인정되는 자(진폐법 적용대상 근로자 제외)
8	가. 염화비닐 중합 업무 또는 밀폐되어 있지 아니한 원심분리기를 사용하여 폴리염화비닐의 현탁액을 물에서 분리시키는 업무 나. 염화비닐을 제조하거나 사용하는 석유화학설비를 유지·보수하는 업무	4년 이상 종사한 사람

9	크롬산 · 중크롬산과 그 염(같은 물질 함유중량 1% 초과 제제 포함)을 광석으로부터 추출하여 제조하거나 취급하는 업무	4년 이상 종사한 사람
10	삼산화비소 제조공정에서 배소 또는 정제하거나 비소가 함유된 화합물의 중량 비율이 3%를 초과하는 광석을 제련하는 업무	5년 이상 종사한 사람
11	니켈(니켈카르보닐을 포함) 또는 그 화합물을 광석으로부터 추출하여 제조하거나 취급하는 업무	5년 이상 종사한 사람
12	카드뮴 또는 그 화합물을 광석으로부터 추출하여 제조하거나 취급하는 업무	5년 이상 종사한 사람
13	가. 벤젠을 제조하거나 사용하는 업무(석유화학업종에 한함) 나. 벤젠을 제조하거나 사용하는 석유화학설비를 유지 · 보수하는 업무	6년 이상 종사한 사람
14	제철용 코크스 또는 제철용 발생로 가스를 제조하는 업무(코크스 또는 가스 발생로 상부에서의 업무 또는 코크스에 근접하여 행하는 업무에 국한)	6년 이상 종사한 사람
15	비파괴검사(X-선) 업무	1년 이상 종사한 사람 또는 연간 누적선량이 20mSv 이상이었던 사람

(2) 카드 소지자의 건강진단

카드소지자는 카드 발급대상 업무에서 더 이상 종사하지 않는 경우[728]에는 매년 1회 산업안전보건공단이 실시하는 건강진단을 무료로 받을 수 있다. (시행규칙 제215조, 「근로자건강진단 실시기준」 제18조)

카드 소지자는 건강진단을 받는 때에 건강진단기관에 카드(신분증)를 제시하고, 건강진단기관은 건강진단 실시결과를 카드에 기록한다. (시행규칙 제215조제3항, 제4항)

(3) 카드의 용도

건강관리카드 소지자가 「산업재해보상보험법」에 따른 요양급여를 신청하는 경우에는 동 카드를 제출함으로써 해당 재해에 관한 의학적 소견을 적은 서류의 제출에 갈음할 수 있다. (법

---

728   카드발급대상자가 동일업무에 재취업하고 있는 기간 중에는 제외한다.

제137조제2항)

건강관리카드는 타인에게 양도하거나 대여하여서는 아니 된다. (법 제137조제3항)

사업장에서 새로운 물질의 사용, 작업방법의 다양화는 근로자들은 기존에 밝혀지지 않은 다양한 유해요인에 노출될 수 있다. 직업성 질환의 조기진단과 예방을 위해서는 발생 원인의 규명 등이 필요하다.

'역학조사'는 기존의 작업환경측정 또는 건강진단 등을 통하여 발생 원인 등을 규명하기 어려운 신종 직업성질환을 역학적[729] 방법으로 조사하는 것을 말한다. 법 제141조에서는 고용노동부장관으로 하여금 역학조사(Epidemiological survey)를 실시할 수 있도록 하고 대상 사업주 및 근로자가 이에 적극 협조하도록 하고 있다.

근로자의 질병과 작업장의 유해요인과의 상관관계에 관한 역학조사는 근로자가 특정 유해요인에 노출되는 경우 이와 관련된 직업성 질환의 발생위험도가 인과적으로 증가하는지에 관한 조사로서 작업환경측정이나 건강진단의 결과만으로 직업성 질환의 여부 판단이 어려운 근로자의 질병에 대하여 직업성 질환에 이환되어 발생한 것인지에 대한 판단을 가능하게 한다.

고용노동부장관은 역학조사를 위하여 필요하면 법에 따른 근로자의 건강진단 결과, 국민건강보험법에 따른 요양급여기록 및 건강검진결과, 고용보험법에 따른 고용정보, 암관리법에 따른 질병정보 및 사망원인 정보 등을 관련 기관에 요청할 수 있고, 이 경우 자료의 제출을 요청받은 기관은 특별한 사유가 없으면 요청에 응하여야 한다.(법 제141조제5항)

역학조사는 산업안전보건연구원에 위탁하여 실시한다. 연구원은 역학조사결과의 공정한 평가 및 그에 따른 근로자건강보호방안 개발 등을 위하여 '역학조사평가위원회'를 설치·운영한다. 역학조사의 방법·대상·절차, 역학조사평가위원회의 설치·운영 등은 시행규칙에 정한다.

---

729   역학(疫學, Epidemiology)이란 인구집단을 대상으로 질병의 분포 및 그 질병 원인 등의 규명을 통하여 질병예방·관리에 필요한 지식 및 방법을 찾는 학문

(1) 역학조사 대상(시행규칙 제222조제1항)

○ 작업환경측정 또는 건강진단의 실시결과만으로 직업성질환에 걸렸는지 여부의 판단이 곤란한 근로자의 질병에 대하여 사업주·근로자대표·보건관리자(보건관리대행기관을 포함) 또는 건강진단기관의 의사가 요청하는 경우

○ 근로복지공단이 고용노동부장관이 정하는 바에 따라 업무상 질병 여부의 결정을 위하여 역학조사를 요청하는 경우

○ 산업안전보건공단이 직업성질환의 예방을 위하여 필요하다고 판단하여 '역학조사평가위원회'의 심의를 거친 경우

○ 그 밖에 직업성질환에 걸렸는지 여부로 사회적 물의를 일으킨 질병에 대하여 작업장 내 유해요인과의 연관성 규명이 필요한 경우 등으로서 지방고용노동관서의 장이 요청하는 경우

(2) 역학조사의 절차

사업주 또는 근로자대표가 역학조사를 요청하는 경우에는 산업안전보건위원회의 의결을 거치거나 각각 상대방의 동의를 받아야 한다. 다만, 관할 지방고용노동관서의 장이 역학조사의 필요성을 인정하는 경우에는 예외로 한다. (시행규칙 제222조제2항)

안전보건공단은 해당 질병에 대하여 「산업재해보상보험법」 제36조제1항제1호 및 제5호에 따른 요양급여 및 유족급여를 신청한 자 또는 그 대리인(제222조제1항제2호에 따른 역학조사에 한한다) 참석시켜야 한다. (시행규칙 제223조)

(3) 역학조사에 협조할 의무

사업주와 근로자는 역학조사에 적극적으로 협조하여야 하며, 정당한 사유 없이 역학조사를

거부·방해하거나 기피해서는 아니 된다. (법 제124조제2항)

(4) 위반에 대한 조치

사업주가 역학조사를 정당한 사유 없이 거부·방해하거나 기피한 경우 시 1,500만 원의 과태료를 부과한다. 근로자가 정당한 사유 없이 역학조사를 거부·방해하거나 기피한 경우 과태료 처분한다. 역학조사 참석이 허용된 사람의 참석을 거부하거나 방해하는 경우에도 같다. 이 경우 행정조치(역학조사에 협조)도 병과될 수 있다.

● 상세 해설

(1) 작업환경측정 대상 및 방법

제125조(작업환경측정) ① 사업주는 유해인자로부터 근로자의 건강을 보호하고 쾌적한 작업환경을 조성하기 위하여 인체에 해로운 작업을 하는 작업장으로서 고용노동부령으로 정하는 작업장에 대하여 고용노동부령으로 정하는 자격을 가진 자로 하여금 작업환경측정을 하도록 하여야 한다.

② 제1항에도 불구하고 도급인의 사업장에서 관계수급인 또는 관계수급인의 근로자가 작업을 하는 경우에는 도급인이 제1항에 따른 자격을 가진 자로 하여금 작업환경측정을 하도록 하여야 한다.

③ 사업주(제2항에 따른 도급인을 포함한다. 이하 이 조 및 제127조에서 같다)는 제1항에 따른 작업환경측정을 제126조에 따라 지정받은 기관(이하 '작업환경측정기관' 이라 한다)에 위탁할 수 있다. 이 경우 필요한 때에는 작업환경측정 중 시료의 분석만을 위탁할 수 있다.

④ 사업주는 근로자대표(관계수급인의 근로자대표를 포함한다. 이하 이 조에서 같다)가 요구하면 작업환경측정 시 근로자대표를 참석시켜야 한다.

⑤ 사업주는 작업환경측정 결과를 기록하여 보존하고 고용노동부령으로 정하는 바에 따라 고용노동부장관에게 보고하여야 한다. 다만, 제3항에 따라 사업주로부터 작업환경측정을 위탁받은 작업환경측정기관이 작업환경측정을 한 후 그 결과를 고용노동부령으로 정하는 바에 따라 고용노동부장관에게 제출한 경우에는 작업환경측정 결과를 보고한 것으로 본다.

⑥ 사업주는 작업환경측정 결과를 해당 작업장의 근로자(관계수급인 및 관계수급인 근로자를 포함한다. 이하 이 항, 제127조 및 제175조제5항제15호에서 같다)에게 알려야 하며, 그 결과에 따라 근로자의 건강을 보호하기 위하여 해당 시설·설비의 설치·개선 또는 건강진단의 실시 등의 조치를 하여야 한다.

⑦ 사업주는 산업안전보건위원회 또는 근로자대표가 요구하면 작업환경측정 결과에 대한 설명회 등을 개최하여야 한다. 이 경우 제3항에 따라 작업환경측정을 위탁하여 실시한 경우에는 작업환경측정기관에 작업환경측정 결과에 대하여 설명하도록 할 수 있다.

작업환경측정의 목적은 작업환경의 실태를 정확히 파악하고 필요한 조치를 하기 위함이다. 작업환경의 개선은 작업설비의 개선은 물론 작업관리 및 근로자의 작업관리도 포함한다. 보호구의 관리수준을 적합하게 하는 것도 중요하다.[730]

작업환경측정과 특수건강진단은 그 대상이 유사하나 완전히 동일하지 않고 법상 실시의 우

---

730 **【질의】** 소음이 노출기준을 초과할 경우 조치사항에 귀마개 착용도 해당되는지?
☞ (회시) 산업안전보건법 제24조제1항제2호 및 산업안전보건기준에관한규칙 제512조제1항 각 호에 해당하는 강렬한 소음을 내는 옥내 작업장에 대하여는 동법 제42조 및 동 규칙 제31조 규정에 의한 작업환경측정을 실시하고 그 결과에 따라 작업환경개선을 위한 시설 및 설비의 설치·개선 또는 보호구의 지급 등 적절한 조치를 하도록 하고 있다.(산보 68307-145, 2001.3.15.)

선순위는 없다.[731] 유해인자로부터 근로자의 건강을 보호하고 쾌적한 작업환경을 조성하기 위해서는 작업환경측정과 건강진단, 작업환경관리, 작업관리, 건강관리가 유기적으로 이루어져야 한다.

유해인자 취급 근로자에 대한 노출정도는 작업환경측정·평가[732] 결과에 따라 결정되며, 중독(직업병) 여부는 건강진단결과에 따른다.

산업안전보건법 제125조에 따라 사업주는 작업환경측정 대상 유해인자(글루타르알데히드 등 190종)에 노출되는 근로자가 있는 작업장은 6개월에 1회 이상 정기적으로 작업환경측정을 실시하여야 한다.(임시작업 및 단시간작업을 행하는 작업장은 제외) 해당 유해인자를 취급하는 근로자가 있는 사업 또는 사업장이라면 모두 작업환경측정을 실시하여야 하며, 이는 사업주의 의무사항이므로 제조업이 아닌 경우에도 적용된다.[733] 공기업도 작업환경측정 대상이 있는 경우 실시하여야 하며, 예산 미반영 등의 사유로 실시하지 못한 경우일지라도 법상 책임이 면제되지 않는다.[734]

유해인자 취급업무가 있는 작업장에서 일하는 근로자는 행정업무를 보더라도 사무직으로 보지 않는다.[735]

---

731 【질의】작업환경측정 시 작업량 감소로 인하여 작업환경측정을 실시하지 못하였다면 특수건강진단을 실시함에 있어서 적용되는 기준점은 무엇인지, 또한 반드시 작업환경측정 결과를 보고 받은 후 특수건강진단을 비롯한 건강진단을 실시해야 하는지?
☞ (회시) 특수건강진단은 사업장의 안전보건관리규정 및 취업규칙 등에 명시한 바에 따라 정기적으로 실시하면 될 것이며, 작업환경측정 실시 후 건강진단을 실시하여야 한다는 규정은 없음. 다만 시행규칙 제99조의2의 규정에 의거 작업환경을 측정한 결과 노출기준 이상인 작업공정에서 당해 유해인자에 노출되는 모든 근로자는 다음 회에 한하여 유해인자별로 특수건강진단 주기를 2분의 1로 단축하여야 한다.(산보 68344-224, 2000.3.23.)

732 「작업환경측정 및 지정측정기관평가 등에 관한 고시(고용노동부고시)」

733 병원 및 의원, 공기업 등도 작업환경 측정대상 유해인자를 취급하면 법에 따라 작업환경측정실시 의무가 발생한다.(근로자건강보호과-1090, 2008.12.30.)

734 산업안전보건법 제3조제2항의 규정은 국가, 지방자치단체, 정부투자기관에도 적용하고 있으므로, 공기업 등이 예산 부족 등의 사유가 있다더라도 작업환경측정 대상일 경우 이를 실시하여야 하며, 미실시의 경우 의법 조치될 수 있다.

735 산업안전보건법 시행규칙 제99조제2항의 규정에 의한 사무직은 공장 또는 공사현장과 동일한 구내에 있지 아니한 사무실에서 서무, 인사, 경리, 판매, 설계 등 사무업무(판매업무 등에 직접 종사하는 근로자는 제외)에 종사하는 근로자로 정의하고 있는바 따라서 귀하가 질의하신 '분석 등의 업무가 아닌 행정요원'의 사무직, 비사무직 분별 여부는 개별 직원의 구체적인 근무환경 및 직무내용에 따라 구분되어야 할 것이다.(산보 68344-703, 2003.8.20.)

1) 대상유해인자

그라인딩, 용접(절단)시 발생하는 유해인자는 모재에 따라 달라진다.[736][737] 용접봉은 함유된 성분과 용접시 분해되는 형태(흄) 및 발생인자(2차 부산물)[738]에 따라 측정대상 여부를 판단한다.[739][740]

작업환경측정대상 작업장은 옥내외를 구분하지 않고 작업환경측정대상 유해인자에 노출되는 근로자가 작업하고 있는 작업장을 말하며, 공사규모 및 작업 인원수의 크기와는 상관없이 적용된다.[741] 다만, 공사기간, 한시적인 작업과 관련해서는 시행규칙 제186조제1항의 단서 규정에 따라 「산업안전보건기준에 관한 규칙」 제420조제8호(임시작업) 및 9호(단시간작업), 제421조제1호(관리대상유해물질의 허용소비량 이하 사용) 및 제605조제2호(분진작업 적용제외 작업장)에 해당하는 경우 임시작업 및 단시간작업인 경우와 제2장의 규정에 의한 분진작업의 적용제외(동 규칙 제4조) 작업장은 측정대상에서 제외한다.

736　【질의】일본에서 수입하려는 레이저 절단기로 철판소재를 절단작업 시 발생되는 물질은 무엇이며, 일본에서 동 기계를 이용하여 절단작업 시 발생되는 분진을 측정한 결과 관리농도가 2.9mg/㎥으로 통보받았는데 어떤 분진을 말하는 것인지?
☞ (회시) 귀하가 제시한 내용만으로는 정확한 답변을 드릴 수 없음. 왜냐하면 레이저로 절단 시 발생되는 분진의 종류는 모재의 성분에 따라 달라지는 것임. 일본에서 사용하는 관리농도란 '작업환경관리를 추진하는 과정에서 유해물질에 관한 작업환경의 상태를 파악하기 위하여 작업환경측정 기준에 따라 단위 작업장소에 대하여 실시한 결과로부터 당해 단위 작업장소의 작업환경 관리의 양부(良否)를 판단할 때의 관리구분을 결정하기 위한 지표'를 의미함. 관리농도가 2.9mg/㎥라는 의미는 광물성(유리규산) 분진이 포함되지 않는 금속 등의 분진의 기준농도이다.(산보 68344-483, 2003.6.13.)
737　자동차공업사의 판금부에서 그라인딩작업 시 발생되는 분진은 산화철에 적용하는 것이 타당하다.(산보 68344-677, 2003.8.8.)
738　【질의】PVC 수지를 이용한 압출 또는 성형작업 시 발생하는 염화비닐에 관한 작업환경측정 및 특수건강진단 대상 여부?
☞ (회시) 산업안전보건법 시행규칙 별표 11의3(작업환경측정대상 유해인자) 및 별표 13(특수건강진단 · 배치전건강진단 · 수시건강진단의 검사항목)에 의거 염화비닐이 PVC 수지내 중량비율로서 1% 이상 함유되었다면 작업환경측정 및 특수건강진단 대상에 해당된다.(산업보건환경과-1134, 2005.3.2.)
739　용접봉 니켈함유량이 9~11%이며, 스테인리스 용접작업을 하고 있을 경우 니켈이 발암성물질인지 또한, 스테인리스 용접 시 6가 크롬에 대하여 측정을 실시하여야 하는지 여부와 6가 크롬의 발암성물질 여부?(크롬 함유량 19~22%)
☞ (회시) 니켈은 불용성화합물만이 발암성이며, 스테인리스 용접 시 6가 크롬이 발생되어 작업자가 노출된다면 측정을 실시하여야 하며, 6가 크롬은 발암성물질이다.(산업보건환경과-888, 2004.2.23.)
740　【질의】용접작업의 경우 오존 등이 발생되는데 오존을 측정해야 하는지 여부?(오존은 2차 부산물로서 물질안전보건자료에 포함되어 있지 않음)
☞ (회시) 오존도 측정하여야 한다. 시행규칙 제93조제1항의 규정에 의하여 작업환경측정 대상 유해인자에 노출되는 근로자가 있는 경우 측정하도록 규정되어 있으므로 2차 부산물로 발생되어 노출되는 근로자가 있는 작업장이면 측정대상이다.(산업보건환경과-927, 2004.2.24.)
741　옥외 작업장이라 할지라도 유해인자가 발생하는 모든 사업장은 작업환경측정 대상이 된다. 공사규모, 기간은 고려대상이 되지 않는다. 다만 단시간작업이나 근로자의 작업수행 여부는 측정대상 판단의 요소이다.(산업보건환경과-300, 2004.1.16.)

정비보수·수리작업이 지속적으로 이루어지는 경우 측정대상이 될 수 있다.[742]

「산업안전보건기준에 관한 규칙」 제606조제2항 및 [별표 16] '상시 분진작업'은 분진작업 중 안전보건기준에서 말하는 임시분진작업을 제외한 상시적으로 이루어지는 분진작업을 말한다.[743]

어떤 제품의 성분 중에 측정대상 유해인자가 중량비율로 1% 이상 함유되어 있으면 해당 제품은 측정대상이 된다.[744] 측정이 누락되면 사업주 및 측정기관 모두 책임이 있다.[745]

소음의 측정대상은 산업안전보건법 시행규칙 제93조의 제1항에 의거 '8시간 시간가중평균 80dB 이상'에 노출되는 근로자가 있는 작업장을 말한다. 이는 정상적인 작업이 이루어질 때 8시간 시간가중평균 소음을 측정한 후 대상 여부를 결정한다. 작업물량에 따라 소음수준이 변화하는 경우 해당 기준에 따라 평가한다.

소음은 8시간 시간가중평균 80dB 이상의 소음에 노출되는 근로자가 있는 작업장은 산업안전보건법 시행규칙 제186조제1항 규정에 의하여 작업환경 측정대상이다.[746]

MSDS상 물질 함유량이 특정한 값이 아닌 범위(range)로 표시되어 있는 경우 작업환경측정

---

742 【질의】전자부품수리서비스센터에서 반복적인 수리작업을 수행함으로써 납(납땜 작업)에 꾸준히 노출될 경우 작업환경측정 대상 여부?
☞ (회시) 반복적인 수리작업으로 인하여 납에 꾸준히 노출된다면 작업환경측정 및 특수건강진단 대상이다.(산업보건환경과-371, 2004.1.26.)

743 분진작업은 산업안전보건법 산업보건기준에 관한 규칙 별표 1(분진작업의 종류)에서 정하는 작업을 말하며 상시분진 작업에 대하여 산업안전보건법에서 직접적으로 정의하고 있지 않으나 산업보건기준에 관한 규칙 제4조제2항의 '작업시간이 월 24시간 미만의 임시분진작업'에 대한 규정을 감안할 때 이와 같은 임시분진작업이 아닌 상시적으로 이루어지는 분진작업을 의미한다.(산업보건환경과-2150, 2005.4.20.)

744 【질의】시멘트의 성분 분석표상 금속류인 산화알루미늄 성분이 65% 미만, 산화마그네슘 8.2%, 산화제2철 5.0% 미만이 함유되어 있다고 한다면 작업환경측정 대상이 되는지? 크롬이 포함되어 있는 경우에는?
☞ (회시) 산업안전보건법 시행규칙 별표 11의3(작업환경측정대상 유해인자)에 의거 시멘트 성분 내 알루미늄 및 그 화합물, 산화마그네슘, 산화철 분진 및 흄이 중량비율 1% 이상 함유되어 있다면 작업환경측정 대상이며, 시멘트 성분 중 크롬과 그 무기화합물이 중량비율 1% 이상 포함되어 있다면 작업환경측정대상이다.(산업보건환경과-2560, 2005.5.10.)

745 【질의】사업주가 5개의 측정대상 물질 중 3개의 물질에 대해서만 측정을 해달라고 요구했을 때 측정기관도 책임이 있는지?
☞ (회시) 측정대상 유해인자를 일부 누락시킨 경우에 사업주는 산업안전보건법 시행령 별표 13(과태료의 부과기준)에 의거 과태료를 부과[측정대상 유해인자의 일부를 누락하고 작업환경측정을 한 경우 측정대상 작업장의 근로자 1명당 3만 원(1차), 12만 원(2차), 30만 원(3차)]받게 되며, 측정기관도 측정대상항목을 누락한 때에는 산업안전보건법 시행규칙 별표 20(행정처분기준)에 따라 업무정지 행정처분을 받게 된다.(산업보건환경과-2560, 2005.5.10.)

746 도정사업장의 소음이 8시간 시간가중평균치가 90dB을 근접 또는 상회한다면 측정대상이다.(산업보건환경과-2017, 2004.4.9.)

대상 여부의 판단 기준은 범위 중 최고값을 기준으로 한다.[747]

허용소비량은 '관리대상 유해물질의 양'으로 산출하므로 혼합제제인 경우 함유된 관리대상 유해물질의 양으로 산정한다.[748]

특별관리물질, 허가대상유해물질을 제외한 모든 측정대상 유해인자가 최근 2회 연속 노출기준(소음은 85dB) 미만인 경우 작업환경측정 주기를 1년에 1회 이상으로 완화할 수 있다.[749]

측정은 작업이 정상적으로 이루어지는 때에 실시하여야 한다. 가동중지 중 측정주기가 도래한 경우 가동이 재개된 후 실시한다.[750] 가동중지는 사실 여부로 판단하며 휴업신고 등 절차가 없었다 하더라도 실제로 공장의 가동이 중지된 것이 사실이면 작업환경측정을 실시하지 아니하였다 하여 법적으로 제재를 받는 것은 아니다.[751]

측정결과는 기기의 성능, 측정방법 및 교정 여부 등에 의해 달라질 수 있다. 측정자는 이러한 점을 고려하여 유해인자와 작업에 맞는 적정한 측정기기, 측정방법을 선택하여야 한다.[752]

---

747 작업환경측정의 목적과 취지를 고려할 때, 범위 중 최고값(max)(예: 0.5~2%인 경우 2%)을 기준으로 하는 것이 타당, 다만, 공인기관의 시험성적서 등을 통해 그 함량을 구체적으로 알 수 있는 경우에는 그 값을 활용하여 판단할 수 있다.(국민신문고, 2012.3.8.)

748 예를 들어 1kg의 혼합물질 중 관리대상 유해물질이 10g만 들어 있는 경우 허용소비량 산정 시 10g을 산입하여 계산(국민신문고, 2012.3.8.)

749 상반기 작업환경측정 결과 소음을 제외한 다른 인자가 최근 2회 연속 노출기준 미만일 경우 하반기에는 소음만 측정할 수 있다.(국민신문고, 2012.8.30.)

750 【질의】내부 사정으로 공장의 가동이 계속적으로 연기될 경우 소음의 작업환경측정 여부?
☞ (회시) 작업환경측정은 정상적인 작업이 이루어져 유해인자에 대한 근로자의 노출정도를 정확히 평가할 수 있을 때 실시하는 것으로 규정되어 있는바, 공장의 계속적인 가동 연기 등으로 소음에 대한 노출수준을 평가할 수 없다면 공장이 가동된 후 정상적인 작업이 이루어질 때 실시하면 될 것이다.(국민신문고, 2012.8.30.)

751 작업환경측정을 실시해야 하는 기간 중 공장 가동이 중지되어 유해인자가 발생하지 않는 상황이라면 휴·폐업 등의 절차가 없는 상황이라도 측정을 실시하지 않을 수 있을 것이다.(국민신문고, 2012.8.30.)

752 【질의】수동식 시료채취기를 사용하여 유기용제를 측정할 때 사용상 주의사항 및 모든 유기용제 측정에 수동식 시료채취기를 사용할 수 있는지?
☞ (회시) 수동식 시료채취는 확산, 흡착, 투과의 원리를 이용하여 공기 중 유해물질을 채취하는 방법으로 휘발성 유기화합물에 대해 측정이 가능하나 수동식 시료채취 제품별 특성을 정확히 이해하지 못하고 사용하면 측정결과에 오차가 발생할 수 있다.(특히, 작업장 내 기류나 습도의 영향으로 오차가 발생할 수 있음에 유의하여야 하며, 저농도 환경에서 측정하거나 복합물질을 측정할 때에도 정상범위를 이탈하는 오차가 발생할 수 있음)
따라서 수동식 시료채취기를 이용하여 작업환경측정을 실시할 때에는 해당 제조사에서 신뢰성 있는 실험 등을 통해 제시하는 시료채취유량, 탈착효율 등 측정·분석에 관한 정보가 있는 물질에 한하여 그 관련 정보와 국내외 전문기관 등에서 제공하는 측정·분석방법, 주의사항 등을 충분히 고려한 후 전문가의 판단에 따라 이를 사용하여야 할 것이다.(산업보건과-326, 2010.8.10.)

2) 측정제외 기준

옥내 작업장에서 장비수리를 위해 납땜업무를 1일 30분 미만으로 작업하되 매일 작업하는 것이 아닐 때에는 작업환경측정대상에서 제외된다. 다만, 특수건강진단은 실시하여야 하고 국소배기장치 설치 의무에서 면제된다.[753]

측정제외 여부는 작업시간과 허용소비를 종합하여 판단한다.[754] 업무상 질환자가 있다 하여 관련된 유해인자에 대한 측정을 실시하는 것은 아니다. 즉, 소음측정 대상에서 제외된 공정이면, 소음성난청유소견자(D_1)가 근무하고 있어도 측정대상이 아니다.[755]

산업안전보건법 시행규칙 제186조제1항제2호에서 규정하는 '임시작업'은 일시적으로 행하는 작업 중 월 24시간 미만인 작업(월 10시간 이상 24시간 미만인 작업이 매월 행하여지는 작업은 제외)을 의미하며, '단시간작업'은 관리대상유해물질 취급에 소요되는 시간이 1일 1시간 미만인 작업(1일 1시간 미만인 작업이 매일 행하여지는 작업은 제외)을 의미한다.[756]

753　산업안전보건법 시행규칙 제93조제1항제1호에 의거 임시작업(일시적으로 행하는 작업 중 월 24시간 미만인 작업. 다만, 월 10시간 이상 24시간 미만인 작업이 매월 행하여지는 작업은 제외) 및 단시간작업(납 취급에 소요되는 시간이 1일 1시간 미만인 작업. 다만, 1일 1시간 미만인 작업이 매일 행하여지는 작업은 제외)을 행하는 작업장은 작업환경측정을 실시하지 않을 수 있으며 임시작업 및 단시간작업에 해당된다면 보건규칙 제169조(임시작업인 경우의 설비특례) 및 제170조(단시간작업인 경우의 설비특례)의 규정에 따라 국소배기장치를 설치하지 않을 수 있으나 같은 법 시행규칙 제98조에 의거 특수건강진단 대상에는 해당한다.

754　【질의】폐수처리장에 가성소다 포대(25kg)의 윗부분을 열어 1일 1~2회로 30초 내지 1분 정도 가성소다 투입작업이 이루어질 때 작업환경측정 대상 여부?
☞ (회시) 시행규칙 제93조제1항의 단서 규정에 따라 「산업안전보건기준에 관한 규칙」 제420조제8호(임시작업) 및 9호(단시간작업), 제421조제1호(관리대상유해물질의 허용소비량 이하 사용) 및 제605조제2호(분진작업 적용제외 작업장)에 해당하는 경우 측정을 제외 단시간작업에 있어 관리대상유해물질 취급에 소요되는 시간이 1일 1시간 미만의 작업이 매일 이루어진다면 측정대상이라고 판단할 수 있으나, 귀하의 질의 내용과 같은 경우에는 산업안전보건법 시행규칙 제93조제1항제2호에 의한 관리대상유해물질의 허용소비량 초과 여부를 확인하여 대상 여부를 판단하여야 할 것이다.(산업보건환경과-1925, 2004.4.8.)

755　소음성난청유소견자(D_1) 근무 여부가 측정대상 여부를 결정하는 것은 아니다.(산업보건환경과-1493, 2004.3.18.)

756　황산 노출이 있는 축전지실에서 작업(축전지 증류수 보충과정)은 2명이 반기 1회 1~2시간 실시하고 점검은 13명이 교대로 3개의 축전지실을 매월 10분 정도 점검하며 근로자 1명의 최대 황산 노출 시간이 월 평균 10분 정도일 때, 따라서 질의 내용만으로 판단한다면 축전지실에서의 작업은 '임시작업'으로 해석될 수 있다.(산업보건환경팀-1567, 2007.3.19.)

사례 연구

《단시간작업 시 측정대상 여부》

소독약 제조업체로서 메탄올(120㎏/월), 디클로로벤젠(1,930㎏/월), 크레졸(200㎏/월)을 사용하고 월평균 1.5일 가량 (약 8~16시간) 작업이 이루어질 때 작업환경측정 및 특수건강진단 대상이 되는지?

☞ (회시) 메탄올, 디클로로벤젠, 크레졸은 산업안전보건법 시행규칙 별표 11의3에 의거 작업환경측정 대상에 해당되며 작업환경측정 대상 유해인자에 노출되는 근로자가 있는 작업장은 작업환경측정을 하여야 한다.
다만, 임시작업(일시적으로 행하는 작업 중 월 24시간 미만인 작업. 단, 월 10시간 이상 24시간 미만인 작업이 매월 행하여지는 작업은 제외함) 및 단시간작업(1일 1시간 미만인 작업. 단, 1일 1시간 미만인 작업이 매일 행하여지는 작업을 제외함)을 행하는 작업장은 시행규칙 제93조에 따라 작업환경측정을 실시하지 않을 수 있다.
동 사업장은 산업안전보건법 시행규칙 제98조에 따라 특수건강진단 대상에도 해당된다.

(산업보건환경과-2122, 2005.4.19.)

3) 주기변경

'최근 1년간 그 작업공정에서 공정 설비의 변경, 작업방법의 변경, 설비의 이전, 사용 화학물질의 변경 등으로 작업환경측정결과에 영향을 주는 변화가 없을 것'을 사업주가 입증하기 위한 별도의 절차는 필요하지 않으나 가 조정기준에 해당하지 않음에도 작업환경측정을 누락한 경우에는 500만 원 이하의 과태료가 부과될 수 있다.

산업안전보건법 시행규칙 제190조(작업환경측정 횟수) 제2항에 의한 1년에 1회 이상 작업환경측정주기의 조정(연장)은 『작업장』 단위로 적용된다. 측정주기가 단축되는 경우에는 사업장 전 공정이 아닌 '해당 작업 또는 작업공정의 해당 유해인자'별로 적용한다.[757]

작업환경 측정대상 여부 판단은 전문가를 통해서 하는 것이 바람직하다.[758]

---

757 '해당 작업장 또는 작업공정의 해당 유해인자'로 적용되는 경우는 제1항 단서규정에 의해 '발암성물질을 제외한 화학적인자의 측정치가 노출기준을 2배 이상 초과'하거나 '화학적인자(발암성물질)가 노출기준을 초과'하여 측정주기가 3월에 1회 이상으로 단축되는 경우의 기준이다.(산업보건환경팀-864, 2006.1.27.)
758 【질의】 토목현장에서 발생되는 소음이 산업안전보건법 시행규칙 별표 11의4에서 정한 작업환경측정대상(8시간 시간가중평균 80㏈ 이상의 소음)에 해당되는지를 판단하기 위해 소음측정기를 자체구입한 후 산업위생기사가 아닌 자로 하여금 8시간 시간가중평균을 측정한 결과 80㏈을 넘지 않을 경우 측정을 실시하지 않아도 되는지?
☞ (회시) 작업환경측정대상이 아닌 80㏈ 미만 발생소음에 대해서는 측정자의 자격과 측정방법을 별도로 규정하고 있지 않다. 따

4) 사용 용어

용어는 물리적으로 해석하는 것이 아니고 그 뜻이 가지는 내용에 따른다. 예를 들어 '갱내'의 범위에는 토목공사의 일종인 터널굴착작업이 포함된다.[759]

5) 측정 주기

작업환경측정은 통상 매 6월마다 실시하도록 하고 있다. 이는 작업설비는 시간이 흐름에 따라 노후화되고 작업공정 또한 사소한 변경이 발생하므로 유해인자에 노출되는 수준도 달라질 수 있기 때문이다. 6월의 산정은 작업이 있는 기간을 말한다.[760]

시행규칙 제190조(작업환경 측정횟수)에 의하여 3월에 1회 이상 측정을 실시하는 경우는 가. 발암성물질의 측정치가 노출기준을 초과하거나, 나. 화학적인자(발암성물질 제외)의 측정치가 노출기준을 2배 이상 초과한 경우이다. 소음은 3월에 1회 이상의 측정실시 대상에 해당되지 않는다.[761]

주기조정을 받은 후 새로운 인자가 있는 경우 측정 주기를 각기 달리 한다.[762]

라서 측정대상여부의 명확한 판단을 위해서는 자격이 있는 자로 하여금 측정토록 하고, 그 결과를 기록·보존하는 것이 바람직하다.(산업보건환경팀-1463, 2006.3.7.)

759　산업안전보건기준에관한규칙 별표 1 '분진작업의 종류'에서 사용되는 '갱내'란 '땅속을 파고 들어간 굴'로 '채석작업'에 한정된 용어는 아니며, 토목공사의 일종인 '터널 굴착작업'도 작업 중인 경우 동 규칙인 갱내작업과 같은 의미로서 분진작업에 해당된다.(산보 68344-693, 2000.10.23.)

760　【질의】터널(도로, 철도, 지하철)작업의 특성상 3~5년의 한시적인 작업인 경우가 많은데, 굴진 중인 작업 중에만 측정을 해야 하는지 아니면 굴진 종료 또는 개통된 후 마무리 작업(내벽방수, 레일설치, 도로포장 등)이 터널내에서 이루어지는데 이때도 작업환경측정을 해야 하는지?

☞ (회시) 터널(도로·철도·지하철) 등 갱내에서 실제 공사(작업)기간 중에 작업환경측정 대상작업을 하고 있을 경우에는 산업안전보건법시행규칙 제93조제1항에 의하여 6월에 1회 이상 작업환경을 측정·평가·개선하는 등 적절한 작업환경관리를 하여야 한다.(산보 68307-341, 2001.5.28.)

761　측정결과 소음이 100dB을 초과하여도 측정주기가 3월에 1회 이상으로 단축되는 것은 아니다.(산보 68344-675, 2003.8.8.)

762　【질의】2013년도 상·하반기 결과를 토대로 횟수가 1년 1회로 조정된 경우, 만일 2014.1.1부터 새로운 물질이 사용한다면 측정횟수는 어떻게 되는지?

☞ (회시) 새로이 사용하는 측정대상 유해인자에 대해서만 별도로 6월 1회 이상 측정하면 된다.(산업보건환경과-927, 2004.2.24.)

6) 측정 시기

6월의 기간 중 어느 때 실시하느냐를 판단하여야 한다. 계절의 변화로 인하여 측정 결과가 달라지는 경우가 있다. 이때에는 작업이 가장 많이 이루어지는 시기를 선택하는 것이 바람직하다.

측정 시 계절적인 요인에 대한 변동을 고려하지는 않는다.[763] 하지만, 작업환경관리는 측정치가 항상 동일한 것이 아니고 변화될 수 있음을 고려하여야 한다.

7) 측정 방법

측정의 목적이 유해인자를 취급하는 근로자가 어느 정도 노출되고 있는 수준을 측정하려는 것이다. 따라서 측정의 원리는 노출되는 유해인자, 작업장소, 근로자, 노출부위를 고려하여야 한다. 근로자가 노출되고 있는 단위작업장소별로 측정한다. 근로자가 없는 장소는 측정하지 않는다. 근로자가 없는 경우 측정대상이 되지 않는다.[764] 단위작업장소는 동일 노출집단이 있는 장소를 말한다.[765] 단위작업장소의 선정은 작업장 형태, 작업종류 및 방법 등을 고려하여야 한다. 예를 들어 선박내 다수의 용접작업이 이루어지는 경우 용접장소, 용접방법, 용접기 종류 등을 고려하여 단위작업장소를 선정하여야 한다.[766]

---

763 【질의】외부 온도가 34℃ 가까이 되고 있을 때 실온(작업장 내)은 노출기준 26.7℃ 이하가 적정한 것인지 또한 계절적인 요인에 대한 변동을 고려해야 하는지?
☞ (회시) 귀하가 질의하신 노출기준 26.7℃는 '계속작업이 가능한 중등작업'으로 이와 같은 고온의 노출기준은 실제 근로자가 작업을 수행하는 공간(작업장소)에 대하여 적용하는 것으로 이때, 대기온도를 고려할 이유가 없다.(산보 6834-599, 2001.8.28.)
764 【질의】가구공장의 유해요인에 노출되는 작업장에 사업주만 근무하는 경우 작업환경측정 및 특수건강진단의 대상이 되는지?
☞ (회시) 사업주만이 유해요인에 노출되는 작업을 수행하고 있다면 산업안전보건법 제42조에 의한 작업환경측정 및 같은 법 제43조에 의한 특수건강진단은 대상이 되지 않는다.(산보 68344-677, 2003.8.8.)
765 「작업환경측정 및 지정측정기관 평가 등에 관한 고시(고용노동부고시 제2011-55호)」제2조제10호 "단위작업장소란규칙 제93조제1항에 따라 작업환경측정 대상이 되는 작업장 또는 공정에서 정상적인 작업을 수행하는 동일 노출집단의 근로자가 작업을 행하는 장소를 말한다."
766 【질의】조선소에서 선박을 건조할 때 동 선박내부에서 200~300여 명의 용접공이 각기 다른 위치에서 용접작업을 행할 때 단위 작업장소라 함은 용접공 개개인으로 보아야 하는지 아니면 선박 전체를 동일 노출집단으로 보아야 하는지?
또한 옥내 또는 옥외에서 선박블록을 조립하는 공정에서 선박블록이 동일 조립장에 블록이 50~100여 개가 있을 경우 각 블록마다 1~2명의 용접공이 용접작업을 행할 때 단위작업장소라 함은 각각의 블록으로 보아야 하는지, 아니면 조립장 전체를 동일 노출집단으로 보아야 하는지?

산업안전보건위원회가 있는 경우 심의·의결 절차를 거쳐 측정계획을 수립하고 실시한다. 작업환경측정을 외부 지정측정기관에 위탁하여 실시하다가 보건관리자에 의하여 사업장자체 측정을 실시하려고 할 경우도 포함한다.[767]

측정은 노출집단 중 가장 노출이 많이 되는 작업자를 대상으로 하는 것이 원칙이다.

측정자는 측정을 하기 전에 사업장을 방문하여 유해인자 조사, 작업공정, 작업자 조사 등 예비조사를 실시하고 측정계획서를 작성한다. 다만 공정의 변화가 없는 경우 서류상의 예비조사만을 실시할 수 있다.[768] 측정이 종료되고 시료분석이 완료되면 작업환경측정결과표를 작성하여 사업주에 제출한다.

측정대상 근로자에는 일용직, 상용직 여부와 관계없이 해당 유해인자를 취급하는 근로자와 작업장소를 대상으로 실시한다.[769]

작업환경측정 시 파견업체 근로자 및 일하는 작업장도 포함된다.[770]

지역적으로 분리된 본사 및 여러 사업소가 있는 노·사 합의로 본사에서 총괄하여 하나의 측정기관으로 작업환경측정을 실시할 수 있다.[771]

☞ (회시) 「작업환경측정 및 지정측정기관 평가 등에 관한 고시(고용노동부고시 제2011-55호)」 제2조제10호 중 '동일 노출집단의 근로자가 작업을 하는 장소'라 함은 근로자의 작업공정, 직종, 직무가 같고 동일 유해인자의 노출로 인한 유해·위험의 정도가 동일하게 작용하는 곳(작업장)을 일컫는 것으로 때에 따라 작업장 형태, 작업종류 및 방법, 유해인자의 노출정도 등을 종합적으로 고려하여야 하는 경우도 있으며, 특히, 조선업종에서 동일 작업장이라고 하더라도 공정률에 따라 작업장 전체 또는 일부가 변경될 경우 유해인자 노출정도 등도 달라지게 되므로 단위작업장소도 해당 상황에 따라 판단하여야 할 것이며, 용접작업 시 단위작업장소도 용접의 종류 등에 따른 가변성이 많으므로 질의와 같이 동일 노출군 및 단위작업장소의 구분이 곤란한 경우에는 산업위생관련 전문가의 현지 확인과 의견을 들어 판단하는 것이 가장 바람직하다.(산보 68307-406, 2001.6.30.)

767   산업안전보건법 제19조제2항에 의하여 사업주는 '법 제42조의 규정에 의한 작업환경의 측정 등 작업환경의 점검 및 개선에 관한 사항'에 대하여는 산업안전보건위원회의 심의·의결 절차를 거쳐 처리토록 되어 있으며, 동 조항 적용에는 작업환경측정기관 선정사항도 포함한다.(산보 68344-970, 2002.11.11.)

768   동 규정상 '예비조사'라 함은 사업장 방문에 의한 조사를 의미한다. 단, 공정 및 취급인자의 변동이 없는 경우에는 서류상의 예비조사만을 실시할 수 있다. 이때 '서류'라 함은 작업환경측정결과표(규칙별지 제21호서식)가 포함된 관련자료 등을 의미한다.(산보 68344-247, 2002.3.25.)

769   조선수리업에서 사무직만 있고 필요시 일용직을 사용할 경우일지라도 해당 일용직 근로자도 작업환경측정 대상에 포함하고 있다. 인력공급업체로부터 지원받은 근로자에 대한 작업환경측정 실시에 관한 사항은 『파견근로자 보호 등에 관한 법률』 제35조의 규정에 의하여 파견근로자를 사용하는 사업주가 실시하여야 한다.(산보 68344-569, 2002.6.15.)

770   파견근로자의 안전보건에 대하여는 '파견근로자 보호 등에 관한 법률' 제35조 및 시행규칙 제18조의 규정에 의하여 파견 중인 근로자의 파견근로에 관하여는 사용사업주를 산업안전보건법 제2조제3호의 규정에 의한 사업주로 보고 있다.(산보 68344-507, 2002.5.29.)

771   「작업환경측정 및 지정측정기관평가 등에 관한 고시(고용노동부고시 제2011-55호)」 제9조에 의하여 사업주가 노·사 합의로 관내 측정기관 이외의 지정측정기관에서 측정을 받고자 관할 지방노동관서의 장에게 신고한 경우에는 지역에 관계없

8) 시료포집

　단위작업장소에서 최고 노출근로자 2인 이상에 대하여 동시에 측정하되, 단위작업장소에 근로자가 1인인 경우에는 그러하지 아니하며, 동일작업근로자수가 10인을 초과하는 경우에는 매 5인당 1인(1개 지점) 이상 추가하여 측정하여야 한다. 다만, 동일 작업근로자수가 100인을 초과하는 경우에는 최대 시료포집 근로자수를 20인으로 조정할 수 있다.[772] 이때 '근로자수 10인까지는 2인 이상, 근로자수 11~15까지는 3인 이상'으로 산정한다.[773]

　측정시간은 단기간 노출기준이 있는 경우나 대상물질이 6시간 노출되지 않는 경우를 제외하고는 1일 작업시간 동안 6시간 이상 측정하거나 작업시간을 1시간 간격으로 6회 이상 측정한 값을 8시간 측정한 값으로 한다.[774]

　실제 작업시간이 8시간을 초과하여도 동 기준을 적용한다.[775]

　단시간(STEL) 측정은 측정시간, 횟수를 충족시켜야 한다. 각 회에 15분간, 1시간 이상 등 간격으로 4회 이상 측정하고 그중 1회라도 초과하는 경우 초과로 판단한다.[776]

이 측정이 가능하다. 다만, 작업환경측정결과보고서는 당해 사업장을 관할하는 지방노동관서의 장에게 보고하여야 한다.(산보 68344-539, 2002.6.5.)

772　「작업환경측정 및 지정측정기관 평가 등에 관한 고시(고용노동부고시 제2011-55호)」 제19조

773　(산보 68344-614, 2001.9.5.)

774　「작업환경측정 및 지정측정기관 평가 등에 관한 고시(고용노동부고시 제2011-55호)」 제18조

775　【질의】실 작업시간이 10시간인 경우, 측정값의 결정은? 10시간으로 환산한 등가소음레벨방법을 적용하는지?
☞ (회시) 8-TWA는 1일 8시간 작업일 때의 기준이므로 소음 폭로량 측정기로 8시간 동안 측정하여 평가하는 것이 원칙이나 우리나라의 소음발생사업장수, 측정기관의 소음 폭로량 측정기 보유 대수 등 현실적 여건을 고려하여 1일 작업시간 동안 6시간 이상 측정하거나 작업시간을 1시간 간격으로 6회 이상 측정한 값을 8시간 측정한 값으로 인정하고 있다. 따라서 비정상적인 작업시간, 즉 1일 10시간에 대한 노출기준을 보정하는 기준은 정하지 않고 있다. 참고로, 미국산업안전보건법 CFR 1910.95의 부록 A(소음노출 계산)에서 정하고 있는 공식을 이용하여 평가할 수 있고 그 결과를 토대로 근로자의 건강보호 자료로 활용할 수 있을 것이다.
작업시간 10시간에 대하여 보통소음계로 6회 측정한 경우의 계산은 1일 8시간을 기준으로 하여 평가하여야 할 것이다.(산보 68344-938, 2002.10.31.)

776　단시간(STEL) 측정은 화학물질 및 물리적인자의 노출기준(노동부 고시)에 단시간 노출기준(STEL)이 설정되어 있는 대상물질로서 시간가중평균농도(TWA) 측정에 대한 보충적인 수단이다. 따라서 단시간 측정은 단시간 고농도에 노출된 경우에 1회에 15분간, 1시간 이상 간격을 두어 4회 이상 측정을 해야 평가할 수 있다.
※ 「작업환경측정 및 지정측정기관평가 등에 관한 고시(고용노동부고시 제2011-55호)」 제18조 참조
15분간 4회 측정할 경우 각각 다른 시료로 포집하며, 15분간 측정한 4회 중 1회라도 초과하면 초과로 판정. 측정결과서는 4회 측정한 측정치를 측정치란 등에 모두 기입하고, 비고란에 단시간 노출측정 또는 STEL 측정이라고 기입한다.(산업보건환경과-1091, 2004.3.3.)

8시간 이상 되는 소음에 노출되는 작업장도 8시간을 기준으로 작업환경측정을 실시한다.[777]

개인시료 측정방식은 근로자가 작업 시 노출되는 위치에 측정기를 설치하여 측정한다.

사례 연구

《공용접보안면 내부에서 측정할 수 있는 방법》
용접보안면을 착용한 경우 그 내부에서 용접흄을 측정할 수 있는 구체적인 방법

그림 1. 용접흄 시료채취기 설치 모습 1 그림2. 용접흄 시료채취기 설치 모습 2

보안면의 종류에 따라 시료채취기 설치 방법은 달라질 수 있다.
• 그림 1과 같이 보안면 자체에 3단 카세트를 부착하여 용접 시 보안면을 내리면 보안면 안에서 시료채취가 이루어지도록 하는 방법이고,
• 그림 2의 경우는 보안면을 내렸을 때 시료채취기가 보안면 안으로 완전히 들어갈 수 있도록 턱선 등에 고정시키는 방법
상기방법은 하나의 예이며, 이는 현장 근로자의 보안면 종류에 따라 달라질 수 있기 때문에 현장조건에 따라 적당한 방안을 모색해야 한다.
• 그림 2는 올바른 시료채취기 위치와 잘못된 시료채취기 위치 모습을 동시 보여 주는 사진임

(산업보건환경과-1405, 2004.3.15.)

단위작업장소의 노출근로자가 1인일 때 지역시료채취를 할 경우 시료수 2개 이상에 대하여 동시에 측정하여야 한다.[778]

---

777 규정상 1일 8시간 이상의 소음노출에 대한 노출기준을 보정(평가)하는 기준은 정하고 있지 않다.(산업보건환경과-2017, 2004.4.9.)
778 지역시료채취방법은 장소적 개념으로 노출근로자가 1인이라 할지라도 「작업환경측정 및 지정측정기관평가 등에 관한 고시(고용노동부고시 제2011-55호)」 제19조제2항에 따라 단위작업장소에서 2개 이상에 대하여 동시에 측정하여야 한다.(산업보건환경과-4399, 2004.8.3.)

9) 주기조정

　　최근 1년간 화학물질의 변경 등 작업환경측정결과에 영향을 주는 변화가 없고, 최근 2회 측정결과 연속하여 노출기준이 미만인 경우에는 시행규칙 제93조의4 제2항의 규정에 의하여 1년에 1회 이상 측정할 수 있다. 단, 발암성물질이 있는 공정은 주기완화되지 않는다.[779] 또한, 새로이 사용하는 유해인자가 있는 경우에는 해당 공정에 대하여 별도로 6월 1회 이상 측정하여야 한다.

　　전체 공정 중 일부 공정이 노출기준을 초과된 경우 전 공정에 대하여 주기완화의 특례가 적용되지 않는다. 발암성 확인물질이 노출기준을 초과하거나 화학적인자가 노출기준을 2배 이상 초과한 경우 해당 공정에 대하여 측정주기를 단축(3개월에 1회 이상)하여야 한다.[780]

사례 연구

《미실시가 있는 경우 측정주기 완화 시점》

1년에 1회로 횟수조정을 받은 A사업장(최근 1년간 공정설비 등의 변경은 없는 상태)은 2012년은 측정을 실시하였으나 2013년에는 측정 미실시로 지방노동관서의 시정지시 후 2014년 상반기에 측정을 실시하였을 때 향후 측정시기는 언제인지(1년에 1회 측정주기 완화가 가능한지)?

☞ (회시) 산업안전보건법 시행규칙 제93조의4 제1항에 따라 작업환경측정대상 작업장은 매 6월에 1회 정기적으로 측정을 하여야 하며 다음 동조 제2항 각 호에 해당되는 경우 1년에 1회로 측정횟수가 완화됨
① 최근 1년간 그 작업공정에서 공정설비의 변경, 작업방법의 변경, 설비의 이전, 사용 화학물질의 변경 등으로 작업환경측정결과에 영향을 주는 변화가 없을 것
② 작업환경측정결과가 최근 2회 연속 노출기준 미만일 것

779　발암성 물질을 취급하는 공정이 있는 경우 사업장 내 발암성 물질을 취급하지 않는 다른 공정의 유해인자에 대한 최근 2회 측정결과 노출미만 등 규칙 제93조의4 제2항의 각 호 모두를 충족하는 경우에는 발암성 물질 취급 공정에 대해서만 6월 1회 이상 작업환경측정을 실시한다.(산업보건환경과-4006, 2004.7.16.)
780　일부 공정이 초과된 경우에는 6월 1회 이상 전 공정의 유해인자에 대하여 측정하여야 한다. 단, 발암성물질이 노출기준을 초과하거나, 화학적 인자가 노출기준을 2배 이상 초과하는 경우에는 해당 작업장 또는 작업공정의 해당 유해인자에 대하여 3월 1회 이상 측정을 실시하여야 한다.

따라서 A사업장의 경우 2003년 측정 미실시로 동조 제2항제2호 작업환경측정결과 최근 2회 연속 노출기준 미만을 만족하지 못하므로 동조 제1항에 따라 6월에 1회(2004년 하반기) 측정을 실시하여야 하며, 2014년 상반기와 하반기 연속 노출기준 미만이고 동조 제2항 1호를 만족할 경우 2015년부터 1년에 1회로 측정횟수가 완화된다.

(산업보건환경과-4398, 2004.8.3.)

《여러 작업장이 있는 경우 측정주기 조정》

다음과 같이 각기 다른 3개의 작업장을 가진 동일사업장의 작업환경측정주기는 어떻게 되는지?
'가' 작업장: 모든 공정에서 작업환경측정 결과가 최근 2회 연속 노출기준 미만이며 최근 1년간 그 작업장에서 공정 설비의 변경, 작업방법의 변경, 설비의 이전, 사용 화학물질의 변경 등으로 작업환경측정 결과에 영향을 주는 변화가 없음
'나' 작업장: 노출기준을 초과하는 화학적 인자(발암성물질 제외)가 있으나 노출기준 2배 미만임
'다' 작업장: 노출기준을 2배 이상 초과하는 화학적 인자가 있음

☞ (회시) '나' 작업장에서 화학적인자가 노출기준을 초과(2배 미만)하므로 모든 작업장에 대해 6월에 1회 이상 작업환경측정을 실시하되, 화학적인자가 노출기준을 2배 초과하는 '다' 작업장에 대해서만 해당공정의 당해 유해인자에 한하여 3월에 1회로 단축하여 실시하면 된다.

(산업보건환경팀-2004, 2006.4.10.)

10) 노출기준

'노출기준'이라 함은 근로자가 유해요인에 노출되는 경우 노출기준 이하 수준에서는 거의 모든 근로자에게 건강상 나쁜 영향을 미치지 아니하는 기준을 말한다.[781] 예를 들어 소음의 기준이 90dB로 되어 있는데 만일 측정치가 정확히 90dB이라면 노출기준을 초과한 것으로 보지 않는다.[782]

노출기준을 초과하지 않는다고 완전하게 안전하다는 것을 말하지 않는다. 개인에 따라 노출기준 이하에서도 장시간 노출 시 건강상 영향을 받을 수 있다. 따라서 노출기준 이하의 경우에도 작업환경개선, 작업관리 및 건강관리는 이루어져야 한다.

노출기준은 유해인자의 영향에 대한 연구결과에 따라 바뀐다.[783] 유해물질의 노출기준을 설정하는 데 있어 미국 산업위생전문가협의회(ACGIH)의 노출한계(TLV)를 참고하고 있다.[784]

---

781 「화학물질 및 물리적인자의 노출기준(고용노동부고시)」 제2조
782 (산보 68344-129, 2003.2.20.)
783 예) 톨루엔의 종전 노출기준은 100ppm이었으나, 2008년 50ppm으로 변경되었다. 「화학물질 및 물리적인자의 노출기준(고용노동부고시)」
784 미국 산업위생전문가협의회(ACGIH)는 세계적으로 권위 있는 전문가들이 작업장 근로자의 건강과 관련된 각종 자료를 수

11) 분석

분석설비가 갖추어지지 않은 사업장의 보건관리자도 자체 작업환경측정을 수행할 수 있다.[785]

측정을 위탁하는 경우 사업주가 분석자료를 받고 싶은 경우에는 계약 시 이를 명시하여야 한다. 설명회 개최 시 상세한 분석정보를 설명토록 할 수도 있다.[786]

교대근무가 있는 경우 전체 작업자수와 교대 여부를 표기한다.[787]

12) 측정결과

사업주는 작업환경측정결과를 당해 근로자에게 알려야 한다. 측정결과에 따라 근로자의 건강보호를 위한 적절한 조치를 하여야 한다.(산업안전보건법 제125조제6항)

사업주는 작업환경측정결과표를 5년간 보존하여야 한다.[788] 다만, 발암성 확인물질이 있는 경우 30년간 보존하여야 한다. 작업환경측정과 관련된 일반 서류는 3년간 보존한다. 측정기관

집·연구하고 주요 화학물질의 노출한계(TLVs: Threshold Limit Values)를 정하여 권고하고 있는데 미국, 일본 정부 등 선진국에서는 ACGIH의 TLV를 기준으로 자국의 노출기준을 설정하고 있다. 우리나라도 국내에서 직업병이 발생하여 자료가 있는 일부 물질 이외에는 ACGIH의 TLV 기준을 대부분 받아들여 사용하고 있다.

※ ACGIH의 발암성 구분: A1: 인간에게 발암성이 확인됨(Confirmed human carcinogen), A2: 인간에게 발암성이 의심됨(Suspected human carcinogen), A3: 동물에게는 발암성이 확인되었으나 인간에게는 관련성이 알려지지 않음(Confirmed animal carcinogen with unknown relevance to humans), A4:인간에게 발암성으로 분류할 수 없음(Not classifiable as a human carcinogen)

미국 산업안전보건청(OSHA)은 노동성 산하의 정부기관으로서 작업장 근로자의 건강보호를 위해 주요 유해화학물질 699종의 허용기준(PELs:Permissible Exposure Limits)을 정하여 관리하고 있는데, 이 기준은 초과여부에 따라 벌칙을 부여할 수 있는 규제기준으로 사용되고 있다. 산업위생전문가협의회(ACGIH)는 민간기관으로서 현재 유해화학물질 697종의 노출한계(TLVs)를 정하여 이를 대·내외적으로 권고하고 있으나, 법적 구속력은 없다.(산보 68343-122, 2000.2.16.)

785　측정자의 자격은「작업환경측정및정도관리규정」에 규정하고 있으며, 산업안전보건법 제16조제1항의 규정에 의하여 선임된 보건관리자로서 산업위생관리산업기사 이상의 자격증을 보유하고 측정에 필요한 장비를 보유하고 있으면 분석설비를 갖추지 않아도 당해 사업장에 대하여 작업환경측정을 할 수 있다. 또한, 동 규정 제8조제4항의 규정에 의하여 포집한 시료의 분석을 외부 지정측정기관에 의뢰할 수 있다.(산보 68307-261, 2001.4.30.)

786　산업안전보건법령 및 하위규정에서는 측정기관이 측정(분석)결과에 대한 근거자료를 제출하도록 규정하고 있지 않으나 작업환경측정의뢰서(계약서)에 이를 명시하거나 작업환경측정결과 설명회(산업안전보건법 제42조제5항)시 측정(분석)결과에 대한 근거자료의 제시를 요청할 수 있을 것이다.(산보 68344-244, 2002.3.22.)

787　【질의】사업장의 한 작업공정 전체 인원이 15명이고, 3교대 작업인 경우 작업환경측정결과표에는 어떻게 기재해야 하는지?

☞ (회시) 규칙 별지 제20호 서식 나-2. 단위작업 장소별 작업환경측정결과의 '근로자수'란에 전체 근로자 15명이라고 기재하고, '근로형태 및 실근로시간'란에는 교대작업(5명씩 3교대) 및 실근로시간을 기재한다.(산보 68344-305, 2003.4.18.)

788　시행규칙 제144조제1항

은 측정관련 서류를 3년간 보존한다.[789]

공기청정기와 같이 재순환방식 장치가 법상 국소배기장치로 인정되기 위해서는 유해인자를 외부로 배출하기 위한 제어풍속을 유지하여야 한다.[790]

13) 측정기관

측정기관이 합병된 경우 각각 새로이 지정을 받아야 업무를 수행할 수 있다.[791]

측정기관은 업무를 수행하려는 관할 지방관서에 각각 지정을 받아야 한다.[792]

사업장이 작업환경측정기관 및 보건관리대행기관으로 지정 받지 않은 타 지역으로 이전한 경우에는 당해 사업장에 대하여 측정 및 보건관리대행 업무 위탁이 곤란하다.[793] 그러나 작업환경측정기관의 경우에는 타기관 지정 지역으로 이전한 사업주가 노사 합의내용을 관할지방노동관서장에게 신고하면 측정업무 위탁이 가능하다.(「작업환경측정 및 지정측정기관평가 등에 관한 고시」 제9조)

14) 급성중독물질과 만성중독물질의 차이

만성중독물질은 납, 수은 등 주로 오랫동안 인체에 누적되는 물질을 말하며, 급성중독물질

---

789 법 제64조제2항

790 국소배기장치는 후드, 닥트, 배풍기 등의 구조로 되어 있는 것으로서 「산업안전보건기준에 관한 규칙」 제423조 및 제424조에 따른 후드의 제어풍속을 유지할 수 있으면 국소배기시설로서 인정될 수 있다.(산업보건환경과-2731, 2005.5.19.)

791 【질의】각기 다른 측정기관 A와 B가 합병되었을 경우 측정지역을 통합하여 인가를 받을 수 있는지와 합병 후 기관의 명칭을 달리(A, B 또는 C) 사용함에 따라 지정지역이 달라지는지?
☞ (회시) A 측정기관과 B 측정기관이 합병으로 인하여 법정인력, 시설 또는 설비 등을 교류 또는 통합하여 사용하는 경우에는 지정받고자 하는 지방노동관서에 지정신청서를 제출하여 새로이 지정서를 교부받아야 할 것이며, 측정지역의 지정에 관해서는 관할지방노동관서에서 관내 측정기관 수, 측정기관의 인력, 시설 및 설비 등을 감안한 측정능력, 지역 및 사업장의 특성 등을 종합적으로 고려하여 결정할 사항이다. 한편, 기관의 명칭을 달리 사용함에 따라 지정 지역이 결정된다고는 볼 수 없다.(산업보건환경과-38, 2004.1.3.)

792 【질의】A 노동관서에 소재한 기관(지정을 받고자 하는 기관)이 B 노동관서에 지정측정기관 신청을 할 수 있는지와 A 노동관서에서 지정을 받고 B 노동관서에서 출장소를 운영할 수 있는지
☞ (회시) A 관서에 소재한 기관이 B 관서에 지정을 신청하지 못하도록 하는 규정은 없으며, A 관서에서 지정을 받은 후 B 관서에 지정을 받지 않은 상태에서 출장소를 운영하는 것은 적법하지 않다.(산업보건환경과-1531, 2004.3.19.)

793 (산업보건환경과-1494, 2004.3.18.)

은 일산화탄소 등을 말하는데, 그 구분은 물질안전보건자료의 '독성에 관한 정보'를 참조한다. 참고로 천장값(Ceiling)으로 되어 있는 노출기준, 만성중독을 일으키지 않고 다만 가벼운 자극을 일으키는 물질은 노출기준에 대한 보정을 하지 않는다. (산업보건환경과-1448, 2004. 3. 17.)

15) 작업환경 개선

노출기준을 초과하는 경우에는 노출수준을 저감시킬 수 있는 방안을 강구하여야 한다. 측정결과보고서에서 노출기준을 초과한 고정에 대하여 개선하여야 할 사항을 제시(공학적, 관리적, 개인위생적 측면)하고 있다. 측정자는 노출기준 이하인 경우에도 개선의견을 제시할 수 있다.[794] 사업주는 측정결과보고서에 제시된 사항 이외에도 전문가의 자문을 들어 개선방안을 강구할 필요가 있다. 다만, 노출기준 이하일 경우에는 의무적으로 개선을 하여야 하는 것은 아니다.[795] 개선은 그 결과뿐 아니라 개선계획을 제출할 수 있다.[796]

---

794 '측정결과에 따른 종합의견' 작성요령은 다음과 같다.
※ 측정농도의 평가결과 노출기준을 초과한 유해인자를 중심으로 다음과 같이 작성합니다.
1. 측정결과의 평가: 노동부장관이 정하는 측정농도의 평가방법에 의하여 노출기준 초과 여부를 상세히 기재합니다.
2. 작업환경설비 실태 및 문제점
3. 대책: 공학적, 관리적, 개인위생적 측면으로 제시하되, 필요시 별지에 작성합니다.
즉, 노출기준 초과 유해인자를 중심으로 종합의견을 작성하라는 의미이나, 노출기준 미만으로 평가된 경우에도 필요한 의견은 기재할 수 있다.(산보 68344-126, 2002.2.9.)
795 【질의】노출기준 미만이나 국소배기장치의 제어속도가 미흡하여 측정자가 측정결과서에 이를 기술하였다 하여 사업자는 노동사무소에 측정결과보고시 국소배기장치건에 대하여 개선 또는 개선계획서를 포함하여야 하는지?
☞ (회시) 산업안전보건법시행규칙 별지 제21호 서식 작업환경측정결과표 중 '4. 작업환경측정결과 및 종합의견'은 노출기준을 초과한 유해인자를 중심으로 작성하도록 규정하고 있으며, 사업주는 초과 시 측정자의 의견을 참고하여 작업환경을 관리(개선)하여야 한다. 측정결과 노출기준을 초과하지 않았다면, 개선 또는 개선계획서에 포함시킬 의무는 없다.(산보 68307-270, 2001.5.2.)
796 【질의】측정결과보고서에 개선계획서를 첨부 시, 개선계획서 완료일내에 개선이 불가능할 경우 개선연기신청을 노동사무소에 제출하여야 하는지, 또한 개선완료 후 완료보고서를 노동사무소에 제출하여야 하는지?
☞ (회시) 측정결과 노출기준 이상인 공정에 대하여는 개선완료 또는 개선 중인 경우 이를 증명할 수 있는 관계서류를 작업환경측정결과보고서의 첨부서류로 제출하여야 한다.(산보 68307-270, 2001.5.2.)

(2) 건강진단 실시대상 및 방법

제129조(일반건강진단) ① 사업주는 상시 사용하는 근로자의 건강관리를 위하여 건강진단(이하 '일반건강진단'이라한다)을 실시하여야 한다. 다만, 사업주가 고용노동부령으로 정하는 건강진단을 실시한 경우에는 그 건강진단을 받은 근로자에 대하여 일반건강진단을 실시한 것으로 본다.

② 사업주는 제135조제1항에 따른 특수건강진단기관 또는 「건강검진기본법」 제3조제2호에 따른 건강검진기관(이하 '건강진단기관'이라 한다)에서 일반건강진단을 실시하여야 한다.

③ 일반건강진단의 주기·항목·방법 및 비용, 그 밖에 필요한 사항은 고용노동부령으로 정한다.

제130조(특수건강진단 등) ① 사업주는 다음 각 호의 어느 하나에 해당하는 근로자의 건강관리를 위하여 건강진단(이하 '특수건강진단'이라 한다)을 실시하여야 한다. 다만, 사업주가 고용노동부령으로 정하는 건강진단을 실시한 경우에는 그 건강진단을 받은 근로자에 대하여 해당 유해인자에 대한 특수건강진단을 실시한 것으로 본다.

1. 고용노동부령으로 정하는 유해인자에 노출되는 업무(이하 '특수건강진단대상업무'라 한다)에 종사하는 근로자

2. 제1호, 제3항 및 제131조에 따른 건강진단 실시 결과 직업병 소견이 있는 근로자로 판정받아 작업 전환을 하거나 작업 장소를 변경하여 해당 판정의 원인이 된 특수건강진단대상업무에 종사하지 아니하는 사람으로서 해당 유해인자에 대한 건강진단이 필요하다는 「의료법」 제2조에 따른 의사의 소견이 있는 근로자

② 사업주는 특수건강진단대상업무에 종사할 근로자의 배치 예정 업무에 대한 적합성 평가를 위하여 건강진단(이하 '배치전건강진단'이라 한다)을 실시하여야 한다. 다만, 고용노동부령으로 정하는 근로자에 대해서는 배치전건강진단을 실시하지 아니할 수 있다.

③ 사업주는 특수건강진단대상업무에 따른 유해인자로 인한 것이라고 의심되는 건강장해 증상을 보이거나 의학적 소견이 있는 근로자 중 보건관리자 등이 사업주에게 건강진단 실시를 건의하는 등 고용노동부령으로 정하는 근로자에 대하여 건강진단(이하 '수시건강진단'이라 한다)을 실시하여야 한다.

④ 사업주는 제135조제1항에 따른 특수건강진단기관에서 제1항부터 제3항까지의 규정에 따른 건강진단을 실시하여야 한다.

⑤ 제1항부터 제3항까지의 규정에 따른 건강진단의 시기·주기·항목·방법 및 비용, 그 밖에 필요한 사항은 고용노동부령으로 정한다.

제131조(임시건강진단 명령 등) ① 고용노동부장관은 같은 유해인자에 노출되는 근로자들에게 유사한 질병의 증상이 발생한 경우 등 고용노동부령으로 정하는 경우에는 근로자의 건강을 보호하기 위하여 사업주에게 특정 근로자에 대한 건강진단(이하 '임시건강진단'이라 한다)의 실시나 작업전환, 그 밖에 필요한 조치를 명할 수 있다.

② 임시건강진단의 항목, 그 밖에 필요한 사항은 고용노동부령으로 정한다.

모든 근로자는 사업주가 실시하는 건강진단을 받을 권리와 의무가 있다. 건강진단은 법적 의무이므로 사업주 및 근로자 모두 이를 준수하여야 한다.[797] 건강진단은 계약기간 및 고용특성

797　건강진단은 「특정인이 의학적 치료를 필요로 하기 이전 또는 건강의 악화를 방지하기 위한 조치를 하기 전에 건강장해나 질병을 발견할 목적으로 실시하는 의학적 검사」로 실시목적에 따라 다양하게 분류되며, 산업안전보건법에 의한 근로자건강진단은 「의학적 선별검사로 건강에 이상소견을 보이는 근로자들을 질병발생의 전 단계에서 조기에 찾아내어 보건지도 또는 적절한 사후관리를 실시함으로써 건강이상이 질병으로 진행하는 것을 예방하기 위해 실시하는 것」으로 산업안전보건법 제43조에서는 사업주의 의무 및 근로자의 준수사항으로 규정하고 있다. 따라서 산업안전보건법에 의한 건강진단을 반드시 실시하여야 한다.(산보 68307-827, 2000.12.21.)

에 따라 차별하거나 건강보험가입 여부에 영향을 받지 않는다.[798] 근로자도 정당한 사유 없이는 사업주가 실시하는 건강진단을 받을 의무가 있다.[799]

주식회사의 '이사'라 하더라도 업무 집행권을 가지지 아니하고 실질적으로 근로를 제공하며 그 대가로 임금을 지급받는 경우라면 동 이사는 사용자로서의 지위와 함께 근로자로서의 지위에 있다고 볼 수 있다. 근로자의 지위에 있는 '이사'에 대하여는 산업안전보건법에 의한 건강진단을 실시하여야 한다.[800]

건강진단의 종류, 주기는 해당 작업자가 노출되는 유해인자에 따라 달라진다. 그 구분은 기업 내에서 부르는 직책이나 명칭으로 구분하는 것이 아니라 실제 직무형태에 따라 구분한다.

사업주가 실시하는 종합건강진단으로 일반건강진단을 대신할 수 있다.[801][802]

1차 검진과 2차 검진은 동일 건강진단기관에서 실시하여야 한다.[803]

파견근로자에 대한 건강진단은 파견근로자 보호 등에 관한 법률 제35조의 규정에 의하여 일반건강진단의 경우에는 파견사업주가, 특수건강진단인 경우에는 사용사업주가 실시하여야 하며, 파견사업주와 사용사업주가 산업안전보건법(이하 '법'이라 함)을 위반하는 내용을 포함

---

798 「산업안전보건법」 제43조에 따라 사업주는 근로자의 건강을 보호 · 유지하기 위하여 근로자에 대한 건강진단을 하여야 하는 바, 기간제나 단시간 근로자라 하여 동법상의 건강진단 대상에서 제외되어 있지 않다. 상시 사용하는 근로자의 정기 일반건강진단은 사무직 근로자의 경우 2년에 1회 이상, 그 밖의 근로자에 대해서는 1년에 1회 이상 실시하여야 한다.
상시 사용하는 근로자는 근로시간에 무관하게 모두 동법에 따른 정기 일반건강진단 대상이 되며 상시 사용하는 근로자 중 국민건강보험법에 가입되어 있지 아니한 근로자라 하더라도 동법상의 정기 일반건강진단의 대상이 되고, 이런 경우에는 사업주의 부담으로 건강진단을 실시하여야 한다.(산업보건과-452, 2010.8.25.)
799 근로자는 법 제43조제2항의 규정에 의하여 사업주가 실시하는 근로자건강진단을 받도록 되어 있으며, 정당한 사유 없이 이 규정을 위반한 경우 법 제72조제2항제2호의 규정에 의하여 300만 원 이하의 과태료를 받게 된다.(산보 68307-49, 2002.1.18.)
800 (산보 68307-270, 2001.5.2.)
801 산업안전보건법에서 정하고 있는 검사항목 및 실시기준 등을 모두 준수하여 종합건강진단 등을 실시한 경우에도 일반건강진단을 실시한 것으로 갈음 받을 수 있으며, 이 경우, 종합건강진단 실시결과 중 일반건강진단에 해당되는 결과는 산업안전보건법 제43조 및 동법시행규칙 제107조의 규정에 의거 5년간 보존하여야 한다.(산보 68341-453, 2002.5.15.)
802 사외 종합검진센터에서 받은 종합검진이 산업안전보건법 시행규칙 제100조제2항에서 정한 일반건강진단 검사항목을 모두 포함한 종합건강진단은 일반건강진단으로 갈음 받을 수 있다.(산보 68430-877, 2002.10.5.)
803 근로자건강진단은 의학적선별검사로 1차 검사(필수검사)와 2차 검사(선택검사)의 두 단계로 실시되며, 1차 검사(필수검사)는 실시대상 근로자 중 이상소견을 보이는 근로자를 1차 선별하기 위한 목적으로, 2차 검사(선택검사)는 1차 검사(필수검사)에서 이상소견을 보인 근로자 중 의학적으로 정상임에도 1차 검사(필수검사)에서 가짜 이상소견을 보인 근로자를 찾아내거나 진짜 이상소견 근로자의 건강보호를 위하여 필요한 사후관리조치의 내용을 정하기 위한 목적으로 실시한다. 이와 같이, 1차 검사(필수검사)의 결과와 2차 검사(선택검사)의 결과는 서로 연계되어 있을 뿐 아니라, 동일한 목적의 의학적 검사라 하더라도 건강진단기관을 달리하여 실시하는 경우에 검사인력, 검사장비, 검사기기 및 해석기준 등의 차이로 인하여 그 결과가 달라질 가능성이 있기 때문에 이러한 문제점을 미연에 방지하고, 검사의 연속성을 통한 건강진단의 정확성 및 신뢰성을 확보하기 위해서 1차 검사(필수검사)와 2차 검사(선택검사)는 반드시 동일 건강진단기관에서 정해진 기간 내에 실시하도록 하고 있다.(산보 68340-755, 2003.9.9.)

한 근로자파견계약을 체결하고 그 계약에 따라 파견근로자를 근로하게 함으로써 법을 위반한 경우에는 그 계약당사자 모두를 법 제2조제4호의 규정에 의한 사업주로 보아 해당 벌칙 규정을 적용한다. [804]

동일 구역내 사내 외주업체 근로자의 특수건강진단, 물질안전보건자료 비치의무에 대한 산업안전보건법상 책임주체는 파견사업이 아닌 경우에는 해당 근로자를 고용하는 사업주이다. [805] 법 제64조 대상 사업장인 경우 도급인은 작업환경측정, 순회점검 및 안전보건교육실시 지원의 의무가 있다.

휴직상태에 있는 근로자는 정기적 건강검진 대상에서 제외된다. [806]

1) 사무직 구분

건강진단 대상의 '사무직 근로자'는 사무실 등에서 주된 업무가 주로 정신적인 근로를 하는 자이며, 그 외 현장에 종사하는 근로자 및 사무실에서 단순 반복 업무를 하면서 업무 중에 자유롭게 움직이기 곤란한 업무(교대하지 않는 한 자리를 비울 수 없는 업무) 등을 하는 근로자는 '기타직 근로자'로 분류한다. [807]

---

804 (산업보건환경과-5025, 2004.9.2.)
805 (산업보건환경팀-1711, 2006.3.23.)
806 「산업안전보건법」 제43조에 의한 근로자 일반건강진단(특수건강진단 포함)은 상시 사용하는 근로자의 건강관리를 위하여 사업주가 주기적으로 실시하는 건강진단으로 이를 실시하여야 할 주기에 휴직 등으로 인해 사업주의 지배·관리하에 있지 않은 자에 대하여는 건강진단을 실시하지 않아도 무방할 것이다.(국민신문고, 2009년)
807 ☞ 아래 표를 참고하여 사례별로 개별적·구체적으로 판단

사무직과 기타직 구분(예시)

사무직	그 밖의 근로자(기타직)
• 사무실에서 서무·인사·경리·판매·설계 등 사무업무 종사자 • 임원, 관리자(관리팀장, 인사팀장 등)	• 공장 또는 공사현장과 같은 구역에 있는 사무실 종사자 • 제조·건설작업 종사자, 단순노무 종사자 • 장치, 기계조작 및 조립 종사자 • 현장을 수시 출입하는 생산팀장, 공무팀장 등의 현장 관리자 • 안전관리자, 방화관리자 등
• 총무, 서무, 인사, 기획, 노무, 홍보, 경리, 회계, 판매, 설계, 영업 등 사무업무 종사자 - 고객 서비스 사무 종사자 • 방문·전화·인터넷 민원 일반 상담업무 종사자 • 호텔·음식점 접수원 등 - 병원 행정, 원무, 보험 사무원 - 일반 사무 보조원, 비서 등	• 영업 등 직접 종사자 - 직접 판매에 종사하는 자 - 방문 주문 및 수금업무 등을 주업무로 하는 영업직 근로자 - 114 안내업무, 전화고장 접수 등 TM 전담상담원 - 항공기승무원, 선원, 자동차 운전원 - 이·미용사, 조리사 - 의사, 간호사, 약사, 의료기사 등

'상시 사용하는 근로자 중 사무직에 종사하는 근로자(공장 또는 공사현장과 같은 구역[808]에 있지 아니한 사무실에서 서무·인사·경리·판매·설계 등에 직접 종사하는 근로자는 제외한다)에 대하여는 2년에 1회 이상, 그 밖의 근로자에 대하여는 1년에 1회 이상 일반건강진단을 실시'한다. (시행규칙 제197조)

동일 울타리 안이라 하더라도 독립된 건물에서 사무업무를 하는 근로자는 건강진단규정상 사무직에 종사하는 근로자에 해당할 수 있다.[809]

제조 관련 관리자의 특수건강진단 대상 여부는 제조공정의 관리자가 근무하는 형태를 보아 판단한다.[810] 즉, 상시 근무하는 장소에 수시 출입하여 생산 등과 관련하여 업무지시, 감독 등의 업무를 수행한다면 소속근로자와 동일한 유해인자에 노출되는 업무에 종사하는 근로자로 보아야 할 것이다.

사무직	그 밖의 근로자(기타직)
• 내근기자	• 외근기자
• 교육기관 종사자 중 - 학원강사, 유치원교사, 보조교사, 일반교사 등	• 교육기관 종사자 중 - 기능강사, 실습강사, 이공계 학교 실습교사, 어린이집 보육교사 등
• 문화예술, 방송, 공연관련 종사자 중 - 방송작가, 아나운서, 디자이너	• 문화예술, 방송, 공연관련 종사자 중 - 프로듀서, 연기자, 안무가 - 촬영, 녹음 등 방송 관련 기사
• 금융, 증권, 보험업 종사자 - 은행원, 증권중개인, 손해사정인 등	• 보험업 종사자 중 - 보험모집인 등 현장 종사자
• 건축설계사, 제도사	
• 건물관리업 중 - 소장, 경리 등 일반 행정업무 종사자	• 건물관리업 중 - 경비, 청소, 시설관리 등 현장업무 종사자

(산업보건과-32, 2010.7.13.)

808 '같은 구역'이라 함은 담 또는 울타리를 경계로 하여 '동 경계 안'을 의미하며, 생산동과 사무동이 동일 건물에 있지 아니하고 충분한 이격거리를 두고 있는 경우는 같은 구역으로 보지 아니한다.

809 '공장 또는 공사현장과 동일한 구내'라 함은 사무업무만 수행하는 건물이 생산 업무가 이루어지는 건물과 충분한 이격거리를 두고 떨어져 있는 경우가 아닌 경우를 의미한다. 따라서 '사무직에 종사하는 근로자'라 함은 생산업무가 이루어지는 건물과 충분한 이격거리를 두고 떨어져 있는 순수한 사무실 건물에서 서무·인사·경리·판매·설계 등 사무업무(판매업무 등에 직접 종사하는 경우 제외)만 전담하는 근로자이다.(산보 68307-499, 2002.5.27.)

810 특수건강진단 대상 근로자는 '특수건강진단대상 유해인자에 노출되는 업무에 종사하는 근로자'등을 말하는 것(시행규칙 제98조제2호)이므로 제조공정의 관리자가 상시 근무하는 장소(별도의 사무실이 있는 경우에도 제조공정과 동일한 건물 내에 인접한 경우)에 수시 출입하여 생산 등과 관련하여 업무지시, 감독, 교육, 감시 등의 업무를 수행한다면 소속근로자와 동일한 유해인자에 노출되는 업무에 종사하는 근로자로 보아야 할 것이며, 제조공정의 관리자가 해당 공정과 일정 거리 떨어진 사무실(다른 건물)에 주로 상주하면서 필요에 따라 해당 공정에 수시 출입하여 위와 같은 업무를 수행하는 경우에도 그 관리자의 업무가 해당 공정의 유해인자에 거의 매일 노출되는 정도라면 시간에 무관하게 해당 업무에 종사하는 근로자와 같은 특수건강진단 대상이라고 판단하고, 간헐적으로 생산공정에 출입하여 업무지시만 하는 등 해당 공정에의 출입이 당해 유해인자에의 노출로 인한 건강장해가 발생할 우려가 없을 정도로 제한적인 경우에는 해당 공정의 유해인자에 대한 특수건강진단 실시대상에서 제외될 수 있다.(예: 생산과장은 대상, 자재과장은 비대상) (산업보건과-32, 2010.7.13.)

2) 실시주기

배치전검진은 특수건강진단 대상작업으로 배치되는 경우 실시하는 것으로 당해 유해인자에 대해 특수건강진단·수시건강진단 또는 임시건강진단을 받고 나서 6월이 경과하지 아니한 근로자로서 건강진단개인표 또는 그 사본을 제출한 경우에는 배치전건강진단을 실시하지 아니할 수 있다. 또한 다른 유해인자로 인해 특수건강진단을 받은 경우 관련한 검사항목에 대하여 이를 인정해 준다.[811] 다만, N, N-디메틸포름아미드·벤젠·사염화탄소·1, 1, 2, 2-테트라크로로에탄·염화비닐·아크릴로니트릴 등 6종의 유해인자에 대한 배치 후 첫 번째 특수건강진단 시에는 동 검사항목을 생략할 수 없다.

3) 실시방법

소음에 대한 특수건강진단 청력검사 전에는 소음으로부터 일정시간(약 14시간) 격리한 후 검진한다.[812] 직업병유소견자로 판정된 후 비 소음부서로 작업전환이 되었다 하더라도 검진의사의 소견에 따라 특수건강진단을 받아야 하는 경우가 있다.[813]

4) 건강진단기관 선정

건강진단실시기관 선정은 산업안전보건위원회에서 노사가 심의·의결한다. 합의되지 않은 경우 사업주가 실시기관을 선정할 수 있으며, 근로자는 사업주가 제시하는 기관 또는 스스로

---

811   【질의】 보름 전 연(鉛) 특수건강진단을 받은 근로자가 소음부서로 부서전환 시 소음 배치전건강진단 필수항목 중 순음기도 청력검사 외 연(鉛) 특수건강진단에서 받았던 중복되는 임상검사를 포함해야 하는지 여부?
☞ (회시) 다른 유해인자에 대한 특수건강진단·수시건강진단 또는 임시건강진단을 받고나서 3월이 경과하지 아니한 근로자에 대해 배치전건강진단을 실시하고자 하는 경우 특수건강진단·수시건강진단 또는 임시건강진단 검사항목과 동일한 배치전건강진단 검사항목에 대해서는 동일한 기관에서 검사한 경우에 당해 항목에 대한 검사를 생략할 수 있다.(산보 68307-83, 2000.2.1.)
812   이는 건강진단과정에서 작업환경으로 인한 일시적인 영향 등을 배제하고 근로자의 가청역치를 정확하게 파악하기 위함이다.(근로자건강진단 실무지침 중 '순음청력 검사부분')
813   직업병유소견자로 판정받은 후 작업전환을 하거나 작업장소를 변경하고 직업병 유소견판정의 원인이 된 유해인자에 대한 건강진단이 필요하다는 의사의 소견이 있는 근로자에 대해서는 산업안전보건법시행규칙 제98조제3호차목 및 제99조제5항의 규정에 의거 의사가 필요하다고 인정하는 시기에 특수건강진단을 실시하여야 한다.(산보 68307-119, 2000.2.14.)

선택하여 건강진단을 실시할 수 있다. 근로자건강진단 실시의무는 사업주에 있으므로 그 비용은 사업주가 부담하는 것이 원칙이다.[814]

특수건강진단기관 인력기준상의 해당인력이 분석만을 위한 인력이라고 해석할 수 없으므로 정도관리에 합격한 기관과 분석계약을 체결할 경우라도 계속 채용되어야 한다.[815]

5) 특검대상

검진대상 소음작업에는 단순한 압축공기로 인한 소음(85dB 미만)은 포함하지 않는다.[816]

사업장의 작업환경측정결과 또는 특수건강진단 실시결과에 따라 특수건강진단 주기 단축사유[817]에 해당하는 경우 해당 근로자에 대하여는 다음 회에 한하여 관련 유해인자별로 특수건강진단 주기를 2분의 1로 단축하여야 한다.

소음의 경우 작업환경측정결과가 매년 노출기준을 초과한다면, 특수건강진단도 매년 1회 실시하여야 하며, 측정결과 노출기준을 초과하지 않을 경우에는 원래의 주기대로 2년에 1회 특수건강진단을 실시한다. 유기용제의 경우 상·하반기 구분 없이 최근 1년 동안 유기용제에 대한 작업환경측정결과 노출기준을 초과한 경우가 있을 경우에는 다음 회에 한하여 주기를 단축하여 특수건강진단을 실시한다.[818]

---

814   건강진단의 실시는 사업주의 의무이므로 그 비용을 사업주가 부담하여야 하며, 이는 근로자가 다른 건강진단기관에서 건강진단을 실시하였을 때에도 마찬가지이다. 다만, 사업주가 국민건강보험법 제47조의 규정에 의한 건강진단을 실시하였을 경우 산업안전보건법시행규칙 제99조제8항의 규정에 의거 일반건강진단을 실시한 것으로 인정하고 있으며 이때의 건강진단비용은 국민건강보험공단에서 지급한다.(산보 68307-631, 2000.9.26.)

815   (산업보건환경팀-1350, 2006.3.3.)

816   【질의】Air gun(압축공기)을 이용하는 공정이나 작업환경 측정결과 소음수준이 상당히 낮은 수준(예를 들어, 70dB)으로, 소음으로 인해 청력손실을 입을 우려가 매우 낮은 경우 소음에 대한 특수건강진단을 실시하여야 되는지?
☞ (회시) 안전보건규칙 제512조제1호부터 제3호에 의거 '리베팅기·절삭기 또는 주물의 자동조형기 등 압축공기로 작동되는 기계 또는 기구를 취급하는 작업장'에 대하여 강렬한 소음작업장으로 규정한 것은 압축공기로 원동력이 되어 기계 또는 기구를 작동하게 함으로써 그 동작에 의하여 발생되는 소음을 대상으로 한 것이므로, Air gun처럼 단지 압축공기 그 자체에 의한 소음은 작업환경측정대상 및 특수건강진단대상 소음작업에 해당되지 않는다. 다만, 근로자건강진단실시규정(고시호) 제9조(특수건강진단 추가대상업무 등)에 의거하여 연속음으로 85dB(A) 이상의 소음에 노출되는 옥내작업장 근로자에 대하여는 소음에 대한 특수건강진단을 실시하여야 한다.(산보 68307-650, 2000.9.30.)

817   1. 작업환경측정을 측정한 결과 노출기준 이상인 작업공정에서 당해 유해인자에 노출되는 모든 근로자, 2. 특수건강진단 수시건강진단 또는 임시건강진단을 실시한 결과 직업병유소견자가 발견된 작업공정에서 당해 유해인자에 노출되는 모든 근로자

818   (산보 68307-797, 2000.12.11.)

특수검진대상은 MSDS를 참조한다. 취급하는 물질이 특수검진대상 물질이 1% 이상 함유한 경우 또는 건강위험 수준으로 노출되는 경우 건강진단 대상으로 본다.[819]

6) 작업환경측정과 관계

근로자가 수행하는 업무가 산업안전보건법 제130조 및 시행규칙 제201조에 해당되는 경우에는 취급유해인자의 수준 또는 사용량과 관계없이 정해진 주기에 따라 특수건강진단을 실시하여야 한다. 화학분석실,[820] 주유소, 병원 전리방사선실[821] 등에서도 검진대상 물질을 사용하는 경우 특수건강진단을 받아야 한다.

산업안전보건법 시행규칙 제186조제1항의 규정에 의한 단시간작업, 임시작업 등이라 하더라도 시행규칙 제201조의 특수건강진단대상업무에 종사하는 근로자에 대해서는 특수건강진단의 대상이다.[822] 따라서 작업환경측정이 제외되는 주유소에 근무하는 주유원들도 배치전건강진단을 받아야 한다.[823]

다른 사업장 또는 당해 사업장에서 당해 유해인자에 대한 배치전건강진단을 받았거나 배치전건강진단의 필수검사항목을 모두 포함하는 특수건강진단 등을 받고 6월이 경과하지 아니한 경우에는 산업안전보건법 시행규칙 제203조 규정에 의하여 배치전건강진단을 실시하지 아니할 수 있다.[824]

---

819   포름알데히드 또는 동 물질을 함유중량 1% 이상 함유한 물질을 제조·사용 등 취급하는 근로자에 대하여는 산업안전보건법에서 정한 바에 따라 특수건강진단을 실시하여야 한다. 또한 포름알데히드 또는 동 물질을 함유중량 1% 미만 함유한 물질이라 하더라도 취급하는 근로자가 작업과정에서 건강위험(Health Risk) 수준 이상으로 포름알데히드에 폭로되는 것이 확인되는 경우에는 당해 근로자에 대하여도 특수건강진단을 실시하여야 한다.(산보 68307-153, 2001.3.19.)

820   (산보 68307-590, 2001.8.27.)

821   전리방사선 노출업무에 종사하는 근로자가 산업안전보건법 제43조, 같은 법 시행규칙 제98조제3호자목, 제99조제4항제2호 및 시행규칙 별표 13, 근로자건강진단실시기준(노동부고시 제2001-45호) 제9조제3항제1호의 규정에 의하여 배치 전, 배치 후 6월 이내, 그 후 1년에 1회 이상 전리방사선 특수건강진단을 받아야 한다.(산보 68307-627, 2001.9.11.)

822   (산업보건환경과-511, 2005.3.17.)

823   (산업보건환경과-6936, 2004.12.8.)

824   (산업보건환경과-6936, 2004.12.8.)

7) 사후관리

사후관리 소견란에 추적검사 시점은 검진의사가 소견을 제시한 날부터 계산한다.[825]

건강진단 결과에 따른 보건관리 시 근로자의 의사에 반하는 정도의 과도한 개인건강관리를 강요하여서는 아니 된다.[826]

산업안전보건법에서는 유소견자의 사후관리로 작업의 전환, 근로시간의 단축 등을 규정하고 있으나, 의사인 보건관리자라 하더라도 근로자건강진단을 직접 실시하지 아니한 경우에는 일반질병 유소견자 중 질병자에 대하여 건강진단을 직접 실시한 의사의 진단소견 없이 휴직 등 근로제한 및 금지조치를 할 수 없다.

건강진단 결과 건강에 양호하지 않다고(예: B형간염) 하여 휴직이나 사직 등 근로자에 신분상 불이익한 조치를 하여서는 아니 된다.[827]

산업안전보건법에 의한 건강진단 결과는 채용 또는 휴직이나 해고의 사유로 활용할 수 없다.[828] 의사가 판정하는 건강관리구분(A, C, (C_1, C_2,) D_1, D_2, R)은 당해 근로자의 건강보호를 위

825　'1년후추적검사'는 검진의사가 사후관리소견을 제시한 날로부터 1년이 되는 시점을 의미하며, 동 시점을 기준으로 1개월 전후의 범위 내에서 추적검사를 실시하여야 한다. 참고로, 특수건강진단결과 C1(직업병요관찰자) 또는 D1(직업병유소견자)에 대하여 검진의사가 사후관리소견으로 '추적검사' 판정을 하고 추적검사시기 및 검사항목을 특수건강진단개인표에 기재 또는 별도의 서식으로 사업주에게 통보하는 경우 사업주의 비용부담으로 추적검사를 실시하여야 한다.(산보 68307-630, 2000.9.26.)

826　사업주가 근로자 건강관리를 위하여 근로자에게 강제로 각서를 징구하는 것은 그 목적이 비록 근로자의 건강을 보호하기 위한 것이라 할지라도 바람직하지 않으며, 산업안전보건법에 동 목적의 각서를 받을 수 있는 근거 규정은 없다.(산보 68307-761, 2000.11.24.)

827　【질의】간기능에 이상이 없고 B형간염바이러스 표면항원이 양성인 B형간염바이러스 보유자라는 이유로 구내식당출입을 금하고 휴직이나 사직을 권하는 것이 노동 관련 법규상 정당한 것인지?

☞ (회시) 질병 근로자를 보호하기 위하여 산업안전보건법 제45조 및 같은 법 시행규칙 제116조의 규정에 의거 근로로 인하여 병세가 현저히 악화될 우려가 있는 질병에 이환된 근로자에 대하여 사업주는 의사 보건관리자, 산업보건의 또는 건강진단을 실시한 의사의 소견을 들어 근로를 금지 또는 제한하도록 하고 있으며, 당해 근로자가 건강을 회복한 때에는 지체 없이 근로를 재개하도록 하고 있음. 따라서 의사의 진단 또는 소견 없이 사업주가 임의로 근로자를 단순히 B형간염 건강보유자라는 이유만으로 근로를 제한 또는 금지하는 것은 정당하지 않다.(산보 68342-403, 2001.6.22.)

828　【질의】노동부에서 의무적으로 사업장에서 실시하게 하는 건강진단결과 산업재해가 아닌 고질적인 병으로 인하여 불리한 판정이 나왔을 때 그 판정으로 인하여 해고당할 우려가 있는지?

☞ (회시) 산업안전보건법 제45조(질병자의 근로 금지·제한)제1항 및 제2항에서는 「사업주는 전염병, 정신병 또는 근로로 인하여 병세가 현저히 악화될 우려가 있는 질병에 이환된 자에 대하여는 의사의 진단에 따라 근로를 금지하거나 제한」하고 「사업주는 근로를 금지 또는 제한받은 근로자가 건강을 회복한 때에는 지체 없이 취업」하도록 규정하고 있으며, 근로기준법 제30조제1항에서는 사용자는 근로자에 대하여 정당한 이유 없이 해고, 휴직, 정직, 전직, 감봉 기타 징벌을 하지 못하도록 규정하고 있다.(산보 68307-827, 2000.12.21.)

한 사후관리 조치를 결정하기 위한 관리기준으로만 사용된다.[829]

사업주는 건강진단을 실시한 결과, 의사가 특정 근로자에 대하여 판정한 사후관리조치 또는 그에 준하는 조치를 모두 이행하여야 하며, 다만, 의사가 제시한 사후관리조치 중 택일하여 실시하도록 판정한 경우에는 선택하여 실시할 수 있다.[830]

특수건강진단 시 질병유소견자가 발생될 경우 당해 근로자에 대하여 건강진단 실시일로부터 30일 이내에 의학적 소견 및 이에 필요한 사후관리내용과 업무수행 적합 여부를 설명하고 건강진단개인표를 직접 교부하여야 한다.[831]

특수건강진단은 해당 유해인자의 표적장기에 대한 건강장해를 예방하거나 조기 발견하기 위한 목적으로 실시하기 때문에 특수건강진단에서 일반질병유소견자로 판정받은 경우 직업성은 아니나 해당 유해인자의 표적장기에 이상이 있다는 것을 알려 주는 것이므로 이에 대해서도 적절한 사후관리조치를 받아야 한다.[832]

사업주는 근로자건강진단 실시결과 근로자의 건강을 유지하기 위하여 필요하다고 인정할 때에는 작업장소의 변경, 작업의 전환, 근로시간의 단축 및 작업환경의 시설·설비의 설치 또는 개선 기타 적절한 조치를 하여야 하며, 근로자는 사업주가 실시하는 사후관리조치에 협조하여야 한다.

2013년 법 개정으로 야간근로의 제한이 새로이 사업주의 조치기준으로 법에 명시되었다.

8) 기업의 변경 시

해당 유해인자 작업공정의 변화가 없는 경우에는 회사가 변경되더라도 작업환경측정이나

---

829   (산보 68307-113, 2001.2.28.)
830   만일 사업주가 건강진단 실시의사가 판정한 사후관리조치를 이행하지 않아 근로자의 건강에 문제가 발생한 경우에는 산업안전보건법 제43조제5항의 위반에 해당한다.(산보 68307-306, 2002.4.4.)
831   산업안전보건법 제43조 및 동법시행규칙 제105조제4항
832   (산보 68307-220, 2002.3.18.)

건강진단은 승계된 것으로 본다.[833] 그러나, 분리 독립된 사업장의 작업이 새로운 장소에서 이루어지는 경우에는 작업 또는 공정의 변화가 없다 하더라도 산업안전보건법에서 정한 바에 따라 배치전건강진단을 별도로 실시하고, 새로운 주기에 따라 일반 및 특수건강진단을 실시하여야 한다. 다만, 당해 연도에 종전 사업장에서 일반건강진단을 받은 근로자에 대하여는 일반건강진단을 실시하지 아니할 수 있으며, 최근 6개월 이내에 당해 유해인자에 대한 배치전 및 특수건강진단을 받은 근로자에 대하여는 당해 유해인자에 대한 배치전건강진단을 실시하지 아니할 수 있다.

9) 타법에 의한 검진

다른 법령의 규정에 의하여 같은 항목의 건강진단을 실시한 경우에는 시행규칙 제196조, 제200조의 규정에 근거하여 당해 항목에 대한 검사를 생략할 수 있다.[834]

의료기관 방사선사와 같이 타법에 의해 실시하는 특수건강진단은 일치하는 해당 검사항목을 인정한다.[835]

원자력법에 의한 신고대상 방사선 발생장치에 의해 방사선에 노출되는 작업자는 특수건강진단을 실시하여야 한다.[836]

---

833 【질의】A라는 회사에서 2001년도 5월에 한 공정이 분리되어서 B라는 회사로 완전 독립되었음. 근로자 전체는 A회사에서 그대로 왔기에 유해부서와 근무하는 근로자는 그대로임. 이와 같은 경우 다시 채용·배치전 건강진단을 실시해야 하는지, 아니면 A회사 주기에 따라서 일반·특수 건강진단을 실시하는지 여부?
☞ (회시) 분할계약서상에 기존 사업장의 근로조건 등의 변동사항 없이 승계되고, 사업장의 분리 독립이 동일한 작업장소에서 이루어진 것이라면, 종전 사업장에서 실시한 당해 근로자들의 건강진단실시결과 등을 새로운 사업장에서 관리하는 것을 전제로 채용 시 및 배치전건강진단을 별도로 실시하지 않고 일반 및 특수건강진단을 종전 회사의 주기에 따라 실시하여도 무방할 것이다.(산보 68341-536, 2001.8.6.)
834 의료법 제32조의2, 진단용방사선발생장치의안전관리에관한규칙 제13조에 의한 건강진단(업무에 종사하기 전, 매 2년마다)을 받은 경우에는 전리방사선 특수건강진단시 상호 중복되는 검사항목을 실시하지 아니할 수 있다.(산보 68307-627, 2001.9.11.)
835 다만, 의료법 진단용방사선발생장치의안전관리에관한규칙 제13조의 규정에 의한 방사선관계종사자에 대한 건강진단을 노동부장관이 지정하는 특수건강진단기관에서 받을 경우에는 산업안전보건법 시행규칙 제99조제9항의 규정에 의거 전리방사선 특수건강진단 검사항목과 중복되는 항목에 한하여 실시한 것으로 갈음 받을 수 있다.(산보 68307-735, 2002.8.13.)
836 시행규칙 제99조제3항제1호에 의하면 "원자력법에 의한 건강진단(방사선에 한한다)을 실시한 경우에는 그 근로자에 대하여 「산업안전보건법」에 의한 당해 유해인자에 대한 특수건강진단을 실시한 것으로 본다."라고 규정되어 있으므로 방사선에 노출되는 근로자에 대하여 원자력법에 의한 건강진단을 실시하지 아니한 경우에는 「산업안전보건법」에 의한 특수건강진단을 실시하여야 할 것이다. 이 경우 같은 법 시행규칙 제98조제3호 규정에 따라 특수건강진단 대상은 방사선 발생장치 취급근로자가 아닌 실제 해당 유해인자에 노출되는 근로자를 대상으로 하고 있다.(근로자건강보호과-752, 2008.11.14.)

10) 결과보고

특수건강진단기관이 건강진단 결과서류를 전산기록으로 보관하는 경우 수기된 건강진단 결과서류를 별도로 보관하지 아니하여도 된다.[837]

건강진단기관이 검진결과를 실시일로부터 30일 이내에 사업주에게 송부토록 되어 있는데, 실시일 기준은 1차 검사 실시한 날이 기준이다.[838]

배치전건강진단의 실시결과의 지방노동관서 보고시기는 검진기관으로부터 검진결과를 송부받은 날로부터 30일 이내하거나 특수건강진단결과 보고 시 함께 보고할 수 있다.[839]

특수검진을 실시할 수 있는 기관은 지정받은 기관별로 인정된다. 즉, 특수건강진단기관으로 지정을 받지 않은 분원 또는 출장소(자매병원 포함)는 청력정도관리에서 적합판정을 받은 경우라 하더라도 산업안전보건법에 의한 특수건강진단 및 그에 따른 검사 등을 실시할 수 없다.[840]

일반건강진단은 상시 사용하는 근로자에 대하여 1년에 1회 이상(사무직은 2년 1회 이상) 실시하여야 하므로 당해 사업장에 채용된 날을 기준으로 1년 이내(사무직은 2년 1회)에 실시하면 된다. 다만, 채용일을 기준으로 타 사업장에서 1년(사무직은 2년 이내) 이내 건강진단을 실시한 결과를 근로자가 제출한 경우에는 실시일로부터 1년 이내(사무직 2년 이내)에는 실시를 하지 않을 수 있다.[841]

건강진단의 '2회 연속 미실시'의 의미는 해당 사업장을 기준으로 건강진단의 종류별로 2회

---

837 특수건강진단기관에서 건강진단 결과서류(건강진단개인표 및 근로자가 제출한 건강진단결과를 증명하는 서류 등)를 전산 입력한 자료로 보관하고 있는 경우에는 수기로 작성된 건강진단 결과서류를 별도로 보관하지 아니하여도 무방하다고 판단됨. 다만, 이 경우 전산 입력한 자료의 예상치 못한 손실을 방지하기 위한 별도의 조치가 있어야 할 것이다.(산보 68307-93, 2002.1.30.)

838 산업안전보건법 시행규칙 제105조제1항 및 제4항의 규정에 의하여 특수건강진단기관은 특수건강진단의 필수검사(일반건강진단 등은 1차 검사)를 실시한 날로부터 30일 이내에 사업주 및 근로자에게 특수건강진단 실시결과를 통보하여야 한다.(산보 68307-220, 2002.3.18.)

839 다만, 배치전건강진단은 그 속성상 연중 수시로 실시될 수 있으므로 사업주가 그때마다 보고하여야 하는 불편을 해소하기 위하여 특수건강진단 실시결과 보고 시에 그때까지 실시한 배치전건강진단의 실시결과를 함께 보고할 수도 있도록 하고 있다.(산보 68341-786, 2003.9.22.)

840 (산업보건환경과-4041, 2005.7.13.)

841 (산업보건환경팀-991, 2006.2.7.)

연속하여 건강진단을 실시하지 아니한 경우를 말한다.[842]

11) 유해인자 변경

작업 중 취급물질의 증가, 변화로 인하여 새로운 유해인자가 있는 경우 해당 유해인자에 대한 배치전건강진단을 실시하여야 한다. 다만, 기존 유해인자에 대한 검진항목이 중복되는 경우 해당 항목은 검진을 면제할 수 있다.[843]

법령 개정 등으로 추가된 특수건강진단 대상물질을 이전부터 사용하고 있는 사업장의 경우 배치전건강진단은 제외되고 이후 건강진단 주기에 따라 실시한다.[844]

유해물질이 순수하게 존재하면 함유량기준(중량비율 1% 이상)을 적용하지 않는다.[845]

자연적으로 발생한 물질이나 부산물로 발생한 물질이라도 작업자가 작업 시 해당 물질에 노출되는 경우에는 특수건강진단을 실시하고 보건관리를 하여야 한다.[846]

일반검진과 특수검진에 동일한 검사항목이라 할지라도 일반검진기관에서 실시한 검사결과를 특수검진 판정에 사용할 수 없다.[847] 다만, 특수건강진단 시에 일반건강진단을 포함하여 실

842　(산업보건환경과-1442, 2005.3.17.)

843　【질의】 전기용접작업에 사용하는 용재의 재료가 연 함유물질에서 카드뮴 함유물질로 변경된 경우 당해 근로자에 대해 카드뮴에 대한 배치전건강진단을 실시하여야 하는지의 여부?

☞ (회시) "당해 사업장에서 당해 유해인자에 대한 배치전건강진단을 받았거나 배치전건강진단의 필수검사항목을 모두 포함하는 특수건강진단·수시건강진단 또는 임시건강진단을 받고 6월이 경과하지 아니한 근로자에 대하여는 배치전건강진단을 실시하지 아니할 수 있다."라고 규정하고 있으므로 동일부서에서 근로자의 취급물질(유해인자)이 변경되었다면 해당 물질에 대한 배치전건강진단을 실시하여야 한다.(산보 68307-178, 2002.2.28.)

844　산업안전보건법 시행규칙 개정으로 새로이 추가된 특수건강진단 대상업무 종사근로자에 대한 특수건강진단 실시시기에 대하여는 별도의 경과규정이 없는 경우에는 추가된 특수건강진단 대상 업무에 동 규칙 시행 전부터 종사하고 있는 근로자는 동 규칙의 시행시점을 기준으로 하여 산업안전보건법 시행규칙 별표 12의3에 규정한 대상 유해인자별 특수건강진단 시기 및 주기에 따른 배치 후 첫 번째 특수건강진단 시기 내에 실시하면 될 것이다.(산업보건환경팀-1598, 2006.3.15.)

845　【질의】 밀폐된 맨홀 내에서 산화와 미생물 반응 등으로 자연발생한 유해가스(황화수소, 일산화탄소)가 [별표 12의2] 라. 가스 상태 물질류에 해당되더라도 '15) 1)부터 14)까지에 따른 물질을 중량비율 1% 이상 함유한 제제'에 해당되지 않은 경우 동 유해가스에 노출되는 근로자가 특수건강진단 대상에 해당되지 않는지 여부?

☞ (회시) 밀폐공간 내 작업장소에서 발생하는 황화수소와 일산화탄소가 [별표 12의2] 라. 11)과 14)에 해당이 된다면 15)의 해당유무와 관련 없이 특수건강진단 대상임(*15는 별개 항으로 적용됨) (서비스산재예방팀-452, 2012.3.5.)

846　일산화탄소, 황화수소는 특수건강진단 대상물질이므로 밀폐공간 작업이 작업자의 주된 작업이고 밀폐공간 작업 전 실시한 공기 상태 측정·평가 결과 해당물질의 존재가 확인된다면 산업안전보건법 시행규칙 제98조제2호에 의거 특수건강진단을 실시하여야 한다.(서비스산재예방팀-452, 2012.3.5.)

847　【질의】 특수검진기관과 일반검진기관이 동시에 특수검진과 일반검진을 실시할 경우, 중복 항목인 흉부 X-ray, 간기능검사를 1번만 실시하기 위하여 특수검진기관이 흉부 X-ray(Full PACS)촬영 결과와 간기능검사 결과를 일반검진기관으로부터 전

시하도록 함으로써 일반건강진단과 특수건강진단을 동시에 실시할 수 있는 기관에 한하여 중복검사 항목을 1회만 실시할 수 있도록 인정한다.

12) 야간작업 특수검진

야간에 근로하는 근로자의 건강을 보호하기 위하여 야간작업도 특수건강진단을 실시한다. 야간작업을 수행하고 있는 경우에는 배치전검진은 시행 후 1년 이내에 실시하는 배치 후 검진으로 갈음한다.[848] 특수검진 주기는 배치 후 최초 검진은 6개월 이내이며 이후에는 12개월마다 이다.

13) 측정 및 검진기관

작업환경측정기관의 인력기준의 자격자는 자격관련 업무에 한정하여 업무를 수행하여야 한다는 의미는 아니다.[849]

기관별 지정인력은 해당 지정기관 관련 업무에만 종사하여야 한다.[850]

달받아 판정하였을 경우 법적인 문제가 없는지?

☞ (회시) 특수건강진단은 지방고용노동관서의 장이 지정하는 의료기관(이하 "특수건강진단기관")에서 실시토록 규정하고 있으며, 특수건강진단기관은 정기적으로 정도관리(진폐, 분석, 청력 정도관리)를 통과해야 업무를 할 수 있도록 엄격한 질관리를 하고 있다. 따라서 일반건강진단기관만으로 지정받은 경우에는 현행 산업안전보건법상 특수건강진단에 따른 검사를 실시할 수 없다.(서비스산재예방팀-453, 2012.3.5.)

848   시행규칙 부칙 제2조(야간작업 종사 근로자의 특수건강진단 시기에 관한 특례) 이 규칙 시행 당시 별표 12의2 제4호의 개정규정에 따른 야간작업에 종사하고 있는 근로자에 대해서는 별표 12의3에도 불구하고 이 규칙 시행 후 1년 이내에 배치 후 첫 번째 특수건강진단을 실시할 수 있다.

849   【질의】사업장 자체측정기관의 인력기준은 측정자(산업위생관리기사 등) 1인 이상과 실험실 분석이 필요한 경우 분석자 1인 이상으로 되어 있는데, 분석자가 산업위생관리기사 자격을 보유한 경우 분석업무 외에 작업환경측정업무를 수행하여도 되는지?

☞ (회시) 「산업안전보건법 시행규칙」 별표 12에서 사업장 자체측정기관의 분석자는 분석만을 전담하도록 규정하고 있지 않다. 같은 법 시행규칙 제93조의2에서 작업환경측정자의 자격은 '해당 사업장에 소속된 사람으로서 산업위생관리산업기사 이상의 자격을 갖춘 자'로 규정하고 있으므로 분석자가 산업위생관리기사 자격을 갖춘 자라면 분석업무 외에 작업환경측정업무를 수행할 수도 있다.(국민신문고, 2012.3.9.)

850   【질의】사업주 A는 작업환경측정기관과 석면조사기관을 운영하고 있고 산업위생기술사로서 작업환경측정기관의 지정인력으로 등록되어 있음. 이런 상황에서 측정업무에 지장이 없다면 석면감리업무를 할 수 있는지 여부?

☞ (회시) 석면해체작업 감리인으로서 업무를 하기 위해서는 『석면해체작업 감리인 기준(고용노동부고시 제2012-44호)』 별표 1의 자격을 갖춘 자가 석면조사기관, 건축사사무소, 종합감리전문회사 또는 건축감리전문회사에 소속되어 있어야 한다. 질의의 경우 사업주 A가 작업환경측정기관과 석면조사기관을 함께 운영하고 있으나, 작업환경측정기관의 지정인력으로 등록되어 있다면 석면조사기관의 소속인력으로 볼 수 없다. 따라서 산업위생기술사 자격을 가지고는 있으나 석면조사기관에 소속되지 않았다

14) 임시건강진단

임시건강진단은 시행규칙 제207조제1항의 규정에 의하여 특수건강진단대상 유해인자 또는 기타 유해인자에 의한 질병의 이환 여부 또는 질병의 발생 원인 등을 확인하기 위하여 지방고용노동관서의 장의 명령에 따라 실시하는 것이므로 근골격계질환 등도 포함될 수 있다.[851]

건강진단 검사항목, 검사방법, 판정기준 등이 정해져 있지 않아도 직업병 우려가 있는 경우 임시건강진단명령을 할 수 있다.[852]

(3) 역학조사 방법

제141조(역학조사) ① 고용노동부장관은 직업성 질환의 진단 및 예방, 발생 원인의 규명을 위하여 필요하다고 인정할 때에는 근로자의 질환과 작업장의 유해요인의 상관관계에 관한 역학조사(이하 '역학조사'라 한다)를 할 수 있다. 이 경우 사업주 또는 근로자대표, 그 밖에 고용노동부령으로 정하는 사람이 요구할 때 고용노동부령으로 정하는 바에 따라 역학조사에 참석하게 할 수 있다.

② 사업주 및 근로자는 고용노동부장관이 역학조사를 실시하는 경우 적극 협조하여야 하며, 정당한 사유 없이 역학조사를 거부·방해하거나 기피해서는 아니 된다.

③ 누구든지 제1항 후단에 따라 역학조사 참석이 허용된 사람의 역학조사 참석을 거부하거나 방해해서는 아니 된다.

④ 제1항 후단에 따라 역학조사에 참석하는 사람은 역학조사 참석과정에서 알게 된 비밀을 누설하거나 도용해서는 아니 된다.

⑤ 고용노동부장관은 역학조사를 위하여 필요하면 제129조부터 제131조까지의 규정에 따른 근로자의 건강진단 결과, 「국민건강보험법」에 따른 요양급여기록 및 건강검진 결과, 「고용보험법」에 따른 고용정보, 「암관리법」에 따른 질병정보 및 사망원인 정보 등을 관련 기관에 요청할 수 있다. 이 경우 자료의 제출을 요청받은 기관은 특별한 사유가 없으면 이에 따라야 한다.

면 동 고시에서 규정한 감리원의 자격을 갖추었다고 볼 수 없다.(국민신문고, 2012.6.5.)

851   (산보 68307-72, 2000.1.29.)

852   임시건강진단은 산업안전보건법 시행규칙 제98조제6호의 규정에 의해 특수건강진단대상 유해인자 또는 기타 유해인자에 의한 질병의 이환 여부 또는 질병의 발생 원인 등을 확인하기 위해 주로 직업병 발생위험성이 높은 작업부서에 종사하는 근로자를 대상으로 긴급하게 지방노동관서장의 명령에 따라 사업주가 실시하는 건강진단이므로 지방노동관서장은 직업성으로 의심되는 근골격계질환 증상자가 발생하거나 다수 발생할 우려가 있어 근로자의 건강을 긴급히 보호하기 위하여 필요하다고 판단되는 경우 사업주에 대해서 임시건강진단 명령을 내릴 수 있으나, 의사의 소견서 등 별다른 요청근거가 없이 다수의 근로자가 집단으로 임시건강진단명령을 요청하는 경우 지방노동관서장이 임시건강진단명령의 대상 근로자 및 긴급성 등을 판단할 수 있도록 요청자로 하여금 의사의 소견서 등 요청근거를 제출토록 하고, 아울러 지방노동관서장은 요청근거를 바탕으로 산업의학 및 인간공학 전문가 등으로부터 의견을 들어 임시건강진단명령 조치를 취하는 것이 바람직하다.(산보 68307-701, 2002.7.30.)

역학조사는 사업주, 근로자대표 또는 건강진단의사 등 건강진단을 실시한 자가 직업병 발생이 의심되는 경우에 노동부장관에게 실시를 요청할 수 있다. 다만, 사업주나 근로자대표가 요청할 경우에는 사업장에 설치된 산업안전보건위원회의 의결을 거쳐야 하며, 산업안전보건위원회가 설치되지 아니한 경우에는 근로자대표가 사업주의 동의를 받아야 요청할 수 있다. 사업주의 동의를 받지 못한 경우일지라도 관할 지방고용노동관서의 장이 역학조사의 필요성을 인정하면 실시할 수 있다.

현재 역학조사는 고용노동부장관이 한국산업안전보건공단에 위탁하여 실시하고 있으므로 사업주의 동의를 받아 한국산업안전공단에 역학조사를 요청하면 한국산업안전보건공단이 이를 검토하여 역학조사의 필요성이 인정되면 역학조사를 실시하고 있다.[853] 법령에 따라 정당하게 역학조사를 요청할 수 있는 자(사업주, 근로자대표 및 근로자 건강진단을 실시한 자)로부터 법령에 정한 절차에 따라 역학조사 요청이 있는 경우 안전보건공단(산업안전보건연구원)은 역학조사의 실시를 요청한 자에게 역학조사의 기간·대상·방법 등 실시계획을 역학조사 실시 5일 전까지 그리고 역학조사의 실시결과를 실시 종료일로부터 30일 이내에 통보하고 있다.[854]

역학조사는 산재신청 중인 경우에도 실시할 수 있다.[855]

---

853   한 공정이 아닌 전 공정에서 작업 도중 장시간 지게차운전, 허리를 굽혀 물건을 굴리는 작업, 바퀴달린 중량물을 순간적으로 미는 작업 등으로 요통 등이 발생되는데 이러한 사유로 조합의 대표자가 역학조사 등을 사업주에게 요구할 수 있는지?(산보 68307-72, 2000.1.29.)

854   (산보 68342-537, 2001.8.6.)

855   산업안전보건법 제43조의2의 규정에 근거한 역학조사는 직업병의 발생 원인을 찾아내거나 직업병의 예방을 위하여 필요하다고 인정하는 경우에 노동부장관이 실시하는 것으로 이미 직업병의 발생 원인이 밝혀졌고 당해 직업병자에 대한 산재요양신청이 진행되고 있다 하더라도 당해 작업 또는 공정에서 동일한 직업병의 발생을 예방하기 위하여 필요한 경우에는 역학조사를 실시할 수 있다.(산보 68342-537, 2001.8.6.)

(4) 건강관리카드 제도

제137조(건강관리카드) ① 고용노동부장관은 고용노동부령으로 정하는 건강장해가 발생할 우려가 있는 업무에 종사하였거나 종사하고 있는 사람 중 고용노동부령으로 정하는 요건을 갖춘 사람의 직업병 조기발견 및 지속적인 건강관리를 위하여 건강관리카드를 발급하여야 한다.

② 건강관리카드를 발급받은 사람이 「산업재해보상보험법」 제41조에 따라 요양급여를 신청하는 경우에는 건강관리카드를 제출함으로써 해당 재해에 관한 의학적 소견을 적은 서류의 제출을 대신할 수 있다.

③ 건강관리카드를 발급받은 사람은 그 건강관리카드를 타인에게 양도하거나 대여해서는 아니 된다.

④ 건강관리카드를 발급받은 사람 중 제1항에 따라 건강관리카드를 발급받은 업무에 종사하지 아니하는 사람은 고용노동부령으로 정하는 바에 따라 특수건강진단에 준하는 건강진단을 받을 수 있다.

명칭이 '건강관리수첩'에서 '건강관리카드'로 변경되었다. 건강관리수첩 발급 목적[856]은 '작업성질환 조기발견 및 지속적인 건강관리'이다. 또한 건강관리카드를 발급받은 사람이 산업재해보상보험법에 의한 초진소견서를 동 카드의 제출로 갈음할 수 있는 것을 법문으로 명확히 하였다.

(5) 근로제한 · 금지제도의 의미

제138조(질병자의 근로 금지 · 제한) ① 사업주는 감염병, 정신질환 또는 근로로 인하여 병세가 크게 악화될 우려가 있는 질병으로서 고용노동부령으로 정하는 질병에 걸린 사람에게는 「의료법」 제2조에 따른 의사의 진단에 따라 근로를 금지하거나 제한하여야 한다.

② 사업주는 제1항에 따라 근로가 금지되거나 제한된 근로자가 건강을 회복하였을 때에는 지체 없이 근로를 할 수 있도록 하여야 한다.

제139조(유해 · 위험작업에 대한 근로시간 제한 등) ① 사업주는 유해하거나 위험한 작업으로서 높은 기압에서 하는 작업 등 대통령령으로 정하는 작업에 종사하는 근로자에게는 1일 6시간, 1주 34시간을 초과하여 근로하게 해서는 아니 된다.

② 사업주는 대통령령으로 정하는 유해하거나 위험한 작업에 종사하는 근로자에게 필요한 안전조치 및 보건조치 외에 작업과 휴식의 적정한 배분 및 근로시간과 관련된 근로조건의 개선을 통하여 근로자의 건강 보호를 위한 조치를 하여야 한다.

---

[856] 2013년 법 개정 시 명확화

동 조는 취업 중인 근로자를 보호하기 위한 제도이다. 같은 법조에서 의사의 소견을 들어 근로를 제한한 경우라도 근로자가 건강을 회복하여 근로가 가능한 때에는 의사의 소견을 참고하여 지체 없이 복귀토록 규정하고 있고 이를 위반 시에는 사업주를 처벌토록 하고 있다. 따라서 동조를 근거로 근로자의 취업을 제한[857]하거나, 휴직이나 해고의 사유로 삼을 수 없다. 또한 근로금지대상의 질환은 확대해석할 수 없다.[858]

갱내에서 행하는 작업 등 시행령 제99조제3항은 법 제139조에 따른 근로시간 제한대상이 되는 작업이 아니다.[859][860][861] 현재 산업안전보건법에 의한 근로시간 제한은 고기압작업만 규정되어 있다. 근로기준법에는 임신부 등에 대한 근로시간 제한 규정이 있다.[862]

857 【질의】1998년에 정신분열증으로 치료 받은바 있는데 산업안전보건법 제45조(질병자의 근로금지 · 제한)에 의하여 취업을 금지 받는 자에 해당하는지와 취업에 영향이 있는지 여부?
☞ (회시) 산업안전보건법 제45조 및 같은 법 시행규칙 제116조제2항에 의거 정신분열증 등 정신질환에 걸린 자는 의사의 소견을 들어 근로를 제한할 수 있도록 하고 있다. 다만, 산업안전보건법은 근로자를 보호대상으로 하여 사업주가 업무와 관련하여 근로자의 건강을 보호하고 관리토록 하기 위한 법이므로 동 규정이 채용과정에서 입사 지원자의 채용 여부를 결정하는 기준으로 적용되지 않는다.(산업보건환경팀-2843, 2006.6.7.)
858 【질의】근골격계질환이 산업안전보건법 제45조 및 같은 법 시행규칙 제116조의 규정에 의하여 근로를 금지 · 제한하여야 하는 질병에 포함되는지 여부?
☞ (회시) 시행규칙 제116조제1항제3호의 「심장 · 신장 · 폐등의 질환」에서 '등'에 포함되는 대상은 앞에서 예시한 질병과 유사하여야 한다고 사료되므로 근골격계질환은 이에 포함되지 않는다고 사료된다. 또한 같은 법 시행규칙 제116조제1항제4호의 '노동부장관이 정하는 질병'에 대해서는 정해진 바 없다.(산업보건환경과-4520, 2004.8.10.)
859 산업안전보건법상 근로시간 제한대상은 '잠함 · 잠수작업 등 고기압하에서 행하는 작업'이라고만 규정(시행령 제32조의7 제1항)하고 있다. 이는 잠함 · 잠수작업 등 고기압하에서 행하는 작업 이외의 다른 작업은 근로시간 제한대상에 해당하지 않는다는 것을 의미한다.(산보 68344-728, 2002.8.9.)
860 산업안전보건법 시행령 제32조의7 제3항 각 호(1호~9호)에 해당하는 작업은 근로시간 제한작업에 해당하지 않는다. 따라서 석탄광업소 갱내에서 권양기를 운전하는 작업과 배수펌프를 운전하는 작업은 유해 · 위험작업에는 해당되나 근로시간 제한(1일 6시간, 1주 34시간) 대상이 아니다.(산보 68344-658, 2002.7.16.)
861 (산보 68344-434, 2000.6.20.)
862 근로기준법 제49조의 규정에 의한 법정 근로시간은 1일 8시간, 1주 40시간을, 15세 이상 18세 미만자는 1일 7시간, 1주 40시간을 초과하지 못한다. 같은 법 제52조의 규정에 의하여 당사자 간의 합의가 있는 경우에는 1주간의 12시간 한도로 법 제49조의 근로시간을 연장할 수 있다. 한편, 법 제68조의 규정에 의하여 18세 이상의 여성을 오후 10시부터 오전 6시까지 사이 및 휴일에 근로시키고자 하는 경우에는 당해 근로자의 동의를 얻어야 한다. 그러나 임신 중인 여성과 산후 1년이 경과하지 아니한 여성(임산부) 근로자에 대해서는 근로기준법 제63조(사용금지) 및 동법시행령 제37조에 의하여 별표 2와 같은 업무에는 배치할 수 없으므로 동기간에는 다른 업무로 전환시켜주어야 한다.(산보 68344-771, 2003.9.15.)

감독과 벌칙

◈ 이 편의 제도 개요 ◈

① 근로감독관

산업안전보건법의 준수 여부는 근로감독관에 의하여 확인, 집행된다. 근로감독관제도는 사업장에서 근로기준과 관련된 기준이 이행되는지를 확인하기 위한 제도이다. 1833년 영국의 공장법에 따라 임명된 4명의 근로감독관이 최초의 근로감독관으로 기록된다. 산업안전보건법은 근로기준법의 특별법적 성격이 있고 근로기준의 이행에 있어 핵심적 사항이다. 법 제155조에서는 근로감독관의 권한 등에 대해 규정한다.

〈법 제155조〉

제155조(근로감독관의 권한) ① 「근로기준법」 제101조에 따른 근로감독관(이하 '근로감독관'이라 한다)은 이 법 또는 이 법에 따른 명령을 시행하기 위하여 필요한 경우 다음 각 호의 장소에 출입하여 사업주, 근로자 또는 안전보건관리책임자 등(이하 '관계인'이라 한다)에게 질문을 하고, 장부, 서류, 그 밖의 물건의 검사 및 안전보건 점검을 하며, 관계 서류의 제출을 요구할 수 있다.
1. 사업장
2. 제21조제1항, 제33조제1항, 제48조제1항, 제74조제1항, 제88조제1항, 제96조제1항, 제100조제1항, 제120조제1항, 제126조제1항 및 제129조제2항에 따른 기관의 사무소
3. 석면해체·제거업자의 사무소
4. 제145조제1항에 따라 등록한 지도사의 사무소
② 근로감독관은 기계·설비 등에 대한 검사를 할 수 있으며, 검사에 필요한 한도에서 무상으로 제품·원재료 또는 기구를 수거할 수 있다. 이 경우 근로감독관은 해당 사업주 등에게 그 결과를 서면으로 알려야 한다.
③ 근로감독관은 이 법 또는 이 법에 따른 명령의 시행을 위하여 관계인에게 보고 또는 출석을 명할 수 있다.
④ 근로감독관은 이 법 또는 이 법에 따른 명령을 시행하기 위하여 제1항 각 호의 어느 하나에 해당하는 장소에 출입하는 경우에 그 신분을 나타내는 증표를 지니고 관계인에게 보여 주어야 하며, 출입 시 성명, 출입시간, 출입 목적 등이 표시된 문서를 관계인에게 내주어야 한다.

(1) 근로감독관의 권한

근로기준법 제101조[863]의 규정에 의해 설치되는 근로감독관은 「산업안전보건법」 또는 이 법에 따른 명령을 시행하기 위하여 필요한 경우로서 ① 산업재해가 발생하거나 산업재해 발생의 급박한 위험이 있는 경우, ② 근로자의 신고 또는 고소·고발 등에 대한 조사가 필요한 경우, 또는 ③ 법에 따른 명령을 위반한 범죄의 수사 등 사법경찰관리의 직무를 수행하기 위하여 필요한 경우, ④ 기타 고용노동부장관 또는 지방고용노동관서의 장이 법 또는 법에 따른 명령의 위반 여부를 조사하기 위하여 필요하다고 인정하는 경우에는 해당 사업장 및 각종 산업안전보건 관련기관[864] 또는 등록 지도사의 사무소에 출입하여 ① 관계자에게 질문을 하고 ② 장부·서류 기타 물건의 검사 및 안전보건점검을 행하며 ③ 검사에 필요한 한도 내에서 무상으로 제품·원재료 또는 기구를 수거할 수 있다. (법 제155조제2항, 시행규칙 제235조)

(2) 보고 · 출석 명령

지방고용노동관서의 장은 법 또는 법에 따른 명령의 시행을 위하여 필요하다고 인정하는 경우에는 사업주·근로자 또는 산업안전지도사·산업위생지도사 등에게 보고·출석을 명할 수 있다. (법 제155조제3항) 보고 또는 출석의 명령은 문서로 하고 긴급을 요하는 경우 외에는 7일 이상의 기간을 주어야 한다. (시행규칙 제236조제1항, 제2항)

○ 고용노동부장관은 법 제156조에 따라 공단에 위탁된 권한을 행사하기 위하여 필요하다고 인정할 때에는

- 공단 소속직원으로 하여금 사업장에 출입하여 산업재해예방에 필요한 검사 및 지도 등을 행하게 하거나

863　근로기준법 제101조: ① 근로조건의 기준을 확보하기 위하여 고용노동부와 그 소속 기관에 근로감독관을 둔다. ② 근로감독관의 자격, 임면, 직무배치에 관한 사항은 대통령령으로 정한다.

864　안전·보건관리대행기관, 재해예방 전문지도기관, 위탁교육기관, 지정검사기관, 석면조사기관, 지정측정기관, 건강진단기관, 안전·보건진단기관, 석면 해체·제거업자 사무소

- 역학조사를 위하여 필요한 경우 관계자에게 질문하거나 필요한 서류의 제출을 요구하게 할 수 있다.(법 제156조제1항)

○ 공단 소속직원이 검사 또는 지도업무 등을 행한 때에는 그 결과를 고용노동부장관(지방고용노동관서의 장)에게 보고하여야 한다. (법 제156조제2항)

(3) 행정명령의 종류

지방고용노동관서의 장은 법 제155조제1항에 따라 검사 및 안전보건점검 등의 결과, 사업주가 사업장의 건설물 또는 그 부속건설물 등[865]에 대하여 안전 및 보건에 관한 필요한 조치를 하지 아니하여 근로자에게 현저한 유해·위험이 초래될 우려가 있다고 판단될 때에는 사업주에 대하여 해당 건설물 또는 그 부속건설물·기계·기구·설비·원재료의 대체·사용중지·제거 또는 시설의 개선 기타 안전보건상 필요한 조치[866]를 명할 수 있다. (법 제53조제1항) 지방고용노동관서장의 명령을 받은 사업주는 관계근로자에게 알리고 그 명령받은 사항을 근로자가 쉽게 볼 수 있는 장소(위반장소 또는 사내게시판 등)에 시정할 때까지 게시하여야 한다. (법 제53조제2항 및 시행규칙 제66조)

---

865   그 부속건설물 및 기계·기구·설비·원재료, 이하 '기계·설비 등' 이라 한다.
866   1. 안전보건규칙에서 건설물 또는 그 부속건설물·기계·기구·설비·원재료에 대하여 정하는 안전조치 또는 보건조치
2. 법 제87조에 따른 안전인증대상기계 등의 사용금지
3. 법 제92조에 따른 자율안전확인대상기계 등의 사용금지
4. 법 제95조에 따른 안전검사대상기계 등의 사용금지
5. 법 제99조제2항에 따른 안전검사대상기계 등의 사용금지
6. 법 제117조제1항에 따른 제조등금지물질의 사용금지
7. 법 제118조제1항에 따른 허가대상물질에 대한 허가

❷ 사용중지 및 작업중지 명령

(1) 사용중지

　지방고용노동관서의 장은 법 제155조항에 따른 감독결과 안전·보건조치를 하지 아니함으로써 근로자에게 현저한 유해 또는 위험을 초래할 우려가 있어 법 제53조제1항에 따라 해당 사업주에게 건설물이나 그 부속 건설물·기계·기구·설비 및 원재료의 사용중지를 명할 수 있다. 이 경우 사용 중지 명령서(시행규칙 별지 제27호서식) 또는 표지를 발부 또는 부착한다.(시행규칙 제64조제1항)

　사업주가 사용중지 명령서 등을 받은 경우에는 관계 근로자에게 해당 사항을 알려야 하고(시행규칙 제64조제2항) 그 개선이 완료되어 지방고용노동관서의 장이 사용중지 명령을 해제할 때까지 해당 건설물 등을 사용하여서는 아니 되며(시행규칙 제64조제3항) 발부 또는 부착된 사용중지 명령서 등을 해당 건설물 등으로부터 임의로 제거하거나 훼손시켜서는 아니 된다.(시행규칙 제64조제4항)

1) 사용중지 등의 기준

　① 근로자에게 현저한 유해 또는 위험을 초래할 우려가 있거나 ② 방호장치 미부착 위험기계·기구, 안전인증 또는 안전검사 미실시·불합격 기계·기구 등에는 사용중지 명령, ③ 제조금지물질의 사용금지, 허가대상물질 에 대한 허가의 취득, ④ 사업장 내 건설물 등이 현저히 노후화되었거나 기계·기구·설비·원재료 등에 대한 안전·보건상의 조치가 이루어지지 않고 있다고 판단되는 경우로서 근로자의 안전·보건을 위해 필요하다고 판단되는 경우에는 건설물·기계·기구·설비의 개선·철거·폐쇄·폐기 또는 원재료의 대체·제거 등 명령

2) 사용중지의 해제

사용중지명령을 받은 사업주는 안전보건상 필요한 조치가 완료될 경우 지방고용노동관서의 장에게 보고하고 그 명령의 해제를 요청하여야 하고(법 제53조제4항) 근로감독관은 이를 확인하여 해당 조치가 완료되었다고 판단되는 경우 사용중지를 해제한다.

(2) 작업중지

지방고용노동관서의 장은 산업재해 발생의 급박한 위험이 있을 때 또는 법 제53조제1항에 따른 사용중지·시설개선 등의 명령이 지켜지지 아니하거나, 근로자에 대한 유해·위험이 현저히 높아질 우려가 있는 경우에는 해당 기계·설비와 관련된 작업의 전부 또는 일부의 중지를 명할 수 있다.(법 제53조제3항) 아울러 고용노동부장관은 중대재해가 발생하였을 때 해당 작업으로 인하여 사업장에 산업재해가 다시 발생할 급박한 위험이 있다고 판단되는 경우에는 작업중지를 명할 수 있다.(법 제55조제1항)

1) 작업중지 대상(법 제53조, 제55조)

① 법 제53조제1항에 따른 명령(사용중지·대체·시설개선 명령)이 지켜지지 아니하여 유해·위험상태가 해소 또는 개선되지 아니한 경우

② 법 제53조제1항에 따른 명령(사용중지·대체·시설개선 명령)이 지켜지지 아니하여 근로자에게 유해 또는 위험이 현저히 높아질 우려가 있는 경우

③ 중대재해가 발생하였을 때 (1) 중대재해가 발생한 해당 작업이나 (2) 중대재해가 발생한 작업과 동일한 작업으로 인하여 해당 사업장에 산업재해가 다시 발생할 급박한 위험이 있다고 판단되는 경우

④ 토사·구축물의 붕괴, 화재·폭발, 유해하거나 위험한 물질의 누출 등으로 인하여 중대재

해가 발생하여 그 재해가 발생한 장소 주변으로 산업재해가 확산될 수 있다고 판단되는 경우

2) 작업중지명령서 및 작업중지해제 절차

작업중지명령서(시행규칙 별지 제27호서식)를 발부받은 사업주는 관계근로자에게 사실을 알려야 하고, 작업중지해제 시까지 해당 건설물 등의 사용 및 임의훼손을 금지한다. (시행규칙 제64조) 위반 시 5년 이하의 징역 또는 5천만 원 이하의 벌금에 처한다.

사업주가 작업중지해제요청을 하는 경우 유해·위험요인 개선내용에 대하여 중대재해 발생 해당 작업 근로자의 의견을 들어 제출하여야 한다. (시행규칙 제69조) 작업중지 해제요청을 받은 경우 4일 이내에 지방고용노동관서의 장은 공단 소속전문가 및 해당 사업장과 이해관계가 없는 외부 전문가 등을 포함하여 4명 이상으로 「작업중지해제심의위원회」를 구성한다. 심의위원회는 작업중지명령 대상 유해·위험업무에 대한 안전·보건조치가 충분히 개선되었다고 인정되는 경우 작업중지명령의 해제를 결정하여야 한다. (법 제55조제3항, 시행규칙 제70조제2항)

③ 안전보건개선계획 명령

> **제49조(안전보건개선계획의 수립·시행 명령)** ① 고용노동부장관은 다음 각 호의 어느 하나에 해당하는 사업장으로서 산업재해 예방을 위하여 종합적인 개선조치를 할 필요가 있다고 인정되는 사업장의 사업주에게 고용노동부령으로 정하는 바에 따라 그 사업장, 시설, 그 밖의 사항에 관한 안전 및 보건에 관한 개선계획(이하 '안전보건개선계획'이라 한다)을 수립하여 시행할 것을 명할 수 있다. 이 경우 대통령령으로 정하는 사업장의 사업주에게는 제47조에 따라 안전보건진단을 받아 안전보건개선계획을 수립하여 시행할 것을 명할 수 있다.
> 1. 산업재해율이 같은 업종의 규모별 평균 산업재해율보다 높은 사업장
> 2. 사업주가 필요한 안전조치 또는 보건조치를 이행하지 아니하여 중대재해가 발생한 사업장
> 3. 대통령령으로 정하는 수 이상의 직업성 질병자가 발생한 사업장
> 4. 제106조에 따른 유해인자의 노출기준을 초과한 사업장
> ② 사업주는 안전보건개선계획을 수립할 때에는 산업안전보건위원회의 심의를 거쳐야 한다. 다만, 산업안전보건위원회가 설치되어 있지 아니한 사업장의 경우에는 근로자대표의 의견을 들어야 한다.

법 제49조는 재해가 다발하였거나 또는 작업환경이 불량 사업장에 대하여 종합적인 개선계획을 수립을 명령하여 재해의 재발요인 시설이나 작업환경 등을 개선토록 하고 있다. 안전보건개선계획 수립명령을 위반한 경우에는 1천만 원 이하의 과태료를 부과한다.

(1) 안전보건개선계획 수립·시행 대상 사업장

고용노동부장관은 다음 사업장으로서 산업재해 예방을 위하여 종합적인 개선조치를 할 필요가 있다고 인정되는 사업장에 대항 안전보건개선계획 수립명령을 할 수 있다. (법 제49조제1항)

① 산업재해율이 같은 업종의 규모별 평균 산업재해율보다 높은 사업장

② 사업주가 안전보건조치의무를 이행하지 아니하여 중대재해가 발생한 사업장

③ 직업성 질병자가 연간 2명 이상 발생한 사업장

④ 제106조에 따른 유해인자의 노출기준을 초과한 사업장

고용노동부장관은 다음에 해당하는 사업장에 대하여 안전·보건진단을 받아 안전보건개선계획을 수립·제출할 것을 명령할 수 있다. (법 제49조제1항하단, 시행령 제49조)

① 사업주가 안전·보건조치의무를 이행하지 아니하여 발생한 중대재해가 발생한 사업장

② 산업재해율이 같은 업종 평균 산업재해율의 2배 이상인 사업장

③ 직업성 질병자가 연간 2명 이상(상시근로자 1,000명 이상 사업장의 경우 3명 이상) 발생한 사업장

④ 작업환경불량, 화재·폭발 또는 누출사고 등으로 사업장 주변까지 피해가 확산된 사업장으로 고용노동부령으로 정하는 사업장

(2) 안전보건개선계획 수립 절차 등

사업주가 안전보건개선계획을 수립할 때에는 「산업안전보건위원회」의 심의를 거쳐야 하며 「산업안전보건위원회」가 설치되어 있지 아니한 사업장에서는 근로자대표의 의견을 들어야 한다. (법 제49조제2항) 명령을 받은 날부터 60일 이내에 안전보건개선계획서를 작성하여 관할 지방고용노동관서의 장에게 제출하여야 한다. (시행규칙 제61조제1항) 안전보건개선계획 수립 시 산업안전보건위원회 심의를 거치지 않은 경우에는 500만 원 이하의 과태료를 부과한다.

안전보건개선계획서에는 ① 시설, ② 안전보건관리체제, ③ 안전·보건교육, ④ 산업재해예방 및 작업환경의 개선을 위해 필요한 사항이 포함되어야 한다. (시행규칙 제61조제2항)

1) 안전보건개선계획 검토 등

지방고용노동관서의 장은 안전보건개선계획서의 적정 여부를 검토하여 그 결과를 사업주에게 통보하고 필요하다고 인정하는 때에는 계획서의 보완을 명할 수 있다. (법 제50조제2항) 계획서의 적정 여부의 확인을 공단 또는 지도사에게 요청할 수 있다. (시행규칙 제62조제2항)

2) 안전보건개선계획 준수

사업주 및 근로자는 안전보건개선계획을 준수하여야 한다. (법 제50조제3항) 법 위반 시에는 사업주는 500만 원 이하, 근로자 15만 원 이하의 과태료를 부과한다.

④ 안전·보건진단 명령

법 제47조는 전문가를 통하여 산업재해의 잠재적 위험요인을 발견하고 그 대책을 수립할 수 있도록 추락·붕괴, 화재·폭발, 유해하거나 위험한 물질의 누출 등 산업재해의 발생이 현저히 높은 사업장의 사업주에게는 지정받은 안전·보건진단기관의 안전·보건진단을 받도록 명령하는 제도를 둔다.

(1) 진단명령 대상사업장

① 추락·붕괴, 화재·폭발, 유해하거나 위험한 물질의 누출 등 산업재해의 발생이 현저히 높은 사업장
② 법 제49조제2항에 따라 안전보건개선계획 수립·시행 명령을 받은 사업장(시행령 제49조)

(2) 진단절차 등

안전·보건진단 명령 시 사업장의 규모, 재해율, 유해물질 노출정도 등을 고려한다. 진단은 종합진단, 안전진단, 보건진단으로 구분하여 명령한다. 필요한 경우 기계·화공·전기·건설 등 분야별로 한정한다.(시행령 제46조) 진단명령을 받은 날로부터 15일 이내에 진단을 의뢰하여야 한다.(시행규칙 제56조) 사업주는 안전·보건진단업무에 적극 협조하여야 하며, 정당한 사유 없이 이를 거부하거나 방해 또는 기피하여서는 아니 되고 근로자대표가 요구할 때에는 안전·보건진단에 근로자대표를 참여시켜야 한다.(법 제47조제2항) 지방고용노동관서장의 명령에 의하여 진단을 실시한 경우, 안전·보건진단기관은 진단내용에 해당하는 사항에 대한 조

사·평가 및 측정결과와 그 개선방법이 포함된 보고서를 진단 실시일로부터 30일 이내에 해당 사업장의 사업주 및 관할 지방고용노동관서의 장에게 제출한다. (시행규칙제57조)

(3) 안전·보건진단기관

사업장의 안전보건진단을 실시할 수 있는 안전·보건진단기관은 종합진단기관, 안전진단기관, 보건진단기관별로 구분하여 고용노동부령이 정하는 인력·시설 및 장비를 갖춘 자에 한하여 지정한다. (법 제48조, 시행령 제47조, 별표 15, 16, 17)

우리나라의 산업재해로 인한 사망률이 선진국에 비하여 3~5배 이상 높은 실정이다. 법에서는 이러한 점을 감안하여 사고 발생에 따른 사업주의 형사 책임을 강화하고, 이를 통하여 산업재해에 대한 경각심을 가지고 산업재해예방을 위한 투자를 확대시키기 위하여 산업안전보건법에 안전보건조치를 위반하여 산업재해로 인한 사망사고가 발생한 경우 중하게 처벌하는 규정을 두고 있다.

산업재해로 인한 사망사고에 대하여 형법상 업무상과실치사(5년 이하 금고 또는 2천만 원 이하 벌금)와 산업안전보건법상의 안전보건 관련 조치 의무 위반(법 제168조: 5년 이하 징역 또는 5천만 원 이하 벌금)의 상상적 경합으로 처리된다. 2006. 3. 24. 산업안전보건법 개정으로 사망사고에 대한 가중처벌 규정이 신설되었다. 이번 법 개정으로 안전조치위반(법 제38조), 보건조치위반(법 제39조), 도급인조치위반(법 제63조)으로 사망재해가 발생한 경우 행위자를 벌하는 외에 그 법인에 대하여도 10억 원 이하의 벌금을 과하게 된다.

산업안전보건법상 벌칙에는 행정형벌[867]인 징역 또는 벌금이 있고, 행정질서벌[868]에 해당하는 과태료가 있다.

(1) 형벌

법 167조부터 제172조까지에서는 이 법 규정 또는 법에 근거한 명령 위반을 경중에 따라 형벌을 6가지로 구분·규정한다. 법 제38조(안전조치), 제39조(보건조치), 도급인의무(법 제63조) 위반으로 사망에 이른 경우 5년 이내 재 위반 시 가중처벌 규정(형의 1/2까지 가중)을 두고

---

867   행정형벌은 징역·금고·벌금 등이 있으며 사법경찰관(근로감독관)의 수사 및 사건 송치 → 검사의 기소 → 법원의 재판 등의 절차를 거쳐 확정된다.
868   행정질서벌에는 과태료·범칙금 등이 있으며 통상 해당 법령 소관 행정관청이 부과·징수한다.

있다.

① 7년 이하의 징역 또는 1억 원 이하의 벌금[869]: 법 제38조제1항 내지 제3항(안전조치) 및 제39조제1항(보건조치) 제63조(도급인의 안전보건조치) 위반으로 근로자를 사망에 이르게 한 경우

② 5년 이하의 징역 또는 5천만 원 이하의 벌금: 법 제38조(안전조치), 제39조(보건조치) 위반, 제51조(사업주의 작업중지) 등

③ 3년 이하의 징역 또는 3천만 원 이하의 벌금: 법 제44조후단(공정안전보고서 불법가동), 제63조(도급인의 안전보건조치), 제76조(기계기구 건설도급인 안전보건조치), 제84조제1항(의무안전인증대상기계기구에 대한 안전인증 의무) 위반, 제53조제1항에 따른 사용중지 명령 위반 등

④ 1년 이하의 징역 또는 1천만 원 이하의 벌금: 법 제41조제3항(불리한 처우금지), 제56조제3항(중대재해 발생현장을 훼손), 제57조제1항(산업재해 발생은폐 등) 위반 등

⑤ 1천만 원 이하의 벌금: 법 제69조(공사기간 단축, 공법변경금지), 제2항(신규화학물질에 의한 근로자의 건강장해 방지조치의무) 위반, 법 제109조제2항의 규정에 의한 신규화학물질의 유해·위험조사보고서에 따른 근로자의 건강장해방지를 위한 시설·설비의 설치·정비 명령 위반 등

⑥ 500만 원 이하의 벌금: 법 제64조제1항, 제2항(도급에 따른 산업재해예방 조치) 위반

7년 이하의 징역 또는 1억 원 이하의 벌금	제38조제1항부터 제3항까지, 제39조제1항 또는 제63조를 위반하여 근로자를 사망에 이르게 한 자[870]
5년 이하의 징역 또는 5천만 원 이하의 벌금	1. 제38조제1항부터 제3항까지, 제39조제1항, 제51조, 제54조제1항, 제117조제1항, 제118조제1항, 제122조제1항 또는 제157조제3항을 위반한 자 2. 제42조제4항 후단, 제53조제3항, 제55조제1항 또는 제118조제5항에 따른 명령을 위반한 자

---

869 동 조항의 죄로 형을 선고받고 그 형이 확정된 후 5년 이내에 다시 동조항의 죄를 범한 자는 그 형의 2분의 1까지 가중한다.(법 제167조제2항)
870 ② 제1항의 죄로 형을 선고받고 그 형이 확정된 후 5년 이내에 다시 제1항의 죄를 범한 자는 그 형의 2분의 1까지 가중한다.

3년 이하의 징역 또는 3천만 원 이하의 벌금	1. 제44조제1항 후단, 제63조, 제76조, 제81조, 제82조제2항, 제84조제1항, 제87조제1항, 제118조제3항, 제123조제1항, 제139조제1항 또는 제140조제1항을 위반한 자 2. 제45조제1항 후단, 제46조제5항, 제53조제1항, 제87조제2항, 제118조제4항, 제119조제4항 또는 제131조제1항에 따른 명령을 위반한 자 3. 제58조제3항 또는 같은 조 제5항 후단(제59조제2항에 따라 준용되는 경우를 포함한다)에 따른 안전 및 보건에 관한 평가 업무를 제165조제2항에 따라 위탁받은 자로서 그 업무를 거짓이나 그 밖의 부정한 방법으로 수행한 자 4. 제84조제1항 및 제3항에 따른 안전인증 업무를 제165조제2항에 따라 위탁받은 자로서 그 업무를 거짓이나 그 밖의 부정한 방법으로 수행한 자 5. 제93조제1항에 따른 안전검사 업무를 제165조제2항에 따라 위탁받은 자로서 그 업무를 거짓이나 그 밖의 부정한 방법으로 수행한 자 6. 제98조에 따른 자율검사프로그램에 따른 안전검사 업무를 거짓이나 그 밖의 부정한 방법으로 수행한 자
1년 이하의 징역 또는 1천만 원 이하의 벌금	1. 제41조제3항을 위반하여 해고나 그 밖의 불리한 처우를 한 자 2. 제56조제3항을 위반하여 중대재해 발생 현장을 훼손하거나 고용노동부장관의 원인조사를 방해한 자 3. 제57조제1항을 위반하여 산업재해 발생 사실을 은폐한 자 또는 그 발생 사실을 은폐하도록 교사(教唆)하거나 공모(共謀)한 자 4. 제65조제1항, 제80조제1항·제2항·제4항, 제85조제2항·제3항, 제92조제1항, 제141조제4항 또는 제162조를 위반한 자 5. 제85조제4항 또는 제92조제2항에 따른 명령을 위반한 자 6. 제101조에 따른 조사, 수거 또는 성능시험을 방해하거나 거부한 자
1천만 원 이하의 벌금	1. 제69조제1항·제2항, 제89조제1항, 제90조제2항·제3항, 제108조제2항, 제109조제2항 또는 제138조제1항·제2항을 위반한 자 2. 제90조제4항, 제108조제4항 또는 제109조제3항에 따른 명령을 위반한 자 3. 제125조제6항을 위반하여 해당 시설·설비의 설치·개선 또는 건강진단의 실시 등의 조치를 하지 아니한 자 4. 제132조제4항을 위반하여 작업장소 변경 등의 적절한 조치를 하지 아니한 자
500만 원 이하의 벌금	제64조제1항 또는 제2항을 위반한 자

6 수강명령 병과

법 개정으로 수강명령 병과제도가 신설되었다. 제38조제1항부터 제3항까지, 제39조제1항 또는 제63조를 위반하여 근로자를 사망에 이르게 한 사람에게 유죄의 판결(선고유예는 제외한다)을 선고하거나 약식명령을 고지하는 경우에는 200시간의 범위에서 산업재해 예방에 필요한 수강명령을 병과(倂科)할 수 있다. (법 제174조제1항)[871]

○ 집행시기: 형의 집행을 유예할 경우에는 그 집행유예기간 내에, 벌금형을 선고하거나 약식명령을 고지할 경우에는 형 확정일부터 6개월 이내에, 징역형 이상의 실형(實刑)을 선고할 경우에는 형기 내에 집행

○ 집행방법: 벌금형 또는 형의 집행유예와 병과된 경우에는 보호관찰소의 장이 집행하고, 징역형 이상의 실형과 병과된 경우에는 교정시설의 장이 집행

○ 수강명령내용

1. 안전 및 보건에 관한 교육

2. 그 밖에 산업재해 예방을 위하여 필요한 사항

---

871 다만, 수강명령을 부과할 수 없는 특별한 사정이 있는 경우에는 그러하지 아니하다. 수강명령에 관하여 이 법에서 규정한 사항 외의 사항에 대해서는 「보호관찰 등에 관한 법률」을 준용

7 과태료 부과

법 제175조는 산업안전보건법 위반과 관련한 과태료부과대상을 열거하고 있다. 과태료는 행정목적을 달성하기 위하여 부과되는 제재수단으로서 형벌이 아니기 때문에 범죄행위능력·형벌능력 여부와는 무관하게 자연인·법인을 막론하고 부과대상이 된다. 따라서 사업주, 근로자, 제조자, 건축물소유자 등이 부과대상이 된다. 사업주가 법인인 경우 해당 법인에게 과태료가 부과된다.

과태료는 행정청의 과태료 부과처분이나 법원의 과태료 재판이 확정된 후 5년간 징수·집행하지 아니하면 시효로 소멸하며(소멸시효), 질서위반행위가 종료된 날(다수인이 질서위반행위에 가담한 경우 최종 행위가 종료된 날)부터 5년이 경과한 경우에는 부과할 수 없다. (제척기간)

(1) 과태료 부과대상 법조 및 금액

법 제175조에서는 위반행위의 경중에 따라 과태료를 6가지로 구분·규정하고 있다.

과태료 금액	적용법조
1. 5천만 원 이하의 과태료	• 법 제119조제2항(기관석면조사 실시의무) 위반 • 제124조제3항(석면농도초과 건축물 철거금지) 위반
2. 3천만 원 이하의 과태료	• 유해위험작업 특별교육실시(법 제29조제3항), 가맹본부 산재예방 조치(제79조제1항) 위반한 자 등 • 중대재해 발생 보고(제54조2항) 위반
3. 1,500만 원 이하의 과태료	• 안전보건진단 거부·방해·기피 및 근로자대표 미참여(제47조제3항) 위반 • 산업재해 발생 보고(제57조제3항) 위반 • 역학조사 거부·방해·기피(제141조제3항), 역학조사참석 거부(법 제141조제3항)

4. 1천만 원 이하의 과태료	1. 제10조제3항 후단을 위반하여 관계수급인에 관한 자료를 제출하지 아니하거나 거짓으로 제출한 자 2. 제14조제1항을 위반하여 안전 및 보건에 관한 계획을 이사회에 보고하지 아니하거나 승인을 받지 아니한 자 3. 제41조제2항, 제42조제1항·제5항·제6항, 제44조제1항 전단, 제45조제2항, 제46조제1항, 제67조제1항, 제70조제1항, 제70조제2항 후단, 제71조제3항 후단, 제71조제4항, 제72조제1항·제3항·제5항(건설공사도급인만 해당한다), 제77조제1항, 제78조, 제85조제1항, 제93조제1항 전단, 제95조, 제99조제2항 또는 제107조제1항 각 호 외의 부분 본문을 위반한 자 4. 제47조제1항 또는 제49조제1항에 따른 명령을 위반한 자 5. 제82조제1항 전단을 위반하여 등록하지 아니하고 타워크레인을 설치·해체하는 자 6. 제125조제1항에 따라 작업환경측정을 하지 아니한 자 7. 제129조제1항 또는 제130조제1항부터 제3항까지의 규정에 따른 근로자 건강진단을 하지 아니한 자 8. 제155조제1항 또는 제2항에 따른 근로감독관의 검사·점검 또는 수거를 거부·방해 또는 기피한 자
5. 500만 원 이하의 과태료	1. 제15조제1항, 제16조제1항, 제17조제1항, 제18조제1항, 제19조제1항 본문, 제22조제1항 본문, 제24조제1항·제4항, 제25조제1항, 제26조, 제29조제1항·제2항, 제31조제1항, 제32조제1항(제1호부터 제4호까지의 경우만 해당한다), 제37조제1항, 제44조제2항, 제49조제2항, 제50조제3항, 제62조제1항, 제66조, 제68조제1항, 제75조제6항, 제77조제2항, 제90조제1항, 제94조제2항, 제122조제2항, 제124조제1항(증명자료의 제출은 제외한다), 제125조제7항, 제132조제2항, 제137조제3항 또는 제145조제1항을 위반한 자 2. 제17조제3항, 제18조제3항 또는 제19조제3항에 따른 명령을 위반한 자 3. 제34조 또는 제114조제1항을 위반하여 이 법 및 이 법에 따른 명령의 요지, 안전보건관리규정 또는 물질안전보건자료를 게시하지 아니하거나 갖추어 두지 아니한 자 4. 제53조제2항을 위반하여 고용노동부장관으로부터 명령받은 사항을 게시하지 아니한 자 5. 제110조제1항부터 제3항까지의 규정을 위반하여 물질안전보건자료, 화학물질의 명칭·함유량 또는 변경된 물질안전보건자료를 제출하지 아니한 자 6. 제110조제2항제2호를 위반하여 국외제조자로부터 물질안전보건자료에 적힌 화학물질 외에는 제104조에 따른 분류기준에 해당하는 화학물질이 없음을 확인하는 내용의 서류를 거짓으로 제출한 자 7. 제111조제1항을 위반하여 물질안전보건자료를 제공하지 아니한 자 8. 제112조제1항 본문을 위반하여 승인을 받지 아니하고 화학물질의 명칭 및 함유량을 대체자료로 적은 자 9. 제112조제1항 또는 제5항에 따른 비공개 승인 또는 연장승인 신청 시 영업비밀과 관련되어 보호사유를 거짓으로 작성하여 신청한 자 10. 제112조제10항 각 호 외의 부분 후단을 위반하여 대체자료로 적힌 화학물질의 명칭 및 함유량 정보를 제공하지 아니한 자

5. 500만 원 이하의 과태료	11. 제113조제1항에 따라 선임된 자로서 같은 항 각 호의 업무를 거짓으로 수행한 자
	12. 제113조제1항에 따라 선임된 자로서 같은 조 제2항에 따라 고용노동부장관에게 제출한 물질안전보건자료를 해당 물질안전보건자료대상물질을 수입하는 자에게 제공하지 아니한 자
	13. 제125조제1항 및 제2항에 따른 작업환경측정 시 고용노동부령으로 정하는 작업환경측정의 방법을 준수하지 아니한 사업주(같은 조 제3항에 따라 작업환경측정기관에 위탁한 경우는 제외한다)
	14. 제125조제4항 또는 제132조제1항을 위반하여 근로자대표가 요구하였는데도 근로자대표를 참석시키지 아니한 자
	15. 제125조제6항을 위반하여 작업환경측정 결과를 해당 작업장 근로자에게 알리지 아니한 자
	16. 제155조제3항에 따른 명령을 위반하여 보고 또는 출석을 하지 아니하거나 거짓으로 보고한 자
6. 300만 원 이하의 과태료	1. 제32조제1항(제5호의 경우만 해당한다)을 위반하여 소속 근로자로 하여금 같은 항 각 호 외의 부분 본문에 따른 안전보건교육을 이수하도록 하지 아니한 자
	2. 제35조를 위반하여 근로자대표에게 통지하지 아니한 자
	3. 제40조, 제108조제5항, 제123조제2항, 제132조제3항, 제133조 또는 제149조를 위반한 자
	4. 제42조제2항을 위반하여 자격이 있는 자의 의견을 듣지 아니하고 유해위험방지계획서를 작성·제출한 자
	5. 제43조제1항 또는 제46조제2항을 위반하여 확인을 받지 아니한 자
	6. 제73조제1항을 위반하여 지도를 받지 아니한 자
	7. 제84조제6항에 따른 자료 제출 명령을 따르지 아니한 자
	8. 제108조제1항에 따른 유해성·위험성 조사보고서를 제출하지 아니하거나 제109조제1항에 따른 유해성·위험성 조사 결과 또는 유해성·위험성 평가에 필요한 자료를 제출하지 아니한 자
	9. 제111조제2항 또는 제3항을 위반하여 물질안전보건자료의 변경 내용을 반영하여 제공하지 아니한 자
	10. 제114조제3항을 위반하여 해당 근로자를 교육하는 등 적절한 조치를 하지 아니한 자
	11. 제115조제1항 또는 같은 조 제2항 본문을 위반하여 경고표시를 하지 아니한 자
	12. 제119조제1항에 따라 일반석면조사를 하지 아니하고 건축물이나 설비를 철거하거나 해체한 자
	13. 제122조제3항을 위반하여 고용노동부장관에게 신고하지 아니한 자
	14. 제124조제1항에 따른 증명자료를 제출하지 아니한 자
	15. 제125조제5항, 제132조제5항 또는 제134조제1항·제2항에 따른 보고, 제출 또는 통보를 하지 아니하거나 거짓으로 보고, 제출 또는 통보한 자
	16. 제155조제1항에 따른 질문에 대하여 답변을 거부·방해 또는 기피하거나 거짓으로 답변한 자
	17. 제156조제1항에 따른 검사·지도 등을 거부·방해 또는 기피한 자
	18. 제164조제1항부터 제6항까지의 규정을 위반하여 서류를 보존하지 아니한 자

(2) 과태료 부과 절차

근로감독관이 법 제175조에 따른 과태료 부과대상 법령 위반사항을 발견한 경우에는 시행령 별표 35 과태료의 부과기준에 따라 부과금액을 정하고, 「질서위반행위 규제법」에서 정하는 바에 따라 과태료 부과결정 한다. 과태료 부과금액은 위반행위의 정도 및 위반횟수 등을 고려하여 그 해당 금액의 1/2 범위에서 이를 감경할 수 있다. (영 별표 35)

해당 위반행위를 조사·확인한 후 위반사실과 과태료 금액 등을 서면으로 명시하여 이를 납부할 것을 과태료 처분대상자에게 통지한다. (「질서위반행위규제법」 제17조) 이때, 10일 이상의 기간을 정하여 처분대상자에게 구술 또는 서면에 의한 의견진술의 기회를 주어야 한다. (「질서위반행위규제법」 제16조)

● 상세 해설

(1) 가중처벌

> **제167조(벌칙)** ① 제38조제1항부터 제3항까지, 제39조제1항 또는 제63조를 위반하여 근로자를 사망에 이르게 한 자는 7년 이하의 징역 또는 1억 원 이하의 벌금에 처한다.
> ② 제1항의 죄로 형을 선고받고 그 형이 확정된 후 5년 이내에 다시 제1항의 죄를 범한 자는 그 형의 2분의 1까지 가중한다.

　가중처벌은 사업주의 각종 조치 의무 위반과 근로자의 사망 결과 사이에 그 인관관계가 인정되는 경우에 한하여 성립하며 만일 인관관계를 인정할 수 없는 경우에는 법 제168조의 '조치의무 위반죄'만 성립한다.

　예를 들어, 근로자가 고소작업 중 비계에서 추락하여 사망한 재해의 경우 사업주가 해당 근로자에 대한 건강진단을 실시하지 아니한 사실이 확인되었다 하더라도 건강진단과 추락재해와 인과관계가 인정되지 않는 경우에는 가중처벌 법조(법 제167조)에 의하여 처벌할 수 없다.

　법원의 태도도 사업주가 위험이 있는 작업을 지시하거나 안전보건조치를 하지 않는 상태로 작업이 이루어지는 것을 알면서도 이를 방치하는 등 그 위반행위가 사업주에 의하여 이루어졌다고 인정되는 경우에 한하여 성립하는 것이지, 단지 사업주의 사업장에서 이와 같은 위험성이 있는 작업이 필요한 안전조치를 하지 않은 채 이루어졌다는 사실만으로 성립하는 것은 아니라고 판시하였다.[872]

872　대법원 2010.9.9. 선고 2008도7834 판결, 2010.11.11. 선고 2009도13252

(2) 양벌규정

> **제173조(양벌규정)** 법인의 대표자나 법인 또는 개인의 대리인, 사용인, 그 밖의 종업원이 그 법인 또는 개인의 업무에 관하여 제167조제1항 또는 제168조부터 제172조까지의 어느 하나에 해당하는 위반행위를 하면 그 행위자를 벌하는 외에 그 법인에게 다음 각 호의 구분에 따른 벌금형을, 그 개인에게는 해당 조문의 벌금형을 과(科)한다. 다만, 법인 또는 개인이 그 위반행위를 방지하기 위하여 해당 업무에 관하여 상당한 주의와 감독을 게을리하지 아니한 경우에는 그러하지 아니하다.
> 1. 제167조제1항의 경우: 10억 원 이하의 벌금
> 2. 제168조부터 제172조까지의 경우: 해당 조문의 벌금형

형벌은 일신전속적(一身專屬的)인 것인데, 행정형벌법규에서 양벌규정을 두는 경우에 행위자 이외의 자가 지는 책임의 본질은 타인의 책임을 대신하여 지는 대위책임이나 무과실책임이 아니고, 자기의 지배범위 내에 있는 자에 대하여 위법행위를 하지 않도록 하여야 할 주의의무·감독의무를 해태한 과실책임이다. 형사범에서는 법인의 범죄능력이 인정되지 않으나, 행정범에서는 법인의 범죄능력이 인정되며, 이때 법인의 책임 형식은 양벌규정에 의한 재산형인 것이 일반적이다. 양벌규정이 없는 경우에도 행위자 이외의 자에 대한 처벌을 할 수 있는가에 대하여 견해의 대립이 있으나, 이는 죄형법정주의의 원칙상 인정되지 않는다고 본다.

산업안전보건법에서는 양벌규정을 두고 있다. 자연인이 범죄의 주체가 된 과거와는 달리 현대사회의 범죄의 주체는 법인이 되는 경우가 많이 있다. 이러한 법인에 대한 형사책임은 형법상의 책임원칙에 반하기 때문에 처벌하는 데에 곤란함을 겪는다. 현재 법인을 처벌할 수 있는 입법상의 근거규정이 양벌규정이다. 이러한 양벌규정은 형사법의 한 종류이므로 보호법익을 가지고 있고, 이러한 법익은 해석상 특징으로서 행정상 법익의 우선성·집합적 보호법익 혹은 보편적 보호법익 및 형법의 보호법익의 보강이라는 특징을 가진다. 양벌규정은 쌍벌규정(雙罰規定)이라고도 한다. 법인의 대표자나 법인 또는 개인의 대리인·사용인 및 기타의 종업원이 법인 또는 개인의 업무에 관하여 위법행위를 한 때에 행위자를 처벌하는 외에 그 법인 또는 개인도 처벌하는 규정을 말하며, 행정법규의 실효성을 확보하기 위하여 인정된다. 종래에는 위법행위에 대하여 그 행위의 효과의 귀속 주체만을 처벌하는 전가규정(轉嫁規定)이 많았으나, 최근에는 양벌규정이 많아지고 있다.[873]

---

[873] 근로기준법 제115조, 남녀고용평등법 제24조, 고용보험법 제87조, 관세법 제279조, 도로교통법 제116조, 건축법 제81

법률행위를 위반한 자에 대한 처벌은 해당 규정의 의무이행 주체를 처벌하는 것이 원칙이다. 산업안전보건법상 의무규정을 이행해야 하는 자는 대부분 사업주(법인인 경우에는 법인, 개인기업인 경우에는 대표)이다. 사업주에는 자연인 및 법인이 있다. 이때 인신과 관계되는 금고 이상의 형벌이 문제가 된다. 그러나 법인은 형법상 범죄행위능력과 수형능력이 없으므로 법인을 행위자로 하여 처벌에 문제가 발생한다. 이에 따라 산업안전보건법에서는 법의 실효성 확보를 위해 양벌규정(법 제173조)을 두어 사업주(법인 또는 개인) 외에 법 위반 행위자(법인의 대표자 또는 사업주의 대리인·사용인 기타 종업원)의 책임을 함께 묻고 있다.[874] 양벌규정에 따라 비로소 실제 법 위반 행위자에 대한 형사책임의 근거가 마련되는 것이다. 양벌규정에 따라 사업주에게 벌칙을 적용할 경우 벌금형이 부과된다.(법 제173조)

이번 법개정으로 안전조치위반(법 제38조), 보건조치위반(법 제39조), 도급인조치위반(법 제63조)으로 사망재해가 발생한 경우 행위자를 벌하는 외에 그 법인에 대하여도 10억 원 이하의 벌금을 과하게 된다. 그 외의 형벌위반에 대하여는 해당 조문의 벌금형을 법인에게 과한다.

조, 문화재보호법 제86조, 국민연금법 제106조, 소방법 제118조, 외국환관리법 제31조 등

874   산업안전보건법위반[대법원 1995.5.26. 선고 95도230 판결]
【판결요지】
산업안전보건법 제67조제1호, 제23조제1항, 제69조제4호, 제42조제1항 소정의 벌칙규정의 적용대상은 사업자임이 그 규정 자체에 의하여 명백하나, 한편 같은 법 제71조는 법인의 대표자 또는 법인이나 개인의 대리인, 사용인(관리감독자를 포함한다), 기타 종업원이 그 법인 또는 개인의 업무에 관하여 제67조 내지 제70조의 위반행위를 한 때에는 그 행위자를 벌하는 외에 그 법인 또는 개인에 대하여도 각 본조의 벌칙규정을 적용하도록 양벌규정을 두고 있고, 이 규정의 취지는 같은 법 제67조 내지 제70조의 위반행위를 사업자인 법인이나 개인이 직접 하지 않은 경우에는 그 행위자와 사업자 쌍방을 모두 처벌하려는 데에 있으므로, 이 양벌규정에 의하여 사업자가 아닌 행위자도 사업자에 대한 각 같은 법 제67조제1호, 제69조제4호 벌칙규정의 적용대상이 된다.
*** 산업안전보건법위반[대법원 2004.5.14. 선고 2004도74 판결]
【판결요지】
구 산업안전보건법(2002.12.30. 법률 제6847호로 개정되기 전의 것) 제70조제1호, 제13조제1항, 같은 법 제68조제1호, 제43조제1항, 제70조제1호, 제31조제1항에 각각 정하여진 벌칙 규정의 적용대상은 사업자임이 규정 자체에 의하여 명백하나, 한편, 같은 법 제71조는 법인의 대표자 또는 법인이나 개인의 대리인, 사용인(관리감독자를 포함한다), 기타 종업원이 그 법인 또는 개인의 업무에 관하여 제67조 내지 제70조의 위반 행위를 한 때에는 그 행위자를 벌하는 외에 그 법인 또는 개인에 대하여도 각 본조의 벌칙 규정을 적용하도록 양벌규정을 두고 있고, 이 규정의 취지는 각 본조의 위반 행위를 사업자인 법인이나 개인이 직접 하지 아니하는 경우에는 그 행위자나 사업자 쌍방을 모두 처벌하려는 데에 있으므로, 이 양벌규정에 의하여 사업자가 아닌 행위자도 사업자에 대한 각 본조의 벌칙 규정의 적용 대상이 된다.

산업안전보건법상 사업주는 사업을 행함에 있어서 자기가 사용하는 근로자에게 위험이 발생하지 않도록 할 의무를 규정하고 있고, 동법 제2조제3호에서 사업주는 근로자를 사용하여 사업을 행하는 자로 규정하고 있는 바, 재해와 관련하여서는 구체적인 사실관계를 조사하여 산업안전보건법상 그에 대한 이행의무가 있는 자에게 법적인 책임이 있다. 공동 도급받아 분담 이행하는 공사에서 산업재해가 발생한 경우 법적인 책임은 해당 근로자의 재해와 관련된 고용관계, 작업관리관계 등에 실질적으로 책임이 있는 자가 산업안전보건법상 책임을 진다.[875]

사업주가 산업안전보건법에서 정한 사항을 성실히 이행하여 재해 발생 원인이 사업주 과실에 기인하지 않은 것이 명백할 경우에는 산업안전보건법에 의한 처벌은 받지 아니한다.[876]

인접된 A, B 사업장을 경영상의 사유에 의하여 하나로 통합하여 운영하고자 하는 경우 발생한 산업재해에 대한 책임 여부는 산업안전보건법에서는 특정 기계·기구 및 설비에 대해서는 제조·수입·진열·사용·대여 등에 따라 각 주체별 의무를 달리 부여하고 있으며, 산업재해의 발생 시점, 기인물, 관리 등 의무 주체 등 사안에 따라 그 책임의 소재가 달라질 수 있으므로 산업재해에 대한 책임을 획일적으로 정할 수는 없다.[877]

동일한 장소에서 원수급인의 근로자와 하수급인의 근로자가 작업 시 원수급인에게 당해 장소에서 안전보건관리의무를 규정하고 있는 산업안전보건법 제63조의 규정이 적용되는 업종이라 할지라도 발주자의 지위에서 건설공사로 도급을 준 경우라면 이 조항은 해당되지 아니한

---

875 【질의】○ 택지개발지구내 9블록(1단지) 및 10블록(2단지)을 공히 3개사가 공동이행방식으로 시공하기로 하고 발주처로부터 아파트 공사를 공동도급 받음(지분율 : A사(주관사) 47%, B사 30%, C사 23%)
○ 위 3개사는 도급을 받은 공사에 대하여 『공동수급체 운영협약서』에 의거 1단지(9블록) 전체는 A사가 시공하기로 하고, 2단지(10블록) 중 8개동은 지하주차장을 포함하여 B사가 시공하기로 하고, 2단지(10블록) 중 6개동은 지하주차장을 포함하여 C사가 시공하기로 하고 분담시행 중에 있음(발주처에 통보를 하거나 승인을 받지는 않고 임의로 분할함)
○ 위 협약에 따라 각사별로 별도의 현장사무소를 설치하고 시공인력을 배치하였으며, 안전보건총괄책임자 및 안전관리자는 별도로 선임보고한 경우 공동도급받은 B사가 시공하는 현장에서 견습공 1명이 추락, 사망한 경우 법적 처벌대상은 누구인지?
☞ (회시) 귀 질의에서 3개사가 공동이행방식으로 계약을 체결하였으나 내부협약 등에 의거 별도로 구역을 나누어 분담시공을 함으로써 사실관계에 있어서 고용관계, 작업의 지시, 하도급 등이 각각의 회사 책임하에 이루어지는 경우라면 각각을 별도의 사업주로 보아 법을 위반한 사업주를 처벌하여야 할 것이다.(산안(건안) 68307-82, 2003.3.26.)
876 안전관리를 실시하고, 교육하여도 안전사고가 발생되면 무조건 관리책임자가 형사 책임이 있는 것은 아니다.(산안 68320-230, 2000.3.17.)
877 (안정 68301-49, 2000.1.18.)

다.[878]

하나의 사업장 내에서 하수급인 근로자에게 중대재해가 발생하였을 경우 도급인에 대하여도 감독 및 조사가 이루어질 수 있다.[879]

중대산업사고는 하수급인이 유해위험물질의 화재·폭발·누출로 인하여 산업재해를 당하거나 인근 지역에 피해준 경우에 해당한다. 수급인 근로자만 다치거나 인근 지역에만 피해를 준 경우에도 중대산업사고에 해당한다.[880]

1) 고발사건의 경우

피고발인에 대한 조사는 사법경찰관의 수사업무규정에 따라 처리된다.[881]

2) 출장 중 사고

장비의 설치를 위한 시운전 시 사고와 같은 출장 중 사고와 관련하여서는 그 재해의 발생 원인, 작업상황에 따라 구체적으로 법 위반의 책임소재가 가려진다. 작업의 관리 및 지배가 근로자 소속 회사에 있는 경우에는 해당 근로자의 고용사업주에게 있으며, 출장지의 작업환경, 설비의 결함이 주된 원인인 경우에는 현장 사업장에게도 책임이 있을 것이다.[882]

---

878   조선업인 A사가 사업장내에 수행하는 각종 시설공사(건물보수, 증축, 기계설치 등)를 개별산재 가입된 업체를 통하여 공사수행 중 추락, 붕괴사고 발생의 경우 발주자의 지위에서 도급은 준 경우라면 법 제29조제1항은 적용되지 않는다.(건설산재예방과-3311, 2012.10.2.)

879   중대재해조사 관련 직접적인 원인 등 위반사항에 대하여는 사안에 따라 원·하도급업체에서 선임된 각각의 안전보건관리책임자를 사법처리할 수 있다.(안전보건지도과-412, 2008.10.24.)

880   (산업안전팀-6015, 2006.12.13.)

881   【질의】건설현장의 안전상조치 의무위반 관련하여 원수급업체 대표이사와 현장소장이 고발된 경우 피고발인인 원수급업체 대표이사가 피의자로서 반드시 출석조사를 받아야 하는지 여부?

☞ (회시) 고발이란 제3자가 수사기관에 범죄사실을 신고하여 소추를 구하는 의사표시로서 고발사건이 제기될 경우 피고발인은 피의자 신분이 되고 해당기관은 피의자에 대한 신문조서를 작성하여 관할 검찰에 사건송치하게 되며, 피의자신문조서는 해당 피의자 외 누구도 대리할 수 없다. 다만, 고발의 남용에 의한 피고발인의 인권침해 등을 방지하기 위하여 고발장의 기재 또는 고발인의 진술만으로도 기소를 위한 수사의 필요성이 없다고 명백하게 인정되는 경우로서 고발각하사유에 해당할 경우 피의자 신문조서의 작성 없이 사건송치가 가능하다.(산업안전팀-433, 2006.1.18.)

882   납품자재(설비)가 성능에 미달되는 등 사유로 납품업체 본사소속 직원이 현장을 방문하여 점검 중 실족하여 사고(경상, 중상, 사망)가 발생된 경우 책임의 주체는?
자재(설비)의 납품계약이 완료된 상태에서 단순히 납품업체 본사소속 직원이 납품자재(설비)가 설치된 현장에 출장하여 동 자재(설비)의 성능점검을 하던 중 사고가 발생하였다면 납품업체 본사 본연의 업무로 일시 출장 중 발생한 재해로 볼 수 있다. 납품업

과태료는 행정질서벌로서 형벌에 관한 법인이 범죄능력·형벌능력 여부와 관계없이 행정목적에 따라 자연인 또는 법인에 대해 의무를 위반한 경우 당해 의무 주체(자연인 또는 법인)에 대해 과태료를 부과할 수 있다. 산업안전보건법 제175조는 제72조제3항의 규정에 위반하여 산업안전보건관리비를 사용한 자를 과태료부과 대상으로 하고 같은 법 제72조제3항은 '건설공사도급인'을 법상 의무 주체로 규정하고 있으므로 실제 위반행위자(대표자, 현장소장 등)와 관계없이 당해 건설공사도급인(법인인 경우 법인)이 과태료부과 대상이다.[883]

석면조사의무 위반의 경우에는 해당 의무위반자에게 과태료를 부과한다. 위반자가 임차인인 경우 임차인에 부과한다.[884]

과태료는 사업주 등 법 위반자를 직접 부과대상으로 하고 법인인 경우에도 직접 부과할 수 있다. 지방자치단체 소속 근로자(공무원 등)와 관련하여 산업안전보건법상 사업주는 해당 지방자치단체이다.[885] 따라서 과태료의 부과도 해당 지방지방단체에 부과한다.

산업안전보법령의 위반은 노사합의가 있었다 할지라도 그 위반이 면책되지 않는다.[886]

체 고유작업을 수행하는 것이라면 동 작업과 관련한 근로자 안전교육, 보호구 지급·착용 및 납품자재(설비)의 안전시설물 설치의무는 동 근로자 소속 사업장인 납품업체 사업주에게 있다고 사료된다.(안전정책과-6733, 2004.12.6.)

883 산업안전보건관리비를 잘못 사용한 자가 건설업체(법인)의 현장소장인 경우 과태료부과 처분대상자는 누구인지에 대한 질의에 대하여 사업주인 건설업체(법인)가 과태료 부과 대상이라고 회시하였다.(안정 68307-1213, 2001.12.21.)

884 【질의】 임차인(개인병원)이 임대차 계약 해지 후 건물의 원상복구를 위해 개인 공사업자를 통해 석면조사 없이 건축물 철거공사를 실시한 경우 과태료 부과대상(건물주, 임차인, 개인 공사업자)이 누구인지?

☞ (회시) 석면조사 의무 위반에 대한 과태료는 산업안전보건법 제72조제1항제1호의 규정에 의거 석면조사를 하지 아니하고 건축물을 철거한 자에게 부과하도록 되어 있으므로 원상복구 의무가 있는 임차인에게 부과하여야 할 것이다.(근로자건강보호과-3995, 2009.10.13.)

885 【질의】 공립초등학교 소속 기능직공무원이 전지작업 중 추락하여 사망한 중대재해 발생 후 즉시 산재발생 미보고한 사실에 대하여 과태료 부과 시 사업주를 누구로 볼 것인지 여부?

☞ (회시) 지방자치단체로서의 특별시, 광역시, 도, 시, 군 등에는 1개의 법인이 존재(지방자치법 제3조)하며 공립학교는 지방자치단체가 설립하여 경영(초·중등교육법 제3조)하는 체계로 되어 있습니다. 다만 사무의 영역에 따라 도지사 등 자치단체의 장과 교육감이 별개의 집행 및 대표기관으로 병존하고 있을 뿐입니다. 따라서 공립초등학교를 지방자치단체가 설립·경영하는 경우 사업주(법인)는 해당 지방자치단체로 보는 것이 타당하다.(산재예방정책과-5204, 2011.12.7.)

886 【질의】 A사업장은 작업환경측정 대상 사업장으로서 산업안전보건위원회 심의·의결사항인 작업환경측정에 관한 사항을 노사 간 논의하는 과정에서 이견 등으로 합의가 늦어져 정해진 작업환경측정 주기(6개월)를 넘긴 경우 사업주에게 과태료를 부과할 수 있는지 여부?

☞ (회시) 법 제42조제2항 및 같은 법 시행규칙 제93조의4에 따라 측정주기를 준수하여 작업환경측정을 실시하여야 하며, 이를

과태료 감경기준 및 위반의 차수계산은 사업장 단위이다. 건설현장의 경우도 같다.[887] 산업안전보건법 시행령 별표 35 제2호의 규정에 의한 '사업장 규모에 따른 부과기준'은 사업장에만 적용되며 근로자에 대한 과태료 부과 시에는 적용되지 않는다.[888]

위반한 사업주에게는 과태료를 부과한다. 산업안전보건법 제19조제2항에 의거 작업환경측정 등 작업환경의 점검 및 개선에 관한 사항은 산업안전보건위원회의 심의·의결을 거쳐야 하는 사항이나, 심의·의결을 거치도록 하는 규정과 작업환경측정을 주기 내 실시하도록 하는 규정은 원칙적으로 별개의 사항이므로 벌칙조항도 각각 적용하여야 할 것이다.(제조산재예방과-3225, 2012.11.21.)

887 【질의】 일정 기간 산업안전보건법 위반으로 적발되어 처분된 사실이 없는 경우 과태료 부과금액을 감경할 수 있는바, 건설현장의 경우 위반의 범위를 당해 건설현장으로 해야 하는지 아니면 시공사 소속의 전국 현장으로 해야 하는지 여부?
☞ (회시) 산업안전보건법은 사업장 단위로 적용되므로 과태료를 부과하고자 하는 당해 사업장(건설현장)의 위반 및 처분 사실에 따라 감경하는 것이 타당하다.(안전정책과-724. 2004.2.6.)

888 산업안전보건법 시행령 별표 13 제1호에서 사업장의 규모별로 과태료 부과금액을 경감토록 규정한 것은 300인 미만(건설공사의 경우 120억 원 미만) 중소규모 사업장에 대해서는 취약한 경제적·기술적 능력 등을 고려하여 부담을 완화해 주려는 취지이며, 근로자에 대한 과태료 부과금액(5만 원)은 소액으로 규정하고 있어 동 규정의 입법취지상 근로자에게는 적용되지 않는다.(안전보건정책과-535. 2005.10.7.)

제10장

위험상황 시 및 산업재해 발생 시 관리

◈ 이 편의 제도 개요 ◈

① 재해위험 시 작업중지

> **제54조(중대재해 발생 시 사업주의 조치)** ① 사업주는 중대재해가 발생하였을 때에는 즉시 해당 작업을 중지시키고 근로자를 작업장소에서 대피시키는 등 안전 및 보건에 관하여 필요한 조치를 하여야 한다.
> ② 사업주는 중대재해가 발생한 사실을 알게 된 경우에는 고용노동부령으로 정하는 바에 따라 지체 없이 고용노동부장관에게 보고하여야 한다. 다만, 천재지변 등 부득이한 사유가 발생한 경우에는 그 사유가 소멸되면 지체 없이 보고하여야 한다.

법 제54조는 사업주에게 산업재해 발생의 '급박한 위험[889]'이 있거나 중대재해[890]가 발생하였을 경우 피해의 최소화와 추가적 위험을 예방하기 위해 사업주가 즉시 작업을 중지시키고 근로자를 작업장소에서 대피시키는 등 필요한 안전·보건조치를 하도록 하고 있다.(법 제54조) 위반 시 5년 이하의 징역 또는 5천만 원 이하의 벌금에 처한다.(법 제168조)

(1) 위험상황 시 조치사항

1) 사업주

사업주는 근로자를 작업장소로부터 대피시키는 등 필요한 안전·보건조치를 취하여야 한다.

사업주는 산업재해가 발생할 급박한 위험이 있다고 근로자가 믿을 만한 합리적인 이유가 있을 때에는 작업을 중지하고 대피한 근로자에 대하여 해고나 그 밖의 불리한 처우를 해서는 아니 된다.(법 제52조제4항)

---

889 '급박한 위험'은 유해물질의 누출, 질식 또는 화재·폭발의 우려가 있는 경우, 압력용기의 압력 급상승으로 파열·폭발이 예상되는 경우 등과 같이 객관적·개별적으로 보아 위험이 곧 발생할 것으로 예견되어 즉시 대피하지 않으면 작업 중인 근로자에게 중대한 위험이 가해질 수 있는 상태를 말하는 것으로 근로자가 안전과 보건에 즉시 위험을 미칠 우려가 있다고 믿는 것에 합리적인 타당성이 있어야 한다.(산안 68320-249, 2001.6.13.)

890 '중대재해'라 함은 시행규칙 제2조제1항 각 호에서 규정하는 재해로 보아야 한다.(산안 68320-249, 2001.6.13.)

2) 근로자 · 직상급자

근로자는 산업재해 발생의 급박한 위험이 있을 때에는 즉시 작업을 중지하고 대피할 수 있다.(법 제52조제1항) 작업을 중지하고 대피한 근로자는 지체 없이 그 사실을 관리감독자 또는 그 밖에 부서의 자에게 보고하여야 한다.(법 제52조제2항) 보고를 받은 관리감독자등은 안전 및 보건에 관하여 필요한 조치를 하여야 한다.(법 제52조제3항)

3) 중대재해 발생현장 보존

누구든지 중대재해 발생현장을 훼손하거나 고용노동부장관의 원인조사를 방해서는 아니 된다.(법 제56조제3항)

(2) 작업중지 관련 근로자 불이익 처분금지 등

사업주는 산업재해 발생의 급박한 위험이 있다고 믿을 만한 합리적인 사유로 작업을 중지하고 대피한 근로자에 대해 해고 기타 불이익 처우를 하지 못한다.(법 제52조제4항) 고용노동부장관은 중대재해가 발생한 경우 근로자 보호를 위해 근로감독관과 관계 전문가로 하여금 재해 원인조사, 안전·보건진단, 그 밖의 필요한 조치를 하게 할 수 있다.(법 제56조제1항)

(3) 위반에 대한 조치

작업중지 등 조치 불이행 시에는 5년 이하의 징역 또는 5천만 원 이하의 벌금에 처한다. 중대재해 발생 현장 보존 등 조치 불이행시에는 1년 이하의 징역 또는 1천만 원 이하의 벌금에 처한다.

② 산재은폐금지 및 중대재해 등 산업재해 발생보고 · 기록

> **제57조(산업재해 발생 은폐 금지 및 보고 등)** ① 사업주는 산업재해가 발생하였을 때에는 그 발생 사실을 은폐해서는 아니 된다.
> ② 사업주는 고용노동부령으로 정하는 바에 따라 산업재해의 발생 원인 등을 기록하여 보존하여야 한다.
> ③ 사업주는 고용노동부령으로 정하는 산업재해에 대해서는 그 발생 개요 · 원인 및 보고 시기, 재발방지 계획 등을 고용노동부령으로 정하는 바에 따라 고용노동부장관에게 보고하여야 한다.

법 제57조는 사업주에게 중대재해 등 산업재해가 발생한 경우 보고 또는 기록하여야 할 사항을 규정하고 있다.(법 제57조제2항) 사업주가 산업재해 발생사실을 은폐하였을 경우에는 1년 이하의 징역 또는 1천만 원 이하의 벌금에 처한다. 산업재해 발생보고를 하지 않거나 거짓을 보고한 경우[891] 1천만 원 이하의 과태료를 부과한다.

(1) 중대재해 발생보고(법 제54조제2항)

사업주는 중대재해가 발생한 사실을 알게 된 때에는 지체 없이[892] 전화, 팩스 또는 그 밖에 적절한 방법으로 ① 발생개요 및 피해상황 ② 조치 및 전망 ③ 그 밖의 중요한 사항을 보고하여야 한다.(시행규칙 제67조) 위반 시 3천만 원 이하의 과태료를 부과한다.

(2) 산업재해조사표 제출

사망자 또는 3일 이상의 휴업재해[893]가 발생한 경우 재해 발생일로부터 1개월 이내에 산업재

---

891   사업장 외에서 발생한 교통사고 등 사업주의 직접적인 법 위반에 기인하지 않는 것이 명백한 경우는 제외한다.
892   다만, 천재지변 등 부득이한 사유가 발생한 경우에는 그 사유가 소멸되면 지체 없이 보고하여야 한다.
893   종전에는 4일 이상의 요양을 요하는 부상 또는 질병에 걸린 자가 보고대상이었으며, 『산재보험법』에 의한 요양급여 또는

해조사표를 작성·제출하여야 한다.(시행규칙 제73조제1항), 이 경우 근로자대표의 확인을 받아야 하며, 기재 내용에 근로자대표의 이견이 있는 경우 그 내용을 첨부한다.(건설업은 근로자대표 확인 생략 가능)

(3) 산업재해 기록·보존

사업주는 산업재해가 발생한 때에는 ① 사업장의 개요 및 근로자의 인적사항, ② 재해 발생 일시·장소, ③ 재해 발생 원인 및 과정, ④ 재해 재발방지 계획을 기록하여야 하며, 이를 3년간 보존하여야 한다.(법 제57조제3항, 시행규칙 제72조) 다만, 산업재해조사표 사본을 보존하거나 요양신청서 사본에 재해 재발방지 계획을 첨부하여 보존하는 경우에는 산업재해기록으로 갈음할 수 있다.(시행규칙 제72조)

유족급여를 1개월 이내에 근로복지공단에 신청한 경우 산업재해조사표 제출로 갈음할 수 있었으나 2013년 법령 개정으로 요양신청서 갈음이 폐지되고 보고대상이 휴업 3일 이상의 재해로 변경되었다.(시행일 2014.7.1.)

③ 산업재해통계

(1) 산업재해통계 지표

산업재해통계는 과거 일정 기간에 발생한 산업재해를 통계적으로 정리한 것으로 재해의 발생빈도, 형태, 원인 등을 파악해 볼 수 있으므로 사업장이나 국가에서 동종 재해의 재발을 방지하고 효과적인 재해예방 대책을 수립하기 위해 중요한 의의를 갖고 있다. 안전보건관리에 기본 데이터이다. 정부의 책무로 산업재해에 관하여 조사하고 통계를 유지·관리하도록 하고 있다. (법 제4조제1항제7호)

산업재해통계업무처리규정(고용부예규[894])에서 국가 산업재해통계[895] 산출과 관련하여 용어를 정의한다.

① 재해율이란 임금근로자수[896] 100명당 발생하는 재해자수[897]의 비율을 말한다.

$$재해율(\%) = \frac{재해자수}{임금근로자수} \times 100$$

---

894   2011.5.25. 예규를 개정하여 종전의 '재해율'은 '요양재해율'로 하고 임금근로자수에 대비한 휴업재해자수를 기준으로 하는 '재해율'을 신설하였다.
895   각국의 산업재해통계는 통계수집, 산출방법, 적용범위, 업무상재해 인정범위 등이 다르기 때문에 통일되게 비교하여 사용하기는 곤란하다.
896   임금근로자수란 통계청의 경제활동인구조사상 임금근로자수를 말한다. 다만, 건설업 근로자수는 통계청 건설업조사 피고용자수의 경제활동인구조사 건설업 근로자수에 대한 최근 5년 평균 배수를 산출하여 경제활동인구조사 건설업 임금근로자수에 곱하여 산출한다.
897   재해자수란 근로복지공단의 휴업급여를 지급받은 재해자를 말한다. 다만, 질병에 의한 재해와 사업장 밖의 교통사고(운수업, 음식숙박업은 사업장 밖의 교통사고도 포함한다)·체육행사·폭력행위로 발생한 재해는 제외한다.

② 사망만인율이란 임금근로자수 10,000명당 발생하는 사망자수[898]의 비율을 말한다.

$$사망만인율 = \frac{사망자수}{임금근로자수} \times 10,000$$

③ 요양재해율이란 산재보험적용근로자수[899] 100명당 발생하는 요양재해자수[900]의 비율을 말한다.

$$요양재해율 = \frac{요양재해자수}{산재보험적용근로자수} \times 100$$

④ 도수율(빈도율)이란 1,000,000 근로시간당 요양재해 발생 건수를 말한다.

$$도수율 = \frac{요양재해건수}{연근로시간수} \times 1,000,000$$

⑤ 강도율이란 근로시간 합계 1,000시간당 요양재해로 인한 근로손실일수를 말한다. 총요양근로손실일수는 요양재해자의 총 요양기간을 합산하여 산출하되, 사망, 부상 또는 질병이나 장해자의 등급별 요양근로손실일수는 별표 1[901]과 같다.

$$강도율 = \frac{총요양근로손실일수}{연근로시간수} \times 1,000$$

898 사망자수란 근로복지공단의 유족급여가 지급된 사망자와 지방고용노동관서에 산업재해조사표가 제출된 사망자를 합산한 수를 말한다. 다만, 질병에 의해 사망한 경우와 사업장 밖의 교통사고(운수업, 음식숙박업은 사업장 밖의 교통사고도 포함) · 체육행사 · 폭력행위에 의한 사망, 사고 발생일로부터 1년을 경과하여 사망한 경우는 제외한다.

899 산재보험적용근로자수란 「산업재해보상보험법」이 적용되는 근로자수를 말한다.

900 요양재해자수란 근로복지공단의 유족급여가 지급된 사망자 및 근로복지공단에 최초요양신청서(재진 요양신청이나 전원 요양신청서는 제외한다)를 제출한 재해자 중 요양승인을 받은 자와 지방고용노동관서에 산업재해조사표가 제출된 재해자를 합산한 수를 말한다.

901

구분	사망	신체장해등급											
		1-3	4	5	6	7	8	9	10	11	12	13	14
근로손실일수	7,500	7,500	5,500	4,000	3,000	2,200	1,500	1,000	600	400	200	100	50

(2) 경제적 손실추정액

현재 고용부에서 산출하고 있는 경제적 손실추정액은 직접손실액과 간접손실액의 합으로서 직접손실액은 산재보상보험법상의 산재보험급여 지급액이고, 간접손실액은 하인리히방식에 의하여 직접손실액의 4배로 계상한다.

경제적 손실(추정)액=직접손실액[902]+간접손실액[903](직접손실액×4)

---

902 직접손실액은 산재보험급여 지급액을 말한다.
903 간접손실액: 재해에 의한 인적 · 물적 손실, 생산손실, 특별경비(재해자가 직장에 복귀 후 작업을 하지 못하는 손실, 민사소송 및 처리를 위한 경비, 근로자의 신규 채용비 등)

④ 재해다발사업장 공표[904]

법 제10조제1항은 재해가 다발하는 등 산업안전보건관리가 불량하다고 판단되는 사업장의 명단, 그 사업장의 산업재해 발생건수, 재해율 또는 그 순위 등을 공표한다.[905] 도급인의 사업장[906]중 대통령령으로 정하는 사업장[907]에서 관계수급인 근로자가 작업을 하는 경우에 도급인의 산업재해 발생건수 등에 관계수급인의 산업재해 발생건수 등을 포함하여 공포한다.(법 제10조제2항)

공표는 관보, 「신문 등의 자유와 기능보장에 관한 법률」 제12조제1항에 따라 그 보급지역을 전국으로 하여 등록한 일간신문 또는 인터넷 등에 게재한다.

(1) 사망 등 불량 사업장(시행령 제10조)

① 산업재해로 연간 사망자가 2명 이상 발생한 사업장

② 사망만인율이 규모별 같은 업종의 평균 사망만인율 이상인 사업장

③ 법 제44조제1항에 전단에 따른 중대산업사고가 발생한 사업장

④ 법 제57조제1항을 위반하여 산업재해 발생 사실을 은폐한 사업장

---

904   '공표'란 행정법상의 의무위반 또는 불이행이 있는 경우 그의 성명·위반사실 등을 일반에게 공개하여 명예 또는 신용의 침해를 위협함으로써 법상의 의무이행을 간접적으로 강제하는 수단이다.

905   산업재해를 예방하고 사업장의 안전보건관리를 촉진시키기 위해서는 사업주의 적극적 관심과 투자가 중요하다. 사업주의 명예·신용에 대한 심리적 압박을 통해 산재예방 활동을 유인하기 위해 2002.12.30. 산업안전보건법 개정시 재해다발 사업장 공표제도를 도입하였다.

906   도급인이 제공하거나 지정한 경우로서 도급인이 지배·관리하는 대통령령으로 정하는 장소를 포함한다

907   도급인이 사용하는 상시근로자 수가 500명 이상인 다음 각 호의 어느 하나에 해당하는 사업장으로서 도급인 사업장의 사고사망만인율(질병으로 인한 사망재해자를 제외하고 산출한 사망만인율을 말한다)보다 관계수급인의 근로자를 포함하여 산출한 사고사망만인율이 높은 사업장을 말한다.
1. 제조업
2. 철도운송업
3. 도시철도운송업
4. 전기업

⑤ 법 제57조제3항에 따른 산업재해에 관한 보고를 최근 3년 이내 2회 이상 하지 않은 사업장

○ 법 제63조에 따른 도급인이 관계수급인 근로자의 산업재해 예방하기 위한 조치의무를 위반하여 관계수급인의 근로자가 산업재해를 입은 경우에는 도급인의 산업재해 발생건수에 함께 공표[908]

(2) 통합공표대상 사업장(시행령 제12조)

○ 대상업종: 제조업, 철도운송업, 도시철도운송업, 전기업
○ 공표기준: 도급인이 사용하는 상시근로자 500명 이상이고 도급인 사업장의 사고사망만인율보다 관계수급인의 근로자를 포함하여 산출한 사고사망만인율이 높은 사업장

$$공표대상 = 1 > \frac{(도급인\ 사업장\ 총\ 사고사망자수)\ /\ (도급인사업장\ 총\ 상시근로자수)}{(도급인\ 사고사망자수)\ /\ (도급인\ 상시근로자수)}$$

재해율 등 공표대상에 포함되는 도급인이 제공하거나 지정한 경우로서 도급인이 지배·관리하는 대통령령으로 정하는 장소는 다음과 같다. (시행령 제11조)

---

908   이 경우 관계수급인 사업장의 산업재해 발생건수, 재해율 또는 그 순위 등을 공표하면서 해당 재해가 발생한 도급인의 사업장(도급인이 제공하거나 지정한 경우로서 도급인이 지배·관리하는 제12조 각 호에 해당하는 장소를 포함한다. 이하 같다)에 대한 산업재해 발생건수 등을 함께 공표하여야 한다.

1. 토사 · 구축물 · 인공구조물 등이 붕괴될 우려가 있는 장소

2. 기계 · 기구 등이 넘어지거나 무너질 우려가 있는 장소

3. 안전난간의 설치가 필요한 장소

4. 비계 또는 거푸집을 설치하거나 해체하는 장소

5. 건설용 리프트를 운행하는 장소

6. 지반을 굴착하거나 발파작업을 하는 장소

7. 엘리베이터홀 등 근로자가 추락할 위험이 있는 장소

8. 석면이 붙어 있는 물질을 파쇄 또는 해체하는 작업을 하는 장소

9. 공중 전선에 가까운 장소로서 시설물의 설치 · 해체 · 점검 및 수리 등의 작업을 할 때 감전의 위험이 있는 장소

10. 물체가 떨어지거나 날아올 위험이 있는 장소

11. 프레스 또는 전단기(剪斷機)를 사용하여 작업을 하는 장소

12. 차량계 하역운반기계 또는 차량계 건설기계를 사용하여 작업하는 장소

13. 전기 기계 · 기구를 사용하여 감전의 위험이 있는 작업을 하는 장소

14. 「철도산업발전기본법」 제3조제4호에 따른 철도차량(「도시철도법」에 따른 도시철도차량을 포함한다)에 의한 충돌 또는 협착의 위험이 있는 작업을 하는 장소

15. 그 밖에 화재 · 폭발등 사고 발생위험이 높은 장소로 고용노동부령으로 정하는 장소[909]

---

909   시행규칙 제6조(도급인의 안전보건 조치장소) 1. 화재 · 폭발 우려가 있는 다음 각 목의 어느 하나에 해당하는 작업을 하는 장소

가. 선박 내부에서의 용접 · 용단작업

나. 안전보건규칙 제225조제4호에 따른 인화성 물질을 취급 · 저장하는 설비 및 용기에서의 용접 · 용단작업

다. 안전보건규칙 제273조에 따른 특수화학설비에서의 용접 · 용단작업

라. 가연물(可燃物)이 있는 곳에서의 용접 · 용단 및 금속의 가열 등 화기를 사용하는 작업이나 연삭숫돌에 의한 건식연마작업 등 불꽃이 될 우려가 있는 작업

2. 안전보건규칙 제132조에 따른 양중기(揚重機)에 의한 충돌 또는 협착(狹窄)의 위험이 있는 작업을 하는 장소

3. 안전보건규칙 제420조제7호에 따른 유기화합물취급 특별 장소

4. 안전보건규칙 제574조 각 호에 따른 방사선 업무를 하는 장소

5. 안전보건규칙 제618조제1호에 따른 밀폐공간

6. 안전보건규칙 별표 1에 따른 위험물질을 제조하거나 취급하는 장소

7. 안전보건규칙 별표 7에 따른 화학설비 및 그 부속설비에 대한 정비 · 보수 작업이 이루어지는 장소

> 제159조(영업정지의 요청 등) ① 고용노동부장관은 사업주가 다음 각 호의 어느 하나에 해당하는 산업재해를 발생시킨 경우에는 관계 행정기관의 장에게 관계 법령에 따라 해당 사업의 영업정지나 그 밖의 제재를 할 것을 요청하거나 「공공기관의 운영에 관한 법률」 제4조에 따른 공공기관의 장에게 그 기관이 시행하는 사업의 발주 시 필요한 제한을 해당 사업자에게 할 것을 요청할 수 있다.
> 1. 제38조, 제39조 또는 제63조를 위반하여 많은 근로자가 사망하거나 사업장 인근지역에 중대한 피해를 주는 등 대통령령으로 정하는 사고가 발생한 경우
> 2. 제53조제1항 또는 제3항에 따른 명령을 위반하여 근로자가 업무로 인하여 사망한 경우
> ② 제1항에 따라 요청을 받은 관계 행정기관의 장 또는 공공기관의 장은 정당한 사유가 없으면 이에 따라야 하며, 그 조치 결과를 고용노동부장관에게 통보하여야 한다.
> ③ 제1항에 따른 영업정지 등의 요청 절차나 그 밖에 필요한 사항은 고용노동부령으로 정한다.

고용노동부장관은 사업주가 중대산업사고 등의 산업재해가 발생하게 한 때에는 관계 행정기관의 장에게 관계 법령에 따라 해당 사업의 영업정지나 그 밖의 제재를 가할 것을 요청하거나, 공공기관의 장에게 그 기관이 시행하는 사업의 발주 시 필요한 제한을 해당 사업자에게 가할 것을 요청할 수 있다.(법 제159조제1항) 제재요청 등을 받은 관계 행정기관의 장 또는 공공기관의 장은 정당한 사유가 없으면 이에 따라야 하며 그 조치 결과를 고용노동부장관에게 통보하여야 한다.(법 제159조제2항)

(1) 제재요청대상 재해(법 제159조제1항)

○ 제38조, 제39조 또는 제63조를 위반하여 많은 근로자가 사망하거나 사업장 인근 지역에 중대한 피해를 주는 등 대통령령으로 정하는 사고[910][911]가 발생한 경우

○ 제53조제1항 또는 제3항에 따른 명령을 위반하여 근로자가 업무로 인하여 사망한 경우

910　1. 동시에 2명 이상의 근로자가 사망하는 재해, 2.법 제44조제1항에 따른 중대산업사고 (시행령 110조)
911　해당 재해가 발생한 때부터 그 사고가 주원인이 되어 72시간 이내에 2명 이상이 사망하는 재해(시행규칙 제238조제2항)

(2) 제재조치의 유형(시행규칙 제238조제1항)

①「건설산업기본법」제82조제1항제7호에 따른 영업정지 요청, ②「국가를 당사자로 하는 계약에 관한 법률」제27조, 「지방자치단체를 당사자로 하는 계약에 관한 법률」제31조 및 「공공기관의 운영에 관한 법률」제39조에 따른 입찰참가자격 제한요청

건설업은 공사현장이 일정 기간 공사 후 사업장이 소멸하는 특성이 있다. 하나의 건설업체의 안전보건관리 수준을 판단하기 위해서는 그 업체가 시공하는 공사현장 전체에 대한 재해율을 조사할 필요가 있다. 건설업체 재해율 조사는 건설업체별 재해율을 조사하여 발표함으로써 기업의 안전 의식을 고취시키고, 재해율이 낮은 업체에 대하여는 입찰참가 자격사전심사(P·Q: Pre-Qualification)시 가점 등 혜택을 부여하고 재해율이 높은 업체에 대해서는 시공능력 평가액 감액요청[912] 등 불이익 조치를 취함으로써 건설업체 차원의 재해예방 활동을 활성화시키기 위해 도입[913]되었다. (법 제8조, 시행규칙 제4조제6호 및 제7호)

건설업체의 산업재해 발생률 조사기준은 재해강도를 정확히 측정하기 위해 일반 재해율과는 달리 '업무상 사고사망만율'로 산출한다.

(1) 업무상 사고사망만인율 산정방법(시행규칙 별표 1)

$$사고사망만인율 = \frac{사고사망자\ 수}{상시\ 근로자\ 수} \times 10{,}000$$

---

912   시행규칙 제3조(협조요청) 고용노동부장관이 법 제8조제1항에 따라 관계행정기관의 장 또는 「공공기관의 운영에 관한 법률」 제4조에 따른 공공기관의 장에게 협조를 요청할 수 있는 사항은 다음 각 호와 같다.
6. 「건설산업기본법」 제23조에 따른 건설업체의 시공능력 평가시 별표1 제1호에서 정한 건설업체의 산업재해 발생률에 따른 공사실적액의 감액(이 경우 산업재해 발생률 산정기준 및 방법은 별표 1에 따른다)
7. 「국가를 당사자로 하는 계약에 관한 법률시행령」 제13조에 따른 입찰참가업체의 입찰참가자격 사전심사 시 별표 1 제1호에서 정한 건설업체의 산업재해 발생률 및 산업재해 발생 보고의무 위반에 따른 가감점 부여(이 경우 건설업체의 산업재해 발생률 및 산업재해 발생 보고의무 위반건수 산정기준과 방법은 별표 1에 따른다)
913   1992년에 30대 건설업체를 대상으로 재해율 조사 · 발표를 시작하였고 매년 조사 대상을 확대하여 2004년에 시공능력 평가액 순위 1,000대까지 확대하였다.

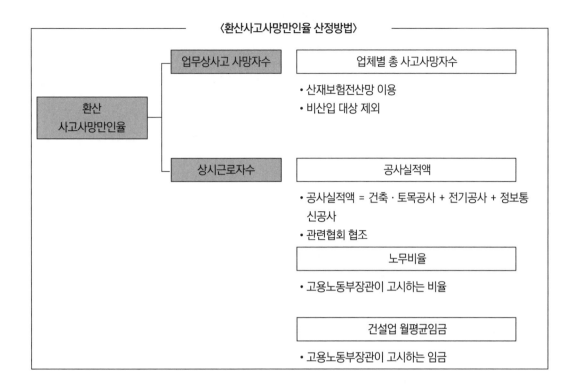

〈환산사고사망만인율 산정방법〉

- 환산 사고사망만인율
  - 업무상사고 사망자수
    - 업체별 총 사고사망자수
      - 산재보험전산망 이용
      - 비산입 대상 제외
  - 상시근로자수
    - 공사실적액
      - 공사실적액 = 건축 · 토목공사 + 전기공사 + 정보통신공사
      - 관련협회 협조
    - 노무비율
      - 고용노동부장관이 고시하는 비율
    - 건설업 월평균임금
      - 고용노동부장관이 고시하는 임금

1) 사고사망자 수

사고사망자 수는 사고사망만인율 산정 대상 연도의 1월 1일부터 12월 31일 동안[914] 해당 업체가 시공하는 국내의 건설현장[915]에서 사고사망재해[916]를 입은 근로자수의 합산하여 산출한다.

해당 건설현장의 하수급인이 전문건설업체인 경우에 그 사고사망자 수를 원수급인 사고사

---

914 제75조제1항에 따른 산업재해조사표를 제출하지 않아 고용노동부장관이 산업재해 발생연도 이후에 산업재해가 발생한 사실을 알게 된 경우에는 그 알게 된 연도의 사고사망자 수로 산정한다.

915 자체사업의 건설현장 포함.

916 마. 사고사망자 중 다음의 어느 하나에 해당하는 경우로서 사업주의 법 위반으로 인한 것이 아니라고 인정되는 재해에 의한 사고사망자는 사고사망자 수 산정에서 제외한다.

1) 방화, 근로자간 또는 타인간의 폭행에 의한 경우

2) 「도로교통법」에 따라 도로에서 발생한 교통사고에 의한 경우(해당 공사의 공사용 차량 · 장비에 의한 사고는 제외한다)

3) 태풍 · 홍수 · 지진 · 눈사태 등 천재지변에 의한 불가항력적인 재해의 경우

4) 작업과 관련이 없는 제3자의 과실에 의한 경우(해당 목적물 완성을 위한 작업자간의 과실은 제외한다)

5) 삭제 〈2018. 12. 31.〉

6) 그 밖에 야유회, 체육행사, 취침 · 휴식 중의 사고 등 건설작업과 직접 관련이 없는 경우

바. 삭제 〈2014.3.12.〉

망자 수에 포함시킨다.[917] 둘 이상의 업체가 「국가를 당사자로 하는 계약에 관한 법률」 제25조에 따라 공동계약을 체결하여 공사를 공동이행 방식으로 시행하는 경우 해당 현장에서 발생하는 사고사망자 수는 공동수급업체의 출자 비율에 따라 분배한다. 건설공사를 하는 자(도급인, 자체사업을 하는 자 및 그의 수급인을 포함한다)와 설치, 해체, 장비 임대 및 물품 납품 등에 관한 계약을 체결한 사업주의 소속 근로자가 그 건설공사와 관련된 업무를 수행하는 중 사고사망재해를 입은 경우에는 건설공사를 하는 자의 사고사망자 수로 산정한다.

2) 상시근로자수

$$상시근로자수 = \frac{(연간국내공사실적액 \times 노무비율)}{(건설업월평균임금 \times 12월)}[918]$$

(2) 사고사망만인율의 활용

사고사망만인율이 양호한 업체는 일정 기간 지도감독을 면제하고, 불량한 업체에 대하여는

917
【사례】

〈업체별 총재 사고사망자수 산정의 예〉

(제3자로부터 공사를 수주한 경우)   (자기공사를 하는 경우)

```
        발주자                              A 건설
          |                            (발주자 겸 시공자)
  A 건설(원수급인)                            |
     /    |    \                    /        |        \
하수급인  하수급인  하수급인      원수급인   원수급인   원수급인
 (B)    (C)    (D)        (B)      (C)      (D)
```

- A건설회사의 총재해자=(A+B+C+D)의 재해자
- 다만, (B), (C), (D)가 전문 건설업체일 경우에만 원수급인(또는 발주자 겸 시공자)인 A건설회사의 재해자로 산정

918   – 연간국내공사실적액:「건설산업기본법」에 따라 설립된 건설업자의 단체(대한건설협회), 「전기공사업법」에 따라 설립된 공사업자단체(한국전기공사협회), 「정보통신공사업법」에 따라 설립된 정보통신공사협회에서 산정한 업체별 실적액을 합산
– 노무비율:「고용보험 및 산업재해 보상보험의 보험료 징수 등에 관한 법률」시행령 제11조제1항에 따라 고용노동부장관이 고시하는 일반 건설공사 노무비율 적용
– 건설업 월평균임금:「고용보험 및 산업재해 보상보험의 보험료 징수 등에 관한 법률」시행령 제2조제1항에 따라 고용노동부장관이 고시하는 건설업 월평균임금 적용

지도감독을 강화한다. 이때에, 지도·감독의 효율성과 형평성을 기하기 위하여 1,000대 건설업체별 재해율을 비교할 때에 건설업체의 규모·매출액 등을 고려하여 4개군[919]으로 구분하여 비교, 평가한다.

○ 환산사고사망만인율에 따라 입찰참가자격사전심사(P·Q)의 신인도 평가시 가점: +2 (「국가를 당사자로 하는 계약에 관한 법률」 시행령 제13조)

○ 평균환산사고사망만인율 이상인 업체에 대한 시공능력평가액 감액: 최근 3년간 건설공사 실적 연평균액의 최고 5% (「건설산업기본법」 제23조)

○ 입찰참가업체 자격 사전심사 반영

시행규칙 제3조제1항
7. 「국가를 당사자로 하는 계약에 관한 법률 시행령」 제13조에 따른 입찰참가업체의 입찰참가자격 사전심사 시 다음 각 목의 사항
가. 별표 1 제1호에서 정한 건설업체의 산업재해 발생률 및 산업재해 발생 보고의무 위반에 따른 가감점 부여(이 경우 건설업체의 산업재해 발생률 및 산업재해 발생 보고의무 위반건수의 산정기준과 방법은 별표 1에 따른다)
나. 사업주가 안전·보건 교육을 이수하는 등 별표 1 제1호에서 정한 건설업체의 산업재해 예방활동에 대하여 고용노동부장관이 정하여 고시하는 바에 따라 그 실적을 평가한 결과에 따른 가점 부여

---

919   1군:1위~100위, 2군:101위~300위, 3군:301위~600위, 4군:601위~1,000위

(1) 급박한 위험이란

1) 급박한 위험

작업중지는 급박한 산업재해의 위험 또는 중대재해 발생 후 2차 재해를 예방하기 위한 것이다. 따라서 객관적으로 산업재해가 발생할 것이 분명한 경우에 가능할 것이다. '급박한 위험'의 해석을 할 때 그 위험으로 인한 근로자에 미치는 재해(사고)가 객관적으로 예견되는 상황을 말한다. 하지만, 사업장별로 유해·위험요인 및 작업의 조건과 상황이 일정하지 않고, 또한 수시로 변함에 따라 산업재해 발생의 '급박한 위험'의 구체적인 범위를 일률적으로 규정하기 어려우므로 산업재해 발생의 급박한 위험의 판단기준은 각 개별 사안에 따라 당시 상황의 유해·위험요인을 종합적으로 고려하여 판단해야 할 것이며, 산업안전보건관리규정에서 법의 원칙에 위배되지 않게 사업장의 실정에 맞게 '급박한 위험'의 범위를 구체적으로 정하는 것이 바람직하다

산업안전보건법 제54조제1항에서 정한 '중대재해가 발생한 때'에 작업을 중지시키는 것은 사업주의 의무이며 이때 '중대재해'라 함은 시행규칙 제2조제1항 각 호에서 규정하는 재해로 보아야 한다.[920]

급박한 위험 등에 의한 작업중지의 해제는 법에 "사업주가 필요한 안전·보건상의 조치를 행한 후에는 작업을 재개할 수 있다."라고 규정하고 있으므로 작업의 재개는 당시 상황의 유해·위험요인을 종합적으로 판단하여 사업주가 결정함이 타당하다.[921]

---

920   (산안 68320-249, 2001.6.13.)
921   (산안 68320-249, 2001.6.13.)

2) 현장보존

법 제56조제3항의 「현장보존」은 일반적으로 수사기관(노동부 근로감독관이 재해조사를 하는 경우를 포함)이 수사를 목적으로 필요한 경우를 말하며, 사업장에서 자체적으로 사고 원인을 조사하기 위하여 현장보존을 하는 것에 대하여는 산업안전보건법에서 별도로 정한 바 없다.[922] 사업장 산업안전보건위원회의 심의를 거쳐 산업안전보건관리규정에 정할 수 있다.

(2) 산업재해 발생 보고 방법

산업재해 발생 보고 및 산업재해조사표의 제출의무는 원칙적으로 해당 재해근로자를 고용하고 있는 사업주이다. 하도급업체라고 하여도 산업재해 보고의무는 기본적으로 고용사업주(하도급업체)에 있다.[923] 다만, 근로자파견인 경우에는 사용사업주에게 보고의무가 있다.

보고대상 여부의 판단이 되는 재해의 일수(휴업, 요양)는 통상 의사의 소견에 따른다.[924][925]

산재은폐 신고는 지방노동관서(산업안전과)에서 접수하며, 신고한 근로자에 대하여는 사업주가 신고를 이유로 해고 기타 불리한 처우를 하지 못한다.[926](산업안전보건법 제157조제3항)

산업안전보건법 제57조(보고의 의무) 및 같은 법 시행규칙 제75조(산업재해 발생보고)의 규정에 의한 산업재해조사표 보고의무는 재해의 경중에 관계없이 3년의 기간이 경과하면 공소

922　(산안 68320-249, 2001.6.13.)

923　고속도로 건설공사에 있어 같은 공사구간 내에 원청(도급인) 회사와 일정한 공사구간을 하도급받은 하청회사가 함께 고속도로 건설공사를 하던 중 하청업체의 소속근로자가 하청업체 공사구간 내에서 작업도중 손목의 신경부위에 부상한 재해와 관련하여 "산재발생보고는 발생일을 기산점으로 정해진 기한 내에 하여야 하는바, 피재근로자의 사업주인 하도급사업주가 산재가 발생한 날로부터 위 기한 이내에 재해조사표를 제출한 사실이 없고, 또 그 기한 내에 요양신청서 제출을 위한 조치를 취하지 않았다면 동사업주에게 그 책임이 있다 할 것이다."라고 회시하였다.(안정 68320-84, 2000.1.27.)

924　4일 이상의 요양을 요하는지의 여부가 불분명할 때는 통상 의사의 소견(진단서)에 따라 판단하여야 할 것이다.(안정 68320-836, 2003.10.11.)

925　4일 이상의 요양을 요하는 경우인지 여부에 대해 의문이 있는 경우 최종적으로 의사의 진단서나 소견서를 기준으로 판단할 수밖에 없을 것이다.(안전정책과-4229, 2004.7.29.)

926　(안정 68302-14, 2000.1.8.)

시효가 완성된다.

1) 근로자가 사고를 알리지 않은 경우

근로자가 사무실에 신고하지 않아 늦게 알았을 경우, 예를 들어 자동차 회사에서 근무하던 근로자가 어느 날 문득 현재로부터 45일 이전에 근로하다가 질병에 걸리거나 부상을 당했다고 사업주에게 보고하였을 경우 사업주의 산업재해 발생 보고(산업재해조사표 제출)의무 위반 여부에 대한 논란이 있을 수 있다.

행정해석에서는 사고는 30일 이전에 다쳤으나 재해자 본인이 회사에 보고도 없이 참고 일하다가 증상이 악화되어 근골격계질환으로 요양신청서를 제출하여 재해 발생일로부터 30일을 넘긴 경우와 회사에 보고 없이 본인이 요양신청서 및 재해진술서를 작성하여 회사에 늦게 제출하여 보고기일을 넘긴 경우와 관련하여 사업주가 객관적으로 인지할 수 없는 것이 명백하지 않은 한 보고의무 미이행으로 인한 책임을 면할 수 없다고 한다.[927] 현재 요양재해에서 휴업재해로 변경되어 사업주가 보고대상 재해에 대하여 명확히 파악할 수 있게 되었다.

산업재해조사표는 산업안전보건법상 사업주의 의무에 해당하므로 재해자와의 합의가 있었다 하여 산업재해조사표 제출보고 기한이 변경될 수는 없다.

2) 질병의 산재발생보고 방법

질병 또는 질환의 경우 장기간에 걸쳐 이환되는 경우가 많고 업무수행성과 업무기인성에 대한 정확한 판단이 어려워 산업재해 발생시점을 확정하기 곤란하므로 산업재해 여부에 대한 판정 권한이 있는 기관(근로복지공단)이 당해 질병에 대해 요양승인을 한 때에 비로소 산업재해

---

[927] 근로자가 산재발생을 보고하지 않았다고 하여 사업주의 산재발생 미보고 책임이 면책되는 것은 아니며 사업주는 근로자 또는 중간관리자 등에게 산재발생 사실을 반드시 보고토록 평상시 안전교육 등을 통해 주지시키고 있어야 한다. 다만, 지연보고의 구체적 사실관계를 파악하여 사업주에게 보고지연에 대한 정당한 사유가 있는 때에는 위법을 조각할 수도 있다.(안전정책과-914, 2005.2.19.), (안전정책과-1729, 2005.3.28.), (안전보건정책과-132, 2008.4.18.)

로 확인되고 보고의무도 이때부터 발생한다고 행정해석하고 있다.[928][929] 근골격계 질환의 경우도 같다.[930] 예를 들어 근골격계질환으로 사내 물리치료실에서 치료를 받고 30일이 경과하였다 하더라도 권한 있는 기관에 의해 업무와 동 질환의 인과관계가 확인되기 전에는 보고 대상인 산업재해로 보기 어렵다고 행정해석하였다.[931]

휴게시간, 체육대회 중 발생한 재해라 하더라도 업무상 재해[932]인 경우에는 산업재해 발생보고기일 이내에 작성·제출해야 한다.[933]

3) 요양의 정의

4일 이상의 요양을 요하는 경우라 함은 일반적으로 입원·통원을 불문하고 처치·수술 기타의 치료, 약제 또는 진료 재료와 의지 기타 보철구의 사용, 의료시설에의 수용, 개호, 이송, 치료를 위한 투약 등 부상이나 질병을 치유하는 데 걸리는 기간이 4일 이상인 경우를 말한다.[934]

4) 보고의무 대상

산업재해[935]는 근로자가 업무로 인하여 사고 또는 질병에 이환된 것으로 말하므로 사업주(하

---

928 (안전정책과-914, 2005.2.19.), (안전정책과-3840, 2005.7.6.)

929 다만, 업무상 질병의 경우 장기간에 걸쳐 발병되고, 업무와의 관련성을 정확히 판단하기 곤란한 점 등을 고려하여 산업재해 발생 시점을 업무상 재해 여부에 대한 결정 권한이 있는 기관(근로복지공단)이 업무상 재해로 인정한 날로 보고 있다.(안전보건정책과-467, 2008.7.24.)

930 (안전보건정책과-467, 2008.7.24.)

931 (안정 68302-72, 2003.1.30.)

932 【질의】 휴식시간을 이용하여 근로자들이 운동을 하다가 부상을 당한 경우 산업안전보건법에 의한 산업재해에 해당하는지 여부와 산업재해에 해당된다면 공상처리를 하고 산재발생 보고를 하지 않은 것이 사업주의 산업재해 발생보고의무 위반으로 과태료 부과대상에 해당되는지 여부?
☞ (회시) 산업재해는 산업안전보건법 제2조에 따라 작업 또는 그 밖의 업무로 인하여 부상 등을 당한 경우를 말하는 것으로, 휴식시간을 이용하여 직원들이 자발적으로 운동을 한 경우는 업무와 관련하여 사업주의 지배·관리하에 있는 행위로 볼 수 없으므로 산업재해에 해당되지 않는 것으로 사료된다.(산재예방정책과-231, 2012.1.17.)

933 (안전정책과-914, 2005.2.19.)

934 (안전정책과-914, 2005.2.19.)

935 산업안전보건법 제2조에 '산업재해'라 함은 '근로자'가 업무에 관계되는 건설물·설비·원재료·가스·증기·분진 등에 의하거나 작업 기타 업무에 기인하여 사망 또는 부상하거나 질병에 이환되는 것을 말하며, 산업안전보건법상 '근로자'는 근로기준법 제14조의 규정에 의한 근로자로 규정하고 있다.

수급인 포함) 등 근로자가 아닌 자는 보고대상이 아니다. 차주 겸 운전사가 사업주에 해당하는 경우도 이와 같다.[936]

산업재해 발생보고는 해당 근로자와 고용관계가 종속되고 있는 경우가 원칙이다.[937] 다만, 업무상 부상, 질병기간에는 고용관계가 유지된다.[938]

요양신청서를 제출한 후 근로자의 자발적인 요청에 의하여 이를 반려 받았더라도 산업재해 조사표 제출의무가 면제되는 것은 아니다.[939]

5) 산업재해 발생 기산일

산업안전보건법 시행규칙 제73조제1항에 의하여 사업주는 산업재해가 발생한 경우 산업재해가 발생한 날로부터 1개월 이내에 산업재해조사표를 제출하도록 하고 있다. 이때 보고기한의 기산일은 사업주가 산업재해 발생을 인지한 날이 아닌 산업재해가 발생한 날로 하고 있다. 다만, 질병 또는 질환의 경우 장기간에 걸쳐 이환되는 경우가 많고 업무수행성과 기인성에 대한 정확한 판단이 어려워 산업재해 발생 시점을 확정하기 곤란하므로 업무상 질병 여부에 대한 판단권한이 있는 기관(근로복지공단)이 당해 질병에 대해 업무상 질병으로 요양승인을 한 날을 산업재해가 발생한 날로 보고 있다.[940]

---

936 차주 겸 운전사가 근로기준법상 근로자가 아니라면 업무와 관련하여 부상 등을 당한 경우 산업안전보건법상 산업재해에 포함되지 않는다.(안전보건정책팀-1576, 2005.11.25.)

937 【질의】A회사가 2006년 1월에 배관 철거 건설공사를 하였고, 동 공사기간 중 B근로자가 부상을 입어 근로복지공단에 요양신청을 하여 요양을 하였으며, 동 건설공사는 2006, 2월에 완료되어 폐지되었음. B근로자가 2009년에 퇴직을 하여 근로관계가 종료된 상태에서 B근로자가 요양 중 2010년 폐렴 등 합병증이 발병되어 사망한 경우 사업주는 산업안전보건법 제10조제2항 및 동법 시행규칙 제4조제2항에 의거 중대재해 보고를 해야 하는지 여부?
☞ (회시) 산업안전보건법 시행규칙 제4조제2항의 보고의무 주체는 '사업주'인 바, B근로자가 사망한 시점에서는 B 근로자가 그 이전에 퇴직한 관계로 A회사와 B근로자는 고용관계에 있지 않기 때문에 A회사에 보고의무가 없다고 볼 수 있을 것이다.(산재예방정책과-3507, 2011.9.6.)

938 근로기준법 제23조(해고 등의 제한) ② 사용자는 근로자가 업무상 부상 또는 질병의 요양을 위하여 휴업한 기간과 그 후 30일 동안 또는 산전(産前)·산후(産後)의 여성이 이 법에 따라 휴업한 기간과 그 후 30일 동안은 해고하지 못한다. 다만, 사용자가 제84조에 따라 일시보상을 하였을 경우 또는 사업을 계속할 수 없게 된 경우에는 그러하지 아니하다.

939 요양신청서 반려 건이 산업재해일 경우에는 지방관서에 산업재해조사표를 제출하여야 비로소 동 보고의무를 이행하였다고 볼 수 있다.(산재예방정책과-3541, 2011.9.7.)

940 (안전보건정책과-343, 2008.6.12.)

중대재해를 제외하고는 보고기일(산업재해 발생일로부터 30일 이내) 내에 보고하여야 하며, 이때는 재해가 발생한 때를 기준으로 하고 보고기일의 도래는 민법에 의하여 기간계산법을 따른다. 도달주의를 채택하므로 행정관청에 도달한 날을 기준으로 도과 여부를 판단한다.[941]

산재발생 보고기한 산정 및 기일의 도래는 민법상의 기간 계산에 관한 일반원칙을 따른다.[942]

6) 중대재해의 경우

중대재해의 경우 지체 없이 발생보고를 하도록 하고 있다. 이는 중대재해의 신속한 원인조사와 책임관계 규명을 위한 것이다. 하지만, 산업재해조사표는 국가의 산업재해통계를 산출, 분석하기 위한 보고의무이다.[943] 산업안전보건법 시행규칙 제73조제1항에 의하여 사망자를 포함한 산업재해를 1개월 이내에 보고하였다고 하여 제67조에 의한 중대재해 발생 보고를 한 것으로 보지 않는다.

법 제54조제2항의 규정에 의한 중대재해 보고기한의 기산점은 '중대재해가 발생한 때'가 아닌 '중대재해가 발생한 사실을 알게 된 때'이다.

7) 지체 없이

산업안전보건법의 '지체 없이'에 해당하는 보고기한이 불명확하여 사업주가 중대재해를 알

941　【질의】재해 발생일로부터 30일 전에 회사에서 우편으로 발송하였으나 휴일, 공휴일, 명절, 휴가로 인해 고의성 없이 1~2일 늦게 근로복지공단에 접수된 경우?
근로복지공단에서 접수 담당자의 휴가, 실수 등 업무지연으로 1~2일 늦게 접수되는 경우?
☞ (회시) 민법(제111조)의 일반원칙상 서면 도달은 상대방이 알 수 있는 상태에 두는 것, 즉 상대방의 지배권 내에 들어간 때를 말하고(우편이 수신함에 투입된 때, 동거하는 가족이 수령한 때 등), 상대방이 현실적으로 수령하여 요지(了知)한 것을 의미하지는 않으므로 비록 상대방이 어떠한 이유나 사정으로 당해 서면을 보지 않아 알지 못하더라도 도달한 것으로서 효력이 발생한다. 따라서 근로복지공단 담당직원이 휴가 등 기타 사정으로 인하여 민원인이 제출한 산재요양신청서를 보지 않아 알지 못했다 하더라도, 다른 직원이 동 신청서를 알 수 있는 상태에 있다면 그 날에 동 요양신청서가 도달된 것으로 본다.(안전정책과-914, 2005.2.19.)
942　(안전보건정책과-132, 2008.4.18.)
943　산업안전보건법 시행규칙 제4조제1항은 산재통계산출 목적이며, 동조 제2항은 중대재해를 조사하여 정확한 원인을 규명하기 위한 목적으로, 두 조항의 목적과 취지가 서로 다르기 때문에 중대재해의 경우에는 동법 시행규칙 제4조제1항 및 제2항에 의한 보고를 모두 하여야 한다.(안전보건정책과-1719, 2010.6.14.)

게 된 날부터 토·일요일이 지난 3일째 중대재해 발생보고를 한 경우 '지체 없이' 보고의무를 위반하여 과태료 부과대상에 해당되는지의 여부가 논란이 될 수 있다.

산업안전보건법 제54조제2항의 '지체 없이'는 '정당한 사유(재해 등으로 인한 통신수단의 이용이 곤란하거나 재해자 응급구호, 2차재해 재발방지를 위한 조치 등 최소한의 안전보건조치를 위하여 지체되는 경우 등)가 없는 한 즉시'로 해석하여야 한다.[944] 공휴일에 발생하였다고 하여 지체 없이가 공휴일이 지난 다음 날에 적용되는 것은 아니다.

(3) 재해보상과의 관계

사업주의 재해보상의 의무는 근로기준법(제8장)에 따라야 한다. 사업주가 산업재해보상보험법 제80조에 따라 근로복지공단에서 산업재해보상으로 처리를 하였을 경우에는 근로기준법에 의한 사업주의 재해보상 책임이 면제된다.

엄밀한 의미에서 산업안전보건법의 산업재해 발생보고는 근로기준법 또는 산업재해보상보험법에 따른 산재보상과 구별된다. 산업안전보건법의 재해 발생보고제도는 보고대상 재해의 원인분석 등 재해예방을 목적으로 하고 근로기준법은 근로자의 보상을 목적으로 하고 있다.

원도급자의 공상처리 유도가 법 위반 사항인지 여부와 관련하여 원도급업체제가 산재발생 보고의무를 위반하도록 조력한 경우 산업안전보건법상 의무위반으로 볼 수 있지만,[945] 공상으로 처리하였다고 재해보상의 책임이 추가로 발생하는 것은 아니다. 산업재해조사표를 제출한 경우 근로기준법에 의한 재해보상은 별건으로 하고 산업안전보건법상 산업재해 발생보고 의무 위반은 없다 할 것이다.

산업재해보상보험법이 적용되지 않는다 하여 산업안전보건법상 산업재해 발생보고의무가

944　(산재예방정책과-2945, 2011.8.4.)
945　원청업체에서 협력업체에 산업재해 발생보고 의무를 위반하도록 교사 또는 방조행위를 한 경우에는 원청업체를 형법상의 교사범(제31조), 종범(제32조), 공범과 신분(제33조)에 관한 규정을 적용하여 산업안전보건법 제10조(보고의 의무)를 위반하였다고 볼 수 있다.(안전보건정책과-641, 2010.2.23.)

면제되는 것은 아니다.[946]

(4) 건설업 환산사고사망만인율 산정방법

전문건설업체로 시공하는 경우에는 해당 공사는 건설업체 사고사망만인율 산정에 포함되지 않는다.[947]

건설업체 환산사고사망만인율 산정 시 수차의 도급에 의해 이루어지는 경우 원수급인에게 재해자가 합산되는데, 전기 및 정보통신공사로 공사실적액이 분리 신고 된 경우에는 하수급인 인정 승인 여부와 무관하게 분리 계산된다. 해당 업체에서 발생한 재해자는 해당 업체의 재해자수에 포함된다.[948]

주계약자 관리방식 공사현장에서 발생한 재해의 경우에는 원칙적으로 시공의 책임이 있는 업체가 산업안전보건법상 책임이 있다.[949]

---

946 【질의】공사금액 800만 원(인건비 도급공사)인 건설공사에서의 업무상 재해는 산재보험 적용대상이 되지 아니하여 요양신청서를 제출하지 아니하였는 바, 이 경우 관할지방관서에 산업안전보건법시행규칙 제4조의 산업재해조사표를 제출하여야 할 의무가 있는지?
☞ (회시) 산업안전보건법 제10조(보고의 의무) 적용범위는 동법시행령 별표 1에 의하여 상시근로자 1인 이상을 사용하는 전 사업장에 적용되므로 동법시행규칙 제4조(산업재해 발생보고)에 따라 사망 또는 4일 이상의 요양을 요하는 모든 산업재해에 대하여 산업재해조사표를 제출하여야 한다. 동법시행규칙 제4조제1항 단서규정의 취지는 요양신청서 제출로 산업재해조사표 제출을 갈음하도록 한 것은 사업주의 이중부담을 경감시켜주기 위한 것으로, 산업재해보상보험법 적용대상 사업장이 아니라 하더라도 산업재해 발생보고의무 즉, 산업재해조사표 제출 의무는 존재하는 것이다.(안정 68300-599, 2003.7.18.)
947 【질의】일반건설업과 전문건설업(시설물유지관리업) 등록증을 보유하고 있는 건설업체에서 전문건설면허로 입찰을 보고 해당등록증으로 건설공사를 시공 중에 있을 경우 재해율 산정에 대하여?
☞ (회시) 재해율 산정대상 건설업체는 노동부장관이 규모에 따라 매년 정하고 있으며, 그 대상은 일반건설업체로 하고 있으며, 귀 질의의 업체와 같이 일반건설업 등록증을 보유하고 있지만 동 등록증이 아닌 전문건설업 등록자격으로 해당 전문건설공사를 발주자로부터 직접 도급을 받아 공사를 시행하던 중에 발생한 재해는 일반건설업체의 재해자로 볼 수 없으므로 당해 재해자는 건설업체 재해율 산정대상에서 제외된다.(산업안전과-4108, 2004.7.7.)
948 건설업체 환산재해율 산정 시 당해공사가 전기공사업법에 의한 전기공사 또는 정보통신공사업법에 의한 정보통신공사로서 공사실적액이 원수급인과 하수급인에게 각각 분리 산정하여 협회(전기공사협회 또는 정보통신공사협회)에 신고하였다면 하수급인 인정승인과 상관없이 하수급인의 재해자는 원수급인의 재해자수 산정에 합산되지 않는다.(산업안전팀-799, 2007.2.13.)
949 주계약자 관리방식은 공동수급체의 구성원 중 주계약자를 선정하여 주계약자가 전체 건설공사 계약의 수행에 관한 계획·관리 및 조정을 하고 계약상의 시공, 제조, 용역의무이행의 책임에 대하여는 구성원 각자가 자신이 분담한 부분에 대해서만 책임을 지는 공동계약의 유형으로서 안전사고 발생 시 책임 여부는 사고 발생 시의 구체적인 사실관계에 따라 판단되어야 할 것이나, 시공의 책임이 구성원 각자에게 있으므로 사고에 대한 책임 역시 구성원 각자에게 있을 것으로 사료되고, 재해율 산정 시에도 사고에 대한 책임이 있는 각사별로 산정하여야 할 것이다.(안전보건지도과-624, 2010.2.9.)

건설업체 환산재해율 산출은 근로자에 대한 재해보상관련 처리를 위한 산재보험의 가입주체와는 반드시 일치하지 않는다. 즉, 하수급이나 별도의 사업자 등록된 사업주에 소속된 근로자일 지라도 산재보험처리와는 별도로 한 현장에서 공사와 관련하여 발생한 산업재해인 경우 건설업체 환산재해율 산출에 포함될 수 있다.[950] 운송업체 직원이 자재하역 중 발생한 재해 등에 포함된다.[951]

건설업체 사고사망만인율 산정대상이 되는 사망자는 산업안전보건법시행규칙 별표 1 제3호 규정에 의하여 산업재해를 입은 근로자수의 합계로 산출하고 있다. 재해자에는 근로자가 아닌 하수급업체 사업주 등은 포함하지 않는다.[952] 건설공사 현장소장의 재해는 건설업체 환산재해율 산정에 포함한다.[953]

건설업체 본사직원은 해당 공사현장에서 발생한 재해가 아니면 재해자수에 포함하지 않는

---

950 【질의】 1. 현장 내에서 별도의 B.P(배차 플랜트)장이 있는 경우로서 B.P장 내에서 관리감독 중인 감독자, 장비기사, 근로자 등의 사고 발생 시 산재처리 및 산재건수는?
2. 토목현장에서 공사차량의 작업을 위해 가설한 도로상에서 레미콘차량이 운행 도중 운전자의 과실로 계곡에 추락하여 사고가 발생했을 경우는?
☞ (회시) 1. 귀 질의의 레미콘 제조작업이 시공사와 레미콘 공급계약에 의해 공사현장 내 별도의 지역에서 독립적으로 이루어지고 별도의 산재가입을 하였다면, 레미콘제조회사의 소속 관리감독자 및 장비기사, 근로자 등의 사고는 레미콘제조회사의 산재로 처리되는 것이다. 다만, 건설업 재해율 산정 시 동 제조작업장이 시공회사가 제공한 부지 내에서 시공사의 작업에 필요한 재료의 제공업무를 수행하고 있다면 위 사업장 내에서의 사고는 시공사의 재해에 반영될 것이다.
2. 공사현장 내에서 발생한 사고의 산재처리는 레미콘차량 소속 회사에서 하여야 하나, 재해율 산정과 관련하여 동 사고는 시공사의 재해에 포함된다.(산안(건안) 68307-604, 2000.7.1.)
951 【질의】 운송업체 운전기사가 자재하역 중 발생한 산업재해가 원수급업체에 산입되는지 여부?
☞ (회시) 건설업 재해율 조사기준인 산업안전보건법 시행규칙 별표 1의 제3호 다. 목에서 "건설공사를 행하는 자와 장비임대 및 설치·해체·물품 납품 등에 관한 계약을 체결한 사업주 소속 근로자가 당해 건설공사와 관련된 업무수행 중 재해를 입은 경우에는 건설공사를 행하는 자의 재해자수로 계산한다." 하고 제3호 가. 목(1)에서 "당해 업체의 소속 재해자수에 당해 업체로부터 도급을 받은 업체의 재해자수를 합산하여 산출한다."라고 규정하고 있다. 따라서 B건설업체(하청업체)와 C운수업체가 물품 납품 등 계약을 하였고 당해 현장에서 하차작업 중 산업재해를 입은 경우에는 시행규칙 별표 1 제3호 가. 목(1) 및 다. 목의 규정에 의하여 A건설업체(원청업체) 재해자수에 합산한다.(산업안전팀-761, 2005.10.18.)
952 【질의】 현장에서 보수보강공사의 하도급을 받은 사업주(소규모업체로 사업자등록증 미보유 등)가 현장에서 근무 중 사고가 발생한 경우 건설업체 재해율 산정에 포함되는지 여부?
☞ (회시) 하도급 사업주 해당 여부는 구체적인 사실관계를 확인하여 근로자가 아니라고 명확히 판명된 경우에는 재해율 산정에 포함되지 않는다.(산업안전팀-5248, 2006.10.30.)
953 산업안전보건법상 '사업주'는 근로자를 사용하여 사업을 행하는 자로서 사업경영의 주체로 손익계산이 귀속되는 경영주체를 말하는 바, 법인인 경우에는 법인, 법인이 아닌 경우는 개인사업주를 말하는 것으로 현장소장은 일반적으로 특정된 건설현장에서 공사의 시공과 관련한 업무를 사업주로부터 위임받아 사업주를 위하여 행위하는 자로 이른바 사용자에 해당한다 할지라도 이는 자기 하위의 근로자에 대한 관계에 있어서 소위 사용자에 해당되는 것에 불과하고 사업주와의 관계에 있어서는 근로자에 해당되어 산업재해를 입은 경우 재해율 산정대상에 포함된다.(산업안전팀-5779, 2006.12.4.)

다.[954]

1) 하도급 근로자 포함 여부

산업안전보건법시행규칙 별표 1(건설업체 산업재해 발생률 산정기준)에 의하여 고용부에서 매년 발표하는 재해율 산정은 일반건설업체의 경우에는 원청업체 소속 재해자수에 원청사 소속 하도급을 받은 업체의 재해자수를 포함하여 산정을 하고 있는 바, 하청사가 산업안전보건법 위반으로 사법처리를 받았다면 원청사의 재해율에 반영이 된다.[955] 공동도급에 의하여 수행되는 공사의 경우 재해자수는 공동수급업체의 출자비율에 따라 재해자수를 분배한다. 출자비율의 변경은 모든 수급자가 동의하고 발주자가 인정하여야 효력이 있다.[956]

공동도급 받았으나 분할시공하는 경우에는 공동이행방식의 공사의 재해율 산정방식을 적용하지 않는다.[957]

---

954 【질의】건설회사로서 산재보험 성립이 산업분류에 따라 건설업(현장 일괄가입)과 기타의 각종사업(저의 회사는 건설본사 해당)에 산재보험 2종류가 가입되어 있음. 본사 직원이 업무상 질병으로 산재(부상 또는 사망)를 입어 산재 승인을 받은 경우에 매년 발표되는 800대 건설업체 재해율에 포함되는지?
☞ (회시) 산업안전보건법 시행규칙 별표 1 『건설업체 산업재해 발생률 산정기준』 제3호에 의거 재해자수는 당해업체가 시공하는 국내의 건설현장에서 산업재해를 입은 근로자수의 합계로 산출하도록 하고 있다.
귀 질의에서 기타의 각종사업으로 산재보험에 별도 가입한 본사직원이 업무상 질병을 입은 경우에 건설현장에서 발생한 재해가 아니라면 위 재해율 산정 시 포함되지 아니한다.(산안(건안) 68307-10127, 2002.3.28.)
955 (안정 68302-14, 2000.1.8.)
956 【질의】부득이 발주자와의 계약 시 공동수급업체 출자비율을 공동수급업체 간 상호 협약에 의해 출자비율을 계약서와는 상이하게 조정하는 경우 재해자수의 분배 시 적용하는 출자비율은 발주자와의 계약서상 출자비율인지 아니면 상호협약에 의해 조정된 출자비율인지? (발주자와의 계약서상 출자비율은 변경 없음)
☞ (회시) 공동도급 공동이행방식 공사의 재해분배는 사망자 및 일반재해자 공히 소수점 자릿수에 제한 없이 지분율에 따라 분배 (귀 질의의 A사 0.765명, B사 0.1명, C사 0.135명)하며, 이렇게 산정된 재해자수를 기준으로 재해율은 통산 소수점 둘째자리까지 산정한다.
2. 공동수급업체 간 출자비율을 도급계약서와는 상이하게 참여업체 간 상호협약에 의해 조정한 경우 재해자수는 출자비율이 조정되었음을 참여사 전체가 동의하고 발주자가 인정(확인서 등)한 경우에 한하여 변경된 출자비율대로 재해자수를 분배한다.(산안(건안) 68307-55, 2003.3.4.)
957 【질의】SOC 민간투자사업인 공사를 발주자의 승인에 의해 구성원 간 분할시공의 원칙(시설공사기본도급계약서 제19조) 1차적인 책임은 해당공구 구성원이 지고, 해당공구 구성원만으로 책임을 질 수 없는 사유가 발생하는 경우에는 다른 구성원이 연대하여 책임을 지기로 계약(공동수급협정서 제6조)을 하고, 공구를 분할하여 시공을 하던 중 특정 수급업체의 관할공구가 아닌 공구에서 산업재해가 발생한 경우 책임부담은 출자지분에 따르는지 아니면 재해 발생공구 시공사가 일괄 부담하는지?
☞ (회시) 공동도급 공동이행방식에 의한 공사라 하더라도 공사 참여업체가 공구를 분할하여 분담시공함을 도급계약서 등에 명기한 공사는 사실관계에서 공동이행으로 볼 수 없기 때문에 각 회사별로 재해율을 분리산정하며, 귀 질의의 공사에서 발주자와의 도급계약서에 공동수급 분할시공 내용이 명기되고 공구를 분할하여 시공하는 경우 재해자는 출자지분율이 아닌 각 회사별로 산정한다.(산안(건안) 68307-10019, 2002.1.18.)

2) 공동이행방식

국가를 당사자로 하는 계약에 관한법률 제25조의 규정에 의하여 공동계약을 체결하여 공사를 공동이행방식으로 시행하는 경우에 당해 현장에서 발생한 재해자수는 공동수급업체의 출자비율에 따라 재해자수를 분배한다.

공동도급 공동이행방식으로 시행하는 공사의 경우 당해 현장에서 발생한 재해자수는 공동수급업체의 출자비율에 따라 재해자수를 분배하도록 하고 있다.[958] 민간계약공사도 같다.[959] 따라서 재해율 산정 시 산재처리협약서와 상관없이[960][961] 공동수급업체의 출자비율에 따라 재해자수를 분배하게 되며, 위 기준에 의해 재해자수를 분배하는 경우 사망자뿐만 아니라 일반 재해자 공히 지분율에 따라 분배하게 된다. 다만, 발주자와 도급계약서에 명기된 경우에는 이에 따른다.[962] 또한, 동 기준에 의한 환산재해율 산정 시 재해자에는 일용근로자뿐만 아니라 소속 직원도 당해 공사와 관련하여 산업재해를 입은 경우 위 규정에 따라 처리하게 된다.[963]

건설현장에서 발생한 재해의 지분율에 따른 분배 등에 대해서는 건설업체 재해율산출 이의

958   2000.9.28 산업안전보건법시행규칙 별표 1 『"건설업체 산업재해 발생률 산정기준"』의 개정 2001.1.1. 시행.

959   【질의】공동도급 공동이행방식으로 계약된 민간계약공사에서 지분에 따라 공구분할방식으로 분담이행 협약서를 체결하고 발주처 및 관할관청에 사전 신고한 경우, 분할된 각 공구에서 발생한 재해에 대한 환산재해율 산정 기준은?
☞ (회시) 공동도급 공동이행공사에서 발생한 재해는 민간공사의 경우에도 수급업체 간 내부협약에 관계없이 출자비율에 따라 재해율을 분배하나 귀 공사와 같이 공사 참여업체가 공구를 분할하여 분담시공함이 도급계약서 등에 명기되거나 발주자의 확인이 있는 경우에는 분담하여 시공하는 공사별로 재해자수를 분리 산정한다.(건설산재예방과-503, 2012.2.21.)

960   공동이행방식으로 시공 중인 현장의 A, B, C사 중 A사가 주관이 되고 B, C사는 장비만 투입하고 재해 발생시 A사가 재해율을 산정하도록 각서를 쓴 경우에 사고 발생시 변경된 법에 의하여 B, C사도 재해율에 가감되는지 여부?
☞ (회시) 산업안전보건법시행규칙 별표 1 『건설업체 산업재해 발생률 산정기준』 제3호의 규정에 의하면 2 이상의 업체가 공동계약을 체결하여 공동이행방식으로 수행하는 공사의 경우에 당해 현장에서 발생한 재해자수는 공동수급업체의 출자비율에 따라 재해자수는 분배하도록 하고 있다. 따라서 수급업체 간의 재해율 산정에 관한 각서 등과 상관없이 출자비율에 따라 재해자수를 분배하게 된다.(산안(건안) 68307-10379, 2001.7.14.)

961   【질의】공동도급공사의 공동이행방식에 의해 공사를 수주하였으나 당사 지분에 대한 공사를 포기하고 공동도급 대표사에게 하수급인 보험가입 인정승인을 받아 하도급처리를 하였을 경우 공동도급공사 중 발생한 재해자수의 분배방법?
☞ (회시) 규칙별표 1 제3호나목의 규정에 의하여 2 이상의 업체가 공동계약을 체결하여 공사를 공동이행방식으로 시행하는 경우 당해 현장에서 발생한 재해자수는 공동수급업체의 출자비율에 따라 재해자수를 분배하도록 규정하고 있는바, 산재보험 하수급인 인정승인 또는 대표사에게 공사를 일임하는 등과 관계없이 당해 공사수행 중 발생한 재해자에 대하여는 참여업체의 지분율에 따라 분배하게 된다.(산안(건안) 68307-10379, 2001.7.24.)

962   공동이행공사에서 발생한 재해에 대하여는 수급업체 간 내부협약에 관계없이 출자비율에 따라 재해율을 분배한다. 다만, 발주자와의 도급계약서에 각사 간에 분담 이행함이 명기된 경우에는 분담하여 시공하는 공사별로 재해자수를 분리 산정한다.(산안(건안) 68307-1055, 2001.11.19.)

963   1. 법 제정 이전에 현장에서 업체 간의 협약서를 작성한 내용이 상기내용과 상이할 경우?
2. 사망사고가 아닌 부상재해건도 지분율로 분배하여 재해율을 산정하는지?
3. 근로자가 아닌 공동수급업체 직원인 경우에는 어떻게 재해자를 분배하는지?(산안(건안) 68307-10379, 2001.6.22.)

신청 기간 시 증빙자료를 제출하면 된다.[964]

산업안전보건법 시행규칙 별표 1『건설업체 산업재해 발생률 산정기준』제3호에 따라 공동계약을 체결하여 공동이행방식으로 수행하는 공사의 경우 당해 현장에서 발생한 재해자수는 공동수급업체의 출자비율에 따라 재해자수는 분배한다.[965]

「건설산업기본법」제29조제3항에 따라 종합공사를 시공하는 업체(A)가 발주자의 승인을 받아 종합공사를 시공하는 업체(B)에 도급을 준 경우에는 해당 도급을 받은 종합공사를 시공하는 업체(B)의 재해자수와 그 업체로부터 도급을 받은 업체(C)의 재해자수를 도급을 한 종합공사를 시공하는 업체(A)와 도급을 받은 종합공사를 시공하는 업체(B)에 반으로 나누어 각각 합산한다.[966] 하수급인의 재해 또한 같다.[967][968] 다만, 그 산업재해와 관련하여 법원의 판결이 있는 경우에는 산업재해에 책임이 있는 일반건설업체의 재해자수에 합산한다. 종합 건설업체 간 하도급은 원칙적으로 금지되어 있다.[969] 산재보상책임 주체와 재해율 산정 주체는 다르다. 하수

---

964 【질의】건설공사의 지분율이 A사 50%, B사 35%, C사 15인 공동도급 공동이행 현장에서 재해가 발생하여 산재처리는 운영협약서에 따라 A사가 처리하였는데 어떻게 확인하여 지분율대로 분배하는지?
☞ (회시) 공동이행방식에 의한 재해자 확인은 지방노동관서의 재해조사결과 및 근로복지공단의 산재신청자료 등을 참조하여 파악한 사실과 이러한 경로로 파악되지 아니한 경우에는 재해율 조사 시 산재처리한 업체에 재해현황을 우선 통보(매년 5월경)하고 통보받은 업체에서 공동이행공사에서의 재해임을 이의신청하면 그 내용을 조사하여 확인된 사실 등에 따라 재해자수를 배분하게 된다.(산안(건안) 68307-10483, 2001.10.6.)
965 【질의】3개사가 지분율에 의하여 공동으로 시공, 운영, 관리하는 고속도로 현장임. 공동수급 운영지침 협약서 중 산재건은 지분율에 비례하여 각사별로 배분일을 정하였으며 사고 발생시 배분일의 회사가 산재처리토록 명기한 경우 사고 발생 시 공동수급사가 운영지침협약서를 준수하지 않을 경우 법적효력이 있는지 여부?
☞ (회시) 공동협약서의 내용에 상관없이 참여업체 간의 지분율에 따라 분배하게 된다.(산안(건안) 68307-10379, 2001.6.4.)
966 【질의】○○공사를 ○○건설회사가 민자유치사업의 공사를 하면서 특수공정 및 일반공정을 공사 일부 또는 공사 전부를 일반건설업체에 하도급계약을 하고, 하수급인보험가입 인정승인을 받아 산재가입 사업장이 되었을 경우 하수급인 업체에서 발생한 재해자 산정방법?
☞ (회시) 특수공정 및 공사 일부 또는 전부를 일반건설업체에 하도급하여 하도급업체인 일반건설업체에서 발생한 재해자에 대하여는 산업안전보건법시행규칙 별표 1『건설업체 산업재해 발생률 산정기준』제3호가목 (2)의 규정에 의하여 하도급업체인 일반건설업체 재해자로 산정한다.(산안(건안) 68307-10379, 2001.7.24.)
967 【질의】일반건설업체(A)가 발주자의 승인을 얻어 다른 일반건설업체(B)에 도급을 주는 경우 하도급을 체결한 전문건설업체(C)의 근로자 재해는 어떻게 배분되는지?
☞ (회시) 일반건설업체(B)로부터 도급을 받은 업체(C)에서 발생된 재해자는 일반건설업체(A)와 일반건설업체(B)에 각 반분되며 A, B업체 중 산업재해와 관련하여 법원의 판결로 책임이 없다고 인정되는 업체를 제외하고 책임이 있는 업체의 재해자수로 합산된다.(산업안전팀-4338, 2007.9.4.)
968 【질의】하수급인 인정승인을 한 경우 재해율 산정은?
☞ (회시) 산재보험 하수급인 인정승인을 받아 하수급인이 산재를 처리하였더라도 하수급인이 전문건설업체라면 당해 재해자는 원수급인 일반건설업체의 재해자수에 합산하여 재해율을 산정하게 됨.(산업안전팀-940, 2007.2.22.)
969 【질의】일반 건설현장에서 원청인 종합건설업체(A)가 전체 작업 공종 중 특정공종을 종합건설업체(B)와 하도급 계약을

급인이 산재보상을 하였다 하여 원도급업체의 재해자수에서 제외되는 것은 아니다.[970]

3) 사고사망에서 제외되는 사고

건설업 산업재해율은 업무상사고사망재해만을 포함한다.[971]

사망재해에 있어 사업주의 법 위반이 없는 경우라 할지라도 모든 사망재해가 배제되는 것은 아니다.[972] 업무상사고사망재해에 포함하지 않는 사망사고에는 천재지변에 의한 경우라 함은 자연현상으로 일어나는 재앙이나 폭풍·폭우·폭설 등에 의한 불가항력적인 재해를 말하며, 제3자의 과실에 의한 경우는 당해 작업과 직접 관련이 없는 경우를 말하며, 사업장내의 기계, 기구, 설비의 정비결함에 의한 붕괴 등은 포함하지 않는다.[973]

맺고 자재 납품 및 시공을 하는 경우, 재해 발생시 어느 업체의 재해자수에 반영되는지 여부?

갑) 원청업체(A)와 하도급계약을 맺어 특정 공종(일부도급) 공사를 수행하였으므로, 원청업체(A) 재해율에 귀속

을) 하도급을 받은 건설업체(B)가 종합건설업체이므로 산업안전보건법 규칙 별표 1에 의해 원청업체(A)와 하청업체(B) 재해자수에 반분하여 각각 합산

☞ (회시) 건설산업기본법 제29조제3항에서 수급인은 그가 도급받은 건설공사의 일부를 동일한 업종에 해당하는 건설업자에게 하도급할 수 없다. 다만, 발주자가 공사의 품질이나 시공상 능률의 제고를 위하여 필요하다고 인정하여 서면으로 승낙한 경우에는 "그러하지 아니하다."라고 규정되어 있다. 따라서 건설산업기본법 제29조제3항의 단서에 의해 이루어진 계약이라면 산업안전보건법 시행규칙 별표 1 제3호가목(2)에 따라 도급을 한 종합공사를 시공하는 업체(A)와 도급을 받은 종합공사를 시공하는 업체(B)에 반으로 나누어 각각 합산하게 되나(귀 질의 '을'에 해당), 건설산업기본법 제29조제3항의 단서에 의해 이루어진 계약이 아니라면, 하청업체(B)에서 발생한 재해는 원청업체(A)의 재해자수에 합산된다.(국민신문고, 2012.2.3.)

970 【질의】원도급사를 '갑' 하도급사를 '을'이라 칭하여 갑과 을이 서로 협의하여 산재하수급인 보험료납부 인수신청서 제출 후 승인을 받은 경우 하도급사 공사추진 중 산재가 발생하여 처리하였다면 산재의 주체는 을사인데 갑사에는 어떤 영향이 있는지?

☞ (회시) 산재보험 하수급인 인정승인을 받아 하도급업체에서 산재를 처리하였더라도 하도급업체가 전문건설업체인 경우라면 당해 재해자는 위 기준(1)에 의하여 도급업체인 일반건설업체의 재해율에 산정되며, 노동부장관이 매년 조사하여 발표하는 건설업체의 평균환산재해율 미만이거나 초과 여부에 따라 입찰참가자격사전심사(PQ)시 가점 또는 감점(±2점)을 받게 된다.(산안(건안) 68307-10018, 2002.1.17.)

971 종전에는 가중치를 두는 형태로 평가하였다: 2012.1.26. 시행규칙 개정으로 가중치 5배로 변경되었다. 종전에는 재판에서 무죄판결을 받은 경우에는 가중치를 부여하지 아니하였으나, 규칙개정으로 인하여 동 항목[3호 라의 4)의 다)]은 삭제되었다.

972 산업안전보건법 시행규칙 별표 1. 제3호. 마목에 규정된 사항은 건설현장을 벗어난 도로교통법상 도로에서 발생(예, 출장 중 재해)하거나 건설현장 내에서 발생하였으나 사업주의 지배관리 영역을 현저히 벗어나 발생하는 방화나 근로자 간 폭행 등에 대해서만 예외적으로 환산재해율 산정대상에서 제외토록 규정하고 있으며, 그 이외의 재해에 대해서는 모두 환산재해율 산정대상에 포함되어야 할 것이다.(안전보건지도과-4387, 2009.11.30.)

973 【질의】하청업체에서 임대한 펌프카 작업 시 장비의 노후화로 인해 붐대가 부러지면서 하청업체 근로자가 붐대에 맞아 사망한 경우 천재지변성 사고 및 제3자 과실에 의한 사고로서 재해율 산정에서 제외되는지 여부?

☞ (회시) 귀 사고의 경우 콘크리트 타설 중 펌프카의 붐대가 부러지면서 콘크리트 타설을 하던 하청업체 근로자가 맞아 사망한 재해는 천재지변에 의한 경우에 해당하지 않은 산업재해로 당해 공사의 시공업체의 재해자로 산정된다.(산안(건안) 68307-103, 2003.4.14.)

4) 개인지병

교통사고, 개인질병에 의한 재해 등 당해 사고의 직접적인 원인이 사업주의 법 위반에 기인하지 아니하였다고 인정되는 사망재해에 대해서는 가중치를 부여하지 아니한다. 이때 교통사고는 일반도로에서 발생한 교통사고를 말하며 사업장 내의 도로를 말하는 것이 아니며 고혈압 등 개인지병도 모두 인정되는 것은 아니다. 예를 들어 하도급업체 소속 근로자가 현장에서 작업을 하고 있던 중 갑자기 쓰러져서 뇌출혈로 인한 산재로 처리가 되었을 시에는 업무상으로 보아 재해자수에 포함된다.[974]

5) 인수합병 시

인수합병되는 경우 건설업체 재해율 관련 사항(근로자수, 재해자수)도 인수업체로 승계되는 것으로 본다.[975]

6) PQ심사 시

입찰참가자격사전심사(PQ)시 적용되는 산업재해 발생 보고의무 위반건수 산정은 환산재해율 산정 시 재해자수 산정방법과 다르게 산업안전보건법 시행규칙 별표 1 제7호 나목의 규정에 의하여 일반건설업체의 보고의무 위반건수는 당해 업체로부터 도급받은 업체(그 도급을 받은 업체의 하수급인을 포함한다)의 산업재해 발생 보고의무 위반건수만을 합산한다.[976]

---

974 건설현장에서 업무수행 중 개인질병에 의한 뇌출혈 사고자가 발생하여 산재보상보험법에 의하여 업무상 재해로 판정된 경우에는 사업주의 과실 여부와 관계없이 건설업체 재해율 산정 시 재해자수에 포함된다.(산안(건안) 68307-10195, 2002.5.9.)

975 【질의】A업체(모회사로 개발업체)가 B업체(A업체의 자회사로 시공업체)를 인수합병할 경우 재해율 산정을 어떻게 하는지?
☞ (회시) 귀 질의와 같이 A업체는 건설업 등록업체가 아니고 B업체만이 등록업체일 경우 건설산업기본법 제17조제2항의 규정에 의거 합병에 의하여 설립되거나 존속하는 법인은 합병에 의하여 소멸되는 법인의 건설업자로서의 지위가 승계되므로 재해율 산정에서 B업체의 상시근로자수(공사실적액) 및 재해자수는 A법인으로 귀속된다. 다만, 산업안전보건법 시행규칙 별표 1 '건설업체 산업재해 발생률 산정기준' 제3호 가목의 규정에 의거 건설업체 재해율은 당해업체가 시공하는 건설현장에서 산업재해를 입은 근로자수의 합계로 산출하므로 본사 재해는 제외한다.(산업안전과-3226, 2004.5.20.)

976 장비임대 및 설치 · 해체 · 물품납품 계약을 체결한 사업주 소속근로자가 당해 건설공사와 관련된 업무 수행 중 발생한 산

헌법재판소에서 2010. 2. 25. 구 산업안전보건법 제10조(보고의 의무)를 위헌 선고함에 따라 개정법 시행일 2009.8.7. 이전에 발생한 산업재해에 대한 보고의무 위반이 입찰참가자격사전심사 시 '보고의무 위반건수'에 산입되지 않는다.[977]

업재해에 대한 발생보고 의무 위반건수는 합산되지 않는다.(건설업체 환산재해율 산정 시는 원도급 업체의 재해자수에 포함) (안전보건지도과-1165, 2008.6.2.)

977   2010.2.25. 헌법재판소에서 구 산업안전보건법(2009.2.26. 개정 이전 법, 2009.8.7. 시행) 제10조(보고의 의무)를 위헌 선고함에 따라 2009.8.7. 이전에 발생한 산업재해는 구법 제10조 위반이 소급하여 효력이 상실되어 입찰참가자격사전심사시 '보고의무 위반건수'에 산입되지 않는다.(안전보건지도과-1238, 2010.6.6.)

유해물질 관리

◈ 이 편의 제도 개요 ◈

현재 유통되고 있는 화학물질은 약 10만여 종에 이르며 전 세계적으로 매년 2천여 종의 새로운 화학물질이 개발되어 상품화되고, 국내에서도 매년 400여 종의 신규 화학물질이 사용되고 있다. 작업현장에서는 그 유해성이 제대로 검증되지 않고 사용되는 경우 근로자의 건강을 위협하게 된다.

최근의 법원의 판례에서 화학물질의 유해성과 발병 원인에 대하여 근로자가 입증이 곤란하다 하여도 해당 근로자가 수십 종의 화학물질에 노출되었고 그중 일부는 인체에 유해한 것으로서 비록 노출기준에 못 미치는 양만 노출된 것으로 보이며, 인체 유해한 화학물질에 노출되는 경우 비록 그 화학물질이 백혈병 등을 발병시킬 수 있다는 점에 대하여 의학적으로 증명된 바가 없다 하더라도 이는 그에 대한 원인이 제대로 규명되지 않은 사정에 기인할 수도 있으므로 의학적, 과학적으로 입증되지 않는다고 하여 백혈병 등의 발병 가능성을 배제할 수 없다고 하면서 근무 중 각종 유해화학물질에 지속적으로 노출되어 백혈병이 발병하였거나 적어도 그 발병이 촉진되었다고 추단할 수 있으므로 그들에게 발병한 백혈병과 그 업무와의 사이에 상당인과관계가 있다고 판시하였다.[978]

따라서 사업장에서는 근로자가 취급하는 화학물질에 대하여 보다 세심하게 관리할 필요가 있다.

---

978 (서울행정법원 2011.6.23. 선고 2010구합1149 판결)

<법 제108조>

제108조(신규화학물질의 유해성·위험성 조사) ① 대통령령으로 정하는 화학물질 외의 화학물질(이하 '신규화학물질' 이라 한다)을 제조하거나 수입하려는 자(이하 '신규화학물질제조자등' 이라 한다)는 신규화학물질에 의한 근로자의 건강장해를 예방하기 위하여 고용노동부령으로 정하는 바에 따라 그 신규화학물질의 유해성·위험성을 조사하고 그 조사보고서를 고용노동부장관에게 제출하여야 한다. 다만, 다음 각 호의 어느 하나에 해당하는 경우에는 그러하지 아니하다.

1. 일반 소비자의 생활용으로 제공하기 위하여 신규화학물질을 수입하는 경우로서 고용노동부령으로 정하는 경우

2. 신규화학물질의 수입량이 소량이거나 그 밖에 위해의 정도가 적다고 인정되는 경우로서 고용노동부령으로 정하는 경우

② 신규화학물질제조자등은 제1항 각 호 외의 부분 본문에 따라 유해성·위험성을 조사한 결과 해당 신규화학물질에 의한 근로자의 건강장해를 예방하기 위하여 필요한 조치를 하여야 하는 경우 이를 즉시 시행하여야 한다.

③ 고용노동부장관은 제1항에 따라 신규화학물질의 유해성·위험성 조사보고서가 제출되면 고용노동부령으로 정하는 바에 따라 그 신규화학물질의 명칭, 유해성·위험성, 근로자의 건강장해 예방을 위한 조치 사항 등을 공표하고 관계 부처에 통보하여야 한다.

④ 고용노동부장관은 제1항에 따라 제출된 신규화학물질의 유해성·위험성 조사보고서를 검토한 결과 근로자의 건강장해 예방을 위하여 필요하다고 인정할 때에는 신규화학물질제조자등에게 시설·설비를 설치·정비하고 보호구를 갖추어 두는 등의 조치를 하도록 명할 수 있다.

⑤ 신규화학물질제조자등이 신규화학물질을 양도하거나 제공하는 경우에는 제4항에 따른 근로자의 건강장해 예방을 위하여 조치하여야 할 사항을 기록한 서류를 함께 제공하여야 한다.

유해물질 관리체계

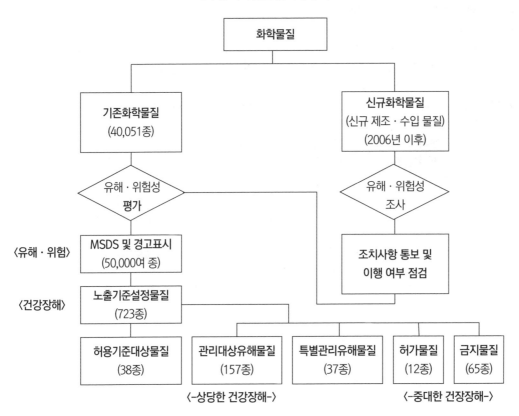

〈국내 화학물질 관리체계도〉

화학물질

기존화학물질
(40,051종)

신규화학물질
(신규 제조·수입 물질)
(2006년 이후)

유해·위험성
평가

유해·위험성
조사

〈유해·위험〉 MSDS 및 경고표시
(50,000여 종)

조치사항 통보 및
이행 여부 점검

〈건강장해〉 노출기준설정물질
(723종)

허용기준대상물질
(38종)

관리대상유해물질
(157종)

특별관리유해물질
(37종)

허가물질
(12종)

금지물질
(65종)

〈-상당한 건강장해-〉   〈-중대한 건장장해-〉

① 유해인자의 분류

법 제104조는 정부로 하여금 근로자의 건강장해를 유발하는 화학물질 및 물리적인자 등을 체계적으로 분류하고 관리하도록 규정하고 있다. 이를 위해 고용노동부장관은 유해인자가 근로자의 건강에 미치는 유해성·위험성을 평가[979]하고, 유해인자의 노출기준을 정하여 고시(법 제106조)하고 있다.

(1) 유해인자의 분류기준[980](시행규칙 별표 18)

유해인자별	분류	분류기준
화학물질의 분류기준*(29종)	○물리적 위험성(16종) – 폭발성물질, 인화성가스, 인화성액체, 인화성고체, 인화성에어로졸, 물반응성물질, 산화성가스, 산화성액체, 산화성고체, 고압가스, 자기반응성물질, 자연발화성액체, 자연발화성고체, 자기발열성물질, 유기과산화물, 금속부식성물질	별표 18 내용 참조
	○건강·환경 유해성(13종) – 급성독성, 피부부식성 또는 자극성, 심한 눈손상 또는 자극성, 호흡기과민성, 피부과민성, 발암성, 생식세포변이원성, 생식독성, 특정표적장기독성(1회노출), 특정표적장기독성(반복노출), 흡인유해성, 수생환경유해성, 오존층 유해성	
물리적인자(5종)	소음, 진동, 방사선, 이상기압, 이상기온	
생물학적인자(3종)	혈액매개감염인자, 공기매개감염인자, 곤충 및 동물매개 감염인자	

---

979 「화학물질의 유해성·위험성평가에 관한 규정」(예규)
980 화학물질의 물리적 위험성, 건강·환경 유해성의 분류기준별 세부 구분기준은 「화학물질의 분류·표시 및 물질안전보건자료에 관한 기준」(고시 제2012-14호)에서 정한다.

(2) 관리대상의 종류(시행규칙 제143조)

○ 법 제117조에 따른 제조 등 금지물질

○ 법 제118조에 따른 제조 등 허가물질

○ 법 제106조에 따른 노출기준설정 대상 유해인자

○ 법 제107조제1항에 따른 허용기준 설정 대상 유해인자

○ 시행규칙 제186조제1항에 따른 작업환경측정 대상 유해인자

○ 시행규칙 별표22 제1호~3호까지의 규정에 따른 특수건강진단 대상 유해인자

○ 안전보건규칙 제420조제1호에 따른 관리대상유해물질

② 금지물질

법 제117조는 누구든지 ① 직업성 암 유발이 확인되어 근로자의 건강에 특히 해롭다고 인정되는 물질, ② 법 제105조제1항에 따라 유해성·위험성이 평가된 유해인자나 제109조에 따라 유해성·위험성이 조사된 화학물질 중 근로자에게 중대한 건강장해를 일으킬 우려가 있는 물질로서 대통령령으로 정한 물질은 제조·수입·양도·제공·사용을 금지하고 있다. 다만, 시험·연구의 경우에 한하여 승인제도를 둔다. (법 제117조제2항) 위반 시 5년 이하의 징역 또는 5천만 원 이하의 벌금에 처한다.

(1) 제조 등 금지물질(시행령 제87조)

① 황린 성냥, ② 백연을 함유한 페인트(함유된 용량비율이 2% 이하인 것은 제외), ③ 폴리클로리네이티드터페닐(PCT), ④ 4-니트로디페닐과 그 염, ⑤ 석면,[981] ⑥ 베타-나프틸아민과 그 염, ⑦ 벤젠을 함유하는 고무풀(함유된 용량의 비율이 5% 이하인 것은 제외), ⑧ ③부터 ⑥까지의 어느 하나의 물질을 함유한 제제(함유된 중량의 비율이 1% 이하인 것은 제외), ⑨ 「화학물질관리법」 제2조5호[982]에 따른 금지물질, ⑩ 그 밖의 보건상 해로운 물질로서 산업재해보상보험및예방심의위원회의 심의를 거쳐 고용노동부장관이 정하는 유해물질[983]

---

981   종전에는 악티노라이트석면, 안소필라이트석면 및 트레모라이트석면, 청석면 및 갈석면만 해당.

982   「화학물질관리법」 제2조: 환경부장관은 유해성조사를 한 화학물질이 사람의 건강이나 환경에 심각한 위해를 미칠 우려가 있다고 인정되는 경우, 국제기구 등에 의하여 사람의 건강이나 환경에 심각한 위해를 미칠 수 있다고 판명되는 경우, 국제협약 등에 의하여 제조·수입 또는 사용이 금지되거나 제한되는 경우에는 관계중앙행정기관의 장과 협의하여 그 제조·수입 또는 사용을 금지하거나 제한할 수 있다. 다만, 시험·연구 또는 검사용 시약을 그 용도로 제조·수입 또는 사용하는 경우에는 그러하지 아니하다.

983   「석면함유제품의 제조·수입·양도·제공 또는 사용금지에 관한 고시」: 2008.1.1.부터 제품중량의 0.1%를 초과하는 석면함유제품의 제조·수입·양도·제공 또는 사용을 금지(군사용 등 일부만 대체품 개발 시까지 적용유예)

시험·연구용으로 불가피하게 제조·수입 또는 사용하는 경우에는 미리 고용노동부장관의 승인을 얻어야 한다. (법 제117조제2항)

1) 신청절차

제조금지물질 제조·수입·사용 승인 신청서(시행규칙 별지 제70호서식)에 ① 시험·연구 계획서(제조·수입·사용의 목적·양 등에 관한 사항을 포함), ② 산업보건관련조치를 위한 시설·장치의 명칭·구조·성능 등에 관한 서류, ③ 해당 시험·연구실(작업장)의 전체 작업공정도, 각 공정별로 취급하는 물질의 종류·취급량 및 공정별 종사 근로자수에 관한 서류를 첨부하여 관할 지방고용노동관서의 장에게 제출하고, 20일 이내에 승인 또는 불승인 통지한다. (시행규칙 제172조제1항, 제2항)

2) 승인취소

승인을 받은 자가 승인요건에 적합하지 아니하게 된 때에는 그 승인을 취소한다. (법 제117조제3항) 승인이 취소되거나 해당 업무를 폐지한 경우에는 승인서를 관할 지방고용노동관서의 장에게 반납하여야 한다. (시행규칙 제172조제4항)

③ 허가물질

법 제118조는 근로자의 건강장해를 예방하기 위해 대체물질이 개발되어 있지 아니한 염화비닐·베릴륨 등[984] 유해물질을 제조·사용하고자 하는 자에게 사전에 고용노동부장관의 허가를 받도록 하고 시설·설비 유지 등 적절한 조치를 취하도록 하고 있다. 위반 시 5년 이하의 징역 또는 5천만 원 이하의 벌금에 처한다.

(1) 허가대상 물질(시행령 제88조)

① 디클로로벤지딘과 그 염, ② 알파-나프틸아민과 그 염, ③ 크롬산 아연, ④ 오르토-톨리딘과 그 염, ⑤ 디아니시딘과 그 염, ⑥ 베릴륨, ⑦ 비소 및 그 무기화합물, ⑧ 크롬광 가공(열을 가하여 소성처리하는 경우에 한함), ⑨ 콜타르피치 휘발물, ⑩ 황화니켈류, ⑪ 염화비닐, ⑫ 벤조트리클로리드, ⑬ ①부터 ⑫까지 어느 하나에 해당하는 물질을 함유한 제제(함유된 중량의 비율이 1% 이하인 것은 제외함), ⑭ 벤조트리클로리드를 함유한 제제(함유된 중량의 비율이 0.5% 이하인 것은 제외함), ⑮ 그 밖에 보건상 해로운 물질로서 고용노동부장관이 산업재해보상보험 및 예방심의위원회 심의를 거쳐 정하는 유해물질

(2) 제조 등의 허가

1) 신청

---

984 석면은 종전에 허가물질이었으나 금지물질로 변경.

유해물질의 제조·사용허가를 받고자 하는 자는 제조 등의 허가물질 제조·사용허가 신청서(시행규칙 별지 제72호서식)에 ① 사업계획서(제조·수입·사용의 목적·양 등에 관한 사항을 포함), ② 산업보건관련조치를 위한 시설·장치의 명칭·구조·성능 등에 관한 서류, ③ 해당 사업장의 전체작업공정도, 각 공정별로 취급하는 물질의 종류·취급량 및 공정별 종사 근로자 수에 관한 서류를 첨부하여 관할 지방고용노동관서의 장에게 제출하면, 20일 이내에 허가증의 교부 또는 불허를 통지한다. (시행규칙 제173조제1항, 제2항)

(3) 허가받은 자의 준수 사항

그 제조·사용설비를 고용노동부장관이 정한 허가기준[985]에 적합하도록 유지하여야 하며 기준에 적합한 방법에 따라 물질을 제조·사용하여야 한다. (법 제118조제3항) 제조·사용설비 또는 작업방법이 허가기준에 적합하지 아니하다고 인정할 때에는 지방고용노동관서의 장은 해당 제조·사용설비를 수리·개조 또는 이전하거나 해당 기준에 적합한 작업방법에 따라 그 물질을 제조·사용하도록 명할 수 있다. (법 제118조제4항)

거짓 부정한 방법으로 허가를 받은 경우에는 그 허가를 취소한다. 허가기준에 맞지 아니하게 된 경우, 허가기준을 준수하지 않은 경우, 수리·개조 등의 명령을 위반한 경우, 자체검사 결과 이상을 발견하고도 즉시 보수 및 필요한 조치를 하지 아니한 경우에는 그 허가를 취소하거나 6개월 이내의 기간을 정하여 영업을 정하게 할 수 있다. (법 제118조제5항)

---

985 고용노동부장관이 정하는 허가기준 및 그 기준에 적합한 방법에 대해서는 안전보건규칙 제3편 제2장(허가대상 유해물질에 의한 건강장해예방)에 상세히 규정되어 있다.

④ 허용기준

법 제107조는 직업병과 관련되는 중요한 유해인자에 대하여 작업장 내 노출농도를 기준 이하로 유지하도록 하여 근로자의 건강장해를 예방하도록 하고 있다. 위반 시 1천만 원 이하의 과태료를 부과한다.

(1) 대상 유해인자별 허용기준(시행규칙 별표19)

유해인자별 노출농도의 허용기준(제145조 관련)

유해인자		허용기준			
		시간가중평균값 (TWA)		단시간 노출값 (STEL)	
		ppm	mg/㎥	ppm	mg/㎥
1. 6가크롬[18540-29-9] 화합물(Chromium VI compounds)	불용성		0.01		
	수용성				
2. 납[7439-92-1] 및 그 무기화합물(Lead and its inorganic compounds)			0.05		
3. 니켈[7440-02-0] 화합물(불용성 무기화합물로 한정한다)(Nickel and its insoluble inorganic compounds)			0.2		
4. 니켈카르보닐(Nickel carbonyl; 13463-39-3)		0.001			
5. 디메틸포름아미드(Dimethylformamide; 68-12-2)		10			
6. 디클로로메탄(Dichloromethane; 75-09-2)		50			
7. 1,2-디클로로프로판(1,2-Dichloropropane; 78-87-5)		10		110	
8. 망간[7439-96-5] 및 그 무기화합물(Manganese and its inorganic compounds)			1		
9. 메탄올(Methanol; 67-56-1)		200		250	
10. 메틸렌 비스(페닐 이소시아네이트)(Methylene bis(phenyl isocyanate); 101-68-8 등)		0.005			

구분	TWA (ppm)	TWA (mg/m³)	STEL (ppm)	STEL (mg/m³)
11. 베릴륨[7440-41-7] 및 그 화합물(Beryllium and its compounds)		0.002		0.01
12. 벤젠(Benzene; 71-43-2)	0.5		2.5	
13. 1,3-부타디엔(1,3-Butadiene; 106-99-0)	2		10	
14. 2-브로모프로판(2-Bromopropane; 75-26-3)	1			
15. 브롬화 메틸(Methyl bromide; 74-83-9)	1			
16. 산화에틸렌(Ethylene oxide; 75-21-8)	1			
17. 석면(제조·사용하는 경우만 해당한다)(Asbestos; 1332-21-4 등)		0.1개/cm³		
18. 수은[7439-97-6] 및 그 무기화합물(Mercury and its inorganic compounds)		0.025		
19. 스티렌(Styrene; 100-42-5)	20		40	
20. 시클로헥사논(Cyclohexanone; 108-94-1)	25		50	
21. 아닐린(Aniline; 62-53-3)	2			
22. 아크릴로니트릴(Acrylonitrile; 107-13-1)	2			
23. 암모니아(Ammonia; 7664-41-7 등)	25		35	
24. 염소(Chlorine; 7782-50-5)	0.5		1	
25. 염화비닐(Vinyl chloride; 75-01-4)	1			
26. 이황화탄소(Carbon disulfide; 75-15-0)	1			
27. 일산화탄소(Carbon monoxide; 630-08-0)	30		200	
28. 카드뮴[7440-43-9] 및 그 화합물(Cadmium and its compounds)		0.01[986]		
29. 코발트[7440-48-4] 및 그 무기화합물(Cobalt and its inorganic compounds)		0.02		
30. 콜타르피치[65996-93-2] 휘발물(Coal tar pitch volatiles)		0.2		
31. 톨루엔(Toluene; 108-88-3)	50		150	
32. 톨루엔-2,4-디이소시아네이트(Toluene-2,4-diisocyanate; 584-84-9 등)	0.005		0.02	
33. 톨루엔-2,6-디이소시아네이트(Toluene-2,6-diisocyanate; 91-08-7 등)	0.005		0.02	
34. 트리클로로메탄(Trichloromethane; 67-66-3)	10			
35. 트리클로로에틸렌(Trichloroethylene; 79-01-6)	10		25	
36. 포름알데히드(Formaldehyde; 50-00-0)	0.3			

986 (호흡성 분진인 경우 0.002)

	50		
37. n-헥산(n-Hexane; 110-54-3)	50		
38. 황산(Sulfuric acid; 7664-93-9)		0.2	0.6

※비고

1. '시간가중평균값(TWA, Time-Weighted Average)'이란 1일 8시간 작업을 기준으로 한 평균노출농도로서 산출공식은 다음과 같다.

주) C: 유해인자의 측정농도(단위: ppm, mg/㎥ 또는 개/㎤)

   T: 유해인자의 발생시간(단위: 시간)

2. '단시간 노출값(STEL, Short-Term Exposure Limit)'이란 15분간의 시간가중평균값으로서 노출농도가 시간가중평균값을 초과하고 단시간 노출값 이하인 경우에는 ① 1회 노출 지속시간이 15분 미만이어야 하고, ② 이러한 상태가 1일 4회 이하로 발생해야 하며, ③ 각 회의 간격은 60분 이상이어야 한다.

3. '등'이란 해당 화학물질에 이성질체 등 동일 속성을 가지는 2개 이상의 화합물이 존재할 수 있는 경우를 말한다.

(2) 허용기준 준수제외(법 제107조제1항 단서[987])

○ 유해인자를 취급하거나 정화·배출하는 시설 및 설비의 설치나 개선이 현존하는 기술로 가능하지 아니한 경우

○ 천재지변 등으로 시설과 설비에 중대한 결함이 발생한 경우

○ 임시작업과 단시간작업의 경우

○ 그 밖에 대통령령으로 정하는 경우

987　단서에도 불구하고 사업주는 유해인자의 노출 농도를 허용기준 이하로 유지하도록 노력하여야 한다.(법 제107조제2항)

　관리대상 유해물질 중에서 발암성, 생식세포 변이원성, 생식독성 물질 등 근로자에게 중대한 건강장해를 일으킬 우려가 있는 물질을 '특별관리물질[988]'로 지정하여 관리한다. (안전보건규칙 제420조)

　특별관리물질은 보건기준 중 단시간·임시작업 시에도 밀폐 또는 국소배기장치를 하여야 하고, 취급 시 사용량, 작업내용 등이 포함된 취급일지를 작성하며 취급 근로자에게 발암성물질, 생식세포 변이원성물질, 생식독성물질에 해당되는지 여부를 알려야 한다.

　현재 지정된 물질은 1,3-부타디엔 등 37종이다.

구분	특별관리물질
유기화합물(29종)	디니트로톨루엔, N,N-디메틸아세트아미드, 디메틸포름아미드, 1,2-디클로로프로판, 2-메톡시에탄올, 2-메톡시에틸아세테이트, 벤젠, 1,3-부타디엔, 1-브로모프로판, 2-브로모프로판, 사염화탄소, 스토다드 솔벤트, 아크릴로니트릴, 아크릴아미드, 2-에톡시에탄올, 2-에톡시에틸아세테이트, 2,3-에폭시-1-프로판올, 1,2-에폭시프로판, 이염화에틸렌, 1,2,3-트리클로로프로판, 트리클로로에틸렌, 퍼크로로에틸렌, 페놀, 포름알데히드, 프로필렌 이민, 하이드라진, 황산디메틸
금속류(5종)	납 및 그 무기화합물, 니켈 및 그 화합물(불용성화합물만 특별관리물질), 안티몬 및 그 화합물(삼산화안티몬만 특별관리물질), 카드뮴 및 그 화합물, 크롬 및 그 화합물(6가크롬만 특별관리물질)
산·알칼리류(1종)	황산(pH 2.0 이하인 강산은 특별관리물질)
가스 상태 물질류(1종)	산화에틸렌

988　2012.3.5. 안전보건규칙 개정으로 신설(최초 8개 물질 지정)

⑥ 신규화학물질 유해성·위험성 조사

법 제108조는 국내에서 최초로 제조·수입되는 신규화학물질에 의한 근로자의 건강장해를 예방하기 위해 신규화학물질 제조·수입자에게 유해성·위험성 조사보고서 제출의무를 부과하고, 필요시 근로자 건강장해예방을 위해 사용 사업장등에 대한 조치를 할 수 있도록 하고 있다.

(1) 유해성·위험성 조사보고서 제출 및 조치

1) 유해성·위험성 조사보고서의 제출

제조하거나 수입하려는 날 30일[989] 전까지 유해성·위험성조사보고서(시행규칙 별지 제57호 서식)에 필요한 서류[990]를 첨부하여 고용노동부장관에게 제출하여야 한다.(법 제108조제1항, 시행규칙 제147조제1항) 다만, 신규화학물질이 「화학물질의 등록 및 평가등에 관한 법률」 제10조에 따라 환경부장관에게 등록한 경우[991]에는 제출한 것으로 본다.(시행규칙 제147조제1항 단서)

신규화학물질을 다른 사업장에 양도·제공하는 경우에 유해성·위험성 조치사항 통보서를 함께 교부하여야 한다.[992]

---

989 연간 제조하거나 수입하려는 양이 100kg 이상 1톤 미만인 경우에는 14일
990 ① 신규화학물질의 안전보건에 관한 자료
② 신규화학물질의 독성시험성적서
③ 신규화학물질의 제조 또는 사용·취급방법을 기록한 서류
④ 신규화학물질의 제조 또는 사용공정도 기타 관련 서류
991 환경부장관은 신규화학물질 등록 자료 및 「화학물질의 등록 및 평가등에 관한법률」 제18조에 따른 유해성 심사결과를 고용노동부장관에게 제공하여야 한다.(시행규칙 제152조제2항)
992 「신규화학물질의 유해성·위험성조사 등에 관한 고시」

2) 신규화학물질의 명칭 등의 공표

고용노동부장관은 신규화학물질의 유해성·위험성 조사보고서 검토결과에 따라 신규화학물질의 명칭, 유해성·위험성 및 조치사항 등을 관보 또는 일간신문 등에 공표하고 관계부처에 통보한다.(법 제108조제3항, 시행규칙 제153조) 사업주가 신규화학물질의 명칭·CAS번호·구조식 또는 분자식 등 그 신규화학물질의 정보보호를 요청한 경우에는 그 타당성을 평가하여 해당 정보보호기간 동안에 「화학물질의 등록 및 평가 등에 관한 법률」 제2조제13호에 따른 총칭명(總稱名)으로 공표할 수 있으며, 그 정보보호기간이 끝나면 제1항에 따라 그 신규화학물질의 명칭 등을 공표하여야 한다.(시행규칙 제153조제2항)

3) 사업주의 조치사항

신규화학물질제조자등은 법 제108조제1항에 따른 유해성·위험성조사에 따라 해당 신규화학물질에 의한 근로자의 건강장해를 방지하기 위하여 즉시 필요한 조치를 하여야 하는 경우 이를 즉시 시행하여야 한다.(법 제108조제2항) 신규화학물질제조자 등이 신규화학물질을 양도하거나 제공하는 경우에는 근로자의 건강장해방지를 위하여 조치하여야 할 사항을 기록한 서류를 함께 제공하여야 한다.(법 제108조제5항)

4) 사업주에 대한 시설·설비의 설치 등 명령

제출된 신규화학물질의 유해성·위험성 조사보고서를 검토한 결과에 따라 근로자의 건강장해방지를 위하여 필요하다고 인정할 때에는 신규화학물질제조자 등에게 시설·설비를 설치·정비하고 보호구를 갖추어두는 등의 조치를 하도록 명령할 수 있다.(법 제108조제4항) 불이행 시 1천만 원 이하의 벌금에 처한다.

1) 기존 물질 중 조사 제외 대상 물질(시행령 제85조)[993]

시행령 제86조에 따른 유해성ㆍ위험성 조사 제외대상은 기존 화학물질이거나 다른 법령에 의해 관리되고 있는 물질 또는 사업장에서 거의 사용되고 있는 물질로 구분할 수 있다.

2) 신규화학물질 중 제외 대상 물질

○ 일반소비자 생활용(법 제108조제1항제1호)

일반 소비자의 생활용으로 제공하기 위하여 신규화학물질을 수입하는 경우로서 ① 해당 신규화학물질이 완성된 제품으로서 국내에서 이를 가공하지 아니하는 경우, ② 해당 신규화학물질의 포장 또는 용기를 국내에서 변경하지 아니하거나 국내에서 포장을 하거나 용기에 담지 아니하는 경우, ③ 해당 신규화학물질이 직접 소비자에게 제공되고 국내의 사업장에서 사용되지 아니하는 경우로 고용노동부장관의 확인을 받은 경우(시행규칙 제148조제1항)

○ 수입량이 소량인 신규화학물질(법 제108조제1항제2호)

993　1. 원소
2. 천연으로 산출된 화학물질
3. 「원자력안전법」 제2조제5호에 따른 방사성 물질
4. 「약사법」 제2조제4호ㆍ제7호에 따른 의약품 및 의약외품
5. 「마약류 관리에 관한 법률」 제2조제1호에 따른 마약류
6. 「화장품법」 제2조제1호에 따른 화장품과 화장품에 사용하는 원료
7. 「농약관리법」 제2조제1호ㆍ제3호에 따른 농약과 원제
8. 「비료관리법」 제2조제1호에 따른 비료
9. 「식품위생법」 제2조제1호ㆍ제2호에 따른 식품 및 식품첨가물
10. 「사료관리법」 제2조제1호에 따른 사료
11. 「총포ㆍ도검ㆍ화약류 등의 안전관리에 관한 법률」 제2조제3항에 따른 화약류
12. 「군수품관리법」 제2조 및 「방위사업법」 제3조제2호에 따른 군수품(「군수품관리법」 제3조에 따른 통상품(痛傷品)은 제외한다)
13. 「건강기능식품에 관한 법률」 제3조제1호에 따른 건강기능식품
14. 「의료기기법」 제2조제1항에 따른 의료기기
15. 「위생용품 관리법」 제2조제1호에 따른 위생용품
16. 「생활화학제품 및 살생물제의 안전관리에 관한 법률」 제3조제7호ㆍ제8호에 따른 살생물질과 살생물제품
17. 법 제108조제3항에 따라 고용노동부장관이 명칭, 유해성ㆍ위험성, 근로자의 건강장해 예방을 위한 조치 사항 및 연간 제조량ㆍ수입량을 공표한 물질로서 공표된 연간 제조량ㆍ수입량 이하로 제조하거나 수입한 물질
18. 고용노동부장관이 환경부장관과 협의하여 고시하는 화학물질 목록에 기록되어 있는 물질

신규화학물질의 연간 수입량이 100㎏ 미만인 경우로서 고용노동부장관의 확인을 받은 경우 (시행규칙 제149조제1항)

3) 조사제외 확인방법

최초로 신규화학물질을 수입하려는 7일 전까지『유해성·위험성조사 제외확인신청서』(시행규칙 별지 제60호서식)에 제외 대상물질에 해당하는 사실을 증명하는 서류를 첨부하여 고용노동부장관에게 제출하여야 한다. (시행규칙 제148조제2항) 고용노동부장관의 확인은 1년간 유효[994]하다. (시행규칙 제149조제4항)

---

994   다만, 신규화학물질의 연간 수입량이 100㎏ 미만인 경우로서 제156조제2항에 따라 확인을 받은 것으로 보는 경우에는 그 확인은 계속 유효한 것으로 본다.

고위험 현장 관리

◈ 이 편의 제도 개요 ◈

만일 사업장의 구조가 근로자가 대피하기 곤란한 구조로 되어 있거나, 환기시설이 없는 경우 사업장 내에서 사소한 불이 났을 경우에도 산업재해로 이어지거나 대형사고로 피해가 확산될 수 있다. 따라서 산업재해를 방지하는 데 있어 시설물이 사전적으로 보다 안전하게 설치되어 있는 경우 안전성이 높아짐은 물론 재해예방의 활동의 효과도 높아질 것이다.

제조공장, 건설현장, 화학공장은 대형사고의 위험이 상존하고 있다. 특히 대형공사나 위험물질을 다량으로 취급하는 경우 사고로 인한 피해는 주변에까지 미치게 된다. 법에서 이러한 재해예방을 사전적으로 규율하기 위한 제도를 두고 있다. 공사나 공정운영 시작 전에 사고예방에 대한 계획을 수립하여 이를 관계당국의 승인을 받고 공사 등을 진행하도록 한다.

석면해체·제거작업은 안전한 작업계획 및 관리가 이루어지지 않으면 오랜 기간이 지난 후에 작업 근로자의 중대한 건강상 장해를 가져올 수 있다. 고위험작업의 사전적 관리시스템 구축이 요구된다.

① 유해 · 위험방지계획서

법 제42조는 작업 중 재해의 위험성이 큰 건설물·기계·기구·설비 등을 설치·이전하거나 주요 구조부분을 변경[995]하는 경우 작업 시 발생할 수 있는 유해·위험요인을 작업공정에 따라 사전에 조사하여 안전한 작업계획을 수립한 「유해·위험방지계획서」 제출하도록 하고 있다. 제출하지 않는 경우 1천만 원 이하의 과태료를 부과한다.

(1) 제출대상 사업장

1) 제조업 등[996]

○ 전기계약용량의 합이 300킬로와트 이상인 다음 사업(법 제42조제1항1호, 시행령 제42조)
1. 금속가공제품(기계 및 가구는 제외한다) 제조업, 2. 비금속 광물제품 제조업, 3. 기타 기계 및 장비 제조업, 4. 자동차 및 트레일러 제조업, 5. 식료품 제조업, 6. 고무제품 및 플라스틱제품 제조업, 7. 목재 및 나무제품 제조업, 8. 기타 제품 제조업, 9. 1차 금속 제조업, 10. 가구 제조업, 11. 화학물질 및 화학제품 제조업, 12. 반도체 제조업, 13. 전자부품 제조업[997]

○ 유해 또는 위험한 작업 및 장소에서 사용하는 것 또는 건강장애를 방지하기 위한 기계·기구 및 설비(법 제41조제1항2호, 시행령 제42조제2항)

- ① 금속이나 그 밖의 광물의 용해로 ② 화학설비 ③ 건조설비 ④ 가스집합용접장치 ⑤ 허가대상·관리대상 유해물질 및 분진작업 관련설비

---

995   주요 구조부분 변경: 보유설비의 구조부분변경 중 근로자의 안전과 보건에 영향을 미칠 수 있는 경우
996   1997년 「기업규제 완화에 관한 특별법」 제55조의3에 따라 건설업을 제외한 타 업종은 계획서의 제출의무(법 제48조제1항 및 제2항)가 면제되었으나 동 조항이 삭제되어 2009.1.1.부터 복원되었다.
997   2012.7.1.부터 제출대상 업종이 종전 2종(금속가공제품 제조업(기계 및 가구 제외), 비금속 광물제품 제조업)에서 10종으로 늘어남

- 제출대상 기계·기구·설비의 구체적인 대상범위는 고용노동부장관이 정하여 고시[998]

2) 건설업

○ 지상높이가 31m 이상인 건축물 또는 인공구조물, 연면적 3만 제곱미터 이상인 건축물 또는 연면적 5천 제곱미터 이상의 문화 및 집회시설(전시장 및 동물원·식물원을 제외)·판매시설 및 운수시설(고속철도의 역사 및 집배송시설을 제외), 종교시설, 의료시설 중 종합병원·숙박시설 중 관광숙박시설 지하도상가 또는 냉동·냉장창고시설의 건설·개조 또는 해체

○ 연면적 5천 제곱미터 이상의 냉동·냉장창고 시설의 설비공사 및 단열공사

○ 최대 지간길이가 50m 이상인 교량건설 등 공사

○ 터널건설 등의 공사

○ 다목적댐·발전용댐 및 저수용량 2천만 톤 이상의 용수 전용댐·지방상수도 전용댐 건설 등의 공사

○ 깊이 10m 이상인 굴착공사

---

998 「제조업 등 유해·위험방지계획서 제출·심사·확인」

◈ 신규설비·이전
• 금속이나 그 밖의 광물의 용해로: 용해용량 3톤 이상
• 화학설비: 안전보건규칙 제273조의 특수화학설비로 안전보건규칙 별표 7의 기준량 이상 사용
① 발열반응이 일어나는 반응장치 ② 증류·정류·증발·추출 등 분리를 하는 장치 ③ 가열시켜 주는 물질의 온도가 가열되는 위험물질의 분해온도 또는 발화점보다 높은 상태에서 운전되는 설비 ④ 반응폭주 등 이상화학 반응에 의하여 위험물질이 발생할 우려가 있는 설비 ⑤ 온도가 섭씨 350도 이상이거나 게이지 압력이 980킬로파스칼 이상인 상태에서 운전되는 설비 ⑥ 가열로 또는 가열기
• 건조설비: 연료 최대 사용량 50kg/hr 이상 또는 전열 최대 소비전력 50kw 이상
① 건조물에 포함되는 유기화합물을 건조하는 경우 ② 도료, 피막제의 도포코팅 등 표면을 건조하여 인화성 가스가 발생하는 경우 ③ 건조를 통한 가연성 분말로 인해 분진이 발생하는 설비
• 가스집합용접장치: 고정식으로 인화성가스의 집합량 1,000㎏ 이상
• 허가·관리대상 유해물질 및 분진작업 관련 설비: 국소배기장치, 밀폐설비, 전체환기설비(강제배기, 푸시풀형환기장치)

(2) 제출 절차 등

1) 제조업 등

설치·이전하는 경우 해당 작업시작 15일 전까지 '제조업 등 유해·위험방지계획서'(시행규칙 별지 제16호서식)에 ① 건축물 각 층의 평면도, ② 기계·설비의 개요를 나타내는 서류, ③ 기계·설비의 배치도면, ④ 원재료 및 제품의 취급·제조 등의 작업방법의 개요, ⑤ 그 밖에 고용노동부장관이 정하는 도면 및 서류[999]를 첨부하여 안전보건공단에 제출한다. (시행규칙 제42조 제1항 및 제2항) 주요 구조부 변경 시에는 ① 설치장소의 개요를 나타내는 서류, ② 설비의 도면, ③ 그 밖에 고용노동부장관이 정하는 도면 및 서류를 첨부한다.

유해위험방지계획서 작성자는 산업안전지도사, 관련 기술사 자격 등을 보유하여야 한다.[1000]

2) 건설업

법 제42조제1항3호에 따라 유해·위험방지계획서 제출대상 건설공사를 착공하려는 사업주는 고용노동부령이 정하는 자격을 갖춘 자[1001]의 의견을 들은 후 공사의 착공[1002] 전일까지 '건설

---

[999] 「제조업 등 유해·위험방지계획서 제출·심사·확인」(고시) 별표 1

도면 및 서류	도면 및 서류에 포함되어야 할 주요 내용
1. 사업의 개요	별지 제3호서식에 따름(시운전 기간을 명시한 작업일정표를 첨부하여야 한다)
2. 제조공정 및 기계·설비에 관한 자료	가. 공정배관·계장도(Piping & Instrument Diagram, P&ID) ※ 안전보건규칙 별표 1의 위험물질을 취급하는 배관에 한정한다. 나. 별지 제4호부터 제8호까지의 서식 다. 유해·위험물질의 물질안전보건자료 라. 전기단선도 및 접지계획 등 전기관련 도면(전기보호장치를 포함한다) 마. 폭발위험장소의 구분도 바. 유해·위험요인평가 사. 정전 및 설비고장 등 비상시 긴급 운전정지 및 응급조치에 관한 사항

[1000] 「제조업 등 유해·위험방지계획서 제출·심사·확인」(고시) 참조
[1001] 고용노동부령이 정하는 자격을 갖춘 자(시행규칙 제43조)
· 건설안전분야 산업안전지도사
· 건설안전기술사 또는 토목·건축분야 기술사
· 건설안전산업기사 이상으로서 건설안전관련 실무경력 7년(기사는 5년) 이상인 사람
[1002] 산업안전보건법 시행령 제42조제3항에서 '착공' 이란 "유해·위험방지계획서 작성 대상 시설물 또는 구조물의 공사를 시작하는 것을 말하고, 대지정리 및 가설사무소 설치 등의 공사 준비기간은 착공으로 보지 아니한다."

공사 유해·위험방지계획서'(별지 제17호서식)에 ① 공사개요서, ② 산업안전보건관리비 사용계획 등의 안전보건관리계획, ③ 작업공사 종류별 유해·위험 방지 계획, ④ 작업환경 조성계획 서류를 첨부하여 안전보건공단에 제출한다.(법 제42조제3항 및 시행규칙 제42조제3항) 해당 공사가 「건설기술관리법」제26조의2에 따른 안전관리계획을 수립해야 하는 건설공사에 해당하는 경우에는 유해·위험방지계획서와 안전관리계획서를 통합하여 작성한 서류를 제출할 수 있다.

산업재해 발생률이 낮은 업체로서 고용노동부장관이 지정하는 건설업체(자체심사 및 확인업체)의 경우 유해·위험방지계획서를 자체적으로 심사하고 해당 공사의 착공 전날까지 유해·위험방지계획서 자체심사서를 안전보건공단에 제출할 수 있다.(시행규칙 제42조제5항)

같은 사업장 내에서 유해·위험방지계획서 제출대상 공사의 착공시기를 달리하여 행하는 사업의 사업주는 해당 사업별 또는 해당 사업의 작업공사 종류별로 유해·위험방지계획서를 분리하여 제출할 수 있고 이 경우 이미 제출한 계획서의 첨부서류와 중복되는 서류는 제출하지 않을 수 있다.(시행규칙 제42조제4항)

(3) 계획서 심사 및 조치

안전보건공단은 접수일부터 15일 이내에 심사하여 사업주에게 그 결과를 통지한다.(시행규칙 제44조제1항) 건설업 유해·위험방지계획서 자체심사 및 확인업체가 제출한 경우에는 심사를 하지 않을 수 있다.(시행규칙 제44조제1항 단서) 일정 요건을 갖춘 경우 법 제145조에 따라 등록된 산업안전지도사 또는 산업위생지도사에게 유해·위험방지계획서에 대한 평가를 받은 후 제출할 경우 안전보건공단은 그 내용이 적합하다고 인정되면 해당 평가서로 심사를 갈음할 수 있다.(시행규칙 제44조제4항)

1) 심사결과 구분 및 조치

○ 심사결과에 따라 다음과 같이 구분·판정(시행규칙 제45조제1항)

- ① 적정: 근로자의 안전과 보건을 위하여 필요한 조치가 구체적으로 확보되었다고 인정될 때
- ② 조건부 적정: 근로자의 안전과 보건을 확보하기 위하여 일부 개선이 필요하다고 인정될 때
- ③ 부적정: 기계·설비 또는 건설물이 심사기준에 위반되어 공사착공 시 중대한 위험발생의 우려가 있거나 계획에 근본적 결함이 있다고 인정될 때

심사결과 부적정인 경우 지방고용노동관서의 장에게 보고하고 사업장 소재지 특별자치도지사·시장·군수·구청장에게 부적정 사실을 통보한다.(시행규칙 제45조제3항) 지방고용노동관서의 장은 공사착공 중지명령·계획변경명령 등 필요한 조치를 한다.(법 제42조제4항, 시행규칙 제45조제4항)

2) 계획서의 비치

유해·위험방지계획서(자체심사 포함)를 해당 사업장에 갖추어 두고, 계획서의 변경사유가 발생한 경우에는 이를 보완하여 갖추어 두어야 한다.

(4) 이행확인

제조업은 해당 건설물·기계·기구 및 설비의 시운전 단계에서, 건설업은 건설공사 중 6개월 이내마다 다음 사항을 확인받아야 한다.(법 제43조제1항 및 시행규칙 제46조제1항)

① 유해·위험방지계획서의 내용과 실제 공사내용과의 부합 여부
② 유해·위험방지계획서의 변경사유가 발생하여 이를 보완한 경우 그 변경내용의 적정성
③ 추가적인 유해·위험요인의 존재 여부

(5) 자체심사·확인업체 지정제도

재해율이 낮은 건설업체 등에 대해서는 자율적인 유해·위험방지계획서 심사 및 확인을 인정한다.(법 제42조제1항단서, 시행규칙 제42조제5항, 제47조제1항)

1) 지정기준

○ 다음 조건을 갖춘 건설업체 준공능력 평가순위 순위 200위 이내 건설업체로서 직전 3년간의 평균산업재해 발생률 이하(시행규칙 별표 11)

○ 동시에 2명 이상의 근로자가 사망한 재해 발생 시 즉시 자체심사 및 확인업체에서 제외됨

> - 고용노동부장관이 정하는 규모 이상인 건설업체 중
> - 별표 1에 따라 산정한 직전 3년간의 평균산업재해 발생률 이하
> - 안전관리자의 자격을 갖춘 사람[1003] 1명 이상을 포함하여 3명 이상의 안전전담직원으로 구성된 안전만을 전담하는 과 또는 팀 이상의 별도조직이 있고,
> - 규칙 제3조제1항제7호나목의 규정에 따른 직전년도 건설업체 산업재해예방활동 실적 평가 점수가 70점 이상인 건설업체
> - 직전년도 8월 1일부터 해당 연도 7월 31일까지 기간 동안 동시에 2명 이상의 근로자가 사망한 재해(별표 1 제3호라목에 따른 재해는 제외)가 없어야 함

2) 지정 효과

향후 1년간 착공하는 건설공사에 대하여 유해·위험방지계획서 심사가 (시행규칙 제44조제1항단서, 제47조), 해당 공사의 종료 시까지 확인검사를 면제한다.

○ 자체심사 및 확인업체에서 공사 중 사망재해(별표 1 제3호라목에 따른 재해는 제외)가 발생한 건설업체는 공단의 확인을 받아야 한다.(시행규칙 제47조)

1003   영 별표4 제10호와 제11호에 해당하는 사람은 제외

3) 자체심사 절차

유해·위험방지계획서 작성 후 자체심사를 실시하되, 임직원 및 외부전문가[1004] 중 1명 이상이 참여하여야 한다. (시행규칙 별표 11) 해당 공사 준공 시까지 6개월 이내마다 시행규칙 제46조제1항 각 호의 사항에 대해 자체확인을 하여야 한다. (시행규칙 제47조) 다만, 공사 중 사망재해(시행규칙 별표 1 제3호라목에 따른 재해는 제외)가 발생한 경우에는 자체 확인할 수 없다. (시행규칙 제47조제1항 단서)

[1004] ① 산업안전지도사(건설안전 분야에 한함), ② 건설안전기술사, ③ 건설안전기사(산업안전기사 이상의 자격을 취득한 사람으로서 건설안전 실무경력 3년 이상인 사람 포함)로서 공단에서 실시하는 유해·위험 방지계획서 심사전문화 교육과정을 28시간 이상 이수한 자

법 제44조는 화재·폭발·유독성 물질 누출발생 사고('중대산업사고')의 위험이 높은 화학업종 등 유해·위험설비를 보유한 사업장에서 공정운영과 관련된 위험에 대한 체계적인 안전관리 시스템[1005] 구축을 위한 공정안전보고서 제도를 두고 있다. 동 제도는 유럽의 「세베소 지침」[1006]에 따라 전 세계적으로 도입된 제도이다.

(1) 공정안전보고서 제출대상

공정안전보고서 제출대상 사업장은 업종에 따른 당연 제출대상과 유해위험물질을 일정량 이상 취급에 따른 제출대상으로 구분한다.(시행령 제43조제1항) 타 법령에 의해 규제되는 시설 등[1007]은 제출대상 설비에서 제외한다.(시행령 제43조제2항)

1) 업종에 따른 제출대상

① 원유정제 처리업, ② 기타 석유정제물 재처리업, ③ 석유화학계 기초화학물 또는 합성수지 및 기타 플라스틱물질 제조업. 다만, 합성수지 및 기타 플라스틱물질 제조업은 시행령 별표 10의 제1호(인화성 가스) 또는 제2호(인화성 액체)에 해당하는 경우에 한한다. ④ 질소·인산

1005 　중대산업사고를 야기할 가능성이 있는 공정·설비들을 체계적이고 지속적으로 관리하고, 사업장 특성에 맞는 사고예방 체계를 구축하기 위해 「공정안전관리(PSM: Process Safety Management)」

1006 　1976.7.10. 이탈리아 북부 롬바르디아 주(州) 세베소(Seveso)에서 발생한 유독성 화학물질인 염소가스, 다이옥신이 누출되는 사고로 인근지역에 큰 피해를 입었다. 1982년 EC(유럽공동체)는 사업장에서 유해위험물질의 사고방지를 위한 관리지침(Directive)인 세베소지침(Seveso Directive)을 만들어 유럽 각국의 화학물질 사용 사업장이 이행하도록 하였다.

1007 　① 원자력 설비, ② 군사시설, ③ 사업주가 해당 사업장 내에서 직접 사용하기 위한 난방용 연료의 저장설비, ④ 도·소매시설, ⑤ 차량 등의 운송설비, ⑥ 「액화석유가스의 안전관리 및 사업법」에 따른 액화석유가스의 충전·저장시설, ⑦ 「도시가스사업법」에 따른 가스공급시설, ⑧ 그 밖에 고용노동부장관이 누출·화재·폭발 등으로 인한 피해의 정도가 크지 아니하다고 인정하여 고시하는 설비(비상발전기용 경유의 저장탱크 및 사용설비)

및 칼리질 비료제조업(인산 및 칼리질 비료제조업에 해당하는 경우는 제외), ⑤ 복합비료제조업(단순혼합 또는 배합에 의한 경우는 제외), ⑥ 농약제조업(원제제조에 한함), ⑦ 화약 및 불꽃제품제조업

2) 일정량 이상의 유해 · 위험물질을 제조 · 취급 · 사용 · 저장에 따른 제출대상

시행령 별표 13에 따른 유해·위험물질의 하나 이상을 규정량[1008] 이상 제조·취급·사용·저장하는 설비 및 해당 설비의 운영에 관련된 일체의 공정설비를 사용하는 사업의 사업주는 공정안전보고서를 제출하여야 한다. 두 종류 이상의 유해·위험물질을 제조·취급·저장하는 경우에는 해당 유해·위험물질 각각의 제조·취급·저장량을 구한 후 공식에 따라 산출한 값 R이 1 이상인 경우 유해·위험설비로 본다. 이때 동일한 유해·위험물질을 제조·취급·저장하는 경우 각각의 양을 모두 고려한다.

$$R = \frac{C_1}{T_1} + \frac{C_2}{T_2} + \cdots\cdots + \frac{C_n}{T_n}$$

주) C_n: 위험물질 각각의 사용량, T_n: 위험물질 각각의 규정량

2개 이상의 단위공장으로 구성된 사업장의 공정안전보고서 제출 여부를 결정하기 위하여 유해·위험물질의 제조·취급·저장량을 산출할 때 각 단위공장이 보유하고 있는 설비 등이 다른 단위공장이 보유하고 있는 설비 등과의 사이에 「산업안전보건기준에 관한 규칙」 별표 8에 따른 안전거리를 확보하고, 단위공장 간에는 같은 규칙 별표 9에 따른 위험물질을 취급하는 배관으로 서로 연결되지 않은 경우 단위공정시설, 설비, 플래어스택 및 위험물질 저장탱크 등 「산업안전보건기준에 관한 규칙」 별표 8에 따른 설비 및 장소에 해당하는 경우는 사업장 전역이 아닌 단위공장별로 제조·취급·저장량을 산출한다.

1008   규정량이란 저장설비에 있어서는 해당 위험물의 최대 저장량을 의미하고 취급설비에 있어서는 하루 동안 최대로 제조 또는 취급할 수 있는 양을 말하는 것으로, 화학물질의 순도 100%를 기준으로 하여 산출한 값

유해·위험물질 규정량(법 제43조제1항 관련)

번호	유해·위험물질	CAS번호	규정량(kg) (제조·취급·저장)	번호	유해·위험물질	CAS번호	규정량(kg) (제조·취급·저장)
1	인화성 가스	-	제조·취급: 5,000[1009]	27	브롬화수소	10035-10-6	10,000
2	인화성 액체	-	제조·취급: 5,000[1010]	28	삼염화인	7719-12-2	10,000
3	메틸 이소시아네이트	624-83-9	1,000	29	염화 벤질	100-44-7	2,000
4	포스겐	75-44-5	500	30	이산화염소	10049-04-4	500
5	아크릴로니트릴	107-13-1	10,000	31	염화 티오닐	7719-09-7	10,000
6	암모니아	7664-41-7	10,000	32	브롬	7726-95-6	1,000
7	염소	7782-50-5	1,500	33	일산화질소	10102-43-9	10,000
8	이산화황	7446-09-5	10,000	34	붕소 트리염화물	10294-34-5	10,000
9	삼산화황	7446-11-9	10,000	35	메틸에틸케톤 과산화물	1338-23-4	10,000
10	이황화탄소	75-15-0	10,000	36	삼불화 붕소	7637-07-2	1,000
11	시안화수소	74-90-8	500	37	니트로아닐린 100-01-6, 29757-24-2	88-74-4, 99-09-2,	2,500
12	불화수소 (무수불산)	7664-39-3	1,000	38	염소 트리플루오르화	7790-91-2	1,000
13	염화수소 (무수염산)	7647-01-0	10,000	39	불소	7782-41-4	500
14	황화수소	7783-06-4	1,000	40	시아누르 플루오르화물	675-14-9	2,000
15	질산암모늄	6484-52-2	500,000	41	질소 트리플루오르화물	7783-54-2	20,000
16	니트로글리세린	55-63-0	10,000	42	니트로 셀롤로오스(질소 함유량 12.6% 이상)	9004-70-0	100,000

1009　(저장: 200,000)
1010　(저장: 200,000)

17	트리니트로톨루엔	118-96-7	50,000	43	과산화벤조일	94-36-0	3,500
18	수소	1333-74-0	5,000	44	과염소산 암모늄	7790-98-9	3,500
19	산화에틸렌	75-21-8	1,000	45	디클로로실란	4109-96-0	1,000
20	포스핀	7803-51-2	500	46	디에틸 알루미늄 염화물	96-10-6	10,000
21	실란(Silane)	7803-62-5	1,000	47	디이소프로필 퍼옥시디카보네이트	105-64-6	3,500
22	질산(중량 94.5% 이상)	7697-37-2	50,000	48	불산(중량 10% 이상)	7664-39-3	10,000
23	발연황산(삼산화황 중량 65% 이상 80% 미만)	8014-95-7	20,000	49	염산(중량 20% 이상)	7647-01-0	20,000
24	과산화수소(중량 52%이상)	7722-84-1	10,000	50	황산(중량 20% 이상)	7664-93-9	20,000
25	톨루엔 디이소시아네이트 26471-62-5	91-08-7, 584-84-9	2,000	51	암모니아수(중량 20% 이상)	1336-21-6	50,000
26	클로로술폰산	7790-94-5	10,000				

비고

1. '인화성 가스'란 인화한계 농도의 최저한도가 13% 이하 또는 최고한도와 최저한도의 차가 12% 이상인 것으로서 표준압력(101.3㎪)에서 20℃에서 가스 상태인 물질을 말한다.

2. 인화성 가스 중 사업장 외부로부터 배관을 통해 공급받아 최초 압력조정기 후단 이후의 압력이 0.1MPa(계기압력) 미만으로 취급되는 사업장의 연료용 도시가스(메탄 중량성분 85% 이상으로 이 표에 따른 유해·위험물질이 없는 설비에 공급되는 경우에 한정한다)는 취급 규정량을 50,000kg으로 한다.

3. 인화성 액체란 표준압력(101.3㎪)에서 인화점이 60℃ 이하이거나 고온·고압의 공정운전조건으로 인하여 화재·폭발 위험이 있는 상태에서 취급되는 가연성 물질을 말한다.

4. 인화점의 수치는 태그밀폐식 또는 펜스키마르테르식 등의 밀폐식 인화점 측정기로 표준압력(101.3㎪)에서 측정한 수치 중 작은 수치를 말한다.

5. 유해·위험물질의 규정량이란 제조·취급·저장 설비에서 공정과정 중에 저장되는 양을 포함하여 하루 동안 최대로 제조·취급 또는 저장할 수 있는 양을 말한다.

6. 규정량은 화학물질의 순도 100%를 기준으로 산출하되, 농도가 규정되어 있는 화학물질은 그 규정된 농도를 기준으로 한다.

7. 사업장에서 다음 각 목의 구분에 따라 해당 유해·위험물질을 그 규정량 이상 제조·취급·저장하는 경우에는 유해·

위험설비로 본다.

가. 한 종류의 유해 · 위험물질을 제조 · 취급 · 저장하는 경우: 해당 유해 · 위험물질의 규정량 대비 하루 동안 제조 · 취급 또는 저장할 수 있는 최대치 중 가장 큰 값($\frac{C}{T}$)이 1 이상인 경우

나. 두 종류 이상의 유해 · 위험물질을 제조 · 취급 · 저장하는 경우: 유해 · 위험물질별로 가목에 따른 가장 큰 값($\frac{C}{T}$)을 각각 구하여 합산한 값(R)이 1 이상인 경우, 그 계산식은 다음과 같다.

$$R = \frac{C_1}{T_1} + \frac{C_2}{T_2} + \cdots\cdots + \frac{C_n}{T_n}$$

주) C_n: 유해 · 위험물질별(n) 규정량과 비교하여 하루 동안 제조 · 취급 또는 저장할 수 있는 최대치 중 가장 큰 값

　　T_n: 유해 · 위험물질별(n) 규정량

8. 가스를 전문으로 저장 · 판매하는 시설 내의 가스는 이 별표의 규정량 산정에서 제외한다.

(2) 공정안전보고서 내용(시행령 제44조)

공정안전보고서에는 ① 공정안전자료, ② 공정위험성평가서, ③ 안전운전계획, ④ 비상조치계획 등을 포함하여야 한다.

〈공정안전보고서에 포함되어야 할 내용〉

분야 (시행령 제44)	세부 내용(시행규칙 제50조)
1. 공정안전자료	㉮ 취급 · 저장하고 있는 유해 · 위험물질의 종류, ㉯ 유해 · 위험물질에 대한 물질안전보건자료, ㉰ 유해 · 위험설비의 목록 및 사양, ㉱ 유해 · 위험설비의 운전방법을 알 수 있는 공정도면, ㉲ 각종 건물 · 설비의 배치도, ㉳ 폭발위험장소 구분도 및 전기단선도, ㉴ 위험설비의 안전설계 · 제작 및 설치 관련 지침서 등
2. 공정위험성 평가서	공정위험성평가서 및 잠재위험에 대한 사고예방 · 피해최소화 대책 ※ 공정위험성평가서는 공정의 특성을 고려하여 체크리스트 · 상대위험순위 결정 등 12가지 위험성 평가기법 중 한 가지 이상을 선정하여 위험성평가를 실시한 후 그 결과에 따라 작성 ※ 사고예방 · 피해최소화 대책은 위험성평가결과 잠재위험이 있다고 인정되는 경우에 한해 작성
3. 안전운전계획	㉮ 안전운전지침서, ㉯ 설비점검 · 검사 및 보수계획, ㉰ 유지계획 및 지침서, ㉱ 안전작업허가, ㉲ 도급업체관리, ㉳ 근로자교육, ㉴ 가동전 점검지침, ㉵ 변경요소 관리, ㉶ 자체감사, ㉷ 사고조사계획 등
4. 비상조치계획	㉮ 비상조치를 위한 장비인력보유현황, ㉯ 사고 발생 시 비상연락체계, ㉰ 조직의 임무 및 수행절차, ㉱ 비상조치계획에 따른 교육계획, ㉲ 주민홍보계획 등

(3) 제출절차 등

해당 설비를 설치 · 이전하거나 주요 구조부분[1011]을 변경하고자 하는 경우에는 해당 설비의 설치 · 이전 또는 주요 구조 부분의 변경공사 착공일 30일 전까지 자격 있는 작성자[1012]가 작성한

1011　공정안전보고서의 제출 · 심사 · 확인 및 이행상태평가 등에 관한 규정」(고시) 제2조제1항제1호
· 생산량의 증가, 원료 또는 제품의 변경을 위하여 반응기(관련 설비 포함)를 교체 또는 추가로 설치하는 경우
· 변경되는 생산설비 및 부대설비의 해당 전기정격용량의 300킬로와트 이상 증가한 경우(유해 · 위험물질의 누출 · 화재 · 폭발과 무관한 자동화창고 · 조명설비 등은 제외한다)
· 플레어스택을 설치 또는 변경하는 경우
1012　「공정안전보고서의 제출 · 심사 · 확인 및 이행상태평가 등에 관한 규정」(고시) 제6조제1항: 다음 각 호의 1에 해당하는 자로서 안전보건공단에서 관련 교육을 28시간 이상 이수한 자 1명 이상이 포함되어야 한다.
① 기계, 금속, 화공, 요업, 전기, 전자, 안전관리 또는 환경분야 기술사 자격을 취득한 자, ② 기계, 전기 또는 화공안전분야의 산업안전지도사 자격을 취득한 자, ③ ①호 관련 분야 기사 자격을 취득한 자로서 해당 분야에서 7년 이상 근무한 경력이 있는 자,

공정안전보고서 2부를 공단에 제출하여야 한다. (시행령 제45조 및 시행규칙 제51조) 공정안전보고서 작성 시에는 산업안전보건위원회의 심의를 거쳐야 한다. (법 제44조제2항) 「고압가스안전관리법」 제2조에 따른 고압가스를 사용하는 단위공정설비에 관한 것인 경우로서 해당 사업주가 같은 법 제11조 및 제13조의2에 따른 안전관리규정 및 안전성향상계획을 작성하여 안전보건공단 및 가스안전공사가 공동으로 검토·작성한 의견서를 첨부하여 허가관청에 제출한 때에는 해당 단위공정 설비에 관한 공정안전보고서를 제출한 것으로 간주한다. (시행령 제45조제2항)

(4) 심사 및 조치

안전보건공단은 접수일로부터 30일 이내에 심사하고 그 결과를 사업주에게 송부한다. (시행규칙 제52조제1항) 사업주는 송부받은 날부터 5년간 보존하여야 한다. 사업주는 공정안전보고서를 사업장에 갖춰두어야 한다. (법 제45조제2항) 사업주 및 근로자는 공정안전보고서의 내용을 지켜야 한다. (법 제46조제1항) 공정안전보고서를 심사·확인받은 시설(해당 유해·위험설비)은 법 제43조에 따른 유해·위험방지계획서 제출의무가 면제된다. (법 제42조제3항)

1) 심사결과 구분 및 조치

심사결과에 따라 ① 적정: 보고서 심사기준을 충족시킨 경우, ② 조건부적정: 보고서 심사기준을 대부분 충족하고 있으나 부분적으로 보완이 필요하다고 판단할 경우, ③ 부적정: 보고서 심사기준을 만족시키지 못한 경우로 구분 판정한다.

'부적정 판정'을 한 경우에는 해당 사업주에게 구체적 사유를 기재한 심사결과와 접수된 보고서를 반려하고 이를 「중대산업사고예방센터」의 장에게 보고하여야 한다. 「중대산업사고

---

④ ①호 관련 분야 산업기사 자격을 취득한 자로서 해당 분야에서 9년 이상 근무한 경력이 있는 자, ⑤ 4년제 이공계 대학을 졸업한 후 해당 분야에서 9년 이상 근무한 경력이 있는 자 또는 2년제 이공계 대학을 졸업한 후 해당 분야에서 11년 이상 근무한 경력이 있는 자

예방센터」의 장은 필요한 조치를 할 수 있다. 고용노동부장관은 근로자의 안전과 보건의 유지·증진을 위하여 필요하다고 인정하는 경우에는 해당 공정안전보고서의 변경을 명할 수 있다. (법 제46조제5항)

(5) 이행 확인 및 조치

사업주는 공정안전보고서의 이행 여부에 대하여 시기별로 확인을 받아야 한다. (법 제46조제2항, 시행규칙 제53조)

① 신규로 설치될 때 유해·위험설비에 대해서는 설치과정 및 설치 완료 후 시운전 단계에서 각 1회

② 기존(법 시행 이전)에 설치되어 사용 중인 유해·위험설비에 대해서는 심사완료 후 6개월 이내

③ 유해·위험설비와 관련한 공정의 '중대한 변경'의 경우에는 변경완료 후 1개월 이내

④ 유해·위험설비 또는 이와 관련된 공정에 중대한 사고 또는 결함이 발생한 경우에는 1개월 이내

확인은 안전보건공단에서 실시한다. 다만, 화공안전분야 산업안전지도사 또는 대학에서 조교수 이상의 직에 재직하고 있는 자로서 화공 관련 교과서를 담당하고 있는 자로 하여금 자체감사를 실시하게 하고 그 결과를 공단에 제출할 수 있다. (시행규칙 53조제1항 단서)

주요사항이 현장과 일치하지 않는 경우 '부적합' 판정하고, 현장과 불일치하나 안전상 문제가 없는 경우 '조건부적합' 판정을 한다. 중대산업사고 예방센터의 장은 부적합 사항에 대해 사업주에게 변경계획의 작성을 명할 수 있다. 시정명령을 받은 사업주는 15일 이내에 변경계획을 작성하여 지방고용노동관서의 장에게 제출하여야 한다.

(6) 공정안전보고서 이행상태 평가

보고서의 심사완료 후 1년 이내에 이행상태에 대한 평가(신규평가)를 하고 신규평가 후 매 4년마다 평가(정기평가)를 한다. (법 제46조제4항, 시행규칙 제54조) 이행상태평가는 사업장 단위로 평가함을 원칙으로 한다. 다만, 사업장의 규모가 크고 단위공장별로 공정안전관리체제를 구축·운영하고 있는 사업장에서 요청하는 경우 단위공장별로 이행상태를 평가 가능하다. 중대산업사고예방센터는 이행상태 평가를 실시하고 평가는 사업장을 방문하여 사업주 등 관계자 면담, 보고서 및 이행관련 문서 확인, 현장 확인 등 현장실사로 한다. 평가결과는 4개 등급(P, S, M+, M-[1013])으로 구분한다. 이행상태 평가 결과 공정안전보고서의 내용의 변경사유에 대한 보완 상태가 불량한 사업장의 사업주에 대하여 공정안전보고서를 다시 제출하도록 명할 수 있다. (법 제46조제5항)

1013 　– P등급(우수): 환산점수의 총합이 90점 이상
– S등급(양호): 환산점수의 총합이 80점 이상 90점 미만
– M+등급(보통): 환산점수의 총합이 70점 이상 80점 미만
– M-등급(불량): 환산점수의 총합이 70점 미만

법 제119조는 석면함유 건축물이나 설비의 철거·해체 작업으로 인한 근로자의 건강장해예방을 위해 건축물이나 설비를 철거·해체하려는 경우에는 작업 전 해당 건축물이나 설비에 대하여 석면 함유 여부 등을 조사하도록 한다. 석면조사의 의무 주체는 산업안전보건법에 의한 사업주가 아닌 해당 건축물이나 설비의 소유주 또는 임차인[1014]이 된다. 법 위반 시 최고 5천만 원의 과태료가 부과된다.

(1) 석면조사 대상

모든 건축물이나 설비를 철거·해체하려는 경우에는 석면조사를 실시하여야 하며, 일정규모 이상은 기관석면조사기관에 의하여 석면조사를 실시하여야 한다. (법 제119조제2항, 시행령 제89조)「석면안전관리법」등 다른 법률에 따라 건축물이나 설비에 대하여 석면조사를 실시한 경우 규정에 따라 실시한 것으로 본다. (법 제119조제3항) 건축물·설비소유주등이 일반석면조사 또는 기관석면조사를 하지 아니하고 건축물이나 설비를 철거하건 해체하는 경우에는 석면조사 이행명령 또는 작업중지 조치명령을 할 수 있다. (법 제119조제4항)

1) 기관석면조사기관에 의한 조사 대상(법 제119조제2항, 시행령 제89조)

○ 건축물(주택 및 그 부속건축물 제외)의 연면적 합계[1015]가 50㎡ 이상이면서, 그 건축물의

1014 '건축물이나 설비의 소유주 또는 임차인 등'은 해당 건축물이나 설비의 철거권한과 의도가 있어야 하는 바 건축물 소유주, 임차인, 사업시행자, 재개발 조합 등이 이에 해당됨(석면해체·제거업자는 해당되지 않는다)
1015 여러 층으로 이루어진 건물의 경우 각층의 바닥 면적을 합한 수치이며, 여러 동의 건물들을 철거할 경우 해당 건물들의 바닥면적을 모두 합한 수치를 의미한다.

철거·해체하려는 부분의 면적 합계가 50㎡ 이상인 경우

○ 주택(「건축법 시행령」 제2조제12호에 따른 부속건축물[1016] 포함)의 연면적 합계가 200㎡ 이상이면서, 그 주택의 철거·해체하려는 부분의 면적 합계가 200㎡ 이상인 경우

○ 설비의 철거·해체하려는 부분에 자재(단열재, 보온재, 분무재, 내화피복재, 개스킷, 패킹재, 실링재, 기타 그와 유사한 용도로 사용된 자재로서 고용노동부장관이 고시하는 자재)를 사용한 면적의 합이 15㎡ 이상 또는 부피의 합이 1㎥ 이상인 경우

○ 파이프 길이의 합이 80m 이상이면서, 그 파이프의 철거·해체 부분의 보온재로 사용된 길이 합이 80m 이상인 경우

(2) 석면조사 방법 등

1) 일반 석면조사(법 제119조제1항, 안전보건규칙 제488조)

철거·해체 작업 전에 해당 건축물이나 설비에 석면 함유 여부를 석면이 함유된 자재의 종류, 위치 및 면적을 육안, 설계도서, 자재이력 등을 통하여 조사한다. 해당 건축물이나 설비의 석면함유 여부가 명확하지 않은 경우는 성분분석을 통하여 석면함유 여부를 조사하여야 한다.

2) 석면조사기관에 의한 석면조사(법 제119조제2항, 시행규칙 제176조)

○ 건축도면, 설비제작도면 또는 사용자재의 이력 등을 통하여 석면 함유 여부에 대한 예비조사를 할 것

○ 건축물이나 설비의 해체·제거할 자재 등에 대하여 성질과 상태가 다른 부분들을 각각 구분할 것

○ 시료채취는 성질과 상태가 다른 부분들로 구분한 자재의 각각에 대하여 그 크기를 고려

1016 같은 대지에서 주된 건축물과 분리된 부속용도의 건축물로서 주된 건축물을 이용 또는 관리하는 데 필요한 건축물을 말한다.

하여 채취 수를 달리하여 조사할 것

 - 이 경우 고형시료를 1개만 채취·분석하는 경우에는 그 1개의 결과를 기준으로 해당 부분의 석면함유 여부를 판정하여야 하며, 2개 이상의 고형 시료를 채취·분석하는 경우에는 석면함유율이 가장 높은 결과를 기준으로 해당 부분의 석면함유 여부를 판정[1017]

(3) 석면조사 결과 보존

○ (일반석면조사를 한 건축물이나 설비의 소유주 등) 해당 건축물이나 설비를 해체하거나 제거하는 작업이 종료될 때까지 보존(법 제119조제1항, 제164조제1항3호)

○ (기관석면조사를 한 건축물이나 설비의 소유주 등과 석면조사기관) 그 결과에 관한 서류를 3년간 보존(법 제119조제2항, 제164조제1항3호)

(4) 석면조사 생략대상 및 신청

기관석면조사 대상 중 다음 사항의 경우에는 지방고용노동관서의 장에게 확인신청서를 제출하여 확인을 받은 후 석면조사를 생략할 수 있다.(법 제119조제2항, 시행규칙 제175조)

1) 조사생략 대상

① 건축물이나 설비의 철거·해체 부분에 사용된 자재가 설계도서 등 관련 자료를 통해 석면이 함유되지 않음이 명백하다고 인정되는 경우

② 건축물이나 설비의 철거·해체 부분에 석면이 1% 초과하여 함유된 자재를 사용하였음이 명백하다고 인정되는 경우

1017 「석면조사 및 안전성 평가 등에 관한 고시」 참조

③「석면안전관리법」등 다른 법률에 따라 석면조사를 실시하고 지방고용노동관서의 장에게 확인신청서를 제출한 경우(법 제1198조제3항, 시행규칙 제175조제2항)

2) 신청 및 처리

「석면조사의 생략대상 확인신청서」(시행규칙 별지 제74호서식)에 해당되는 서류를 첨부하여 관할 지방고용노동관서의 장에게 제출한다. (시행규칙 제175조제1항) 지방고용노동관서의 장은 접수된 날부터 20일 이내에 신청인에게 결과 통지한다. (시행규칙 제175조제3항)

신청대상	첨부 서류
석면이 함유되어 있지 않은 경우	• 석면조사기관의 확인서 • 설계도서, 건축자재 목록, 건축물 안팎 및 자재 사진, 자재 성분 분석표(생산회사 발급) 등 증명자료
석면이 1% 초과하여 함유되어 있다고 인정하는 경우	• 공사계약서(자체공사인 경우에는 공사계획서)
「석면안전관리법」에 따라 석면조사를 실시한 경우	• 석면조사 결과서

(5) 석면조사기관의 지정

일정 규모 이상의 건축물이나 설비에 대한 석면조사를 할 수 있는 석면조사기관은 고용노동부장관에게 지정을 받아야 한다. (법 제120조제2항) 석면조사기관으로 지정받을 수 있는 자는 ① 국가 또는 지방자치단체의 소속기관, ②「의료법」에 따른 종합병원 또는 병원, ③「고등교육법」제2조제1호부터 제6호까지의 규정에 따른 대학 또는 그 부속기관, ④ 석면조사 업무를 하려는 법인으로서 고용노동부령이 정하는 인력·시설 및 장비기준을 갖추고 석면조사 능력 평가(정도관리[1018])에 적합판정을 받아야 한다. (시행령 제91조) 석면조사의 정확성과 신뢰성을 확보하기 위하여 석면조사기관은 고용노동부장관이 실시하는 정도관리(精度管理)를 매년 1회 받도록 하고 있다. (법 제120조제2항)

1018　'고형시료 중 석면분석'과 '공기 중 석면계수 분석' 2개 분야 모두 적합판정을 받아야 한다.

④ 석면해체·제거작업

법 제121조에서 제124조까지 석면이 함유된 건축물이나 설비를 철거하거나 해체와 관련된 규정을 두고 있다. 법 제123조는 석면 함유 건축물이나 설비를 철거·해체하는 자는 「산업안전보건기준에 관한 규칙」에서 정하는 '석면해체·제거작업기준'을 준수하도록 하고 있다. 일정 규모 이상일 경우에는 지정된 석면조사기관이 조사하여야 한다. 또한 일정 규모 이상 석면이 함유된 건축물·설비를 해체·제거하는 경우에는 고용노동부장관에게 등록한 전문 석면해체·제거업자를 통해 작업하도록 규정하고 있다. (법 제122조제1항) 석면해체·제거작업 전에 작업신고, 작업 종료 후에는 공기 중 석면농도 측정결과를 제출하여야 한다. (법 제124조)

(1) 석면해체·제거작업 기준

안전보건규칙 제489조에서 제497조까지 준수하여야 한다. 작업 기준 위반 시에는 3년 이하의 징역 또는 3천만 원 이하의 벌금에 처한다. 해체작업을 하는 근로자는 작업기준에 따라 근로자에게 한 조치사항을 준수하여야 한다. (법 제123조제2항)

(2) 석면해체·제거업자에 의한 석면해체·제거

등록된 석면해체·제거업자에 의해 석면 해체·제거작업을 하여야 한다. 법 위반 시 5년 이하의 징역 또는 5천만 원 이하의 벌금에 처한다. 해당 건축물이나 설비에 대하여 석면조사를 실시한 기관은 해체·제거작업을 할 수 없다. 다만, 건축주 스스로 석면해체·제거업자의 등록요건(인력·시설 및 장비)을 갖추고 증명서류를 첨부해 작업신고를 하는 경우에는 건축주가 직접

해체·제거작업을 할 수 있다.

1) 대상(시행령 제94조제1항)

① 철거·해체하려는 벽체재료, 바닥재, 천장재 및 지붕재 등의 자재에 석면이 1%(무게 퍼센트)를 초과하여 함유되어 있고 그 자재의 면적의 합이 50㎡ 이상인 경우

② 분무재, 내화피복재에 석면이 1%(무게 %)를 초과 함유된 경우

③ 석면이 1%(무게 퍼센트)를 초과하여 함유된 제89조제1항제3호 각 목 어느 하나에 해당하는 물질 및 자재의 면적의 합이 15㎡ 이상 또는 그 부피의 합이 1㎡ 이상인 경우

④ 파이프에 사용된 보온재에 석면이 1%(무게 퍼센트)를 초과하여 함유되어 있고, 그 보온재 길이의 합이 80m 이상인 경우

2) 신고절차

석면해체·제거작업 시작 7일 전까지 석면해체·제거작업장 소재지 관할 지방고용노동관서의 장에게 ① 공사계약서 사본, ② 석면해체·제거작업계획서(비산방지 방법 및 폐기물 처리방법 포함), ③ 석면조사 결과서를 첨부하여 석면해체·제거작업신고서(시행규칙 별지 제77호서식)에 제출하여야 한다.(시행규칙 제181조) 신고서 내용이 변경[1019]된 경우에는 지체 없이 변경신고한다.(별지 제78호서식, 시행규칙 제181조제2항)

신고서(또는 변경신고서)는 받은 날로부터 7일 이내에 「석면해체·제거작업신고(변경) 증명서」를 발급[1020]하거나 보완명령한다.(시행규칙 제181조제3항, 제4항)

1019   변경신고대상: 석면해체·제거작업 신고서에 기재한 사항 중 해체기간, 석면함유자재(물질)의 종류 및 면적, 작업근로자에 변경이 발생되는 경우

1020   석면해체·제거작업 신고는 해당 서류가 행정청에 도달 또는 수리하여 그 효력이 발생하는 일반적 신고와 달리 작업절차, 작업방법, 개인보호구·시설·장비의 목록, 작업근로자의 건강진단 실시 여부, 비산방지 및 폐기물 처리방법 등 작업계획서의 적정 여부 등을 검토하여 적정하다고 판단되는 경우 신고증명서를 교부하고 있다.

(3) 석면농도 기준준수

석면해체·작업이 완료된 후 해당 작업장(실내 작업장에 한한다)의 공기 중 석면농도를 자격자[1021]로 하여금 측정[1022]하여 그 농도가 0.01개/㎤ 이하가 되도록 하고, 측정결과를 지방고용노동관서의 장에게 제출하여야 한다. (법 제124조제1항) 건축물·설비소유주등은 석면해체·제거작업 완료 후에도 작업장의 공기 중 석면농도가 기준을 초과한 경우 해당 건축물이나 설비를 철거하거나 해체해서는 아니 된다. (법 제124조제3항) 위반 시 5천만 원 이하의 과태료를 부과한다. (법 제175조)

(4) 석면해체·제거업자 등록 등

석면해체·제거업자는 인력 및 시설을 갖추어 등록(시행령 제92조)하여야 하고 작업의 신뢰성을 유지하기 위하여 평가기준에 따라 매년 ① 석면 해체·제거작업기준의 준수 여부, ② 장비의 성능, ③ 보유인력의 교육이수, 능력개발 등 석면해체·제거작업 안전성에 대해 평가를 받아야 한다. 평가결과는 공표할 수 있다. (법 제121조제2항, 「석면조사 및 안전성평가 등에 관한 고시」) 석면해체·제거업자는 석면해체·제거작업 전 고용노동부장관에게 신고한 석면해체·제거작업에 관한 사항 중 ① 석면해체·제거작업장의 명칭 및 소재지, ② 석면해체·제거작업 근로자의 인적사항(성명, 생년월일 등을 말한다), ③ 작업의 내용 및 작업 기간을 기재한 서류를 30년간 보존하여야 한다. (법 제164조제6항)

1021   석면농도를 측정할 수 있는 자의 자격(시행규칙 제184조): 석면조사기관에 소속된 산업위생관리산업기사 또는 대기환경산업기사 이상의 자격을 가진 사람, 작업환경측정기관에 소속된 산업위생관리산업기사 이상의 자격을 가진 사람
1022   석면농도 측정방법(시행규칙 제185조)
① 석면해체·제거작업장 내의 작업이 완료된 상태를 확인한 후 공기가 건조한 상태에서 측정할 것
② 작업장 내에 침전된 분진을 비산시킨 후 측정할 것
③ 시료채취기를 작업이 이루어진 장소에 고정하여 공기 중 입자상물질을 채취하는 지역시료채취방법으로 측정할 것

● 상세 해설

(1) 유해위험방지계획서 제출방법

> **제42조(유해·위험 방지계획서의 작성·제출 등)** ① 사업주는 다음 각 호의 어느 하나에 해당하는 경우에는 이 법 또는 이 법에 따른 명령에서 정하는 유해·위험 방지 사항에 관한 계획서(이하 '유해·위험방지계획서'라 한다)를 작성하여 고용노동부령으로 정하는 바에 따라 고용노동부장관에게 제출하고 심사를 받아야 한다. 다만, 제3호에 해당하는 사업주 중 산업재해 발생률 등을 고려하여 고용노동부령으로 정하는 기준에 해당하는 사업주는 유해위험방지계획서를 스스로 심사하고, 그 심사결과서를 작성하여 고용노동부장관에게 제출하여야 한다.
> 1. 대통령령으로 정하는 사업의 종류 및 규모에 해당하는 사업으로서 해당 제품의 생산공정과 직접적으로 관련된 건설물·기계·기구 및 설비 등 일체를 설치·이전하거나 그 주요 구조부분을 변경하려는 경우
> 2. 유해하거나 위험한 작업 또는 장소에서 사용하거나 건강장해를 방지하기 위하여 사용하는 기계·기구 및 설비로서 대통령령으로 정하는 기계·기구 및 설비를 설치·이전하거나 그 주요구조 부분을 변경하려는 경우
> 3. 대통령령으로 정하는 크기 높이 등에 해당하는 건설공사를 착공하려는 경우
> ② 제1항제3호에 따른 건설공사를 착공하려는 사업주(제1항 각 호 외의 부분 단서에 따른 사업주는 제외한다)는 유해위험방지계획서를 작성할 때 건설안전 분야의 자격 등 고용노동부령으로 정하는 자격을 갖춘 자의 의견을 들어야 한다.
> ③ 제1항에도 불구하고 사업주가 제44조제1항에 따라 공정안전보고서를 고용노동부장관에게 제출한 경우에는 해당 유해·위험설비에 대해서는 유해위험방지계획서를 제출한 것으로 본다.
> ④ 고용노동부장관은 제1항 각 호 외의 부분 본문에 따라 제출된 유해위험방지계획서를 고용노동부령으로 정하는 바에 따라 심사하여 그 결과를 사업주에게 서면으로 알려 주어야 한다. 이 경우 근로자의 안전 및 보건의 유지·증진을 위하여 필요하다고 인정하는 경우에는 해당 작업 또는 건설공사를 중지하거나 유해위험방지계획서를 변경할 것을 명할 수 있다.
> ⑤ 제1항에 따른 사업주는 제1항 각 호 외의 부분 단서에 따라 스스로 심사하거나 제4항 전단에 따라 고용노동부장관이 심사한 유해위험방지계획서와 그 심사결과서를 사업장에 갖추어 두어야 한다.
> ⑥ 제1항제3호에 따른 건설공사를 착공하려는 사업주로서 제5항에 따라 유해위험방지계획서 및 그 심사결과서를 사업장에 갖추어 둔 사업주는 해당 건설공사의 공법의 변경 등으로 인하여 그 유해위험방지계획서를 변경할 필요가 있는 경우에는 이를 변경하여 갖추어 두어야 한다.

1) 제출시기

유해·위험방지계획서를 제출하고자 하는 사업주는 동 계획서를 공사의 착공 전일까지 제출토록 하고 있고, 시행규칙 제42조제3항에서는 '착공'이라 함은 유해·위험방지계획서 작성대상

시설물 또는 구조물의 공사를 시작하는 것을 말한다.[1023] 가설 사무실 축조, 진입도로 설치 등 본 공사 준비기간은 유해위험방지계획서 작성제출시점인 '착공'일로 보지 않는다.[1024]

2) 제출대상

굴착 깊이를 기준으로 할 경우 10m 이상은 해당되나, 건축공사 중 집수정, 엘리베이터 피트, 정화조 등의 설치공사와 같이 굴착 부분이 작아 전체 굴착면적의 1/8 미만인 경우라면 굴착 깊이가 10.5m를 초과한다고 하여도 유해·위험방지계획서 제출대상에서 제외한다.[1025][1026][1027] 굴착

1023　【질의】높이 31m 이상인 건축물로서 산업안전보건법시행규칙 제121조에 공사착공 전일까지 유해위험방지계획서를 제출토록 되어 있는데 제출시기가 언제인지? 갑) 계약서에 명시된 공사 전일; 을) 터파기공사 전일까지; 병) 높이 31m 대상구조물 기초공사 전일까지; 정) 높이 31m는 G.L(Ground Level) 기준이므로 G.L 지점까지 구조물이 올라오는 전일까지
☞ (회시) 유해·위험방지계획서 제출시기는 전체 공사의 착공이 아닌 심사대상 시설물의 착공 전을 말한다.(산안(건안) 68307-15, 2001.1.6.)

1024　【질의】우리 현장은 유해·위험방지 계획서 작성 및 심사 대상 사업장으로 2012년 6월 25일부터 착공계를 제출하여 시공하고 있습니다. 지금 공사를 하고 있는 내용은 가설 사무실 축조, 진입도로 설치, 공사부지 성토 작업이 이루어지고 있고 유해·위험방지 계획서 작성 대상 공종은 굴착 깊이가 10.5m 이상으로 2012년 10월부터 작업 예정.
이번 저희 회사가 2012년 8월 1일부터 유해·위험방지 계획서 자체 심사 대상으로 지정되어 유해·위험방지 계획서를 작성하여 한국산업안전보건공단에 심사를 의뢰하여야 하는지 아니면 자체 심사하여 공단에 결과서만 제출하면 되는지 여부?
☞ (회시) 산업안전보건법 제48조제3항에 따라 일정 규모 이상의 공사를 착공하려고 하는 사업주는 유해·위험방지계획서를 작성하여 해당 공사의 착공 전날까지 제출하여야 하며, 자체심사 및 확인업체의 경우 유해·위험방지계획서를 스스로 심사하여 해당 공사의 착공 전날까지 자체심사서를 제출하여야 한다.(산업안전보건법 시행규칙 제121조제6항)
귀 질의와 같이 자체심사 및 확인업체로 지정되기 전 '가설사무소 설치, 진입도로 설치, 공사부지 성토' 등 공사 준비작업만 진행하고 아직 유해·위험방지계획서 대상 공사를 착공하지 않았다면 자체심사 및 확인업체로 지정된 이후 착공 전날까지 '유해·위험방지계획서 자체심사서'를 안전보건공단에 제출하면 될 것이다.(국민신문고, 2012.7.26.)

1025　【질의】굴착 깊이는 8.3m인 지하차도 공사로서 배수 목적인 집수정 부분의 굴착 깊이가 13.104m인 경우 유해·위험방지계획서를 제출하여야 하는지 여부?
☞ (회시) 산업안전보건법 제48조 및 동법 시행규칙 제120조 규정에 의한 유해·위험방지계획서 제출대상 공사는 동 조 제4항에서 정하는 '노동부령이 정하는 규모의 사업'에 해당하는 공사를 말하고 위 규정에 의거 굴착 깊이가 10m 이상이라면 유해·위험방지계획서 제출대상이나, 집수정의 굴착면적이 1/8 미만인 경우라면 제외가능하다.(산안(건안) 68307-10124, 2001.4.7.)

1026　【질의】당 현장은 서울 서남권 ○○○○시장 앞 지하차도 건설공사 현장으로서 평균 굴착 깊이가 9.52m이며, 배수목적인 집수정 부분의 굴착 깊이가 15.4m인 경우 유해·위험방지계획서를 제출하여야 하는지 여부?
☞ (회시) 산업안전보건법시행규칙 제120조제4항제6호의 규정에 의한 깊이가 10.5m 이상 굴착공사라 함은 지표면에서 최종 굴착저면까지의 깊이를 말하며, 집수정, 정화조 등의 설치공사와 같이 굴착 부분이 작아 전체 면적의 1/8 미만인 경우라면 동 부분은 제외하도록 하고 있다. 따라서 위 기준을 적용하였을 경우 굴착 깊이 10.5m 미만이면 유해·위험방지계획서의 제출대상이 아니다.(산안(건안) 68307-10183, 2002.5.3.)

1027　【질의】지하차도 건설현장으로 굴착을 개착식(흙막이로 시공하지 않고 사면 굴착)으로 시공을 하는데 지하차도의 가장 깊은 부분은 9m이고 집수정만 13.5m인데 유해·위험방지계획서 제출 대상에 해당되는지?
☞ (회시) 산업안전보건법 시행규칙 제120조제4항제6호의 규정에 의한 깊이가 10m 이상인 굴착공사라 함은 지표면에서 최종 굴착저면까지의 깊이를 말하며, 집수정, 정화조 등의 설치공사와 같이 굴착 부분이 넓지 않아 전체 굴착면적의 1/8 미만인 경우라면 굴착 깊이가 10m를 초과하여도 유해·위험방지계획서를 제출하지 않아도 된다.(산업안전팀-1608, 2007.4.2.)

깊이의 기준은 통상 지표(GL)를 기준으로 한다.[1028] 지상 높이 또한 지표면을 기준으로 한다.[1029]

가중 평균한 굴착 깊이가 10m 미만이라도 이상이고, 10m 이상 깊이에 해당하는 굴착면적이 1/8을 초과하는 경우 유해위험방지계획서 제출대상 공사에 해당한다.[1030]

유해위험방지계획서 제출대상의 높이는 건축법상의 건축물의 높이로 산정하나 건축물 전체에 필로티가 설치되어 있는 경우에는 필로티의 층고를 포함하여 높이를 산정한다. 옥탑 등의 면적이 당해 건축물 건축면적의 1/8을 넘는 경우에는 포함한다.[1031]

산업안전보건법 제42조의 규정에 의하여 고용노동부령이 정하는 업종 및 규모에 해당하는 사업주가 제출하여야 하는 유해·위험방지계획서는 당해 사업과 관계있는 건설물·기계·기구 및 설비 등을 설치·이전하거나 그 주요부분을 변경하는 경우에 한하고 있다. 따라서 신축이나 주요 구조부 변경공사가 아닌 부분적 보수공사의 경우에는 유해위험방지계획서 제출대상이 아니다.[1032]

1028 【질의】산업안전보건법 제48조 및 시행규칙 제120조의 '깊이가 10.5m 이상인 굴착공사'에서 기존의 산을 절취하여 학교건물을 시공할 경우 건물 굴착 깊이 10.5m라 함은 절취작업 부분이 포함되는지 굴착 깊이의 기준이 G.L선인지 아니면 절취한 부분의 최고 높이인지?

☞ (회시) 유해·위험방지계획서 제출대상인 '깊이가 10.5m 이상인 굴착공사'라 함은 지표 (귀 질의의 G.L) 이하로 굴착한 깊이를 말하며, 절취해야 할 부분의 높이는 굴착 깊이에 산입되지 아니한다.(산안(건안) 68307-10564, 2001.11.22.)

1029 【질의】유해·위험방지계획서 제출대상 건축물의 높이를 산정함에 있어 건축법 시행령 제119조제1항제5호가목(1)의 "건축물의 대지에 접하는 전면도로의 노면에 고저차가 있는 경우에 당해 건축물이 접하는 범위의 전면도로부분의 수평거리에 따라 가중 평균한 높이의 수평면을 전면도로면으로 본다."에 준하여 산정된 건축물의 높이가 26.3m이고, 최고지반고에서 최고높이는 21.1m, 최저지반고에서의 최고높이는 32.5m일 때 유해·위험방지계획서 제출대상 여부?

☞ (회시) 유해·위험방지계획서 제출대상 공사 중 '지상높이 31m 이상인 건축물 공사'를 적용하는 데 있어 대지의 고저차로 지상높이가 상이한 경우에는 지표면을 가중 평균하여 높이를 산정하는 것으로, 귀 질의의 공사가 동 기준을 적용하였을 경우 31m 미만이면 유해·위험방지계획서 제출대상에서 제외된다.(산안(건안) 68307-10147, 2002.4.10.)

1030 【질의】종교시설 신축공사의 가중 평균 굴착 깊이는 10m 미만이지만 설계도면상 최대 굴착 깊이가 10.36m이고 10m 이상 깊이에 해당하는 굴착면적이 전체의 1/8을 초과하는 경우 유해·위험방지계획서 제출대상에 해당하는지 여부?

☞ (회시) 종교시설 신축공사 현장이 가중 평균 굴착 깊이는 10m 미만이지만, 설계도면상 최대 굴착 깊이가 10.36m로 10m 이상이고 10m 이상이 되는 면적이 전체 굴착면적의 1/8을 초과한다면 동 공사는 산업안전보건법 제48조제3항에 따른 유해·위험방지계획서 제출대상 공사에 해당한다.(안전보건정책과-289, 2011.1.20.)

1031 건축물의 옥상에 설치되는 승강기탑·계단탑·망루·장식탑·옥탑 등으로서 그 수평투영면적의 합계가 당해 건축물 건축면적의 1/8(주택법 제16조제1항의 규정에 의한 사업계획승인 대상인 공동주택 중 세대별 전용면적이 85㎡ 이하인 경우에는 6분의 1) 이하인 경우로서 그 부분의 높이가 12m를 넘는 경우에는 그 넘는 부분에 한하여 당해 건축물의 높이에 산입토록 하고 있다.

따라서 옥탑 등의 높이가 14m일 경우 그 옥탑 등의 면적이 1/8이 넘는 경우는 14m가 전체 높이에 산입되고, 1/8 이하인 경우는 2m만 높이에 산입된다.(국민신문고, 2012.5.30.)

1032 【질의】지상높이 31m 이상에서 단순보수공사로 기존 건축물에 보강타일부착과 외부 도장작업을 하는 경우 유해·위험방지계획서를 제출하여야 하는지 여부?

☞ (회시) 귀 질의의 경우 작업수행 내용이 제출대상 건축물의 설치 및 해체 또는 주요부분의 변경이 아닌 기존 건축물의 내부보호를 위한 보강타일 부착 및 외부도장작업에 해당하는 정도라면 위 규정에 의한 유해·위험방지계획서 제출대상은 아닌 것이

유해·위험방지계획서 제출대상인 터널공사라 함은 '지표면하에 위치하여 소정의 형상과 치수를 가진 지하구조물을 건설하는 공사로 그 내공단면적이 2㎡ 이상 되는 것'을 말한다.[1033] 이는 터널내부에서 굴착작업을 하는 근로자의 위험을 방지하고자 함이 목적이다. 지표면을 개착하는 경우 터널공사에 해당하지 않는다.[1034]

3) 추가된 공사

추가된 공사의 유해·위험방지계획서를 작성 제출하여야 하는지는 해당 공사가 기존에 제출한 계획서에 포함되어 있는지 여부에 따라 달라진다.[1035]

「공동도급 분담이행방식」에 따라 수행하는 공사라 함은 각 참여 회사들이 공사를 분할하여 각각의 분담공사에 대해 책임을 지고 시공하는 경우를 말하는 것으로 산업안전보건법의 규정에 의한 유해·위험방지계획서의 작성·제출도 각각 이루어져야 한다.[1036]

다.(산안(건안) 68307-10144, 2001.4.18.)

1033 【질의】농토현장에서 수로를 만들기 위해 강관을 유압쟈키로 밀어 넣은 후 강관 내부의 토사를 반출하고 본 수로용 흄관을 설치하는 공사(28m)에서 강관의 지름이 3m인 관계로 내공 단면적이 2㎡를 초과하는 경우에 강관을 밀어내고 그 내부의 토사를 제거한 다음 흄관을 설치하는 공사를 터널로 적용하여 유해·위험방지계획서를 작성해야 하는지?
☞ (회시) 귀 질의와 같이 지름이 3m인 강관(2㎡ 이상에 해당)을 지표면하에 밀어 넣은 후 근로자가 강관 내부에 들어가 토사굴착 및 본 수로용 흄관을 설치하는 경우 터널공사로 보아 유해·위험방지계획서를 제출하여야 할 것으로 사료된다.(산안(건안) 68307-75, 2003.3.21.)

1034 【질의】개착식 굴착공법으로 시행하는 지하차도(공사개요서 참조) 건설공사를 유해·위험방지계획서 작성대상 규모의 사업 중 터널공사로 보아야 하는지 여부?
☞ (회시) 귀 질의에서 터널공사라 함은 지표면을 개착하지 않고 지표면하에 위치하여 소정의 형상과 치수를 가진 지하구조물을 건설하는 공사로 그 내공 단면적이 2㎡ 이상 되는 것을 말하며, 개착식으로 진행하는 지하차도 공사는 이에 해당되지 아니하다.(산안(건안) 68307-10183, 2002.5.3.)

1035 추가로 수주한 공사가 유해·위험방지계획서 제출대상에 해당되어 기 제출한 계획서에 포함되지 않은 경우라면 별도로 제출하여 심사를 받아야 한다.(산안(건안) 68307-148, 2003.5.30.)

1036 자율안전관리업체가 공동도급을 받아 시공하는 경우 「공동이행방식」 현장은 주간사가 자율안전관리업체인 경우에 한하여 심사 및 확인이 면제되고, 「분담 이행방식」 현장은 자율안전관리업체가 시공하는 분야에 한하여 유해·위험방지계획서의 심사 및 확인이 면제된다.
따라서 귀 질의와 같이 「분담이행방식」에 의거 공사를 수행하는 B사가 자율안전관리업체로 지정받지 않은 업체로서 동법 시행규칙 제120조제4항 각 호의 1.에 해당하는 유해·위험방지계획서 작성대상 시설물 또는 구조물의 공사를 행하는 경우라면 당해 유해·위험방지계획서를 제출하여야 한다.(산업안전과-3001, 2005.6.15.)

단순한 건물 내부 판매시설 개보수 작업은 유해위험방지계획서 제출대상이 아니다.[1037][1038]

공사 시공자가 다른 경우에는 별개의 공사로 본다.[1039]

설계변경이 되어 제출대상이 된 경우에는 설계변경이 확정된 시점(인·허가일 등)을 착공일로 본다.[1040]

기존 건물이 증축으로 유해위험방지계획서 제출대상이 되면 유해위험방지계획서를 작성하여 제출하여야 한다.[1041]

하나의 건설업체가 인근 지역에 동일조직으로 시공하는 경우 하나의 유해위험방지계획서를 제출할 수 있다.[1042]

「건설산업기본법」 제29조제3항에 따라 종합공사를 시공하는 원수급자(A)가 발주자의 승인

1037 【질의】공사 내용이 영업 중인 판매시설 개보수 작업이고 공사면적은 산정하기 어려워 전체 매장 면적으로 신고하였으나 실제 공사면적은 5000㎡보다 작은 면적(매장을 부분적으로 인테리어 공사 등)인데 유해위험방지계획서를 작성하여야 하는지?
☞ (회시) '건설·개조 또는 해체공사' 라 함은 건축물 등을 새로이 건설하거나 기존 건축물을 전부 또는 일부를 철거하고 건축물을 다시 축조하거나 주요 구조부를 해체하는 공사를 말하는 것으로 건축물의 주요 구조부를 해체하는 등의 공사가 아니고 단순히 건물내부 판매시설 개보수 작업이라면 위 규정에 의하여 유해위험방지계획서 제출 대상에 해당되지 않는다.(산업안전팀-5486, 2006.11.14.)

1038 【질의】증축, 개축 또는 대수선의 연면적 3만㎡ 이상, 5천㎡ 이상인 경우 유해·위험방지계획서 작성 대상 여부?
☞ (회시) 건축법상 용도별 건축물의 종류를 기준으로 하여 개축 등 해당 연면적이 3만 또는 5천㎡ 이상인 경우 유해·위험방지계획서 작성 대상에 해당되며, '건설, 개조 또는 해체공사' 라 함은 건축물 등을 새로이 건설하거나 기존 건축물을 전부 또는 일부를 철거하고 건축물을 다시 축조하거나 주요 구조부를 해체하는 공사를 말하는 것으로 단순히 건물의 용도를 변경하기 위한 내부 인테리어 공사 등의 시설 개보수 작업은 해당되지 않는다.(안전보건지도과-3371, 2008.11.7.)

1039 【질의】A공사(지상층 500억 원), B공사(A지하+B지상·지하+C지하 3500억 원), C공사(지상층 1,000억 원)의 공사가 발주처와 시공자가 다르나 동일 지역에서 공사를 하고 있는데 B공사(C지하공사) 후 C공사 착공 시 유해위험방지계획서를 별도로 작성해야 되는지?
☞ (회시) A, B, C공사가 발주처와 공사시공 조직을 각각 달리하고 있어 하나의 공사가 아닌 별개의 공사로 유해위험방지계획서를 별도로 제출하여야 한다.(산업안전팀-5782, 2007.12.26.)

1040 【질의】○○공사가 당초 9층에서 12층으로 설계 변경되어 높이 31m 이상 건축물로 유해·위험방지계획서 작성대상이 된 경우 유해·위험방지계획서 제출시기는 어떻게 되는지(최초 착공일 2008.1.7., 설계변경 허가일 2008.4.7.)?
☞ (회시) 산업안전보건법 제48조제3항 및 같은 법 시행규칙 제121조제1항의 규정에 의하여 유해·위험방지계획서를 공사착공 전일까지 제출토록 하고 있는바 동 계획서 작성 대상 공사가 새로이 착공되는 것이 아니고 공사 진행 중인 구조물이 설계변경으로 인하여 계획서 제출 대상에 해당된 경우 설계변경이 확정되는 시점(설계변경에 대해 인허가를 받도록 하고 있는 경우에는 인허가일)을 착공일로 보는 것이 타당하다.(안전보건지도과-2319, 2008.8.28.)

1041 【질의】기존 건물을 증축(기존 25m 건축물을 증축 10m, 기존 35m 건축물을 증축 5m)하여 31m 이상이 되는 경우 유해·위험방지계획서 작성 대상 여부?
☞ (회시) 기존 건축물을 증축하여 높이 31m 이상 되거나 높이 31m 이상 건축물을 증축하는 경우 동 계획서 작성대상에 해당된다.(안전보건지도과-3371, 2008.11.7.)

1042 【질의】신도시 내 7개 필지에 7개의 상가동을 시공할 경우(발주처가 하나이고, 시공사와 계약도 1건, 현장 관리도 하나의 사무실에서 한 현장소장이 운영) 유해위험방지계획서 통합 제출 가능 여부?
☞ (회시) 신도시 내에서 장소적으로 분리된 7개 현장으로 시공 되지만 1건으로 계약이 체결되고 공사관리 조직도 하나인 경우 하나의 사업장으로 보아 유해위험방지계획서를 묶어서 제출할 수 있다.(안전보건지도과-120, 2010.3.3.)

을 받아 종합공사를 시공하는 하도업체(B)에 도급을 주었다 하더라도 원수급자가 해당 공사의 유해·위험방지계획서 작성 주체이다.[1043]

(2) 공정안전보고서 제출방법

제44조(공정안전보고서의 작성·제출) ① 사업주는 사업장에 대통령령으로 정하는 유해하거나 위험한 설비가 있는 경우 그 설비로부터의 위험물질 누출, 화재 및 폭발 등으로 인하여 사업장 내의 근로자에게 즉시 피해를 주거나 사업장 인근 지역에 피해를 줄 수 있는 사고로서 대통령령으로 정하는 사고(이하 '중대산업사고'라 한다)를 예방하기 위하여 대통령령으로 정하는 바에 따라 공정안전보고서를 작성하고 고용노동부장관에게 제출하여 심사를 받아야 한다. 이 경우 공정안전보고서의 내용이 중대산업사고를 예방하기 위하여 적합하다고 통보받기 전에는 관련된 유해하거나 위험한 설비를 가동해서는 아니 된다.
② 사업주는 제1항에 따라 공정안전보고서를 작성할 때 산업안전보건위원회의 심의를 거쳐야 한다. 다만, 산업안전보건위원회가 설치되어 있지 아니한 사업장의 경우에는 근로자대표의 의견을 들어야 한다.

공정안전보고서제도는 1976년 이탈리아의 세베소라는 마을에서 한 공장에서 발생한 다이옥신 누출로 인하여 인근 주민의 피해가 발생함에 따라 유럽에서 추진되어 왔고, 1986년 인도 보팔에서 발생한 유니온카이트사의 누출사고로 20만여 명의 주민이 피해가 발생한 것으로 계기로 미국 등 전 세계에서 화학물질의 공정관리의 안전성을 확보하기 위하여 제도화된 것이다.

공정안전보고서를 제출하여야 하는 대상은 크게 2가지로 분류하고 있다. 하나는 위험업종, 또 하나는 규정수량이라는 개념을 사용한다.

1) 설비 임대 시 제출의무자

공정안전관리(PSM)제도는 유해·위험설비의 설계단계 및 사용과정에서 나타날 수 있는 위험요소를 사전에 발굴·제거하고 당해 설비의 고유성능을 지속적으로 유지함으로써 중대산업

1043   귀 질의와 같이 원수급업체에서 발주자의 승인을 얻어 종합공사를 시공하는 다른 업체에 도급을 준 경우라고 하더라도 당해 건설공사의 안전관리 업무는 원수급업체에서 하여야 하므로 유해·위험방지계획서 제출의무는 원수급업체인 'A'에 있다.(국민신문고, 2011.12.26.)

사고를 예방하기 위한 취지이다. 공정안전보고서 제출의무자는 당해 설비를 실제 운영하는 사업주를 말한다.[1044] 다만, 실제 설비 소유주로부터 독립성이 없는 경우에는 실제 소유주를 해당 설비의 운전 주체로 본다.[1045]

사례 연구

● **시험설비 설치 시 공정안전보고서 작성 여부**: 화학제품제조업으로 PILOT공정에 '1ℓ 짜리 연속종합반응 PILOT 설비를 설치'하고자 하는데 공정안전보고서(PSM) 작성 대상설비인지?

☞ 회시 산업안전보건법상 공정안전보고서 작성대상설비는 동법 시행령 제33조의5의 규정에 의해 원유정제처리업, 달리 분류되지 아니한 석유정제 분해물 재처리업, 석유화학계 기초 유기화합물 또는 합성수지제조업(다만, 합성수지 제조업은 가연성 가스와 인화성물질을 취급하는 경우에 한함), 질소질비료 제조업, 복합비료 제조업, 농약제조업(원제 제조에 한함), 화약 및 불꽃제품제조업에 해당하는 사업장은 당해 사업장의 보유설비 또는 위 업종에 해당하지 않는 업종의 사업장인 경우에는 산업안전보건법 시행령 별표 10에서 규정하는 물질을 동표에서 정하는 수량 이상 공정 과정 중에 저장되는 양을 포함하여 하루 동안 최대로 제조 또는 취급할 수 있는 제조 또는 취급 등의 설비임. 질의한 설비가 공정안전보고서 작성대상 설비인지 여부는 위 2개 항을 기준으로 판단·결정할 수 있다.

(산안 68320-403, 2000.5.15.)

---

2) 타법 적용 사업장의 경우

산업안전보건법시행령 제43조(공정안전보고서의 제출대상)의 규정에 의하여 액화석유가스의안전및사업관리법 등 타법에 의한 액화석유가스의 충전·저장시설 등은 공정안전보고서 제출대상에서 제외되나, 액화석유가스의 충전·저장시설이 아닌 액화석유가스 사용시설(예: 용해로, 건조로 등)은 공정안전보고서 제출대상이다.[1046][1047]

1044 **【질의】** 공정안전보고서 제출의무자가 설비소유자인 임대인에게 있는지? 아니면 설비운영사업주인 임차인에게 있는지?
☞ (회시) 산업안전보건법 제49조의2 제1항에서 규정하고 있는 '유해·위험설비를 보유한 사업주'라 함은 보유방법과 무관하게 현재 당해 설비를 실제 운영하는 사업주를 말한다.(산안 68320-170, 2001.4.14.)

1045 설비의 소유주가 아닌 별도의 분사법인이 해당 설비의 운전을 담당하나 설비 소유주로부터 독립성이 없으면 설비 소유주가 공장안전관리의 의무 주체가 될 수 있다.(제조산재예방과-3571, 2012.12.31.)

1046 액화석유가스 저장설비를 통해 배관을 이용, 제품을 생산하는 업체로 동 시설에 대하여 공정안전보고서를 제출대상이다. (산안 68320-537, 2001.11.27.)

1047 **【질의】** LPG를 사용하는 용해로, 유지로 등 시설의 공정안전보고서 작성대상 여부?
☞ (회시) 산업안전보건법 시행령 제33조의5(공정안전보고서의 제출대상)의 규정에 의하여 액화석유가스의안전및사업관리법에 의한 액화석유가스의 충전·저장시설은 공정안전보고서 작성대상에서 제외되나, 기타시설은 기준수량을 초과하는 경우 공정안전보고서 작성대상 시설이다.(산안 68320-402, 2002.9.18.)

3) 사업장 통합 시

인접된 A, B 사업장을 경영상의 사유에 의하여 하나로 통합하여 운영하고자 하는 경우 법 제44조의 공정안전보고서의 통합유지 여부는 A사업장과 B사업장이 통합되기 이전에 각각 공정안전보고서가 제출되어 심사를 마쳤다면 각 공정안전보고서를 통합 작성할 필요는 없으나, 사업장의 통합과정에서 기존 설비의 구조부분이 변경되거나 변경되어 하나의 설비로 공정 자체가 통합되는 경우에는 별도로 작성 제출하여 심사를 받아야 한다.[1050]

4) 규정량 이상 설비 기준

공정안전보고서의 제출대상이 되는 경우는 산업안전보건법 시행령(공정안전보고서의 제출대상)의 규정에 의한 7개의 업종에 해당하는 경우 그 보유설비와 업종 외의 대상 사업장은 별표 13의 규정에 의한 유해·위험물질의 하나 이상을 동표에 의한 규정량 이상 제조·취급·사용·저장하는 설비 및 해당 설비의 운영에 관련된 일체의 공정설비를 말한다.[1051]

1048 【질의】「도시가스사업법」에 따른 가스공급시설을 보유한 사업장내의 가스공급시설과 관련이 없는 열병합발전소 또는 경유저장시설 등의 PSM 제출 대상 여부?
☞ (회시) 산업안전보건법시행령 제33조의6 제2항제7호에 따라 「'도시가스사업법」에 따른 가스공급시설'은 유해·위험설비에 포함되지 않으나, 「산업안전보건법」 시행령 제33조의6 제1항 규정에 따른 유해·위험물질의 하나 이상을 규정량 이상 제조·취급·사용·저장하는 설비는 공정안전보고서 제출 대상이다.(산업안전팀-2366, 2007.5.9.)
1049 【질의】50톤 용량의 LPG 저장탱크를 보유하고 1일 가스양 10~15톤을 사용하여 알루미늄을 용해하는 공장으로서 「액화석유가스의 안전관리 및 사업법」을 적용을 받고 있는 사업장이 「산업안전보건법」 제49조의2 및 같은 법 시행령 제33조의6에 따른 공정안전보고서 제출대상에 해당되는지 여부?
☞ (회시) 「산업안전보건법 시행령」 제33조의6 제2항에 따라 「'액화석유가스의 안전관리 및 사업법」에 따른 액화석유가스의 충전·저장시설'은 공정안전보고서 제출대상 설비에 포함되지 않지만 사업장 내 보유설비 중 위 시설을 제외한 인화성가스 취급·사용설비(용해로, 균질로)와 해당 설비의 운영과 관련된 공정설비는 공정안전보고서를 제출대상에 해당된다.(산업안전과-1477, 2010.12.8.)
1050 (안정 68301-49, 2000.1.18.)
1051 【질의】도장공장의 경우는 공정안전보고서 제출대상이나 별도의 열처리 공장의 경우에는 LPG 가스 및 메탄올을 사용하고 있으며 규정물질 사용량에 대한 환산값(R)이 0.061인 상황에서 유해·위험물질 규정 수량에 의해 단위설비에서 사용하는 규정 수량에 의해 R값이 1 이상인 경우에 해당하는지 여부와 단위공정에 관계없이 기존 적용대상인 경우에는 전 공장의 공정설비 적용 여부 및 적용이 된다면 그와 관련한 근거자료에 대하여 질의?
☞ (회시) 귀사의 경우 사업장 전체를 대상으로 규정물질을 산정하므로 도장공정뿐만 아니라 열처리 공정의 LPG 가스 및 메탄올 사용설비도 포함하여 제출대상이 됨. 다만, 열처리 공정이 도장공장과 같이 초기에 설치된 설비가 아니고 도장공정 공정안전보

규정 수량 이상을 사용하는 경우에는 업종에 관계없이 적용된다.[1052]

적용대상 물질이 기온에 따라 그 상태가 변하여도 적용대상이 된다.[1053]

규정 수량 미만으로 취급설비가 추가로 신설되는 경우 해당 설비가 주요 구조부분에 해당하는 경우 제출대상이 된다.[1054]

(3) 석면조사 및 해체·제거 작업방법

제119조(석면조사) ① 건축물이나 설비를 철거하거나 해체하려는 경우에 해당 건축물이나 설비의 소유주 또는 임차인 등(이하 '건축물·설비소유주등'이라 한다)은 다음 각 호의 사항을 고용노동부령으로 정하는 바에 따라 조사(이하 '일반석면조사'라 한다)한 후 그 결과를 기록하여 보존하여야 한다.

1. 해당 건축물이나 설비에 석면이 함유되어 있는지 여부

2. 해당 건축물이나 설비 중 석면이 함유된 자재의 종류, 위치 및 면적

② 제1항에 따른 건축물이나 설비 중 대통령령으로 정하는 규모 이상의 건축물·설비소유주등은 제120조에 따라 지정받은 기관(이하 '석면조사기관'이라 한다)에 다음 각 호의 사항을 조사(이하 '기관석면조사'라 한다)하도록 한 후 그 결과를 기록하여 보존하여야 한다. 다만, 석면함유 여부가 명백한 경우 등 대통령령으로 정하는 사유에 해당하여 고용노동부령으로 정하는 절차에 따라 확인을 받은 경우에는 기관석면조사를 생략할 수 있다.

1. 제1항 각 호의 사항

2. 해당 건축물이나 설비에 함유된 석면의 종류 및 함유량

③ 건축물·설비소유주등이 「석면안전관리법」 등 다른 법률에 따라 건축물이나 설비에 대하여 석면조사를 실시한 경우에는 고용노동부령으로 정하는 바에 따라 일반석면조사 또는 기관석면조사를 실시한 것으로 본다.

④ 고용노동부장관은 건축물·설비소유주등이 일반석면조사 또는 기관석면조사를 하지 아니하고 건축물이나 설비를 철거하거나 해체하는 경우에는 다음 각 호의 조치를 명할 수 있다.

고서의 심사·확인이 완료된 후 설치되었다면 공정안전보고서의 별도 제출대상이 아니며 사업장의 변경관리지침에 의해 관리가 이루어지면 된다.(산업안전팀-2054, 2006.5.15.)

1052 **【질의】** 식품제조공장에서 보유하고 있는 암모니아를 냉매로 사용하는 냉동설비도 공정안전보고서 제출대상에 해당하는지 여부?

☞ (회시) 「산업안전보건법 시행령」 제33조의6 제1항 및 별표 10에 따라 암모니아를 규정량(200톤) 이상 제조·취급·저장한다면 공정안전보고서 제출대상에 해당된다.(제조산재예방과-288, 2012.2.1.)

1053 공정안전보고서 제출대상인 불화수소와 염화수소는 압력을 가하거나 온도를 낮추는 등 물리적 환경변화로 액화되더라도 공정안전보고서 제출대상에 해당한다.(제조산재예방과-3571, 2012.12.31.)

1054 **【질의】** 기존 설비에 대한 공정안전보고서를 제출하고 있는 상황에서 규정 수량 미만으로 취급하는 설비가 신설될 경우 공정안전보고서 제출 여부?

☞ (회시) 공정안전보고서 제출대상 사업장은 산업안전보건법 시행령 제33조의6에 해당하는 원유정제 처리업 등 7개 업종과 시행령 별표 10의 규정에 따른 21개 규정물질 수량 이상을 제조·취급·사용·저장하는 설비 및 해당 설비의 운영에 관련된 일체의 공정설비와 산업안전보건법 시행령 제33조의8 및 관련고시(고용노동부 고시 2009-90호) 제2조에 따른 주요 구조부분의 변경에 해당하는 경우 제출대상이 된다.(산업안전팀-1165, 2007.3.7.)

1. 해당 건축물·설비소유주등에 대한 일반석면조사 또는 기관석면조사의 이행 명령
2. 해당 건축물이나 설비를 철거하거나 해체하는 자에 대하여 제1호에 따른 이행 명령의 결과를 보고받을 때까지의 작업중지 명령
⑤ 기관석면조사의 방법, 그 밖에 필요한 사항은 고용노동부령으로 정한다.

1) 석면조사의무 주체

산업안전보건법에 따른 석면조사의무의 주체인 '건축물 등을 철거하거나 해체하려는 자'란 해당 건축물의 철거·해체 권한과 의도가 있어야 하는 바, 건축물의 소유주, 임차인, 사업시행자, 재개발 조합 등이 이에 해당된다.[1055]

석면조사기관에 의한 석면조사대상이 아니면 석면 해체·제거업자를 통해 작업해야 하는 대상에서 제외된다.[1056]

석면 해체·제거에는 석면함유제품을 해체 후 재부착시키는 경우 등을 포함한다.[1057][1058]

자연재해로 인하여 건물이 해체되는 것은 적용대상이 아니다.[1059]

등록된 석면 해체·제거업체가 하여야 하는 작업대상이 아닌 경우에는 법 제124조제1항 '작

1055 (산업보건과-3512, 2009.9.2.)

1056 법 제38조의4에 따르면 '제38조의2 제1항에 따른 석면조사 결과'로 대상을 한정하고 있으므로 석면 조사대상이 아니라면 등록된 석면 해체·제거업자를 통해 해체·제거해야 하는 작업대상에는 포함되지 않는다.(산업보건과-3512, 2009.9.2.)

1057 【질의】 작업면적의 합이 50㎡ 이상이나 작업이 전기공사, 배관공사, 경비시스템 설치, 에어컨 설치 등을 위해 석면함유제품을 해체 후 재부착시키는 경우 등록된 업체를 통해서 해야 하는지?
☞ (회시) 산업보건기준에 관한 규칙 제200조제4호에 따른 '해체·제거'라 함은 석면함유 건축물 또는 설비의 파쇄, 개·보수 등으로 인하여 석면분진이 흩날릴 우려가 있고 작은 입자의 석면폐기물이 발생되는 작업을 말하는 바, 전기공사 등을 위한 석면함유제품의 해체작업 시 석면분진이 비산될 우려가 있고 해당 작업 면적의 합이 50㎡ 이상인 경우라면 등록된 업체를 통해 안전하게 작업하여야 한다.(산업보건과-3512, 2009.9.2.)

1058 【질의】 작업 면적의 합이 50㎡ 이상이고 석면이 함유된 천정텍스에 석고보드를 덧입히기 위해 피스(나사)로 고정시키는 작업의 경우 등록업체를 통해 작업을 해야 하는지?
☞ (회시) 천정텍스에 석고보드를 피스(나사)로 고정시키기 위한 작업을 할 경우 석면분진이 발생되어 작업장 외부로 비산될 우려가 있으므로 등록된 업체를 통해 작업을 하여야 한다.(산업보건과-3512, 2009.9.2.)

1059 【질의】 비바람에 의해 무너진 건축물에 대하여 「산업안전보건법」 제38조의2(석면조사)에 따른 석면조사 실시 위반으로 과태료를 부과할 수 있는지 여부?
☞ (회시) 태풍, 폭우, 폭설 등의 자연현상에 의하여 건축물 등이 붕괴, 파손되는 등의 경우는 동법 제38조의2에 따른 '건축물이나 설비를 철거하거나 해체하려는 경우'로 볼 수 없다.(산업보건과-40, 2011.1.5.)

업 후 공기 중 농도측정'은 적용이 아니다.[1060]

　개별 석면조사 대상 기준 미만의 건축물 및 주택이 혼재된 경우, 산업안전보건법 제119조제2항에 따른 석면조사대상 여부는 법적 기준 면적(건축물 50㎡, 주택 200㎡)에 대한 철거·해체 대상 건축물 및 주택의 연면적 합계와 철거·해체부분의 면적 합계에 대하여 산출된 값[1061]이 각각 1 이상인 경우 석면조사 대상에 해당한다.

　석면 해체·제거업자 등록 인력 중 토목·건축 분야 건설기술자에는 초급기술자, 기능사보도 포함된다.[1062] 등록기준 중 토목·건축분야에서 실무에 종사한 자란 시공뿐만 아니라 해당 분야에서 계획·설계·조사·설계감리·품질관리·시험·검사·공사감독·감리·시설물 철거·유지관리 등의 업무를 실제 수행한 자를 의미한다.[1063]

　공업계 고등학교와 같은 수준 이상의 학교란 기계, 전기, 토목, 건축 등 공업계열의 전문대학이나 대학의 졸업자가 이에 포함될 수 있다. 공업계 외에 인문·농업·상업계 고등학교나 대학 등은 이에 해당하지 아니한다.[1064]

　지정 및 등록 인력기준에 당해 기관의 대표자도 가능하다.[1065]

1060　작업 후 석면농도 측정대상은 산안법 시행령 제30조의7에서 정하고 있는 일정량의 석면이 함유되어 있어 등록된 석면해체·제거업자를 통해 석면 해체·제거(신고대상)를 한 경우에만 해당한다.(산업보건과-3512, 2009.9.2.)

1061　※ 연면적 합계에 대한 산출값=A1/B1+A2/B2 [A1: 모든 철거·해체대상 건축물의 연면적 합계, B1: 석면조사대상 건축물의 법적 연면적(50㎡) 기준, A2: 모든 철거·해체대상 주택의 연면적 합계, B2: 석면조사대상 주택의 법적 연면적(200㎡) 기준]
※ 철거·해체부분의 면적 합계에 대한 산출값=C1/B1+C2/B2 [C1: 모든 건축물의 철거·해체하려는 부분의 면적합계, B1: 석면조사대상 건축물의 법적 철거·해체하려는 부분의 면적(50㎡) 기준, C2: 모든 주택의 철거·해체하려는 부분의 면적 합계, B2: 석면조사대상 주택의 법적 철거·해체하려는 부분의 면적(200㎡) 기준]
산출값이 1 이상인 경우는 개별 건축물 및 주택의 연면적 합계와 철거·해체하려는 부분의 면적 합계가 동법에서 정한 각 개별기준 미만이라 하더라도 석면조사 대상에 해당한다.(산업보건과-1469, 2010.11.19.)

1062　「국가기술자격법」에 의한 토목·건축분야의 기술사, 기사, 산업기사 외에 「건설기술관리법」 제2조제8호, 같은 법 시행령 제4조 [별표 1]의 '건설기술자의 범위'에 규정된 학력·경력자의 초급기술자도 「건설기술관리법」에 따른 건설기술자에 해당된다.(산업보건과-2922, 2009.7.23.)
※ 「건설기술관리법」 제6조의2 제2항에 따른 '건설기술경력증'의 기술등급에서 확인 가능: 기능사보는「국가기술자격법」 시행령 개정(98.5.9.)에 따라 99.3.27. 폐지된 자격이나 취득한 자격은 계속 유효하므로 건축·토목분야의 기능사보 자격보유자도 등록요건으로 인정

1063　(산업보건과-2922, 2009.7.23.)

1064　공업계 고등학교 졸업자는 학과에 관계없이 인정한다.(산업보건과-2922, 2009.7.23.)

1065　실제 해당 업무를 수행하고 산안법상 지정 또는 등록요건의 인력기준을 충족하면 그 외에 달리 볼 사유가 없는 한 사업

등록장비를 대여 받아 사용하는 경우에도 인정되나 상시 보유하여야 한다. [1066]

지정조사기관 및 석면 해체·제거업자 인력기준 중 '나'목에 해당하는 자 1명을 '가'목의 자 1명으로 대체가 가능하다. [1067]

주라는 이유로 배제하지 않는다.(산업보건과-2922, 2009.0.23.)

1066   지정 또는 등록기준의 해당 장비는 상시 보유하는 것이 원칙이다. 임대의 경우에는 최소한 1년 이상(1년 미만인 경우에는 리스상태가 연속되는 것을 담보할 수 있는 조건)을 임대하여 보유로 간주될 수 있는 경우에 한하여 사실 확인 후 인정할 수도 있을 것이다.(산업보건과-2922, 2009.7.23.)

1067   산안법 시행규칙 [별표 10의3], [별표 10의4]에서 정하고 있는 지정 또는 등록기준 제1호의 인력기준 중 '가' 목에 해당하는 자는 '나' 목에 해당하는 자의 상위 개념이므로 '나' 목에 해당하는 자 대신 '가' 목의 해당자를 두어도 지정 또는 등록요건을 충족하는 것으로 보아야 함. 즉, '가' 목에 해당하는 자를 2명 두어도 지정 또는 등록요건으로 인정한다. 다만, 석면조사기관의 경우 분석인력에 해당하는 '다' 목의 해당자는 별도로 두어야 한다.(산업보건과-2922, 2009.7.23.)

근로자의 권리와 의무

◈ 이 편의 제도 개요 ◈

① 근로자의 권리

(1) 감독관청에 신고

> 제157조(감독기관에 대한 신고) ① 사업장에서 이 법 또는 이 법에 따른 명령을 위반한 사실이 있으면 근로자는 그 사실을 고용노동부장관 또는 근로감독관에게 신고할 수 있다.
> ② 「의료법」 제2조에 따른 의사·치과의사 또는 한의사는 3일 이상의 입원치료가 필요한 부상 또는 질병이 환자의 업무와 관련성이 있다고 판단할 경우에는 「의료법」 제19조제1항에도 불구하고 치료과정에서 알게 된 정보를 고용노동부장관에게 신고할 수 있다.
> ③ 사업주는 제1항에 따른 신고를 이유로 해당 근로자에 대하여 해고나 그 밖의 불리한 처우를 해서는 아니 된다.

근로자가 자신의 안전보건 위험요소에 대해 인식하고 안전보건과 관련된 권리를 실질적으로 확보할 제도적 장치로서 감독기관에 대한 신고를 보장할 필요가 있다. 사업장에서 이 법 또는 이 법에 따른 명령에 위반한 사실이 있으면 근로자는 그 사실을 고용노동부장관 또는 근로감독관에게 신고할 수 있다.(법 제157조) 사업주는 법 위반 사실 등의 신고를 이유로 해당 근로자에 대하여 해고나 그 밖의 불리한 처우를 하지 못한다. 위반 시 5년 이하의 징역 또는 5천만 원 이하의 벌금에 처한다.(법 제168조)

(2) 급박한 위험 시 작업중지

> 제52조(근로자의 작업중지) ① 근로자는 산업재해가 발생할 급박한 위험이 있는 경우에는 작업을 중지하고 대피할 수 있다.
> ② 제1항에 따라 작업을 중지하고 대피한 근로자는 지체 없이 그 사실을 관리감독자 또는 그 밖에 부서의 장(이하 '관리감독자등'이라 한다)에게 보고하여야 한다.
> ③ 관리감독자등은 제2항에 따른 보고를 받으면 안전 및 보건에 관하여 필요한 조치를 하여야 한다.
> ④ 사업주는 산업재해가 발생할 급박한 위험이 있다고 근로자가 믿을 만한 합리적인 이유가 있을 때에는 제1항에 따라 작업을 중지하고 대피한 근로자에 대하여 해고나 그 밖의 불리한 처우를 해서는 아니 된다.

산업재해의 급박한 위험이 있는 경우 근로자는 작업을 중지하고 대피할 수 있다.(법 제52조제1항) 작업을 중지하고 대피한 근로자는 지체 없이 그 사실을 관리감독자 또는 그 밖에 부서의 장에게 보고하여야 한다.(법 제52조제2항) 관리감독자 등은 보고를 받으면 안전 및 보건에 관하여 필요한 조치를 하여야 한다.(법 제52조제3항) 산업재해가 발생할 급박한 위험이 있다고 근로자가 믿을 만한 합리적인 이유가 있을 때에는 근로자에게 해고나 그 밖의 불리한 처우를 해서는 아니 된다.(법 제52조제4항)

(3) 근로자대표를 통한 권리

근로자대표는 사업주에게 안전보건과 관련한 내용 또는 결과를 통지할 것으로 요청할 수 있다. 사업주는 근로자대표의 요청에 성실히 응하여야 한다.(법 제35조) 위반 시 300만 원 이하의 과태료를 부과한다.(법 제175조제6항)

통지 요청사항

① 산업안전보건위원회(또는 안전보건 노사협의체) 의결사항, ② 안전·보건진단결과, ③ 안전보건개선계획의 수립·시행내용, ④ 도급인의 이행사항, ⑤ 물질안전보건자료, ⑥ 작업환경측정에 관한 사항, ⑦ 그 밖의 고용노동부령으로 정하는 안전 및 보건에 관한 사항

(4) 고객응대근로자의 권리

고객응대근로자는 사업주에게 고객의 폭언 등으로 인하여 고객응대근로자에게 건강장해가 발생하거나 발생할 현저한 우려가 있는 경우에는 업무의 일시적 중단 또는 전환 등 필요한 조치를 요구할 수 있다.(법 제41조제3항) 사업주는 이를 이유로 해고 또는 그 밖의 불리한 처우를 해서는 아니 된다. 위반 시 1년 이하의 징역 또는 1천만 원 이하의 벌금에 처한다.(법 제170조)

② 근로자의 의무

산업안전보건법이 제대로 이행되고 정부의 산업재해예방정책과 사업주의 안전·보건조치가 효과를 얻을 수 있으려면 근로자의 협조가 필수적이다. 산업안전보건법 제6조에서는 "근로자는 이 법과 이 법에 따른 명령으로 정하는 산업재해예방을 위한 기준을 지켜야 하며, 사업주 또는 근로감독관, 공단 등 관계인이 실시하는 산업재해 예방에 관한 조치에 따라야 한다."라고 규정하여 근로자의 일반적인 의무에 대해 규정하고 있다.

(1) 근로자 준수사항

근로자는 법 제38조(안전조치)와 제39조(보건조치)에 따라 사업주가 한 조치로서 고용노동부령으로 정하는 조치 사항을 지켜야 한다.(법 제40조) 근로자가 준수해야 하는 안전조치 및 보건조치는 「산업안전보건기준에 관한 규칙」에서 구체적으로 규정한다.[1068] 법 위반 시 300만원 이하의 과태료를 부과할 수 있다.

1068   오물 등 폐기물 처리시 개인보호구 착용(안전보건규칙 제6조), 안전모·안전대·안전화·보안경·보안면·절연용보호구·방진마스크·방열복 등 착용 지시받은 보호구 착용(제32조), 양중기작업 등에 신호방법 준수(제40조), 지게차운전 시 좌석 안전띠 착용(제183조), 이동 및 휴대장비사용 전기작업 시 작업지시 준수(제317조), 관리대상유해물질 출입금지장소에 출입금지(제438조), 관리대상유해물질 취급장소 흡연 및 음식물섭취 금지(제447조), 유기화합물작업 시 등에 지급된 호흡용보호구 착용(제450조), 부식성 및 흩날리는 관리대상유해물질 취급 시 지급된 보호구 착용(제457조), 허가대상유해물질 작업장소에서 흡연 및 음식물 섭취 금지(제458조), 허가대상 유해물질 취급시 지급된 방독마스크 착용(제469조), 불침투성 보호복 등 지급된 착용(제470조), 석면해체·제거작성 시 지급된 개인보호구 착용(제491조), 출입금지장소 출입금지(제492조), 흡연 및 음식물섭취 금지(제493조), 금지유해물질 출입금지장소 출입금지(제505조), 흡연 및 음식물섭취 금지(제506조), 금지유해물질취급 시 불침투성 보호복 등 지급된 보호구 착용(제510조), 지급된 정화통 있는 보호구 착용(제511조), 소음작업 시 지급된 청력보호구 착용(제516조), 진동작업 시 지급된 방진장갑 등 착용(제518조), 고압작업장소에 화기 등 화재우려 물질을 지니지 말 것(제542조), 기압조절시 출입금지(제550조), 고열물체, 저온물체취급장소 허락 없이 출입금지(제569조), 고열작업 등 지급된 보호구 착용(제572조), 방사선업무 허락 없이 출입금지(제575조), 방사선오염지역 지급된 보호구 착용(제587조), 흡연 및 음식물 섭취 금지(제590조), 환자 가검물처리 시 지급된 보호구 착용(제596조), 혈액노출위험작업 시 흡연 및 음식물섭취 금지(제597조), 지급된 보안경·보호앞치마 등 착용(제600조), 공기매개감염병환자 접촉 시 지급된 보호구 착용(제601조), 분진작업 시 지급된 보호구 착용(제617조), 밀폐공간 출입금지장소에 허락 없이 출입금지(제622조, 제624조), 구출시 송기마스크 착용(제626조), 탱크 등 내부에서 용접작업 시 지급된 보호구 착용(제629조), 맨홀내부 등 작업 시 지급된 보호구 착용(제634조), 유해가스 누설위험 장소에 허락 없이 출입금지(제635조), 밀폐공간 작업 시 지급된 보호구 착용(제645조), 공기정화설비 등 청소 등 작업 시 지급된 보호구 착용(제654조)

(2) 기타 근로자의 의무

근로자는 안전보건관리규정을 준수하여야 하며(법 제27조), 산업안전보건위원회의 심의·의결 또는 결정사항을 성실히 이행하여야 한다. (법 제24조제4항, 위반 시 500만 원 이하의 과태료)

사업주가 실시하는 건강진단을 받아야 하고(법 제133조, 위반 시 300만 원 이하의 과태료), 역학조사 실시 시 협조하여야 한다. (법 제141조제2항, 위반 시 1,500만 원 이하의 과태료)

공정안전보고서의 내용을 준수하여야 하고(법 제46조제1항, 위반 시 1천만 원 이하의 과태료), 안전보건개선계획을 준수하여야 한다. (법 제50조제3항, 위반 시 500만 원 이하의 과태료)

③ 명예산업안전감독관

법 제23조는 근로자의 산재예방활동 참여를 촉진하기 위한 명예산업안전감독관 제도[1069]를 규정한다. 고용노동부장관이 근로자·근로자단체·사업주단체 및 산업재해예방관련 전문단체에 소속된 자 중에서 명예산업안전감독관을 위촉할 수 있다. 명예산업안전감독관은 추천하는 자가 추천·동의서 등을 관할 지방고용노동관서의 장에게 제출하고 지방고용노동관서의 장의 결정에 따라 위촉된다. ① 근로자대표가 사업주의 의견을 들어 사내 명예산업안전감독관의 해촉을 요청한 때, ② 사외 명예산업안전감독관이 해당 단체 또는 그 산하조직으로부터 퇴직하거나 해임된 때, ③ 명예산업안전감독관의 업무와 관련하여 부정한 행위를 한 때, ④ 질병·부상 등의 사유로 명예산업안전감독관의 업무수행이 곤란하게 된 때에는 해촉사유가 된다.(시행령 제32조)

임기는 2년[1070]이고 연임할 수 있다.(시행령 제32조제3항) 임기만료일까지 사임의사를 통보하지 않고 추천권자가 후임 명예산업안전감독관을 추천하지 않은 경우에는 해당 명예산업안전감독관이 연임된 것으로 본다.

사업주는 명예산업안전감독관으로서 정당한 활동을 수행한 것을 이유로 해당 명예산업안전감독관에 대하여 불이익한 처우를 할 수 없다.(법 제23조제2항) 정부는 수당지급, 교육실시지원, 협의회구성 등으로 명예산업안전감독관이 성실히 활동할 수 있는 여건을 조성한다. 소속한 사업주 및 단체의 장은 명예산업안전감독관이 교육을 이수하는 데 따른 임금 등의 불이익이 없도록 교육이수에 적극 협조하여야 한다.

1069   명예산업안전감독관제도는 95.7. 사업장 내 산재예방활동에 대한 근로자의 참여를 활성화시키기 위하여 도입·운영하여 왔으나, 법령상 근거를 확보하기 위하여 96.12.31. 법 개정 시 반영하였다.
1070   해촉된 명예산업안전감독관의 후임자의 임기는 잔여기간으로 한다.

(1) 명예산업안전감독관의 업무 (시행령 제32조제2항)

1) 사내 명예산업안전감독관

○ 사업장에서 행하는 자체점검에의 참여 및 근로감독관이 행하는 사업장 감독에의 참여

○ 사업장 산업재해예방계획 수립에의 참여 및 사업장에서 행하는 기계·기구 자체검사에의 입회

○ 법령위반 사실이 있는 경우 사업주에 대한 개선 요청 및 감독기관에의 신고

○ 산업재해 발생의 급박한 위험이 있는 경우 사업주에 대한 작업중지 요청

○ 작업환경측정·근로자 건강진단시의 입회 및 그 결과에 대한 설명회 참여

○ 직업성질환의 증상이 있거나 질병에 이환된 근로자가 다수 발생한 경우 사업주에 대한 임시건강진단 실시 요청

○ 근로자에 대한 안전수칙 준수 지도

○ 안전보건의식 고취를 위한 활동 및 무재해운동 등에 대한 참여와 지원

○ 기타 산업재해예방 홍보 등 산업재해예방업무와 관련하여 고용노동부장관이 정하는 업무

2) 사외 명예산업안전감독관

○ 법령 및 산업재해예방정책 개선 건의

○ 안전보건의식 고취를 위한 활동 및 무재해운동 등에 대한 참여와 지원

○ 그 밖에 산업재해예방 홍보 등 산업재해예방업무와 관련하여 고용노동부장관이 정하는 업무

○ 산업안전보건위원회 또는 노사협의체 설치대상 사업장의 근로자 중에서 근로자대표가 사업주의 의견을 들어 추천하는 자(사내 명예산업안전감독관)

○ 「노동조합 및 노동관계조정법」 제10조에 따른 연합 단체인 노동조합 또는 그 지역대표기구에 소속된 임직원 중에서 해당 연합단체인 노동조합 또는 그 지역대표기구가 추천하는 자(사외 명예산업안전감독관)

○ 전국 규모의 사업주단체 또는 그 산하조직에 소속된 임·직원 중에서 해당 단체 또는 그 산하조직이 추천하는 자(사외 명예산업안전감독관)

○ 산업재해예방 관련 업무를 행하는 단체 또는 그 산하조직에 소속된 임직원 중에서 해당 단체 또는 그 산하조직이 추천하는 자(사외 명예산업안전감독관)